經世遺表에 관한 研究

이 연구총서는 실학연구의 진흥을 위하여 경기문화재단 실학박물관
이 慕何 李憲祖선생의 재정지원을 받아 기획·발간하는 학술서임

經世遺表에 관한 研究

安秉直 著

景仁文化社

凡 例

1. 『　』: 서명 혹은 학술지명의 符號
2. 「　」: 논문 혹은 篇名의 부호
3. “　”: 인용문의 부호
4. ‘　’: 인용문 속의 인용문이나 강조하고 싶은 단어를 나타내는 부호
5. … : 인용문장의 생략을 나타내는 부호
6. 『全書』○ – 經世遺表○○ – ○○ 前(後)面, ○○○○은, 新朝鮮社本『與猶堂全書』의 集次, 저서의 卷次, 各卷의 쪽次, 쪽의 前(後)面 및 그 인용문이 속해 있는 篇名을 가리킨다.
7. 한문 번역문 : 字體와 段落을 달리하여 본문과 구별한다(단, 본문 속의 한문 번역문은 일반 인용문과 동일하게 표기한다).
8. 한글 인용문의 표기는 原文에 따른다.
9. 한문 인용문은 인용부호를 생략한다.

序 文

　조선후기의 문제에 접근하는 방법은 여러 가지가 있을 것으로 보인다. 그 가장 정통적인 방법은, 본인이 관심을 가지고 있는 문제에 관한 기존의 연구를 읽고 자기 나름의 假說을 세운 뒤, 그 문제에 관한 1次史料를 수집·정리·분석하여 얻은 결론을 가지고 스스로 설정한 가설의 타당성을 검증해 보는 것이다. 이러한 연구방법은 연구자들이 흔히 선택하는 일반적 방법이다. 또 한 가지의 방법은 자기시대가 당면한 문제의 해결 방안을 모색하기 위하여 한 평생을 바친 위대한 사상가의 저작에 제시되어 있는 가설을 가지고 그 시대의 문제에 접근해 보는 것이다. 이러한 경우에는, 위대한 사상가가 설정한 가설이니까, 그 가설의 타당성에 대하여 의심할 여지가 없다고 생각하기 쉽지만, 사실은 그렇지 않다. 우리가 다 아는 바와 같이, 같은 시대의 같은 문제를 두고서도 사상가들 사이에 서로 다른 가설을 제시하는 경우가 많은 것이다. 그 이유는 아무리 위대한 사상가라 하더라도 그 시대의 역사적 상황과 과제에 대한 자기인식에 따라 가설을 세울 수밖에 없기 때문이다. 따라서 위대한 사상가의 가설이라고 하더라도, 그 가설의 타당성은 여러 가지 방면으로 검토되지 않으면 안 된다.

　정약용이 조선후기의 위대한 사상가라는 점에 대해서는 많은 사람들이 동의할 것으로 보인다. 그리고 그의 經世學에 관한 대표

적 저작이 『경세유표』라는 점에 대해서도 異議는 없을 것이다. 그
런데, 『경세유표』에서는 많은 가설들이 제시되어 있다. 그중에서
여러 작은 가설들이 그 위에서 정립되어 있는 이론적 기반이 되는
중심적인 가설은 무엇이었을까. 그것은 다름이 아니라, 유교經典의
보편적인 가설인, 經田이 곧 仁政이라는 것이다. 이러한 가설은, 孟
子에 의하여 제기되고, 朱子에 의하여 부연되었으며, 磻溪에 의하
여 계승되었는데, 茶山은 이 가설에 입각하여 정전법을 비롯한 몇
가지의 경전 방안을 체계적으로 전개했다. 정약용이 『경세유표』의
중심적 이론으로 제시한 井田法은 전지를 公田 1畝 와 私田 8畝로
구획함으로써 경전을 가장 정확하게 행할 수 있는 경전제도이다.
정전으로의 전지구획은 평야에서만 가능하지만, 정전으로 구획할
수 없는 전지에 대해서는 魚鱗圖로써 경전한다. 그리고 정전법의
연장선상에 있는 方田法과 어린도라는 양전기법을 도입하면, 전지
를 정전으로 區劃하지 않더라도 정확한 경전이 가능하다.

　　그러면, 정약용은 왜 경전을 자기시대의 최대의 과제로 삼으려
고 했을까. 그것은 조선의 경전제도인 結負制를 가지고서는 정확
한 경전이 불가능하다고 생각했기 때문이다. 이러한 견해는 磻溪
와 楓石을 비롯한 실학자들뿐만이 아니라 당시의 識者들의 일반
적인 견해였다. 결부제로써 정확한 양전이 불가능한 이유는 기본
적으로 두 가지였다. 첫째는, 결부가 풍흉과 토지의 비옥도에 따
라서 수시로 변동하는 수확량(즉 田稅)의 단위이기 때문에, 그것
을 가지고서는 전지의 실태를 제대로 파악하기가 어렵다는 것이
요, 둘째는, 결부제에서는 측량의 방법으로 5가지의 田形을 제시
하기는 하지만 실제로 5가지 전형으로 토지를 구획하는 것이 아
니기 때문에, 그것들은 쓸모없는 방법 즉 死法이라는 것이다. 이
러한 결부제의 결함이 가져오는 결과는 참으로 참담한 것이었다.

戶籍과 量案이 왕정을 위한 기본자료인데, 결부제하에서는 전지의 실태가 정확하게 파악되지 못하기 때문에, 양전을 기반으로 작성되는 이들 장부가 모두 虛簿에 가까웠다는 것이다. 그 결과, 인민들은 정부의 恣意的인 수탈로 빈곤 속에서 허덕일 수밖에 없는 데 대하여, 국가는 빈약한 재정수입 때문에 관리의 절반에 대하여 그 빈약한 祿俸마저도 지급할 수 없었을 뿐만이 아니라 안정적인 常備軍도 확보할 수가 없었다. 국가가 국가로서 갖추어야 할 재정과 군사라는 기초적 조건을 제대로 갖추고 있지 못했던 것이다.

그러나, 정전제에 의한 경전이 위에서 보는 바와 같은 그 이론적 정합성, 학설사적 계승성 및 현실적 중요성을 가지고 있다고 하더라도, 정전법 그 자체는 근대학문에 속하는 것이 아니다. 경세학이 주로 義理를 추구하는 經學에 종속되어 있기 때문에, 정전법도 의리추구를 그 구성요소로 하고 있다. 『시경』의 "우리 공전에 비 와서 드디어 우리 사전에 미치는(雨我公田, 遂及我私)" 시혜적 관계라든가 "공전에 씨를 뿌리기 전에 감히 사전에 씨를 뿌려서는 안 되는(公田不播, 不敢播其私)" 先公後私的 관계가 바로 그런 따위들이다. 그런데, 이러한 시혜적 혹은 선공후사적 관계 속에는 평등한 인간관계를 전제로 하는 근대사회에서는 용납될 수 없는 身分的 관계가 숨어 있다. 그러므로, 근대학문의 방법론에 입각하여 정전제를 분석하고 있는 우리들은, 이러한 의리적 관계를, 맹목적으로 追求하거나 追隨해서는 안 되며, 비록 그것을 연구의 대상으로 한다고 하더라도, 그 윤리학적 혹은 정치경제학적 含意를 냉철하게 분석해야 할 것이다. 이렇게 함으로써 본서에서는 현재 한국실학의 연구가 빠져 있는 의리추구적 경향을 극복하려고 노력했다.

『경세유표』에서는 위와 같은 경전뿐만이 아니라 왕정의 여러 분야를 제시하고 그러한 왕정을 수행하기 위한 관제개혁 방안을 제시했다. 이러한 점에 관해서는 序章에서 충분히 설명할 것이므로, 여기서는 본서의 서술방법에 관한 약간의 기술적 문제에 대하여 간략하게 언급해 두기로 하겠다. 첫째, 본서에서는 『경세유표』로부터의 자료인용이 아주 많다. 자료의 인용이 많은 이유는 가능하면 정약용이 말하고자 하는 본래의 취지를 충실하게 전달하기 위해서이다. 둘째, 漢文자료는 모두 필자 스스로 번역하고 그 원문을 脚注로 제시했다. 번역에 있어서는 기존의 번역과 斯界의 전공자들로부터 많은 도움을 받았으나, 번역은 필자의 이론전개와 논리적 정합성이 있도록 행하려고 노력했다. 셋째, 문장에서는 한자를 노출시키고, 文體는 한글로의 풀어쓰기에 힘쓰지 못했다. 그 이유는, 연구의 현단계에서는 정약용의 경세학을 한자로 표기하지 않고서는 그 뜻을 정확하게 전달하기가 어려웠고 또 이 책의 주된 독자층을 조선후기와 한국실학의 연구자로 잡았기 때문이다. 넷째, 본문에서 정약용을 비롯한 일반 연구자들에 대한 敬稱은 일체 생략했다. 혹시 경칭의 사용이 냉철한 이성적 판단을 방해하는 경우가 있지 않을까 우려했기 때문이다.

이 책을 집필하기 시작한 것은 6·7년 전부터이다. 그러나, 그 집필의 준비는 나의 學問的 生涯와 같이 시작되었다. 그간 『목민심서』를 번역하고 『경세유표』를 解讀하는 한편 다산의 경세학에 관한 논문을 쓰는 데에 많은 시간을 보냈다. 그 과정에서 다산경세학의 체계가 무엇인가를 밝혀내기 위하여 다산학의 연구자들과 끊임없이 토론하고 또 관련 古典들을 반복해서 읽었다. 한문의 번역을 위해서는 기존의 번역을 참고하는 것은 말할 것도 없고 한문학 전공자들에게도 많은 자문을 구했다. 특히 나에게 부담이 되었던 일은 조선후기에 관한 자료와 연구를 가지고 『경세유표』에서 주장되고 있는 가설들의 현실적 타당성을 확인하는 작업이었다. 다산경세학의 독해, 한문의 해독 및 자료수집에 있어서 일일이 거명할 수 없는 분들에게 많은 學恩을 입었다. 그분들의 도움이 없었더라면 이러한 책은 이루어지지 못했을 것이다. 특히 다산학술문화재단에는 큰 신세를 졌다. 동 재단이『여유당전서』의 定本化事業의 일환으로『경세유표』와『목민심서』를 PC에 입력하지 않았더라면, 이 책의 저술을 위하여 그 자료들을 자유롭게 활용하는 일은 불가능했을 것이다. 또 책의 출판에 있어서는 朴德濟(노동경제학 전공), 金慶會(경제학 전공), 朴煥斌(일본근대정치사 전공) 및 李宇衍(한국근대경제사 전공)의 諸氏가 원고를 꼼꼼히 읽는 한편 교정을 보아주었으며, 경인문화사 金煥起이사의 노고가 컸다. 두루 감사의 말씀을 드리는 바이다.

　마지막으로 저술의 주된 자료가 된 필사본『경세유표』를 비롯한 가장본『여유당집』의 기관별 분포현황과 자료수집에 협력해 준 기관들을 소개해 두어야겠다. 서울대학교의 중앙도서관과 규장각, 한국학중앙연구원의 장서각, 단국대학교의 퇴계학도서관, 미국 버클리대학의 아사미(淺見)문고 및 경기문화재단 실학박물관은,『여유당집』을 구성하는 특정저서에 한정되는 것이기는 하지만, 모두 위의 자료들을 보유하고 있었다. 특히 장서각이 보관하고 있는 가장본『여유당집』은 본래 다산본가의 소장자료로서 다산학 연구를 위해서는 필수불가결한 것이며, 또 위의 기관들이 보유하고 있는 가장본『경세유표』는 그 서지적 연구에 크게 도움을 주었다. 그리고, 실학박물관의『量田議』+三終은『경세유표』의 성립과정에 관한 연구에 있어서 결정적 도움을 주었다. 고려대학교의 중앙도서관 漢籍室, 한양대학교의 중앙도서관 한적실, 국민대학교의 중앙도서관 및 일본의 東洋文庫는『경세유표』의 일반 필사본을 열람할 수 있는 기회를 주었다. 그리고, 연세대학교의 중앙도서관 국학자료실에서 Horace Grant Underwood가 수집·기증한 『丘井量法事例竝圖說』을 열람할 때에는 그의 높은 자료수집의 眼目에 놀랐다. 영남대학교의 중앙도서관 한적실은 가장본 『民堡議』와 다산이 손수 淨寫한 『讀禮通考』를 열람할 수 있는 기회를 주었다. 모두 귀중본이었음에도 불구하고, 이 기관들이 필자에게 이 자료들에 대한 열람의 기회를 흔쾌히 마련해 준 데 대하여 마음속 깊이 謝意를 표하는 바이다.

2017년 7월 7일
安秉直

目 次

序 文

序 章 ·· 1

제1장 章節構成과 體國經野 ·· 21

머리말 ··· 23
제1절 政法三集에서의 『경세유표』의 위치 ························· 26
제2절 章節의 構成과 再分類 ··· 32
제3절 硏究史의 整理 ·· 45
제4절 體國經野와 設官分職 ··· 51
맺음말 ··· 66

제2장 王政과 官制改革 ·· 71

머리말 ··· 73
제1절 王政과 官制 ··· 78
제2절 朝鮮後期의 官制와 官制改革 ···································· 108
제3절 改革課題와 官制 ·· 126
맺음말 ··· 175

제3장 井田法과 王土 ·· 179

머리말 ··· 181
제1절 資料의 檢討와 硏究史의 整理 ·································· 184
제2절 王土와 時占 ·· 203
제3절 國家的 土地所有의 實現方案 ···································· 225

제4절 「井田議」의 分析 ·· 240
맺음말 ·· 259

제4장 井田法과 量田 ·· 263

머리말 ·· 265
제1절 結負制와 井田制 ·· 273
제2절 井田區劃과 新田開發 ·· 310
제3절 方田法과 魚鱗圖 ·· 345
맺음말 ·· 381

제5장 井田法과 井稅 ·· 387

머리말 ·· 389
제1절 朝鮮後期의 田政紊亂 ·· 393
제2절 井田制와 賦貢制 ·· 429
맺음말 ·· 478

제6장 筆寫本에 대한 書誌的 檢討 ·· 485

머리말 ·· 487
제1절 筆寫本目錄의 作成 ·· 491
제2절 著作과 筆寫의 經緯 ·· 499
제3절 目次排列의 檢討 ·· 509
제4절 定本化事業을 위한 新朝鮮社本의 修正 ·· 518
맺음말 ·· 520

終章 ·· 551

序章

연구의 개요

저술경위

『俟菴先生年譜』에 의하면, 순조 17년(1817)의 "가을에 『방례초본』을 編輯하는 일이 시작되었으나, 이를 끝내지 못했다"고 했다. 이 문장은 동 18년(1818)의 "봄에 『목민심서』가 이루어지다"라는 문장과 뚜렷이 대조된다. 『목민심서』의 草稿本은 그 저술이 끝났으나, 『방례초본』은 편집하는 일을 시작했으나 끝내지 못했다는 것이다. 그러면, 왜 『방례초본』은 편집하는 일조차 끝내지 못했을까. 그 이유는 저서를 구성하는 篇들 중에서 집필되지 못한 것이 많았기 때문이다. 이러한 사실은 『방례초본』과 『목민심서』의 저술 순서에 대한 우리들의 통념을 깨기에 충분하다. 우리는 일반적으로 전자가 후자보다 먼저 저술된 것으로 알고 있지만, 그것은 그렇지 않다. 그리고 『방례초본』은 저술이 완성되지 못한 遺稿集이라 할 것이다.

『방례초본』은, 본래 『주례』를 모델로 조선왕조 국가를 개혁하기 위한 방안을 모색하기 위하여 그 집필에 착수했으나, 집필초기에는 확실한 집필계획을 가지고 있지 못했던 것으로 보인다. 이러한 사실은 각 편들의 집필의 시기와 계기가 다양했던 데서 드러난다고 할 것이다. 본문 내에서 집필연도를 확인해 보면, 「郡縣分隸」와 「考績之法」은 1815년에, 「전제」6~8은 1816·7년에, 「전제별고」1~3은 1820년에 각각 집필되었다. 본문의 기술과 傍證자료에 의하면, 「序官」1~6(初名은 「邦禮考」이다), 「전제」1~5(초명은 「전제고」이다) 및 「부공제」1~6(초명은 「貢賦考」이다)은 解配 이전의 저술이고, 「均役事目追議」1~2, 「倉廩之儲」1~3, 「호적법」 및 「교민지법」은 해배 이후의 저술이었다. 저술의 논리적 순서상 「방례고」와 「전제고」는 「군현분예」와 「전제」6~8보다 먼저 저술되었을 것이다. 위의 저술들 중에서 「전제별고」1~3은 1819·20년경에 양전을 위한 정부의 '收議'에 부응하기 위하여 저술된 것이 분명한데, 「균역사목추의」와 「창름지저」도 그러한 성격의 저술이었을 가능성이 높다. 1820년에 집필된 것으로 추정되는 「방례초본인」의 집필로써 『방례초본』의 집필과 편집은 일단 未完成인 채로 마무리된 것으로 보이는데, 이렇게 보면 『방례초본』을 구성하는 각 편들의 집필의 시기와 계기가 다양했다는 것이 확인된다.

저술체계

1820년에 편집이 마무리되었을 것으로 보이는 『방례초본』은 그 저술체계를 『주례』의 六官체계에 따랐다. 제1부라 할 수 있는 「序官」과 제2부라 할 수 있는 「六官修制」가 모두 육관체계로 서술되어 있으나, 「서관」은 관제개혁이요 「육관수제」는 六官 소관의 국정개혁이다. 그런데, 「서관」의 관제개혁은 관제이기 때문에 육관체계로 서술하는 것이 마땅하나, 「육관수제」의 국정개혁은 관제개혁이 아니기 때문에 육관체계로 서술하기에는 적당치 않았다. 그리고, 8道의 12省으로의 행정구역의 재편이라든가 정전제의 실시와 같은 국가의 重大事가 단순히 특정부서의 업무라고만 말할 수도 없다. 따라서, 국가개혁은 왕정체계에 따라서 서술되어야 하며 육관체계로 서술되기는 어려웠던 것이다. 그 결과 「육관수제」

의 서술은 이조와 호조에 집중되고, 예조와 병조의 서술은 아주 빈약하며, 형조와 공조의 서술은 완전히 결락되었던 것이다. 더 나아가 『방례초본』에는, 「匠人營國圖」 및 「一邃九坊圖」와 같이 육관체계 내에서는 흡수될 수 없는 항목이 삽입되어 있기도 하고, 「균역사목추의」와 같이 「지관수제」의 마지막 항목으로 배치되어 있기는 하지만 「지관수제」라고 명시적으로 표기되지 못한 항목도 있다.

주지하는 바와 같이, 『주례』는 본래 육관체계로 서술되어 있다. 그러므로 『주례』에서는 왕정이 관제에 따라 분산적으로 서술될 수밖에 없었기 때문에 왕정의 체계를 파악하기가 어렵게 되어 있다. 그러나, 『주례』에는 육관마다의 首章으로서 왕조국가의 체계라고 할 만한 것이 제시되어 있다. 그것은 다름이 아니라 '惟王建國, 辨方正位, 體國經野, 設官分職, 以爲民極'이다. 이것을 번역하면, "帝王이 都城을 건설함에 있어서, 방향을 分揀하여 (王宮의) 위치를 바로잡아 도성을 건설하고 들을 區劃하며, 官署를 설치하고 관직을 나누어서 백성들의 標準으로 삼는다"는 것으로 될 것이다. 육관의 수장으로 제시되어 있는 왕조국가의 체계는 다음과 같다. 첫째는 王朝國家를 건설함에 있어서 우선 王宮의 位置를 바로잡아 국가의 중심을 잡는다는 것이다. 즉 무엇보다도 먼저 주권자로서의 제왕의 위치가 올바로 설정되어야 한다는 것이다. 둘째는 '체국경야'이다. 도성을 건설하고 들을 구획하는 일, 즉 왕정의 기본과제를 제시했다. 셋째는 '설관분직'이다. 왕정의 기본과제를 수행할 관료기구를 정비하는 일을 제시했다. 넷째는 관료들이 백성의 표준이 되게 하여 국정을 수행하게 한다는 것이다. 여기서 왕조국가의 기본적 국정과제와 이를 수행할 관제가 '체국경야, 설관분직'으로 제시되어 있는 것이다.

개혁과제

앞에서도 말한 바와 같이, '체국경야, 설관분직'은 왕조국가의 기본적 국정과제와 관제이다. 그런데, 정약용이 제시하고자 하는 왕조국가의 기본적 국정과제는「原政」이라는 논문에서 그 내용이 소상하게 敷衍되어 있다.「원정」에서 부연된 국정과제를 그 이후의 그의 경세학의 발전을 참고하여 재정리하면 다음과 같다. 첫째는 정전법의 실시이다. 정전법은 토지제도로서 왕조국가의 제도들이 그 위에서 정립되는 제도적 기반이다. 왕조국가를 지탱하는 기본수단인 토지소유, 양전, 전세 및 군사 등에 관한 제도들이 정전법을 바탕으로 제정되었던 것이다. 둘째는 通功易事이다. 통공역사는 분업과 통상의 종합이다. 이를 위해서는 교통시설, 도량형제도, 화폐제도 및 계약제도 등이 정비되지 않으면 안 된다. 셋째는 국방이다. 국방을 위해서는 정전제와 屯田에 기초를 둔 상비군을 확보하려고 했다. 넷째는 치안이다. 중세의 首都치안은 군사제도와 一體化되어 있었던 것으로 보인다. 다섯째는 원포, 산림, 광산 및 수산 등의 자원개발이다. 여섯째는 醫藥施設의 보급이다. 위와 같은 왕정 중에서『방례초본』에서는 정전법의 실시와 원포, 산림, 광산 및 수산의 자원개발이 국정개혁의 주된 대상으로 선택되었다. 관제개혁은 가능하면 위에서 제시된 모든 국정과제에 대응하여 이루어지도록 노력했다.

『방례초본』에서는 정전법의 실시와 자원개발이, 주로「전제」와「부공제」에서 서술되어 있으나, 예컨대「서관」등에서도 이와 관련된 기술이 많다. 그런데,「전제」와「부공제」는 저술의 분량면에서『방례초본』의 절반을 훨씬 초과하며, 이에「전제」와「부공제」의 연장선상에 있는「전제별고」와「균역사목추의」를 합하면『방례초본』의 3분의 2에 육박한다. 그러므로 「육관수제」에는, 이러한 篇들과는 별도로 「창름지저」, 「호적법」 및 「교민지법」 등이 있다고 하더라도, 정전제, 부공제 및 관제에 관한 기술이 그 대부분을 차지하고 있다고 할 수 있다. 따라서 『방례초본』에서 시도된 국가개혁의 내용은 『주례』육관의 수장에서 제시된 왕정의 체계와 『방례초본』의 분량이라는 양면에서 보더라도 정전제, 부공제 및 관제로 소개되더라도 좋을 것으로 보인다. 다만 부공제는, 저술의 분량면에서 큰 비중을 차지하고 또 자원개발과 이에 대한 課稅로써 전지생산물의 9분의 1에 불과한 井稅收入이 재정수입으로서 불충분한 점을 보충하기 위하여 특별히 저술된 것이기는 하지만, 시행될 수 있는 제도로서 정립되지 못하고 중국의 제도를 소개하는 수준의 논의에 불과하기 때문에, 정전제의 井稅수입과 관련하여 부수적으로 다루었다. 다시 말하면, 『방례초본』에서 전개되는 국가개혁의 내용은 정전제와 관제를 중심으로 소개했다.

정전제와 魚鱗圖

정전제는 본래 그 자체로서 한 왕국의 제도가 되기에 충분하다고 인식되어 왔다. 그 이유는 정전제가 사전 8부가 공전 1부를 둘러싸고 있는 王土의 상징물, 정확한 經田을 가능하게 하는 田家의 黃鐘, 9분의 1세의 模楷 및 農民皆兵制에 바탕을 둔 농가의 陣法이라는 다양한 측면을 가지고 있기 때문이다. 정전제를 구성하는 위의 여러 측면 중에서 정전제를 정전제로서 성립할 수 있게 하는 기초는 정전이 전지를 정전으로 구획함으로써 전가의 황종으로서 정확한 經田을 가능하게 한다는 점이다. 『맹자』藤文公章句上의 使畢戰問井地條에서 보이는 바와 같이, 정전은 바로 仁政이었던 것

8

이다. 다시 말하면, 정전으로의 전지구획 즉 경전을 통한 전지실
태의 정확한 파악이 곧 인정이었다. 그런데, 전지의 정전으로의
구획은 비옥한 평야에서만 가능하다. 그렇기 때문에 전국의 모든
전지를 정확하게 경전하기 위해서는 정전제의 연장선상에 있는
魚鱗圖의 기법을 도입해야 했다. 그러니까 정전과 어린도에 의하
여 전국의 전지가 정확하게 파악되어야 그 위에서 올바른 토지소
유제도, 공정한 전세제도 및 農民皆兵制로서의 군사제도가 확립될
수 있었던 것이다. 위와 같은 고찰에서 쉽게 짐작할 수 있겠지만,
정약용이 『방례초본』에서 정전제를 왕정개혁을 위한 기본제도로
도입하려고 했던 것은 전지의 실태파악이 불가능한 結負制를 극
복하고 측량에 기초한 양전을 토대로 조선의 국가제도를 근본적
으로 개혁하려는 데 있었다.

정전제와 토지소유

첫째 정전은 사전 8부가 공전 1부를 둘러싸고 있는 국가적 토
지소유 즉 왕토의 상징물이다. 정약용은 1834년에 편집된 『洌水全
書』의 加筆「전론」에서 「전론」이 그의 38세 때의 所作임을 밝힘과
동시에 "왕이 五福을 거두어 들여서 뭇 백성에게 나누어 주는데,
이것이 그 大義이다(皇斂時五福, 用敷錫厥庶民, 斯大義也)"라고 하
면서 그가 만년의 『상서』연구에서 획득한 국가적 토지소유의 經
典的 근거를 제시했다. 여기서 5복은 壽(命), 富(貴), 康寧, 攸好德
및 考終命인데, 제왕은 때때로 이 5복(토지는 부귀에 속한다)을
거두어들이기도 하고 나누어 주기도 하는 權限을 가지고 있어야
皇極을 세울 수 있다는 것이다. 여기서 그는 『상서고훈』洪範條에
서 황극의 위치를 公田에 비유하기도 했다. "황극이 九疇의 중앙

에 위치하는 것이, 공전이 九畎의 중앙에 위치하는 것과 같아서, 四方과 四維의 중심이 되기 때문에, '황극을 세운다'고 하는 것이다'라고 했다. 동시에 그는 「부공제」에서 국가적 토지소유가 德政의 기초임을 밝혔다. 임금이 토지를 손아귀에 틀어쥐고 그것을 백성들을 상대로 거두어들이기도 하고 나누어 주기도 하는 권한을 가지고 있어야 德政을 베풀 수 있다는 것이다. 더 나아가 그는 束伍軍과 관련하여 만약 임금이 국가적 토지소유를 실현하여 토지를 백성들에게 나누어 주는 것이 아니라면 무슨 명분으로 자기가 소유하는 토지를 경작하여 스스로 편안하게 살아가고 있는 백성들을 목숨을 잃어버릴지도 모르는 矢石이 빗발치는 전쟁터로 동원할 수 있겠느냐고 말하고 있기도 하다. 『논어』의 爲政篇에서는 "공자께서 말씀하시기를, 德으로써 정치를 하는 것은 비유컨대 北辰이 그 장소에 있으면 뭇별이 함께하는 것과 같다(子曰, 爲政以德, 譬如北辰居其所, 而衆星共之)"고 했는데, 朱子는 그 注에서 "덕이라는 말은 得이라는 것이니, 道를 행하여 마음에 얻는 바가 있다는 것이다"라고 했다. 왕조국가에서 덕정이 이루어지기 위해서는 제왕의 백성들에 대한 물질적 施惠와 동시에 정신적인 敎化가 필요하다는 점이 강조되었던 것이다.

　전근대의 동양적 왕조국가에서는 왕정의 물질적 기초로서 일반적으로 국가적 토지소유가 강조되고 있었다. 정전법, 名田法, 한전법 및 균전법 등이 모두 그러한 것이었다. 그럼에도 불구하고 정약용은 한전법과 균전법은 온전한 국가적 토지소유가 아니라고 비판하면서 정전법이야말로 진정한 국가적 토지소유를 구현하고 있는 법제라는 점을 강조했다. 그 논거로서 그는 토지의 분급에 있어서 정전법은 토지의 用益權만 분급하는 데 대하여 한전법과 균전법은 토지의 소유권을 분급한다는 점을 들었다. 그리고 그는,

정전법이 소유권을 분급하는 것이 아니라 용익권을 분급한다는 것을 강조하기 위하여, "농사를 짓는 자는 전지를 얻고 농사를 짓지 않는 자는 전지를 얻지 못한다(農者得田, 不爲農者不得田)"는 새로운 용어까지 창출했다. '有田'이 아니라 '득전'이었던 것이다. 그리고 그는 토지가 天子와 諸侯의 소유물이라는 점을 강조하기 위하여 모든 토지는 '王土'라고 강조했다. 또 왕토는 왕권의 상징인 太阿之柄으로 일컬어지기도 했다. 이에 대하여 농민의 토지에 대한 관계는 '時占' 또는 '時作'이라 했다. 다시 말하면, 농민의 토지에 대한 관계는 일시적인 점유자나 경작자에 불과하다는 것이다. 그는 국가적 토지소유를 실현함으로써 제왕이 국정을 장악할 수 있는 絶對權을 확보해야 한다고 생각했던 것이다.

정전제와 양전

둘째 정전은 정확한 양전을 행할 수 있는 田家의 黃鐘이다. 다시 말하면 정전은 전지를 方田으로 구획함으로써 정확한 토지측량을 위한 尺度가 된다. 앞의 『맹자』藤文公章句上의 使畢戰問井地條에서 맹자는 "무릇 仁政은 반드시 經界로부터 시작하는데, 경계가 바르지 못하면, 井地가 고르게 分給되지 못하고 穀祿이 평등하게 분배되지 못하기 때문에, 폭군과 汚吏는 반드시 그 경계를 허물어뜨리지만, 경계가 이미 바르게 되면, 전지의 분급과 녹봉의 배분이 가만히 앉아서도 정해질 수 있다(夫仁政必自經界始, 經界不正, 井地不均, 穀祿不平, 是故暴君汚吏, 必慢其經界, 經界旣正, 分田制祿, 可坐而定也)"고 했는데, 주자는 그 注에서 "경계는, 토지를 다스려 구획하는 것인데, 溝洫을 파고 길을 내며 전지의 모서리에 土墩을 세우고 나무를 심어서 境界를 經緯로 구획하는 것을 가리

킨다(經界, 謂治地分田, 經畫其溝塗封植之界也)"고 했다. 즉, 정전
제는 경계를 올바로 다스릴 수 있는 최량의 토지제도였던 것이다.
그런데, 조선의 결부제는, 結負가 수시로 변동하는 수확량의 단위
로서 토지의 절대면적이 아닐 뿐만이 아니라, 거기에서 측량의 방
법으로 제시된 5가지의 田形(方田·直田·勾股田·梯田·圭田)으로 전
지를 실제로 구획하지도 않았기 때문에 측량을 할 수 있는 방법이
없었다. 그래서 정약용은 이 5가지의 전형을 쓸모가 없는 방법 즉
死法이라 했다.

　위와 같은 인식하에서 정약용은 전지의 실태파악을 위해서는
무엇보다도 전지를 정전으로 구획하는 것이 중요하다고 생각했
다. 그렇기 때문에 그는 「정전의」에서 전지를 정전으로 구획하는
일로부터 정전제의 실시에 관한 논의를 출발했던 것이다. 정전으
로의 전지구획이 가능한 비옥한 평야에서는 될 수 있는 한 많은
전지를 정전으로 구획하려고 했는데, 우리나라에서는 그렇게 넓
은 들이 없으므로, 정전으로 구획할 수 있는 전지의 최대한도를
25井으로 잡았다. 더 나아가 온전하게 1정으로 구획할 수 없는 곳
에서는 여러 조각의 전지를 합하여 1정으로 구획하는 일이 있다
고 하더라도, 될 수 있는 한 많은 전지를 方田이나 直田으로 구획
하여, 전지의 정확한 면적계산이 가능한 농지를 많이 확보하려고
했다. 또 가능하면 公田 1畉만은 반드시 방전으로 구획하려고 했
는데, 그것은 공전이 농민들에게 경지의 표준을 제시하는 模田이
기 때문이다. 그리고 井田으로 구획할 수 없는 전지에 대해서는
정전제의 연장선상에 있는 1정의 魚鱗圖로써 지형에 따라 구획된
전지 1筆地의 位置, 地貌 및 面積을 있는 그대로 파악하려고 했다.
여기에서 비로소 한국에서도 地籍圖가 출현할 수 있게 되었던 것
이다. 정약용은 1819·20년경에 정부의 양전에 대한 '收議'에 부응

하기 위하여 「전제별고」 3편을 저술했는데, 여기서는 결부제하에서라도 方田法을 도입하여 1井의 36분의 1에 해당하는 1畦의 어린도를 작성함으로써 전지 1필지의 위치, 지모 및 면적을 보다 소상하게 파악하려고 했다. 정약용이 이와 같이 전지의 실태를 소상하게 파악하려고 한 것은, 국가경영을 위해서는 필수불가결한 자료이지만, 종래의 결부제하에서는 획득될 수 없었던 정확한 戶籍과 田籍을 확보하려는 데에 그 목적이 있었던 것이다.

정전제와 井稅

셋째 정전은 9분의 1稅의 模楷이다. 정전제에서는 사전 8부의 농민이 공전 1부를 경작하여 그 수확물을 井稅로서 국가에 바치는데, 이러한 정세의 수취방법인 助法은 다음과 같은 네 가지의 特長이 있다고 했다. 첫째 조법에 의한 전세수취의 多寡는 풍흉이라는 自然에 의존하는 것이므로 백성들에게도 쉽게 납득될 수 있다는 것이다. 이에 대하여 수년 간의 평균생산물을 기준으로 과세하는 貢法은 그 등급사정이 人意에 의존하는 것이므로 조세에 대한 백성들의 이해를 구하기가 어렵다고 보았다. 둘째 조법의 9분의 1세는 세율이 고정되어 있기 때문에 통치자의 자의적 수탈을 배제할 수 있을 뿐만이 아니라 백성들도 부담할 수 있고 정부의 재정도 유지될 수 있는 적정한 세율이라는 것이다. 셋째 조법에 의한 정세는 기본적으로 공전의 수확물이므로 토지의 비옥도와 풍흉에 따른 수확변동에 대한 사정이 필요 없다는 것이다. 넷째 정세는 공전의 생산물을 직접 수취하는 것이기 때문에 징세비가 크게 절약된다. 위와 같은 조법에도 문제점이 없는 것은 아니겠으나, 경지가 불안정하고 풍흉이 빈번하게 반복되는 상황하에서 토지의 비옥도와 풍흉에 따른 수확변동에 대한 사정이 불가피하여 거기에 기생하는 중간착취가 성행할 수밖에 없는 공법에 비하면, 조법은 월등히 좋은 전세수취 방법이라 할 수 있을 것이다. 조선에서는 歷代로 전세제도로서 공법이 채택되어 왔는데, 고려시대에는 전세사정을 위한 踏驗損實이라는 전세수취의 방법 때문에, 그리고 조선시대에도 세종조에 제정된 공법의 제도적 결함 때문에 전세를 제대로 징수할 수가 없었다. 1結의 전세는 대개 米 4斗로 고정되었는데, 이것은 50분의 1세에도 훨씬 미치지 못하는 것이었다. 결부제에 기반한 공법의 결함은 현실에 있어서는 이와 같은 치명적인 결과를 낳았다. 그렇기 때문에 재정은 주로 명확한 수취규정이 없는 貢物 수입에 의존할 수밖에 없었는데, 공물은 관리들의 중간수탈 때문에 인민들로부터 거두어들여진 것 중에서 중앙에 進上되거나 上納되는 것은 그 1~2할에 불과했다고 한다. 이렇게 보면, 정전제에 입각한 9분의 1세의 조법이 經典에서 칭송되는 바와 같이 얼마나 좋은 세법인가를 알 수 있을 것이다.

조선후기에 들어와서는 이제 더 이상 재정이 자의적인 수탈을 행하는 공물에 의존할 수가 없게 되었다. 그래서 많은 부세들이 전결의 부담으로 돌려졌다. 1602년에는 訓鍊都監에서 砲手·殺手·射手의 三手兵을 훈련하기 위하여 평안도와 함경도를 제외한 6도에서 1결당 三手米 2두2승을 거두었으며, 1608년의 경기도를 비롯하여 1708년의 황해도에 이르기까지 100년에 걸쳐서 關西·關北을 제외한 6도에 대동법을 실시하여 공물을 대신하여 1결당 大同米 12두를 거두었으며, 또 1751년의 均役法의 실시로 軍丁 1人으로부터 거두던 軍布 2疋을 1필로 감하고 그 給代財源으로서 1결에서 結米 3두(혹은 結錢 5錢), 魚鹽船稅와 選武軍官布를 거두게 되었다. 그런데, 위와 같은 대동미와 결미는 주로 중앙의 재정수입이었기 때문에 지방정부의 재정을 유지하기 위해서는 별도의 조세징수가 불가피했다. 그 대표적인 것이 1751년에 신설된 1결당 미 4두를 거두는 雉鷄柴炭價米였는데, 이 이외에도 加升米 3升 및 斛上米 3승 등의 무수한 부가세도 덩달아 法典에 규정되는 부세가 되기에 이르렀다. 이리하여 1808년에 편찬된 『萬機要覽』에서는 위와 같은 전결의 부담을 "今每一負, 出租一斗"로 규정하였는데, 벼 100두는 쌀로 환산하면 白米 40斗가 되었던 것이다. 그런데, 이 1結當 租 100斗의 전결부담은 三南지방의 경우 이미 9분의 1세를 훨씬 초과하고 있었다. 그런데, 18세기 말~19세기 초가 되면, 여기에 1결당 民庫租 30~40두와 還穀租 2~3석이 추가되었다. 위와 같은 전지에 대한 부세를 모두 합하면, 그것은 전지생산물의 25%에 이르는 것이었다. 이것이 조선후기 田政紊亂의 실상이었다. 그럼에도 불구하고 복잡한 전세의 명목과 징수방법 때문에 관리들의 중간착취가 성행하여 중앙정부가 수취하는 전세는 전지생산물의 10분의 1에도 미치지 못했다. 정약용이 정전법을 실시하고자 한 것은 정전법과 어린도로써 전국 전지의 3분의 1에 해당하는 隱結을 색출하고 위와 같은 복잡한 전세의 명목과 징수방법을 9분의 1세의 井稅 單一稅로 정리함으로써 관리들의 중간착취를 배제하고 중앙정부의 재정수입을 획기적으로 높이고자 하는 것이었다. 그는 또 결부법하에서라도, 方田法과 어린도에 의하여 전지의 실태가 정확하게 파악될 수 있으면, 貢法에 의하여 수세한다고 하더라도 별문제가 없을 것으로 보기도 했다. 그러니까 전세수취에서의 핵심적인 문제는 전지의 실태를 정확하게 파악할 수 있는가 없는가에 달려 있으며, 조법과 공법의 수세방법상의 우열의 문제는 궁극적으로 전지의 실태파악과 관련하여 평가되어야 할 것으로 본 것이다.

四民九職과 부공제

정약용은 정전제가 실시되어 隱結이 색출되고 9분의 1세가 실현되면 정부의 재정이 다소 넉넉해지리라고 보기는 하였으나 그것으로써 충분하다고는 보지 않았다. 더구나 그는 정전법의 실시를 위하여 전국의 전지를 매입하려고 했기 때문에 더욱 그렇게 생각할 수밖에 없었다. 또 정전법을 시행하려고 했기 때문에, 그에게는 농민 이외의 직업을 가진 사람들에 대해서 어떻게 과세해야 할 것인가 하는 이론적 문제가 제기되기도 했다. 여기서 그는 四民九職論을 전개하게 된다. 그는 이 사민구직론을 통하여 상업, 임업, 광산 및 어업 등이 가지는 産業的 중요성을 깊이 인식하고, 이러한 산업을 장려하는 한편 부세도 부과해야 한다고 생각했다. 여기에서 전개된 그의 부세이론이 賦貢制인데, 부공으로서는 일반 인민들에게 부과하는 夫布, 里布 및 屋粟과 상업, 園圃, 임업 및 어업 등에 부과하는 關市之賦와 山澤之賦가 있다고 했다. 또 부공으로서는 㮛과 같은 井稅의 부가세나 각종 거래세와 같은 雜稅도 있다고 보았는데, 이렇게 보면, 부공은 정세 이외의 모든 부세에 대한 총칭이라는 것을 알 수 있다. 이것이 그의 一田·一賦論이다. 그런데, 이러한 부공을 징수하려면, 그 稅源이 되는 상업, 원포, 임업 및 어업이 진흥되어야 한다. 정약용의 부공론에 있어서는 상업의 진흥에 대한 언급은 약하고 원포, 임업 및 어업의 진흥에 대한 언급이 많은 것이 그 특징이다. 정약용의 이러한 서술은 조선후기에는 아직도 상업의 발달수준이 낮았기 때문에 상업발달의 기반인 각종 산업의 진흥을 보다 시급한 국정과제로 인식한 결과가 아니었을까.『방례초본』내에서는 부공의 세원개발에 대한 논의는 활발하지만 부공의 징수에 대해서는 매우 신중한 태도를 보이고 있는 것이 사실이다. 이와는 대조적으로 金銀銅의 鑛山開發에 대해서는 적극적인 언급이 있고, 국영광업의 경영으로부터 획득할 수 있는 재정수입에 대해서는 큰 기대를 가지고 있었다.

둔전과 상비군

넷째 정전은 농가의 陣法이었다. 1井의 사전 8부가 각각 正兵 1명씩을 내면, 16정의 1里에 정병 128명을 얻는데, 이것이 1哨이다. 1리는 1丘이므로 여기에 戎馬 1필, 輜車 1대 및 소 2마리를 더 낸다. 旗와 隊를 나누는 방법은 무릇 10명이 1隊, 3대가 1旗, 3기가 1哨, 5초가 1司, 5사가 1營, 5영이 1軍이 되게 하는데, 그러나 정약용이 실시하고자 하는 정전제는 전국의 전지를 국유화하지 못하고 우선 공전 1부만을 국유화하는 것이므로, 위와 같은 束伍軍制度는 당장 실시하기 어렵다고 보았다. 그러므로 그는 六遂와 감영 및 군현의 城 周邊의 5~10리 내에 屯田을 설치하여 상비군을 확보하려고 했다. 우선 六遂에서 中央常備軍 10,000명을 확보하려고 했다. 육수에 둔전 14,400畉를 설정하고, 그 10분의 1인 1,440부를 덜어서 공전으로 삼고, 4,185부를 騎兵에게 나누어 주되 각각 2부 반씩 주어 餼田으로 삼게 하며, 8,326부를 步卒에게 나누어 주되 각각 1부씩 自耕케 하여 양식으로 삼도록 하며, 나머지 449부는 將官에게 나누어 주어 餼廩을 보충하게 한다. 육수의 둔전을 기초로 都統營, 左禦營 및 右衛營의 3營을 두고, 騎兵 1,674명, 보졸 8,326명을 확보하여 왕궁을 호위하게 하는데, 이들에게 2,080명씩 4輪番制로 番上하게 하되, 輪番期間은 1節氣씩이다.

다음으로 지방상비군이다. 지방의 상비군으로서는 中京, 西京, 監營, 兵營과 郡縣에 지방군을 두는데, 모두 治所의 5~10리 내에

둔전을 설치하여, 중경과 서경이 각각 騎兵 2哨와 步兵 10초를, 12
省의 감사가 각각1,000명을, 10路의 병마사가 각각 1,000명을, 大州
가 각각 3哨를, 諸郡이 각각 2초를, 諸縣이 각각 1초를 양병하면,
옛날에는 12,500명이 1軍이니, 大國의 3軍 35,500명을 훨씬 초과하
는 군사력을 확보할 수 있으리라 기대했다. 정약용이 둔전에 養兵
의 물질적 기초를 두려고 한 것은, 물론 그의 정전제와 연관되는
것이지만, 조선후기에는 아직도 傭兵制度를 유지할 만한 재정적
기반이 마련되기 어렵다고 생각했던 것으로 보인다. 그러한 인식
은 아마 그 시대를 살았던 그의 현실적 경험에서 내려진 판단이었
을 것이다. 그의 계획대로 둔전을 확보할 수 있었다면 그가 구상
하는 둔전병제도는 실현되기가 어렵지 않았을 것이다. 그러나, 이
둔전병제도는, 상비군을 확보함으로써 정부의 운영을 備邊司라는
임시적 관제에 의존할 수밖에 없게 했던 조선정부의 궁박한 상황
을 개선하는 데는 도움이 되었겠지만, 당시에 이미 보급되고 있었
던 鳥銃 및 紅夷砲와 같은 근대적 군사기술과 얼마나 조화될 수
있었는지에 대해서는 별도로 검토하여 보아야 할 여지가 있을 것
이다.

국정과제와 관제개혁

　마지막으로, 위와 같은 국정과제를 수행할 관제에 대하여 검토
해볼 차례이다. 유교를 통치철학으로 하는 조선에서는 관제의 제
정과 운영에 있어서 다음의 두 가지 원칙을 준수하도록 했다. 첫
째는 寅亮天工이다. 삼가 천명을 받들어 국가를 통치할 수 있도록
관제가 제정되고 운영되어야 한다는 것인데, 天命이 받들어지는
지 어떤지는 현실적으로 민심동향에 의하여 확인되기 때문에 관

제의 제정과 운영은 민심을 수렴할 수 있도록 이루어져야 한다는 것이다. 둘째는 宮府一體이다. 왕조국가의 관제의 제정과 운영에 있어서는 민심이 천심으로 받들어져야 하지만 동시에 주권자인 제왕의 지위가 보장되도록 해야 한다는 것이다. 따라서 제왕에게는 민심을 받들어 국가를 올바로 통치해야 할 公的 의무도 있지만 주권자로서의 자기 지위를 守護할 私的 권리도 있었던 것이다. 그러므로 왕조국가의 관제는 합리적으로만 제정되고 운영될 수가 없음에도 불구하고 유교적 敎義에서는 통치자의 공적 의무가 일방적으로 강조되어 왔다. 거기에서는 제왕이 천명을 받들어 천하를 통치하는 일이 자연적 질서로 이해되고 임금이나 관료는 至誠으로써 이 天道를 실천해야 한다는 것이다. 『대학』에서 "통치자들이 학문을 하는 길은, 하늘로부터 품부받은 明德을 밝히는 데 있으며, 백성들을 一新하는 데 있으며, 지극히 타당한 곳에 멈추는 데 있다(大學之道, 在明明德, 在親民, 在止於至善)"고 한다거나, 湯임금의 盤銘으로 "만약 새롭게 태어나려고 한다면, 間斷 없이 매일매일 새롭게 태어나야 할 것이다(苟日新, 日日新, 又日新)"라는 구절이 새겨져 있다고 하는 것 등은 통치자들이 올바른 통치를 행하기 위해서는 날마다 새롭게 거듭 태어나야 한다는 것을 강조하기 위한 것이었다. 여기에서 관제가 관리들로 하여금 백성과 만물을 지성으로 敎化하고 化育할 수 있도록 제정되고 운영되지 않으면 안 된다는 철학적 근거가 있었던 것으로 보인다. 그러나, 국가가 임금의 家産으로 인식됨으로써 토지에 대한 인민들의 소유권이 부정되고 신분적으로 차별화되어 있을 뿐만이 아니라 "덕이란 것이 근본이요 재라는 것은 끄트머리이다(德者本也, 財者末也)"라고 하면서 인간의 본성이라 인식되는 利己心을 도덕의 세계에 가두어 두려고 하는 유교적 질서 속에서 위와 같은 관제의 제정과 운영이 얼마나 성과를 거둘 수 있었는가에 대해서는 확실하게 말할 수 없지만, 하여간 정약용은 위와 같은 국정철학을 가지고 관료제의 개혁을 통하여 국정을 혁신하려고 했다. 아래에서는 그가 목표로 하는 국정개혁을 실천하기 위하여 어떠한 관제개혁을 구상하고 있었는지를 살펴보도록 한다.

그는 우선 그가 이상적인 고대의 관제모델이라고 생각했던『주례』에 따라 조선의 관제를 의정부와 20의 屬衙門을 거느리는 육조로 개편하려고 했다. 그의 이러한 관제개편의 구상에 있어서는 정전제로의 전제개혁을 통한 재정과 상비군의 확보가 전제되어 있었지만, 이 방면의 전공자가 아닌 필자가 그의 관제개혁의 의의에 대하여 적극적으로 평가하는 것은 어렵다. 다만, 그의 국정개혁과 관련된 개별적인 관제개혁에 대해서는 어느 정도 소개할 수 있지 않을까 한다. 아래에서는『경세유표』에서 목표로 하는 분야별 국정개혁 과제를 적시하고 이 국정과제를 수행하기 위한 六曹의 屬衙門의 설치에 대하여 고찰해 보기로 한다.『경세유표』에서 목표로 하는 첫째의 개혁과제는 井田法의 實施이다. 정전법의 실시는 토지소유, 양전 및 전세 등 국가경영을 위한 넓은 범위의 개혁과제와 관련되는 것이지만, 개혁의 핵심적 목표는 測量을 기초로 하는 양전을 실시하고 이러한 양전을 토대로 정확한 量案과 戶籍을 작성하는 데 있었다. 정약용은 이러한 개혁과제를 수행할 속아문으로서 版籍司와 經田司를 두려고 했다. 둘째의 개혁과제는 通功易事이다. 통공역사는 사회적 분업을 기초로 하는 物貨의 流通으로서 자급자족적인 지역사회를 서로 疏通하게 하는 수단으로서 생산에 못지않은 중요성을 가진다. 통공역사가 원활하게 이루어지기 위해서는 편리한 水陸交通, 통일적인 度量衡制度, 통화가치가 안정적인 貨幣制度 및 사회적 신뢰를 담보할 수 있는 契約制度

등의 정비가 필요하다. 그는 이러한 개혁과제를 수행할 속아문으로서 典堵司, 典軌司, 典艦司, 量衡司, 典圜署 및 券契司 등을 두려고 했다. 셋째의 개혁과제는 賦貢制의 실시이다. 부공은 전세와 더불어 2대 부세 중의 하나인데, 부공제의 실시를 위해서는 전지 이외의 資源開發, 즉 田農 이외의 광산업, 임업, 염업, 어업, 園圃 및 축산업 등의 장려를 통한 稅源開發이 필수적이었다. 그는 이러한 개혁과제를 수행하기 위하여 司礦署, 山虞寺, 林衡寺, 澤虞寺, 川衡寺, 司圃署 및 司畜署 등을 두려고 했다. 넷째의 개혁과제는 常備軍의 확보이다. 그는, 상비군을 확보하기 위하여 軍制를 傭兵制度로부터 屯田兵制度로 개혁하고, 정전의 농민으로써 편성되는 束伍軍과 둔전을 기초로 편성되는 三營의 中央軍 및 開京·西京·監營·兵營·郡縣의 지방군을 확보하려고 했다. 마지막으로 그는 국정개혁에 있어서는 위와 같은 制度改革과 더불어 해외로부터의 새로운 技術導入이 필수적이라고 생각했다. 그는 이러한 국정과제를 수행하기 위하여 利用監을 두려고 했다.

제 1장
章節構成과 體國經野

머리말

제1절 政法三集에서의
　　　『경세유표』의 위치

제2절 章節의 構成과 再分類

제3절 硏究史의 整理

제4절 體國經野와 設官分職

맺음말

머리말

政法三集으로 불리는 一表二書 중에서 『경세유표』가 다산이 추구한 국가개혁 방안을 담고 있는 중심적 저술이라는 사실에 대해서는 이미 오래 전부터 人口에 膾炙되어 왔으나, 거기에서 추구된 국가개혁 방안의 기본체계가 무엇인지에 관해서는 아직도 적극적 연구가 없어 보인다.[1] 그 이유는, 『경세유표』가 『周禮』의 서술체계에 따라 六官體系로 서술됨으로써 국가개혁에 관한 여러 방안들이 그 所管官職에 따라 분산적으로 서술될 수밖에 없었고, 그 결과 국가개혁의 체계가 目次排列로 제시될 수 없었기 때문이 아니었을까 추측된다. 따라서 『경세유표』에서 서술되어 있는 분야별 국가개혁 방안에 관해서는 지금까지 많은 연구가 이루어져 왔으나, 그 분야별 개혁방안들을 관통하는 개혁방안의 기본체계가 무엇인지에 관해서는 아직도 밝혀진 바가 거의 없다. 필자는 일찍

---

1) 다산의 經世學에 관한 본격적 연구로서는 崔益翰의 『실학파와 정다산』(국립출판사, 평양, 1955)과 洪以燮의 『丁若鏞의 政治經濟思想硏究』(韓國硏究圖書館, 1959)가 있으나, 두 저서는 정약용의 국가개혁의 기본체계에 대해서는 관심을 돌리지 않았다. 『경세유표』를 직접적인 연구대상으로 한 비교적 최근의 연구로서는, 2000~05년에 이루어진 박사학위급 논문 3편이 있으나, 이 것들은 『경세유표』에서 피력된 국가개혁의 체계가 무엇인지를 제대로 파악하고 있지 못한 것으로 보인다. 『定本經世遺表』의 편집을 담당한 金泰永은 『경세유표』에서 중점적으로 추구한 개혁방안이 "井田制와 賦貢制"라고 하는 귀중한 연구 성과를 남겼는데(金泰永, 「『經世遺表』에 드러난 茶山經論의 역사적 성격」(『退溪學報』第一百二十九輯, 2011년 6월), 나의 이 연구에서는 이들 개혁과제와 조선후기사회와의 관련성을 보다 깊이 探求함으로써 『경세유표』가 오늘날의 우리들에게 어떠한 시사점을 주고 있는지를 밝혀보려고 한다.

이 『경세유표』의 장절구성에 대한 검토를 통하여 『경세유표』를 관통하고 있는 국가개혁 방안의 기본체계가 體國經野·設官分職이 아닐까 하는 의문을 제기한 바가 있다.[2]

　『경세유표』에서 추구된 국가개혁의 기본체계가 체국경야·설관 분직이라는 점은 필자의 특별한 創案이 아니다. 본래 『주례』에서 추구된 국가의 기본체제가 체국경야·설관분직이므로,[3] 위기에 처한 조선왕조 국가를 『주례』에 따라 개혁하려고 한 『경세유표』에서 추구된 국가개혁의 기본체계도 체국경야·설관분직일 것이라는 점은 쉽게 짐작될 수 있기 때문이다. 그러므로 필자에게 주어진 課題는 『경세유표』에서 추구된 국가개혁의 기본체계가 체국경야· 설관분직이라는 점을 어떻게 논증하는가 하는 것이다. 이를 위해서 다음의 네 가지의 작업을 행해볼까 한다. 첫째 『경세유표』는 정법삼집 중에서 어떠한 위치를 차지하는가. 둘째 『경세유표』의 章節은, 어떠한 體系로 이루어져 있으며, 體國經野·設官分職이라는 視点에서 再分類하면 어떻게 되는가. 셋째 지금까지의 연구는 국가개혁이라는 점에서 『경세유표』를 어떠한 저서로 인식하여 왔는가. 넷째 『경세유표』를 관통하는 국가개혁의 기본체계인 체국경야·설관분직의 내용은 무엇인가.

　한국이 경제발전과 민주주의의 실현으로 번영하는 自立的 國民國家를 이룩한 오늘날의 현실에 입각해서 이루어지는 이 연구는 『경세유표』에 관한 종래의 연구와는 그 研究姿勢를 다소 달리하는 것이 좋지 않을까 생각한다. 종래의 연구가 南北韓이 다 함

---

2) 拙稿, 「다산과 體國經野」(『茶山學』제4호, 다산학술문화재단, 2003)

3) 『주례』에는 六官의 首章(물론 冬官 「考工記」에는 이 수장이 없다)으로서 '惟王建國, 辨方正位, 體國經野, 設官分職, 以爲民極'이라는 구절이 있다. 이 구절 속에는 왕국 건설에 있어서 필요한 王室地位의 確定, 都城의 建設, 井田法의 實施 및 官制의 整備라는 요소들이 나열되어 있다.

께 자립적 국민국가를 형성하지 못하여『경세유표』에서 조국의 자주적 발전과 사회주의적 건설의 契機를 찾아내어 제국주의의 침략에 대결하려는 메시아(Messiah) 追求的 성격이 강했다고 한다면, 오늘날의 이 연구는『경세유표』를 조선왕조시대에 속하는 歷史的 文獻으로 냉철하게 파악할 필요가 있다는 것이다. 그러므로 『경세유표』에 관한 연구는 정약용이 낡아빠진 조선왕조 국가를 재건하기 위하여 어떠한 개혁방안을 제시했는가를 探求하는 일이 될 것이다. 그럼에도 불구하고 이 연구에서 오늘을 살아가는 필자의 현실에 대한 관심이 배제될 수 없다고 한다면, 그것은 경제발전과 민주주의를 달성하기는 했지만 아직도 많은 국가적 개혁과제를 안고 있는 한국인의 행동양식과『경세유표』에서 정약용이 관찰한 조선인의 행동양식 사이에 어떠한 유사점이 있는가 하는 것이다. 만약 그러한 유사점이 발견될 수 있다면, 그것은 이 연구의 望外의 소득이 될 것이다.

제1절 政法三集에서의 『경세유표』의 위치

정약용은 自撰墓誌銘에서 자기의 학문을 총괄하면서 "六經四書를 가지고 修己를 하고, 一表二書를 가지고 天下國家를 다스릴 수 있으니, 本末이 具備된 셈이다"[4]라고 자평했다. 이 一表二書가 바로 政法三集인데, 다 아는 바와 같이, 그것은 『경세유표』, 『목민심서』 및 『欽欽新書』로 구성되어 있다. 정약용의 저술과정은 그의 학문의 本末觀과 일치한다. 그는 經學에 관한 연구를 학문의 宗旨로 삼고 經世學에 관한 연구를 경학의 연구에 '뒤따르는 것'으로 보았기 때문에,[5] 그의 저술에 있어서도 경학에 관한 저술은 流配의 초기와 중기에 걸쳐서 이루어지고 경세학에 관한 저술은 유배의 말기에 이루어지게 되었다. 정법삼집도 그 저술을 위한 준비는 일찍부터 이루어져 왔으나, 그 구체적인 執筆時期를 보면, 『경세유표』는 1815년의 직전에 착수하여 1820년경에 미완성인 채로 그 집필이 끝났으며, 『목민심서』는 1818년의 봄에 草藁本이 이루어진 후 수정을 거쳐서 1821년에 完成本이 이루어지고, 『흠흠신서』는

---

4) 六經四書, 以之修己, 一表二書, 以之爲天下國家, 所以備本末也.(『與猶堂全書』一 - 詩文集十六 - 十八 前面, 自撰墓誌銘, 新朝鮮社, 1934~38. 앞으로『與猶堂全書』는 『全書』로 줄이고 출판사와 출판년도의 표기는 생략한다) 이 구절은 다산의 학문이 아직도 前近代의 義理之學에 머물러 있다는 것을 잘 보여주는 핵심적 대목이다. 다시 말하면, 經世學이 仁義禮智信, 孝悌慈 혹은 忠恕 등 義理에 대한 追求를 위주로 하는 경학에 종속되어 있다는 것이다. 근대학문에 있어서는 인문과학, 사회과학 및 자연과학 간에는 本末關系 따위는 존재하지 않는다.

5) 「示二子家誡」에서는 저술의 순서를 다음과 같이 말했다. 大較著書之法, 經籍爲宗, 其次經世澤民之學. 若關防器用之制有可以禦外侮者, 亦不可少也. 若夫瑣細零星之說, 苟取一時之談笑與夫陳腐不新之談, 支離無用之論, 徒費紙墨, 不如手植珍果佳蔬, 以博生前之生理也嘉慶戊辰中夏與猶病翁書于茶山精舍.(『全書』一 - 詩文集十八 - 六 後面, 示二子家誡) 이 이외에도 저술의 순서에 대해서는 「上中氏」와 「寄二兒」에도 약간의 글을 남겼다.

1818년에『明淸錄』이라는 이름으로 起草되었다가 1819년에『흠흠신서』라는 이름으로 改正되고 그 후 수정을 거쳐서 1822년에 완성되었다.[6)]

이렇게 보면, 정법삼집은 그 저술의 시기상 저술과정에 있어서 상관관계가 있었을 것으로 추측할 수 있다.『경세유표』의 직접적인 집필계기가 무엇인지에 관해서는 아직도 밝혀진 바가 없다. 다만『경세유표』는,『주례』와『상서』를 비롯한 중국의 經典에서 획득한 이론적 기초와 조선의 각종 제도들에 대한 철저한 검토를 토대로 저술되었기 때문에, 중국의 경전에 관한 연구가 일단락된 다음에 그 저술에 착수된 것이 아닐까 추측될 뿐이다.[7)] 저술의 동기에 대해서는 다음과 같이 말하고 있다.『경세유표』란 무엇인가. 관제, 군현제, 전제, 賦役, 貢市, 倉儲, 군사제도, 과거제도, 海稅, 商稅, 馬政, 船舶製造法 및 匠人營國制에 대하여 지금의 法律上 시행할 수 있는가 없는가에 구애를 받지 않고 나라를 통치하는 큰 법을 세워서 낡은 우리나라를 혁신하려고 생각했다.'[8)] 위의 인용문에

6) 정법삼집의 저술과정에 관해서는,『경세유표』와『목민심서』는 졸고,「필사본『경세유표』에 대한 서지적 검토」(『茶山學』제18호, 2011.6) 및「牧民心書考異」(『春堂丁炳烋博士華甲記念論文集』, 比峯出版社, 1983)를,『흠흠신서』는 李鍾日,「『흠흠신서』해제」(『定本與猶堂全書』30 欽欽新書1, 다산학술문화재단, 2012)를 각각 참조했다.

7) 다음의 인용문은 우리나라에서 정전법을 실시하기 위한 방안을 제시하는「井田議」의 첫머리의 글이다. 여기서 정약용은 자기가 제시하는 정전법의 이론적 기초가 중국의 고전에 기초해 있음을 명확하게 밝히고 있다. 古法之存於今者, 唯有堯典皐陶謨禹貢三篇及周禮六篇而已. 臣於此九篇, 硏精覃思, 蓋有年所. 其考績奏績之法, 正土平賦之制, 種種條例, 嚴酷栗烈, 綜核縝密, 一滴不漏, 一髮不差, 不似後世之法, 敊傾散漫, 贅疣潰裂. 其精義妙旨, 不可勝言. (『全書』五 - 經世遺表七 - 二十七 後面, 井田議一)

8) 經世者何也. 官制·郡縣之制·田制·賦役·貢市·倉儲·軍制·科制·海稅·商稅·馬政·船法·營國之制, 不拘時用, 立經陳紀, 思以新我之舊邦也.(『全書』一 - 詩文集十六 - 十八 前面, 自撰墓誌銘) 이 논문에서 "국가개혁"이라는 용어를 사용하는 이유는『경세유표』가 현행의 기본법제를 근본적으로 개혁하려고

서도 보이는 바와 같이,『경세유표』는, 본래 論文集과 같은 성격을 가지고 있었기 때문에 국가개혁의 과제들이 나열적으로 서술되어 있을 뿐 여러 분야별 국가개혁 과제를 관통하는 기본체계가 무엇인지를 제시하고 있지 못하지만, 현행제도하에서 시행될 수 있는 가 없는가에 구애되지 않고 낡은 조선을 革新할 수 있는 이상적인 국가개혁 방안을 제시하기 위하여 저술되었다는 것이다.

『목민심서』의 경우는『경세유표』의 저술이 그 직접적 집필계기 가 된 것으로 보인다. 1815년에 집필된 것으로 밝혀지는『경세유 표』의「考績之法」에는 守令統治의 잘잘못에 國家의 安危가 달린 것으로 보고9) 수령의 考課條目으로 9綱 54條를 들었는데10), 이 9 강 54조에 赴任, 賑荒 및 解官의 3篇을 추가하여『목민심서』의 목 차 12篇 72條가 완성되었다. 篇數와 條目의 名稱에 있어서는 전자 와 후자 간에 다소의 변동이 있으나,『목민심서』의 체계는 이미 「고적지법」에서 확립된 것으로 보아도 좋을 것이다. 그러면,『경 세유표』와 같은 훌륭한 국가개혁서가 구상되고 있었음에도 불구 하고『목민심서』는 무엇 때문에 저술될 필요가 있었을까.『목민심 서』의 저술동기는 "『목민심서』란 무엇인가. 오늘날의 法에 따라서 우리 백성을 제대로 다스리자는 것이다. … (12篇이 ― 필자) 각각 6개 조목으로 되어 있어 古今의 훌륭한 治績을 두루 찾아서 망라 하고 奸僞를 밝혀내어 수령에게 줌으로써 혹시 한 사람이라도 그

했다는 뜻이다.

9) 臣竊伏念, 國家安危, 係乎人心之向背, 人心向背, 係乎生民之休戚, 生民休戚, 係乎 守令之臧否, 守令臧否, 係乎監司之褒貶, 則監司考課之法, 乃天命・人心向背之機, 而國家安危之攸判也.(『全書』五 ― 經世遺表四 ― 十九 前面, 考績之法)

10) 守令考績, 凡有九綱.一曰律己, 二曰奉公, 三曰愛民, 四曰吏典, 五曰戶典, 六曰 禮典, 七曰兵典, 八曰刑典, 九曰工典. 九綱之內, 各有六條, 通共五十四條.(『全 書』五 ― 經世遺表四 ― 二十 後面, 考績之法)

혜택을 입는 백성이 있었으면 하는 것이 나의 바람이다"11)라고
밝혔다. 그러니까『경세유표』는 지금의 법제하에서 시행할 수 있
는가 없는가에 구애를 받지 않고 이상적인 국가개혁 방안을 제시
하기 위하여 저술한 것이요,『목민심서』는 현행법에 따라 백성들
을 잘 다스리기 위하여 저술했다는 것이다.

『흠흠신서』는 위의 두 저서와는 그 성격을 조금 달리한다. 위
의 두 저서가 국가개혁이나 국정개선을 목표로 저술되었다면, 이
저서는 人命에 관한 行刑의 改善이라는 특수한 목적을 가지고 저
술되었다.『흠흠신서』의 서문에서는 그 집필계기를 다음과 같이
쓰고 있다. "내가『목민심서』의 저술을 끝내면서 '인명문제를 다루
는 데 있어서는 마땅히 專門的인 책이 있어야 한다'고 했는데, 이
윽고 別途의 編纂을 거쳐서 이 책이 이루어졌다"12)고 했다. 그리
고『흠흠신서』의 저술동기는 "『흠흠신서』란 무엇인가. 인명의 옥
사에 관해서는 제대로 다스리는 자가 드물기 때문에 經史로써 근
본을 삼고 批議로써 보충하는 한편 이를 公案과 대조하고 두루 商
訂하여 인명에 관한 옥사를 다스리는 자에게 주어서 억울하고 그
릇된 판결이 없기를 바라는 것이 나의 바람이다"13)라고 했다. 정
약용이 인명에 관한 옥사를 이와 같이 중요시한 이유는 그가 인명
에 대하여 天命思想을 가지고 있었기 때문이다. "오직 하늘만이

11) 牧民者何也. 因今之法, 而牧吾民也. … 各攝六條, 搜羅古今, 剔發奸僞, 以授民
牧, 庶幾一民, 有被其澤者, 鏞之心也.(『全書』一 - 詩文集十六 - 十八 前面, 自
撰墓誌銘)

12) 余旣輯牧民之說, 至於人命, 則曰是宜有專門之治, 遂別纂爲是書.(『全書』五 -
欽欽新書 - 一 前面, 序)『목민심서』에서도 "經傳所論刑獄之義及古今人命之
獄, 蒐輯其文, 爲欽欽新書, 今不復論."(『全書』五 - 牧民心書十 - 一 前面, 斷
獄)이라 했다.

13) 欽欽者何也. 人命之獄, 治者或寡, 本之以經史, 佐之以批議, 證之於公案, 咸有
商訂, 以授獄理, 冀其無冤枉, 鏞之心也.(『全書』一 - 詩文集十六 - 十八 前面,
自撰墓誌銘)

사람을 살리기도 하고 또 죽이기도 하니, 人命은 하늘에 달려 있
는 것이다. 이에 司牧이 또 그 중간에서 선량한 자를 편안히 살게
하고 죄지은 자를 잡아 죽이는데, 이것은 天權을 나타낸 것일 뿐
이다. 사람이, 천권을 대신 잡고 있으면서 삼가고 두려워할 줄 모
르고, 털끝같이 작은 일을 따지면서도 疎忽하고 흐리멍덩해서, 혹
살려야 할 사람을 죽게 하고 또 죽어야 할 사람을 살려놓고도, 오
히려 泰然하고 편안히 지낸다."14)

위에서 보는 바와 같이, 정법삼집은 그 저술과정에서 先後關係
를 가지는데, 『경세유표』는 현행법상 시행될 수 있는가 없는가에
구애되지 않고 이상적인 국가개혁 방안을 모색한 저술이요, 『목민
심서』와 『흠흠신서』는 現行法에 따라 국정을 개선하거나 개혁하
기 위하여 저술된 것이다. 따라서 開化期에 이 저서들을 가지고
국정에 임해본 李重夏는 이 저서들의 성격을 다음과 같이 평가하
였다. "正祖時代 큰 일을 할 수 있을 때, 배운 바를 크게 펼쳐서 聖
人의 밝은 정치를 잘 도와보려고 생각했다. 그 全藁 중에서 『邦禮
草本』을 가지고 본다면, 都市를 건설하고 들을 區劃하며, 官署를
설치하고 官職을 나눈 것이 條理가 整然하여 찬연히 한 왕국의 법
제를 갖추었다. 그러나 왕국의 법제는 모름지기 백성을 保存한 이
후라야 시행될 수 있는 것이요, 백성을 보존하지 못하면 비록 堯
舜의 법이라고 하더라도 장차 시행할 데가 없을 것이니, 『목민심
서』의 著述이 있게 된 까닭이다."15) 크게 보면 정법삼집에 관한 위

---

14) 惟天生人而又死之, 人命繫乎天. 酒司牧, 又以其間, 安其善良而生之, 執有辜者
而死之, 是顯見天權耳. 人代操天權, 罔知兢畏, 不剖毫析芒, 酒漫酒昏, 或生而
致死之, 亦死而致生之, 尙恬焉安焉.(『全書』五 - 欽欽新書 - 一 前面, 序)

15) 正廟大有爲之時, 思欲一展所學, 克贊聖明之治. 就其全藁中邦禮草本而觀之, 則
體國經野, 建官分職, 科條井井, 燦然具一王之制. 而王制須保民然後可行, 民不
能保, 雖堯舜之法, 將無所施, 所以有心書之作也.(梁在謇·玄采校閱, 『牧民心書』
四, 廣文社, 1902, 書牧民心書後)

와 같은 평가는 기본적으로 옳은 것이나, 조금 더 세밀하게 검토
해 보면,『경세유표』에도「田制別考」,「均役事目追議」및「倉廩之
儲」와 같은 현행법에 따른 국정개혁의 방안이 많이 포함되어 있
는 것을 알 수 있다.16)

---

16) 이 3篇은 解配 이후 마재에 돌아와서 저술된 것이다. 朝廷으로부터 부름을
받았을 때, 즉시 施行할 수 있는 현행법에 따른 개혁방안을 모색한 것으로
추측된다. 이들 개혁방안 중에서「田制別考」는, 1819·20년에 朝廷에서 量田
에 대한 朝野로부터의 收議가 있었는데, 이에 호응하기 위하여『量田議』라
는 이름으로 저술된 것이다. 그 내용은 結負法을 前提로 하는 方田法과 魚鱗
圖에 의한 정확한 양전의 방법을 제시한 것이다.

제2절 章節의 構成과 再分類

『경세유표』의 卷數에 대해서는 異說이 많다. 우선 『俟菴先生年譜』에서는 "무릇 49권인데, 큰 綱目은 이미 확립되었으나 소소한 條目은 혹 빠진 것이 있다"[17]고 하여 49권 설을 제기했다. 49권 설의 배경은 자세하지 않으나, 아래의 注記에서 보는 바와 같이 49권은 序官 6권, 天官修制 5권, 地官修制 35권, 春官修制 2권 및 夏官修制 1권으로 구성되어 있고, 이 이외에도 秋官修制와 冬官修制가 있다는 것이나 그 권수는 주어져 있지 않다. 필자의 필사본 『경세유표』에 대한 서지적 검토에 의하면, 49권 설은 『경세유표』가 미완성본이기 때문에 『사암선생년보』의 편찬자가 목차를 자의적으로 재설정하는 과정에서 일어난 혼란에 불과했다.[18] 또 「자찬묘지명」에서는 "經世遺表四十八卷, 未卒業"[19]이라 했다. 48권 설도 무엇에 근거한 것인지는 모르겠으나, 전후 사정으로 보아 앞으로 『경세유표』가 완성되었을 때 『목민심서』와 같이 48권이 되게 하려는 의도를 나타낸 것이라고 읽는 편이 순리에 가까울 것이다. 그러나 1834년에 다산 스스로 작성한 것으로 보이는 「洌水全書總目錄」에서는 "邦禮草本(＝經世遺表) 十五册四十三卷"이라 했다.[20] 年齡으로 보아 이제 더 이상 새로운 저술을 할 수 없는 정약용이 臨終 2년 전에 자기의 저서를 최종적으로 정리한 것이다. 현존하는 完帙 필사본 『경세유표』 10種을 조사해 보면, 7종이 44권이고 3종이 43권이다. 43권본에서는 「敎民之法」이 빠져 있다. 최근에 공개된 茶山手澤本 『경세유표』도 44권으로 구성되어 있으므로, 「교민지법」의 탈락은

---

17) 제6장의 注 38과 같다.
18) 졸고, 「필사본 『경세유표』에 대한 서지적 검토」(『茶山學』제18호, 2011.6).
19) 『全書』一 - 詩文集十六 - 十八 前面, 自撰墓誌銘.
20) 崔益翰著, 전게서, 510페이지, 「열수전서총목록」을 참조할 것.

필사과정에서 일어난 우연한 실수로 보인다. 이렇게 보면, 『경세유
표』는 본래 44권 15책이었다고 단정해도 좋을 것이다.

　그런데, 『경세유표』의 권수에 대한 이러한 異說이 다산사상에
관한 연구에 있어서 엄청난 혼란을 초래하고 말았다. 『경세유표』
는 본래 48권이나 49권이었는데, 이것이 43권밖에 남지 않은 이유
는 지금 보이지 않는 5~6권이 '非合法的 著述'로서 별도로 秘傳되
어오다가 없어져버렸기 때문이라는 것이다. 심지어 이 '이상적인'
문서가 大院君에게 박해를 당한 南尚敎·鍾三의 父子에게 전해지기
도 하고 東學亂의 지도자인 全琫準·金開男에게 전해져서 다산의
'사상과 전술'이 그들에 의하여 많이 활용되기까지 했다는 것이
다.21) 더 나아가 金鍾鳴은 그의 「다산정약용의 실학사상」22)이라

───────────

21) "우리가 丁茶山의 思想 및 學說을 硏究함에 있어서 그의 合法的 著作과 非合
法的 著作을 區別해 보아야 할 것이다. 만일 이것을 混同한다면 그의 經世思
想에 對하여 그의 最高 綱領이 무엇인가를 理解치 못할 뿐더러 그의 最低 綱
領이나 或은 個別的인 特殊 問題에 關한 理論을 가지고 그의 最高 理想으로
誤認하게 될 것이다.
　그의 名作의 하나인 「經世遺表」를 세상에서는 흔히 茶山의 最大 理想의
結晶物로 보고 있으나 事實은 決코 그렇지 않다. 그의 門人 李晴이 編次한
「俟(사)庵年譜」에 依하면 茶山이 康津 流配를 마치던 前年(純祖 十七年 丁
丑) 卽 그가 五十六歲되던 해에 「邦禮草本」四十九卷이 비로소 編輯中에 있
고 完了되지 못하였다 하니 「邦禮草本」은 卽 「經世遺表」의 別名이다. 同書가
同年譜에는 四十九卷으로 씌어 있으나 茶山의 晩年 手定本과 그의 「洌水全
書」總目錄에는 十五册四十三卷으로 되어 있으니 或是 後來 整理中에 卷數가
削減되었다고 볼 수 있으나 그러나 그의 六十一歲에 지은 自己 墓誌銘(集中
本)에 自己 著書의 總目錄 및 그 卷數가 列擧되어 있는데 여기는 經世遺表가
'四十八卷未卒業'으로 쓰어 있으니 卷數의 不一致와 未完成이란 것이 의심나
지 않을 수 없다.
　筆者는 어느 다른 機會에도 이미 紹介한 바이지만 康津地方 史話에 依하
면 茶山의 著書로서 現存本「經世遺表」以外 別本이 있었는데 그가 康津 流配
로부터 解放되기 直前에 이 別本을 密室에서 著作하였으며 그 가운데에는
自己의 萬民 平等의 새 社會를 詳細히 描寫하고 그 實現方法도 提示되었다.
이 册子를 그가 門人 李晴과 親僧 草衣에게 주어서 비밀히 保管 傳布할 것을

34

는 논문에서『康津邑誌』의 위와 같은 기술을 담고 있는 문장을 인용하기까지 했다. 한국학계에서는 위의『강진읍지』를 다방면으로 찾아보았으나, 아직 발견하지 못했다고 한다. 그리고 注21에 인용되어 있는 최익한의 문장은 小說的 推理에 불과하다. 이렇게 단정하는 이유는 강진에서는 아직도『경세유표』의 집필과 편집이 完了되지 못했다는 것이다. 그리고, 만약『경세유표』중에서 '비합법적 저작'이 있었다고 한다면, 왜 이 5~6권의 '비합법적 저작'이 別途의 著作으로 저술되지 않고 혁명적 내용이 전혀 없는 현존하는 '합법적 저작'인『경세유표』의 一部로서 저술될 필요가 있었을까. 만약 다산이 혁명적인 내용을 가진 저술을 감추려고 했다면, 왜「田論」,「原牧」,「蕩論」및「逸周書克殷篇辨」과 같이 혁명적인 글로도 읽힐 수 있는 논문들은 감추지 않고『여유당집』에 공개적으로 넣어두었을까.

다산의 저서 중에 秘本이 있기는 하다.「자찬묘지명」을 비롯하여 천주교의 敎難에서 박해를 받았거나 杖殺을 당한 李家煥, 李基

────────────

付託하였으나 그 全文은 中間에 行方不明되었고 그의 一部는 後來 大院君에게 迫害當한 南尙敎, 鍾三 父子에까지 傳해졌으며 一部는 後來 甲午 農民 戰爭의 指導者인 全琫準, 金開男等의 手中에까지 들어가서 그 思想과 戰術이 그들에게 많이 利用되었다고 한다. 그리고 甲午 農民 戰爭이 끝난 뒤에 官軍은 그「怾書」의 出處를 調査하기 위하여 茶山 流配地의 附近 人家와 寺刹을 搜索한 일까지 있었다고 한다. 이와 같은 事實은 그 地方人民이 直接 눈으로 보고 입으로 傳한 것으로서 康津邑誌의 人物條에 적혀 있다. 이 史話를 吟味해 본다면 經世遺表 現行本 四十三卷의 卷數 以外에 年譜의 이른바 四十九卷과 自己 墓誌銘中에 이른바 四十八卷의 그 殘剩 卷數인 六卷 내지 五卷은 필시 所謂 密室著作의 別本으로서 茶山 晩年 手定家藏本의 全書中에 編入되지 않고 다만「未卒」或은「未成」이란 假標만 붙이여 世上에 公開되지 못하고 秘密히 流傳되었던 것이 아닌가한다."(崔益翰著, 전게서, 351~352페이지)

22)金鍾鳴,「茶山丁若鏞의 實學思想」(朝鮮古典文學選集 第二十八卷『丁若鏞著作選集』에 揭載되었다).『康津邑誌』에 소개되어 있다는『경세유표』의 秘傳에 관한 기록은 위의 崔益翰의 설명과 大同小異하므로 여기서는 생략한다.

讓, 權哲身, 吳錫忠 및 丁若銓의 묘지명을 싣고 있는『洌水全書續集八』가 '秘本'이며, "科試體詩와 應題詩를 모아놓은"[23]「眞珠船」이『航菴秘笈』두 책 중의 한 책에 수록되어 있다.[24] 다산의 저서 중에서 몰래 감추어 두고자 했거나 그의 유배지인 康津 一帶에서 秘記로 다루고자 했던 저서가 없었던 것은 아니었으나, 그것은 '혁명적'인 저서와는 거리가 멀었던 것이다. 최익한의 추리도 이러한 秘笈類의 존재에 그 근거를 두고 있는 것 같기는 하지만, 결론적으로 말하면, 위에서 보는 바와 같이『경세유표』49권은『사암선생연보』에 그 권수의 구성이 明示的으로 기록되어 있는데, 왜 그중 5~6권이 없어졌다는 필요 없는 추리를 했는지 모르겠다. 가장본『경세유표』중에서 수택본의 頭注를 최초로 본문으로 정리한 것은 장서각 소장의 다산가장본『경세유표』이다. 거기에는 '李王家圖書之章'과 '南印廷植'이라는 두 개의 인장이 每册 首에 찍혀 있다. 만약 이 남정식이 1885년에 安邊府使 李重夏와 더불어 豊德府使로 임명을 받은 남정식이라면, 장서각『경세유표』의 所從來는 보다 선명히 드러난다고 할 것이다. 이중하는 일찍이 1902년에 출판된 廣文會本『牧民心書』의「書牧民心書後」에서 1883년에 왕실에서『여유당집』을 '求入'하여 필사할 때 다산의 저작들을 읽고 스스로『목민심서』를 출판하려고까지 한 사람이기 때문이다. 정약용의 저작에서 혁명적 저술이나 혁명적 사상을 밝혀내려고 하는 사

---

23) 김언종, 「『여유당전서보유』의 저작별 진위문제에 대하여(상)」(『茶山學』제9호, 다산학술문화재단, 2006.12)

24) 『眞珠船』은 2種이 있는 셈이다. 한 가지는『與猶堂全書補遺』一에 揭載되어 있는 것이고, 또 한가지는『航菴秘笈』에 실려 있는 것이다. 航菴이 누구의 號인지는 알 수 없으나, 일단 다산제자 중의 한 사람이 아닐까 추측해 둔다. 『航菴秘笈』의 體裁는 가장본『與猶堂集』과 비슷하면서도 그 書誌的 特徵이 많이 다르다. 이러한『秘笈』의 存在가 다산의 저술 중에서 '비합법적 저작'이 있었다는 誤解의 根據가 되지 않았는지 모르겠다.

람들은 그의 경세학이 儒教의 經學에 그 근본을 두고 있는 義理之
學이라는 사실을 제대로 인식하지 못하는 데서 빚어질 수 있는 誤
謬를 범하고 있는 것으로 보인다.

『航菴秘笈』

所藏者 : 金榮福(文友書林 代表)
注 : 『航菴秘笈(眞珠船)』과 『航菴秘笈(與猶堂雜集)』의 2책이 있다. 康津地方
에서는 茶山著作의 筆寫本이 秘笈으로 유통되고 있었던 것 같은데, 최익한
등의 오해도 여기에서 비롯된 것이 아닐까.

장절의 구성을 알기 위하여 필사본『경세유표』중에서 가장 正本으로 보이는 장서각과 규장각에 보관되어 있는 茶山家藏本『경세유표』의 章節과 卷次를 비교해 본다.

家藏本 『經世遺表』의 卷次比較

册次	目次	藏書閣本	奎章閣本
經世遺表一	天官吏曹第一	經世遺表卷之一	經世遺表卷之一
	地官戸曹第二	經世遺表卷之二	經世遺表卷之二
	春官禮曹第三	經世遺表卷之三	經世遺表卷之三
經世遺表二	夏官兵曹第四	經世遺表卷之四	經世遺表卷之四
	秋官刑曹第五	經世遺表卷之五	經世遺表卷之五
	冬官工曹第六	經世遺表卷之六	經世遺表卷之六
經世遺表三	東班官階	經世遺表卷之七	經世遺表卷之七
	三班官制	經世遺表卷之八	經世遺表卷之八
	郡縣分隸	經世遺表卷之九	經世遺表卷之九
經世遺表四	郡縣分等	經世遺表卷之十	經世遺表卷之十
	考績之法	經世遺表卷之十一	經世遺表卷之十一
經世遺表五	田制一	經世遺表卷之十二	經世遺表卷之十二
	田制二	經世遺表卷之十三	經世遺表卷之十三
	田制三	經世遺表卷之十四	經世遺表卷之十四
經世遺表六	田制四	經世遺表卷之十五	經世遺表卷之十五
	田制五	經世遺表卷之十六	經世遺表卷之十六
	田制六	經世遺表卷之十七	經世遺表卷之十七
經世遺表七	田制七	經世遺表卷之十八	經世遺表卷之十八
	田制八	經世遺表卷之十九	經世遺表卷之十九
	田制九	經世遺表卷之二十	經世遺表卷之二十
經世遺表八	田制十	經世遺表卷之二十一	經世遺表卷之二十一
	田制十一	經世遺表卷之二十二	經世遺表卷之二十二
	田制十二	經世遺表卷之二十三	經世遺表卷之二十三

經世遺表九	田制別考一	經世遺表卷之二十四	經世遺表卷之二十四
	田制別考二	經世遺表卷之二十五	經世遺表卷之二十五
	田制別考三	經世遺表卷之二十六	經世遺表卷之二十六
經世遺表十	賦貢制一	經世遺表卷之二十七	經世遺表卷之二十七
	賦貢制二	經世遺表卷之二十八	經世遺表卷之二十八
	賦貢制三	經世遺表卷之二十九	經世遺表卷之二十九
經世遺表十一	賦貢制四	經世遺表卷之三十	經世遺表卷之三十
	賦貢制五	經世遺表卷之三十一	經世遺表卷之三十一
	賦貢制六	經世遺表卷之三十二	經世遺表卷之三十二
	賦貢制七	經世遺表卷之三十三	經世遺表卷之三十三
經世遺表十二	倉廩之儲一	經世遺表卷之三十四	經世遺表卷之三十四
	倉廩之儲二	經世遺表卷之三十五	經世遺表卷之三十五
	倉廩之儲三	經世遺表卷之三十六	經世遺表卷之三十六
經世遺表十三	均役事目追議	經世遺表卷之三十七	經世遺表卷之三十七
	均役事目追議	經世遺表卷之三十八	經世遺表卷之三十六(八)
經世遺表十四	戶籍法	經世遺表卷之三十九	(經世遺表卷之三十九缺)
	敎民之法	經世遺表卷之四十	(經世遺表卷之四十缺)
	科擧之規一	經世遺表卷之四十一	
經世遺表十五	科擧之規二	經世遺表卷之四十二	經世遺表卷之四十一
	武科之規	經世遺表卷之四十三	經世遺表卷之四十二
	鎭堡之制	經世遺表卷之四十四	經世遺表卷之四十三
			經世遺表卷之四十四

　藏書閣本과 奎章閣本의 章節과 卷次를 비교해 보면, 규장각본의
제38권의 제36권으로의 誤記를 제외하고는 완전히 서로 일치한
다.(규장각본은 제14책이 결본이다) 다만 「科擧之規一」을 제14책
에 넣는가 제15책에 넣는가 하는 차이뿐이다. 장서각본과 규장각
본의 장절과 권차의 배열이 옳은 것이라고 한다면, 『여유당전서』
의 『경세유표』의 장절과 권차의 배열에 있어서는 「均役事目追議」
와 「戶籍法」・「敎民之法」의 배열순서가 轉倒되어 있는 것이 확인된
다. 이상으로써 우리는 현존하는 『경세유표』의 여러 판본들 중에

서 그 正本을 확정할 수가 있는 것이다. 정본의 장절과 권수의 구
성을 각각 六官順으로 구성되어 있는 序官·修制別로 분류해 보면,
다음과 같다.

『經世遺表』의 目次와 그 卷數

序官	6卷
天官吏曹第一	1卷
地官戶曹第二	1卷
春官禮曹第三	1卷
夏官兵曹第四	1卷
秋官刑曹第五	1卷
冬官工曹第六	1卷
六官修制	38卷
天官修制	5卷
東·西班官階	1卷
三班官制	1卷
郡縣分隷	1卷
郡縣分等	1卷
考績之法	1卷
地官修制	29卷
田制	12卷
田制別考	3卷
賦貢制	7卷
均役事目追議	2卷
倉廩之儲	3卷
戶籍法	1卷
敎民之法	1卷
春官修制	2卷
科擧之規	2卷
夏官修制	2卷
武科之規	1卷
鎭堡之制	1卷

序官·修制別 및 六官別 卷數構成을 보면, 다음과 같다. 서관과 수제의 권수구성은 각각 6권과 38권으로서, 수제가 압도적인 비중을 차지하고 있다. 수제의 육관별 권수구성을 보면, 천관이 5권, 지관이 29권, 춘관이 2권 및 하관이 2권으로서 地官이 압도적 비중을 차지하고 있을 뿐만이 아니라, 추관과 동관은 缺如되어 있다. 서관은 질서정연하게 육관이 각각 1권씩 20官廳을 거느리고 있으나, 수제에 있어서는 육관별 권수구성이 전혀 균형을 상실하고 있을 뿐만이 아니라 각 節의 卷數도 들쑥날쑥하다. 필자는 일찍이 이 불균형의 원인은 서술의 대상이 官制만이 아님에도 불구하고 그 서술의 체계를『주례』에 따라 육관체계에서 얻으려고 하는데 기인한다고 지적한 바가 있다.25) 서관을 비롯하여 관제를 다루는 章節은 육관체계로 서술해도 좋으나, 육관수제 중 관제개혁이 아닌 다른 국가체제의 개혁을 목표로 하는 장절은 그 서술의 체계를 국가개혁의 과제별로 설정해야지 육관체계로 설정해서는 안 된다는 논지였다. 그래서 육관수제가 서술의 체계를 잃어버렸기 때문에『경세유표』는 끝내 완성될 수가 없었다. 일반적으로『주례』는 難讀書로 알려져 있는데,『경세유표』에 관한 연구로부터 말할 수 있는 것은,『주례』가 육관체계로 기술되어 있기 때문에, 국가체제에 관한 기술이 육관별로 흩어져 서술되고, 이 때문에『주례』에서는 완성된 국가체제의 모형이 체계적으로 제시될 수가 없었던 것이다. 이것이『주례』가 난독서가 될 수밖에 없었던 소이가 아니었던가 추측된다.

위에서 보는 바와 같이, 六官修制가 서술의 체계를 얻지 못했기 때문에 그 서술에 있어서 혼란에 빠질 수밖에 없었던 것은 사실이나, 그렇다고 해서 거기에 아무런 체계도 없는가 하면 그렇지는

25) 졸고,「다산과 體國經野」(『茶山學』제4호, 다산학술문화재단, 2003년.)

않다. 거기에는 다음의 네 가지 體系가 重疊되어 있는 것으로 보인다. 첫째는 육관체계이다. 육관체계는『경세유표』전체의 서술체계이므로, 당연히 이 체계는『경세유표』전체를 관통하고 있는 체계이다. 둘째는 井田法體系이다.「전제」12권과「전제별고」3권은 정전법체계로 서술되어 있다. 셋째는 賦貢制體系이다. 정약용은 체국경야제하에서는 九職과 士農工商의 社會的 分業이 진행될 것이므로 賦稅로서는 당연히 三農에 대한 田稅 이외에 그 이외의 九職에 대한 賦貢이 있어야 된다고 생각했다. 그래서 그는 자신의 創意的인 賦稅論으로서 一田·一賦論을 전개하는데, 이를 위하여 「賦貢制」7편과「均役事目追議」2편이 저술되었다. 또 국가의 재정 수입이라는 측면에서「倉廩之儲」도 賦貢制體系의 一環으로 보아도 좋을 것으로 생각한다. 넷째는 體國經野의 體系이다.『경세유표』에는「匠人營國圖」와「一邃九坊圖」가 章節의 目次로서 제시되기 어려웠기 때문에「三班官制」와「郡縣分隸」사이에 臨時的으로 揷入되어 있다. 筆寫本에 따라서는 이것들이 위와 같이『경세유표』의 제3책이 아니라 제11책이나 제14책에 排置되어 있는 경우도 있다.[26] 다시 말하면, 이들은『경세유표』내에서는 自己가 놓여져야 할 마땅한 位置를 찾기가 어려웠던 것이다. 그럼에도 불구하고 옹색하나마「삼반관제」와「군현분예」사이에 揷入될 수밖에 없었던 것은 이것들이「郡縣分隸」·「郡縣分等」등과 더불어 國土를 都市·農村別 및 行政區域別 혹은 領地別(봉건제의 경우)로 분할하는 체국경야의 구성요소였기 때문인 것으로 보인다. 여기에서 체국경야를 구성하는 장절을 정리하여 보면,「匠人營國圖」,「一邃九坊圖」,「郡縣分隸」,「郡縣分等」,「田制」,「田制別考」,「賦貢制」,「均役事

---

26) 졸고,「필사본『경세유표』에 대한 서지적 검토」(『茶山學』제18호, 2011.6)의 부표 참조.

目迫議」및「倉廩之儲」가 될 것이다.

이상의 검토를 토대로 設官分職·體國經野라는 관점에서 장절을 재분류하면 아래의 표와 같다. 첫째는 設官分職이다.「序官」과「東·西班官階」,「三班官制」,「科擧之規」,「武科之規」및「鎭堡之制」가 거기로 분류될 수 있을 것이다. 각 절들은 官制, 官階 및 科擧 등의 각각 상이한 主題를 다루고 있지만, 크게 보면 모두 관제에 관한 것이다. 둘째는 體國經野이다. 아래 표의 體國, 經野 및 賦貢制가 거기로 분류될 수 있다. 체국과 경야가 거기로 분류될 수 있는 것은 더 설명할 필요가 없지만, 부공제를 거기로 분류한 것은 그것이 체국 및 경야와 더불어 체국경야 제하의 국정과제의 일환이기 때문이다. 이상과 같이『경세유표』의 章節을 분류하고 보면, 설관분직·체국경야로 분류될 수 없는 殘餘項目은「考績之法」,「戶籍法」과「敎民之法」뿐이다.「고적지법」이 관리들에 대한 考課를 다루는 항목이기 때문에 설관분직으로 분류될 수 있다면, 전혀 설관분직·체국경야로 분류될 수 없는 항목은「호적법」과「교민지법」만 남게된다. 이러한『경세유표』의 章節의 分類는 무리한 구석이 한두 가지가 아닐 것이다. 그 이유는 말할 필요도 없이 著者가 본래 意圖하지 않았던 章節의 再構成이기 때문이다. 그럼에도 불구하고 필자는 이러한 章節의 再構成이 可能하기도 하고 有益하기도 하다고 생각한다. 가능한 根據는 우선『경세유표』가『주례』의 국가체제를 모델로 국가를 개혁하려고 했기 때문이요, 유익한 理由는 그렇게 재구성함으로써 정약용이 追求한 국가개혁의 체계가 밝혀질 수 있다고 생각되기 때문이다.

設官分職·體國經野의 體系에 따른 章節의 再分類

設官分職과 體國經野		章節	卷數
設官分職	序官	天官吏曹第一	1卷
		地官戶曹第二	1卷
		春官禮曹第三	1卷
		夏官兵曹第四	1卷
		秋官刑曹第五	1卷
		冬官工曹第六	1卷
	其他	東·西班官階	1卷
		三班官制	1卷
		科擧之規	2卷
		武科之規	1卷
		鎭堡之制	1卷
體國經野	體國	匠人營國圖	
		一遂九坊圖	
		郡縣分隷	1卷
		郡縣分等	1卷
	經野	田制	12卷
		田制別考	3卷
	賦貢制	賦貢制	7卷
		均役事目追議	2卷
		倉廩之儲	3卷
殘餘項目		考績之法	1卷
		戶籍法	1卷
		敎民之法	1卷

제3절 研究史의 整理

『경세유표』에 관한 연구는 많으나, 『경세유표』의 장절구성을 개관하고 거기에서 어떠한 국가개혁이 추구되었는가를 체계적으로 밝힌 연구는 매우 드물어 보인다. 그 이유는 『경세유표』에서 추구된 국가개혁의 模型이 어떠한 것인가를 제대로 파악하고 있지 못했기 때문이 아닌가 생각된다. 일찍이 開化期에 국가의 存亡之秋를 당하여 국가의 혁신을 모색할 수밖에 없었던 시대적 분위기 속에서 『경세유표』의 연구에 착수했던 李重夏는 다산이 『경세유표』에서 추구한 국가개혁의 기본모형을 '體國經野, 建官分職'으로 파악했다.[27] 그가 『경세유표』에서 추구된 국가개혁의 모델을 體國經野로 파악한 것은 매우 意外的인 연구성과라 할 수 있다. 왜냐하면, 『경세유표』 내에서도 체국경야에 대한 언급은 解配 이후에 저술된 「田制別考」3에서 단 한 번 이루어지는 데 불과하며,[28] 다산이 체국경야에 대하여 본격적으로 언급하기 시작하는 것도 1822년에 六鄕六遂制에 관하여 申綽과 논쟁을 전개하면서부터이기 때문이다.[29] 그가 『경세유표』에서 추구된 국가개혁의 모델을 체국경야로 파악할 수 있었던 것은 『방례초본』이 본래 『주례』를 모델로 하는 이상 거기에서 추구되는 국가개혁의 모형이 당연히 체국경야로 될 수밖에 없다고 생각했기 때문이었을 것이다.

그러나, 1905년의 乙巳條約 이후 나라가 멸망하기 직전인 1908년에 쓰인 李建芳의 「邦禮草本序」에서는 『경세유표』가 몽테스키외의 『法의 精神』이나 루쏘의 『民約論』과 비교되었다.[30] 서구 각

---

27) 注 15를 참조하라.
28) 注 51을 참조하라.
29) 「答申在中」을 참조하라.(『全書』一 - 詩文集二十 - 七 前面, 答申在中)
30) 嘗聞夫西洋之士, 有著萬法精理者曰, 孟德斯鳩, 有著民約論者曰, 盧梭, 爲其政

46

국은 이 두 가지 저서에 담긴 국가개혁 사상을 실천해서 근대국가를 건설할 수 있었는데, 우리도『경세유표』에서 제시된 국가개혁사상을 실천했더라면 근대국가를 건설할 수 있었을 것이 아닌가하는 아쉬움을 피력했던 것이다. 그러나 근대학문을 조금이라도공부한 사람이라면, 누구나『경세유표』가 사상사적 차원에서『法의 精神』이나『민약론』과 동일선상에서 비교될 수 없는 저서라는사실은 쉽게 알 수 있는 문제이다. 그럼에도 불구하고 그 이후로도『경세유표』에 관한 연구는 거기에서 나라를 구원할 수 있는 메시아를 찾는다는 자세로 계속되어 왔다. 식민지기 정인보는,『경세유표』에서 추구되고 있는 국가개혁의 체계를 '命官分職, 體國經野'31)로 파악하고 있으면서도, 그가 사는 시대가 식민지시대였기때문에 다산에 관한 연구의 초점을 조선독립의 정신적 토대가 될朝鮮學의 構築32)에 두고『경세유표』가 추구한 국가개혁의 방향에

府者, 莫不汲汲焉, 求而布之, 施而行之. 學說一出, 風行雷動, 使世人之聰聆, 聳然一新, 而又從而究之益深, 講之益精. 今歐洲諸國之日臻富强, 皆學術之功也. 今以先生之書, 較之孟盧諸人, 固未易軒輊於其間. 但彼皆顯言直斥, 無所諱忌, 故能悉發其胸中之奇, 而先生之言, 婉而正, 深而密, 鋒穎間露而至理存焉. 往往臨文累欷而不敢索焉, 此則先生所遭之時然也. 若以此遂謂先生有遜於彼, 則非知言也. 然先生不惟不克獲施於當時, 并與其區區之空言而莫之講也, 是孟盧諸人, 道行言施, 功茂一世, 而光垂百代者, 果何如也. 此余所以重悲先生之不遇, 而深恨於東西之不相倫也.(『經世遺表』, 朝鮮光文會, 1914, 邦禮草本序)
31) 其立政之書曰, 經世遺表, 自命官分職, 體國經野, 兵戎之制, 學校之則, 田賦倉儲貨幣之法, 海稅商稅牧馬舟船之事, 以至細務織故, 靡不備具.(鄭寅普著,『薝園鄭寅普全集』5, 延世大學校出版部, 1983, 368페이지, 與猶堂全書總敍) 정인보가『경세유표』에서 披瀝된 국가개혁의 체계가 '命官分職, 體國經野'라는것을 알면서도 거기에 대하여 積極的인 關心을 돌리지 않았다는 것은 그의역사의식과 관련하여 깊이 검토해 보아야 할 사항이다. 식민지라는 상황하에서 '命官分職, 體國經野' 따위는 이미 그의 주된 학문적 관심사항이 될 수없었던 것이다. 따라서 위의 인용문에서 살펴볼 수 있듯이, '命官分職, 體國經野'에 대한 그의 이해는 形式的인 것에 불과했다.
32) 鄭寅普著, 前揭書,「茶山先生의 思想과 業績」을 參照.『경세유표』에서 추구된

대해서는 큰 관심을 두지 않았다. 해방 이후『경세유표』에 관한 대표적 연구로서는, 북한에서는 최익한의 연구가 있었고 한국에서는 洪以燮의 연구가 있었다. 그러나, 이들의 연구에서는 유감스럽게도『경세유표』에서 피력된 국가개혁의 체계를 추구해본다는 연구의식은 찾아보기가 어렵다.[33]

1960년대 북한의『경세유표』에 관한 연구는 북한에서의 사회주의 사회 건설이라는 시각을 가지고 이루어졌다. 북한의 연구에서는『경세유표』에서 피력되어 있는 국가개혁의 모형만으로는 사회주의 체제를 유도해낼 수가 없기 때문에『경세유표』에「田論」,「原牧」및「蕩論」을 접합시켜 민주주의와 공산주의의 혁명사상을 유도해 내려고 했다. 북한의 역사학계를 대표하는 金錫亨은 다산의 정치경제사상을 다음과 같이 평가하였다. "그는 이로써(「원목」과「탕론」— 필자) 봉건통치제도를 반대하는 진보적 사상에 도달한 것이었다. 그의 이러한 민주주의적 사상은 유배생활 마지막 시기에 저작된『경세유표(經世遺表)』에서 론리(論理) 정연한 체계로 풍부한 내용을 가진 리상(理想) 국가에 관한 안(案)으로서 전개되었다.

선행 실학파들과 마찬가지로 일찍부터 토지문제 해결을 당시 사회에서 제기되는 모든 문제 해결의 열쇠로 보고 있었던 다산이 이미 널리 소개된 여전제(閭田制)의 사상에 도달한 것은 저러한 정치에서의 민주주의적 사상과 함께 유배생활 18년간 정력적인 연구과정에서 맺은 가장 고귀한 열매였다."[34]

국가개혁의 체계를 李重夏는『주례』의 首章에 따라 그저 '體國經野, 建官分職'으로 파악한 데 대하여 鄭寅普가『경세유표』의 目次의 順序대로 '命官分職, 體國經野'로 파악할 수 있었던 것은 그의『與猶堂全書』의 編輯者로서의 面貌를 잘 보여주는 것이라 할 것이다.

33) 注1을 참조하라.
34) 김석형,「다산 정약용의 생애와 활동」(『다산정약용선생200주년기념논문집』, 조선민주주의인민공화국과학원 철학연구소, 1962, 25페이지)

1960년대라면 북한이 사회주의 사회를 건설하기 위하여 안간힘을 쓰고 있을 때였으므로, 그러한 연구시각은 일단 이해된다고 하더라도, 위와 같은 연구는 實證과 理論의 兩面에서 커다란 문제점을 안고 있다. 우선 실증의 면에서「전론」,「원목」및「탕론」이『경세유표』보다 먼저 집필된 것이라는 사실은, 한국학계에서는 이미 실증이 끝난 상식에 속한다. 이론적으로 보더라도「전론」에서 구상되는 閭田制的 농업경영은 農民主導的이 아니라 國家主導的인 농민공동경작이므로 국가에 의한 農奴制的 경영이 될 가능성도 배제할 수 없는 것이다.「원목」과「탕론」에 민주주의 이론이 내포되어 있는 것은 사실이나, 거기서는 자유와 인권의 사상이 결여되어 있을 뿐만 아니라 民本主義 思想도 내포되어 있기 때문에 帝王的 統治와도 兩立할 수가 있었다. 그리고 "그의 이러한 민주주의적 사상은 유배생활 마지막 시기에 저작된『경세유표(經世遺表)』에서 론리(論理) 정연한 체계로 풍부한 내용을 가진 리상(理想) 국가에 관한 안(案)으로서 전개되었다"고 했으나,『경세유표』에는 이러한 "리상(理想) 국가에 관한 안(案)"이 전혀 없다.『경세유표』의「田制」를 체계적으로 연구한 金光鎭은 그 결론 부분에서「전론」을 분석하면서 거기에서 전개된 유토피아 사상이 노예제를 허용하는 토마스 모어나 인텔리겐챠가 주도하는 토마스 깜파넬라의 유토피아 사상보다도 훨씬 앞서 있다고 평가했다.[35] 제대로 된 실증과 이론

---

35) "또 한편에 있어서 정다산의 閭田法에 나타난 천재적인 창안은, 중세기의 유럽에서 배출된 위대한 空想家들의 그 어떠한 유토피아보다도, 철저한 반봉건적 사상을 들어내고 있는 점에서, 훨씬 앞서 있다.
영국 봉건사회 말기의 위대한 공상적 공산주의자였던 토마스 모어(1478~1535)는, 그의『유토피아』에서 노예제도를 용인하고 있었던 것이며, 토마스 깜빠넬라(1568~1639)에 있어서도 그의 유토피아『태양의 도시』에 있어서 지배적 세력은 '지식계급'인 인텔리겐챠뿐이었다.
그러나, 정다산의 여전법에서는, 농노제가 철저하게 청산된 것은 물론, 노예제도가 남을 여지는 없었다. 그리하여 여전집단 내에서는, 어디까지나 경작

을 결여한 다산의 經世思想에 관한 북한학계의 이러한 메시아 追求的 연구가 현실적으로 북한에서 전개되고 있는 김씨왕조의 3대 세습과 집단농장에서의 인민의 노예화를 看過하고 말았다는 뼈아픈 역사적 경험은 우리들에게 事實究明을 生命으로 하는 실증연구의 중요성을 일깨워주는 他山之石이 될 것이 아닌가 생각된다.

1980년대까지만 하더라도 實學에 관한 韓國學界의 연구도 메시아 추구적 성격이 강했다.36) 이미 이 시기에 한국의 근대화는 본격적인 궤도에 들어서고 있었지만, 그 성공 여부가 아직 불투명하

하는 농민이 주인으로 되어 있으며, 인텔리겐챠인 '선비'들은 배제되든지 생산에서 보조적인 역할만을 행하는 농민으로 改造되어 남게 되었다.

이러한 점에서 정다산의 농민해방을 위한 토지강령이 어떠한 나라의 봉건시대의 진보적 사상가들에게도 보이지 않을 정도로 고조된 혁명적 사상을 대표하고 있다는 사실은 확신을 가지고 말할 수 있을 것이다."(김광진, 「토지문제에 대한 정다산의 사상」, 『경제연구』4, 평양, 경제연구편집부, 1961 : 일본어로 번역된 것을 重譯했다. 다산은 농업에서의 선비들의 創案을 더 없이 중요시했는데, 무엇 때문에 선비들의 역할을 이렇게 왜곡할 필요가 있었을까. 이념에 종속된 학문의 민낯이 생생하게 드러나고 있다.)

36) 한국에서 다산의 경세학에 관한 중심적 연구단체라 할 수 있는 茶山硏究會의 멤버들은 1990년에 「李佑成敎授定年紀念論文集」을 출간했는데, 그 서문에서는 다음과 같이 쓰여 있다. "그러나 그로부터 다산의 사상은 중요한 전환의 계기를 찾았다. 국왕의 힘을 통하여 정치를 바로잡아 보려던 다산은 이에 고개를 돌려 '民'의 존재에 주의를 기울였다. 실제로 '민'의 성장과, 성장에 따른 새로운 동향은 중세 후기로부터 두드러지게 나타나고 있었다. 原牧·湯論 등 '민'을 주체로 하는 정치사상과 閭田論과 같은 토지제도의 構想도 모두 그의 후기의 작으로 보인다. 여전론이 초기작이라는 기록이 있다고 하지만 사상내용으로 보아, 현실적으로 李氏朝廷과 밀접한 관계가 다 끊어지고 난 뒤에 아무런 부담이 없는 상태에서 나올 수 있었던 이론이라고 여겨진다. 一表二書와 같이 현실적 법제도의 개선을 위한 것은 별문제로 하고 그의 근원적 사상논리를 담아놓은 몇 편의 글에서 우리는 다산이 도달한 사상적 地点을 측정할 수 있으리라고 믿는다."(姜萬吉·鄭昌烈 외 9명, 『茶山의 政治經濟思想』 창작과 비평사, 1990년) 물론 拙者도 그 집필자 중의 한 사람이다. 지금으로부터 생각해 보면, 실증에 바탕을 두어야 할 학문연구에서 왜 저러한 서술이 가능했는지 정말 놀라움을 금치 못하겠다. 나 스스로 통렬히 自省해야 할 일이다.

였기 때문이다. 그러나, 1990년대에 들어와서는 경제발전과 민주
주의를 기본내용으로 하는 한국의 번영은 누구의 눈에도 명백하
게 되었다. 비록 이상적인 국가는 아니라고 하더라도 자립적 국민
국가가 건설된 이상 역사연구에서 더 이상 한국사에서 메시아를
찾는 일은 필요 없게 된 것이다. 그리고 현대 한국사회는 조선후
기를 바로 계승·발전한 사회도 아니다. 『경세유표』에서 피력된 국
가개혁 사상과 관련하여 이러한 시대적 분위기에서 출현한 대표
적 연구가 김태영의 일련의 논문들이다.37) 그는 우선 실학에서 피
력된 개혁사상의 기본적 성격을 變法에서 찾았다. 변법은 구체적
으로 專制的 王朝體制로부터 儒敎의 이상적 정치가 구현되었다고
생각되는 三代王政으로의 복귀라는 것이다. 물론 이러한 복귀는
단순한 구시대로의 복귀가 아니라 自然法으로의 복귀요 새로운
시대의 창출을 위한 企劃이라는 것이다. 김태영의 광범위한 자료
의 섭렵과 인용으로부터는 이 방면에 관한 연구에 종사하고 있는
필자로서도 배우는 바가 많다. 그런데, 필자에게 남는 과제는, 위
와 같은 연구사적 반성을 전제로 조선후기의 역사적 실태에 입각
하여 정약용의 개혁사상이 가지는 역사적 의미를 밝혀냄으로써,
정약용이 극복하려고 했던 조선후기의 역사적 과제와 오늘날 한
국현대사가 당면한 역사적 과제 사이에 어떠한 유사점이라도 있
는가를 찾아내는 것이다.

---

37) 金泰永, 「茶山의 國家改革論序說」(『茶山의 政治經濟思想』, 창작과비평사, 1990)
　　　　, 「茶山經世論에서의 王權論」(『茶山學』창간호, 다산학술문화재단, 2000)
　　　　, 「『경세유표』에 드러난 茶山경세론의 역사적 성격」(『退溪學報』제129
　　집, 퇴계학연구원, 2011)
　　　　, 「다산의 정전제론」(『다산정약용연구』, 사람의 무늬, 2012)
　　　　, 「다산의 통치법제와 통치이념론」(『茶山學』제22호, 다산학술문화재
　　단, 2013.6)

제4절 體國經野와 設官分職

『경세유표』의 장절구성과 연구사의 정리에서 보는 바와 같이, 『경세유표』가 목표로 하는 국가개혁의 기본체계는 '體國經野, 設官分職'이었다. 이것은 『주례』의 首章인 '惟王建國, 辨方正位, 體國經野, 設官分職, 以爲民極(帝王이 都城을 건설함에 있어서, 방향을 分揀하여 (王宮의) 위치를 바로잡아 도성을 건설하고 들을 區劃하며, 官署를 설치하고 관직을 나누어서 백성들의 標準으로 삼는다)에서 보이는 周나라의 기본법제인데, 이 기본법제에 관한 解釋은 『주례』에 관한 研究者들 사이에서도 논쟁이 분분한 상황이기 때문에[38] 유교경전을 전공하지 않는 필자가 거기에 容喙할 바는 못되는 것으로 보인다. 더구나 『경세유표』의 著者조차도 자기가 지향하는 국가개혁의 기본목표를, 체계적으로 정리하지 못하고, "관제, 군현제, 田制, 賦役, 貢市, 倉儲, 군사제도, 과거제도, 海稅, 商稅, 馬政, 船舶製造法 및 匠人營國制"등으로 나열하고 있는 상황이 아닌가. 다만 필자가 여기서 제시하고자 하는 것은, 짧은 識見으로 10여 년간 『경세유표』를 검토한 바에 의하면, 거기에서 제시된 국가개혁의 기본목표는, 井田法을 실시함으로써 국가적 토지소유의 확립, 田地區劃을 통한 정확한 양전의 실시, 국가재정의 확보 및 군사제도의 정비 등의 개혁을 실현하고, 더 나아가 상공업의 진흥 및 官制의 개혁을 이룩함으로써, 富國强兵을 달성하고자 한 것이 아니었던가 하는 것이다. 이러한 관점에서 『경세유표』에서 披瀝된

---

38) 本田二郎著, 『周禮通釋』, 秀英出版, 1979년에 揭載되어 있는 각종의 해설을 참고할 것. 『주례』首章의 번역에 있어서는 위의 책과 『尙書古訓』의 周禮六篇, 其首章皆云, 設官分職, 以爲民極, 正是皇建極. 易有太極·兩儀四象·六十四卦·三百八十四爻, 皆於是乎分出, 如皇極斂福, 用敷錫萬民也라는 다산의 注釋 등을 참고했다.

국가개혁의 체계를 整理하여 보기로 한다.

우선 정전법의 실시이다. 中國三代의 理想的인 王政으로의 복
귀를 개혁의 기본방향으로 설정하고 있었던 정약용에게 있어서는
무엇보다도 정전법은 자기가 추구하는 국가개혁의 기본법제로 될
수밖에 없었다. 왜냐하면 유학자들 간에는 정전법이야 말로 仁政
으로서 三代의 이상적인 왕정 그 자체로 이해되고 있었기 때문이
다. 그리고 이 방면에 관한 최근의 학계의 연구동향도 정전법이
前近代 中國의 여러 토지제도를 뒷받침하고 있는 理念的 原型이라
는 점을 확인하고 있다.[39] 그러면 정약용은 어떠한 점에서 정전법
이 이상적인 왕정을 실현할 수 있는 기본법제로 될 수 있다고 생
각했던 것인가. 그것은 정전제가 다음의 네 가지 요소를 내포하고
있다고 생각되었기 때문이다. 첫째는 정전이 私田 8畝가 皇極에
비유되는 公田 1畝를 에워싸고 있는 王田의 象徵物이라는 것이요,
둘째는 정전이 전지의 經界를 바로잡을 수 있는 田家의 黃鐘[40]이
라는 것이요, 셋째는 정전이 9分의 1稅의 模楷[41]라는 것이요, 넷째
는 정전이 農家의 陣法[42]이라는 것이다. 정약용에게는 정전법이
야말로 이상적인 왕정을 실현할 수 있는 토지소유제도, 양전제도,
전세제도 및 군사제도를 具現하고 있는 기본법제였던 것이다. 재
정의 자립과 국민군의 형성이 근대국민국가 성립의 2大要素라는

---

39) 溝口雄三外編, 『中國思想文化事典』, 東京大學出版會, 2001의 「井田」을 참조할
   것. 漢의 限田法, 王莽의 王田法, 晉의 占田法 및 北魏의 均田法 등도 농민에
   대한 토지의 均等配分과 지주적 토지소유의 制限이라는 측면에서 모두 井田
   法의 變形形態로 이해하고 있다.
40) 井田者, 田家之黃鐘. 黃鐘不作, 無以正樂音, 井田不作, 無以定田制.(『全集』五
   - 經世遺表七 - 二十七 前面, 井田議一)
41) 井田, 何爲而作也. 井田者, 九一之模楷也.(『全集』五 - 經世遺表五 - 二 後面,
   井田論二)
42) 井田, 何爲而作也. 井田者, 農家之陣法.(『全集』五 - 經世遺表五 - 三 後面, 井
   田論三)

점을 상기한다면, 정전법도 왕조국의 유지·발전을 담보할 수 있는 기본요소인 財政과 軍隊를 확보하고 있는 제도였던 셈이다.

그러면 우선 理想的인 王政이 실현되기 위해서는 국가적 토지 소유가 실현되어야 하는 점부터 살펴보기로 하자. 정약용은 그의 最晩年作인 『尙書古訓』의 洪範皇極條에서 "임금이 皇極을 세우고 5福을 거두어들여 이를 백성들에게 나누어준다"[43]고 했는데, 이 5 복 중에는 바로 통치권 행사의 기본수단인 富 즉 토지가 들어 있 다. 거기에서 그는 "황극이, 九疇의 중앙에 위치하는 것이 公田이 九畉의 중앙에 위치하는 것과 같아서, 四方과 四維의 중심이 되기 때문에, '황극을 세운다'고 말한 것이다"[44]라고 했는데, 이것은 임 금이 정전법에서 정전 9부의 중앙에 공전 1부가 있는 것처럼 4방 과 4유의 중심에 서서 절대적인 통치권을 틀어쥐고 토지를 백성 들에게 나누어 준다는 것이다. 그러므로 제왕의 통치권이 제대로 행사되려면, 그 통치권의 기본수단인 토지에 대한 국가적 소유가 확립되어야 한다는 것이다. 그래서 그는 『경세유표』에서 토지를 王田으로 이해했다. 토지가 왕전이라야 제왕은 백성들에게 토지 를 분배할 수 있는 권한을 가질 수 있으며, 제왕이 백성들에게 토 지를 배분할 수 있는 권한을 가지고 있어야 백성들로 하여금 제왕 을 위하여 목숨을 다해서까지 봉사하게 할 수 있다는 것이다.[45] 다시 말하면 조선후기에 解弛되어 있던 제왕의 통치권을 회복하

---

43) 皇建其有極, 斂時五福, 用敷錫闕民.(『全書』二 – 尙書古訓四 – 三十五 前面, 洪範)

44) 皇極居九疇之中, 如公田在九畉之中, 爲四方四維之攸極, 故曰建其有極也.(『全 書』二 – 尙書古訓四 – 三十五 後面, 洪範)

45) 田者, 王田也. 寄生理於王田, 敢不致死力於王事乎. 今也太阿倒柄, 田爲民田, 則民自食其田, 而王無故執安居之民, 驅而納之於矢石爭死之場, 民其肯之乎. 食 以養生, 兵以禦死, 聖人以其田地, 治此二務, 猶患其日不暇給.(『全書』五 – 經世 遺表六 – 五 前面, 田制四)

려고 했던 것이다. 전근대의 동양에 있어서는 국가적 토지소유를 具現하고 있는 제도로서 정전법, 점전법, 명전법, 한전법 및 균전법 등의 다양한 제도가 있었다. 그러한 여러 가지 토지소유제도 중에서 정약용이 정전법이야말로 이상적인 전제라고 생각한 것은 다른 제도들은 농민과 지주들의 토지소유(이들의 토지소유는 本源的 토지소유가 아니고 中間的 土地所有이다)를 허용하는 데 대하여 정전법은 이러한 중간적 토지소유를 완전히 배제함으로써 제왕적 통치권이 제대로 발휘될 수 있게 하는 排他的인 국가적 토지소유를 구현하고 있다는 것이다. 그래서 그는, 「전제」에서는 국가적 토지소유 원칙을 확립하고, 「井田議」에서는 公田의 국유화로부터 출발하여 終局的으로는 전국 토지의 國有化를 실현할 수 있는 방안을 제시했던 것이다. 이러한 의도에서 심지어 「전제」에서는 농민의 사실상의 토지소유를 時占으로 눌러두려고 하였으며, 「전제별고」에서는 토지점유자인 농민들의 이름을 田籍에 등록하지도 못하게 하려고까지 했다.

다음으로 정전이 田家의 黃鐘으로서 왕정의 기초를 마련하는 일로 일컬어지는 經界를 바로잡는 일의 기본수단이 될 수 있는 점에 대하여 살펴보기로 하자. 井田法의 실시는 무엇보다도 田地의 井田으로의 區劃 즉 경지정리를 전제로 한다. 전국의 모든 田地가 井田으로 구획될 수 있는 것은 아니지만, 정전으로 구획될 수 있는 平地는 정전으로 구획하고, 온전하게 1井으로 구획될 수 없는 곳은 公田 1畉만이라도 반드시 正方形으로 구획한다. 그리고 正方形의 1井이나 1畉로 구획될 수 없는 곳에서도 가능한 한 面積을 쉽게 파악할 수 있는 正·直四角形의 田地를 많이 확보하도록 노력한다. 이러한 경지정리 사업은, 결국 結負制下에서 역사적으로 한 번도 측량이 가능하게끔 전지를 區劃해 본 일이 없는 조선에서,

최초로 인민들에게 전지 면적을 정확하게 파악할 수 있는 모형을 제시하는 것이다. 경지정리 사업에 더하여 魚鱗圖의 작성방법을 도입하게 되면, 그 형태가 千態萬象이기 때문에 유사 이래 한번도 그 위치, 지모 및 면적이 정확하게 파악되어 본 일이 없는 田地 各 筆地의 실태가 정확하게 파악될 수 있게 된다. 그렇기 때문에 정약용은 이 경지정리 사업을 "天地를 거듭 創出하는 큰 일"[46]이라 생각했다. 그리고 그는 또 「田制別考」3篇에서 結負制하에서라도 方田法과 어린도라는 量田技法을 도입하여 전국의 전지를 정확하게 양전할 수 있도록 했다. 그리고 만약 정전법이 실시되었더라면, 전국 전지에 걸쳐서 경지정리가 이루어지고 河川下流의 평야가 개발되어 한국 전지의 중심이 山間平野에서 하천하류의 평야로 옮겨가는 계기가 되었을 것이다.

井田은 또 9分의 1稅의 模型이었다. 정전은 公田 1畉와 私田 8畉로 구성되는데, 정전법에서는 사전 8부의 농민이 공전 1부를 경작하여 公田의 收穫物을 국가에 조세로 납부하는 것이다. 이 조세를 井耡라 한다.(耡는 井田의 稅라는 뜻이므로, 앞으로 井耡는 井稅로 표기한다) 중국고대의 왕정에서는, 이 9분의 1稅를 인민들의 정상적인 생활과 국가의 넉넉한 재정수입을 보장하는 仁政으로 보았으므로, 이 세율을 초과하는 것을 桀法이라 하고 이 세율에 미치지 못하는 것을 貊法이라 했다. 세계사적으로 중세 각국의 擔稅率이 이미 알려져 있는 오늘날에 있어서는 9분의 1세가 국가의 재정을 넉넉하게 하고 인민들의 생활을 유지할 수 있게 하는 적절한 세율인지 어떤지에 대해서는 단정적으로 말할 수 없으나,[47] 정전

---

46) 臣伏惟, 經界者, 天地重創之大事也.(『全書』五 - 經世遺表七 - 二十八 後面, 井田議一)

47) 高柳光壽·竹內理三編, 『日本史辭典』, 角川書店, 1989. 755페이지의 「年貢」條에 의하면, 도쿠가와(德川)時代의 領主의 재정수입인 年貢은 토지생산물의

56

법으로의 전제개혁이 여러 가지 면에서 조선후기의 賦稅制度를 개혁할 수 있었던 것은 말할 필요도 없을 것이다. 첫째는 貢法을 폐지하고 助法을 실시하는 것이다. 공법에 의한 踏驗損實과 年分 等第 때문에 고려시대에는 말할 것도 없고 조선시대에서조차 전세제도가 제대로 시행될 수 없었다는 점을 고려하면, 이 助法의 실현이 어떠한 개혁적 의미를 가지는지에 대해서는 쉽게 이해할 수 있을 것이다. 둘째는 單一田稅의 실현으로 조선후기의 전세 명목의 혼란에 깃들 수밖에 없었던 부정부패를 일거에 제거할 수 있게 했다. 셋째는 전세의 징수과정에서 필연적으로 부담할 수밖에 없었던 徵稅費를 대폭 감소시킴으로써 중앙정부의 조세수입을 획기적으로 높일 수 있었다. 이러한 개혁만으로도 한국중세사의 劃期가 될 수 있었던 것은 더 말할 필요가 없으나, 정약용은 부세가 井稅만에 한정되는 것은 옳지 않다고 보았다. 왜냐하면 井稅는 농민에 대한 조세에 불과하기 때문에 體國經野 體制하에서 四民으로의 사회적 분업이 행해지는 경우 士工商 등에 대해서도 마땅한 과세가 있어야 한다고 생각했다. 그래서 그는 「賦貢制」7篇과 「均役事目追議」2篇을 저술하여 一田·一賦論을 전개했던 것이다.[48] 위와 같은 부세개혁이 조선후기의 不正腐敗 構造를 근본적으로 개혁하고 중앙정부의 조세수입을 획기적으로 증가시킬 것은 거의 확실해 보이나, 그럼에도 불구하고 生産物의 2割에도 미치지 못하는 조세수입으로 얼마나 국가재정이 충실해질 것인지에 대해서는 쉽게 말할 수 없다. 조선후기가 제대로 된 文明國家가 되기에는 앞에서 말한 田·賦의 수입만으로써는 크게 부족했을 것이 아닌가 생각된다. 그래서 정약용도 부정부패의 상징처럼 여겨져 왔던 還

4~6할에 달하고 있었다고 한다.
48) 拙稿, 「茶山의 田賦改革論」(『다산 정약용 연구』, 사람의 무늬, 2012)

穀制度를 혁파하지 못하고 「倉廩之儲」 3篇을 저술하여 이를 改革·
維持하려고 했던 것이 아닌가 생각된다.

정전법의 실시는 위와 같은 田制改革的 效果에 한정되지 않는
다. 정전법의 실시는 經界를 바로잡음으로써 王政一般의 기초를
마련하는 일이라 평가되었다. "혹자는 말하기를, '爵祿이란 名器
중에서 큰 것이다. 이제 溝洫하는 조그마한 功勞를 가지고 가볍게
작록을 주자고 하는데, 비록 귀족이라도 오히려 마땅히 따지고 신
중하게 해야 할 일인데, 하물며 下戶의 冷族이겠는가. 그 재산을
보아서 이 일을 맡기고 모두 入仕하게 하면, 명기가 헤퍼지고 체
면이 구차하게 될 것인데, 어찌 왕정이 되겠는가'라고 한다. 答.
'經界란 왕정의 근본이다. 「堯典」에서 관리를 임명할 때, 먼저 (農
師인 …필자) 稷을 임명하고 그 다음에 司徒를 임명하여 비로소 五
敎를 베풀었으며, 孔子가 왕도를 논할 때 먼저 부유하게 한 이후
에 가르친다고 했으며, 孟子가 왕도를 논할 때 먼저 1百畝를 말하
고 그 다음에 孝悌를 논했다. 무릇 五敎가 급하기는 하지만 田政
보다 뒤로한 것은 왕정에는 經界보다 큰 것이 없기 때문이다. 경
계가 바르지 못하면 戶口가 맑지 못하며, 경계가 바르지 못하면
賦役이 균평하지 못하며, 경계가 바르지 못하면 敎化가 일어나지
못하며, 경계가 바르지 못하면 兵備가 깃들 데가 없으며, 경계가
바르지 못하면 奸猾이 숨을 죽이지 않으며, 경계가 바르지 못하면
詞訟이 나날이 번잡해진다. 만 가지 병통과 천 가지 폐막이 시끄
럽고 어지러워져 동쪽을 두드리고 서쪽으로 부딪치게 되어 다스
릴 수 없게 되니, 王政에는 經界보다 더 큰 것이 없는 것이다. 이
일을 다스리고자 하는데 무슨 관직인들 아까워할 것인가."49)

---

49) 或曰, 爵祿者, 名器之大者也. 今以溝洫小勞, 輕予爵祿, 雖在貴族, 猶宜難愼, 況
　　下戶冷族. 視其貲財, 任以此事, 皆令入仕, 名器褻濫, 體面苟且, 豈王政乎. 答.
　　經界者, 王政之本也. 堯典命官, 惟先命稷, 乃命司徒, 始敷五敎. 孔子論王道, 先

위에서 보는 바와 같이 정전법은 여러 가지 면에서 三代王政의 실현을 위한 기본법제였다. 그러나, 黃宗羲에 의하면, 夏나라에서 는 정전법만으로써 한 나라의 기본법제가 되기에 충분했지만 周 나라에 이르러서는 그것만으로써는 不充分했다는 것이다. "옛날 에 禹임금은 田地에 等級을 매겨서 부세를 정했으나,『주례』에서 는 體國經野했으니, 이것은 夏나라에서 정한 바가 周나라에 이르 러 이미 標準이 될 수 없었다"[50]라고 했다. 이 말은 賦稅와 관련하 여 나온 말이지만, 여기에서 중요한 것은 체국경야이다. 經野가 기본적으로 井田法이라는 것은 더 설명할 필요가 없을 것이다. 그 러면 體國이란 무엇인가. 그것은 바로 都城의 建設이다. 經傳上의 해석에 의하면, 체국경야는 國土를 도시와 농촌으로 분할하고, 이 렇게 분할된 도시와 농촌을 井田形으로 구획하여 도시를 건설하 고 耕地를 정전으로 整理하는 것으로 해석된다. 정약용이 「田制別 考」3에서 최초로 체국경야에 대해서 언급할 때에도 그러한 의미 에서였다.[51] 그러나, 국가가 순수한 農業國家로부터 都市國家로 발전하게 되면, 도시를 건설하고 경지를 정리하는 일 이외에 政治 와 商工業의 중심지로서의 도시문제가 제기된다. 정약용은 六鄕六 遂論을 둘러싼 申綽과의 논쟁을 전개하는 과정에서 체국경야와 관련하여 도시의 정치경제적 의의를 강조했다.[52] 여기에서 國家

富而後敎. 孟子論王道, 先言百畝, 乃說孝悌. 夫以五敎之急, 而後於田政, 則王 政莫大於經界也. 經界不正, 則戶口不淸, 經界不正, 則賦役不均, 經界不正, 則 敎化不興, 經界不正, 則兵備無寄. 經界不正, 則奸猾不息, 經界不正, 則詞訟日 繁. 萬病千瘼, 棼然淆亂, 東撞西觸, 莫可摸理. 王政莫大於經界也, 欲治此事, 何 官是惜.(『全書』五 - 經世遺表七 - 三十六 後面, 井田議一)

50) 昔者, 禹則壤定賦, 周官體國經野, 則是夏之所定者, 至周已不可爲準矣.(黃宗羲 撰, 『明夷待訪錄』, 中華書局, 1985, 16面)

51) 제4장의 注 128과 같다.

52) 詩云, 商邑翼翼, 四方之極, 王國者, 出治之本, 敎化之原, 四方之所爲式也. 故周 公制禮, 其敎萬民·糾萬民·登賢黜惡·平賦斂·均征役·治軍旅·正禮器, 凡大規模·

改革의 課題도 田制改革을 중심으로 하는 정전법에 한정될 수 없
고 6鄕6수론을 중심으로 하는 都市建設의 問題가 떠오르게 된다.
도시의 건설은, 도시가 政治的 中心이 되게 하고, 商工業의 발달과
常備軍의 확보를 요구했다. 여기서는 상공업 발달과 상비군 확보
의 문제에 한정해서 살펴보기로 한다.

우선 상공업의 발달이다. 해방 이후의 朝鮮後期 經濟史 研究에
의하면, 이 時期에는 資本主義 萌芽가 출현할 정도로 상공업이 발
달했다는 것이다.[53] 壬辰倭亂 이후 농업생산력과 對日貿易의 발달
로 전국적으로 場市가 보급되고 旅客主人이 출현하는 등 상품경
제가 어느 정도 발달한 것은 밝혀졌지만, 상업과 수공업이 未分化
된 도시 상업기관인 市廛조차 제대로 발달한 곳은 서울뿐이었고,
지방의 手工業 産地는 전혀 형성되지 못한 형편이었다. 이러한 상

大節目, 都在六鄕之政, 故鄕師歲終, 則攷六鄕之治, 以詔廢置, 三年大比, 則攷
敎察辭, 稽器展事, 以詔誅賞, 卽古聖王治天下之大經大法, 莫要於六鄕之官. 鄭
乃以六鄕, 謂在百里之郊, 則頭腦旣誤, 膚腠悉舛, 敎法糾法·田法賦法·軍旅之
事·吉凶之禮, 凡王國所行, 無地可問. 後之人雖欲效二帝三王之治, 辨方正位, 體
國經野, 其何以行矣. 每以是嗟惋不置, 輒玆羅縷, 伏惟恕之六月十三日.(『全書』一
- 詩文集二十 - 九 後面, 答申在中)

53) 조선후기 자본주의 맹아론은 해방 이후 植民地 停滯史觀을 극복하기 위한
연구 활동의 성과라고 하지만, 여기에도 理論과 實證의 兩面에서 많은 문제
가 있는 것으로 보인다. 우선 이론적인 면에서 보면, 오늘날 繁榮하는 韓國
資本主義는 글로벌리즘 체제하의 캐치업 과정에서 發達한 것이므로 조선후
기의 자본주의 맹아를 직접 繼承·發展한 것이 아니라는 것이다. 실증적인 면
에서 보면, 조선후기의 利用厚生之學은 당시의 중국과 비교해 보아도 많이
뒤떨어진 조선의 상공업을 振興시키려는 것이 목적이었지 발달된 상공업의
올바른 發達方向을 모색하는 것을 목적으로 하지 않았다는 것이다. 이 점에
서 韓·中·日 3國의 실학을 비교해 보면, 한국과 중국의 실학은 貧困을 극복
하기 위하여 商工業의 振興策을 모색하고 있는 데 대하여 일본의 실학은 지
나치게 발달한 화폐경제의 발달을 抑制하고 상공업의 올바른 발전방향을 모
색하는 데 힘썼다. 朴齊家의 『北學議』, 顧炎武의 「郡縣論」 및 三浦梅園의 「價
原」이 위와 같은 동양 3국에서의 상공업 발달의 격차를 읽을 수 있는 대표적
인 글이라 할 수 있다.

황에서 經世致用之學과 利用厚生之學의 종합을 시도했던 정약용
은 이미 발달해 있는 상공업의 바람직한 발전방향을 모색한다기
보다 뒤떨어진 상공업의 적극적인 振興策을 제시하는 데 힘을 썼
다. 그래서 그의 상공업진흥책은 四民·九職論으로부터 출발했던
것이다.[54] 이 사민·구직론은 身分論이면서 동시에 專業論인데, 사
민·구직을 신분적으로 固定시켜 專業하도록 하지 않으면 상공업
의 발달을 기대할 수가 없다는 것이다.[55] 이러한 身分制的 分業論
은 身分制의 打破를 전제로 전개되는 初期 資本主義의 사회적 분
업과는 그 樣相을 질적으로 달리한다.[56] 그리고 그는 상공업을 진
흥시키기 위하여 교환의 매개수단인 貨幣의 원활한 공급, 度量衡
의 정비, 道路의 건설 및 舟車의 통행 등을 실현하기 위한 관제개
혁을 모색했다.[57] 그는 또 더 나아가, 상공업의 진흥을 위한 技術

---

54) 정약용의 四民論에서 주목되는 점은 士商工의 居住地를 도시로 제한하려고
   했는데, 그 이유는 農業을 전적으로 農民에게 맡기려고 했기 때문이다. 그리
   고, 三農·園圃·虞衡·藪牧·百工·商賈·嬪婦·臣妾·閒民으로 구성되는 九職에
   대해서는 專業을 강조했는데, 여기에서도 九職의 거주지가 어떠해야 하는가
   하는 점에 대해서는 想像하기가 어렵지 않을 것이다. 그러나, 다산의 위와
   같은 주장을 機械的으로 해석해서는 안 되리라 생각한다. 왜냐하면,「序官」
   에서의 그의 構想처럼 당시의 사회경제적 사정으로 보아 工匠이 林業과 鑛
   業이 전개되는 山野에 배치되는 경우도 있어 보이기 때문이다. 따라서 사농
   공상이 그 거주지를 달리해야 한다는 다산의 주장은 사농공상의 전업화를
   강조하기 위한 것으로 보인다. 今我邦士農工賈, 混雜無別, 不唯一村之中, 四
   民雜處, 抑亦一身之內, 四業兼治, 此所以一藝無成, 百事無法. 然以田束之四四
   相統, 則不可不從古也. 雖其間有士族不農者, 參錯介居, 不可拘也. 若夫工商二
   民, 不可不聚之於邑城之中, 管仲治齊之法, 不可不遵見別篇.(『全書』五 - 經世遺
   表八 - 七 前面, 井田議二)
55) 先王之法, 士與士居, 工與工居, 欲其藝之精專也見齊語. 醫與醫居, 譯與譯居, 則
   其技益以嫺矣, 不亦善乎.(『全書』五 - 經世遺表十三 - 十七 後面, 教民之法)
56) 初期資本主義에 관해서는 中村 哲著,『日本初期資本主義論』, ミネルバ書房,
   1991을 참조할 것.
57) 제2장 제2절「賦貢制와 관제」참조.

開發의 필요성을 논하고,[58] 국내상업뿐만이 아니라 對外貿易도 장려해야 한다고 주장했다.

다음으로는 軍事制度의 정비이다. 정약용은 일반적인 儒學者와 같이 국가를 軍國이라 이해하고 있었으므로,[59] 조선후기와 같이 군대다운 군대가 없는 국가는 국가가 아니라고 생각했다. 조선전기의 군사제도는 본래 農民軍에 기초를 둔 五衛制度였으나, 壬辰倭亂 이후 이 제도는 폐지되고 良役에 기초를 둔 五軍營制度로 이행했다. 五軍營은 宣祖로부터 肅宗에 이르기까지 차례차례로 設營되었는데,[60] 이 五軍營制度는 良人으로부터 거두는 軍布에 의하여 운영되는 傭兵制度였다. 그러나, 이 제도하에서 良人들은 무거운 軍布負擔으로 신음하고 있었음에도 불구하고 군대는 賤人들로 구성되었기 때문에 군대다운 군대가 확보될 수 없었다.[61] 이에 이러한 군사제도를 개편하기 위하여 1751년에 隱結의 索出, 魚·鹽·船稅와 選武軍官布의 징수 및 結米 혹은 結錢을 재원으로 軍布 2疋의 良役負擔을 1疋로 경감하는 均役法을 실시함으로써 民力이 조금 펴지는 듯 했으나,[62] 白骨徵布 및 黃口簽丁 등으로 군역부담자는

---

58) 『全書』一 - 詩文集十一 - 十 前面, 技藝論 參照.

59) 「(劉)晏專用榷鹽法, 充軍國之用」(『全書』五 - 經世遺表十一 - 二 後面, 賦貢制五)에서 보는 바와 같이 國家를 軍國으로 파악하고 있다.

60) 壬辰倭寇之後, 五衛罷而五營設, 一曰訓鍊都監宣祖戊戌始之, 二曰御營仁祖甲子, 始置御營使. 孝宗壬辰, 始設營, 三曰禁衛營肅宗壬戌. 減訓鍊軍總以設之, 四曰守禦廳仁祖丙寅設, 五曰摠戎廳仁祖甲子設, 此所謂五軍門也.(『全書』五 - 牧民心書八 - 十二 後面, 簽丁)

61) 守摠兩營, 其簽軍不出京畿, 惟訓御禁三營, 其簽軍收布, 遍及諸路. 正軍爲戶, 戶各有保, 或二或三, 以收米布, 使爲資裝. 納米則十二斗, 納布則二匹, 納錢則四兩. 自南漢兵退之後, 四郊無壘, 則正軍停番. 旣停其番, 亦無資裝. 乃收裝布, 以輸京營, 其停番者, 亦收身布, 輸之京營. 或雇軍於京坊, 以立其代, 或補用於本營, 以塞其費.(『全書』五 - 牧民心書八 - 十二 後面, 簽丁)

62) 至(英祖)二十六年, 始行均役之法. 方其議之也, 或主戶布, 或主結布以田結收布, 或主口錢, 或主游布非文·非武. 游衣游食者, 收布. 畢竟覈隱結, 收魚鹽, 設游布選武軍

오히려 늘어났다.63) 여기서 정약용은 군사제도를 軍布徵收로 지
탱되는 五軍營制度와 같은 傭兵制度에서 屯田兵制度로 개혁해야
한다고 생각했다. 둔전병의 설치는 3가지 차원에서 모색되었다.
첫째 井田에서 확보되는 束伍軍이다.64) 1井의 私田 8畉가 公田 1畉
를 공동경작하여 井稅를 내는 동시에 각각 正兵 1人씩을 내면, 16
井의 1里에 正兵 128人을 얻는데, 이것이 1哨이다. 또 1里는 1丘이
므로 戎馬 1필, 輜車 1대, 소 2마리를 내어 전쟁에 대비한다. 둘째
는 六遂에서 확보되는 중앙상비군이다. 六遂의 屯田을 기초로 都
統營, 左禦營 및 右衛營의 3營을 두고 騎兵 1,674인, 보졸 8,326인을
확보하여 왕궁을 호위하게 한다.65) 우선 六遂에서 屯田 14,400畉를
확보하고, 그 10분의 1인 1,440부를 덜어서 公田으로 삼고, 4,185부
를 騎兵에게 나누어 주되 각각 2부 반씩 주어 餼田으로 삼게 하며,
8,326부를 步卒에게 나누어 주되 각각 1부씩 自耕케 하여 양식으로
삼도록 하며, 나머지 전지인 449부는 將官에게 나누어 주어 餼廩
에 보충케 한다. 이들에게 2,080명씩 4輪番制로 番上하게 하여 왕

官, 卽游布之意, 斂結錢, 以設均役之廳, 乃減軍布之半. 二匹者爲一匹, 四兩者爲二
兩, 十二斗者爲六斗, 於是乎民力少紓矣.(『全書』五 - 牧民心書八 - 十三 前面,
簽丁)

63) 若自朝廷, 遣剛明御史, 查括公私雜色之軍, 無一隱漏, 則通計諸路, 必其數恰過
數百萬矣. 五十萬人, 人納錢四兩, 則其錢二百萬兩也. 二百萬人, 人納錢二兩,
則其錢四百萬兩也.(『全書』五 - 牧民心書八 - 十三 前面, 簽丁)

64) 經界旣畢, 乃以八夫, 編爲隊伍. 四井爲邨, 四邨爲里, 每井八夫, 則一里一百二
十八人也. 編之爲十隊, 則正卒百人, 火兵十人, 隊長十人, 旗總五人, 敎鍊官二
人, 哨官一人. ○一里者, 一丘也. 出戎馬一匹, 輜車一乘, 牛二頭, 以待師旅. ○
每一隊, 弓手二人, 銃手二人, 槍手二人, 鐺鈀手二人, 筤筅手二人.(『全書』五 -
經世遺表八 - 三十五 前面, 井田議四)

65) 1867년의 『六典條例』를 분석한 金載昊의 연구에 의하면, 중앙재정에서 俸廩
을 받는 이 시기의 '軍摠'이 9,526명이었다고 한다. 다산이 설정한 중앙군 1
만 명과 같은 숫자이다.(이헌창 엮음, 『조선후기 재정과 시장』, 서울대학교
출판문화원, 2010, 58페이지)

궁을 호위하게 하되, 번상의 輪番期間은 1節氣씩이다.[66] 셋째는 地方軍이다. 中京과 西京에는 기병 2哨와 보병 10초씩 두도록 하며,[67] 감영이나 군현에도 각각 상비군을 둔다.[68] 상비군의 재원은 宮房田·屯田·驛田·牧田·渡田·站田 등의 관유지 및 새로운 개간지를 처분하여 邑城의 인접지에 둔전을 설치함으로써 확보한다. 北關의 방위를 위해서는 滿河六鎭과 鴨河十一邑의 강변에 塞上屯田을 설치하는데, 이러한 곳은 정전으로 묶지 말고 100부를 1둔전으로 하는 둔전의 설치를 권유하기도 했다.[69] 그런데, 이러한 屯田兵制度와 井田制에 의한 9분의 1세의 徵收 간에는 서로 밀접한 관계가 있어 보인다. 다시 말하면, 정전제하에서는 近世的 職業軍人制度는 아직 構想할 수 없었던 것이 아닌가 한다.

마지막으로 官制改革의 문제이다. 관제개혁은 정약용의 국가개혁의 2대 분야 중의 하나이지만, 동시에 이것은 體國經野制에 입각한 국정과제의 수행을 위한 관제개혁이기도 했다. 우선 그는 中央官廳인 六官이, 각각 20官廳씩을 거느림으로써, 모두 120관청이 되게 했다. 『주례』에서는 육관의 소속관청이 天地의 度數에 맞게 360관청으로 설정되어 있지만, 조선은 藩國이고 또 旣存의 중앙관청이 110관청이므로, 120관청으로 설정하여도 天地의 度數에 부합

---

66) 其上番之卒, 通計三營, 不過爲二千八十名.(『全書』五 - 經世遺表八 - 三十七 前面, 井田議四)

67) 中京西京, 各騎兵二哨, 步卒十哨. 諸路監司以下, 大州·諸郡·諸縣, 各養兵有差, 宜以環城五里十里之內, 置軍田以養之.(『全書』五 - 經世遺表八 - 三十八 後面, 井田議四)

68) 今擬十二省監司, 各養兵千人, 十路兵馬使, 各養兵千人, 則已二萬二千人矣. 大州各養兵三哨, 諸郡各養兵二哨, 諸縣各養兵一哨, 則又數萬人矣.(『全書』五 - 經世遺表二 - 十一 前面, 夏官兵曹)

69) 凡塞上屯田, 不用井梳之法, 不用火粟之法. 猶以百步爲一畝, 百畝爲一畎, 百畎爲一屯, 每一邊堡, 必墾一屯, 以爲百夫之糧, 然後其堡將, 僅可稱百夫長, 斯不可不議也.(『全書』五 - 經世遺表八 - 三十一 後面, 井田議四)

한다는 것이다.[70] 官廳의 數를 천지의 도수와 부합하게 한 것은
그것이 時勢와 人主의 貪慾에 의해서 좌우되지 않는 天成鐵鑄와
같은 것이 되게 하기 위해서였다.[71] 그는 또 朝鮮이 王朝國家임을
감안하여 관제개혁에 있어서 宮府一體의 義理가 堅持되도록 했
다.[72] 이러한 점에서 『경세유표』에서의 관제개혁은 宮中과 府中의
분리를 전제로 하는 近代的 官制改革과는 질적으로 달랐다. 그럼
에도 불구하고 『경세유표』의 관제개혁에서는 다음과 같은 두 가
지의 특징이 보인다. 첫째는 宮中 爲主의 관제를 존중하면서도 府
中의 기능 강화를 圖謀했다는 점이요, 둘째는 관제개혁이 西勢東
漸의 흐름을 受容하면서 관제를 혁신하여 富國强兵政策을 지향하
고 있었다는 점이다. 첫째의 특징은 궁중 편중의 종래의 관제를
개혁하여 육조가 모두 20의 관청을 거느리게 함으로써 균형 잡힌
관제를 설계하고 있다는 점이요, 둘째의 특징은 국가개혁을 지향
할 수 있는 관제편성을 도모하고 있다는 점이다. 이 점에 대해서
는 우선 井田法을 실시하고 賦貢制를 도입하기 위한 관청으로서
經田司, 平賦司, 山虞寺, 林衡寺 및 澤虞寺 등을 두었다. 여기서는

---

70) 臣謹案, 周禮六官, 其屬各皆六十小宰文. 鄭註謂, 六官之屬三百六十, 象天地四時
日月星辰之度數, 天道備焉. 臣竊伏念, 周禮, 天子之禮, 我國家, 藩國也, 制度宜
小. 且考舊典, 京官職司之數, 百有一十, 或分而析之, 或聚而合之, 或增而補之.
於是, 溯考古典, 各以其類, 分于六曹. 六曹之屬, 各爲二十, 則其數一百二十. 一
百二十, 亦天地度數之象也.(『全書』五 – 經世遺表一 – 一 前面, 天官吏曹) 六
曹의 관원은 6,702명으로 설정되어 있는데, 기존의 官員數와 크게 다르지 않
다고 했다. 앞의 金載昊의 연구에서는 『六典條例』에 기재된 인원이 10,012명
으로 파악된다고 했다.

71) 然周公制禮, 必以三百六十定爲大限, 加減不得者, 誠以物無定數, 亂之本也. 世
道之嬗變無常, 人主之逸慾無限, 若於立法之初, 破碎散漫, 無天成鐵鑄之象, 則
不過數世, 增之減之, 廢之興之, 綱紀紊亂, 端緒莫尋, 小有不察, 必土崩而瓦解
矣.(『全書』五 – 經世遺表一 – 一 後面, 天官吏曹)

72) 冢宰之職, 本掌王宮之事卽宮府一體之義, 則政院爲天官之屬, 審矣. 此之謂官聯.(『全
書』五 – 經世遺表一 – 二 後面, 天官吏曹)

山林과 川澤을 관리하는 관청을 工曹에 소속시켜 自然資源을 개발하여 富를 창출하려는 시도가 주목된다. 둘째로 首都가 수도다운 모습을 갖추게 하기 위하여 六部와 六學의 기능을 강화하고 수도계획관청인 典堵司를 두었다. 셋째로 이용후생관서로서 利用監, 織染局, 典軌司, 典艦司 및 凌人署 등을 두었다. 여기서 주목되는 것은, 이용감이 農器 및 織機 등을 개량·보급할 목적으로 中國으로부터의 기술도입을 위하여 설치되었다는 것, 직염국이 기술개량을 통하여 絹織物業의 진흥을 목적으로 설립되었다는 것, 典軌司가 수레의 제작과 도로의 건설을 통한 交通의 便宜를 위하여 설립되었다는 것, 전함사가 西洋의 船泊構造를 참고하여 세 가지 규격의 선박을 製造·普及하기 위하여 설립되었다는 것 등일 것이다.[73] 넷째는 流通經濟의 발달을 위한 제도개선을 위한 官署로서 典圜署와 量衡司를 두었다. 유통경제에 있어서 安定的인 貨幣의 공급과 度量衡의 정비가 가지는 중요성에 대해서는 더 이상의 설명이 필요가 없을 것이다.

---

73) 唐船倭船之漂到沿邊者, 歲以十數, 琉球呂宋之船, 亦有時乎漂到. 其制樣皆奇妙精堅, 能出沒風濤, 不致摧陷. 若於漂到之初, 則遣利用監郎官與巧匠之精於分數者, 合同照檢. 其諸物諸體之長短廣狹銳鈍軒輊, 皆察之詳密, 書其尺寸, 其材料所用及油灰枥舱之法, 兩翼浮板之制, 皆問規式, 詢其功效, 自我倣造, 不差毫髮, 則於是乎北學矣.(『全書』五 - 經世遺表二 - 三十六 後面, 典艦司)

맺음말

지금까지의 설명에서 명백해졌다고 생각하지만, 『경세유표』에서 추구된 국가개혁의 기본체계는 『周禮』六官의 首章으로 제시되어 있는 국가체제의 기본법제인 體國經野·設官分職이었다. 조선후기의 實學一般이 그러하지만, 특히 정약용의 실학에 있어서는 중국3대의 理想的인 王政으로의 回歸가 국가개혁의 기본목표였다. 정약용에게 있어서 중국3대 왕정의 여러 법제는 후세의 專制國家 帝王들의 人慾으로 왜곡된 弊法과는 달리 自然的 秩序에 입각한 법제 즉 天成鐵鑄와 같은 것으로 생각되었다.[74] 이러한 점에서 정약용의 실학은 古典古代로의 回歸를 지향했던 西歐의 르네상스와 같은 성격을 지니고 있었다고 할 수 있다. 그러나 이러한 復古主義는 단순한 고대로의 복귀로 끝나는 것이 아니었다. 오히려 이 尙古主義는 論者가 현실에서 당면하고 있는 시대적 문제들을 理想的이라고 생각되는 고대의 법제를 가지고 개혁하려고 함으로써 매우 未來志向的인 성격을 지니게 된다. 정약용이 고대의 井田法이나 六鄕六遂制를 가지고 조선후기의 토지문제나 도시문제를 개혁하려고 試圖했을 때, 그 改革의 方向은 자연히 조선후기의 歷史的 展望 속에서 이루질 수밖에 없었다. 조선후기에는 새로운 상품경제가 발전하는 등 中世後期로 進入하려는 現象이 뚜렷하고 西洋의 새로운 文物이 나날이 전달되고 있었다. 이러한 상황하에서 제

---

74) 邦禮草本引의 다음과 같은 문장도 결국 위와 같은 뜻이다. 玆所論者, 法也, 法而名之曰禮, 何也. 先王以禮而爲國, 以禮而道民, 至禮之衰, 而法之名起焉. 法非所以爲國, 非所以道民也. 揆諸天理而合, 錯諸人情而協者, 謂之禮, 威之以所恐, 迫之以所悲, 使斯民兢兢然莫之敢干者, 謂之法. 先王以禮而爲法, 後王以法而爲法, 斯其所不同也.(『全書』五 - 經世遺表一 - 一 前面, 引) 그리고 여기서 말하는 '自然的 秩序'의 자연은, 현대의 자연과학적 의미에서의 자연 그 자체는 아니었다.

기되는 그의 토지제도의 개혁방안 및 상공업의 진흥책은 그 자체로서는 근대적인 것이라고는 할 수 없다고 하더라도, 西勢東漸의 世界史的 視野에서 보면 근대와 접촉하고 있었다고 할 수 있다. 그럼에도 불구하고 『경세유표』에서 제시되어 있는 국가개혁 방안들은 전근대적 틀 속에 있었다. 정약용의 실학은 前近代의 義理之學에 머물러 있었으며, 그의 관제개혁 방안도 宮府一體의 틀 안에서 모색되고 있었던 것이다.

이러한 視角에서 보면, 정약용의 경세학에 관한 연구는 그동안 엄청난 연구성과를 축적하여 왔음에도 불구하고 또한 커다란 限界 속에 머물러 있었다고 할 수밖에 없지 않을까 한다. 그 한계는, 그의 경세학이 의리지학에 머물고 있음에도 불구하고, 거기에서 帝國主義의 侵略과 대결하면서 韓國的 近代의 出發點을 모색할 수밖에 없는 강력한 時代的 要請에 의하여 주어진 것으로 보인다. 그러한 시대적 요청에 따라 南北의 학계에서는 다산의 경세학에서 민주주의와 농민적 사회주의의 이론을 찾아내려는 수많은 노력이 이루어져 왔다. 심지어는 다산의 경세학에서 '反封建的' 혹은 '人民革命的' 志向까지도 읽어내려는 노력이 있었다. 물론 筆者도 다산의 경세학에는 민주주의나 국가사회주의의 요소로 읽힐 만한 글이 없지 않다고는 생각하지만, 정약용을 민주주의자나 사회주의자로 보는 것은 지나친 評價가 아닐까 생각한다. 왜냐하면 이러한 주장들은 정약용의 경세학이 朝鮮王朝를 이념적으로 떠받드는 義理之學에 머물고 있다는 사실과 논리적으로 정면충돌하기 때문이다. 그리고 지금 우리는 위와 같은 정약용의 경세학에 대한 安易한 評價가 현재 북한에서 진행되고 있는 金氏王朝의 三代世襲과 集團農場에서의 人民들의 奴隸化를 看過하고 말았다는 점을 痛烈하게 반성하지 않으면 안 되는 시점에 놓여 있다. 여

68

기서는 위와 같은 現實的 反省 이외의 學問的 反省도 필요한 것이 아닌가 생각된다. 그 수많은 정약용의 경세학에 관한 연구에도 불구하고, 지금까지 정약용의 중심적 국가개혁 사상을 담고 있는 『경세유표』에 관한 體系的 硏究가 없었던 것은 무엇 때문인가. 연구가 위와 같은 상황에서 벗어날 수 없었던 근본적 이유는 경제발전과 민주주의의 실현으로 우리들에게 풍부한 硏究課題를 제기하는 현대 한국과의 관련하에서 朝鮮後期의 歷史的 位置가 제대로 설정되지 못했기 때문이다. 제2차세계대전 이후의 글로벌리즘이라는 世界史的 環境 속에서 근대화에 성공한 현대 한국사회는 조선후기를 바로 繼承·發展한 사회가 아니라는 점도 명확하게 인식해야 한다. 만약 그러한 사실이 제대로 인식된다면, 우리의 硏究課題는, 조선후기에서 구태여 近代의 出發點을 찾아내려고 애쓸 것이 아니라, 조선후기사회가 西歐에서 전달되는 근대에 대하여 어떻게 抵抗하고 受容하면서 自己變革을 거듭해 왔던가를 探求하는 일이 될 것이다.

이러한 시각을 가지고 정약용이 『경세유표』에서 전개하는 국가개혁 사상을 재정리하면 다음과 같이 될 것이다. 첫째는 井田法의 실시를 위한 구상이다. 정전법은, 지금까지 토지에 관한 중국고대의 이상적인 법제로만 이해되어 왔으나, 최근의 학계에서는 均田法, 限田法, 名田法 및 占田法 등 왕조국가의 토지제도가 정전법을 그 이념적 전제로 하고 있음이 밝혀지고 있다. 다시 말하면 정전법이 다른 어떠한 법제보다도 公田 1畉와 私田 8畉로 구성되는 왕토사상을 충실히 구현하고 있다는 것이다. 더 나아가 정약용이 井田을 田家의 黃鐘이라 파악한 점은 卓見이라 아니할 수 없다. 그는 井田 및 方田과 魚鱗圖라는 量田技法을 가지고 전지의 경계를 바로잡음으로써 토지의 실태를 명확하게 파악한

토대 위에서 여러 국가제도를 개혁하고 부정부패를 척결하여 조
선후기의 국가적 면모를 一新하고자 했다. 정약용의 이러한 개
혁구상은 河川 下流의 新田開發 試圖에서 볼 수 있듯이 西洋으로
부터 전해오는 새로운 기술에 힘입은 바 큰데, 만약 그러한 사업
이 성공했더라면, 그것은 근대적 농지제도의 출현을 위한 歷史的
前提條件의 하나가 되었을 것임에 틀림없다. 둘째는 士農工商 간
의 분업구상이다. 井田을 철저하게 농민들의 專業空間으로 이해
하려고 하면, 體國과 六鄕六遂論에 따라 都城을 건설하고, 도성
을 士商工의 전업공간으로 설정하는 것은 논리적 필연이라 할
수 있다. 정약용의 분업론은 身分論이면서 동시에 專業論으로서
인민들로 하여금 자기의 직업에 전업하게 함으로써 資源을 개발
하고 技術을 향상시키려 했다. 이러한 정약용의 분업론은 철저
하게 東洋의 傳統的인 사농공상론에 입각하고 있는 것이기는 하
지만, 만약 거기에서 專業이 성립했다고 한다면, 그것은 한국역
사상 최초의 전업이 되었을 것이다. 셋째는 관제개혁에서의 利
用厚生官署의 설치이다. 이용후생관서의 설치는 分業과 技術의
발달을 도모하려는 의도와 밀접한 관련을 가지고 있는 것으로
보인다. 量衡司의 설치에 의한 度量衡의 정비, 典圜署의 설치에
의한 價値安定的 貨幣의 공급 및 典軌司의 설치에 의한 수레의
제조와 도로의 건설은 유통경제의 발달을 위하여 필수불가결한
것이며, 織染局의 설치에 의한 絹織物의 제조와 利用監의 설치에
의한 器械의 제작·보급은 기술의 발달을 도모하려고 한 것이다.
이러한 기술발전에 있어서는 中國으로부터의 技術導入이 중요한
자리를 차지하고 있었다.
　한 번 더 강조하지만, 필자는 제2차세계대전 이후의 글로벌리
즘 체제하에서 形成·發展·繁榮하는 현대 한국과의 관련하에서 朝

鮮後期의 歷史的 位置를 올바로 설정하느냐 못하느냐에 따라 조선 후기에 관한 연구는 물론 다산의 경세학에 관한 연구도 그 成敗가 左右되리라 생각한다.

제2장
王政과 官制改革

머리말

제1절 王政과 官制

제2절 朝鮮後期의 官制와
　　　官制改革

제3절 改革課題와 官制

맺음말

머리말

제1장에서 살펴본 바와 같이, 『경세유표』에서 추구하고자 한 국가개혁의 기본체계는 『주례』의 體國經野, 設官分職이다. 그것은, 『주례』六官의 首章으로 제시되어 있는 惟王建國, 辨方正位, 體國 經野, 設官分職, 以爲民極으로서, 또 『經國大典』편찬의 이념이기도 했다.1) 이 한문을 역대의 注釋을 참고하여2) 한국어로 풀이하면, "帝王이 都城을 건설함에 있어서, 방향을 분간하여 (王宮의) 위치를 바로잡아 도성을 건설하고 들을 區劃하며, 官署를 설치하고 관직을 나누어서 백성들의 標準으로 삼는다"는 것으로 될 것이다.3) 정약용의 관제개혁에 관한 연구와 관련하여, 육관의 수장으로 제

---

1) 崔恒은 「進經國大典箋」에서 竊以, 聖人經綸天下, 必待積德百年之期, 王者損 益時宜, 蓋爲垂範萬世之計, 玆定大典, 允屬昌辰. 竊惟, 治以道同, 政由俗革, 體 國經野, 周分六卿之官, 除煩去苛, 漢約三章之法, 皆得設施之當, 能爲永久之傳 (『經國大典』, 進經國大典箋)이라 했다.

2) 周禮, 惟王建國, 辨方正位, 體國經野, 設官分職, 以爲民極.
   鄭玄曰, 建立也. 周公居攝, 而作六典之職, 謂之周禮. 營邑於土中, 七年致政, 成 王以此禮授之, 使居雒邑治天下. 辨別也, 別四方, 正南北之位. 體猶分也, 經謂 爲之里數. 鄭司農云, 營國方九里, 國中經九緯, 左祖右社, 面朝後市, 野則九 夫爲井, 四井爲邑之屬, 是也. 設官分職謂, 置冢宰·司徒·宗伯·司馬·司寇·司空, 各有所職, 而百事擧. 極中也, 令天下之人, 各得其中, 不失其所○朱子曰, 極謂 標準也.(柳馨遠著·韓長庚譯註, 『磻溪隨錄』三, 忠南大學校, 1966, 316~317페이 지, 職官攷說上. 앞으로 著者, 譯者 및 출판사는 생략한다.)

3) 정약용은 이 인용문에서 民極의 極을 왕조국가의 근본인 皇極으로 이해했 다. 周禮六篇, 其首章皆云, 設官分職, 以爲民極, 正是皇建其極(『全書』二 – 尙 書古訓四 – 三十六 前面, 洪範) 및 詩云, 商邑翼翼, 四方之極. 王國者, 出治之 本, 敎化之源, 四方之所爲式也(『全書』一 – 詩文集二十 – 九 後面, 答申在中) 를 참조할 것.

시되어있는 국가개혁의 기본체계가 가지는 중요성은, 王朝國家를 건설함에 있어서 우선 王宮의 位置를 바로잡아 국가의 중심을 잡고, 체국경야라는 국정의 기본과제를 제시하는 한편 이 국정과제를 수행할 관료기구를 정비하여(설관분직), 관료들이 백성의 표준이 되게 했다는 점이다. 즉, 여기에서 관제개혁의 주체, 관제개혁의 기준이 될 국정과제 및 관제개혁의 목표가 鮮明하게 제시되어 있는 것이다.

그러면, 『경세유표』는 과연 위와 같은 순서로 서술되어 있는가. 제1장의 鄭寅普의 지적에서 볼 수 있듯이, 『경세유표』의 서술순서는 命官分職, 體國經野로 되어 있다. 즉 체국경야와 설관분직의 순서가 顚倒되어 있는 것이다. 서술의 순서가 그렇게 바뀌게 될 수밖에 없었던 것은 『경세유표』가 서술체계를 『周禮』의 六官體系에 따르려고 했기 때문인데, 이미 필자의 다른 연구에서 지적한 바와 같이,4) 『경세유표』에서는 관제의 체계에 따라 국가개혁 과제를 서술함으로써 개혁과제에 대한 설명이 관제별로 分散될 수밖에 없어서 국정개혁 과제를 체계적으로 제시할 수가 없었다. 그리고, 또 체국경야는 국정의 핵심적 과제이기는 하지만, 그것만으로써는 국정과제의 각 분야를 망라했다고 할 수 없다. 따라서 우리가 정약용이 구상하는 국정과제를 종합적으로 제시하려면, 그의 다른 글들을 참고해서 이를 재정리해야 한다. 정약용에게는 '原'이라는 형식의 약간의 글이 있다. 그 글들은 그가 30代에 집필한 것으로 보이는데, 다행히 그중에는 「原政」이라는 글이 있다. 이것을 한국어로 풀이하면 '政治의 根源을 밝힌다'는 것으로 되는데, 여기서의 정치란 王政으로서의 政事를 가리킨다. 다시 말하면, 이미 왕조국가가 전제되어 있기 때문에, 여기에서는 국가의 권력구조가 아

---

4) 拙稿, 「다산과 體國經野」(『茶山學』제4호, 2003)

나라 제왕이 수행해야 할 국정과제를 중심으로 정치에 관한 논의
가 전개되고 있는 것이다. 따라서 우리는「원정」에서 제시된 국정
과제를 중심으로 관제개혁의 방향을 잡을 수가 있다.

그런데, 동양의 왕조국가에서 왕정은 제왕이 하늘을 대신하여
인민들을 통치하는 것으로 觀念되고 있었다(人君代天理物). 즉 제
왕은 스스로를 天命을 받들어 인민을 통치하는 존재로 위치시키
고 있다. 여기서의 천명은 천하를 다스리는 일 즉 天工을 받들라
는 하늘의 명령이다. 즉 일종의 自然法思想이다. 그러므로 하늘을
대신하여 백성을 통치하는 제왕은 우선 '삼가 천공을 밝히는 일
(寅亮天工)' 즉 하늘의 뜻을 받들어 천하를 다스리는 일을 밝히는
것을 자기의 사명으로 한다. 그러나, 제왕이라고 해서 아무런 媒
介도 없이 하늘의 뜻을 직접적으로 받들 수 있는 방법은 없다. 여
기서 제왕은, 上帝로부터 천명을 받았다고 豪言하기는 하지만, 실
제로는 자기의 통치대상일 뿐만이 아니라 나라의 근본인 백성의
民心動向에서 하늘의 뜻을 확인할 수밖에 없었다(民本主義). 즉,
민심이 천심이기 때문에, 왕정은 하늘이 내려준 왕정의 기본과제
즉 天工을 충실히 수행하여 이 민심을 수람하는 일을 기본목표로
해야 한다. 그런데, 우리가 여기서 주의해야 할 점은 이 민심 즉
천심은 主權者인 제왕의 입장에서 파악된 것이라는 점이다. 따라
서 왕정은 민심을 받드는 동시에 주권자인 제왕의 地位가 보장될
수 있도록 이루어질 수밖에 없다. 그러므로, 왕정의 수행을 위하
여 제정되는 관제는 二重的 과제를 떠안게 된다. 첫째는 천명을
받드는 일 즉 왕정이 제대로 이루어질 수 있도록 민심을 수람하는
일이요(寅亮天工), 둘째는 제왕의 주권자적 지위를 보장하는 일이
다(宮府一體). 즉, 왕조국가의 관제는 민심과 제왕의 주권자적 지
위가 조화될 수 있도록 제정되어야 한다.

그러면, 조선왕조의 관제는 과연 위와 같은 관제수립의 원칙에 부합할 수 있도록 제정되었던 것인가. 현재 조선의 관제와 그 운용실태에 관한 연구는 지극히 不振한 상태인 것으로 보인다.[5] 그러나, 그러한 연구상황 속에서도 겨우 그 문틈 사이로 들여다 보이는 것은, 첫째 정부가 『書經』과 『주례』에서 제시된 三公(朝鮮에서는 議政府를 두었다)과 六官으로 구성되어 있기는 하지만, 육관이 갖추어야 할 소속관서는 제대로 정비되어 있지 못했으며, 둘째 재정이 지극히 궁핍하여 왕실의 수요를 충족하기에 급급한 나머지 官署의 운영비를 제대로 마련하지 못하는 것은 말할 것도 없고 심지어 正式 官吏의 折半에 대해서까지도 祿俸조차 지불하지 못하고 있었다는 사실이다. 이러한 상황하에서 만약 관제개혁을 시도하려고 한다면, 그 관제개혁의 기본방향은 왕정의 기본제도인 토지제도의 근본적 개혁에 의한 재정의 확보를 통하여 관리들에게 정식의 녹봉을 지급할 뿐만이 아니라 정부의 기능을 제대로 발휘할 수 있도록 관제를 정비하는 일이 될 수밖에 없었다. 위와 같은 관제개혁의 시도는 柳馨遠의 『磻溪隨錄』에서도 이루어졌지만, 정약용의 관제개혁의 특징은 『반계수록』에서 한 걸음 더 나아가 미

---

5) 조선후기의 관제에 관한 중요한 연구로서는, 李載浩, 「朝鮮備邊司考」(歷史學會, 『歷史學報』 五十·五十一, 1971), 宋復, 「柳馨遠官制改革論의 現代的 照明」(『韓國政治學會報』16, 1982), 韓忠熙, 『朝鮮初期 六曹와 統治體系』, 啓明大學校 出版部, 1998, James B. Palais, *Confucian Statecraft and Korean Institutions*(University of Washington Press, 1996)(김범옮김, 『유교적 경세론과 조선의 제도들1·2』, 산처럼, 2002), 姜錫和, 「丁若鏞의 官制改革案 研究」(『韓國史論』21, 1989) 및 김성현, 「다산의 정부조직개편안 연구」(『한국공공관리학보』제22권 제1호, 2008) 등을 들 수 있다. 이 연구의 과제는, 매우 제한적인 범위 내에서이기는 하지만, 조선의 관제에 관한 기존의 연구를 참고하면서 정약용이 추구한 왕정개혁과 관제개혁의 원칙과 내용을 보다 자세히 밝히는 일이다. 이 과정에서 혹시 조선후기 관제의 실태가 조금이라도 더 구체적으로 독자들에게 제시될 수 있다면, 그것은 望外의 소득일 것이다.

약하나마 당시에 전개되고 있었던 西勢東漸의 시대적 분위기 속에서 정전법을 실시하는 동시에 士農工商의 분업에 기초한 資源開發을 기초로 하는 富國强兵을 달성하고자 하는 데 있었던 것이 아니었던가 생각된다. 그의 국정개혁의 내용을 면밀히 검토해 보면, 그러한 구상의 배경에는, 국내적으로 상품경제가 어느 정도 발달하고 있었다는 점도 있었지만,6) 그러나 그것이 韓中日의 東洋三國 중에서도 너무나 뒤떨어진 데서 느낄 수밖에 없었던 국가존립의 위기감이 있지 않았을까 추측된다.

만약 위와 같은 것이 정약용이 추구하려고 했던 국정과 관제의 개혁 방향이라고 한다면, 우리가 여기에서 밝혀야 할 과제는 무엇일까. 첫째 정약용은 왕정의 과제를 어떻게 파악하려고 했으며, 이러한 국정과제를 수행하기 위하여 어떠한 원칙하에서 관제를 제정하려고 했던 것인가. 여기서는 정약용이 추구하려고 했던 왕정과 관제의 模型을 밝히려고 한다. 둘째 조선후기의 관제실태는 어떠했으며, 그는 그것을 어떠한 방향으로 개혁하려고 했던 것인가. 여기서는 조선후기의 관제실태를 파악하고 그러한 관제를 위의 모형을 기준으로 어떻게 개혁하려고 했던가를 밝힌다. 셋째 정약용은 위와 같은 관제개혁을 통하여 어떠한 국정개혁을 추구하고자 했던 것인가. 여기서는 정약용이 추구하려고 했던 국정개혁의 개략적 모습과 이를 실천하기 위한 관제개혁의 모습이 드러날 것이다. 아래에서는 위와 같은 視角을 가지고 정약용이 시도했던 왕정과 관제개혁의 내용을 살펴보도록 한다.

---

6) 이 점에 관해서는 金容燮의 평생의 연구가 있다.

제1절 王政과 官制

1. 왕정

정약용이 전개한 經世學 一般을 그가 왕정개혁을 시도한 文獻으로 이해해도 무리는 없을 것이다. 특히 『경세유표』, 『목민심서』 및 『흠흠심서』의 三部作으로 구성되는 政法三集이 그의 경세학의 眞髓라는 점에 대해서도 異議는 있을 수 없다. 더 나아가 그의 議, 原, 論, 辨, 疏 및 策 등의 文體로 집필된 경세론에 관한 글들도 왕정에 관한 그의 통찰력을 이해하기 위해서는 빼놓을 수 없는 勞作들이다. 그러나, 그러한 정약용의 경세학 일반에 대한 고찰을 토대로 「왕정과 관제개혁」이라는 이 小論을 작성하는 일은 필자의 다산경세학에 대한 이해의 범위를 크게 벗어나는 작업이다. 그래서 이 소론을 집필함에 있어서는, 왕정에 관한 그 수많은 문헌 중에서도 그의 왕정에 대한 이해체계를 집중적으로 보여주는 것으로 생각되는 「原政」과 관제개혁과 관련하여 국정과제를 제시한 『경세유표』의 「序官」을 선택하여, 우선 그가 이해하고 있는 왕정의 체계와 내용을 파악하고, 여기에서 부족한 점들은 그의 왕정에 관한 다른 문헌들을 참고하여 보충하고자 한다. 이러한 연구방법은, 이 소론의 연구과제를 선명하게 드러내는 장점이 있기는 하지만, 정약용이 추구한 왕정의 범위를 너무 협소하게 이해할 우려가 있다는 점에 대해서도 유의하고자 한다. 먼저 정약용의 왕정체계를 제시하고 있는 「원정」의 全文을 번역·소개하면 다음과 같다.

정치라는 것은 (굽은 것을 — 필자) 바르게(正) 하는 것이다. 백성들을 고르게(均) 해야 하거늘, 무엇이 그들로 하여금 땅에서 나는 이익을 併呑해서 부유하게 하며, 무엇이 그들로 하여금 땅에서 나는

혜택을 누리지 못해서 빈곤하게 하는가. 이 때문에 田地와 백성을
계산하여 고르게 나누어 주어서 이를 바르게 하니, 이것을 가리켜서
정치라 한다. 백성들을 고르게 해야 하거늘, 무엇이 그들로 하여금
땅의 풍성한 생산물을 쌓아두고 그 남는 것을 버리게 하며, 무엇이
그들로 하여금 땅의 생산물이 모자라서 결핍을 걱정하게 하는가. 이
때문에 배와 수레를 제작하고 度量衡을 정비해서 物貨를 운반하여
有無를 相通하게 함으로써 이를 바르게 하니, 이것을 가리켜서 정치
라 한다. 백성들을 고르게 해야 하거늘, 무엇이 그들로 하여금 貪慾
을 마음대로 부려서 으스대게 하며, 무엇이 그들로 하여금 쪼그라들
고 깎임을 당하여 멸망하게 하는가. 이 때문에 군사를 펼쳐서 그 죄
를 물어 토벌하여 멸망시키기도 하고 이어가게 하기도 함으로써 이
를 바르게 하니, 이것을 가리켜서 정치라 한다. 백성들을 고르게 해
야 하거늘, 무엇이 그들로 하여금 남을 속이고 행패를 부리는데도
그 四肢를 편안히 지낼 수 있게 하며, 무엇이 그들로 하여금 공손하
고 근면하고 충직하고 선량한데도 福이 미치지 못하게 하는가. 이
때문에 형벌로써 懲治하고 상으로써 장려하여 功罪를 구별함으로써
바르게 하니, 이것을 가리켜서 정치라 한다. 백성들을 고르게 해야
하거늘, 무엇이 그들이 어리석은데도 높은 지위에 있게 하여 그 害
惡을 퍼뜨리게 하며, 무엇이 그들로 하여금 현명한데도 낮은 자리에
있게 하여 그 德을 더럽히게 하는가. 이 때문에 朋黨을 물리치고 公
道를 넓혀서 어진 자를 나아가게 하고 不肖를 물리침으로써 이를 바
르게 하니, 이것을 가리켜서 정치라 한다. 畎澮를 파서 水利를 일으
켜 홍수와 한발을 막으며, 소나무, 측백나무, 노나무, 오동나무, 가래
나무, 칠나무, 느릅나무, 버드나무, 배나무, 대추나무, 감나무 및 밤
나무 등속을 심어서 家屋을 짓기도 하고 棺槨을 제작하기도 하고 五
穀을 돕기도 하며, 소, 양, 노새, 말, 닭, 돼지, 개 및 돗을 쳐서 兵農
을 굳세게 하기도 하고 耆老를 부양하기도 하며, 虞人은 때때로 산

림에 들어가 猛獸와 美禽을 田獵해서 짐승의 해를 멀리하게 하고 껍
질과 고기를 이용하며, 工人은 때때로 산에 들어가 금, 은, 동, 철, 丹
砂 및 寶玉을 채굴해서 財源을 풍족하게 하기도 하고 여러 가지의
용도에 이바지하게 하며, 의사는 病理를 강구하고 藥性을 辨別해서
疫病과 夭死를 방지하게 하는 것이니, 이것을 왕정이라 한다. 왕정이
행해지지 못해서 백성이 곤궁하게 되고, 백성이 곤궁하게 되어서 국
가가 빈한하게 되고, 국가가 빈한하게 되어 賦斂이 번잡하게 되고,
부렴이 번잡하게 되어 인심이 離反하게 되고, 인심이 이반하여 천명
이 떠나는 것이니, 그 때문에 급한 것은 왕정에 있다.[7]

위의 인용문에서 볼 수 있듯이, 정약용이 지향하는 왕정이란
自給自足의 農耕社會에서 이루어지는 각 분야의 政事를 올바로 시
행하여 인민들로 하여금 사회적 질서가 잡힌 가운데 균등하고 부
유한 생활을 영위할 수 있도록 함으로써 민심을 수람하는 왕도정
치를 가리킨다. 正과 均을 기본원칙으로 하는 王道政治를 실현하
기 위하여 그는 정사를 다음과 같은 분야로 나누었다. 첫째는 인

---

7) 政也者, 正也. 均吾民也, 何使之并地之利而富厚, 何使之阻地之澤而貧薄. 爲之
計地與民而均分焉, 以正之, 謂之政. 均吾民也, 何使之積土之所豊而棄其餘, 何
使之闕土之所嗇而憂其匱. 爲之作舟車謹權量, 遷其貨得通其有無, 以正之, 謂之
政. 均吾民也, 何使之强而恣其吞以大, 何使之弱而被其削而滅. 爲之張皇徒旅,
聲罪致討, 存亡繼絶, 以正之, 謂之政. 均吾民也, 何使之欺凌頑惡而安其四體,
何使之恭勤忠善而福不加及. 爲之刑以懲, 爲之賞以獎, 別功罪而正之, 謂之政.
均吾民也, 何使之愚而處高位而播其惡, 何使之賢而詘於下, 以翳其德. 爲之袪冞
黨恢公道, 進賢退不肖, 以正之, 謂之政. 濬畎澮興水利, 以平其澇旱, 樹之松柏
椅桐梓漆楡柳梨棗栭栗之屬, 以興宮室, 以供棺槨, 以助五穀, 畜牛羊驢馬鷄豚狗
彘, 以壯兵農, 以養耆老, 虞以時入山林, 畋獵猛獸美禽, 以遠害毒, 以布皮味, 工
以時入山林, 采金銀銅鐵丹砂寶玉, 以長貨源, 以給諸用, 醫師講究病理, 辨別藥
性, 以禦疫癘夭札, 此之謂王政. 王政廢而百姓困, 百姓困而國貧, 國貧而賦斂煩,
賦斂煩而人心離, 人心離而天命去, 故所急在政也.(『全書』— - 詩文集十 - 一
後面, 原政)

민들의 균등한 생활이 보장될 수 있는 토지제도를 수립하는 것이다. 전근대사회에 있어서 토지제도가 그 사회의 기본적 경제제도일 수밖에 없었던 것은 토지가 기본적인 생산수단이었기 때문이다. 정약용은 이러한 토지제도를 수립하기 위하여 『경세유표』의 핵심적 내용인 「전제」12편과 「전제별고」3편을 저술했다. 거기에서 정립하고자 했던 토지제도는 정전제인데, 정전제는 국가적 토지소유를 전제로 경계를 바로잡고 농민들에게 토지를 균등하게 배분하여 9분의 1세인 井稅(『경세유표』에서는 '井粿'라고 했으나, 粿는 稅이므로 井稅라 표기했다. 앞으로도 이와 같다)를 징수함으로써 재정수입을 충실하게 하려고 했다. 둘째는 通功易事 즉 사회적 분업이 원활하게 전개되도록 돕는 것이다. 비록 압도적으로 자급자족적 농경사회라고 하더라도 인민들은 資源賦存의 지역적 偏差나 노동력의 특성 때문에, 비록 그 깊이가 매우 얕다고 하더라도, 四民九職으로 분업할 수밖에 없는데, 이 분업은 필연적으로 생산물의 교환을 요청한다. 이를 위하여 도로 및 운하의 건설, 수레 및 배의 제작, 도량형의 정비, 금속화폐의 주조 및 확실한 契約制度 등이 필요한데, 그는 이를 위하여 「漕運策」, 「度量衡議」, 「問錢幣」, 「錢幣議」, 「戰船使用議」 및 「技藝論」 등을 집필했다. 즉 물화가 원활하게 유통될 수 있도록 교통수단, 화폐제도, 도량형 및 계약제도를 정비하고 가격을 안정시킴으로써 자원개발을 촉진하고, 이를 통하여 사회적 분업을 촉진시키려고 했던 것이다. 셋째 국방을 튼튼히 하여 침략을 방어하는 것이다. 정약용이 구상하는 군사제도는 傭兵制度를 혁파하고 屯田兵制度를 실현하는 것이다. 거기에는 두 가지의 배경이 있었다. 한 가지는 재정의 궁핍이요, 다른 한 가지는 정전제의 실시이다. 그는 둔전병제도를 실현하기 위하여, 「전제」1의 「정전론」에서는 정전제를 기초로 하는 束伍軍을 확보하고, 「정전의」4에서는 둔전을 기초로 하는 중앙과 지방의 常備軍을 확보하려고 했다. 넷째는 범죄와 도둑을 소탕함으로써 치안을 확보하려고 했다. 치안의 확보는 어느 사회에 있어서나 인간의 정상적 생활을 위한 기초적 조건이지만, 빈곤과 무지로 온갖 범죄와 도둑들이 猖獗하는 전근대사회에 있어서는 치안의 유지야말로 왕정의 중요한 항목일 수밖에 없었다. 그러나, 首都의 치안은 경찰이 아니라 왕실을 호위하는 군대가 담당했던 것으로 보인다. 다만 군현의 치안은 衙前이 담당했는데, 그 때문에 六房의 아전 중에서는 형방아전의 숫자가 압도적으로 많았다. 그래서 『목민심서』의 「刑典六條」에는 郡縣의 치안유지 방안이 자세히 제시되어 있으나, 수도의 치안 유지방안에 대해서는 상비군 확보 방안 이외의 특별한 저술이 없다. 다섯째는 朋黨政治의 폐해를 제거하고 관리등용에 있어서 공정한 인사정책을 실현하려고 했다. 그러나, 그 자신이 붕당정치의 피해자로서 '겨울에 내를 건너듯, 이웃을 두려워하듯(與兮若冬涉川, 猶兮若畏四隣, 여기서 그는 자기의 堂號를 與猶堂이라 했다)' 조심하며 살아갈 것을 信條로 하고 있었던 그는 붕당에 관한 저술을 남길 수가 없었다. 다만, 그는 자기 스스로 黨色에 구애받지 않는 폭넓은 交遊를 하려고 노력했을 뿐이다. 여섯째 경지정리와 수리시설, 임업, 축산업, 狩獵 및 鑛業에 대한 정책을 적극적으로 강구하여 자원을 개발함으로써 농업의 부세부담을 덜어주고 국가재정을 튼튼히 하려고 했다. 이 방면에 관한 정책은 전통적인 自給自足의 농경사회에서는 경시되기 쉬운 토목업, 임업, 축산업, 어업, 광업 및 수공업을 적극적으로 장려하자는 것인데, 여기에서 정약용의 産業政策에 대한 眞面目이 나타난다. 이러한 정책에 대한 제언은 「賦貢制」7편에서 잘 보이는 바이지만, 「家誡」, 「贈言」 및 「田制」에서도 散見된다. 마지막으로 醫藥政策을 강구하여 疾病에 대처하고자 했다. 이 방면에 관한 그의 저술로서는 『麻科會通』과 「種痘說」 등이 있다. 그는 醫員은 아니었지만 의원 이상의 의술을 가지고 있었다고 한다. 그의 왕정에 관한 眼目의 범위가 전근대사회에서는 좀처럼 기대하기 어려운 산업정책에까지 미칠 수 있었던 것은, 조선후기의 상업 발달을 어느 정도 감안한 점도 있었겠지만, 기본적으로는 自然과 經典에 대한 깊은 통찰로부터 획득될 수 있었던 사민구직으로의 분업론에 그 바탕이 있었던 것으로 보인다.

이상이 그의 왕정개혁론인데, 그는 이러한 왕정을 실현하기 위하여 어떠한 관제개혁을 도모하려고 했던 것인가. 여기서는 「원정」과 「서관」에 제시되어 있는 왕정개혁의 방향에 따라 관제개혁이 어떻게 시도되고 있었던가를 개략적으로 살펴봄으로써 앞으로의 논의를 위한 실마리를 찾아보도록 한다. 정약용의 관제개혁은 官制 全般에 걸치는 매우 포괄적인 것이지만, 여기서 제시되는 관제개혁은 왕정개혁과 관련하여 그가 도모하고자 했던 관제개혁의 핵심적인 내용이다. 첫째는 井田制의 실시를 위한 관제개혁이다. 원래 戶籍과 量案의 작성은 호조의 屬司인 版籍司가 담당했던 것인데, 이 호적과 양안이 왕정수행을 위한 기본자료임에도 불구하고 조선에서는 그에 대한 매우 부정확한 자료밖에 정비되어 있지 못했던 사정을 감안하여, 그는 호조의 인원을 덜어서 戶籍과 量案의 작성·관리를 담당하는 版籍司와 호적과 양안 작성의 기초자료를 획득하는 작업인 量田을 담당하는 經田司를 호조의 屬衙門으로 두고자 했다. 조선후기의 三政紊亂이 정확한 호적과 양안이 없었던 데에 그 가장 큰 원인이 있었다는 점을 상기하면, 이 두 속아문의 설치가 의도하는 바가 어디에 있었는가는 쉽게 짐작할 수 있을 것이다. 그리고, 그는 전세와 一對가 되는 賦貢의 징수를 위한 기

구로서 平賦司를 설치하려고 했다. 제5장에서 보는 바와 같이, 그
는 부세로서는 전세와 더불어 부공이 雙立해야 한다고 보았기 때
문이다.[8] 둘째는 通功易事를 위한 관제정비이다. 이를 위하여 沿
海와 河川의 水運을 담당하는 漕運司, 도시계획을 담당하는 典堵
司, 전국에 걸친 道路의 건설과 수레의 제작을 담당하는 典軌司,
度量衡器의 통일을 담당하는 量衡司, 金銀銅錢의 주조를 담당하는
典圜署, 賣買證明書를 발급하는 券契司, 외국의 배를 모방하여 民
間船舶과 軍艦을 제조하려는 典艦司 및 중국으로부터의 새로운 기
술도입을 담당하는 利用監 등의 衙門을 설치하려고 했다. 위에서
보는 바와 같이 통공역사를 위한 각종 시설의 정비는 단순한 有無
相通의 기구에 그치지 않고 고립되어 있는 지역사회를 통합하는
효과가 있었을 것이라는 점도 예상할 수 있을 것이다. 자급자족의
농경사회에서는 좀처럼 보기 드문 구상이다.[9] 셋째는 국방을 위
한 관제개혁이다. 국방을 위한 관제개혁은 단순한 관제개혁이 아
니라 군사제도의 개편이라는 성격을 지니고 있었다. 즉 용병제도
에 기초한 五軍營제도를 六遂의 屯田을 기초로 하는 三營制度로
개편하는 것이다. 삼영이란 都統營, 左禦營 및 右衛營을 가리킨다.
그리고 왕실을 호위하기 위하여 또 三司(左掖司·右掖司·中衛司),
三局(宣教局·儀仗局·守禦局) 및 三衛(龍驤衛·虎賁衛·羽林衛)를 두
었다. 넷째는 치안유지를 위한 관제개혁이다. 여기서는 수도의 치
안유지를 위하여 討捕營과 巡警司가 구상되었지만, 거기에 배치된
治安維持軍의 數로 보아 수도의 치안은 여전히 왕실의 지휘를 받

---

8) 다산은 宣惠廳을 개조하여 職貢司를 두려고 했는데, 정전제가 실시되면 조
   선시대의 賦稅로서 가장 중요했던 貢物이 폐지될 것이므로, 이 공물의 수취
   를 담당하는 직공사는 冗官이 될 우려가 없지 않다.
9) 통공역사를 위한 관제정비는 다섯째의 자원개발을 위한 관제정비와 아울러
   생각해 보면, 朴齊家의 『北學議』에서 제시된 상업관이 社會的 分業을 촉진하
   기 위한 官制改革案으로 具現된 것이라 볼 수 있다.

는 軍營에 맡겨져 있었던 것으로 보인다. 다섯째는 각종의 자원개발을 위한 관제개혁이다. 정약용은 사민구직으로의 분업론과 부공제에 관한 논의를 기초로 山林政策을 담당하는 山虞寺, 木材관리를 담당하는 林衡寺, 沼澤과 堤堰의 관리를 담당하는 澤虞寺, 河川의 관리를 담당하는 川衡寺, 鑛物資源의 개발을 담당하는 司礦署, 畜産政策을 담당하는 司畜署, 馬政을 담당하는 牧圉司 및 園圃의 政事를 담당하는 司圃署 등의 관제를 두려고 하였다. 이들 관제 중의 일부는, 옛날부터 있었던 것이지만, 대부분은 새로이 창설되는 아문들이다. 그는 자연자원의 개발을 통하여 농업에 偏重되어 있었던 부세부담을 덜어주고 동시에 주민들에게 부유한 생활을 보장하려고 했다. 그리고 공업부문의 관서로서는 전통적인 수공업 부서인 甄瓦署, 燔瓷監 및 造紙署를 두는 외에 濟用監을 개편하여 絹織物의 직조를 담당하는 織染局을 두려고 했으나, 어느 나라에 있어서나 중세 말기에 크게 발달하는 綿織物業의 장려를 담당하는 관서의 설치에 관해서는 언급이 없다. 이러한 사실은 조선후기 手工業 發達의 沈滯를 반영하는 것일 것이다. 여섯째는 醫藥의 普及을 위한 官署의 설치이다. 이를 위한 기존의 관서로서는 內醫院, 典醫監 및 惠民署가 있었으나, 재정의 궁핍으로 한결같이 볼모양이 없었다고 한다. 그는 궁핍한 재정사정 때문에 의약 보급을 위한 새로운 官署를 구상할 수 없었던 것으로 보인다.

2. 관제

1) 왕정과 관제에 대한 認識 : 自然法

정약용은 『경세유표』를 저술함에 있어서 그 서문인 「방례초본인」에서 우선 자기의 經世學의 기본이념을 제시했다.[10] 그가 왕정과 관제의 개혁을 위하여 제정하는 법제는 法이 아니라 禮라는 것이다.[11] 그러면, 무엇을 법이라 하고, 무엇을 예라고 하는가. 그는, '(통치자가 한갓 법률에 의거하여 — 필자) 두려워할 바로써 위협하고 슬퍼할 바로써 윽박질러 백성들로 하여금 벌벌 떨면서 위반하지 못하게 하는 것을 가리켜 법'이라 하고, '天理에 비추어보아도 화합하고 인정에 견주어 보아도 조화되는 것을 가리켜 예'라고 했다.[12] 즉, 예는, 인간이 제정한 實定法이기는 하지만, 인간 속에 내재되어 있는 天理인 自然秩序에 부합되도록 제정된 법제라는 것이다. 다시 말하면, 그는 예를 자연질서, 즉 自然法으로 생각했는데, 그렇기 때문에 그는 예에 따라 제정된 법제를 "天然으로 형성된 鐵鑄(天成鐵鑄)"라고 표현하기도 했다.[13] 그런데, 그에 따르면, 이 자연법이 근거하고 있는 天地는 지구가 자전하고 공전하는데서 볼 수 있듯이 맹렬히 운동하고 있다는 것이다. 그러므로 자연법에 따라 실정법을 제정하는 인간들도 그 법을 올바로 제정하고 運用하기 위해서는 천지와 더불어 맹렬히 활동하지 않을 수 없

---

10) 이 방면에 관한 先行研究로서는 김태영, 「다산의 통치법제와 통치이념」(『茶山學』제22호, 2013.6)이 있다. 이 글의 작성에 있어서 크게 참고가 되었다.

11) 여기서의 법과 예에 대한 이해는 『논어』 爲政篇의 다음의 句節, 즉 子曰, 道之以政, 齊之以刑, 民免而無恥, 道之以德, 齊之以禮, 有恥且格과도 상통한다.

12) 제1장의 注 74와 같다.

13) 『경세유표』에서 피력된 그의 이러한 생각은 『상서고훈』에서 더욱 명백하게 서술되어 있다. "「禹貢」에서 제도를 마련한 것은 聖王이 天地創造를 이어받아 太初의 混沌을 정리하고 나라를 통치하는 큰 법을 세워서 천지를 재창조하는 큰 法典에 참여한 것이다. 이 때에 반드시 순임금과 우임금이 다 같이 천자로 계시고, 稷, 契, 皐陶 및 益이 (임금과 — 필자) 한 자리에 모여 서로 토론하여 田等, 賦額 및 貢路를 정하며, 五服의 제도를 세우며, 六府의 政事를 닦아서, 모두 九州로써 법제를 세웠으니, 天然으로 형성된 鐵鑄가 이 金石의 법전으로 되었다.(禹貢立制, 是聖王繼造, 開天荒, 立經陳紀, 與天地更始之大法. 必於是時, 舜禹同德, 而稷契皐益, 一堂同會, 相與都俞吁咈, 以之定田等·定賦額·定貢路, 立五服之制, 修六府之政, 皆以九州立制, 天成鐵鑄, 爲此金石之典)"(『全書』二 - 尙書古訓二 - 四 前面, 堯典)

다는 것인데, 그는 이러한 사정을 다음과 같이 표현했다. "『주역』에서 말하기를, 하늘의 運行은 굳건하다고 하니, 밝고 밝은 堯舜이 하늘과 같이 굳건하여 일찍이 단 한 순간도 休息할 수 없었음을 밝힌 것이다. 아울러 禹, 稷, 契, 益 및 皐陶 등도 역시 날래고 맹렬하게 활동하여 제왕의 股肱과 耳目이 되었거늘, 오늘날 대신의 자리에 있는 자들이 바야흐로 持大體(대체를 잡는다)라는 세 글자로써 천하만사를 모두 料理하려고 하니, 역시 과하지 않은가."14)

그러면, 자연법에 따라 제정된 실정법의 담당자들은 하늘의 운행과 발맞추어 맹렬히 활동할 수밖에 없는 體質을 자기의 몸 속에 갖추고 있는 것인가. 그에 따르면, 인간은 본래 靈明한 마음(靈臺)을 가진 靈體로서 그 속에 願慾 즉 의욕을 가지고 있는데, 이 意欲이 인간으로 하여금 무엇을 이룰 수밖에 없도록 하는 欲心이라는 것이다. 따라서 인간은 이 욕심을 자기 몸 속에 지니고 있기 때문에 그 욕심을 달성하기 위하여 무엇인가 일을 하지 않을 수가 없다는 것이다. 이익을 추구하는 사람들은 이익추구에 몰두하고, 義理를 추구하는 사람은 의리추구에 몰두하는데, 극단적인 경우에는, 이익을 추구하는 사람은 재물에 목숨을 걸고, 의리를 추구하는 사람은 명예에 목숨을 바친다는 것이다. 다시 말하면, 인간은 하늘이 내려준 영명과 욕심을 몸 속에 지니고 있는 영체로서 끊임없이 자기가 설정한 목표를 향하여 활동할 수밖에 없는 본성을 지니고 있다는 것이다. 그는 이를 다음과 같이 말하고 있다.

살피건대, 우리 인간의 靈體 내에는 본래 願欲 한 가닥이 있는데, 만약 이 욕심이 없다면, 천하만사는 아무 것도 이루어질 수가 없다.

---

14) 易曰, 天行健, 明明堯舜與天同健, 曾不能有須臾之息. 竝其禹稷契益皐陶之等, 亦奮迅猛烈, 以作帝股肱耳目, 而今居大臣之位者, 方且得持大體三字, 欲以了天下之萬事, 不亦過乎.(『全書』五 - 經世遺表 - 一 後面, 引)

오직 이익을 밝히는 자는 그 욕심이 利祿을 따라 치닫고, 의리를 밝히는 자는 그 욕심이 道義를 따라 치달아서, 욕심이 이 두 가지를 극단적으로 추구하는 경우에는 모두 목숨을 내어놓아도 후회가 없는 것이니, 이른바 貪夫는 재물에 목숨을 바치고 烈士는 이름에 목숨을 바치는 것이다. 내가 일찍이 어떤 종류의 인간을 보니, 그 마음이 조용하고 욕심이 없어서, 착한 일도 행할 수 없고 악한 일도 행할 수 없으며, 글도 짓지 못하고 산업도 영위할 수가 없어서 바로 천지간에 버려진 물건과 같았는데, 사람이 욕심이 없을 수 있겠는가. 맹자가 가리키는 바의 利祿이라는 욕심인 것이다.[15]

그는 인간이 하늘로부터 稟賦받은 위와 같은 본성에 대하여 그가 최종적으로 저술한 『상서고훈』에서 다음과 같이 정리하였다. 인간의 욕심 중에서 큰 것이 두 가지인데, 하나는 小人이 추구하는 富요, 또 하나는 君子가 추구하는 貴라는 것이다. 부는 비단 소인뿐만이 아니라 인간이면 누구나 추구하는 인간의 본성과 같은 것이라는 사실은 우리가 다 아는 바와 같다. 그러면, 군자들이 추구하는 귀란 무엇인가. 여기에서 말하는 군자는 구체적으르 官吏이므로, 관리들이 추구하는 귀가 官職과 昇進임은 말할 필요가 없겠으나, 더 나아가 그들은 관직을 얻고 승진하는 데 만족하지 않고 국가경영에 있어서 그들의 능력을 최대한으로 발휘하는 것이 그들의 명예라고 생각한다는 것이다. 인간을 단순히 부를 추구하

---

15) 案, 吾人靈體之內, 本有願欲一端, 若無此欲心, 卽天下萬事, 都無可做. 唯其喻於利者, 欲心從利祿上穿去, 其喻於義者, 欲心從道義上穿去, 欲之至極二者, 皆能殺身而無悔, 所謂貪夫殉財, 烈士殉名也. 余嘗見一種人, 其心泊然無欲, 不能爲善, 不能爲惡, 不能爲文詞, 不能爲産業, 直一天地間棄物, 人可以無慾哉. 孟子所指, 利祿之慾耳.(『全.書』二 - 大學講義二 - 三十九 後面, 心性總義. 『全.書』에서는 「大學講義二」에 포함되어 있으나, 본래는 『心經密驗』이라는 별도의 저서였다고 한다.)

는 소인과 귀를 추구하는 군자로 분류한다든지 귀를 관직과 관직에서의 역할로 해석한다든지 하는 데서 우리는 儒者로서의 정약용의 眞面目을 보는 바이지만, 여기서 중요한 것은 그의 귀에 대한 照明이 철저하게 국가경영이라는 각도에서 이루어지고 있다는 점이다.

> 원래 살아있는 사람은 욕심을 가지고 있다. 그 큰 욕심으로는 두 가지가 있으니, 첫째는 부요 둘째는 귀이다. 무릇 군자라는 族屬으로서 王朝에서 벼슬하는 자는 그 바라는 바가 귀에 있고, 소인이라는 족속으로서 들에서 경작하는 자는 그 바라는 바가 부에 있다. 관리의 임명이 그 마땅함을 잃어버리면 怨恨과 詛呪가 귀족 가운데서 일어나고, 백성들에 대한 혜택이 두루 미치지 못하면 원한과 저주가 소민 가운데서 일어난다. 이 두 가지는 족히 나라를 잃어버릴만 한 것이니, 남의 나라의 治亂과 흥망을 묵묵히 생각해 보면, 인심의 向背와 去就는 이 두 가지 밖으로 벗어나지 않는다. 진실로 성인의 말씀은, 모두 신중하게 생각하고 명백하게 밝히는 데서 나오는 것이요, 衆人의 거친 마음이 능히 알 수 있는 바가 아니다.[16]

그러면, 하늘로부터 주어지는 이 靈明과 欲心이라는 본성은 인간뿐만이 아니라 동식물들도 공유하는 것일까. 정약용은, 영명과 욕심을 인간들에게만 주어진 특성으로 이해하고, 동식물들에게는 그들의 性命 즉 本性과 生命을 온전하게 보전할 수 있는 별도의

---

16) 原夫生民有欲. 其大欲有二, 一曰富, 二曰貴. 凡君子之族仕於王朝者, 其所欲在貴, 小人之族耕於王野者, 其所欲在富. 官人失其宜, 則怨詛興於貴族, 惠民有不周, 則怨詛興於小民. 二者皆足以失國, 默思人國之所以治亂興亡, 人心之所以向背去就, 不出此二者之外. 信乎聖人之言, 皆自愼思明辨中出來, 非衆人蠢心者之所能知也.(『全書』二 - 尙書古訓二 - 三十二. 後面, 皐陶謨)

90

이치가 부여되었다고 보았다. "草木과 禽獸는 태어나는 始初에 하늘이 살아갈 이치를 부여했으니, 種으로써 종을 傳하게 해서 각각 그 성명을 온전하게 했을 뿐이다. 사람은 그렇지 아니하여 천하의 만민에게 각각 胚胎하는 시초에 이 영명을 부여해서 만물을 초월하여 만물을 享用하도록 했다."[17] 즉 인간과 동식물은 그 본성이 같지 않다는 것이다(人物不同性). 그리고, 그는 "오직 천하의 至誠이라야 자기의 본성을 다 발휘할 수 있게 하는데, 자기의 본성을 다할 수 있으면, 남의 본성을 다하게 할 수 있고, 남의 본성을 다하게 할 수 있으면, 物의 본성을 다하게 할 수 있고, 물의 본성을 다하게 할 수 있으면, 천지의 化育을 도울 수 있고, 천지의 화육을 도울 수 있으면, 천지에 同參할 수 있다"[18]는 『中庸』의 天道章에 입각하여 인간은 자기에게 부여된 영명과 욕심에 기초하여 지성으로써 어떻게 만물을 인간에게 봉사하도록 化育할 수 있는가를 다음과 같이 설명하였다.

그 본성을 다한다는 것은 하늘에서 받은 그 本分을 다하는 것이다. 스스로를 닦아서 至善에 이르게 되면, 나의 본분이 다해지는 것

---

17) 草木禽獸, 天於化生之初, 賦以生生之理, 以種傳種, 各全性命而已. 人則不然, 天下萬民, 各於胚胎之初, 賦此靈明, 超越萬類, 享用萬物.(『全書』二 - 中庸講義 [補]一 - 二. 後面, 天命之謂性節) 『中庸講義補』는 李蘗과의 대담에서 그 草稿가 이루어졌는데, 그 때 다산은 23세이고 광암은 31세였다. 『天主實義』(마테오 리치 지음·송영배 등 옮김, 『천주실의』, 서울대학교출판문화원, 1999)에는 凡人之所異於禽獸, 無大乎靈才也. … 人則超拔萬類, 內稟神靈, 外觀物理(41페이지)와 天主制作萬類, 分定各有所在, 不然則亂(167페이지)이라는 구절이 있으므로, 위의 구절의 기술에 있어서 다산이 광암으로부터 영향을 받았을 가능성도 생각해볼 수 있다.
18) 唯天下至誠, 爲能盡其性, 能盡其性, 則能盡人之性, 能盡人之性, 則能盡物之性, 能盡物之性, 則可以贊天地之化育, 可以贊天地之化育, 則可以與天地參矣.(『中庸』第二十二章)

이다. 남을 다스리는 데 있어서 지선에 이르게 되면, 각각이 그 본분을 다하게 되는데, 그 職務는 나에게 있는 것이다. 山林과 川澤의 정사를 닦아서 草木과 禽獸로 하여금 제때에 生育하게 해서 夭折하거나 곪아 죽는 일이 없도록 해야 할 것이며, 校人이 말을 기르며, 農師가 五穀을 농사지으며, 場師가 園圃를 가꾸어서, 생명이 있는 동식물로 하여금 각각 그 生育하는 본성을 다하게 하면, 동식물이 각각 그 본성을 다하게 되는데, 그 직무는 나에게 있는 것이다. 산림, 천택, 農圃 및 축목의 정사가 이루어지지 못하면, 만물의 생육이 막히고 어지러워져서 茂盛할 수가 없으나, 성인이 좋은 정사를 베풀면 만물의 생육이 (식물은 ― 필자) 울창하고 무성하며 (동물은 ― 필자) 훤하게 살이 쪄서 天地의 景觀을 새롭게 할 것이니, 이를 가리켜 천지의 生育을 돕는다고 해도 역시 옳지 않겠는가.[19]

하늘로부터 영명과 욕심을 그 本性으로 부여받고 지성으로써 자기의 몸을 닦아 天道를 이루어야 하는 인간은, 자기의 몸을 닦아서 군자가 되는데 그치지 않고, 남을 敎化하여 백성들로 하여금 모두 中正한 길로 나아가게 하며, 만물을 化育하여 식물은 울창하고 무성하게 하고 동물은 훤하게 살이 찌게 할 의무 즉 임업, 농업 및 축산업 등을 진흥할 의무를 지고 있는데, 인간이 그러한 인간이 되기 위해서는 한 순간도 쉬지 않고 활동하는 인간으로 거듭나지 않으면 안 된다는 것이다. 여기에서 經世家로서의 정약용이 懇

---

19) 盡其性者, 盡其所受於天之本分也. 自修而至於至善, 則我之本分盡矣. 治人而至於至善, 則人各盡其本分, 而其功在我矣. 修山林川澤之政, 使草木禽獸, 生育以時, 毋妖毋殰, 校人養馬, 牧人養牲, 農師殖五穀, 場師毓園圃, 使動植含生之物, 各盡其生育之性, 則物各盡其本分, 而其功在我矣. 山林川澤農圃畜牧之政廢, 則萬物之生, 夭閼橫亂, 不能茂盛, 而聖人者, 修而擧之, 則萬物之生, 蔚然叢茂, 郁然肥澤, 使天地改觀, 其謂之贊天地化育, 不亦宜乎.(『全書』二 ― 中庸自箴一 ― 二十二 前面, 惟天下至誠節)

望했던 官僚像을 볼 수 있다. 정약용은 그러한 人間像을 관리들뿐만이 아니라 국정의 중심에 서있는 帝王으로부터 찾기 위하여 공자가 말한 '無爲而治'를 재해석하기에 이른다. 그에 의하면, '무위이치'라는 말은 임금이 '아무 것도 하는 일이 없는데 스스로 다스려진다'는 뜻이 아니라 '순임금이 현명한 臣下 22人을 얻었으니, 장차 또 무슨 할 일이 있으리요'라는 뜻이라는 것이다. 순임금의 治績에 관한 기록은 지극히 단편적인 것밖에 남아있지 않지만, 그것으로 비추어보아도 순임금은 여간 부지런하지 않았다는 것이다. 그리고 순임금의 신하들이 손발이 닳도록 일했다는 것은 史策에 기록되어 있는 바와 같다. 그의 이러한 정치관은, 위에서 소개한 그의 자연법적 인식론에 기초한 것인데, 궁극적으로는 그의 경세론의 실천을 뒷받침하고자 함이었다. 다시 말하면, 본성에 바탕을 둔 자연과 사회에 대한 인간 특히 관리와 제왕의 능동적 역할을 강조하지 않고서는, 그의 경세론도 실천되기가 어렵다고 생각하였던 것이다. 다음에서 보는 바와 같이, 그는 왕정개혁에 있어서 제왕의 적극적 역할을 누구보다도 강조해 마지않았다.

　　살피건대, '맑고 조용해서 아무 것도 하는 일이 없다(淸靜無爲)'라는 것은 老子의 학설이다. 漢나라 이전에는 典籍에 이러한 말이 없었다. 漢나라가 처음으로 천하를 통일함에 있어서 群臣들이 모두 우둔하고 거칠 뿐만이 아니라 학식이 없어서 통치할 바를 몰라 다만 민심에 순응하려고 이 말을 만들어서 백성들과 더불어 휴식했을 뿐이다. 이른바 文帝 및 京帝의 치적이 三代 이후로는 유명하지만, '무위'라는 말 때문에 이 시대에 禮樂文物이 부흥하지 못하고 7國의 亂이 양성되어 한나라가 거의 망할 뻔했으니, '무위'가 亂亡의 邪術이라는 것은 역시 이미 徵驗된 바이다. 순임금이 攝政할 때 분발해서 이룬 일들은 모두 서책에 기록되어 있는데, 임금이 되어 관리들을 임명한 이후의 일들이 書冊에 기록되어 있지 않은 것은 정치가 이루어지고 제도가 정비되어 법에 따라 행했기 때문에 다시 기록하지 않은 것이요 어찌 '무위'했기 때문에 그러했겠는가. 3년에 한 번 考績하고 세 번 고적하여 한 번 내쫓으며, 5년에 한 번 巡守할 때 뭇 諸侯들이 사방에서 朝會하면 政事를 묻고 말하는 것을 살피며, 널리 의견을 받아들이고 그 공적을 시험하기를 해마다 법에 따라 행했으니, 이미 紛紛하게 일이 많았던 것이 아닌가. 群臣과 百官이 분주하게 그 직책을 다하지 않음이 없는데, 순임금이 도리어 홀로 '무위'했겠는가. 고적을 親히 행하며나의 尙書說에 보인다, 순수를 반드시 친히 행하며, 刑獄을 친히 들으며, 敎訓을 반드시 먼저 베풀었는데, 순임금이 어찌 '무위'할 수가 있었겠는가. 하물며 오늘날의 이른바 「舜典」이라는 것은 「堯典」의 下半에 불과하다. 옛날의 「순전」은 오늘날 이미 없어져서 알지 못하고, 또 그 중에서 몇 건의 힘써 행한 조목들이 있는데, 어찌 한 文句를 가지고 갑자기 그 '무위'를 논증할 수 있으리요. 공자가 '무위'를 말한 것은 인재를 얻은 효과를 강조해서 말한 것이라서 조용한 가운데 贊嘆하는 소리가 높고 의기가 넘쳐 흐르니, 이것은 성인의 하신 말씀의 뜻이 激昻된 곳이라, 진실로 반드시 문구를 가지고 그 뜻을 해쳐서는 안 될 것이다. 오늘날 治道를 논하는 자들은 모두 人主로 하여금 端正하게 팔짱을 끼고 조용히 앉아서 아무런 꾀도 내지 못하도록 유도하니, 온갖 법도가 무너져서 질서가 없고 萬機가 번잡하여 다스릴 수가 없게 되어 10년이 지나지 않아 천하가 부패할 것이다. 禍難이 계속되고 정사가 凋殘하여 떨치지 못하는데도 끝내 깨닫지 못하는 것은 어찌 '무위'라는 학설이 있어서 일을 그르치게 한 것이 아니겠는가.[20]

---

20) 案, 淸靜無爲者, 老氏之說也. 自漢以前, 書傳無此說. 漢氏初壹天下, 群臣皆椎鹵無文, 不知所以治之, 第欲順民之心, 創爲此說, 以與之休息. 所謂文京之治, 有名於三代之後者也, 然此以之故, 禮樂文物不復興於斯世, 而釀成七國之亂, 幾

94

  위에서 보는 바와 같이, 정약용이 생각하고 있는 자연법은 인간이 "천리에 비추어 보아도 화합하고 인정에 견주어 보아도 조화되도록" 제정한 법질서이다. 그런데, 이 법질서는 實定法으로서 사람이 하늘로부터 稟賦받은 본성에 기초하여 제정된 법이다. 그리고, 이 실정법으로 제정된 자연법이 지상에서 전개되는데 있어서는 인간 특히 관리들의 能動的 作爲를 기다리지 않으면 안 된다. 즉, 위에서 보아온 바와 같이, 그것은 인간이 자기의 본성에 기초한 활동으로 자연의 질서에 따라서 동식물을 化育하거나 백성들을 敎化함으로써 산업의 발달이나 제도의 개혁을 도모하는 일이다. 다시 말하면 정약용이 상정하는 자연법에서의 자연은 자연 그자체가 아니라 인간이 자기의 思惟에 의하여 把握한 자연이다. 그래서 여기서는 자연 즉 天道가 곧 人道이다. 그러나, 정약용보다 반세기 이후의 崔漢綺(1803~1877)에 이르면, 자연은 자연 그 자체로서의 자연과 인간의 사유에 의하여 파악된 자연이 峻別된다. 최한기는 전자를 自然이라 하고 후자를 當然이라 했다.

  自然이란 천지가 운행하는 이치이요, 當然이란 人心이 推測하는 이치이다. 학자는, 자연으로써 표준으로 삼고, 당연으로써 窮理를 하

覆漢祚, 則其爲亂亡之術, 亦已驗矣. 舜攝政之年, 奮發事功, 具載典冊, 其自命官以後, 書無所言者, 治成制定, 按法而行之, 故不復記載, 豈遂無爲而然哉. 三載一考, 三考一黜, 五載一巡, 羣后四朝, 詢事考言, 敷奏試功, 年年歲歲, 按法而行, 不旣紛紛然多事乎. 羣臣百工, 莫不奔走率職, 舜顧獨無爲乎. 考績必親見余尙書說, 巡守必親, 刑獄必聞, 敎訓必先, 舜何得無爲乎. 況今之所謂舜典者, 堯典之下半也. 古之舜典, 今旣亡逸不知, 其中又有幾件施條, 役役勞勞, 何得以一篇文字, 遽證其無爲乎. 孔子言無爲者, 甚言得人之效, 可以寧謐, 贊歎愉揚, 意氣洋溢, 此聖人辭旨激昂處, 正不必以辭害意也. 今人論治道者, 牽皆導人主端拱玄默, 無所猷爲, 百度頹墮而莫之整理, 萬機叢脞而莫之搜撥, 不十年而天下腐矣. 禍難相承, 凋弊不振, 而卒莫之開悟, 豈無爲之說, 有以誤之也.(『全書』二 - 論語古今註八 - 一 後面, 衛靈公)

게 된다.

  자연이란 하늘에 속하는 것이니 사람의 힘으로 增減시킬 수 있는 바가 아니요, 당연이란 사람에 속하는 것이니 이것을 가지고 궁리할 수 있다. 당연 이외에 또 당연하지 않은 것이 있는 것은 仁 이외에 不仁이 있는 것과 같은 것이기 때문에, 당연하지 않은 것을 버리고 당연한 것을 취하며, 더 나아가 당연한 것 중에 또 우수한 것과 열등한 것 그리고 순수한 것과 얼룩진 것이 있어서 切磋琢磨하는 것이니, 요컨대 자연으로 標準을 삼는 것이 곧 궁리의 正路이다. 혹 昏迷한 사람이 있어서 전적으로 자연 위에 있으면서 (자연을 ― 필자) 당연과 混同하여 궁리를 하는 것은 하늘의 運行을 대신하는 일이 되는 것이라 헛되고 無益하다. 오히려 당연을 잡고서도 전혀 궁리하지 않으니, 이것은 人道를 버리는 것이라, 끝내 무엇이 이루어지는 일이 있으리요.[21]

  위에서 보는 바와 같은, 自然과 當然의 구분은 자연과 인간에 대한 인식에 있어서 破天荒이라 할 수 있다. 유학에 있어서의 자연은, 앞에서 보는 바와 같이, 인도로서의 자연 즉 當然이었으나, 이제 인도 밖의 자연 즉 참된 자연이 존재하는 것을 알게 된 것이다. 이러한 자연은, 인도 밖의 존재이므로, 人道를 주된 탐구의 대상으로 하는 유학의 틀 내에서는 올바로 인식될 수가 없다. 그러

---

21) 自然者, 天地流行之理也, 當然者, 人心推測之理也. 學者, 以自然爲標準, 以當然爲功夫.
  自然者, 屬乎天, 非人力之所能增減, 當然者, 屬乎人, 可將此而做功夫也. 當然之外, 又有不當然者, 如仁外有不仁, 故捨其不當然, 而取其當然, 且當然之中, 又有優劣純駁, 則講磨切磋, 要以自然爲標準, 是乃功夫之正路也. 或有昏迷者, 專在自然上, 錯用功夫, 是爲替天忙, 徒勞無益. 却將當然, 全不着意, 是爲棄人道, 竟有何成哉.(崔漢綺著·李佑成編『明南樓叢書』一, 成均館大學校 大東文化研究院, 1971, 132페이지, 推測錄卷二, 自然當然)

므로 그러한 자연을 제대로 인식하기 위해서는 새로운 인식의 틀이 필요하다. 그러한 인식의 틀은 서세동점의 시대상황하에서 西洋으로부터 傳達되었다. 최한기는 生父와 養父로부터 물려받은 넉넉한 재산을 가지고 使行을 통하여 중국으로부터 서양에 관한 지식을 기술한 서적들을 대량으로 구입하여 탐독했는데, 그는 거기로부터 얻은 새로운 지식을 기초로 학문의 패러다임을 유학의 人道 즉 의리로부터 자연과학의 '曆算物理'로 전환시켰다.[22] 여기에서 조선의 학문이 義理之學인 유학으로부터 物理之學인 근대적인 학문으로 전환되는 계기를 맞이하게 되었던 것이다. 즉 實學도 의리지학으로서의 전근대적 실학과 물리지학으로서의 근대적 실학이 구별되게 된 것이다.[23] 그리고 최한기는, 의리를 기본 패러다임으로 하는 경전을 聖經이라 하고 자연을 기본 패러다임으로 하는 경전을 天經이라 하면서, 성경에서의 是非는 絕對眞理인 천경에 비추어 판단되어야 한다고 力說했다.[24]

---

22) 李佑成,「崔漢綺의 家系와 年表」및「崔漢綺의 生涯와 思想」(『韓國의 歷史像』, 創作과 批評社, 1982)을 참조할 것. 그리고, 『人政』등 최한기의 학문은 儒學이 아니라는 점에 주의해야 한다.

23) 源 了圓著, 『近世初期実学思想の研究』, 創文社, 1970의 「序論」을 참조할 것.

24) 일본이 서양으로부터 근대학문을 도입하는 것은 조선보다 수백년 이상 앞서지만, 학문의 패러다임이 서양으로부터의 영향으로 전환되는 양상은 韓日兩國이 비슷했던 것으로 보인다. 다음의 인용문은 서양학문의 영향을 받아 형성된 三浦梅園(1723~1789)의 자연철학의 핵심적 구절이다. 다음의 인용문에서의 天地는 자연이다. 「이와 같이 보면, 聖人이라 부르고 佛陀라고 이름하는 사람도, 天地를 達觀하려고 하는 데에 있어서, 물론 그들도 사람이기 때문에, 결국 研究와 討究를 위한 우리의 同僚에 불과하며, 스승으로 모셔야 할 것은 天地입니다. 천지를 스승으로 할 때에는, 옛날의 성인으로부터 諸子百家나 오늘날의 농부, 樵夫 및 狂人의 말에 이르기까지, 거기에 優劣의 差는 있겠으나, '以文會友'나 '以友輔仁'하는 親舊 사이에 있을 수 있는 정도의 일로서, 取捨는 그 각각의 是非에 따라야 할 것입니다. 천지의 容量은 廣大하기 때문에, 受容되지 않는 것이 없습니다. 수용되지 않는 것이 없기 때문에, 達觀의 차원에 있어서 學派가 있을 수 없습니다. 얼마 전에 어떤 사람이 찾아

하늘은 大德을 가지고 있으나 말이 없으니 運行과 일로써 經典으로 삼고, 사람은 성덕이 있고 말이 있으니 人倫으로써 경전으로 삼는데, 그 말 없는 것을 잘 형용한 것이 天道요, 物의 적절한 道理를 밝힌 것이 人道이다. 天經과 聖經은 변함없는 常經이요, 時俗에 따른 勸善懲惡이나 일의 기틀에 따라 辨別하는 것은 곧 수시로 변하는 常經이다. 후세에 경전을 읽는 자는 천경으로 미루어보아 성경을 헤아리며, 변함없는 경전으로 미루어보아 수시로 변하는 경전을 헤아리면, 터득한 바가 같지 않음과 古今에 뜻이 다름을 알 수 있다.[25]

2) 寅亮天工

위와 같이 보면, 정약용의 자연법에 있어서는, 최한기의 경우와는 달리 자연과 당연이 未分離狀態에 있기 때문에, 하늘의 운행원리인 天道와 인간이 준수해야 할 人道는 同一體의 表裏關係에 있었다. 즉 천도가 곧 인도요 인도가 곧 천도였던 것이다. 이러한 관계를 『상서』「皐陶謨」에서는 "하늘의 聰明은 우리 백성의 총명으로부터 나오며, 하늘의 明威는 우리 백성의 명위로부터 나온다. (天罰에는 — 필자) 貴賤이 없으니, (임금은 — 필자) 삼가고 두

와서, '나는 이미 이 天地를 삼켜버렸다(완전히 이해했다 — 필자)'고 하기에, '천지는 광대합니다. 천지는 당신과 같은 천지를 완전히 삼켜버린 사람들을 도대체 數百千萬億人을 삼키고 있겠지요' 하면서 웃은 일이 있습니다. 아무리 廣大를, 精微를 立論하더라도 결국 天地 내에서의 廣大이며 정미라고 하는 데 불과합니다. 아무리 무리를 초월하는 특별한 拔群의 사람이라고 하더라도, 이 천지 내에 서 있으며, 이 천지 내에서 걷는 사람에 불과합니다." (尾形純男·島田虎次編注譯, 『三浦梅園自然哲學集』, 岩波文庫, 1998, 86~87페이지)

25) 天有大德而無言, 以行與事爲經, 人有聖德而立言, 以常倫爲經, 善形容其無言者, 天道也, 著物理之則切者, 人道也. 天人之經, 卽不易之常經也, 至若就時俗而勸懲, 在事機而辨別, 乃隨變之常經也. 後之讀經者, 推無言之經, 以測立言之經, 推庸常之經, 以測隨變之經, 可以知所得之不同, 古今之異宜.(崔漢綺著·李佑成編, 전게서, 183페이지, 推測錄卷六, 聖經本於天經)

려워하라, 領土가 있다"고 했다. 다시 말하면, "하늘이 임금의 治績을 보기도 하고 듣기도 하는 것은 백성의 聰明으로써 하니,"[26] 임금은 하늘과 백성의 총명을 두려워하는 마음으로 통치해야 하며 그렇지 않으면 영토를 빼앗길지도 모른다고 경고했던 것이다. 이와 같이 임금은 하늘과 백성의 총명을 받들어서 통치를 해야 할 의무가 있기 때문에, 다른 한편에서 그는 그러한 의무를 수행하기 위하여 宇宙 萬事를 主宰할 수 있는 權能을 부여받지 않으면 안 된다. 정약용은 이러한 임금의 권능은 우주 만물의 標準이 되는 皇極이라는 임금의 地位로부터 나온다고 보았다. "황극이 가운데 위치하여 標準이 되니, 이에 위로 天時를 규율하고 아래로 人衆을 統制하는 것이라, 이것은 위로 五紀(歲·月·日·星辰·曆數)를 이고 아래로 三德(正直·剛克·柔克)을 딛고 있는 바이다[27]라고 했다. 다시 말하면 임금은 천지를 주재하는 존재인 것이다. 임금은 이러한 권능을 가지고 있기 때문에 왕정을 수행하기 위한 관제를 제정하고 개혁을 단행할 수 있다고 보았다. 정약용은『경세유표』의「서관」의 머리말에서 관제개혁의 방향을 다음과 같이 제시했다.

우리나라는, 창건 이래 大統을 이어온 지가 4백여 년에 紀綱이 해이되고 모든 일이 부진하니, 법을 개정하고 관제를 정비하여 祖宗의 공덕을 빛내야 할 것입니다. 청컨대, 三公과 三孤에게 명령하여 널리 六典을 베풀어서 六官에 告하게 하고, 이에 육관에 명령하여 職事를

---

26) 天聰明, 自我民聰明, 天明畏, 自我民明威. 達于上下, 敬哉有土馬本畏作威○古文威作畏.
    鄭云, 天之所謂聰明有德者, 由民也, 言天所善惡與民同大雅烝民疏○梅云, 天視聽人君之行, 用民爲聰明. 又云, 天命可畏.○梅云, 天所賞罰, 唯善惡所在, 不避貴賤釋達于上下.(『全書』二 - 尚書古訓二 - 三十六 後面, 皐陶謨)

27) 皇極在內, 建中建極, 於是上律天時, 下馭人衆, 此所以載五紀而履三德也.(『全書』二 - 尚書古訓四 - 二十八 前面, 洪範)

닦는 한편 그 屬衙門(原文에는 屬司로 표기되어 있으나, 大典의 用
例에 따라 屬衙門으로 번역했다)을 分設하게 하고 왕을 보필하여 나
라를 다스리게 하소서. 첫째는 天官 吏曹로서 그 속아문이 20인데
통치를 관장하며, 둘째는 地官 戶曹로서 그 속아문이 20인데 교육을
관장하며, 셋째는 春官 禮曹로서 그 속아문이 20인데 禮節을 관장하
며, 넷째는 夏官 兵曹로서 그 속아문이 20인데 軍政을 관장하며, 다
섯째는 秋官 刑曹로서 그 속아문이 20인데 형벌을 관장하며, 여섯째
는 冬官 工曹로서 그 속아문이 20인데 工事를 관장합니다. 무릇 六官
의 속아문은, 큰 일은 그 曹에 고하고, 작은 일은 專決합니다.[28]

위의 인용문에서 보는 바와 같이, 정약용은 우선 국정과 관제
개혁의 필요성을 제기했다. 거기서는 개혁의 필요성으로서 건국
이래 4백 년이 지나 여러 국정과 관제가 해이해진 점을 들었지만,
『경세유표』의 「引」에서는 관제개혁의 필요성을 보다 구체적으로
摘示했다. 첫째는 건국 초에는 經綸이 없는 武臣들이 국가의 실권
을 쥐고 있고 또 민심의 향배도 알 수 없었기 때문에 근본적인 제
도개혁이 불가능했으며, 둘째 임진왜란 이후에는 국가가 당면한
여건이 크게 달라지고 여러 가지의 法度가 붕괴되었는데도 불구
하고 제대로 된 개혁이 이루어지지 못하여 財政이 枯渴되고, 셋째
그 결과로 正規의 관리들에게도 거의 祿俸을 지불할 수가 없어서
부정부패가 만연하고 生民이 초췌하여 국가가 병들지 않은 곳이
없었다는 것이다.[29] 위에서 정약용이 제시한 관제개혁의 필요성

---

28) 唯我國家, 創業垂統, 餘四百年, 綱弛紐解, 庶事不振, 宜改法修官, 以昭祖烈. 請
命三公三孤, 弘敷六典, 以詔六官, 乃命六官, 修厥職事, 分其屬司, 以佐王平邦
國. 一曰天官吏曹, 其屬二十掌邦治. 二曰地官戶曹, 其屬二十掌邦敎. 三曰春官
禮曹, 其屬二十掌邦禮, 四曰夏官兵曹, 其屬二十掌邦政, 五曰秋官刑曹, 其屬二
十掌邦刑, 六曰冬官工曹, 其屬二十掌邦事. 凡六屬之官, 大事關于曹, 小事專決
之.(『全書』五 - 經世遺表一 - 一 前面, 天官吏曹)

에 대하여 우리가 얼마나 동의할 수 있는가 하는 문제는 별도로 하더라도, 조선후기에는 국가가 국가로서 존립할 수 있게 하는 常備軍을 갖추지 못했으며 토지제도가 문란하고 재정이 궁핍하여 정규의 관리들에게도 녹봉조차 제대로 지급하지 못했기 때문에 국가가 存亡之秋에 있었던 것은 사실이었다. 따라서 정약용이 국가의 기본제도와 더불어 관제의 개혁을 시도하려고 했던 것은 지극히 당연했던 것으로 보인다.

관제로서는 우선 정부의 최고 기구로서 三公과 三孤를 두려고 했다. 이것은 말할 필요도 없이 의정부의 설치를 가리킨다. 의정부의 명칭은 조선 고유의 것으로서 正宗 2년(1400)에 고려시대의 국가 최고 의정기구였던 都評議使司의 권한을 축소하기 위하여 설치되었다고 한다. 정약용은 삼공과 삼고 제도의 典據를 막연히 '古制'라고만 표기했는데, 그 이유는 삼공의 구성원인 太師·太傅·太保가 『주례』의 관직이 아니고 『書經』 「周官」의 관직이었기 때문이었던 것으로 보인다. 「周官」에서는 삼공의 직책이 "道를 논하여 나라를 경영하고, 음양을 섭리한다(論道經邦, 燮理陰陽)"30)는 것으로 규정되어 있었으나, 「서관」에서 정약용은 이것을 "도를 논하여

---

29) 今之沮事者輒曰, 祖宗之法未可議. 然祖宗之法, 多作於創業之初. 當此之時, 天命有未及灼知, 人心有未及大定. 元勳將相, 多麁豪武夫, 百官士卒, 多反側奸人, 各以其私, 求其自利, 小有不厭, 必群起而作亂. 是故, 聖主賢臣, 密謀於帷幄之中, 而左瞻右顧, 前拘後掣, 終於無爲而後已. 夫無爲則因其故, 因其故者, 寡怨之道也. 雖有未當, 非我爲也. 故凡創業之初, 不能改法, 因循末俗, 以爲經法, 此古今之通患也. 故我邦之法, 多因高麗之舊, 至世宗朝, 小有損益. 一自壬辰倭寇以後, 百度墮壞, 庶事搶攘. 軍門累增, 國用蕩竭, 田疇紊亂, 賦斂偏辟. 生財之源, 盡力杜塞, 費財之竇, 隨意穿鑿. 於是, 唯以革署減員, 爲救急之方. 所益者升斗, 而所損者丘陵. 百官不備, 正士無祿, 貪風大作, 生民憔悴. 竊嘗思之, 蓋一毛一髮, 無非病耳. 及今不改, 其必亡國而後已, 斯豈忠臣志士所能袖手而傍觀者哉. (『全書』五 - 經世遺表 - 三 前面, 引)
30) 『磻溪隨錄』三, 1966, 309페이지, 職官攷說上)

나라를 경영하고, 천하를 다스리는 일을 삼가 밝힌다(論道經邦, 寅亮天工)"[31]고 수정하였다. 즉 삼공과 삼고는 임금의 스승으로서 임금이 하늘을 대신하여 나라를 다스리는 일을 보좌하도록 했다. 이러한 사실을 위의 인용문에서는 "삼공과 삼고에게 명령하여 널리 六典을 베풀어서 六官에 告하게 하고"라고 표현하고 있다. 여기에서 중요한 사실은 국가를 통치하기 위한 천명을 받드는 자가 누구인가 하는 것이다. 그것은 두말할 필요도 없이 임금이다, 그 이유는 왕조국가에 있어서는 "人君이 하늘을 대신하여 백성을 통치하는" 것이 不變의 規範이기 때문이다. 그러나, 임금이 국가의 최고통치자라는 사실은 두말할 필요가 없다고 하더라도, 임금이 항상 "천하를 다스리는 일을 삼가 밝힐" 수 있는 능력을 갖추고 있을 것이라는 보장은 없다. 여기서 국가가 국가로서 정상적으로 통치되기 위해서는 임금을 보좌해서 이러한 일을 수행할 수 있는 능력이 있는 관리의 확보가 반드시 필요했다. 위에서 삼공과 삼고의 직책을 "도를 논하여 나라를 경영하고, 천하를 다스리는 일을 삼가 밝힌다"고 규정한 것은 그 때문이었다. 물론 이러한 능력을 갖춘 관리가 삼공과 삼고에 한정될 필요는 없지만, 정약용은 그러한 관료가 있어야 나라가 정상적으로 다스려질 수 있다는 점을 거듭거듭 강조했다.

　　帝命이란 무엇인가. 옛 사람이 하늘을 섬기는 것은 모두 성실하게 믿고 진실로 두려워한 것이니, 후세의 왕권을 다투는 자가 거짓으로 빙자하여 하늘이라 칭하는 것과 같지 않았다. 그 경건한 마음으로 일을 밝히는 사람은 上帝에게 나아가 몸소 密訓을 받들고 천명을 환하게 아는데, 제왕이 된 자는 이러한 사람을 얻지 못하면 감히 나라를

31) 『全書』五 - 經世遺表— - 二 前面, 天官吏曹.

다스릴 수 없으며, 祖考의 遺緖를 계승한 자는 이러한 사람을 얻은 연후에야 정치를 이루어 中興할 수 있으며, 혁명을 맞이한 사람은 이러한 사람을 얻은 연후에야 帝命을 받들어 나라를 창업할 수 있다. 그 때문에 小康은 靡를 얻음으로써 禹임금의 遺緖를 회복했으며, 太戊는 陟을 얻음으로써 殷나라의 기강을 바로 세웠으며, 湯임금은 伊尹을 얻음으로써 夏나라의 정치를 대신했으며, 문왕과 무왕은 尙父를 얻음으로써 商戎을 죽였는데, 그 지모와 재술이 천하에서 對敵할 만한 사람이 없었기 때문은 아니었다. 곧 그 신명스러운 충정이 능히 천명을 알 수 있었기 때문에 세워서 스승으로 삼고 그 말을 물어서 따랐기 때문에 바야흐로 出師해서 죄를 토벌할 때 감히 큰 소리로 말하기를, '上帝가 죽이라고 명령하니 감히 정벌하지 않을 수 없다'고 했으니, 이것은 교만하게 상제를 무함하여 거짓으로 빙자해서 말하기를 상제의 밝은 명령을 얻었다고 한 것이 아니다. 상제가 문왕에게 말했다는 것은 진실로 이러한 일이 있었던 것이다.[32]

그 다음으로 六官을 설치하고, 육관의 屬衙門을 각각 20아문씩 두려고 했다. 여기서의 육관은 『주례』의 육관인데, 조선의 六曹 즉 이조, 호조, 예조, 병조, 형조 및 공조의 제도도 기본적으로는 거기에서 유래했다. 앞의 왕정에 대한 검토에서 어렴풋하게나마 느꼈겠지만, 왕정과 육관의 관제는 매우 밀접하게 대응되고 있었다.

---

32) 其云帝命者何. 古人事天, 皆誠信而忱畏之, 非如後世爭王之人, 憑依假託而稱天也. 厥有虔心昭事之人, 格于上帝, 能躬承密訓, 灼知天命, 爲帝王者, 不得此人, 不敢以爲國, 承祖考之緖者, 得此人然後, 能致治以中興, 値鼎革之際者, 得此人然後, 能受命而肇業. 故小康得靡以復禹緒, 太戊得陟以正殷綱, 湯得伊尹以代夏政, 文武得尙父以殄商戎, 非其智謀才術無敵於天下也. 乃其神明之衷, 能格知天命, 故立之爲師, 詢其言而順之, 故方其出師而伐罪也, 敢爲大言曰, 帝命殛之, 不敢不征, 此非矯誣上帝, 憑空自言, 得帝之明命也. 帝謂文王, 誠有是也.(『全書』二 - 梅氏書平四 - 八 前面, 逸周書克殷篇辨)

앞에서 제시한 「원정」에서의 왕정은 對民政事를 중심으로 서술되고 있기 때문에 田政, 軍政, 刑罰 및 工事가 호조, 병조, 형조 및 공조의 職事와 대응되고 있었던 것이다. 다만, 정부의 인사와 宮中禮制 및 外交는 대민정사가 아니기 때문에 앞의 왕정에 관한 논의에서는 이조와 예조가 담당하는 직사에 관한 논의가 생략되었던 것이다. 이렇게 보면, 왕정과 관제는 매우 잘 대응되고 있었다고 할수 있을 것이다. 육관의 속아문으로서는 각각 20아문을 두려고 하였는데, 거기에는 두 가지의 근거가 있다고 했다. 첫째는 조선후기 정부의 아문이 110이므로, 개정 관제의 속아문을 120으로 설정하는 것은 현실적 타당성이 있다는 것이다. 둘째는 120의 아문수가 天地度數에 符合한다는 것이다. 『주례』에서는 아문을 360으로 잡았는데, 이것은 圓의 천지도수와 일치한다는 것이다. 조선은 중국보다 소국이므로 아문을 120으로 하여도 충분한데, 이 120도 360의 3분의 1이니 천지도수에 부합한다고 보았다. 정약용이 관제를 천지도수에 맞추어 설정하려고 한 것은 관제가 천지도수에 맞는 '천연으로 형성된 鐵鑄'와 같은 것이라야 "세상의 변화가 무상하고 임금의 욕심이 한정 없다"[33]고 하더라도 하루 아침에 붕괴되지 않을 것이라는 것이다.

> 『주례』의 육관은 그 아문이 각각 모두 60이다[小宰의 條文이다]. 鄭玄의 注에서 말하기를, 육관의 아문은 360인데, 天地, 四時 및 日月星辰의 度數를 본떴으니, 천도를 갖추었다. 『주례』는 천자의 禮요 우리나라는 藩國이니, 제도가 마땅히 작아야 한다. 또 우리나라의 法典을 살펴보니, 京官의 職司數가 110이라, 혹 나누기도 하고, 취합하기도

---

33) 世道之嬗變無常, 人主之逸慾無限, 若於立法之初, 破碎散漫, 無天成鐵鑄之象, 則不過數世, 增之減之, 廢之興之, 綱紀紊亂, 端緖莫尋, 小有不察, 必土崩而瓦解矣.(『全書』五 - 經世遺表一 - 一 後面, 天官吏曹)

하고, 增補하기도 하여, 이에 옛 법전을 詳考하여 각각 그 종류에 따라 六曹로 나누었다. 육조의 아문이 각각 20이니, 그 숫자가 120인데, 120도 天地度數의 形象이다.[34]

3) 宮府一體

삼가 天工을 밝혀서 관제를 제정한다는 말은, 우선 국가가 국가로서 제대로 통치되기 위해서는 피통치자인 백성들의 소망을 실현할 수 있도록 관제가 제정되어야 한다는 점을 강조하기 위한 것이기는 하지만, 다른 한편으로는 관제가 하늘의 명령을 받들어서 제정되었다는 점을 밝힘으로써 관제에 속세를 초월하는 왕의 權威를 부여하기 위한 것이기도 했다. 그리고, 관제를 제정하는 자들은 왕조국가의 관제는 주권자인 제왕의 지위가 보장되도록 제정되어야 국가가 제대로 통치될 수 있다는 점도 잘 알고 있었다. 위와 같은 사실에 근거하여 막스 베버는 東洋的 專制國家의 관료제를 家産官僚制의 一種이라 했다.[35] 다시 말하면, 관료제는 제왕이 국가를 자기의 家産으로 관리하기 위하여 제정한 통치기구라는 것이다. 제왕이 관료들을 자기의 私人으로 만들기 위한 제도적 장치는 科擧制度 등 다양하게 존재하는 것으로 알려져 있지만,[36] 여기서는 관료제 그 자체 내에 가산관료제적 성격이 어떻게

---

34) 臣謹案 周禮六官, 其屬各皆六十小宰文. 鄭註謂, 六官之屬三百六十, 象天地四時日月星辰之度數, 天道備焉. 臣竊伏念, 周禮天子之禮, 我國家藩國也, 制度宜小. 且考舊典, 京官職司之數, 百有一十, 或分而析之, 或聚而合之, 或增而補之, 於是溯考古典, 各以其類分于六曹. 六曹之屬各爲二十, 則其數一百二十, 一百二十亦天地度數之象也.(『全書』五 - 經世遺表一 - 一 前面, 天官吏曹)

35) 湯淺赳男著, 『官僚制の史的分析 - ウェーバー『支配の社会学』による -』, 御茶の水書房, 1971, 「旧中国の官僚制」 參照.

36) 여기에서는 普天之下莫非王土, 率土之濱莫非王臣이라는 것이 그것의 가장 중요한 이념일 것이다.

관철되고 있는지를 고찰해 보기로 한다. 『경세유표』의 「서관」에서
는 관제수립의 큰 원칙으로서 寅亮天工과 宮府一體의 두 가지를
들었다. 전자에 관해서는 앞에서 이미 살펴본 바와 같지만, 그러
면 후자에 대해서는 어떠한 언급이 있는가. 「서관」의 「治官之屬」
에서는 그 속아문인 承政院, 司饔院, 命婦司 및 內侍府에서 각각 宮
府一體라는 말이 나온다. 이들 아문들은 모두 궁중의 일을 담당하
는 관서이지만 『경세유표』의 관제에서는 이조의 속아문으로 배치
되어 있다. 다시 말하면, 육조의 관서는 宮中과 府中의 사무를 담
당하는 관서가 渾然一體가 되어 있는데, 그 때문에 宮府一體라는
것이다. 왕의 秘書室로서 궁중의 일을 專擔하면서 부중의 속아문
으로 설치되어 있는 기구가 승정원인데, 정약용은 승정원에 대하
여 다음과 같이 말하고 있다.

> 승정원이라는 것은 옛날의 納言으로서 후세의 尙書省이다. 그 관
> 서가 반드시 이조에 속할 필요는 없으나, 『주례』의 「太宰」 아래에는
> 宮正이 있다. 궁정의 직책은 오로지 왕궁의 규칙을 관장하고 궁중의
> 官府를 살피며 名版오늘날의 省記와 같은 것이다을 기록하고 政令을 발하
> 니, 오늘날 승정원의 직책과 아주 비슷하다. 冢宰의 직책은 본래 궁
> 중의 일을 관장하므로즉 宮府一體의 뜻이다, 승정원이 천관에 속하는 것
> 은 명백하다. 이것을 가리켜 關聯이라 한다.[37]

위의 인용문의 총재는 天官冢宰이다. 육조의 우두머리 관서인

---

37) **臣謹案** 承政院者, 古之納言, 後世之尙書省也. 其官不必屬於吏曹, 然周禮太宰
之下, 卽有宮正. 宮正之職, 專掌王宮之戒令糾禁, 以察宮中之官府次舍, 書其名
版如今之省記, 發其政令, 與今政院所職, 十分相似. 冢宰之職, 本掌王宮之事卽宮府
一體之義, 則政院爲天官之屬, 審矣. 此之謂官聯.(『全書』五 - 經世遺表一 - 二
後面, 天官吏曹)

이조의 최고책임자로서 六曹判書 중에서는 그 권한이 가장 강력
했다. 그리고 본래 이조판서가 궁중과 부중의 사무를 兼務했으니,
승정원이 이조에 속하는 것이 당연하다는 것이다. 이렇게 보면,
육조의 모든 관서가 궁중과 부중의 사무를 겸무하고 있었다고 할
수 있다. 그러므로 궁중과 부중은 모두 君主의 家産을 관리하는
기구로서 불가분의 관계에 있었다고 할 수 있다. 그러나, 속아문
에 따라서는 궁중의 사무를 주로 담당하는 것과 부중의 사무를 주
로 담당하는 것의 구별이 있었다. 그렇기 때문에 『반계수록』에서
는 조선의 관제에서 궁중의 사무를 전담하는 속아문이 아문의 太
半이기 때문에 관서가 '중국의 3배'나 된다고 비판하면서 궁중의
사무를 전담하는 관서를 한 아문으로 줄일 것을 건의하고 있다.
유형원의 지적처럼 조선의 관서수가 '중국의 3배'였던지 어떠했던
지에 대해서는 단언할 수 없으나, 조선의 속아문 중에서 궁중의
사무를 전담하는 관서가 태반이 넘었던 것은 사실이었던 것으로
보인다.[38] 국가의 재정지출이나 宮闕과 官署의 地理的 分布라는
측면에서도 이러한 점은 확인될 수 있다.

　일찍이 漢나라의 관제를 보니 심히 간략했는데, 대개 모두 정사
　를 돌보는 관서로서 御供을 담당하는 관서는 한 관서뿐이었기 때문
　이다. 오로지 옛날에만 그러했던 것이 아니고 역대로부터 明나라에
　이르기까지 모두 그러하였다. 우리나라에서 관서로 베푼 여러 寺와
　監의 數는 중국의 三倍나, 태반은 어공의 관서에 속한다. 제도를
　수립한 것이 이러하고서 어찌 폐단이 없겠는가. 이것은 모두 일 없
　는 가운데서 많은 일을 만들어내는 것이다.[39]

---

38) 「湖西大同節目」에서 元貢物을 수납하는 기관으로 명시된 二十八司는 대부분
　　이 御供을 담당하는 아문이었다.
39) 嘗見漢官甚省約, 盖皆治事之官, 而御供只是一司故也. 非獨在昔爲然, 歷代以至

그러나, 위의 유형원의 지적은 결코 궁부일체를 부정하는 것이 아니다. 그 본의는 御供을 담당하는 관서를 합리적으로 재조정하고 부중의 사무에 정사의 중점을 두는 것이 국가를 보다 튼튼히 하고 王室의 安全을 확보하는 데 도움이 된다는 뜻이었다. 이러한 그의 의도는 그가 栗谷의 上疏를 인용하여 자기주장의 정당성을 뒷받침하려고 하는 데서도 볼 수 있다. 율곡은, 임진왜란 직전에 병조판서의 직책을 맡았는데, 국가의 주된 세입인 貢物은 주로 御供으로 들어가고 府中의 재정으로 지출되는 田税는 겨우 1結當 4 斗에 불과한 가운데, 제대로 된 常備軍도 없는 상황을 맞이하고 있었던 것이다. 그래서 그는 다음과 같은 상소를 하기에 이르렀던 것으로 보인다.

> 宣祖 때에 栗谷이 상소하기를, 內帑의 재물이 佛事에 많이 흘러 들어가니, 신은 청컨대, 聖心을 단호하게 가지시고 宮府를 一體로 보아 실제로 내탕을 호조에 붙이소서. 의논하는 자들이 內臓을 졸지에 폐지할 수 없다고 하겠지만, 이것은 그러하지 않습니다. 임금께서는 한 나라의 富를 소유하시어 倉廩과 부고가 나의 재물이 아닌 것이 없으니, 다만 거두어들이고 지출하는 데 절도가 있어야 할 뿐입니다. 하필 별도로 私藏을 두어 맑고 밝은 임금의 덕에 누가 되게 하겠습니까. 만약 府庫가 텅 비었는데 軍國의 수용이 바야흐로 급하게 되면, 內帑의 재물이 私藏이 되지 못할 것이니, 일찍이 有司에 맡기는 것이 더 나은 것만 못할 것입니다.[40]

皇明皆然. 我國設官, 諸寺監之數, 三倍中國, 而太半爲御供所係. 立制如此, 安得不弊. 此皆無事中, 生出多事也.(『磻溪隨錄』三, 1966, 272페이지, 職官之制下)

[40] 宣祖朝, 栗谷上疏曰, 內帑之財, 多歸於奉佛, 臣請斷自聖心, 視宮府爲一體, 實以內帑付之戶曹. 議者必以內藏, 不可猝廢爲辭, 此則不然. 人君, 富有一國, 倉廩府庫, 莫非吾財, 只在取之有節, 用之有度而已. 何必別爲私藏, 而累淸明之德耶. 若使府庫一空, 而軍國之需方急, 則內帑之財, 必不爲私蓄矣, 不若早歸有司

제2절 朝鮮後期의 官制와 官制改革

1. 조선후기의 관제

조선시대의 六曹體制는 고려 말 恭讓王代의 관제를 계승한 것이라고 한다.[41] 그런데, 공양왕대의 육조체제는, 육조의 首班인 典書의 品階가 正三品에 불과하고 또 그가 최고 의정기관인 都評議使司에도 참석할 수 없었기 때문에, 육조체제의 기능을 제대로 발휘하지 못했다. 그런데, 왕권강화를 지향했던 李芳遠은, 潛邸로 있으면서 개국공신들의 私兵을 혁파하는 한편 1400년에 도평의사사에 집중되었던 권력을 축소하기 위하여 도평의사사를 의정부로 개편했으나, 政務를 총괄하는 기능이 여전히 議政府에 집중되어 있었기 때문에, 의정부의 권력이 막강할 수밖에 없었다. 그래서 그가 왕위에 오른 이후 1405년에 明나라의 六部制를 참고하여, 육조의 수반인 判書의 품계를 正二品으로 格上하고, 판서가 의정에 참석하여 정무를 보고하는 六曹直啓制를 실시함으로써 관제를 명실상부한 육조체제로 정비하게 되었던 것이다. 그 이후 육조체제는 世祖代에 이르기까지 부분적인 改變을 거쳐서 成宗16(1485)년에 편찬된 『경국대전』에서 朝鮮朝의 기본적인 관제로 법제화되기에 이르렀다.

『경국대전』에서 규정된 中央官制는 의정부, 육조, 육조의 속아문, 및 왕실 직속의 아문으로 구성되어 있었다.[42] 의정부는, 정부

之爲愈也.(柳馨遠著·韓長庚譯註, 『磻溪隨錄』三, 忠南大學校, 1966, 293페이지, 職官之制下)

41) 六曹體制의 성립과정에 대한 기술은 주로 韓忠熙, 『朝鮮初期 六曹와 統治體系』, 啓明大學校出版部, 1998의 「第2章 朝鮮六曹制의 成立」에 따랐다.

42) 이하에서 각 아문의 업무에 관한 설명은, 별다른 언급이 없는 한, 『경국대전』의 규정에 따랐다.

의 최고 의정기관으로서 영의정, 좌우의정, 左右贊成 및 左右參贊
으로 구성되었는데, 형식적으로는 "百官을 총괄하며, 여러 정무를
처리하며, 陰陽을 다스려서 국가를 경영하는(總百官, 平庶政, 理陰
陽, 經邦國)" 일을 그 업무로 한다고 규정되어 있었다. 그러나 의정
부의 업무에 대한 이러한 규정은 형식적으로는 의정부가 국가의
여러 정무를 총괄하도록 하고 있었지만, 실제의 의정부 기능은 육
조직계제의 시행, 왕권의 강약, 院相制의 실시 및 勢道政治 등의 여
러 사정에 따라서 달랐다고 한다. 다시 말하면, 의정부가 '천하를
다스리는 일을 삼가 밝혀서(寅亮天工)' 임금의 師傅가 되는 일은
널리 인정되는 바이었으나, 거기에 議政府署事制와 같은 국정을 총
괄하는 권한을 부여하는가 어떤가는 歷代 王政의 운영사정에 달려
있었던 것이다. 그리고 『반계수록』이나 『경세유표』에서도 관제의
개혁 방향으로서 의정부서사제 같은 것은 제시되고 있지 않다.

또 육조는 각각 그 업무를 수행하는 데 필요한 기구를 갖추도
록 했다. 우선 이조는, "文選, 勳封 및 考課의 정사를 관장하는(掌
文選·勳封·考課之政)" 일을 업무로 하는데, 그 업무를 수행하기 위
하여 이조 내에 文選司, 考勳司 및 考功司의 3屬司를 두었으며, 또
7의 屬衙門이 거기에 부속되어 있었다. 호조는, "戶口, 貢賦, 田糧
및 食貨의 정사를 관장하는(掌戶口·貢賦·田糧·食貨之政)" 일을 업
무로 하는데, 그 업무를 수행하기 위하여 호조 내에 版籍司, 會計
司 및 經費司의 3속사를 두었으며, 또 17의 속아문이 거기에 부속
되어 있었다.[43] 예조는, "禮樂, 祭祀, 宴享, 朝聘, 學校 및 科擧의 정
사를 관장하는(掌禮樂·祭祀·宴享·朝聘·學校·科擧之政)" 일을 업무

---

43) 戶曹에 관해서는, 『宿踐諸衙圖』(미국 하버드대학도서관 소장)라는 官舍圖와
『度支志』內篇卷之一의 「館舍」에 관한 설명이 있으므로 호조의 編制와 官舍
의 配置에 관해서는 개략적으로 알 수 있으나, 그 상세한 사정을 알기 위해
서는 이에 관한 별도의 연구가 필요할 것으로 보인다.

110

로 하는데, 그 업무를 수행하기 위하여 예조 내에 稽制司, 典享司 및 典客司의 3속사를 두었으며, 또 30의 속아문이 거기에 부속되어 있었다. 병조는, "武選, 軍務, 儀衛, 郵驛, 兵甲, 器仗, 門戶 및 管鑰의 정사를 관장하는(掌武選·軍務·儀衛·郵驛·兵甲·器仗·門戶·管鑰之政)"일을 업무로 하는데, 그 업무를 수행하기 위하여 병조 내에 武選司, 乘輿司 및 武備司의 3속사를 두었으며, 또 6의 속아문이 거기에 부속되어 있었다. 형조는, "法律, 詳讞, 詞訟, 및 奴隷의 정사를 관장하는(掌法律·詳讞·詞訟·奴隷之政)"일을 업무로 하는데, 그 업무를 수행하기 위하여 형조 내에 詳覆司, 考律司 및 掌隷司의 3속사를 두었으며, 또 2의 속아문이 거기에 부속되어 있었다. 공조는, "山澤, 工匠, 營繕 및 陶冶의 정사를 관장하는(掌山澤·工匠·營繕·陶冶之政)"일을 업무로 하는데, 그 업무를 수행하기 위하여 공조 내에 營造司, 攻冶司 및 山澤司의 3속사를 두었으며, 또 7의 속아문이 거기에 부속되어 있었다. 위에서 소개한 六曹와 육조에 속하는 많은 속아문들이 宮府一體의 원칙상 왕실의 수용에도 대응하고 있었던 것은 말할 필요가 없겠으나, 그러나 왕실은 또 그 운영에 필요한 별도의 王室 直屬의 18아문을 두고 있었다.

官制機構圖1은 『경세유표』에서 시도된 관제기구의 編制와 비교하기 위하여 『大典通編』(1785년에 편찬)에 제시되어 있는 정부기구를 圖表로 정리한 것이다. 그것은 『경국대전』의 관제기구와 기본적으로 같은 것이나, 그간에 다소의 변동이 있었던 것이 확인된다. 큰 변동이 있었던 아문을 살펴보면, 왕실 직속 아문 중의 軍衛門, 호조의 經費司와 병조의 乘輿司 및 武備司라는 것이 확인된다. 다시 말하면, 그간에 軍事制度와 財政運營에 있어서 커다란 변화가 있었던 것으로 보인다. 여기서는 매우 표면적인 고찰에 한정되는 것이기는 하지만, 위의 아문들이 가지는 정부기구상의 位置와

特徵에 대하여 간략하게 살펴보기로 한다.

官制機構圖 1

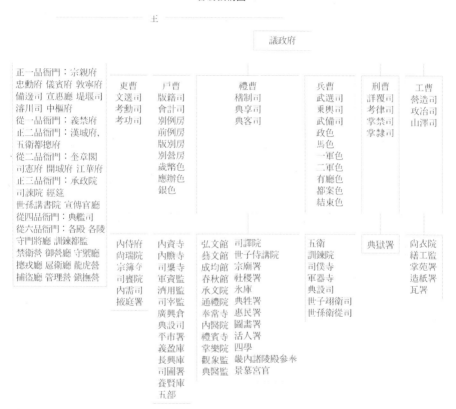

자료 : 『大典通編』의 六曹條下의 屬衙門에 관한 注記와 吏典 및 兵典의 品階別
　　　衙門分類에 의거했다. 단, 官署는 있으나 官員 配置가 없는 아문은 생략
　　　했다.

　첫째는 六曹 내에서의 各曹의 위치이다. 이조와 병조는 王命을
받들어 文武官의 人事를 담당하는 기관이었기 때문에 특별히 중
요시되었다. 경우에 따라서는 육조의 서열이 吏·兵·戶·禮·刑·工으

로 整序되기도 했다. 그 다음으로는 호조와 병조가 중요시되었다. 호조와 병조는 국가의 기본적 存立條件인 財政과 軍事를 담당하는 기관이었다. 재정이 국가존립의 기본조건이라는 것은 더 말할 필요가 없을 것이다. 그리고, 군사도 재정에 못지않은 국가존립의 조건이었다. 물론 군사는, 국방을 위하여 존재하는 것이지만, 동시에 왕실을 호위하고 인민을 지배하는 暴壓機構이기도 했다. 그 때문에 봉건국가가 軍事國家이듯이 중앙집권의 王朝國家도 일반적으로 국가를 軍國이라 불렸던 것이다. 그 다음으로는 예조가 중요시되었다. 예조는 주로 왕실의 儀典과 外交를 담당하였는데, 왕조국가는 王室의 權威를 인민들에게 과시하기 위해서 儀典에 특별한 중요성을 부여하였다. 그래서 육조의 속아문으로서는 예조의 속아문이 가장 많았던 것이다. 이에 비하면, 형조와 공조의 지위는 상대적으로 낮았던 것으로 보인다. 형조의 업무가 미약할 수밖에 없었던 것은, 首都의 治安을 軍門이 담당했을 뿐만이 아니라 司法의 기능이 행정기관에 흡수되어 있었기 때문이었다. 그리고 私有財産制度가 발달하지 못했기 때문에 民事紛爭이 많지 않았던 것도 그 한 원인이었을 것이다. 공조의 업무가 미약할 수밖에 없었던 것은 社會的 分業水準이 낮을 뿐만이 아니라 수공업의 발달이 저조하고 대규모의 토목건축 사업이 영위되지 못했기 때문이었던 것으로 보인다. 經田을 위한 田地의 境界劃定事業과 관련하여, 토목사업이 발달하지 못했다는 사실이 한국사에서 가지는 의미에 대해서는 특별히 유의해서 보아야 할 사항이다.

둘째는 왕실 직속 아문의 존재이다. 왕실 직속 아문이란, 大典의 規定이 아니고, 육조의 屬司나 屬衙門으로 규정되지 않은 圖1의 36아문을 왕실 직속 아문으로 분류한 것이다. 이들 아문들이 왕실의 직속 아문으로 存置될 수밖에 없었던 이유는 다양했던 것

제2장 王政과 官制改革 113

같다. 宗親府, 忠勳府, 儀賓府, 敦寧府 및 中樞府 등의 五上司는 정1
품 아문으로서 육조의 속아문에 속하기에는 그 品階가 너무 높은
아문이었다. 이 아문들은 왕실의 宗親이나 국가에 특별한 功勳을
세운 사람 등 왕실이 특별히 대우해야 할 사람들을 우대하는 기관
들이었다. 堤堰司와 濬川司는 天下之大本인 농업과 都城 管理의 중
요성을 강조하기 위하여 형식적으로 정1품 아문으로 설정되었던
것으로 보인다. 承文院과 宣惠廳은 王命의 出納과 왕실의 재정을
담당하는 기관이기 때문에 높은 품계의 아문으로 설정되었다. 奎
章閣과 經筵은 왕의 국정 수행 능력의 향상을 직접적으로 보좌하
는 기구였다. 司憲府와 司諫院은 제왕이 왕정을 올바로 수행하도
록 하기 위한 諫爭의 기능을 담당하는 기구였다. 漢城府, 開城府
및 江華府는 王의 直轄領이 없는 중앙집권적 왕조국가에서 왕의
직할령적 기능을 하는 지역으로서 설정된 것이다. 여러 軍門들과
義禁府 및 捕盜廳은 왕실의 호위와 수도의 치안을 유지하기 위한
기관들이었다. 이렇게 보면, 왕실 직속 아문은, 그 기능이 다양했
기 때문에 一義的으로 그 存在의 政治的 意義를 평가하기가 어렵
기는 하지만, 거기에 軍門과 宣惠廳과 같은 군사와 재정의 中樞機
關이 속해 있었던 것으로 보아, 국가의 중심으로서의 王室의 地位
를 직접적으로 뒷받침하기 위한 존재였던 것으로 보인다.

셋째는 정부기구의 存在樣相이 공간적으로나 업무적으로 매우
分散的이었다는 사실이 눈에 띤다. 육조와 속사와의 관계는, 속사
의 업무를 육조의 郎廳(正郎과 佐郎)이 分掌한다는 점에서 보면,
속사가 육조의 업무를 분장하는 육조 내부의 部署임이 확인된다.
그러나, 육조와 속아문과의 관계는, 비록 提調制라는 겸임제를 통
하여 육조의 책임자가 그 속아문의 업무를 분장하는 형식을 취하
고 있기는 했지만, 육조와 그 속아문은 그 업무가 서로 독립적이

114

없던 것으로 보인다. 육조와 그 속아문이 조직적으로 통일되지 못하고 장소적으로도 집중될 수 없었던 이유가 어디에 있었는지는 잘 알 수 없으나, 아마 社會的 分業의 未發達과 現物經濟에 그 원인이 있지 않았을까 추측된다. 그렇게 추측하는 근거는 각 아문의 업무가 서로 독립적이고 그리고 그 직원 구성이 文武官 - 胥吏 - 皀(徒)隸로서 한결같이 自己完結的이라는 점이다. 다시 말하면, 사회적 분업이 발달하지 못한 自給自足社會에서는 아문들 간의 협력관계가 약했기 때문에 각 아문은 자기의 업무를 수행하기 위하여 자기완결적인 직원 구성을 갖추지 않을 수 없었던 것이 아니었던가 추측된다. 이러한 분산성은 관청의 분산적 所在樣相에서도 나타난다. 육조는 광화문 앞 육조거리의 東西에 위치했으나, 그 이외의 여러 아문은 京城 內外에 널리 분포되어 있었다. 『반계수록』에서는 大闕과 軍營衛門에 속하는 아문 이외의 아문은 경성 내외에 각각 별도의 廳舍을 두었다고 지적하고 있다. 조선후기의 都城圖에 의해서도 이러한 점은 확인된다.44)

　　서울의 크고 작은 여러 衙門들은 모두 官廳을 두는데, 長官으로 하여금 가족을 이끌고 부임하여 거주하기를 外方官廳의 예와 같이 한다. 장관의 아래에 있는 여러 관리는 지금과 같이 出退勤한다.
　　궐내의 여러 아문 및 臺諫과 軍營衛門 이외에는 크고 작은 모든 일을 모두 이에 따르는데, 그 次官 이하의 한 사람은 지금의 예와 같이 輪直한다.45)

---

44) 국립중앙도서관, 『고지도를 통해서 본 서울지명연구』, 고문헌연구총서1, 2010의 「Ⅱ 지명찾아보기」를 참조할 것.
45) 京中大小諸司, 皆設公衙, 令長官挈家赴居, 如外任之例. 其下諸官, 則依今赴坐. 闕內諸司及臺諫, 軍營衛門外, 大小百事, 皆依此. 而其貳官以下, 一員又爲輪直如今例.(『磻溪隨錄』三, 1966, 269페이지, 職官之制下)

조선후기 中央官衙의 집무상황은 활발하지 못했던 것으로 보인다. 『목민심서』에서는 수령은 새벽 일찍(天明) 집무를 시작하고 밤 늦게(二更) 파해야 한다고 했다.[46] 中世農耕社會에서는 해가 뜨면 작업을 시작하고 해가 지면 작업을 끝내는 것이 일반적인 관행이었다. 그것은 말할 필요도 없이 照明 때문이었다. 그러나, 서울의 각 관아는 일이 있으면 집무하고 일이 없으면 집무를 파했던 것으로 보인다. 『반계수록』에서는 중앙관아의 집무상황을 다음과 같이 설명하고 있다. "살피건대, 옛날에는 丞相府나 御史府라고 하더라도 역시 가족을 거느리고 관사에서 살았는데, 아래로 魏나라나 晉나라에 이르기까지 그러하였으니, 이 뜻은 지극히 옳다. 오늘날에는 모든 관서가 빈 집이 되어 旅店과 같이 되었다. 비록 일이 있으면 사무를 본다고 하더라도 꾸준히 보지 않고 또 일이 끝나면 서둘러 퇴근하니, 官府의 체면을 유지하지 못하는 것은 말할 것도 없고, 모든 일이 흩어지고 지체된다. 심지어 外方에서 投牒하는 사람들을 까닭없이 오래 기다리게 하는데, 下吏에게 뇌물을 주지 않으면 官長은 그러한 일이 있는지도 모르니, 모든 일의 폐해를 다 말할 수 없다. 심지어 京畿監司는 京營에 거주하지도 않고 私家에서 집무하니, 그 폐해가 더욱 심하다."[47] 그래서 유형원은 郡縣의 수령들과 마찬가지로 중앙관아의 장관들도 가족을 이끌고 관사에 거주하면서 집무하게 하는 방안을 제안했던 것이다.

그러면 무엇 때문에 중앙관아의 집무상황이 위와 같을 수밖에 없었을까. 그 이유를 알 수 있는 자료는 아직 보지 못했으나, 그

---

46) 『全書』五 – 牧民心書一 – 十九 後面, 上官 參照.

47) 按古者, 雖丞相府御史府, 亦皆奉眷以居, 下及魏晉猶然, 此意極是. 今百司爲空舍, 有如旅店. 雖有應文開挫, 不得連續, 且皆恩恩而罷, 非唯不成官府體面, 凡事漫散遲滯. 至於外方呈牒之人, 無端底留, 非賂下吏, 則官員不知, 百事之害, 不可盡言. 至於京畿監司, 亦不居於京營, 而聽事於私家, 其弊尤甚.(『磻溪隨錄』三, 1966, 269페이지, 職官之制下)

가장 큰 원인은 관리들에게, 특히 胥吏와 皀隷들에게, 俸祿을 지급하지 못했기 때문에 그들은 그들의 생계를 위하여 私務에 바쁠 수밖에 없지 않았을까 추측된다. 정약용도 위와 같은 사정을 『경세유표』의 「引」에서 "正士에게도 俸祿이 없어서 탐욕스런 풍속이 크게 일어났다(正士無祿, 貪風大作)"고 지적했는데, 유형원은 그 사정을 보다 자세하게 설명했다. "지금 백관의 봉록이 지극히 박해서, 1품관은 1년에 60石이요, 9품관에 이르면 겨우 12석이니, 자급할 수 없어서 의례히 外方으로부터 饋遺를 받는데, 이름하여 進奉이라 한다. 오직 淸要職에 있는 자라야 이것을 받을 수 있고, 그 나머지는 받지 못한다. 또 各司는 該當 用度에 쓰고 남은 것을 모두 여러 관원에게 사사로이 分給하는데, 이름하여 分兒라 한다. 서리의 녹봉은 혹 있기도 하고 없기도 하는데, 각사가 같지 않아서, 녹봉이 있는 경우는 혹은 價布로 지급하기도 하고 혹은 매달 米 6斗를 지급하며, 奴隷는 모두 廩祿이 없기 때문에, 서리와 노예는 대개 백성을 침탈하여 생계를 유지한다. 사정이 이러하기 때문에 그 폐해가 미치는 바를 다 말할 수 없다."[48] 이러한 관리의 집무상황을 위와 같이 경제적으로 이해하는 것만으로는 불충분할 것으로 보인다. 이러한 현상의 배후에는 기본적으로, 조선사회가 商品社會가 아니라 身分制社會였기 때문에 人力의 充用을 賃勞動이 아니라 身役에 의존하는 사정이 있었던 것이 아닌가 한다.

그러면, 위와 같은 관료제하에서 국정의 운영을 위한 최고의 의사결정은 어떻게 이루어졌을까. 기존의 연구에 의하면, 국정에

---

48) 今百官俸祿至薄, 一品歲俸六十石, 至九品則僅十二石, 不能自給, 例受外方餽遺, 名曰進奉. 唯居淸要者得之, 其餘則不得焉. 又各司該用餘物, 皆私分諸官, 名曰分兒. 吏胥祿則或有或無, 諸司不同, 其有者或以價布或米月六斗, 奴隷則擧無其廩, 故吏隷皆待漁奪以爲生. 事其如此, 其弊害所至, 有不可勝言者.(『磻溪隨錄』一, 1962, 287페이지, 田制後錄上)

대한 최고 의사결정을 위한 제도로서는 議政府署事制나 六曹直啓
制가 지적되고 있기는 하지만, 그 제도가 어떻게 운영되어 왔는지
를 체계적으로 밝힌 연구는 아직 읽어보지 못했다. 우리가 거기에
대해서 알 수 있는 것은 조선전기에는 王權의 强弱에 따라서 의정
부서사제가 시행되기도 하고 육조직계제가 시행되기도 했다는 정
도가 아닌지 모르겠다. 그런데, 조선중기 이후에는 備邊司가 국정
의 최고 의사결정기구로 등장하게 된다. 기존의 연구에 의하면,[49]
비변사는 일찍이 成宗 연간(1457~1494)의 女眞의 소요사건이나 中
宗 연간(1506~1544)의 三浦倭亂에 대처하기 위하여 임시적으로 설
치되어오다가 明宗 10년(1555)의 乙卯倭變을 계기로 常設化되었다
고 한다. 비변사는, 처음에 邊務에 대처하기 위한 임시기구에 불
과했으나, 임진왜란과 병자호란을 겪으면서 그 권한이 확대되어
內治, 外交, 財政 및 軍事에 걸친 국정의 제반 업무를 총괄하는 국
정 최고 의사결정기구로 발전했다. 비변사는 그 이후 의정부에 대
신하여 국정의 최고 의사결정기구로서 존립하다가 大院君의 執政
을 계기로 1865년에 폐지되고, 그 기능은 의정부로 흡수되었다. 비
변사의 기능과 인적 구성은, 시기에 따라 약간의 변동은 있었으
나, 『속대전』의 규정에 의하면 다음과 같다.

> 中外의 軍國機務를 總領한다.
> 明宗朝에 창설되었다. ○都提調는 時·原任議政이 겸한다. 提調는 定數가
> 없고 임금께 아뢰어 差定하는데, 吏·戶·禮·兵·刑의 判書, 兩局의 大將(御營
> 大將과 禁衛大將 ― 필자), 兩都(開城府와 江華府 ― 필자)의 留守 및 大提
> 學이 例兼한다. 4員은 有司堂上인데, 有司提調가 例兼한다. 8員은 8道의 句管
> 堂上으로 兼差한다.[50]

---

49) 비변사에 관한 설명은 李載浩, 「朝鮮備邊司考」(歷史學會, 『歷史學報』 五十·
五十一, 1971)에 따른다.

『속대전』의 규정에 의하면, 비변사는 "중외의 군국기무를 총령하는" 것으로 되어 있다. 그리고 그 구성원도 時任과 原任의 의정, 이·호·예·병·형의 판서, 어영청대장과 금위영대장, 개성부와 강화도의 유수 및 대제학으로서 文武의 정부 최고위직 관리들이 망라되어 있다고 할 수 있다. 그러면, 비변사는 과연 정부의 최고 의사결정기구였을까. 官制만을 두고 보면 그렇게 말할 수 있을지 모르겠으나, 법률과 관제를 超越하는 왕의 존재를 염두에 둘 때, 역시 국정의 최고 의사결정권은 王에게 있었던 것으로 보인다. 다시 말하면, 왕은 皇極이었으며, 그의 명령은 곧 법률이었던 것이다. 여기에 바로 관제기구 내에서는 최고 의사결정권이 있을 수 없었기 때문에 議政府署事制와 같은 제도도 순조롭게 운용될 수 없었던 소이가 있었던 것이 아닌가 추측된다.[51] 그렇기 때문에 정약용도 여러 著作에서 왕권강화를 강조하고 英明한 군주의 출현을 待望했던 것이다. 왕조국가에 있어서는 제왕의 존재가 絶對的이었기 때문에[52] 국가의 경영도 제왕의 국가 경영 능력에 따라서 근본적으로 좌우되지 않을 수 없었다.

---

50) 總領中外軍國機務
　　明宗朝刱設〇 都是調時原任議政兼. 提調無定數啓差. 吏戶禮兵刑曹判書·兩局大將·兩都留守·大提學例兼. 四員稱有司堂上. 有司提調則例兼. 八員兼差八道句管堂上.(『續大典』正一品衙門條)

51) 다산은 역시 왕이 設官分職하여 天工을 代理함에 있어서 三公, 六卿 및 여러 執事의 역할은 君德을 輔弼하는 것으로 위치시켰다. 臣竊伏念, 王者設官分職, 代理天工, 三公六卿百執事之臣, 皆所以輔君德立人紀, 以至禮樂刑政, 財賦甲兵, 其眞實急切之務, 在所盡心.(『全書』五 – 經世遺表一 – 二十三 後面, 弘文館)

52) 조선의 왕은 專制君主였다. 개화기의 독립협회운동이 제왕의 권한을 제약하는 立憲君主制를 위한 운동이라는 명목의 反逆罪로 다스려졌던 점에서도, 이 점은 鮮明히 드러난다고 할 것이다.

2. 관제개혁

지금까지 우리는, 정약용이 추구하고자 했던 관제개혁의 模型이 무엇이며, 조선후기의 관제 실태가 어떠했는지를 고찰해 왔다. 고찰의 결과는, 그가 추구하고자 했던 관제개혁의 모형은 관제가 의정부와 육조로 구성되고 各曹가 20의 속아문을 거느리면서 아문들 간에 서로 有機的 統率關係가 있도록 잘 조직된 관제인 데 대하여, 조선후기의 관제는 의정부와 육조로 구성되어 있기는 했으나 속아문들이 王室과 육조에 分散되어 있었을 뿐만이 아니라 육조의 속아문이 매우 불균형적이고 아문들 간에 유기적 통솔관계가 약했다는 것이다. 그리고, 官制 運用에 있어서는 의정부가 국정을 총괄하는 기능을 하지 못하고 비변사가 의정부의 기능을 대신했다는 사실은, 상비군을 확보하지 못하여 女眞과 倭寇 등 外敵의 騷擾를 완전히 제압할 수 있는 국방력이 없었기 때문이 아니었을까 추측된다. 임시 관제인 비변사가 의정부의 기능을 대신할 수밖에 없었다는 사실은 朝鮮王朝의 存立에 있어서 매우 심각한 문제를 제기하고 있었다고 할 수 있다. 그렇기 때문에 정약용은 국정을 근본적으로 개혁하는 동시에 그 국정개혁을 擔持할 조선후기의 관제를 다음과 같이 개혁하려고 하였다.

첫째는 속아문의 수를 120으로 한정하고, 六曹가 각각 20의 속아문을 거느리게 하는 한편, 王室에는 속아문을 배치하지 않는다. 다시 말하면, 의정부와 육조가 宮中과 府中의 업무를 총괄적으로 처리하게 했다. 이러한 관제를 실현하기 위해서는 기존의 110의 아문을 120으로 조정하고, 궁중 직속의 아문을 부중의 아문으로 재배치하는 일이 필요했다. 이러한 점과 관련해서는 宗親府條에 적극적인 언급이 있는데, 조선에서는 관청의 품계가 높은 五上司

를 품계가 높다는 이유만으로 그보다 품계가 낮은 육조에 배치하지 않았으나, 『주례』에서는 모든 속아문을 六官에 배치하는 것이 원칙이고, 또 비록 오상사에는 품계가 높은 관리들이 있다고 하더라도 그 郎官을 이조에 소속시키는 것이므로, 오상사를 이조에 소속시키는 데에 있어서 아무런 구애를 받을 필요가 없다는 것이다.

> 宗親府, 忠勳府, 儀賓府, 敦寧府 및 中樞府를 五上司라 하면서 육조에 소속시키지 않으나, 선왕의 법은 모든 관리들을 모두 육관에 소속시키고 오직 三公만을 육관 위에 있게 했으니, 왕자의 법은 이와 같이 엄격하고 간략해야 할 것이다. 『주례』에서 都宗人과 家宗人은 모두 春官에 속하며, 都司馬와 家司馬는 모두 夏官에 속한다. 都는 왕의 자제의 집이요, 家는 선왕의 자제의 집이다鄭玄의 注釋이다. 그러므로 오상사가 비록 尊貴하다고 하더라도 그 郎官이 이조에 소속하는 것이 또 무슨 害가 될 일이 있으리요.53)

둘째는 육조와 그 속아문 간에 유기적인 통솔관계가 있게 하는 것이다. 이 통솔관계에 대해서는 典壇司에서의 社稷과 諸壇의 관리, 典廟司에서의 諸宮의 관리, 守陵司에서의 諸陵의 관리, 中衛司에서의 軍隊의 編制, 山虞寺와 林衡寺에서의 山林과 木材의 관리 등에서 언급되고 있다. 물론 위에서 든 것은 例示에 불과하고, 有機的 統率關係의 설정이 가능한 경우에는 육조와 그 속아문에 두루 걸쳐서 그렇게 되도록 하고자 하는 것이 그의 의도였을 것이

---

53) 臣謹案 宗親府忠勳府儀賓府敦寧府中樞府, 謂之五上司, 不屬於六曹, 然先王之法, 百工庶官, 皆屬六官, 唯三公在六官之上, 王者立法, 宜嚴簡如是也. 周禮都宗人家宗人, 皆屬春官, 都司馬家司馬, 皆屬夏官. 都者, 王子弟之所宅也, 家者, 先王子弟之家也鄭注. 然則五上司雖尊, 其郎官之屬於吏曹, 抑又何害.(『全書』五 - 經世遺表一 - 三 前面, 宗親府)

다. 위의 예시에서도 볼 수 있는 바와 같이, 아문 간에 업무적 동
질성이 강할 때에는 아문들 간의 유기적 통솔관계도 쉽게 설정될
수 있을 것으로 보이는데, 그 典型的인 예로서 軍衙門 간의 통솔
관계가 제시되어 있다.

　　관직의 제도는, 마땅히 統率되는 바가 있어야 하니, 綱으로써 目
을 통솔하며, 줄기로써 가지를 통솔한 이후에야, 혈맥이 통하고 호
령이 遲滯되지 않을 것이다. 만약 자질구레한 것이 제멋대로 놀아
서, 그 몸이 어느 관청에 속하며, 그 관청이 어느 司에 속하며, 그 사
가 어느 曹에 속하는지를 알지 못하여, 한결같이 將帥가 없는 졸개
와 같이 흩어지게 되면, 한 왕국의 標準을 세우는 법제가 되지 못할
것이다. 신은 생각건대, 병조의 속아문들이 散亂하여 통솔되는 바가
없으니, 이제 네 部類로 나누고, 한 부류가 세 속아문을 거느리게 해
야 할 것이다. 첫째는 三司인데, 左揆司란 지금의 都摠府요, 右揆司
란 지금의 內兵曹요, 中衛司란 지금의 扈衛廳인데 別軍職을 합한 것
이다. 둘째는 三局인데, 宣敎局이란 지금의 宣傳廳인데 武兼을 합한
것이요, 儀仗局이란 지금의 副將廳인데 忠義衛를 합한 것이요, 守禦局
은 지금의 守門廳인데 城門의 將帥들과 空闕의 將帥들을 합한 것이
다. 셋째는 三衛인데, 龍驤衛와 虎賁衛란 五衛의 옛 이름이요, 羽林
衛란 羽林將, 忠壯과 忠翊이 합쳐진 것이니, 禁軍, 內禁衛와 五衛 등
속이 모두 이 三衛에 합쳐졌다. 넷째는 三營인데, 都統營이란 訓鍊都
監이요, 左禦營이란 御營이요, 右衛營이란 禁衛營이다. 오직 이 3사,
3국, 3위와 3영이 질서정연하고 문란하지 않으면, 대개 호령이 있을
경우, 몸이 팔을 부리듯, 팔이 손가락을 부리듯 할 것이니, 平時에는
朝廷에 체모가 있고 급할 때는 軍伍에 기율이 있어서, 오늘날과 같
이 산만하지는 않을 것이다. 別軍職이라는 것이 있는데 官名을 가리
키는 것인가, 所任軍官이란 것이 있는데 職名을 가리키는 것인가. 초

창기에 정한 것을 수정하지 못하는 것은 祖宗의 功德을 빛내는 바가
아니다.54)

셋째 備邊司를 中樞府로 개편하여 邊務를 담당하게 하고, 의정
부의 기능을 본래대로 부활시키는 것이다. 역사적으로 보면, 唐宋
이래로 변무를 總察하는 樞密院이라는 것이 있어서 一般 政務를
담당하는 中書省과 더불어 二府로 불릴 만큼 중요한 기관이었다
는 것이다. 그가 구상하는 中樞府는 다음과 같은 것이다. "領事가
1員이요 判事가 2원인데 原任大臣이 맡도록 하고, 知事가 6원이요
同知事가 8원인데 혹은 타직으로서 겸임하거나 혹은 散官이 맡도
록 한다. 知事 6원은 12省의 句管大夫가 되는데, 1원이 2성을 거느
리게 한다. 그 僉知事 8원은 4인은 左右承旨가 例兼하고 4인은 사
람을 골라서 별도로 差出하는데, 副提調의 舊職을 장악하게 한다.
비록 三公과 九卿三孤와 六卿이다이 중추부의 일을 겸임하지 않는다
고 하더라도, 都堂의 회의를 스스로 主管하고 무릇 의정부에 도착
한 공문을 回覽하게 되면 中樞府의 大夫와 다를 바가 없으니, 법제
가 森整하고 名實이 어긋나지 않을 것이다."55) 위에서 의정부와

---

54) 臣竊伏念, 職官之制, 宜有統有率, 以宏綱統細目, 以大幹統小枝, 然後血脈流通,
號令無滯. 若零零瑣瑣, 各自爲命, 不知其身隷於何官, 不知其官隷於何司, 不知
其司隷於何曹, 一似無將之卒, 各自逍遙, 非一王建極之法制也. 臣謂兵曹之屬,
散亂無統, 今分爲四類, 類各三合. 一曰三司, 左掖司者, 今之都摠府也, 右掖司
者, 今之內兵曹也, 中衛司者, 今之扈衛廳也, 別軍職合焉. 二曰三局, 宣敎局者,
今之宣傳廳也, 武兼合焉, 儀仗局者, 今之部將廳也, 忠義衛合焉, 守禦局者, 今
之守門廳也, 城門之將空闕之將合焉. 三曰三衛, 龍驤衛虎賁衛者, 五衛之舊名,
羽林衛者, 羽林將忠壯忠翊之合者也, 禁軍內禁衛五衛之屬, 咸於是三衛合焉. 四
曰三營, 都統營者, 訓鍊都監也, 左禦營者, 御營也, 右衛營者, 禁衛營也. 唯是三
司三局三衛三營, 秩然成列, 井然不紊, 則凡有號令, 如身之使臂, 若臂之使指,
在平時則朝廷有體貌, 値急時則軍伍有紀律, 不如今之散漫也. 世有別軍職, 以爲
官名者乎, 世有所任軍官, 以爲職名者乎. 草創而不修潤, 非所以光昭祖烈也.
(『全書』五 - 經世遺表二 - 五 後面, 中衛司)

중추부를 二府라고 했으나, 중추부가 담당했던 邊務도 결국 의정
부에서 최종적으로 검토하게 된다는 것을 알 수 있다. 다시 말하
면 邊務의 중요성을 감안하여 특별히 중추부를 두기는 하지만, 중
추부의 일도 의정부가 統轄하게 한 것이다. 이러한 정약용의 관제
개혁은 그의 국가개혁을 통한 富國强兵策의 실현을 전제로 했다.
부국강병책의 실현을 통한 강력한 국방력의 양성 없이는 비변사
의 중추부로의 개혁은 구상될 수 없었을 것이다.

官制機構圖 2

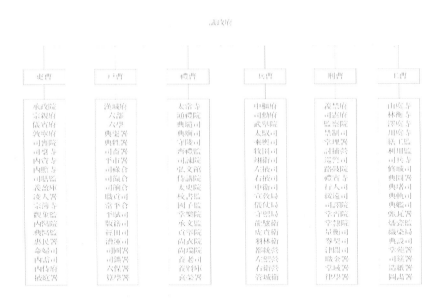

자료 : 『經世遺表』의 「序官」

---

55) 臣謂領事一員判事二員, 以原任大臣爲之, 知事六員同知事八員, 或以他職兼之,
或以散班居之. 知事六員, 爲十二省句管大夫, 一員各領二省. 其僉知事八員, 四
人以左右承旨例兼, 其四人擇人別差, 以掌副提調之舊職. 至如三公九卿三孤及六
卿, 雖不兼樞府, 自主都堂之會, 凡文書回公, 不異於樞府大夫, 則法制森整, 而名
實無舛矣.(『全書』五 – 經世遺表二 – 二 前面, 中樞府)

지금까지 설명해온『경세유표』에서 시도하고 있는 관제기구를 도표화하면, 관제기구도2와 같이 된다. 관제가 의정부와 육조로 구성되고 各曹가 20의 속아문을 거느리게 하였다. 이러한 관제기구의 정비는 기본적으로『주례』에 따라 관제를 정비한 결과이기는 하지만, 그 관제가 현실과 얼마나 부합할 수 있는가 하는 문제에 대해서는 크게 두 가지의 의문이 제기된다고 할 것이다. 첫째는 宮府가 一體이고 그들 간에 조그마한 모순도 없다면, 모든 아문을 府中의 傘下에 두어도 좋을 것이다. 그러나, 주로 왕실의 이익을 추구하는 궁중과 民本主義를 지향하는 부중 간에는 필연적으로 마찰이 있을 수밖에 없지 않았을까 추측된다. 이러한 경우, 모든 속아문을 부중에 소속시킬 것이 아니라 차라리 궁중에 소속시킬 아문과 부중에 소속시킬 아문을 처음부터 명확하게 구분하는 것이 모순을 완화하는 방법이 되지 않을까 생각된다. 둘째는 육조에 그 속아문을 20씩 균형적으로 배치하는 것이 현실적으로 가능했을지 모르겠다. 앞에서도 지적한 바와 같이 司法이 행정에 통합되어 있을 뿐만이 아니라 수도의 치안이 군대에 의해서 유지되고 있는 상황에서 형조가 담당할 수 있는 업무가 얼마나 있을 수 있을까 하는 문제가 있을 것이다. 특히 조선에서와 같이 사유재산제도가 발달하지 못하여 民事紛爭이 적은 곳에서는 더욱 그러할 것 같다.

마지막으로 관제의 실태를 알기 위하여 官員의 規模에 대하여 간략하게 언급해 두는 것이 필요할 것으로 보인다. 관원으로서는 文武官, 胥吏 및 皀隸(大典에서는 徒隸라고 했다)가 있었는데, 거기에 軍官, 樂工, 內侍 및 각종의 학생 등을 포함시키느냐 않느냐에 따라서 그 규모는 크게 달라진다.『경세유표』에 제시되어 있는 중앙관원 중에서 이들을 제외하고 集計한 관원의 규모가 표1이다. 문무관 1,907, 서리 827 및 조예 1,812로서 합계 4,546이다.『반계수

록』에서는 "이상의 京官職은 모두 540人, 錄事는 45인, 胥吏는 480
인, 皀隷는 2,955인奴隷를 합했다, 그리고 小史는 1,000인"56)으로서 합
계 5,020인이라 했다. 관원의 구성은 서로 크게 다르나, 전체의 규
모는 대략 5천 인 전후이다. 이것에 위에서 제외한 軍官, 樂工, 內
侍 및 각종의 학생의 숫자를 합하면 대략 1만 명 규모인데, 이 숫
자는 『六典條例』의 京官職숫자와 대략 같은 것이다. 이 이외에 三
營에 속하는 軍人1萬人과 三司, 三局 및 三衛의 軍士 약 2,000인이
있었다.

표1 『經世遺表』의 六曹官員數

	文武官	胥吏	皀隷	合計
議政府	11	18	30	59
吏曹	141	144	274	559
戶曹	150	167	344	661
禮曹	368	170	398	936
兵曹	810	146	342	1,298
刑曹	298	114	270	682
工曹	129	68	154	351
合計	1,907	827	1,812	4,546

자료 : 『經世遺表』의 「序官」

注 : 1. 문무관에는 提調 등의 겸직과 軍人 및 技術官 등이 문무관에 포함되어
있기 때문에, 그 숫자가 「職品表」 문무관 숫자의 2배에 가깝게 되었다.
2. 3~9品의 문무관원을 열거한 「직품표」에서는 "이상 3士正官의 수는 上士
128員, 중사 264원 및 하사 300원, 諸陵·諸廟官 122원으로서 814원인데, 守
令, 邊將, 察訪 및 監牧官 등은 그 속에 들어 있지 않다."(『全書』五 - 經世
遺表三 - 七 前面, 職品表) 고 했다. 領議政 이하를 포함한다고 하더라도
中央의 正官은 1,000명 이하였던 것으로 보인다.

---

56) 以上, 京官職共五百四十人, 錄事四十五人, 書吏四百八十人, 皀隷奴并二千九百五
十五人, 小史一千人.(『磻溪隨錄』三, 1966, 214페이지, 職官之制上)

제3절 改革課題와 官制

지금까지는 왕정의 과제 및 이 과제를 수행하기 위한 『주례』상의 官制模型과 조선후기의 관제실태 및 『주례』상의 관제모형을 기준으로 하는 조선후기의 관제개혁 방향에 대하여 살펴 보았다. 지금부터는 『경세유표』에서 목표로 하는 분야별 국정개혁 과제를 제시하고 이 과제를 수행하기 위한 六曹의 屬衙門의 설치에 대하여 고찰해 보기로 한다. 『경세유표』에서 목표로 하는 첫째의 개혁과제는 井田法의 實施이다. 정전법의 실시는 토지소유, 양전 및 전세 등 국가경영을 위한 넓은 범위의 개혁과제와 관련되는 것이지만, 이 개혁의 핵심적 목표는 測量을 기초로 하는 양전을 실시하고 이러한 양전을 토대로 정확한 量案과 戸籍을 작성하는 데에 있었다. 정약용은 이러한 개혁과제를 수행할 속아문으로서 版籍司와 經田司를 두려고 했다. 둘째의 개혁과제는 通功易事이다. 통공역사는 사회적 분업을 기초로 하는 物貨의 流通으로서 자급자족적인 지역사회를 서로 疏通하게 하는 수단으로서 생산에 못지않은 중요성을 가진다.[57] 통공역사가 원활하게 이루어지기 위해서는 편리한 水陸交通, 통일적인 度量衡制度, 통화가치가 안정적인 貨幣制度 및 사회적 신뢰를 담보할 수 있는 契約制度의 정비가 필요하다. 그는 이러한 개혁과제를 수행할 속아문으로서 典堵司, 典

---

57) 사회발전에 있어서 生産이 중요한 역할을 하느냐 流通이 중요한 역할을 하느냐 하는 문제는 세계사적으로도 매우 중요한 論爭點이다. 사회발전에 있어서 지식, 정보 및 기술의 移傳이 생산구조를 변혁시키는 데 있어서 생산과정에서 일어나는 內在的 技術革新보다 더 중요한 역할을 하는 것이라면, 通功易事에 관한 연구는 매우 중요한 연구과제가 될 것이다. 현대의 低開發諸國의 개혁·개방을 통한 경제발전에 있어서는 더욱 그렇다. 여기서는 이 문제에 대하여 깊이 파고 들어갈 여유가 없기 때문에 앞으로의 연구과제로 남겨 두고자 한다.

軌司, 典艦司, 量衡司, 典圜署 및 券契司 등을 두려고 했다. 셋째의 개혁과제는 賦貢制의 실시이다. 부공은 전세와 더불어 2대 부세 중의 하나인데, 부공제의 실시를 위해서는 전지 이외의 資源開發, 즉 三農 이외의 광산업, 임업, 염업, 어업, 園圃 및 축산업 등의 장려를 통한 稅源開發이 필수적이었다. 그는 이러한 개혁과제를 수행하기 위하여 司礦署, 山虞寺, 林衡寺, 澤虞寺, 川衡寺, 司圃署 및 司畜署 등을 두려고 했다. 넷째의 개혁과제는 常備軍의 확보이다. 그는, 상비군을 확보하기 위하여 軍制를 傭兵制度로부터 屯田兵制度로 개혁하고, 정전의 농민으로써 편성되는 束伍軍, 三司, 三局, 三衛 및 三營의 中央軍, 그리고 開京, 西京, 監營, 兵營 및 郡縣의 지방군을 확보하려고 했다. 마지막으로 그는 국정개혁에 있어서는 위와 같은 制度改革과 더불어 해외로부터의 새로운 技術導入이 필요하다고 생각했다. 그는 이러한 국정과제를 수행하기 위하여 利用監을 두려고 했다. 아래에서는 위에서 설명한 것을 각 분야별로 나누어 보다 자세히 살펴 보도록 한다.

1. 정전제와 관제

정약용이 정전법, 명전법, 한전법 및 균전법 등의 역대 전제 중에서 특히 정전법을 시행하고자 한 것은 국가적 토지소유의 실현, 정확한 量田의 확보 및 10분의 1田稅의 실현 등과 같은 넓은 범위에 걸치는 전제개혁 목표가 있었지만, 그중에서도 가장 중요한 개혁목표는 정전이 田家의 黃鐘이라는 점을 토대로 정확한 양전을 위한 수단을 확보하려고 한 점이었다. 정전은 溝洫을 굴착하고 전지를 井字로 구획하여 耕地整理를 행하는 것이기 때문에 그 자체로서 정확한 양전을 가능하게 하는 것이지만, 정전법의 연장선상에 있는 魚鱗圖를 도입하면, 정전으로 구획되지 못하는 전지에 대해서까지도 정확한 양전을 가능하게 한다. 이러한 量田技法의 도입은 양전을 기초로 정확한 戶籍과 量案의 작성을 가능하게 하는데, 호적과 양안은 왕정을 위한 기초자료이다. 그럼에도 불구하고, 조선의 호적과 양안은 그것을 가지고는 도저히 제대로 된 왕정을 수행할 수 없을 정도의 부실한 문서였기 때문에, 그는 정확한 호적과 양안의 확보를 왕정개혁의 제1차적 과제로 삼았다. 그는 이러한 개혁과제의 중요성을 다음과 같이 지적했다.

　　전지의 境界가 바르지 못하면 戶口를 정확하게 파악할 수 없으니, 郡縣의 大小 또한 정해질 수가 없다.
　　전지의 경계가 바르지 못하면 감추어지고 빠진 것이 절반이나 되니, 이른바 몇 結이라는 것은 實數가 아니요, 호적이 정확하게 파악되지 못하면 감추어지고 빠진 것이 아주 많으니, 이른바 몇 戶라는 것은 모두 虛名일 뿐이다. 隱結을 기록해 넣고 陳結을 제거한 이후라야 實結을 알 수 있을 것이요, 漏戶를 파악하고 虛戶를 깎아낸 이후라야 實戶를 알 수 있을 것이다. 이 두 가지의 정사가 거행되지 못하면, 온갖 정사가 모두 막혀서 한 가지의 일도 착수할 수가 없다.58)

　　정약용은, 조선후기의 호구와 양안의 實態에 대한 위와 같은 인식하에서, 이러한 국정상황을 개혁하기 위하여 「전제」12편과 「전제별고」3편을 저술하였다. 특히 「전제」중의 「정전의」4편과

---

58) 此其大略也. 田界不正, 戶籍不覈, 郡縣大小, 亦不可定也.
　　臣以爲 田界不正, 隱漏居半, 則所謂幾結者, 非實數也, 戶籍不覈, 蔽冒滋多, 則所謂幾戶者, 皆虛名也. 錄其隱結, 去其陳結, 然後實結可知也. 執其漏戶, 刪其虛戶, 然後實戶可知也. 二政不擧, 則百事皆格, 不可以措一手於其間矣.(『全書』五 - 經世遺表四 - 九 前面, 郡縣分等)

「전제별고」3편은 井田과 方田으로의 전지구획과 어린도에 대한 설명에 거의 할당되었다. 그리고 「전제」2는 오로지 정전으로의 전지구획에 대한 설명에 배당하고, 「전제」5도 정전과 방전으로의 전지구획에 관한 설명을 비중 있게 다루었다. 정약용이 무엇 때문에 전지구획에 대하여 이렇게까지 그 중요성을 두려고 했을가. 거기에는 두 가지 배경이 있었던 것으로 보인다. 첫째는 結負制하의 千態萬象의 전지모양을 그대로 두고서는 측량에 기초한 양전이 불가능하기 때문에,[59] 결부제를 경무제로 개혁하고, 경무제하에서 전지를 정전이나 방전으로 구획하려고 했다. 둘째는 정전이나 방전으로의 전지구획을 '天地重創之大事' 즉 천지를 다시 창출하는 것만큼이나 어려운 일로 인식했다. 이러한 양전은, 종래와 같이 양전을 담당하는 都監, 指示人, 書員 및 監使令에 대한 양전기간 동안의 臨時的 報酬와 양안작성에 소요되는 紙代 등의 量田費만으로써는 불가능하고, 측량에 기초한 양전에 대한 特段의 報酬가 있어야 가능하다고 생각했다. 정약용은, 정전이나 방전으로의 전지구획 작업을 전적으로 전지의 소유자들에게 맡기려고 하였지만, 그러나 전지구획에는 막대한 비용이 들 것이므로 전지구획 작업에 성과가 있는 자들에게는 당시의 백성들이 重寶로 여겼던 官職의 除授로써 그들의 공로를 보상하려고 하였다.[60] 유형원은, 정전법에서와 같은 전지구획 작업은 시도하지 않았으나, 그럼에도

---

59) 현재 양안에 관한 연구가 헤아릴 수 없을 만큼 많음에도 불구하고, 測量에 관한 연구논문이 단 한 篇도 없는 것은 무엇 때문일까. 혹시 이 방면의 연구자들이 아직도 結負制하에서는 측량에 기초한 양전이 불가능하다는 磻溪, 茶山 및 楓石을 비롯한 歷代 先賢들의 연구를 제대로 이해하고 있지 못하고 있는 것은 아닐까. 이러한 점은 양전에 관한 연구에 있어서는 看過할 수 없는 문제이기 때문에 여기에서 注記하여 앞으로의 연구에 있어서 참고가 되기를 懇望하는 바이다.

60) 이상의 양전에 관해서는 이 책의 제4장을 참고하라.

불구하고 측량에 기초한 양전에 성과가 있는 관리들에게는 昇進,
土地分給 및 徭役免除 등으로써 보상해야 한다고 제안하였다. 심
지어 양전에 특별한 성과가 있는 監司에게는 封土를 주어도 아깝
지 않다고까지 생각했다.[61] 위에서 보는 바와 같이 測量에 기초한
양전은 '天地重創之大事'라 할 만큼 어려운 일이었지만, 그러나 이
러한 양전을 한 번 거치고 나면, 전지의 실태가 명확하게 파악될
수 있었기 때문에 정확한 戶籍과 量案의 확보가 가능하게 되어 국
가의 경영을 盤石 위에 올려놓을 수 있게 된다고 생각했다. 정약
용은 위와 같은 양전이 전지의 실태를 정확하게 파악할 수 있는
이치를 다음과 같이 설명했다.

> 전지라는 것은, 대지에 널리 펼쳐져 있는데, 크고 작은 밭뙈기와
> 논배미가 비슷비슷한 산봉우리가 千里나 뻗어 있는 것과 같으므로,
> 비록 溝洫을 파서 境界를 명백히 하더라도 오히려 살피지 못할까 두
> 려운데, 하물며 結負法에 있어서는 (結負는 같아도 田等에 따라서
> ― 필자) 그 넓이가 서로 다르고 (筆地의 모양이 ― 필자) 이지러지
> 기도 하고 비스듬하기도 해서, (아전과 백성들이 수령의 ― 필자)面
> 前에서 도둑질을 하고 사슴을 가리키면서 말이라 하니, 비록 禹임금
> 과 稷이 감시한다고 하더라도 어떻게 분별할 수가 있겠는가. 무릇
> 무리를 통제하는 방법은 部分으로 나누는 것보다 좋은 방법이 없다.
> 大將이 10만의 군사를 통솔하는데, 만약 부분으로 나누지 않으면, 서
> 로 짓밟혀서 죽을 뿐이다. 이에 법을 세워서 10人이 1隊, 10대가 1哨,

---

61) 其賞典, 使臣守令加資守令超四資, 凡資窮者, 陞堂上. 堂上亦陞嘉善○論以古制, 則苟有受一
道之地, 而盡善之者, 當在裂土分茅之典.○監官別受田四頃亦不出兵, 卽本科外別受田四頃. 如
本受四頃者, 則爲八頃. 後雖遷至卿大夫, 亦不入於本科之內, 皆當於盡頃分田之初, 定出其田, 以
待事畢後受○書記則永除頃夫等雜役. 若僧人永免大小工役及寺中雜役. 勸農則不必一面一人獨任,
各其里長爲之. 執繩等任則以其田夫爲之.(『磻溪隨錄』一, 1962, 185~186페이지, 職官之
制上)

5초가 1司, 5사가 1部, 5부가 1營, 5영이 1軍이 되게 하면, 이에 10만
의 군대라고 하더라도 병자, 도망자, 부상자 및 사망자는 시간을 지
체하지 않고 모두 그 실수를 파악할 수 있을 것이다. 이와 같이 되는
것은 무엇 때문인가. 한 병졸이 빠지면 완전한 隊가 이루어지지 못
하여 대가 보고하며, 한 대에 瑕疵가 있으면 완전한 哨가 이루어지
지 못하여 초가 보고하며, 한 초에 결함이 있으면 완전한 司가 이루
어지지 못하여 사가 보고하는데, 대장이 이것을 듣고 즉시 보완하게
하여 완전한 대오를 갖추게 하니, 이것이 천릿길을 굴러다니며 싸워
도 실제로 군대가 이즈러짐이 없게 되는 소이이다. 전지 또한 이와
같으니, 100步가 1畝가 되며, 100무가 1畎가 되며, 9부가 1井이 된다.
1정이 서로 단속하여 공전을 경작하여 耡粟(耡는 稅요 粟은 穀이니,
耡粟은 井地의 稅穀이다 — 필자)을 내는 것이므로, 1보에 결함이
있으면 완전한 무를 이루지 못하며, 1무에 훼손된 것이 있으면 완전
한 畎를 이루지 못하며, 1부에 탈이 있으면 완전한 井을 이루지 못
하는데, 완전한 정을 이루지 못하면 公田을 경작할 수 없고, 공전을
경작할 수 없으면 稅粟을 낼 수 없으니, 그 형세가 하는 수 없이 보
고하지 않을 수 없고 즉시 보완하지 않을 수 없다. (경지가 — 필자)
경작되었다든가 묵었다든가 하는 것이 해마다 반복되어 끝내 漏瘡
이 되고, 입술이 터지고 코가 깨질 이치가 있겠는가. 이에 4井이 1邑
이 되며, 4읍이 1丘가 되니, 1구가 서로 단속하여 軍旅를 일으키며
車馬를 내는데, 만약 1무에 결함이 있으면 1구의 長이 군려를 일으
킬 수 없고 거마를 낼 수 없는데, 해마다 반복되어 결국 누창이 되게
할 이치가 있겠는가. 그 때문에 요순과 삼왕의 법은 따르지 않을 수
없으니, 10가지 중에서 10을 따르면 아주 좋지만, 그러하지 못한다고
하더라도 10에 2~3만 따를 수 있더라도 오히려 小康은 이룰 수가 있
다. 감히 경작되었다 묵었다 하면서 임금을 속일 수 있겠는가. 또 魚
鱗圖만은 작성하지 않을 수 없다.[62]

조선후기에는 호적 및 양안의 작성과 양전을 담당하는 관서로
서 호조의 屬司인 版籍司와 중앙정부가 임시적으로 파견하는 均
田使(量田使라고도 불렸다)를 두었으나, 정약용은, 호조의 속아문
으로서, 호적과 양안의 작성을 담당하는 아문으로서 版籍司를 두
고, 양전을 담당하는 아문으로서 經田司를 두려고 했다.

2. 通功易事와 관제

통공역사는 사회적 분업과 상업(有無相通)의 統合이다. 자급자
족적 농경사회에 있어서도, 비록 생산력의 발달수준이 낮아 기술
적 분업은 깊이 진행될 수가 없었지만, 賦存資源의 特性과 그 地域
的 分布의 偏差 때문에 사회적 분업은 불가피했던 것으로 보인다.
즉 다 같은 농업이라고 하더라도 水田농업과 旱田농업의 생산물
이 다르고, 또 임업, 어업, 염업 및 광업의 생산물이 있었기 때문
에, 생산물 간의 교환은 불가피하였다. 또 지역 간의 豐凶의 차이

---

62) 臣竊伏念. 田之爲物, 布於大地, 漫漫無際, 大畎小畦, 大畛小쒊, 九疑連綿, 千里
一色, 雖斬溝割洫, 明其界限, 猶懼不察, 況結負之法, 大小有差, 欹斜相雜, 對面
爲賊, 指鹿爲馬, 雖禹稷立視, 何以辨矣. 凡馭衆之法, 莫如部分. 大將統十萬之
軍, 苟不部分, 惟有相跙躪以死而已. 於是爲之法曰, 十人爲一隊, 十隊爲一哨,
五哨爲一司, 五司爲一部, 五部爲一營, 五營爲一軍, 於是十萬之軍, 其病者逃者
傷者死者, 不踰時而大將咸得其實. 若是者, 何也. 一卒有闕, 不成完隊, 隊則告
之, 一隊有疵, 不成完哨, 哨則告之, 一哨有欠, 不成完司, 司則告之. 大將聞之,
隨卽補之, 俾成完隊, 斯其所以千里轉戰, 軍實無虧也. 田亦如此, 百步爲一畝,
百畝爲一畎, 九畎爲一井. 一井團束, 以治公田, 以出秫粟, 則一步有缺, 不成完
畝, 一畝有毁, 不成完畎, 一畎有病, 不成完井. 不成完井, 則不能治公田, 不能出
秫粟, 其勢不得不隨卽告訴, 其勢不得不隨卽補完. 日起日陳, 年年相仍, 遂成漏
瘡, 破脣缺鼻, 有是理乎. 於是四井爲一邑, 四邑爲一丘, 一丘團束, 以起軍旅, 以
賦車馬. 若一畝有缺, 卽一丘之長, 無以起軍旅, 無以賦車馬, 年年相仍, 遂成漏
瘡, 有是理乎. 故堯舜三王之法, 不可不遵, 十遵其十則大善, 如不能然, 十遵二
三, 猶能爲小康, 有敢以陳起欺君者乎. 又唯魚鱗圖, 不可以不作也.(『全書』五 -
經世遺表七 - 二十二 前面, 田制八)

도 유무상통을 불가피하게 했다. 그리고 물자가 부족한 사회일수
록 같은 물자라도 교환은 그 물자의 利用度를 높이는 효과가 있었
다. 그렇기 때문에 중국에서는 일찍부터 흉년에 飢饉을 극복하기
위하여 상거래를 진흥하도록 특별히 장려하였던 것이다.63) 그리
고 또 생산은 수요로부터 자극을 받아야 활발하게 전개될 수 있
다.64) 이러한 사정들이 인류사의 이른 시기로부터 통공역사의 중
요성을 인식하게 한 것으로 보이는데, 바로 여기에 왕정에 있어서
도 통공역사에 대하여 생산에 못지않은 중요성을 부여하게 되는
근거가 있었던 것이다. 정약용이 통공역사를 왕정의 둘째의 과제
로 설정한 것은 그 나름의 다른 이유도 있었다. 정약용의 실학은,
18세기 전반기의 星湖 李瀷을 鼻祖로 하는 經世致用學과 18세기
후반의 燕岩 朴趾源을 비조로 하는 利用厚生學의 綜合이기 때문
에, 통공역사를 왕정의 제2과제로 설정하는 데 있어서 별다른 어
려움이 없었던 것이다.

　통공역사를 둘째의 국정과제로 설정하게 되면, 이를 위하여 편
리한 水陸交通, 통일적인 度量衡制度, 통화가치가 안정적인 貨幣制
度 및 사회적 信賴를 담보할 수 있는 契約制度의 확보를 요청하므
로, 엄청나게 많은 국정개혁 과제들이 제기된다. 정약용은 이러한
국정과제의 개혁방안을 제시하기 위하여「匠人營國圖」,「一邃九坊
圖」,「漕運策」,「戰船使用議」,「問律度量衡」,「度量衡議」,「錢幣議」,
「問錢幣」및「技藝論」등의 다양한 저술을 행하고, 또 이런 국정과
제를 담당할「서관」의 해당 아문인 典圭司, 典軌司, 典艦司, 漕運司,
量衡司, 典圜署 및 券契司에서도 각각 거기에 필요한 이론을 전개
하고 있다. 이러한 그의 저술들을 기초로 수륙교통, 도량형제도,

63)『全書』五 - 牧民心書十一 - 二十五 前面, 備資.
64) 朴齊家 著·李翼成 譯,『北學議』, 乙酉文化社, 1971, 市井.

화폐제도 및 계약제도에 관한 개혁방안을 소개하면 다음과 같다.

우선 水陸交通에 대한 개혁방안이다. 편리한 수륙교통을 확보하기 위해서는 道路 및 運河의 건설과 수레 및 배 등 운반수단의 製作이 필요하다. 중국에서는 이미 고대로부터 수레가 이용되고 隋나라 때부터 남북에 걸치는 大運河가 건설되었는데, 그것은 산지보다 평야의 비율이 높고 高度가 일정한 평야가 一望無際로 펼쳐져 있는 중국대륙의 지리적 특성에 의존하는 바가 컸다고 하더라도, 지리적 조건이 우리나라와 비슷한 일본만 하더라도, 비록 수레는 이용되지 못했으나, 17세기부터는 定期航路가 개설되고, 하천을 정비하여 내륙에 이르기까지 배를 왕래할 수 있게 했다.[65] 이에 비하면 조선후기의 수륙교통은 매우 뒤떨어진 편이었다. 수레가 통행하지 않았으니 도로가 없었던 것은 말할 것도 없고, 하천도 정비되지 못했기 때문에 積載量이 쌀 10섬에도 미치지 못하는 아주 작은 배라고 하더라도 여울을 만나면 자기 힘만으로는 거기를 통과하지 못했다. 그렇기 때문에 세곡이 통과하는 竹嶺이나 鳥嶺과 같은 큰 嶺이나 배가 통행하는 하천에는 嶺村이나 江村 등의 除役村을 두고[66] 그 촌락의 노동력을 동원하여 공물이나 세곡을 운송하게 했다. 다행히 조선은 3면이 바다이기 때문에 海運을 이용할 수가 있었으나, 선박건조의 기술이 粗雜하여, 배는 破船이 두려워 육지로부터 멀리 떨어질 수가 없었고, 배 밑창에서는 끊임

---

65) 일본에서는 德川幕府가 들어서면서 일본 본토를 周廻하는 정기항로가 정비되기 시작하고 東京과 京都·大阪을 잇는 '五街道'와 '五街道'와 주변 지역을 연결하는 '脇街道'가 整備되었다고 한다. 특히 정기항로는 河川運輸를 통하여 내륙과 연결되었다. 여기에는 민간자본이 크게 참가하고, 海圖가 작성되는 한편 磁石을 이용하여 星座를 관찰함으로써 이루어질 수 있는 夜間 航行의 기술까지도 이용했다고 한다. 정기항로에 대한 참고문헌은 많으나, 간편하게는 「東廻海運」 및 「西廻海運」(下中弘 編, 『日本史大辭典』, 平凡社, 1993) 등을 참고할 것.

66) 『全書』五 - 牧民心書四 - 五十二 前面, 稅法上.

없이 물이 샜기 때문에 沙工은 물을 퍼내느라 허리를 펼 겨를이
없었다고 한다.[67] 이러한 현실적 조건하에서 정약용은 과연 실현
가능한 수륙교통의 개선방안을 제시할 수 있었을까. 수륙교통을
정비하는 것이 당시의 긴급한 焦眉의 국정과제도 아니었기 때문
에, 그가 제시하는 이 방면의 방안은 결국 수륙교통의 개선방안에
대한 이론 제시에 끝날 수밖에 없었다. 이러한 점을 감안하면서
그의 수륙교통의 개선방안을 도로 및 수레와 강·바다 및 배를 중
심으로 살펴보도록 한다.

   우선 도로와 수레를 이용하는 陸路交通의 개선방안이다. 육로
교통의 개선방안을 제시함에 있어서 조선후기의 육로교통 사정을
설명하고 그것을 토대로 하는 개선방안을 제시하는 것은 불가능
하였다. 왜냐하면, 人馬에 의한 運搬 이외에 설명할 만한 자료가
없었기 때문이다. 그래서 이 방면의 개선방안을 제시함에 있어서
는 이 방면에 관한 이론을 소개하는 데 그칠 수밖에 없었던 것이
다. "수레를 제조하는 일은 冬官의 직책이다. 우리나라는 3면이 바
다로 둘러쌓여 水運이 편리하기 때문에 옛날부터 수레가 없었다.
그러나, 風波에 뒤집고 침몰하니 간편하게 (바다를 ― 필자)건너
가기가 매우 어려우므로, (물화가 ― 필자)막히고 滯留하여 비용
은 많이 들고 이익은 적어서, 商業은 발달하지 못하고 재화가 유
통되지 않으니, 나라와 백성이 가난한 것은 모두 수레가 없기 때
문이다. … 마땅히 利用監이 중국에서 수레의 제도를 배우되, 새로
운 제조방법을 창출하려 하지 말고 오직 중국의 제도를 본받아 털
끝만큼도 차이가 없게 해야 시행하는 데 있어서 폐단이 없을 것이
다. 무엇 때문인가. 중국은 軒轅氏 이래로 지금까지 시행해 왔기
때문에 사고가 발생하는 이유를 익히 다 알고 운용의 편리한 바를

67) 朴齊家 著·李翼成 譯, 前揭書, 船.

이미 확신하고 있다. … 중국에서 배워온 바가 이미 익숙하게 되면, 별도로 한 司를 설치하고 典軌司라 하고, 公私에 쓰이는 수레는 모두 전궤사가 제조한다. 그 製造費를 계산하여 값을 정하고 모든 사람으로 하여금 값을 지불하고 수레를 받아가게 하는데, 혹 사사로이 제조하는 것은 엄격히 금지하는 것이 옳다. … 신은 말하건대, 제도를 제정함에 있어서 首都는 經涂가 7軌, 城門外는 그 涂가 5궤, 郊關外는 그 涂가 3궤인데, 12省에 이른다. 혹시 (도로를 — 필자) 犯耕하는 경우는 전궤사가 살펴서 죄를 주며, (도시에서 — 필자) 술이나 醬을 판매하는 자들이 가게를 짓느라 도로를 침범하는 경우는 전궤사가 살펴서 벌주기를 그만두어서는 안 된다. 장차 수레를 통행시키고자 하면 반드시 먼저 도로를 닦아야 하는데, 무릇 12省의 大路는 반드시 숫돌과 같이 평평하게 해서 기울어지지 않아야 수레가 통행할 수 있을 것이다."[68]

다음으로는 바다와 강을 이용한 水上交通의 개선방안이다. 수상교통의 개선방안도 육상교통의 개선방안과 같이 이 방면에 관한 이론을 소개하는 데 그칠 수밖에 없었던 것이다. 다만 배의 건조에 있어서 서양의 선박제도를 참고하라고 한 점이 흥미롭다. "그러나 배를 건조하는 방법은, 利用監이 중국에서 배워올 수 있는 바도 아니요, 北學에 의존할 수 있는 것도 아니다. 異樣船과 倭

---

68) 造車者, 冬官之職也. 我邦三面環海, 便於水運, 故自古無車. 然風濤覆沒, 利涉極艱, 險阻留滯, 費多而利少. 商旅不興, 食貨不通, 國瘠民貧, 皆無車之故也. … 宜自利用監, 北學車制, 毋創新法, 唯中國之制, 是摹是倣, 豪髮不差, 斯可以行之無弊. 何者. 彼自軒轅氏以來, 行之至今, 其病敗之所由生, 講之已熟, 其運用之所由便, 認之已眞. … 北學旣熟, 別設一司, 名之曰典軌司, 凡公私所用, 悉自典軌司製之. 計其工費, 定其恒價, 令萬民輸其價而受其車, 其或私造者, 嚴禁之可也. … 臣謂宜定制, 國中經涂七軌, 城門之外, 其涂五軌, 郊關之外, 其涂三軌, 以達于十二省. 其或犯耕者, 典軌司察而罪之, 京城之內, 酒漿小市, 作倚廬以犯涂者, 典軌司察而罪之, 未可已也. 將欲行車, 必先治涂, 凡十二省大路, 必令平之如砥, 不傾不仄, 乃可以行車.(『全書』五 - 經世遺表二 - 三十四 前面, 典軌司)

船이 파도에 떠밀려 연안에 도착하는 것이 해마다 십수 척이요, 琉球나 呂宋의 배도 역시 때때로 파도에 떠밀려 도착한다. 그 만들어진 모양이 기묘하고 정밀·견고하여 풍파속에 출몰하면서도 파손되거나 침몰되지 않는다. 만약 처음 도착할 때, 이용감의 郎官과 數理에 밝고 숙련된 匠人을 파견하여 合同으로 조사하는데, 선체구조물의 장단, 광협, 銳鈍 및 軒輊을 모두 세밀하게 조사하여 그 尺寸을 기록하고, 사용하는 자재 및 油灰와 헤어진 천으로써 틈을 메우는 방법과 양 날개로 판자를 대는 방법의 規式과 그 效果를 묻고 조사하여, 우리가 모방해서 제조하기를 털끝만한 차이도 없게 하면, 이것이 곧 北學이다. 이 비례로써 大小의 여러 선박에다 풀이하여 9등으로 나눈다. 大船, 中船 및 小船이 각각 3등인데, 그 장단, 광협, 예둔 및 헌질의 차이는 모두 비례해서 遞減한다. 中上의 배의 上上의 배에 대한 비례는 3분의 2이며, 下上의 배의 상상의 배에 대한 비례는 3분의 1이니, 나머지는 모두 이 비례에 따른다. 무릇 공사 간에 사용하는 漕船, 軍船 및 商船은 모두 9등 중의 1例를 사용한다. … 위에서 논한 것은 海船의 제도이다. 江河에서 사용하는 배는 그 제도가 같지 않으나, 역시 마땅히 9등으로 나누어야 한다. 큰 강에서는 9등의 배를 모두 사용하고, 작은 강에서는 다만 中下의 6등만 사용하든지 혹은 다만 하등만 사용한다."69)

69) 然造舟之法, 非利用監之所能北學, 亦非有賴於北學者也. 唐船倭船之漂到沿邊者, 歲以十數, 琉球呂宋之船, 亦有時乎漂到. 其制樣皆奇妙精堅, 能出沒風濤, 不致摧陷. 若於漂到之初, 則遣利用監郎官與巧匠之精於分數者, 合同照檢, 其諸物諸體之長短廣狹銳鈍軒輊, 皆察之詳密, 書其尺寸, 其材料所用及油灰袽艌之法, 兩翼浮板之制, 皆問規式, 詢其功效, 自我倣造, 不差毫髮, 則於是乎北學矣. 於是, 以其比例, 其冒之於大小諸船, 分之爲九等. 大船有三等, 中船有三等, 小船有三等, 其長短廣狹銳鈍軒輊比例之差, 皆比例遞減. 中上之船於上上之船, 用三分二比例, 下上之船於上上之船, 用三分一比例, 其餘皆倣此例. 凡公私所用漕船兵船商賈之船, 皆於九等之中用其一例. … ○臣又按 上所論者, 海船之制也.

둘째로 度量衡制度의 개선방향이다. 도량형은 尺度이기 때문에
역대의 왕정에서 모두 중요시되었다. 그리고, 도량형은 시행하려
고만 하면, 그 시행에 있어서 큰 어려움이 없다. 왜냐하면, 도량형
은 璇璣玉衡이나 음악에서의 黃鐘으로 불린다고 하더라도 무슨
어렵고 신비스런 물건이 아니고, 그 본질은 사람들 간의 길이, 부
피 및 무게에 대한 約束에 불과하고, 度量衡器의 제작에 있어서는
많은 비용이나 어려운 기술을 요구하는 것이 아니기 때문이다. 그
리고, 도량형제도를 제정함에 있어서는 10進法을 사용하여 계산에
편리하도록 해야 하며, 15斗를 1石으로 한다든지, 16兩을 1斤으로
하는 따위와 같은 복잡한 제도를 사용해서는 안 된다.[70] 도량형제
도의 시행에 있어서 가장 어려운 점은 인민들이 임의로 度量衡器
를 僞造한다는 점이다. 그 때문에 표준적인 도량형기의 사용을 강
제하기 위해서는 엄격한 형벌로써 임할 수밖에 없는데, 그 때문에
量衡司를 刑曹에 소속시키고 도량형기의 위조에 대해서는 極刑을
적용하려고 했다. 우리나라의 도량형제도의 실태와 정약용이 시
행하고자 했던 도량형제도는 다음과 같다.

皇, 王, 帝 및 霸가 비록 그 정직하고 奸邪한 것이 한결같이 않다
고 하더라도 모두 여기에 힘을 다했으니, 나라의 큰 정사가 이보다
더 중요한 것이 있겠는가. 그런데, 度量衡에 법이 없는 것이 우리나
라보다 심한 곳이 없다. 한 城內에서 장터마다 다르며, 한 郡縣 내에
서 마을마다 다르며, 한 촌락 내에서 집집마다 다르며, 한 집 내에서
받을 때와 줄 때가 다르니, 그 끄트머리의 폐해는 다 말할 수 없다.
서리는 여기에 기대어 간사한 짓을 하며, 상고는 속는 것이 두려워

其江河所用之船, 其制不同, 宜亦分之爲九等. 大江全用九等, 小江止用中下六
等, 或止用下等.(『全書』五 - 經世遺表二 - 三十六 後面, 典艦司)
70)『全書』一 - 詩文集一 - 二十五 前面, 度量衡議.

장사를 못하며, 정부의 관리들은 時價를 들어도 4방의 사정을 알 수
없으며, 아문의 관리들은 수입을 헤아려 지출을 할 수 없으며, 감사
와 수령은 장부를 조사하고도 아랫사람들이 사실대로 보고했는지
어찌했는지를 물을 수가 없다. 신이 일찍이 솜 한 푸대를 보았는데,
동쪽 집의 저울로 다니 4斤인데 서쪽 집의 저울로 다니 12근이며, 장
시에서 판매할 때에는 30근인데 관청에 납입할 때에는 48근이며, 織
戶에 맡길 때에는 다시 10근이 되니, 천하에 알지 못할 것은 이 일이
다. 신은, 한 아문을 세워서 전적으로 이 일을 맡도록 해서, 무릇 6部
와 12省의 도량형이 털끝만큼이라도 그 칫수에 차이가 나는 경우,
곧 極律을 써서 그 위반자는 죽이고 그 물화는 몰수하며, 관리에게
죄를 묻고 명령을 申飭해서, 한 나라의 백성들로 하여금 모두 (도량
형보다 ― 필자) 더 엄중한 것이 없다는 것을 알게 한 연후에 법제
를 의논할 수 있고 일상적으로 쓰일 수 있을 것이라 생각한다. 本司
가 해마다 저울과 자 1,200을 제조하여 12省에 반포하면, 12성은 각
각 해마다 저울과 자 1萬枚를 제조하여 본사에 바치고 또 해마다 저
울과 자 數萬枚를 제조하여 민간에 공급하되 모두 그 값을 받는다.
본사는 그 12만 매로써 6부에 반포하여 民用에 이바지하게 하는데,
서울과 지방의 제도가 서로 같게 해야 할 것이다. 되와 평미레로서
6部에서 사용하는 것은 본사에서 제조하고, 여러 省에서 사용하는
것은 그 성에서 제조하되 백성들로부터 모두 값을 받는데, 오직 그
僞造를 때때로 살핀다. 무릇 저울, 자 및 되는 모두 款識를 捺印하고,
혹 私造하는 경우 私的으로 鑄錢을 하는 경우와 같은 刑罰로 다스려
야 (도량형의 정사가 ― 필자) 시행될 수 있을 것이다.[71]

---

71) 皇王帝霸, 雖其正譎不同, 咸於是致力焉, 國之大政, 其有踰於是者乎. 乃度量衡
之無法, 未有甚於吾東. 一城之內, 市市不同, 一邑之內, 村村不同, 一村之內, 家
家不同, 一家之內, 其所以收發者不同, 其流之害, 不可勝言. 吏胥夤緣而爲奸,
商賈疑眩而不通. 廟堂之臣, 聞其市價, 而無以知四方之情, 有司之臣, 無以量入

셋째는 화폐제도의 개선방향이다. 우리나라에서도 일찍부터 금속화폐의 유통이 시도되고, 특히 17세기 중엽에 金堉에 의하여 금속화폐가 試鑄되기까지 하였으나, 그것이 지속적 및 보편적으로 시행된 것은 肅宗 3년(1678)에 常平通寶가 주조되면서부터였다. 우리나라에서 금속화폐의 유통이 이와 같이 늦어지게 된 원인에 대해서는 특별한 연구가 없으나, 정약용은 조선이 동아시아의 동쪽 끝에 위치해 있었기 때문이라고 했다.72) 그가 조선이 동아시아의 동쪽 끝에 위치하는 것을 알게 된 것은 아마 마테오리치의 『坤輿萬國全圖』를 비롯한 세계지도의 보급 덕택이었을 것이다. 그러면, 조선이 끝내 동아시아의 동쪽 끝에 孤立되지 않고 아시아의 중심으로 引入되게 되는 계기는 무엇이었을까. 그것은 금속화폐 유통 직전에 있었던 壬辰倭亂(1592~1598)과 丙子胡亂(1636)이었을 것이다. 이 兩亂에서는 鳥銃과 紅夷砲가 사용됨으로써 西洋文明이 직접 조선에 전달되기도 했지만, 1656~1684년에 걸쳐서 시행된 淸初의 海禁政策으로 일본이 조선을 경유하여 對淸貿易을 전개할 수밖에 없음으로써 조선은 일시적으로나마 중국과 일본의 中繼貿易基地가 되었다. 이 중계무역에서 조선이 획득한 銅과 銀의 量은 막대한 것으로 추정되는데, 이것이 조선의 금속화폐 유통에 있어

而爲出, 監守之臣, 無以按簿而責實. 臣嘗見棉絮一袋, 以東家之衡爲四斤, 以西家之衡爲十二斤, 鬻於市則爲三十斤, 入於官者則爲四十八斤, 授於織戶則還爲十斤, 天下之不可知者此事也. 臣謂專立一司, 以掌此事, 凡六部十二省度量衡, 其毫釐有差, 錙銖有舛者, 便用極律, 誅其人, 沒其貨, 罪其官, 申其令, 使一國之民, 皆知爲莫嚴之物, 然後法制可議, 經用可定矣. 本司歲造衡尺千二百, 頒之于十二省, 十二省各歲造衡尺萬枚, 輸之于本司, 又歲造衡尺數萬, 以給民間, 皆輸其價. 本司以十二萬, 頒于六部, 以供民用, 令中外之制, 得相校準. 其斗斛及槩, 六部所用, 本司造之, 諸省所用, 諸省造之, 皆民輸其價, 唯其詐僞, 以時按察. 凡衡尺斗斛, 皆有款識, 其或私造者, 與私鑄錢同律, 乃可立也.(『全書』五 — 經世遺表二 — 二十二 後面, 量衡司)

72)『全書』一 — 詩文集九 — 十八 前面, 問錢幣.

서 아주 중요한 계기가 되지 않았을까 추측된다.[73] 그리고, 동전
주조의 소재인 銅이 주로 倭銅이었기 때문에, 이것도 이러한 推測
을 뒷받침하는 하나의 근거가 될 수 있을 것이다. 그런데, 정약용
은 이 시기에 유통되던 조선의 금속화폐를 매우 유치한 것으로 보
았다. 조선에서 유통되는 금속화폐는 銅錢體制로서 동전의 품질이
매우 粗惡했을 뿐만이 아니라 당시 일본과 중국은 이미 金銀銅錢
體制로까지 발전해 있었던 것이다.[74] 그러므로 정약용의 화폐제
도개혁의 방향은 조선의 동전체제를 금은동전체제로 발전시키는
것이었다. 이러한 그의 화폐제도개혁 방향은 그의 産金政策 및 중
국으로의 金流出防止政策과 관련하여 매우 흥미로운 시사점을 주
고 있다.[75] 아래에서 정약용의 화폐개혁 방안을 소개하기로 한다.

---

73) 조선이 중국과 일본의 中繼貿易基地가 되고 일본의 銀이 조선으로 유입된
사실에 관해서는 田代和生,「十七・十八世紀東アジア域內貿易における日本銀」
(浜下武志・川勝平太編, 『アジア交域圈と日本工業化1500~1900』, リブロポート,
1991)가 참고된다. 이 시기의 淸의 海禁政策과 일본으로부터의 銅과 銀의 수
입에 대한 기술은 高麗大學校 經濟學科 李憲昶 교수의 이 방면에 관한 최근
의 연구에 크게 의존했다. 이 교수의 助力에 대하여 감사드리는 바이다. 그
러나, 일본산의 銅銀과 常平通寶發行과의 관계에 대한 해석은 필자의 推測
임을 밝혀둔다.

74) 당시 朝鮮은 銅錢體制段階에 머물러 있었던 데 대하여, 中國은 銀銅錢體制段
階 그리고 日本는 金銀銅錢體制段階에 도달해 있었다.

75) 그의 産金政策에 대해서는 부공제의 실시와 관련하여 보다 깊이 고찰해 보
도록 한다. 金流出防止政策에서는 그의 높은 識見과 知識의 限界가 동시에
읽혀진다. 그는 아래의 인용문에 잇대어서 "5金과 8石은 모두 달과 해 등 여
러 별의 精氣로서 오래토록 凝結되어야 그 형태가 이루어진다. 광산을 한번
개발하고 나면 천년이 지나도록 다시 회복되지 못하니, 이것은 유한하여 얻
기 어려운 보배이다. 錦繡 및 絹布 등속과 蠶絲 및 羊毛는 해마다 생산되는
것으로서 이것은 무한하여 얻기 쉬운 물건이다. 우리나라는 해마다 金銀 數
千萬兩을 가지고 중국에 들어가 錦繡 및 絹布와 교환한다. 이러한 일은 유한
한 것을 가지고 무한한 것과 교역하는 것이니, 얼마 되지 않아서 氣力이 모
두 쇠잔하여 중지되고 말 것이다. 우리나라의 金銀이 이미 다 없어지면 곧
저들의 錦繡도 들어오지 않을 것이니, 어찌 산뜻한 의복인들 항상 얻을 수

142

典圜署란 것은 鑄錢所이다. 옛날의 이른바 九府圜法은 모두 주전
을 가리킨다. 지금 주전은 모두 營門에서 행하는데, 그 제도가 온통
달라서, 혹 크기도 하고 혹 작기도 하며, 혹 두텁기도 하고 혹 얇기
도 하다. (동전의 — 필자) 문자가 모호하고 명확하지 못하여 비록
어리석은 백성이 盜鑄한 것이라 해도 가려낼 수가 없다. 하물며 틀
에서 찍어낼 때, 거칠고 취약한 잡물을 섞어 만지면 부스러져서 10
년도 견디기가 어렵다. 이것 역시 利用監이 중국의 주전법을 배워서
모두 전환서에서 주전한다. 圜法에는 본래 輕重이 있는데, 경중이라
는 것은 輕錢과 重錢이다. 지금 가령 한 잎의 돈을 대략 1만 꾸러미
(緡)를 주조한다고 하자. 10잎의 무게를 한 잎으로 한다면, 단 1천
꾸러미를 주조하면, 小錢 1만 꾸러미를 당한다. 또 100잎의 무게를
한 잎으로 한다면, 단 1꾸러미를 주조하면, 中錢 1천 꾸러미에 당한
다. 이렇게 하면, 틀에서 찍어낼 때 이미 비용이 생략되며, 또 유통

있겠는가. 신은 생각건대, 金錢과 銀錢이 국내에서 유통하면, 중국으로 들어
가는 것은 줄어들 것이다. 또 금수와 견포 등속은 절대 가서 사오지 못하게
하고, 利用監으로 하여금 그 직조하는 방법을 널리 배워서 國中에 반포하면,
역시 兩得이 아니겠는가. 만약 배우는 것이 불가능하다면, 부끄러움을 무릅
쓰고 헤어진 옷을 입을지언정 금은을 (중국으로 — 필자) 들여보내서는 안
될 것이다.(臣竊伏念, 五金八石, 皆以日月諸星之精, 積年凝結, 乃成其形. 一礦
旣鑿, 千年不復, 此有限難得之寶也, 錦繡絹布之屬, 蠶絲羊毛, 歲歲生生, 此無
限易得之物也. 我國歲以金銀數千萬兩, 入于中國, 以易其錦繡絹布. 此以有限博
無限也, 幾何不氣盡力竭而廢哉. 我之金銀旣罄, 卽彼之錦繡不出, 楚楚之服, 亦
豈能常得之哉. 臣謂金銀之錢, 行於國中, 則其入燕者有減. 又錦繡絹布之屬, 絕
勿往貿, 令利用監, 傳學其法, 以頒國中, 則不亦兩利乎. 學之不能, 寧衣敝縕不
恥, 而金銀不可入也.(『全書』五 - 經世遺表二 - 三十一 前面, 典圜署)"라고 했
는데, 국내에서 金銀錢을 주조하여 금은의 가격이 중국보다 비싸게 되면, 금
은이 중국으로 흘러들어 가지 않을 것이라는 것은 卓見이지만, 금은이 뭇별
의 精氣가 응축된 것이라던가, 금은은 유한한데 금수와 견포는 무한하다고
하는 인식은 그의 識見의 한계를 보여주는 것이다. 금은이 뭇별의 정기가 오
랜 기간을 통하여 응축된 것이라는 것은 그 시대의 과학지식의 한계를 보여
주는 것이요, 금은은 유한한데 금수나 견포는 무한하다고 보는 것은 모든 생
산물이 노동생산물이라는 것을 이해하지 못하는 時代의 견해에 불과하다.

될 때에 계산도 편리하고, 그 잎이 이미 두터워서 역시 오래 견딜 수 있으니, 이것이 輕重의 법이다. 또 오늘날 천하만국은 모두 銀錢과 金錢이 있는데, 은전과 금전 중에도 大錢, 中錢 및 小錢의 3층이 있다. … 지금 동전 한 잎의 무게로써 은전 한 잎을 주조하여 동전 50을 당하게 하고, 또 은전 한 잎의 무게로써 금전 한 잎을 주조하여 은전 50을 당하게 하는데, 역시 각각 大中小의 3층으로 하면, 3품종의 금속화폐가 모두 9품종의 돈으로 되니, 진실로 가히 九府圜法이라 할 수 있을 것이다.[76]

　마지막으로 券契의 문제이다. 정부가 민간인들 간의 賣買를 법률적으로 보호하는 제도가 통공역사를 촉진하는 하나의 제도적 장치가 될 수 있다는 것은 말할 필요도 없을 것이다. 더구나 민간인들 간의 信用이 확립되지 못한 사회일수록 정부에 의한 매매의 보호는 더욱 큰 효과가 있었을 것이다. 종래 우리나라에서는 임진왜란 이후 민간인들 간의 토지 및 노비의 거래는 사사롭게 작성되는 賣買文記에 의하여 보호되어 왔다. 이러한 私文記가 공동체의 成員을 보호하기 위한 還退가 존재하는 사회에서 얼마나 거래의 질서를 확립할 수 있는 제도가 될 수 있었는지는 잘 알 수 없으나, 사유재산제도가 발달하지 못하고 환퇴가 존재하는 사회에 있어서

---

76) 典圜署者, 鑄錢所也. 古所謂九府圜法, 皆鑄錢之謂也. 今鑄錢皆自營門爲之, 其制有萬不同, 或大或小, 或厚或薄. 其字書糢糊不明, 雖愚民盜鑄, 無以辨瑕. 況其範合雜以鬆脆之物, 隨手破碎, 不能十年. 此亦自利用監, 學得中國鑄錢之法, 皆於典圜署鑄之. 而圜法本有輕重, 輕重者, 輕錢重錢也. 今擬一葉之錢, 約鑄萬緡, 則十葉之重, 以爲一葉, 止鑄千緡, 以當小錢之萬緡. 又以百葉之重, 以爲一葉, 止鑄百緡, 以當中錢之千緡. 則範鑄旣省其功費, 流行又便於算計, 其葉旣厚, 亦可經久, 此輕重之本法也. 又今天下萬國, 皆有銀錢金錢, 銀錢金錢之中, 亦有大中小三層. … 今擬以銅錢一葉之重, 鑄銀錢一葉, 以當銅錢五十, 又以銀錢一葉之重, 鑄金錢一葉, 以當銀錢五十, 亦各大中小三層, 則三品之金, 總爲九品之錢, 眞可謂九府圜法矣.(『全書』五 - 經世遺表二 - 三十 後面, 典圜署)

권계의 사유재산 보호 효과 역시 한계가 있지 않았을까 추측된다. 권계의 작성은 매매뿐만이 아니라 대금, 외상거래 및 典當에 이르기까지 장려하려 하였으나, 臺帳에의 登記는 가옥, 전원 및 노비에 한정하려 하였다. 정약용의 권계제도 운영방침은 다음과 같다.

『주례』의 質劑와 券契는 모두 有司가 장악했는데, 詐欺와 거짓을 금지하고 爭訟을 沮止하는 것이다. 지금 중국의 법은 무릇 매매가 있으면 모름지기 紅契를 작성하게 하는데, 홍계란 도장을 찍은 문서이다. 우리나라는 무릇 가옥, 田園 및 노비 등은 모두 私的으로 문서를 작성하고, 일찍이 法司를 거치지 않는다. 詐欺가 탄로되어 급기야 爭訟이 일어난 이후에야 법사에 가져오는데, 법사인들 무슨 수로 알겠는가. 이제 마땅히 쇠로 주조한 小板에 오직 年月日의 몇 글자와 券契司題準 등의 글자만 새기고, 그 매매인의 성명 및 物貨名目 등의 글자는 모두 빈칸으로 두고 채우지 않는다. 그 아래위로 용머리와 구름을 새겨넣기를 실이나 머리카락과 같이 세밀하게 하여, 僞造하지 못하게 하고, 두터운 종이에 찍어 낸다. 매매가 있거나 혹은 자녀에게 分給할 때마다 모두 本司로 나아가 契券을 받는데, 관에서는 (빈칸에 ― 필자) 채워서 쓰고 도장을 찍어 지급한다. 版籍에 기록하여 본사에 소장하고, 물화값의 100분의 1을 관에 바친다. 해마다 권계 수만 장을 여러 省에 반포하고 서울과 지방이 모두 같게 하도록 한다. 무릇 소송을 하는 자는 우선 권계를 고찰하는데, 만약 官에서 발급한 권계가 아니면 소송은 들어주지 않고 화물은 관에서 몰수하는데, 이것이 왕자가 만민을 통제하는 大權이다. 빚놀이, 外上 및 典當 등과 같은 것은 역시 권계는 받게 하되 版籍에는 기록하지 않는다. 器用과 같은 소물은 그 가격이 50兩에 미치지 못하는 것은 사적으로 권계를 작성하는 것을 허락한다. 가옥, 산림, 田園 및 노비 따위는 비록 작다고 하더라고 사적으로 권계를 작성하는 것을 허락하지 않는다.[77]

3. 賦貢制와 관제

정약용의 부세이론은 一田·一賦論이다. 즉 부세로서는 田稅가
하나요 또 賦貢이 하나라는 것이다. 이러한 그의 부세이론은 물론
중국의 古典에 입각하고 있지만, 그의 정전론에 의하면 전세는 전
지생산물의 9분의 1에 불과하기 때문에 전세 이외의 부공이 있어
야 국가재정을 유지할 수가 있었다. 정전제하에서는 군대가 모두
屯田兵으로서 군사비가 국가재정에 거의 부담을 주지 않는다고
하더라도 田地生産物의 9분의 1의 세입만으로써는 현실적으로 국
가의 재정을 유지하기가 어려웠던 것이다. 정전제의 이론이야 어
떠하든, 조선후기의 정부에 대한 농민의 부세부담도 전지생산물
의 9분의 1을 크게 초과하고 있었다. 따라서 정약용은 그의 정전
론을 완성하기 위해서는 부공에 관한 이론을 전개하지 않을 수가
없었는데, 그러한 필요에 따라 저술된 것이 「賦貢制」7편이다. 그런
데, 「부공제」7편을 자세히 검토해 보면, 그것은 「전제」12편이 우리
나라에서 정전제를 실시하기 위한 체계적인 저술인 것과는 달리
제1편은 「九賦論」으로서 부공제의 이론이며, 제7편은 「邦賦考」로

---

77) 臣謹案 周禮質劑券契, 皆有司掌之, 所以禁其詐僞, 止其爭訟. 今中國之法, 凡有
賣買, 猶須紅契, 紅契者, 印券也. 我邦, 凡宮室田園奴婢之等, 皆私自成文, 私自
成言, 未嘗關由於法司. 及其詐僞綻而爭訟起, 然後乃關法司, 法司何以知矣. 今宜
鐵鑄小板, 唯書年月日數字, 及券契司題準等字, 其賣買人姓名及物貨名目等字,
竝空而勿塡. 於其上下, 刻龍首雲氣, 細如絲髮, 令不得僞造, 乃以堅紙搨出. 每有
賣買, 或分給子女, 皆詣本司乞券, 官塡書踏印以給之. 書之于版, 藏于本司, 以貨
之百一, 輸于官. 歲以券數萬張, 頒于諸省, 令中外皆同. 凡有訟者, 先考其券契,
若非官券, 卽不聽理, 貨沒于官, 此亦王者馭萬民之大權也. 若放債賒貸典當之等,
亦令受券, 勿書于版. 若器用小物, 價不滿五十兩者, 聽其爲私券. 若宮室山林田園
奴婢之類, 雖小勿許.(『全書』五 - 經世遺表二 - 二十三 前面, 券契司)
이 방면에 관한 기존 연구로서는 金泰永, 「茶山의 국가 産業行政體系 개혁
론」(『韓國實學硏究』第5號, 2003)이 있다.

146

서 大同法에 관한 해설이요, 나머지 5편은 그 대부분이 중국의 부공제에 관한 소개이다. 그의 부공제에 관한 이론이 무엇 때문에 위와 같이 될 수밖에 없었을까. 아마 조선에서는 상업발달의 수준이 낮았기 때문에 「均役事目追議」2편에서 전개하는 종래의 魚鹽船稅 이외의 별도의 賦貢稅源을 찾아내기가 어려웠기 때문이 아니었을까. 여기에서 정약용은, 부공제를 실시하기 위해서는, 부공부과를 위한 기존의 세원을 찾아내기가 어려웠기 때문에, 관제개혁을 통한 새로운 稅源開發을 모색하지 않으면 안 되었던 것이 아닌가 추측된다.[78]

위와 같은 의식하에서, 공조의 관제를 구상함에 있어서, 정약용은 호조가 전지의 政事를 맡는 데 대하여 공조는 山澤의 정사를 맡아야 한다고 생각했다. "공조는 옛날의 司空이니, 사공이란 空土를 관장한다馬融의 말이다. 가옥과 전지는 司徒에 예속하고 산림, 천택 및 빈터는 사공에 예속한다. 또 虞官이 있는데, 역시 산택을 관장했다「堯典」에서 말하기를 益을 朕의 虞官으로 삼았다고 했다. 『주례』에서는 山虞와 澤虞가 모두 사도에 속해 있는데, 제도수립에 있어서는 加減이 있었던 것이다. 우리나라의 제도에서는 산택을 工曹가 장악하니, 역시 古制이다."[79] 위에서 보는 바와 같이, 정약용은 새로운 세원의 개발을 주로 전지 이외의 空閑地開發에서 찾으려고 했다. 다시 말하면, 정약용의 눈으로 보면, 自然資源의 賦存樣相으로만 보더라도 三農 이외의 다양한 資源을 개발할 여지가 있었음에도 불구하고, 조선후기에는 九職으로의 分業을 실천하지 않음으로

---

78) 이 방면에 관한 기존 연구로서는 金泰永, 「茶山의 국가 産業行政體系 개혁론」(『韓國實學硏究』第5號, 2003)이 있다.

79) 臣謹案 工曹, 古之司空, 司空者, 司其空土也馬融云. 室屋田地, 隷於司徒, 其山林川澤空曠之地, 隷於司空. 又有虞官, 亦掌山澤堯典云. 益作朕虞. 周禮, 山虞澤虞, 皆屬司徒, 禮有損益也. 國制, 山澤掌於工曹, 亦古制也.(『全書』五 - 經世遺表二 - 二十五 前面, 事官之屬)

써 산업이 농업에만 偏重되고 그리고 모든 부세의 부담도 이들에게만 부과됨으로써 재정은 궁핍한 가운데 농민만 고달팠던 것이다. 그래서 그는 『주례』의 구직론에 따라서 인민들을 다양한 직업에 종사하도록 하는 방안을 모색했다.[80]

부공제의 실시를 위해서는 우선 부공수취의 아문으로서 平賦司를 두려고 했다. 평부사는 均役廳을 개조한 것인데, 옛날대로 어염선세를 징수하는 한편, 새로운 부공의 수취도 담당하게 했다. 부공의 세원을 개발하기 위해서는, 우선 山虞寺와 林衡寺를 두고 山林業을, 澤虞寺와 川衡寺를 두고 淡水漁業을, 司圃署를 두고 각종의 園圃를, 그리고 司畜署를 두고 축산업을 각각 장려하려고 했다. 또 부공을 위한 세원개발을 담당하는 아문과는 별도로 정부가 鑛山業을 직영함으로써 재정자금을 확보하기 위한 司鑛署를 두려고 했다. 일본의 先例에 의하면, 豊臣秀吉은 民營金鑛業을 장려하고 거기로부터 稅金(運上이라 했다)을 징수하여 막대한 재정자금을 확보했다고 한다.[81] 德川幕府, 大名 및 蕃의 광산정책 또한 풍신수길의 그것과 다름이 없었다고 한다. 그리고 정약용은 「家戒」및 「贈言」에서도 養蠶業, 養魚 및 養鷄 등을 장려하려고 했는데, 이러한 것은 위와 같은 정부에 의한 산업장려 정책과 발맞추어 民業을 장려하려는 것이었다.[82] 아래에서는 각 분야의 산업정책을 보기로 한다.

---

80) 『주례』의 九職은 三農, 園圃, 虞衡, 藪牧, 百工, 商賈, 嬪婦, 臣妾 및 開民인데, 정약용은 士, 農, 商, 工, 圃, 牧, 虞, 嬪 및 走의 九職을 제시했다. 그가 왜 새로운 구직을 제시했는지는 지금으로서는 알 수 없다.

81) 井上光貞等編, 『日本史大系』, 山川出版社, 1988, 3近世, 185페이지. 이에 관한 한국인의 연구로서는 尹炳男, 「近世日本의 統一權力과 광산지배」(『日本歷史研究』第6輯, 1997, 62~63페이지)를 참조할 것.

82) 拙論, 「茶山의 農業經營論」(姜萬吉외편, 『茶山의 政治經濟思想』, 창작과비평사, 1990)

첫째는 鑛山業의 振興이다. 정약용이 광산업 특히 그중에서도 金鑛業을 진흥하려고 한 배경으로서는 여러 가지가 있었던 것으로 보인다. 첫째는 무엇보다도 중앙정부가 재정궁핍으로 농민들을 가혹하게 수탈하지 않을 수 없었음에도 불구하고 쉽게 이용할 수 있는 자연자원의 개발을 방치하는 것이 옳지 않다고 생각했던 것이다. 이러한 점은 인민의 구직으로의 분업이라는 관점에서 보더라도 지극히 당연했다. 둘째는 정전법을 실시하고자 한 그는 정부의 留庫金이 지극히 빈약한 상황에서 공전의 매입을 위한 특별한 자금조달 방안을 마련하지 않을 수 없었다. 정전법 실시의 초기에는 정부의 時在金으로 공전을 매입한다고는 하지만, 정부의 유고금은 신속하게 보충되지 않으면 안 되는 것이었다. 셋째는 조선후기에 마침 민간에 의한 광산개발이 착수되고 있었다는 점이다. 그러나, 이 시기의 주된 광산개발 제도인 德大制는 경영적으로나 기술적으로 아직도 유치한 단계에 있었던 것으로 보인다. 덕대제는 物主가 광산을 직접 경영하지 않고 자금을 공급하는 대신 勞動請負業者인 德大가 생산한 鑛物을 덕대와 일정한 비율로 나누는 방식이었는데, 생산을 전적으로 덕대에게 맡겨두는 그러한 경영은 결코 안정적일 수 없었다. 그리고, 광산이 본격적으로 개발되어 地下 깊숙이까지 掘進이 이루어지려면, 照明, 送風 및 排水가 필수적인데, 조선후기의 금광업은 이러한 기술적 조건을 갖추고 있지 못했기 때문에 砂金을 일거나 露頭를 개발하는 데 지나지 않았다. 정약용이 왜 광업을 민영에 맡기지 않고 국영으로 하려고 했는지에 대해서는 그 사정을 잘 알 수가 없다. 어떻든, 비록 국영제하에서라도 그의 광산개발 방안이 시행되었더라면, 그것은 한국사에서 하나의 획기가 되었을 것이다.

금은동철의 생산은 반드시 높고 큰 산에서 이루어 진다. 우리나라는 東西가 1천리요 남북이 3천리인데, 그 사이의 넓은 들은 겨우 몇 곳뿐이니, 그 나머지는 모두 鑛穴이 있는 곳이다. 江界의 銀坡洞이 우연히 銀店이 되었으나, 실제로 남북의 모든 산이 일찍이 銀處가 아닌 곳이 없고, 遂安의 彦眞山이 우연히 金店이 되었으나, 실제로 남북의 모든 산이 일찍이 金處가 아닌 곳이 없다. 신이 일찍이 谷山府를 맡았을 때, 북쪽 지방의 모든 산이 도대체 전부 銀穴이었다. 백성 중에서 銀朴을 가지고 와서 設店하기를 청하는 자가 있었는데, 신은 만약 公採가 아니라면 나라를 좀먹을 뿐이기 때문에 엄금하고 허락하지 말아야 한다고 했다. 오늘날 星州와 昌原 간에 모래를 일어서 금을 얻는 것이 1년에 1만을 헤아린다. 간사한 백성들이 밤을 틈타 盜採하는데, 비록 죽인다고 하더라도 금지할 수 없다. 銅과 朱錫의 생산은 더욱 정해진 곳이 없다. 무릇 採鑛하는 자들은 1백보 안쪽에서 반드시 生銅을 생산하니, 생동이 땅에 쫙 깔린 것을 알 수 있을 것이다. … 『주례』에서는 구직으로써 만민에게 맡긴다. 구직 중에는 농이 그 하나인데, 셋째는 虞衡이니 山澤을 개발하고, 다섯째는 百工이니 8材를 다듬는다. (그러므로 ― 필자) 천하의 백성들을 모두 농부가 되도록 권할 필요는 없고, 농사를 하는 사람은 농민이 되고, 채광하는 자들은 광산업자가 되더라도 서로 방해될 것이 없다. … 신은 생각건대, 諸路의 금은동철은 官治 數百個所를 설치하고 서둘러 일기도 하고 鑄造하기도 하여 대략 그 얻은 바로써 (公田을 매입하느라 ― 필자) 중앙과 지방의 지출한 留庫錢의 수량을 보충한다. 이에 歲出에는 주조된 화폐를 사용하는데, 金錢, 銀錢 및 銅錢이 각각 3등을 具備하게 한다. 이 9가지 화폐로써 나라 안에 유통하게 하는데, 중국으로 유출되는 길을 영원히 막고 공전의 代價를 서서히 보충하는 일을 그만두어서는 안 된다金銀銅에 관해서는 別篇에 상세히 기록했다.[83]

83) 臣伏惟, 金銀銅鐵之産, 必於高山大嶽. 我邦東西千里, 南北三千里, 其間平原廣野, 僅有數處, 其餘皆礦穴之所在也. 江界之銀坡洞, 偶爲銀店, 其實南方諸山,

150

둘째는 林業의 獎勵이다. 임업을 장려하는 기관으로서는 산림
정책 일반을 관장하는 山虞寺와 목재만 관장하는 林衡寺를 두려
고 했는데, 임업 중에서는 목재의 관리가 그만큼 중요하다는 뜻이
었을까. 정약용은 우선 산림정책을 장려하기 위하여 전국의 산을
조사하여 臺帳에 기록하고 植木을 장려하려고 했다. "오늘날 12省
의 名山과 큰 산을 모두 대장에 기록하고, 그 方域의 土宜를 변별
하여 식목을 관리하되, 勵禁을 행하고 부세를 거두어들여서 國用
을 도우는 일을 그만두어서는 안 된다."84) 조선후기에는 邊方의
여러 섬이나 사찰의 산림도 邊將이나 절이 주관하고 있었는데, 이
들이 林衡寺의 參軍의 직책을 맡도록 하고 부세를 거두어서 중앙
재정에 이바지하게 했다. 다만 이들에 대한 부세가 무거워서는 안
된다고 했다. "長山串, 安眠島, 邊山半島 및 莞島와 같은 서남 海島
의 松田과 잡목은 모두 변장이 주관한다. 신은 생각건대, 변장의
職銜 끝에 林衡寺의 참군을 겸한다고 기록하고, 모두 本寺에 소속
된 것을 알게 하여, 산림이 울창하고 울창하지 못한 것을 보고하
게 하고 부세를 거두어들이는 일을 그만두어서는 안 된다. ○諸路
의 사찰 중에서 樹木이 무성한 곳은 역시 마땅히 版籍에 기록하고

未嘗非銀處也, 遂安之彦眞山, 偶爲金店, 其實南方諸山, 未嘗非金處也. 臣嘗任
谷山府, 其北坊諸山, 都是銀穴. 民有持銀朴, 以請設店者. 臣以爲旣不公採, 適
以蠹國, 故嚴禁而勿許. 今星州昌原之間, 淘沙得金, 歲以萬計. 奸民乘夜盜採,
雖殺之, 不止. 銅錫之産, 益無定處. 凡折骨之人, 不出百步, 必採生銅, 其布地可
知. … 周禮, 以九職任萬民. 九職, 農居一焉, 三曰虞衡, 以作山澤, 五曰百工, 飭
化八材. 不必天下之民, 悉勸之爲農也, 農者爲農, 礦者爲礦, 不相妨也. … 臣謂
諸路金銀銅鐵, 置官冶數百所, 亟行淘鑄, 略以所得, 補中外留錢出散之數. 乃以
歲出, 全用鑄幣, 金銀銅三錢, 各具三等. 以此九幣, 行於國中, 永塞走燕之路, 徐
充公田之價, 未可已也金銀銅 又詳別篇.(『全書』五 − 經世遺表七 − 三十一 前面,
井田議一)
84) 今擬十二省名山大嶽, 皆書于籍, 辨其方域, 別其土宜, 管其種植, 察其勵禁, 收
其賦稅, 以佐國用, 未可已也.(『全書』五 − 經世遺表二 − 二十五 後面, 山虞寺)

本司에 보관하고 수세한다. 단 이들의 부세징수는 마땅히 가볍게 하고 무겁게 해서는 안 된다."[85]

林衡寺는 山虞寺의 屬官이다. 산우시는 산림의 정사를 아울러 관장하는 데 대하여 임형시는 오직 林木의 정사만 장악한다. 국법에는 오직 松禁만 있는데, 그러나 오엽송은 그 재목도 아주 아름답지만 겸하여 좋은 열매도 있다. 노송나무, 잣나무, 흰 느릅나무, 느릅나무, 단풍나무 및 비자나무 등속도 모두 아름다운 재목이니, 勵禁을 설치하여 부세를 수취하는 것이 마땅하다. 신이 감히 거두어들이기만 하자는 것이 아니다. 국법이 갖추어지지 못하여 山林과 川澤은 백성들이 주인이 되어 1錢도 내지 않는다. 이에 국용이 부족하여 還穀이다, 軍布다, 民庫다, 結米다 하면서 백 가지로 긁어내어 鰥寡孤獨을 곤궁하게 하니, 그 참담하고 궁박한 것을 차마 볼 수가 없다. 均役法을 설치했다고 하더라도 겨우 魚鹽船稅에 이를 뿐이다. 산림과 천택은 오히려 거론하지도 못하고, 토호와 관리로 하여금 그 이익을 오로지 누리게 하니, 나라에 법 없음이 이보다 심한 것이 없다. 하물며 가죽, 털, 이빨 및 뿔은 國幣와 兵器를 제조하는 데에 절실히 필요한 것인데, 관청에서는 이미 거두어들이지 않고 백성들은 용도를 알지 못하여 단지 그 고기만 먹고 버려서 썩혀버리니, 나라가 어찌 빈한하지 않겠는가. 신이 일찍이 『三國志』와 『南北史』를 보니, 우리나라의 貂皮와 인삼을 그 나라의 重幣로 여기는데, 지금은 토호와 관리들이 그 이익을 오로지 누리면서 강하면 토해내고 부드러우면 삼켜버리니, 그 해가 끝내 소민에게 돌아간다. 임형시를 왜 설치하지 않

---

85) **臣謹案** 西南海島若長山安眠邊山莞島之等, 其松田雜木, 皆以鎭將主之. 臣謂鎭將, 職銜之末, 皆兼林衡寺參軍, 使知咸隸於本寺, 報其衰殖, 輸其賦斂, 未可已也. … ○**又案** 諸路寺刹, 其樹木茂密者, 宜亦書于版籍, 藏于本寺, 以收其賦稅. 但此等賦斂, 宜薄而不宜厚也.(『全書』五 - 經世遺表二 - 二十六 後面, 林衡寺)

겠는가. 모두 職掌篇에 상세하다. ○남방의 여러 縣에서 산출하는 茶가 아주 좋다. 신이 본 바의 海南, 康津, 靈岩 및 長興의 연해제읍은 茶를 생산하지 않는 곳이 없다. 신은 생각건대, 무릇 茶를 생산하는 산은 지방관으로 하여금 封植케 하고 백성들로 하여금 땔나무를 하거나 放牧을 못하게 하여, 무성할 때를 기다려 해마다 茶 몇 근을 임형시에 보내게 하고, 滿河省에 보내어 良馬와 교역하게 해서 목장에 나누어 주면, 역시 족히 국용을 넉넉하게 할 수 있을 것이다.[86]

셋째는 淡水漁業의 獎勵이다. 담수어업을 장려하는 기관으로서는 堤堰을 관리하는 澤虞寺와 河川을 관리하는 川衡寺를 두려고 하였다. 여기서 어업을 담수어업에 한정하여 논하는 것은 해양어업에 대해서는 이미 균역법에 의한 어염선세가 있었기 때문이었던 것으로 보인다. 제언의 관리에 관해서는 다음과 같이 말하고 있다. "무릇 천하의 큰 산, 큰 숲, 큰 못 및 큰 강은 모두 王公이 주인인데, 그 재물을 거두어 들였기 때문에 公室이 풍족했다. 백성들은 모두 전지 100畝를 받아 가을에도 전세가 없고 오직 公田을 다스려 10분의 1로써 당할 뿐이기 때문에 백성들은 모두 풍족

---

86) **臣謹案** 林衡者, 山虞之屬官也. 山虞立掌山林, 林衡惟掌其林木也. 國法唯松有禁, 然五鬣松, 其材更美, 而兼有佳實. 檜柏枌楡楓檟之屬, 皆是美材, 皆宜設爲厲禁, 收其賦稅. 臣非敢爲聚斂之說也. 國法未備, 山林川澤, 民自爲主, 一錢不出. 於是, 國用不足, 爲還穀焉, 爲軍布焉, 爲民庫焉, 爲結米焉, 百道浚削, 困其鰥寡, 慘怛窮迫, 有不忍見. 均役之設, 僅及於魚鹽船稅, 而山林川澤, 猶不擧論, 使土豪官吏, 專享其利, 國之無法, 莫此若也. 況皮毛齒角, 爲國幣兵器之所切需, 而官旣不收, 民不知用, 但食其肉, 棄而朽之, 國安得不貧乎. 臣嘗見三國志南北史, 吾東之貂鼠人蔘, 爲國重幣, 而今也土豪官吏, 專享其利, 彊則吐之, 柔則茹之, 其害終歸於小民也. 林衡之司, 何得不設. 竝詳職掌篇. ○又案 南方諸縣, 産茶極美. 臣以所見海南康津靈巖長興, 凡沿海諸邑, 莫不産茶. 臣謂凡産茶之山, 令地方官封植, 禁民樵牧, 待其茂盛, 歲以茶幾斤輸于林衡, 送于滿河省, 以市良馬, 頒于牧場, 亦足以贍國用也.(『全書』五 - 經世遺表二 - 二十六 前面, 林衡寺)

했던 것이다. 오늘날 산림과 천택은 버려서 거두어 들이지 않고 오직 힘써 전지에 농사짓는 백성만을 긁어낸다. 이에 公私가 모두 궁핍하게 되고 상하가 모두 고단한데, 오직 탐관오리와 土豪奸民들만 그 중간에서 그 이익을 오로지한다. 나라에 법이 없음이 곧 이에 이르렀다. 우리나라는 큰 저수지가 없으나, 義林池, 合德池, 空骨池 및 碧骨池에는 養魚를 하고 蓮을 재배하여 엄격히 관리하면, 賦斂으로서 관으로 들어오는 것이 역시 적지 않을 것이다. 또 무릇 제언에 대해서는 그 관개의 혜택을 받는 자들에게 마땅히 부렴이 있어야 하고 공짜로 그 이익을 누리게 해서는 안 된다. 단 이들의 세액은 마땅히 지극히 가벼워야 하며 다만 그 이름만 남겨둘 뿐이다."[87] 하천의 어업에 대해서는 다음과 같이 말하고 있다. "우리나라의 큰 강으로서는 서북에는 浿水압록강가 있으며, 그 남쪽에는 薩水즉 청천강가 있으며, 그 남쪽에는 浿水대동강가 있으며, 그 남쪽에 涿水예성강가 있으며, 그 남쪽에 帶水임진강가 있다. 京江을 洌水남한강과 북한강라 한다. 그 남쪽에 泗水백마강가 있으며, 그 남쪽에 鴈水고산에서 발원하여 萬頃海로 들어간다가 있으며, 그 남쪽에 灤水영산강가 있다. 동쪽으로 돌아서 潺水두치강가 있으며, 또 동쪽으로 濫水진주의 淸川이다가 있으며, 동쪽으로 潢水낙동강가 있으며, 그 가장 북쪽에 있는 것을 滿水두만강이라 한다. 오늘날 수변의 豪右들은, 모두 몰래 立案하여 (하천을 ― 필자) 자기 것으로 하고, (백성들로부터 ― 필자) 거두어들여서 스스로 넉넉하게 살고 있다. 무릇

---

87) 凡天下之大山大林大澤大川, 皆王公爲之主, 以收其貨賄, 故公室豐足. 百姓皆受田百畝, 秋熟而無稅, 唯治公田, 以當什一, 故百姓豐足. 今也山林川澤, 棄之不收, 唯力田之民, 是剝是椎. 於是, 公私兩匱, 上下俱困, 唯貪官汚吏土豪奸民, 居其中間, 專享其利. 國之無法, 乃至是乎. 吾東則無大澤, 然義林池合德池空骨池碧骨池, 若使養魚種蓮, 厲禁有守, 則其賦斂之輸于官者, 宜亦不少. 又凡堤堰, 其灌漑之民, 宜有賦斂, 不可使素享其利. 但此等稅額, 宜從極薄, 苟存其名而已.(『全書』五 ― 經世遺表二 ― 二十七 前面, 澤虞寺)

淸流와 白沙가 넓고도 넓은 곳인데, 이것이 한 사람이 차지할 수 있는 것인가. 신은 생각건대, 12省의 큰 강의 漁梁을 立案하는 것은 모두 금지하고 그 私籍을 불태우고 모두 川衡寺에 귀속시킨다. 고기가 잡히는 것으로서 유명한 곳洌水의 斗尾峽과 같은 곳 및 배들이 모이는 곳낙동강의 洛東 같은 곳은 대략 세액을 정해서 천형시에 바쳐서 國用에 보충하게 하는 것이 아마 마땅할 것이다그 배는 본디 균역청에서 수세하니, 오직 그 店舍만을 수세하는 것이 마땅하다."88)

넷째는 園圃의 장려이다. 원포는 기본적으로 田農이지만, 다만 그 생산물이 상품작물이기 때문에 面積當 收益이 곡물보다는 높았다. 정약용은 채소, 인삼 등의 특수작물 및 과수 등의 수익은 곡물수익의 몇 배가 되므로, 거기에 대해서는 田稅뿐만이 아니라 賦貢도 부과해야 한다고 주장하였다. 經濟作物의 면적당 수익이 곡물의 그것보다 높은 것은 사실이지만, 경제작물의 재배에 있어서는 노동력과 기타의 생산비가 그만큼 많이 投入되기 때문에 곡물의 재배에 비하여 농민의 소득이 얼마나 더 높아질 수 있는지는 간단히 말할 수 없지만, 노동력과 자원이 남아돌고 일거리가 부족한 사회에 있어서는 경제작물의 재배가 농민의 부유한 생활을 위한 하나의 수단이 될 수 있었던 것은 사실이었다. 여기에서 주의해야 할 점은 정약용이, 경제작물의 재배가 성행하고 있으니, 거

---

88) **臣謹案** 我國大川, 西北日淥水鴨綠江, 次北日薩水卽淸川, 次北日浿水大同江, 次北日瀦水禮成江, 次北日帶水臨津江. 京江日洌水南北江. 次南日泗水白馬江, 次南日鷹水發於高山. 入于萬頃海, 次南日灤水榮山江. 迤東日潺水豆恥江, 又東日�水晉州之淸川, 東會于潢水洛東江, 其在極北者日滿水豆滿江. 凡此大川, 其漁梁之所刺取, 舟船之所聚會, 其地利豈有旣乎. 今沿水豪右之民, 皆潛出立案, 以爲己物, 收其賦斂以自贍. 夫淸流白沙, 空空蕩蕩, 此豈一夫之所得私哉. 臣謂十二省諸大川之漁梁立案者, 一竝嚴禁, 燒其私籍, 一竝屬之於川衡寺. 其漁所之有名處如洌水之斗尾者及船艖之都會處如潢水之洛東, 略定稅額, 使輸川衡寺, 以補國用, 抑所宜也其舟船. 則固輸稅於均役. 唯其店舍. 宜有唯稅也.(『全書』五 - 經世遺表二 - 二十七 後面, 川衡寺)

기에 반드시 부공을 부과해야 된다고 주장하고 있는 것이 아니라
는 점이다. 조선후기에는 마침 경제작물이 재배되기 시작했으니,
그것을 장려하여 부공부과를 위한 세원을 개발하면 어떨까 하는
방안을 제시하고 있는 것이다. 그는 정전제의 시행을 통하여 조선
후기의 정체된 농업을 활성화시키기 위한 논의를 전개하고 있는
「정전의」에서 이 방면에 관한 설명에 진력하고 있다.[89] 그러므로
이 방면에 관한 정약용의 설명은, 상품작물의 장려를 위한 정책적
자료 제시로 읽어야 하며, 조선후기의 현실에 대한 설명 자료로
읽어서는 안 된다. 아래에서는 위의 注記資料와 더불어 司圃署條

---

89) (1)其種芹種三脊蒲者, 並從第一等率, 其種芙蕖者, 從第五等率, 收其鋤粟.
　　臣謹案 三脊蒲者, 所以織席也龍鬚草, 方言謂之骨. 三脊蒲, 方言謂之王骨 考諸爾雅·本
　　草, 有香蒲三脊茅諸種, 皆與此物不同. 或者中國無此草歟. 若然, 益宜業種, 以
　　販貨於中國也. 芹與此草, 其利視稻數倍, 宜以上上論. 種芙蕖者, 收其蓮實, 亦
　　多於稻利, 故以中中論.(『全書』五 - 經世遺表八 - 十四 前面, 井田議二)
　　(2)臣伏惟, 旱田等級, 最難平分. 苟欲精分, 雖三九二十七等, 靡不可也. 非其土
　　品有此多等, 蓋其所種, 不惟九穀而已. 枲麻瓜瓝, 百菜百藥, 苟善治之, 一 之田,
　　獲利無算. 京城內外, 通邑大都, 葱田蒜田菘田瓜田, 十畝之地, 算錢數萬十畝者,
　　水田四斗落也 萬錢爲百兩. 西路煙田, 北路麻田, 韓山之苧麻田, 全州之生薑田, 康
　　津之甘藷田, 黃州之地黃田, 皆視水田上上之等, 其利什倍. 近年以來, 人蔘又皆
　　田種. 論其贏羨, 或相千萬, 此不可以田等言也. 雖以其恒種者言之, 紅花大靑,
　　其利甚饒南方, 川芎紫草, 亦或有田種. 不唯木棉之田利, 倍於五穀. 凡如此類, 若其
　　歲歲業種, 無所休息者, 不問其土性之肥瘠, 並當執之爲上上等, 不唯鋤粟是徵,
　　抑亦貢賦可議又見貢賦考.(『全書』五 - 經世遺表八 - 十六 後面, 井田議三)
　　(3)京城內外, 通邑大都, 葱田蒜田菘田瓜田, 十畝之地, 算錢數萬十畝者, 水田四斗
　　落也. 萬錢爲百兩. 西路煙田, 北路麻田, 韓山之苧麻田, 全州之生薑田, 康津之甘藷
　　田, 黃州之地黃田, 皆視水田上上之等, 其利什倍. 近年以來, 人蔘又皆田種, 論
　　其贏羨, 或相千萬, 此不可以田等言也. 雖以其恒種者言之, 紅花大靑, 其利甚饒
　　南方, 川芎紫草, 亦或有田種, 不唯木棉之田利, 倍於五穀也. 凡如此類, 若其歲歲業
　　種, 無所休息者, 不問其土性之肥瘠, 並當執之爲上上等, 抑亦貢
　　賦可議又見貢賦考. 唯南方煙田, 異於西路煙者, 南草也, 山阪柴地, 橫割如磴, 及其
　　移種, 又間年休息, 遷徙無常. 若是者, 其田稅宜視火田, 其貢賦宜視西煙. 然且
　　煙之爲物, 在所禁絕, 深抑其利, 靡不可也.(『全書』五 - 經世遺表八 - 十七 前
　　面, 井田議三)

에 있는 자료 하나를 더 소개한다. 자료를 자세히 검토해 보면, 그
것이 조선후기의 현실을 설명하는 자료가 아니라 정책적 제언이
라는 것을 곧 알 수 있을 것이다.

> 樹藝의 정사도 역시 국용을 유족하게 하고 민산을 도울 수 있다.
> 鳳山과 黃州의 배, 加平과 楊州의 밤, 靑山과 報恩의 대추, 豊基와 淳
> 昌의 감, 康津과 長興의 橘柚와 梔子는 모두 마땅히 법을 세워서 심
> 기를 권장해야 할 것이다. 혹시 널리 심어서 숲을 이루어 千株나 萬
> 株에 이르는 자는 司圃署에 보고하고 그 虛實을 조사해서 西班의 末
> 職에 추천해서 보임한다. 정부에서 불러서 시험해 보고, 진실로 農
> 書를 환히 이해하고 土宜를 분별하여 원포농업을 경영할 수 있는 자
> 를 올려서 원포를 관리하는 자리에 보임하면, 10년이 지나지 않아
> 나라의 진귀한 과일을 이웃나라에 판매함으로써 재용을 두텁게 할
> 수 있을 것이다.[90]

다섯째 畜産業의 장려이다. 축산업에 관해서는 牧圉司와 司畜
署를 두고 말과 염소의 목축을 예로 들어 설명하고 있다. 목어사
와 사축서에는, 監牧官과 牧人을 각각 20인을 두어서, 사람이 살지
않는 섬이나 공지에 목장을 설치하고 축목을 하게 하되, 성과가
있는 자들에게는 그에 합당한 관직을 除授하면, 10년이 못되어 커
다란 성과가 있을 것이라는 것이다. 여기서는 牧羊業에 관해서 소
개해 보기로 한다.

---

90) **又按** 樹藝之政, 亦所以裕國用, 而助民産也. 鳳山黃州之梨, 加平楊州之栗, 靑山
報恩之棗, 豊基淳昌之柿, 康津長興之橘柚梔子, 皆宜設法以勸種. 其或有廣植成
林, 能致千樹萬樹者, 許報司圃署, 覈其虛實, 薦補西班末職. 廟堂召而試之, 誠
能曉解農書, 辨其土宜, 有農圃之經濟者, 升補司圃之職, 則不出十年, 國中珍果,
有足以販賣於鄰國, 以厚其財用者矣.(『全書』五 - 經世遺表一 - 十七 後面, 司
圃署)

중국 사람은 조선에는 羊이 없다고 하나, 양이 없는 것이 아니라 양을 치지 않는 것이다. 우리나라의 풍속에서는 집집마다 소를 치니 소는 얻을 수 있고 마을마다 돼지를 치니 돼지는 얻을 수 있으나, 오직 양만은 얻을 수가 없다. 오직 外邑창고의 뜰에 각각 10여 마리를 기르는데, 倉奴들에게 기르도록 할 뿐 일을 맡은 관리는 창노의 부지런하고 게으름을 살피지도 않고, 監司는 양이 번식되는가 않는가를 묻지도 아니하니, 양 한 마리가 불어나면 1년간 창노만 괴롭게 되고 두 마리가 불어나면 2년간 창노만 괴롭게 되니, 양이 번식되겠는가. 이제 마땅히 司畜署를 復設하여 牧人 수십 인을 증원하고 근교에 分遣하여 양 기르는 데 전념토록 하는 것이 마땅하다. 밤섬龍山에 있다, 典島와 靑羅島富平에 있다 및 彌法島江華에 있다의 여러 곳에 모두 우리를 설치하고 양을 치는데, 연말에 성적을 上奏하여 本署에서 그 부지런하고 게으름을 살펴서 호조에 보고한다. 그 功이 있는 자로 하여금 西班의 말직을 얻게 하면, 10년이 못되어 조선의 양이 많아질 것이다.[91)]

4. 常備軍과 관제

정약용은, 養兵을 위한 재원을 마련하는 방법으로서는 井田이 첫째요 屯田이 둘째요 口賦가 셋째인데, 조선후기에는 이러한 방법을 쓰지 못하고 빈천한 軍戶로부터 軍布를 징수하여 보수를 지

---

91) 中國之人曰, 朝鮮無羊, 非無羊也, 不牧羊也. 國俗家家牧牛, 牛可得也, 村村牧豕, 家可得也, 獨羊不可得也. 唯外邑倉庭, 各養十餘頭, 令倉奴自養之, 主官不考其勤慢, 監司不問其衰殖, 一羊滋蕃, 爲倉奴一年之害, 二羊滋蕃, 爲倉奴二年之害, 羊其蕃殖乎. 今宜復設司畜之署, 增置牧人數十人, 分遣近郊, 專意牧羊. 如栗島在龍山典島靑羅島在富平彌法島在江華諸處, 皆設笠牧羊, 令歲終奏其功狀, 自本署考其勤慢, 報于戶曹. 其有功者, 令得西班末職, 則不出十年, 朝鮮之羊, 其濈濈矣.(『全書』五 - 經世遺表一 - 十一 後面, 司畜署)

급하는 군대를 유지하려고 했기 때문에 재정이 고갈되어, 五軍營 中에서 守禦廳과 摠戎廳은 이미 폐지되었거나 거의 폐지상태에 있었고 訓鍊都監, 御營廳 및 禁衛營은 겨우 명목만 유지할 뿐 상비 군으로서 제대로 된 기능을 할 수 없었다는 것이다. 따라서 그는 둔전을 기초로 중앙에 훈련도감, 어영청 및 금위영을 개조하여 三 軍營을 두고 지방의 監營, 兵營 및 郡縣에도 각각 상비군을 둠으로 써 군사제도를 재정비하려고 하였다. 그는 이와 같은 군제개혁의 방침을 「방례초본인」의 不可逆 15個條 中에서 다음과 같이 천명하 였다. "둔전법을 확립하여 京城의 數十里 안을 모두 三軍의 전지로 만들어 王都를 호위하고 경비를 절약하며, 邑城의 數里 안을 모두 牙兵의 전지로 만들어 군현을 호위하는 일은 바꿀 수 없다"[92]고 했다. 그가 이러한 군제개혁의 방침에 따라 확보하고자 했던 상비 군은 크게 나누어 세 가지이다.

첫째는 束伍軍이다. 주지하는 바와 같이 정약용은 국가개혁의 기본제도로서 정전법을 실시하려고 했는데, 정전법의 네 번째 특 징은 정전이 農家의 陣法이라는 것이다. 1井의 私田 8畉가 公田 1 畉를 공동경작하여 9분의 1의 井稅를 내는 동시에 각각 正兵 1人 씩을 내면, 16井의 1里에 정병 128인을 얻는데, 이것이 1哨이다. 또 1里는 1丘이므로 戎馬 1필, 輜車 1대, 소 2마리를 내어 전쟁에 대비 한다. 그는 이러한 속오군에 대하여 다음과 같이 설명하였다. "(井 田의 — 필자) 經界事業이 끝나면, 곧 8夫로써 隊伍를 편성한다. 4 井이 1村, 4촌이 1里가 되는데, 1정이 8부이니, 1리는 128인이다. 이 것을 가지고 10隊로 편성하면, 正卒이 100인, 火兵이 10인, 隊長이 10인, 旗摠이 5인, 敎鍊官이 2인, 哨官이 1인이다.○1里란 1丘이니,

92) 立屯田之法, 使京城數十里之內, 皆作三軍之田, 以衛王都, 以減經費, 使邑城數 里之內, 皆作牙兵之田, 以護郡縣, 斯不可易也.(『全書』五 - 經世遺表 - 四 前 面, 引)

戎馬 1匹, 輜車 1乘 및 牛 2頭를 내어 師旅에 대비한다.○1隊는 弓
手 1인, 銃手 2인, 槍手 2인, 鐺鈀手 2인 및 筤筅手 2인이다."[93] 속오
군의 指揮系統과 훈련에 대해서는 특별한 설명이 없다.

둘째는 六遂에서 확보되는 中央常備軍이다. 육수의 둔전을 기
초로 都統營(舊훈련도감), 左禦營(舊어영청) 및 右衛營(舊금위영)
의 3營을 두고 騎兵 1,674인, 보졸 8,326인을 확보하여 왕궁을 호위
하게 한다. 우선 육수에서 둔전 14,400畝를 확보하고, 그 10분의 1
인 1,440부를 덜어서 공전으로 삼고,[94] 4,185부를 騎兵에게 나누어
주되 각각 2부반씩 주어 餼田으로 삼게 하며, 8,326부를 步卒에게
나누어 주되 각각 1부씩 自耕케 하여 양식으로 삼도록 하며, 나머
지 전지인 449부는 將官에게 나누어 주어 餼廩을 보충케 한다.[95]
이들에게 2,080명씩 4輪番制로 番上하게 하여 왕궁을 호위하게 하
되, 輪番期間은 1節氣씩이다.[96] "旗와 隊를 나누는 방법은 무릇 10

---

93) 經界旣畢, 乃以八夫, 編爲隊伍. 四井爲邨, 四邨爲里, 每井八夫, 則一里一百二
    十八人也. 編之爲十隊, 則正卒百人, 火兵十人, 隊長十人, 旗總五人, 敎鍊官二
    人, 哨官一人.○一里者, 一丘也. 出戎馬一匹, 輜車一乘, 牛二頭, 以待師旅.○每
    一隊, 弓手二人, 銃手二人, 槍手二人, 鐺鈀手二人, 筤筅手二人.(『全書』五 - 經
    世遺表八 - 三十五 前面, 井田議四)
94) 屯田에서도 公田을 설치하려고 한 것은 정전법의 일반 원칙에 근거한 것으
    로 보이나, 여기에는 의문이 있다. 三營의 둔전병은 束伍軍과는 달리 4輪番
    制로서 1節氣씩 番上하게 하는데, 이것만으로써도 둔전농민은 노동력의 4분
    의 1을 국가에 바치는데, 9분의 1의 井稅부담까지 지울 수 있는 餘力이 있었
    을까. 더구나 중세의 군인은 속오군의 例에서 보듯이 식량과 군비를 自擔하
    는 것이 원칙이므로, 이러한 의문의 제기는 당연하지 않을까 한다.
95) 三營之軍, 以衛王宮, 其騎兵一千六百七十四人, 其步卒八千三百二十六人. 自王
    宮三十里之內, 酒疆酒理, 約得田一萬四千四百畝. 經之以什一, 其一千四百四十
    畝, 除之爲公田. 其四千一百八十五畝, 分授騎兵, 各以二畝有半, 爲其餼田, 其
    八千三百二十六畝, 分授步卒, 各以一畝, 自耕以爲糧. 餘田四百四十九畝, 分授
    將官, 以補其餼.(『全書』五 - 經世遺表八 - 三十六 後面, 井田議四)
96) 其上番之卒, 通計三營, 不過爲二千八十名.(『全書』五 - 經世遺表八 - 三十七
    前面, 井田議四)

人이 1隊, 3대가 1旗, 3기가 1哨, 5초가 1司, 5사가 1營, 5영이 1軍이
된다. 哨와 司 이상의 編制는 때에 따라 변통되지만, 그 큰 숫자는
이와 같다. 무릇 1대가 隊長과 火兵을 아울러 12인이니, 1기는 36
인, 1초는 108인에 旗摠 3인을 더하면 111인이다. 이에 5哨의 1司는
555인, 5사의 1營은 2,775인이다. 이제 도통영의 步卒으로서 京城에
서 양성되는 자가 다만 1營의 숫자라고 하자즉 25哨이다. 또 騎士가
2초인데 225인이다보졸의 예와 같다. 또 기병이 9초인데 999인이다.
만약 4인을 더하면 步卒과 기병이 모두 4,000인이다. 양병하는 비
용은 마땅히 이것으로서 표준으로 삼아야 한다. 좌어영과 우위영
은 각각 步卒이 25초이고 기사가 2초이면, 그 숫자가 각각 3,000인
이다부족한 것이 각각 3인이다. 그렇다면, 三營門이 경성에서 양성하는
병졸은 합계 1만인뿐이다."[97] 그러나, 「서관」의 병조의 관제를 자
세히 검토해 보면, 중앙군으로서는 三營(도통영 4,000·좌어영 3,00
0·우위영 3,000)의 군인뿐만이 아니라 三司(左掖司·右掖司 60·中衛
司 300), 三局(宣敎局 400·儀仗局 80·守禦局) 및 三衛(龍驤衛 350·虎
賁衛 350·羽林衛 350)의 군인도 설정되어 있다.[98] 괄호 안의 숫자
가 군인 수인데, 3사, 3국 및 3위의 군사 약 2,000인에 대한 보수에
대해서는 특별한 설명이 없다. 이 2,000인은 적어도 중앙의 文武官
僚 總數의 두 배가 되는 것이므로 이들의 餼廩을 위한 재원마련에

---

97) 旗隊分署之法, 凡十人爲一隊, 三隊爲一旗, 三旗爲一哨, 五哨爲一司, 五司爲一
營, 五營爲一軍. 雖哨司以上, 隨時變通, 而其大數則本然也. 凡一隊, 並計隊長
火兵則十二人也, 則一旗三十六人, 一哨一百八人, 加旗摠三人, 則一百十一人
也. 於是, 五哨一司, 爲五百五十五人, 五司一營, 爲二千七百七十五人. 今擬都
統營, 其步卒養之於京城之中者, 只存一營之數卽二十五哨. 又騎士二哨, 爲二百二
十五人如步卒之例. 又騎兵九哨, 爲九百九十九人. 若加四人, 步卒騎兵, 共爲四千
人. 其養兵之費, 宜以是而爲準也. 左禦營右衛營, 各步卒二十五哨, 騎士二哨,
則其數各三千人也不足者各三人. 然則三營門京養之卒, 通共萬人而已.(『全書』五
- 經世遺表二 - 十 後面, 都統營)
98) 『全書』五 - 經世遺表二 - 五 後面, 中衛司.

대해서는 반드시 별도의 설명이 있어야 할 것으로 보인다.

셋째는 지방의 상비군이다. 지방의 상비군은 中京, 西京, 監營, 兵營과 郡縣의 지방군을 가리킨다. 지방군의 설치방침을 우선 다음과 같이 천명하였다. "중경과 서경에는 각각 騎兵 2哨와 步兵 10초를 두고, 諸路의 監司 이하의 大州, 諸郡 및 諸縣은 각각 차등 있게 양병하되, 반드시 城 周邊의 5~10里 안에 軍田을 두고 양병해야 한다."[99] 이 인용문에서는 감영과 병영의 지방군에 대한 설명이 생략되어 있으나, 군현의 지방군에 대해서는 다음과 같이 설명하고 있다. "신은 말하건대, 둔전은 마땅히 이 무리들에게 소속시켜야 한다. 大府 및 牧은 둔전이 20結이면 10畎의 전지인데1부는 대략 2결이다, 皂隸 30인을 둔다면 10인은 각각 半畎를 경작하고 20인은 각각 25畝를 경작한다자리가 높은 자는 마땅히 1결을 다 먹는다. 府와 郡이 각각 16결이면 8畎의 전지인데, 조예 24인을 둔다면 8인은 각각 반부를 경작하고 16인은 각각 25무를 경작한다上例와 같다. 縣과 驛이 각각 12결이면 6부의 전지인데, 조예 18인을 둔다면 6인은 각각 반부를 경작하고 12인은 각각 25무를 경작한다상례와 같다. 主鎭은 20결인 즉 大府의 例에 따르며조예 30인을 둔다, 巨鎭은 10결인 즉 縣에 비하여 차등이 있으며조예 15인을 둔다, 諸鎭은 5결인 즉 모두 25무를 경작하면다만 조예 10인을 둔다, 아마 名實이 어긋나지 않을 것이다. 요컨대 1井 안에서 사전을 경작하되 8부로써 공전을 助耕하는 것은 달리할 수 없다. 그렇다면, 9분의 1의 비율이 되지 않는 것이 있으면, 몇 畎를 더 지급하여 대신 채운다. 여기에서 3交代로 하거나 혹은 2교대로 하여, 休番하는 날에는 경작하게 하고 때때로 武藝를 익히게 하여 緩急에 쓰일 수 있도록 하며, 포악한 徵斂

---

99) 中京西京, 各騎兵二哨, 步卒十哨, 諸路監司以下, 大州諸郡諸縣, 各養兵有差, 宜以環城五里十里之內, 置軍田以養之.(『全書』五 - 經世遺表八 - 三十八 後面, 井田議四)

을 금지하고 求乞을 막으며, 奉足을 제거하고 契房을 헐어버린다면, 체면이 엄정하고 紀綱이 바로 잡혀서, 나라가 비용을 더 지출하지 않는다고 하더라도, 반드시 눈을 닦고 볼만한 효과가 있을 것이다."[100]

위의 속오군을 제외한 중앙과 지방의 상비군을 종합해서 설명한 것이 다음의 인용문이다. 거기에는 위에서 생략되었던 감영과 병영의 상비군에 대한 설명은 이루어져 있으나, 中京과 西京의 상비군에 대한 설명은 누락되어 있다. "옛날에는 12,500인이 1軍이니, 大國이 三軍이면, 35,500인이다. 그러나, 이 3군은 모두 國城 중에서 양성하는 것이 아니며, 한 나라의 田賦는 諸邑에 산재해 있다. 이것으로 말한다면, 국성 중에서 1만 인의 군사를 양성한다는 것은 오히려 많다고 할 것이다. 지금 12省의 감사가 각각 1천 인을 養兵하고, 10路의 兵馬使가 각각 1천인을 양병하면, 이미 2만 2천 명이다. 大州는 각각 3哨를 양병하며, 제군은 각각 2초를 양병하며, 제현은 각각 1초를 양병하면, 또 수만 인이니, 어찌 대국삼군의 규모에 그치겠는가. 오늘날 小縣의 속오군이 모두 5~6초를 내리지 않으나, 양병도 하지 않으면서 軍籍에만 편성해 두었으니, 모두 虛名일 뿐이다. 허명의 1만 인을 두는 것은 실제로 10인을 양성하는 것

---

100) 臣謂宜以屯田, 屬之此輩. 大府及牧, 屯田二十結, 則十畎之田也一畎大約爲二結, 置皁隸三十人, 其十人各耕半畎, 其二十人, 各耕二十五畝座高者. 宜全食一結. 府郡各十六結, 則八畎之田也, 置皁隸二十四人, 其八人各耕半畎, 其十六人各耕二十五畝如上例. 縣驛各十二結, 則六畎之田也, 置皁隸十八人, 其六人各耕半畎, 其十二人各耕二十五畝如上例. 主鎭二十結, 則用大府之例置隸三十人, 巨鎭十結, 則視縣爲差置隸十五人, 諸鎭五結, 則皆耕二十五畝置隸止十人, 庶乎其名實不爽矣. 總於一井之內, 耕其私田, 每以八畎, 助治公田, 不可殊也. 若然, 其九一所缺, 加給幾畎, 以充其代. 於是分爲三番, 或爲二番, 休番之日, 使之耕墾, 時習武技. 使緩急有用, 而禁其虐斂, 遏其求乞, 去其奉足, 毁其契房, 則體面嚴正, 紀綱淸肅, 國不加費, 而必有拭目之效矣.(『全書』五 - 經世遺表八 - 三十二 前面, 井田議四)

만 못하니, 숫자가 적은 것을 가지고 병되게 여길 것은 없다. 나머지는 軍制에 상세하다."[101]

이상이 정약용의 富國强兵策의 대략이다. 위와 같은 군사제도의 개혁이 이루어질 수 있었다면, 비록 弱肉强食이 노골적으로 자행되는 19세기 중엽의 帝國主義時代를 맞이했다고 하더라도 제대로 된 대응을 한 번도 해보지 못하고 나라가 멸망하는 일은 없었을 것이다. 그러나, 정약용의 屯田兵制度를 기초로 하는 부국강병책에는 여러 가지의 限界点이 있어 보인다. 첫째는 국가가 재정수입으로 상비군을 유지할 수 없었던 것이다. 그렇기 때문에 군인들은 둔전의 경작으로 자급자족할 수밖에 없었다. 그런데, 이 둔전병제도는 세계사적으로 중세 후기에 확립되는 職業軍人制度와는 역사발전단계에 있어서 큰 격차가 있었다고 할 것이다. 다시 말하면, 이 단계의 조선은 직업군인제도를 유지할 수 없을 만큼 재정적 기반이 취약했던 것이다. 둘째는 둔전병이었기 때문에 자연히 군사기술상의 한계에 부딪힐 수밖에 없었다. 그들은 직업군인들이 직업적 훈련을 통하여 획득할 수 있는 군사기술을 가질 수 없었던 것은 말할 필요도 없을 것이다. 셋째는 둔전병이 사용하는 主力武器는 칼, 창 및 활에 불과했다는 것이다. 隊의 구성을 보면, 銃筒을 사용하는 銃手 2인과 鳥銃을 사용했을 것으로 추측되는 火兵 1인이 있었지만,[102] 弓手 1인, 槍手 2인, 鎲鈀手 2인 및 筤筅手

---

101) 古者, 萬二千五百人爲一軍, 大國三軍, 則三萬七千五百人也. 然此三軍, 非盡養之於國城之中也, 通一國之田賦, 散在諸邑. 由是言之, 國城之內, 養兵萬人, 猶爲多矣. 今擬十二省監司, 各養兵千人, 十路兵馬使, 各養兵千人, 則已二萬二千人矣. 大州各養兵三哨, 諸郡各養兵二哨, 諸縣各養兵一哨, 則又數萬人矣, 豈止大國三軍之制而已. 今小縣束五之軍, 皆不下五六哨, 然不養而編於籍, 皆虛名而已. 與其有虛名萬人, 不若置實養十人, 不可以寡弱爲病也. 餘詳軍制.(『全書』五 - 經世遺表二 - 十一 前面, 都統營)

102) 정약용은 『全書』五 - 經世遺表十五 - 三十三 後面~三十四 前面, 夏官修制武科에서 고시과목으로 鳥銃을 들고 있다. 그러나, 조총이 主力兵器는 아니

2인의 전통적 군사력이 그 主力을 형성하고 있었다. 정약용은 將臣 李敬懋가 이제 일본의 鳥銃도 병기로서는 낡았다고 말했다고 했지만, 실제로 조선후기에는 조총부대마저 성립되어 있지 못했던 것이다(일본의 例에서 보면 화병 즉 조총병은 별도의 編隊로써 조직되어 있었는데, 위의 例에서는 화병이 1인씩 各隊에 分散配置되어 있다). 그럼에도 불구하고 정약용의 둔전병제도는 그 나름의 의의가 있었다. 그것은 어떻든 국가에 상비군이라도 있게 했다는 것이다.

5. 技術開發과 관제

정약용은 16세 때부터 星湖 李漢의 經世致用學을 私塾했다고 한다. 또 그를 학문적으로 지도한 權哲身과 李家煥도 星湖學派에 속하는 사람들이었다. 그리고 그의 학문이 경세치용학을 바탕으로 하고 있다는 사실은 그의 經世學에 관한 主著인 『경세유표』가 정전제로의 전제개혁을 국정개혁의 중심과제로 설정하고 있는 점에서도 확인된다. 그러나, 그는 일찍부터 利用厚生學에 대해서도 깊은 관심을 가지고 있었다. 그는 30대 초에 水原城의 축성에 참가하면서 「城說」, 「甕城圖說」, 「砲樓圖說」, 「懸眼圖說」, 「漏槽圖說」 및 「起重圖說」 등을 집필하고 「技藝論」과 같은 논문을 남기는 한편, 『北學議』의 저자인 朴齊家와도 奎章閣에서 교류했던 것이다. 여기서 그는 18세기 전반기의 경세치용학과 18세기 후반기의 燕岩 朴趾源의 이용후생학을 두루 섭렵할 수 있었던 것이다. 그가 制度改革과 技術開發이 역사발전의 2대 요소라는 사실을 얼마나 自覺的으로 이해하고 있었는지에 대해서는 잘 알 수 없으나, 경세치용학

_____
었다. 그리고 조선에서의 鳥銃生産에 관한 연구는 아직 없어 보인다.

이 토지제도를 중심으로 하는 제도개혁을 지향하고 이용후생학이 상업공업의 발달과 더불어 기술개발을 지향했던 것은 주지의 사실이다. 그래서 그는 『경세유표』의 「引」의 불가역 15개조의 마지막 항목으로서 "利用監을 열어서 北學하는 방법을 의논함으로써 富國强兵을 도모하는 일은 바꿀 수 없다"[103]는 개혁과제를 천명했던 것이다. 그런데, 그가 경세치용학을 추구할 때와 이용후생학을 추구할 때의 학문적 자세는 매우 달랐다. 전자에 대해서는 內向的 및 古典志向的이었던 데 대하여 후자에 대해서는 外向的 및 近代志向的이었던 것이다. "대저 孝悌는, 천성에 根本하고 聖賢의 諸書에서 밝혀져 있으니, 만약 이것를 擴充하고 닦아나가면, 이것은 예절을 지키고 두터운 풍속을 이루는 일이라, 굳이 밖이나 뒤에 나온 것에 의지할 필요는 없다. 그러나, 利用厚生이 반드시 필요로 하는 百工과 技藝의 능력과 같은 것은 外國으로 나가 뒤에 나온 제도에서 구하지 않는다면, 그 蒙昧함을 깨칠 수 없고 그 이익과 혜택이 있을 수 없는 것이다. 이것은 나라를 위하여 일을 圖謀하는 자들이 마땅히 講求해야 할 바이다."[104]

그래서 그는 관제개혁의 일환으로 利用監을 두고 중국으로부터 여러 방면에 걸친 선진적 기술을 배워오도록 했다. 여기서 선진적 기술을 주로 중국으로부터 배워오게 한 것은 당시 조선의 대외관계가 그만큼 좁았다는 것을 의미한다. 그때 일본과 중국은 이

---

103) 開利用之監, 議北學之法, 以圖其富國强兵, 斯不可易也.(『全書』五 - 經世遺表 - 四 前面, 引)

104) 夫孝弟根於天性, 明於聖賢之書, 苟擴而充之, 修而明之, 斯禮義成俗, 此固無待乎外, 亦無藉乎後出者. 若夫利用厚生之所須百工技藝之能, 不往求其後出之制, 則未有能破蒙陋而興利澤者也. 此謀國者所宜講也.(『全書』一 - 詩文集十一 - 十二 前面, 技藝論) 정약용의 이러한 학문적 자세가, 그가 끊임없이 서양으로부터 밀려오는 새로운 문물에 목말라 하면서도, 끝내 儒學者로 남을 수밖에 없게 했던 소이이기도 했다.

미 서양제국과 직접적으로 교역하고 있었기 때문에 서양제국에 대한 지식이 우리나라와 비교할 바가 아니었다. 朴齊家만 하도라도 서양제국과 직접적으로 교역할 것을 제안하고 있었으므로 이 점에서는 정약용보다 훨씬 앞서 있었다고 할 수 있다. 그리고 정약용은 여기에서도 중국으로부터의 기술도입에 특별한 공로가 있는 자에 대해서는 官職除授로써 이를 보상하려고 했다. 아래에서 이 방면에 대한 정약용의 견해를 소개하기로 한다. "신은 말하건대, 별도로 1司를 설립하여 利用監이라 이름하고, 전적으로 北學으로써 그 직무로 삼는다. 提調 및 僉正 2인은 數理에 정통한 자를 택하여 差定하며, 別提 2인은 눈썰미와 손재주가 뛰어난 사람으로써 임명하며, 學官 4인은 司譯院과 觀象監에 나아가 수리에 정통하고 官話에 능숙한 자 각각 두 사람을 極選하여 北京에 들여 보내서, 혹 돈을 들여서라도 그 제조방법을 구입하게 하기도 하고, 혹 비싼 값을 주고라도 그 器機를 구입하게 한다. 무릇 구들놓기, 벽돌굽기, 수레제조, 器機제조, 쇠불리기, 구리불리기, 기와굽기 및 전돌굽기로부터 무거운 것 끌기, 무거운 것 들어올리기, 나무켜기, 돌켜기, 맷돌돌리기, 방아찧기, 取水, 代耕, 風磴 및 輪激에 이르기까지의 방법, 虹吸 및 鶴飮의 제도 그리고 農器, 織器, 兵器, 火器, 風扇 및 水銃으로부터 天文曆法에 소용되는 儀器와 測器 등 무릇 실용에 속하는 기기에 이르기까지 배우지 않은 것이 없도록 하여 돌아와 本監에 바치도록 한다. 본감은 재주가 있는 匠人을 모아서 법에 따라 試造하는데, 성과가 있는 자를 제조 및 호조판서가 고과하여 가장 성적이 좋은 자에게는, 監牧官이나 察訪을 除授하기도 하고, 혹은 현령이나 군수를 제수하기도 한다. 아주 큰 공로가 있는 자는 승진시켜 南北漢副使를 삼거나 혹 그 자손들을 기록해 두었다가 채용하면, 10년이 지나지 않아 반드시 성과가 있을 것이며, 부국강병이 달성되어 다시는 天下의 웃음거리가 되지는 않을 것이다."[105]

그리고, 그는 기술개발의 효과와 기술도입의 방법에 대해서도 다음과 같이 기술하고 있다. 그는 農器, 織機, 舟車 및 起重機 등이 생산력의 발전에 얼마나 공헌하며, 그 결과 인민들의 경제생활과 국가의 財用이 얼마나 풍족하게 되는가를 매우 설득력 있게 설명하고 있다. 그리고 기술을 도입함에 있어서는 반드시 師匠에 의한 기술의 傳授와 학생들에 의한 기술의 集團的 학습과정이 오랜 기간을 통하여 지속적으로 이루어져야 하며, 기술이 기초하고 있는 학술적 배경, 즉 數理에 대한 철저한 이해가 있어야 함을 강조하였다. 그럼에도 불구하고 조선후기의 기술도입은 위와 같은 방법으로 이루어지지 못했다. 수학, 천문학 및 지리학을 비롯한 서양의 과학지식과 기술들이 부분적으로 도입되기는 하였지만, 그것들이 단편적으로 이루어진 결과, 조선후기의 과학기술에 대한 지식은 서양의 과학기술을 자기의 것으로 吸收·消化하는 단계에까지는 나아가지 못했다.[106] 정약용도 과학기술 도입의 필요성을 강조해 마지않았지만, 그 스스로도 서양과학기술의 본질을 이해하는 수준에까지는 도달하지 못했던 것으로 보인다. 다만 그가 서양

---

105) 臣謂別設一司, 名之曰利用監, 專以北學爲職. 提調及僉正二人, 以精於數理者擇差, 其別提二人, 以有目巧手巧者爲之, 其學官四人, 就司譯院觀象監, 極選其精於數理嫻於官話者, 各取二人, 歲入北京, 或行貨以購其法, 或厚價以購其器. 凡安炕燒甓造車造器鍊鐵鍊銅燔瓦博瓷, 以至引重起重解木解石轉磨轉碓取水代耕風磑輪激之法, 虹吸鶴飮之制, 諸凡農器織器兵器火器風扇水銃, 以至天文曆法所需儀器測器, 凡係實用之器, 無不傳學, 歸而獻之於本監. 本監聚巧匠, 按法試造, 其有成效者, 提調及工曹判書, 考工課最, 或授以牧官察訪, 或授以縣令郡守. 其有大功者, 陞之爲南北漢副使, 或錄用其子孫, 則不出十年, 必有成績, 而國富兵強, 不復見笑於天下矣.(『全書』五 - 經世遺表二 - 二十八 後面, 利用監)

106) 정기준저, 『서운관의 천문의기 -좌표변환·투영이론적 연구-』, 景仁文化社, 2017 참조.

과학기술의 도입이 師匠에 의한 기술의 傳授와 학생들에 의한 기술의 集團的 학습과정이라는 방법을 통해서만 이루어질 수 있다는 것을 강조한 점은 높이 평가할 만하다.

　『春秋傳』의 正德·利用·厚生은 帝王이 정치를 이루는 큰 항목으로 되어 있다. 『中庸』에서는 '이미 俸廩이 그 職事에 알맞으니, 百工이 모여든다'고 했다. 『주례』의 稾人職에서는 말하기를, '弓弩를 고찰하고, 그 食祿을 올리고 내린다'고 했다. 『月令』에서 말하기를, '孟冬에 工師로 하여금 功績을 평가하고 물건에 이름을 새기게 한다器物에 그 工匠의 이름을 새기는 것이다'. 그 精誠을 고찰하는데, 공장에게 부당한 일이 있으면 반드시 벌을 준다'고 했다. 先王들이 百工에게 권하는 것이 이와 같았다. 만약 精巧한 바가 있으면, 그 餼廩을 높여 주니, 사방의 機巧가 있는 사람들이 풍문을 듣고 모여 들었던 것이다. 農器가 편리하면 힘을 덜 들여도 곡식이 많으며, 織機가 편리하면 힘을 덜 들여도 布帛이 풍족하며, 舟車의 제도가 편리하면 힘을 덜 들여도 먼 데 있는 화물이 滯留하지 아니하며, 引重하고 起重하는 방법이 편리하면 힘을 덜 들여도 築臺와 堤防이 견고해지니, 이것이 소위 백공이 來集하면 財用이 풍족하게 된다는 것이다. 그러나, 백공의 技巧는 모두 數理에 근본하는 것이니, (우리가 ― 필자) 반드시 句股弦, 銳鈍角 및 相入相差의 기본원리에 밝은 이후라야, 비로소 그 방법을 알 수 있을 것이다.[107] 만약 스승으로부터 傳해 배우고 학생들이 학습하는 일이 오랜 歲月이 쌓이지 않으면 끝내 본받아 성취할 수가 없을 것이다. 신이 先朝 때에 奎瀛府에서 校書를 할 때 임금께서 『(欽定古今 ― 필자)圖書集成』「考工典」第249卷을 내려주었는데, 곧 『奇器圖說』을 彙編한 것이다. 그 후에 또 奎章閣檢書 朴齊

---

107) 위의 "句股弦, 銳鈍角 및 相入相差"이 수학의 무슨 分科를 가리키는 것인지는 아직 밝혀내지 못했다.

家가 저술한 『北學議』6권을 보고, 또 그 후에 故儒臣 朴趾源이 저술
한 『熱河日記』20권을 보니, 거기에 실려 있는 중국의 器機制度는 사
람의 생각으로 능히 추측할 수 없는 것이 많았다.108)

　위에서 정약용은 이용감을 설치하여 중국으로부터 과학기술이
나 器機들을 적극적으로 도입하는 것이 국내적으로 여러 가지의
制度나 官制를 개혁하는 일과 더불어 매우 중요함을 누누히 강조
하였다. 외국에 대한 그의 시야가 주로 중국에 갇혀 있었던 것은
매우 유감이지만, 그것은 그가 맞이하고 있었던 시대적 한계에 불
과하고, 그의 본심은 日本과 西洋 각국으로 뻗어나가고 싶었던 것
으로 보인다. 여기에는 중국으로부터 선진적인 과학지식과 기술
의 도입이 국내의 뒤떨어져 있던 지식과 기술을 어떻게 革新하고
새로운 기술개발을 어떻게 자극하고 있었는지를 간단하게 그 事
例를 하나씩 들어서 설명해 보기로 한다.
　첫째는 月曆의 革新이다. 종래 정부에서 반포하는 달력에는 陰
陽五行說과 風水地理說에 입각한 邪說로 가득 채워져서 인민들에
게 無知와 迷信을 강요하고 있었는데, 새로운 달력에는 과학적 천
문학 지식과 농사를 위한 節氣를 알림으로써 인민들로 하여금 새

---

108) **臣謹案** 春秋傳正德利用厚生, 爲王者致治之大目. 中庸曰旣廩稱事, 以來百工.
周禮槀人職曰, 考其弓弩, 上下其食. 月令曰, 孟冬命工師效功, 物勒工名刻名於
其器. 以考其誠, 工有不當, 必行其罪. 先王之勸百工如是也. 苟使精巧者, 增其
餼廩, 則四方機巧之人, 將聞風而來集矣. 農器便利, 則用力少而穀粟多, 織器便
利, 則用力少而布帛足, 舟車之制便利, 則用力少而遠物不滯, 引重起重之法便
利, 則用力少而臺榭陧防堅, 此所謂來百工, 則財用足也. 然百工之巧, 皆本之於
數理, 必明於句股弦銳鈍角相入相差之本理, 然後乃可以得其法. 苟非師傳曹習,
積有歲月, 終不可襲而取之也. 臣於先朝, 校書于瀛府, 內下圖書集成考工典第
二百四十九卷, 卽奇器圖說彙編者也. 其後又見奎章閣檢書官朴齊家所著北學
議六卷, 其後又見故儒臣朴趾源所著熱河日記二十卷, 其載中國器用之制, 多非
人意之所能測.(『全書』五 – 經世遺表二 – 二十八 前面, 利用監)

로운 인민으로 거듭 태어나게 하자는 것이다. "原編에는 觀象監에
는 領事 1원이 있는데, 領議政이 例兼한다. 대개 三公은 陰陽을 다
스리고 四時를 조율하는 책임이 있다는 것이다. 이 說을 신은 일찍
부터 의심했다그 뜻은 나의 尙書說에 있다. 신은 말하건대, 領事 1원은
마땅히 減하는 것이 옳다. … 신은 말하건대, 地理學과 命課學은 지
금부터 폐지하고 다시는 뽑지 말아야 한다. 曆書 내에 이른바, '祭
事를 지내도 좋다'든가, '혼인을 해도 좋다'든가, '出他해서는 안 된
다'든가, '바느질을 하는 것은 좋지 않다'든가, 하는 여러 文句는 모
두 삭제하고, 이에 夏小正月令에서 王政 중에서 유익한 것을 선택
하여 節氣에 따라 편입한다. 또 古今의 農書와 本草를 취하여 九穀,
百果 및 여러 藥草의 종자를 심고 씨를 뿌리고 채집하기에 좋은 날
을, 節氣를 고찰하고 남북의 사정을 구별하여, 그 날짜 밑에 상세
하게 注記하기를 오늘날 마땅히 忌避해야 한다는 여러 文句와 같
이 하면, 임금이 하늘을 대신하여 천하를 다스리고 삼가 人時를 알
려주는 것이 이것보다 더할 수는 없다. … 陰陽 때문에 꺼리고 기피
해야 한다는 설이 일을 방해하고 해를 끼치는 것이 너무 크다. 오
늘날 葬事를 지내려고 擇日하는 자는 혹은 月德이 不吉하다고 하
면서 한 달을 전부 버리고, 혹은 年運이 맞지 않다고 하면서 1년을
모두 버리니, 그 피해를 다 말할 수 있겠는가. 오늘날의 曆書 제2장
에는 이른바 年神方位圖라는 것이 있고, 篇末에는 天恩天赦라는 것
이 1張 있는데, 모두 邪說이다. 신은 생각컨대, 이 두 장을 제거하
고 대신에 두 장을 보충하는데, 八道布政司의 節氣時刻, 日月交食時
刻 및 日出入時刻을 開列해서 遐外의 백성으로 하여금 모두 正時를
알게 하는 것이 역시 왕정 중에서는 큰 것이다."[109]

---

109) **臣謹案**原編, 觀象監有領事一員, 領議政例兼. 蓋謂三公有理陰陽順四時之責也.
此說臣嘗疑之義見尙書說. 臣謂領事一員, 減之似宜. … 臣謂地理學命課學, 自今
停罷, 不復選取. 其曆書之內, 凡所謂宜祭祀宜婚姻, 不宜出行不宜針刺諸文, 竝

둘째는 織染局의 설치이다. 조선후기에는 絹織業이나 綿織業이
나 할 것 없이 매우 뒤떨어져 있었다. 면직업은 농가에 綿作이 보
급되고 부분적으로 면포의 상품화도 이루어졌으나, 면작과 면직
물업은 압도적으로 自給自足的인 것이었다.[110] 견직물업도 면직물
업과 그 사정은 비슷했던 것으로 보인다. 그럼에도 불구하고 정약
용은 「家戒」와 「贈言」에서 康津과 海南 일대에 뽕나무를 100株 이
상 재배하는 농가를 소개하기도 하고 자제에게는 『種畜會通』을
저술하게 하여 산림, 원포 및 축산을 영위하도록 타일렀다. 그는
면직물업의 기술도입에 대해서는 攪車를 사례로 들면서, 그것이
이루어지지 못한 것을 못내 아쉬워했다.

故大夫 李基讓이 사신으로 북경에 가서 목화의 씨를 바르는 교거
를 구해서 귀국하여 임금에게 올렸더니, 선왕께서 五軍門에 특명을
내려 그 모양대로 제조하여 8道에 반포하게 했는데, 명령이 떨어지
고 얼마 되지 않아 임금께서 崩御하시어 필경 그 일이 행해지지 못
했다. 그 제도는 소박하고 특이한 것도 없었으나, 그러나 한 사람이
한가하게 앉아서 교거를 밟으면, 하루에 면화 2백 근의 씨앗을 바르

行汰削, 乃取夏小正月令, 選其王政之善者, 按節編入. 又取古今農書本草, 凡九
穀百果諸藥, 宜種宜蒔宜採之說, 考其節氣, 別其南北, 詳注於本日之下, 如今之
宜忌諸文, 則代天理物, 敬授人時, 無以踰於是矣 … 夫陰陽拘忌之說, 妨功害
事, 爲害甚鉅. 今爲葬而擇日者, 或云月德不吉, 而全棄一月, 或云年運不合, 而
全棄一年, 其害可勝言哉. 今曆書第二張, 有所謂年神方位之圖, 篇末有天恩天
赦一張, 皆邪說也. 臣謂去此二張, 代補二張, 開列八道布政司節氣時刻日月交
食時刻日出入時刻, 使遐外之民, 咸知正時, 亦王政之大者也.(『全書』五 － 經世
遺表一 － 六 前面, 觀象監)
110) 조선의 棉作과 綿織은 일제시대에도 자급자족단계에 있었다. 졸고, 「戰前期
東アジアの在来綿業」(堀 和生·中村 哲編著, 『日本資本主義と朝鮮·台湾』, 京
都大学出版会, 2004) 이 책의 한국어 번역본으로는 박섭역, 『일본자본주의
와 한국·대만』, 전통과 현대, 2007)이 있다.

는데, 역시 족히 紡織에 이로울 뿐만이 아니라 재화를 유통하게 할
수 있게 했는데, 실행되지 못한 것이 아깝다.[111]

그는 면직물업의 장려를 위한 관청은 구상하지 않았으나, 견직
물업에 대해서는 직염국을 설치해서 특히 장려하려고 했다. 당시
조선의 직물업의 발전 단계는 아직도 견직물업이 압도적으로 중
요한 상황이 아니었을까.

織染局이란 濟用監이다. 본래는 織造와 染色을 장악했으나, 근래
에는 염색만 하고 직조는 하지 않는다. 그러나, 『주례』에는 典絲, 典
枲 및 染人이 있으니, 모두 각각 下士 2인씩인데, 관직을 두고 織造
의 일을 장악하게 하는 것이 선왕의 제도이다. 하물며 우리나라의
이른바 직조라는 것은 紬布에 불과하고 錦繡, 綾緞 및 羊毛의 직포
는 알지도 못하며, 매년 金銀으로써 燕京으로부터 구입해 온다. 이미
생산할 수도 없으면서 또 검소할 줄도 모르고, 한갓되게 중요한 보
배를 허비하니, 올바른 계책이 아니다. 신이 듣건대, 중국은 비단을
제조할 때 고치를 가리는 데 기준이 있으며 고치를 삶는 데 숫자가
있어서 고치실을 뽑는 데 방법이 있다. 몇 번이고 말아서 바람에 乾
燥시키니, 실의 굵기가 고르고 두터우며 깨끗하면서 질기다. 우리나
라의 실 뽑는 방법은, 뭇 고치가 서로 뒤섞여 大小가 같지 않으며,
고치 삶는 데 숫자가 없어서 실이 두텁고 가는 것이 같지 않으며, 실
을 뽑는 데 법이 없어서 실이 뒤엉키는 것을 면할 수 없으며, 부뚜막
에서 말리니 실이 처음부터 썩으며, 모래나 돌로 눌러두고 감고 푸

---

111) 故大夫李基讓, 奉使赴京, 得剝棉攪車, 歸而上之, 先王特命五軍門, 依樣造作,
頒之八路, 命纔降而仙馭賓天, 事竟不行. 其制朴陋不奇, 然一人開坐踏車, 日剝
棉二百斤, 亦足以利紡織而通貨財, 惜乎其不行矣.(『全書』五 — 經世遺表二 —
二十九 前面, 利用監)

는 방법이 여러 번 변한다. 인력은 허비되는데 실이 거칠게 되는 것
은 모두 가르치지 않은 과실이다. 마땅히 이용감이 중국으로부터 배
워서 그 좋은 방법을 本局에 나누어 주고, 工夫를 모집하고 직조하
여 內用에 이바지하게 한다. 이에 그 방법을 모든 道에 나누어 주어
만민에게 가르치면, 이에 錦繡와 綾緞은 국중에서 取用할 수 있고
금은을 생산하는 산들은 처참한 형색을 면할 수 있을 것이니, 이것
은 역시 國計 중에서도 아주 중요한 것이다. 만약 단지 염색하는 데
그친다면, 貢人 한 사람으로서 족할 것이니, 또 무엇 때문에 별도로
반드시 아문을 설립할 것인가.112)

외국으로부터의 새로운 기술의 도입은 국내적으로 새로운 기
술의 창안을 자극하지 않을 수 없었다. 그러므로 그는 "선공감, 이
용감, 전궤사 및 견와서 등은 새로운 지혜를 창출하고 교묘한 기
술을 베풀어서 이용후생하는 것으로써 考功의 功績을 삼아야 한
다職掌에 보인다"113)고 했다. 여기서는 정약용 스스로의 새로운 지식
의 창출에 대한 사례를 하나 소개해 둔다. "東氷庫는 豆毛浦에 있
고 西氷庫는 한강가에 있는데, 무릇 빙고에 비용이 많이 드는 것

---

112) 織染局者, 濟用監也. 本掌織染, 近例染而不織. 然周禮有典絲典枲染人, 皆各下
士二人, 設官掌織, 先王之制也. 況我邦之所謂織, 不過紬布, 而錦繡綾緞羊毛之
布, 尙不知織, 歲以金銀, 貿之於燕市. 旣不能備工, 又不能崇儉, 徒費重寶, 非
計也. 臣聞, 中國之爲繒帛也, 擇繭有模, 烹繭有數, 繅繭有法. 重環遞傳, 風以
乾之, 故其絲均平而敦實, 潔白而堅靭. 我國之法, 衆繭相雜, 其大小不同, 烹繭
無數, 其罷細不同, 繅繭無法, 其縈亂難理, 乾之以灶脣, 其腐爛在初, 壓之以沙
石, 其纏解屢變. 人力費而物體麤, 皆不敎之過也. 宜自利用監, 北學中國, 以其
良法, 頒于本局, 募工織造, 以供內用. 乃以其法, 頒于諸路, 以敎萬民, 於是, 錦
繡綾緞, 皆取用於國中, 而金銀諸山, 可無悽愴之色, 斯亦國計之至深者也. 苟但
染采而止, 則一貢人足矣, 又何必別立衙門乎.(『全書』五 − 經世遺表二 − 三十
八 後面, 織染局)
113) 繕工監利用監典軌司甄瓦署之等, 以創智設巧, 利用厚生, 爲功績見職掌.(『全書』
五 − 經世遺表四 − 十五 後面, 考績議)

은 모두 얼음을 뜨고 운반하는 일이 불편하기 때문이다. 신은 말하건대, 禁苑 안에 맑은 샘물이 솟아나는 응달진 곳에 큰 움을 하나 파되, 그 四面을 돌로 두르고 빈틈은 회로써 막는다. 大寒後 10일 내에 반드시 아주 추운 날이 며칠 있을 것이므로, 얼음 뜨는 사람으로 하여금 찬물을 길어다 움에 부어 넣게 하면, 한 동이를 부어넣으면 한 동이가 얼고 두 동이를 부어 넣으면 두 동이가 얼어서, 순식간에 움이 온통 얼음이 될 것이다. 이 얼음은 깨어진 틈이 없어서 外風이 들어가지 않기 때문에 봄과 여름의 더운 날에도 역시 녹지 않으니, 얼음 중에서는 아주 좋은 것이다. 신은 일찍이 谷山府에 부임하여 그 邑에서 얼음을 저장하는 일에 민폐가 있었기 때문에 이러한 방법을 시험해 보았는데, 그 이듬 해의 여름에 움 전체가 돌과 같아서 도끼를 가지고서야 깰 수 있었으니, 아주 좋은 법이다. 얼음이 이미 움에 가득하면, 섬으로써 지붕을 덮는다. 민간이 사용하는 것은 마땅히 남산의 응달北山은 양지라 녹기 쉽다에 맑은 물이 샘솟는 곳을 택해서 위의 얼음을 저장하는 방법과 같이 하고, 빙고의 胥吏와 皀隸로 하여금 판매하여 스스로 살아가도록 하며, 무릇 사사로이 얼음을 저장하는 자를 일체 금지하면, 빙고는 부유한 관청이 될 것이다. 국가는 해마다 수만 꾸러미의 경비를 절약하니, 역시 경비에 보탬이 되지 않는다고 할 수 없을 것이다지금 얼음을 저장하는 비용이 수만 꾸러미를 내리지 않는다."114)

---

114) **臣又按** 東氷庫在豆毛浦, 西氷庫在漢江之上, 凡氷庫財費, 皆伐氷輸氷之有不便故也. 臣謂禁苑中有水泉淸冽, 地氣陰凝之處, 鑿之爲大窖, 四面砌石, 灰縫其磚. 至大寒後十日之內, 必有數日獰寒, 乘此時, 令凌人汲冽泉, 注于窖中, 酒一盆, 則凍一盆, 酒二盆, 則凍二盆, 頃刻之間, 一窖爲全氷矣. 此氷無破碎相加之磚隙, 外風不入, 故春夏日暖, 亦不融解, 氷之極美者也. 臣嘗任谷山府, 其邑藏氷有民弊, 故試用此法, 厥明年夏, 全窖如石, 用斧乃破, 誠良法也. 氷旣實窖, 乃苫屋也. 其民間所用, 宜於南山之陰, 擇一水泉淸冽之處, 藏氷如上法北山則向陽易融, 使氷庫吏隸, 發賣以自贍, 而京城之內, 凡爲私氷者, 一切嚴禁, 則不出數年, 氷庫爲腴司矣. 國家歲減數萬緡經費, 亦不可曰無補也今藏氷之費, 不下數萬

맺음말

정약용이 『경세유표』에서 추구했던 국가개혁의 기본목표는 '體國經野, 設官分職'이었다. 다시 말하면, 그가 추구했던 국가개혁의 기본목표는 왕정의 기본과제를 제시하고, 이 과제를 수행할 수 있도록 관제를 정비하는 것이다. 그런데, 그가 제시하는 왕정의 기본과제는, 첫째 기본적인 생산수단인 토지를 인민들에게 골고루 분배하고 전지의 境界를 명확하게 구획함으로써 그들로부터 부세를 확실하게 수취할 수 있는 정전제의 시행, 둘째 생산물이 지역간에 원활하게 소통될 수 있도록 通功易事를 도모하는 일, 셋째 賦貢의 稅源을 확보하기 의한 自然資源의 개발, 넷째 국방을 위한 상비군의 확보, 다섯째 치안을 유지하기 위한 刑律의 시행 및 여섯째 疾病에 대처하기 위한 醫療施設의 정비 등이었다. 이러한 왕정의 기본과제는 對民政事를 대상으로 설정된 것인데, 왕정의 과제로서는 이 이외에 官僚制를 운영하기 위한 인사정책, 外交 및 왕실의 권위를 인민들에게 誇示하기 위한 儀典이 있었다. 그리고 정약용은 위와 같은 왕정의 과제를 수행하기 위한 관료제로서는 『서경』과 『주례』에 제시되어 있는 三公과 六官의 제도가 합당하다고 생각했다.

위에서 보는 바와 같이 그는 중국3대의 왕정을 이상적인 정치로 생각하였는데, 거기서의 정치는 왕조국가가 전제되어 있기 때문에 제왕이 天命을 받들어 천하를 다스리는 일로 생각했다. 일종의 自然法思想이다. 그런데, 이 자연법사상에 따르면, 왕정은 천명을 받들어서 천하를 다스리는 일이므로 하늘의 秩序가 지상에서 再現되어야 했다. 『경세유표』에서는 천명이 지상에서 재현되도록

繼.(『全書』五 - 經世遺表一 - 五 前面, 凌人署)

제정된 법제를 인간이 인위적으로 제정한 法과 구별하여 禮라고 했는데, 이 예는 天理에 비추어 보아도 화합하고 人情에 견주어보아도 조화되는 것이라 했다. 그리고 이 하늘의 질서가 인간의 질서로 재현될 수 있는 것은 인간에게 하늘의 질서를 재현할 수 있는 요소가 그 本性으로 주어져 있기 때문이라 했다. 정약용에 따르면, 인간은 하늘로부터 부여받은 靈明과 欲心을 그 본성으로 하는 靈體이기 때문에 한편으로 인간 스스로를 敎化하여 中正한 인간으로 다시 태어나게 하는 것은 말할 것도 없고 다른 한편으로는 動植物을 化育하여 그것들을 繁盛하게 할 수 있는 존재라는 것이다. 여기에서 볼 수 있듯이, 그의 관제개혁의 목표는 인간을 교화하고 동식물을 화육할 수 있는 관료들이 국정과제를 수행할 수 있도록 國家機構를 정비하는 일이었던 것이다.

그런데, 이러한 관제개혁을 단행할 수 있는 주체는 말할 필요도 없이 代天理物하는 제왕이다. 제왕은 왕정과 관제를 개혁할 때에 天命을 터득한 臣下의 輔弼을 받아야 하지만, 그러나 上帝로부터 천명을 받는 것은 궁극적으로 제왕 자신인 것이다. 왜냐하면 그는 皇極 즉 만물의 중심이기 때문이다. 제왕이 관제를 제정할 때에는 다음의 두 가지 과제가 거기에서 실현될 수 있도록 해야한다. 첫째는 寅亮天工 즉 하늘의 질서에 따라 천하를 통치하는 일을 삼가 밝히는 것이다. 제왕이 하늘의 질서에 따라서 천하를 통치하는가 어떤가는 그의 통치가 민심을 收攬할 수 있는 것인가 어떤가에 의하여 확인된다. 왜냐하면 여기서는 民心이 곧 天心이기 때문이다. 둘째는 宮府一體 즉 민심을 수람하는 동시에 주권자로서의 제왕의 지위가 보장될 수 있도록 관제가 제정되어야 한다. 다시 말하면, 왕조국가의 관제는, 민심을 수람할 수 있도록 제정되는 것도 중요하지만, 제왕이 皇極이기 때문에 인민을 제대로 통치할 수 있는 제왕의 지위가 보장되도록 제정되어야 한다. 그러므로 정약용이 『서경』과 『주례』의 관제에 따라 이상적인 관제모형이라 제시하는 三公과 各官이 각각 20의 屬衙門을 거느리는 六官으로 구성되는 관제는 宮中의 일을 담당하는 속아문과 府中의 일을 담당하는 속아문이 渾然一體가 되어 있었던 것이다. 이러한 관료제는 막스 베버의 이른바 家産官僚制의 일종이다.

조선의 관제가 의정부와 육조의 체제로 정비되는 것은 太宗代부터라고 한다. 그러나, 이 관제는 순조롭게 운용되지 못하고, 조선시대의 중기부터는 의정부가 아니라 備邊司가 국정을 총괄하게 되었다. 비변사가 국정을 총괄하게 되는 계기는 조선정부가 女眞이나 倭寇 등의 騷擾에 대처하는 능력이 취약했기 때문이었다고 하는데, 사정이 그러할 수밖에 없었던 것은 조선정부가 본래 국가를 유지하는 기본조건인 財政과 軍事力을 제대로 확보하지 못하고 있었기 때문이었다. 그러므로, 왕정개혁의 2대 과제의 하나로서 제기되는 관제개혁은 관제개혁만으로써는 완결될 수가 없고, 국정의 근본적인 개혁과 連動되지 않을 수 없었다. 여기에 『경세유표』에서 제시된 관제개혁을 고찰함에 있어서는 그것을 국정개혁과 관련해서 고찰하지 않으면 안 되는 所以가 있었던 것이다. 정약용은 관제개혁에 있어서, 비변사를 폐지하는 대신 그 기능이 마비되었던 의정부를 부활시키고, 宮中과 府中에 흩어져 있던 屬衙門들을 20아문씩으로 묶어 六曹에 배당함으로써 제대로 그 모양을 갖춘 의정부와 육조의 체제를 재정비하는데, 그의 관제개혁의 기본목표는 역시 본래 三代王政에서 제기되는 국정과제를 수행할 수 있도록 관제를 정비하는 일이었다. 따라서 여기서는 3대왕정에서 제기되는 국정과제를 수행하기 위한 관제개혁에 초점을 맞추어 그의 관제개혁안의 骨子를 검토해 보기로 한다.

「原政」과 『경세유표』의 「서관」에 제시되어 있는 왕정의 기본과
제는 정전제의 실시, 通功易事를 위한 시설과 제도의 정비, 賦貢制
의 실시를 위한 자원개발, 국방을 위한 상비군의 확보, 치안의 유
지, 위생시설의 보급 및 국내의 뒤떨어진 기술을 극복하기 위한
중국으로부터의 기술도입이었다. 위의 왕정의 기본과제를 수행하
기 위한 관제개혁은 아래와 같은 국정과제의 분야에서 이루어지
도록 했던 것으로 보인다. 첫째는 정전제의 시행인데, 이를 위해
서 版籍司와 經田司를 두려고 했다. 둘째는 통공역사를 위한 관제
정비인데, 水陸交通의 시설을 정비하기 위하여 典堵司, 典軌司 및
戰艦司를, 도량형의 정비를 위하여 量衡司를, 가치가 안정적인 화
폐를 공급하기 위하여 典圜署를, 확실한 계약제도의 정비를 위하
여 券契司를 각각 두려고 했다. 셋째는 賦貢制의 실시를 위한 자
원개발인데, 산림업의 장려를 위하여 山虞寺와 林衡寺를, 淡水漁
業의 장려를 위하여 澤虞寺와 川衡寺를, 園圃의 장려를 위하여 司
圃署를, 축산업의 장려를 위하여 司畜署와 牧圉司를 각각 두려고
했다. 여기서는 광업개발을 위하여 司礦署를 두려고 한 것도 특별
히 언급해 두어야겠다. 넷째는 상비군을 확보하기 위하여 三司, 三
局, 三衛 및 三營을 두려고 했다. 국방과 관련해서는, 반드시 관제
개혁과 연결되는 것은 아니지만, 정전제에 기초한 束伍軍의 확보
와 屯田을 기초로 하는 中京, 西京, 監營, 兵營 및 諸郡縣의 지방군
에 대해서도 언급해 두어야겠다. 다섯째는 기술개발을 위한 관제
개혁인데, 중국으로부터 새로운 기술을 도입하기 위하여 利用監
을, 曆法을 개혁하기 위하여 觀象監을, 絹織物業의 기술개발을 위
하여 織染局을, 각각 두려고 하였다.

제3장

井田法과 王土

머리말

제1절 資料의 檢討와
　　　研究史의 整理

제2절 王土와 時占

제3절 國家的 土地所有의
　　　實現方案

제4절 「井田議」의 分析

맺음말

머리말

정약용이 자기의 토지소유론을 체계적으로 전개한 문헌은「田論」7首와『경세유표』의「田制」12篇뿐이 아닌가 한다. 전자에서는 閭田論을 전개하고, 후자에서는 井田論을 전개했다. 그가 토지소유에 대하여 언급한 문헌으로서는 이 이외에도 1790년의「農策」이 꼽히고 있으나,[1)]「농책」은 농업전반의 개선방향을 제시하는 과정에서 토지소유 문제에 대해서도 斷片的으로 언급하는 글이기 때문에, 거기에서 그의 토지소유론이 체계적으로 전개될 여지는 없었다. 그리고, 위의 두 문헌 중에서도 그의 토지소유론이 본격적으로 전개되는 주된 문헌은 말할 필요도 없이「전제」12편이다. 주지하는 바와 같이,「전론」7수는 여전론을 전개한 한편의 논문에 불과한 데 대하여「전제」12편은 그의 最終的이고도 最高의 국가개혁서인『경세유표』의 中核的 部分이다. 따라서 그의 토지소유론에 대한 고찰은 당연히 정전제의 이론과 실시 방안을 제시하는「전제」12편을 중심으로 이루어져야 한다. 그리고, 그가 逝去하기 2년 전에 저술한『尙書古訓』에서 그의 토지소유론의 經學的 기초가 명확하게 정리되었다.

---

1) 다산의 토지제도에 관한 중요한 저술로서는 위에서 든 것 이외에도「擬嚴禁湖南諸邑佃夫輸租之俗箚子」와『경세유표』의「田制別考」3편이 있다. 그러나, 전자는 소작농이 田稅와 種穀을 부담하는 호남의 소작관행을 개혁하자는 논의이며, 후자는 현행의 結負制를 전제로 方田法과 魚鱗圖의 작성을 통한 量田方法 및 收稅制度의 개혁을 다룬 글로서, 양자는 土地所有制度를 논의하기 위한 저술이 아니다. 그러므로, 다산의 토지소유론을 다루는 이 글에서는 이들을 본격적인 고찰의 대상에서 제외하기로 한다.

　그간 「전제」12편에서 피력된 토지소유론에 관해서는 꽤 많은 연구가 이루어져 왔다. 그러나 학계에서는 아직도 거기에서 披瀝된 정약용의 토지소유론이, 지주적 토지소유를 포함하는 농민의 事實上의 토지소유를 허용하는 土地私有論인가, 그렇지 않으면 지주적 토지소유뿐만이 아니라 농민의 사실상의 토지소유까지도 부정하는 土地國有論인가에 대해서조차 의견의 일치가 없는 형편이다. 「전제」12편에서 전개된 토지소유론에 대한 이와 같은 극단적인 견해 대립은, 연구자들이 정약용의 토지개혁론에서 어떤 理想社會에 대한 構想이나 近代志向性을 읽어내려고 한 나머지, 「전제」12편의 정전제에서 전개되는 토지소유론에 대한 체계적인 검토가 제대로 이루어지지 못한 데 기인하는 바가 가장 큰 것으로 보인다. 그러므로, 그의 토지소유론에 대한 의견 대립을 해소하기 위해서는 무엇보다도 먼저 정전제의 시행을 목표로 저술된 「전제」12편에서 전개되고 있는 정약용의 토지제도론 즉 정전제에 대한 이론적 검토가 이루어져야 할 것이다.

　위와 같은 인식을 전제로 정약용의 토지소유론을 올바로 이해하기 위해서는 다음과 같은 네 가지의 작업이 이루어져야 할 것으로 보인다. 첫째는 그의 토지소유론을 담고 있는 문헌에 대한 철저한 조사·검토이다. 여기에서는 그의 토지소유론를 전개한 문헌에 대한 書誌的 검토와 「전제」12편에서 전개되는 정전제의 이론구성에 대한 분석이 이루어져야 할 것이다. 아울러 그의 토지소유론에 대한 研究史的 整理도 여기서 행하는 것이 좋겠다. 둘째는 그의 토지소유이론에 대한 검토이다. 여기서는 그의 토지소유이론 즉 정전론이 입각하고 있는 왕토사상의 經學的 根據와 정전제에서의 국왕과 농민의 지위인 王土와 時占의 문제가 다루어져야 할 것이다. 셋째는 국가적 토지소유의 實現方案에 대한 검토이다. 여기서는 정전법의 실시를 위한 國有地의 確保方案 등이 고찰될 것이다. 넷째는 「井田議」에 대한 분석이다. 여기서는, 많은 연구자들이 주장하는 바와 같이, 「정전의」가 均稅論이 아니라 정전제의 실시를 위한 政策論이라는 점을 밝히려고 한다.

마지막으로 우리가 정약용의 토지소유론을 다룸에 있어서 念頭에 두어야 할 사항 한두 가지를 미리 밝혀 두고자 한다. 첫째는 『경세유표』의 개혁론적 성격과 거기에서 피력된 토지소유론과의 관계이다. 『경세유표』가 三代王政의 실현을 목표로 現行法을 초월하여 朝鮮王朝의 法制를 근본적으로 개혁하려고 했다는 사실에 대해서는 정약용 스스로도 강조해 마지 않았다. 그런데, 대부분의 연구자들이 주장하는 것처럼 그의 정전제 실시의 핵심적 논의인 「정전의」가 현행의 토지소유를 전제로 하는 단순한 公田均稅論이나 均稅論에 불과하다면, 『경세유표』의 국가개혁서로서의 면모는 어디에서 찾을 수 있을 것인가. 둘째는, 만약 정약용이 『경세유표』에서 토지사유론을 前提하거나 展開했다고 한다면, 그 토지사유론에서의 사유는 어떠한 의미에서의 私有일까. 만약 그 사유가 近代的 土地所有를 가리키는 것이라고 한다면, 정약용이 구상하는 국가가 근대국가라고까지는 말할 필요가 없다고 하더라도 絕對王制와 같은 근대로의 과도기적 국가라고는 말할 수 있을 것인가.

역시 전근대사회나 初期近代社會에서의 토지소유 문제는 國家의 階級的 性格과 분리해서 다루어질 수 없는 어려운 문제를 안고 있다. 이러한 점에 유의하면서 정약용의 토지소유론을 검토해 보기로 한다.

제1절 資料의 檢討와 硏究史의 整理

1. 자료의 검토

토지소유제도에 대한 정약용의 최초의 견해는 1790년의 「農策」
에서 제시된 균전론이라고 지적되어 왔다. 「농책」은, 正祖의 여러
가지 농업문제에 관한 策問에 대한 對策이므로, 어느 특정 주제에
대하여 체계적으로 그의 견해를 피력하기는 어려운 글이었다. 따
라서 「농책」에서는, 토지제도와 관련하여 정전법의 助法 등에 대
한 단편적인 언급은 있지만, 그의 토지소유론이 체계적으로 제시
되고 있지는 않다. 다만 그 글의 말미에서 시행되어야 할 토지제
도로서 균전법에 대하여 언급하고 있는데, 그 均田法은 「전론」이
집필될 때까지의 토지소유에 대한 그의 持論이기는 했지만 자신
의 토지소유론이라기보다 그가 16세 때부터 私塾했던 李瀷의 균
전론을 따른 데 불과한 것으로 보인다. 「농책」에 제시되어 있는
토지제도로서의 균전제는 토지소유 문제에 대한 매우 추상적 수
준의 단편적 언급에 불과하다.

신은, 학식이 없어서 이미 古事에 널리 통하지 못하고, 재주와 지
혜가 얕고 짧으며, 時務에도 익숙하지 못합니다. 마침 말씀을 올릴
기회를 맞이하여 망언의 죄를 무릅쓰고 天·地·人의 道理를 말씀드
렸는데, 어리석은 생각으로 백성의 근본을 바로 세우는 일은 역시
均田이라는 두 글자에 있습니다. 애석하게도 井田의 助法은 오늘날
그 시행을 논의할 수 없다고 하더라도, 阡陌의 형세에 따르고 肥瘠
을 헤아려서 토지소유의 多寡를 통제하고 貧富를 고르게 하는 것은
역시 版圖를 손아귀에 쥐고 묵묵히 企劃을 어떻게 하는가에 달려 있
을 뿐입니다. 이렇게 한 이후라야, 인구의 實數가 파악되고, 군인들

로 하여금 죽을 힘을 다하여 싸우게 할 수 있으며, 천하의 농민들도
모두 즐거이 농토의 경작을 원할 것입니다.[2]

그 다음으로 토지소유제도에 대한 정약용의 견해가 제시되어
있는 저작은 1799년에 집필된 「전론」이다. 「전론」이 1799년에 집필
된 것을 최초로 밝힌 연구자는 金容燮이다. 그리고 그는 정약용이
그해 5월에 谷山府使에서 중앙정부의 刑曹參議로 복귀하여 당시
의 應旨進農書를 검토하는 분위기 속에서 「전론」을 저술했을 것으
로 추측했는데,[3] 정약용은 그 전 해에 곡산에서 「應旨論農政疏」를
올린 일이 있었기 때문에 매우 설득력이 있는 설명으로 보인다.
그런데, 이 「전론」의 執筆年度에 관한 考證은 「전론」과 「전제」가
그의 토지개혁사상에서 차지해야 할 정당한 위치를 밝히는 데 一
助함으로써 그의 토지소유론에 관한 연구에 있어서 결정적 역할
을 해야 했음에도 불구하고 그렇게 되지 못했다. 그 이유는, 「전
론」에서 피력된 閭田論에 매료되어 그것이 정약용의 最終的 혹은
最高의 토지개혁 방안으로 과대평가됨으로써, 「전제」12편에서 전
개된 井田制가 여전제로 이행하는 과도기적 토지개혁 방안으로
위치될 수밖에 없었기 때문이었던 것으로 보인다.
그러면 「전론」에서는 그 이름에 걸맞은 토지소유론이 전개되
고 있는가. 과연 「전론」의 앞머리 2個 首에는 토지소유론이 전개
되고는 있으나, 거기에서 전개되는 토지소유론의 내용은 아주 간
단한 것에 불과하다. 거기에서는 국가적 토지소유와 인민의 九職

---

2) 臣學識蔑裂, 旣無以博通古事, 才智淺短, 又不能練達時務. 適逢得言之會, 不避
妄言之罪, 有此三才之貢, 愚若夫立民之本, 亦惟在均田二字. 噫井地助耕之法,
雖不可與論於今世, 因阡陌之勢, 量肥瘠之品, 制其多寡, 平其富貧, 亦惟手握版
圖, 默運神機之在何如耳. 如是然後, 民口可得其實總, 兵力可得其死心, 而天下
之農, 擧熙熙然願耕其野矣.(『全書』一 ─ 詩文集九 ─ 十六 前面, 農策)
3) 金容燮, 『韓國近代農業史研究』, 一潮閣, 1975, 91~92페이지.

으로의 分業을 전제로 하는 농민에의 토지균등분배를 주장하는 制産論이 제시되고 있으나,[4] 토지국유화의 方案에 대해서는 아무 것도 언급된 것이 없다. 그리고 「전론」과 「전제」는 비록 농업경영에 있어서는 공동경영과 개별경영으로 다르다고 하더라도 국가적 토지소유론이라는 점에서는 서로 같기 때문에, 1834년에 이루어진 것으로 보이는 『洌水全書』의 편집과정에서 晚年의 『尙書』 研究에서 획득한 국가적 토지소유의 經學的 根據를 頭注로 가필하는 과정에서 「전론」의 집필 연도도 아울러 밝혀두었던 것이다.[5] 아래에서는 「전론」에 제시되어 있는 均産論이나 다름없는 제산론을 소개한다.

하늘이 백성을 낳을 때, 먼저 전지를 마련하고, 태어나면서 그것을 경작하여 먹고살도록 했다. 이미 또 君牧을 세워서 백성의 부모가 되게 하고, 이들에게 재산을 골고루 나누어 주어 더불어 잘 살아가도록 다스리게 한 것인데, 군목이 된 자가 여러 자식들이 서로 공

---

4) 「전론」의 여전론과 「전제」의 정전론에서는 균전론의 均産論과는 달리 制産論이 전개되고 있다. 양자의 차이점은 균산론은 모든 백성들에 대한 土地의 均分을 목표로 하지만, 제산론은 九職으로의 분업을 전제로 하기 때문에 農者에게만 그 노동능력, 즉 治田을 고려하면서 토지를 배분하고 여타의 사람들에게는 職業을 골고루 분배해야 한다는 것이다. 籍農夫而配於田, 如籍卒伍而配於軍. 其外於籍者, 各以其職, 與農夫通功易事, 以贍其食, 斯之謂制民産. 顧何嘗使天下之黔其首者, 咸得百畝之田, 各自謀其食哉.(『全書』五 - 經世遺表 五 - 四 後面, 井田論三)

5) 『與猶堂集』이 편찬되기 시작한 것은 1822년 그의 回甲年에 집필된 「自撰墓誌銘」 이후로 보인다. 그리고, 그의 저작은 부분적으로 1834년경에 『열수전서』로 편집되는데, 위의 加筆 「田論」은 『洌水全書續集七』에 수록되어 있으므로, 가필도 이때에 이루어진 것이 아닐까 추측된다. 『열수전서』의 편집년도를 1834년경으로 추정하는 근거는 「洌水全書總目錄」에 1834년에 수정된 『尙書古訓』과 『梅氏書平』이 그 書目으로서 등장할 뿐만이 아니라 改稿된 『梅氏書平』에서만 『열수전서』라는 文集名이 등장하기 때문이다.

격해서 빼앗고 倂呑하는 것을 익히 보면서도 팔짱을 끼고 금지하지
않아서, 힘센 자들은 더욱 많이 가지고 힘 없는 자들은 밀쳐냄을 당
하여 구렁텅이에 굴러 떨어져서 죽게 되면, 군목이 된 자가 君牧의
노릇을 잘한 것인가. 그러므로 재산을 골고루 나누어 주어 함께 잘
살게 하는 자는 올바른 군목이요, 재산을 골고루 나누어 주지 못하
여 백성들을 더불어 잘 살게 하지 못하는 자는 군목의 소임을 등진
자이다.[6]

「농책」과 「전론」에서는 토지소유의 원칙이 간단하게 언급되어
있는 데 대하여, 「전제」12편은 10여 년에 걸쳐서 중국의 고전과 조
선의 토지제도를 검토하고 이를 바탕으로 조선의 토지제도를 정
전제로 개혁하기 위하여 집필한 體系的 저술이다. 따라서 「전제」
12편은 정약용의 토지소유론에 관한 最終的이고도 最高의 著作일
뿐만이 아니라 「농책」이나 「전론」과 같은 비중으로 다루어도 좋
은 성질의 저술이 아니다. 그리고 「전제」12편은, 거기에 「전제별
고」3편을 추가하면, 저술의 분량 면에서도 정약용의 최대의 국가
개혁서로 알려진 『경세유표』의 3분의 1을 차지한다. 그렇기 때문
에 「전제」12편에서는 정전법 이론에 대한 검토, 조선의 田制에 관
한 고찰 및 이들 논의를 기초로 하는 조선에서의 井田制의 實施方
案이 다루어지고 있다. 다시 말하면, 「전제」12편은 조선의 토지제

---

6) 天生斯民, 先爲之置田地, 令生而就哺焉. 旣又爲之立君立牧, 令爲民父母, 得均
制其産而並活之, 而爲君牧者 拱手孰視其諸子之相攻奪并呑, 而莫之禁也, 使强
壯者益獲, 而弱者受擠批, 顚于地以死, 則其爲君牧者, 將善爲人君牧者乎. 故能
均制其産而並活之者, 君牧者也, 不能均制其産而並活之者, 負君牧者也.(『全書』
一-詩文集十一-三 前面, 田論一) 이 인용문만으로는 균전론의 균산론에
관한 설명과 조금도 다를 바가 없다. 그러나, 「전론」7首는 人民의 九職으로
의 分業을 전제로 하고 있으므로, 그 전지의 배분방법은 균전론의 그것과는
다르다.

도를 정전제로 개혁하기 위한 논리적으로 首尾一貫된 체계적이고
도 본격적인 저술이다. 그럼에도 불구하고,「전제」12편에서 전개
되는 토지소유에 관한 연구가 그 전체의 체계를 망각하고 정전법
체계 밖에서 이루어진다면, 그것은 올바른 연구방법이 아니다.

「전제」12편의 구성을 보면, 그것은 세 부분으로 나뉘어져 있
다.7)「전제」1~5는 정전법의 이론에 대한 검토이며,「전제」6~8은
정전법의 실시를 염두에 둔 조선의 토지제도에 관한 고찰이며,
「전제」9~12는「井田議」로서 조선에서의 정전법의 실시 방안에 관
한 모색이다.「전제」12편 내에서 그 著述年代를 알 수 있는 明示的
인 기술은 조선의 토지제도에 관하여 고찰하고 있는「전제」6~8뿐
이다. 거기에서 제시된 저술연대는 1816·7년이다.8) 위와 같은「전
제」12편의 논리구성상「정전의」가 1817년 이후에 저술되었을 것이
라는 점은 쉽게 추측할 수 있겠다. 그러면「전제」1~5는 언제 집필
되었을까. 지금까지 학계에서는 1814년에 저술된『孟子要義』의 柳
馨遠에 관한 기술에 근거하여 1814년까지만 하더라도 정약용은 정
전법의 실시가능성에 대하여 懷疑的이었다고 지적되기도 했다.9)

---

7)「전제」12편에 대한 본격적인 자료적 검토는, 필자의 把握과 크게 다르기는
   하지만, 鄭允炯,「茶山丁若鏞의 井田制論」(한국실학연구회,『韓中實學史研
   究』, 민음사, 1998)에서도 이루어졌다.

8) 拙稿,「筆寫本『經世遺表』에 대한 書誌的 檢討」(『茶山學』제18호, 2011.6)의
   「著作과 筆寫의 經緯」를 참조할 것.

9) 朴贊勝,「丁若鏞의 井田制論考察」(『歷史學報』제110집. 1987, 114페이지). 필
   자도 한 때는 이 구절 때문에『맹자요의』의 단계에서는 다산이 아직 정전법
   의 시행을 주장하지 못했다고 생각한 일이 있으나, 아래의 인용문이 일관되
   게 정전법의 시행을 주장하고 있는 점에서 보면, "井田今不可行, 惟均田之法,
   在上者斷而行之, 斯可爲矣"라는 구절은, 균전법에 대한 다산의 견해의 피력
   이 아니라, 유형원의 토지제도에 대한 견해를 정약용 나름으로 요약해 놓은
   것이라고 볼 수밖에 없다. 그리고, 다산은 이미「전론」에서 均産論이 아니라
   制産論을 주장하고 있으므로『맹자요의』를 집필할 때에는 이미 균전론에서
   벗어나 있었다. 아래의 인용문은 위의 문장을 포함하면서도 일관되게 仁政

그러나, 『맹자요의』의 정전법에 관한 기술을 자세히 검토해 보면, 정약용의 정전법에 관한 견해는 오히려 『맹자요의』에서 체계화되고 있는 것을 확인할 수 있다. 집필 착수의 최초 연도가 1815년으로 밝혀지는 『경세유표』가 「전제」12편을 그 中核的 內容으로 하고 있다는 점에서도, 그의 정전제에 관한 구상은 늦어도 1810년대 초의 『尚書』 및 『주례』 등에 관한 연구의 着手로부터 이루어져 왔다고 보아야 할 것이다.10)

「전제」1~5의 정전법 이론에 대한 검토를 살펴보기로 하자. 「전제」1은, 「井田論」1~3의 정전법에 관한 기초이론으로서, 정전법은 古今을 막론하고 시행될 수 있는 동양적 왕조국가의 기본적 토지제도라는 점, 9분의 1의 模楷라는 점 및 농가의 陣法이라는 점을 논하고, 아울러 정전법에 대한 學說史的 검토를 행했다. 「전제」2는 정전모양으로의 田地區劃에 관한 설명인데, 여기에서는 水路와 道

즉 정전법의 시행을 주장하고 있는 것을 볼 수 있다. 鋪案, 規矩律呂爲工師法度之所由生, 仁政亦當於法度上理會. 下段引詩而言尊先王之法, 可見其義也. 滕文公行井田法, 則曰聞君行仁政. 孟子一生, 經濟在於經界, 大抵井田之法, 在王政, 如規矩之於方圓, 六律之於宮商, 田政先正, 然後禮樂兵刑萬事千頭, 俱有條理. 柳磻溪經國之書, 必從田政始, 可謂知本之學也. 井田今不可行, 惟均田之法, 在上者斷而行之, 斯可爲矣. 堯舜大聖也, 堯舜之道, 大聖人之道也, 不以仁政, 不能平治天下, 卽仁政果規矩律呂哉.(『全書』二 - 孟子要義一 - 四十九 後面, 離婁第四) 또 文獻考證이 매우 어렵기는 하지만, 『맹자요의』에는 다산의 「전제」로 추측되는 「田制考」(『목민심서』에는 '나의 田制考'라는 표현이 가끔 등장하는데, 이것은 『경세유표』의 「전제」1~5를 가리키는 것으로 보인다)가 「使畢戰問井田節」의 田稅와 賦貢에 관한 이론적 설명의 자료로서 제시되어 있기도 하다.(『全書』二 - 孟子要義一 - 四十三 前面, 使畢戰問井地節)

10) 이 점에 관해서는 다산 스스로 「정전의」1의 머리 부분에서 『경세유표』의 저술에 앞서서 「堯典」, 「皐陶謨」 및 「禹貢」의 3篇과 『周禮』6篇을 수년간 연구해 왔음을 밝히고 있다. 古法之存於今者, 唯有堯典皐陶謨禹貢三篇及周禮六篇而已. 臣於此九篇, 硏精覃思, 蓋有年所. 其考績奏績之法, 正土平賦之制, 種種條例, 嚴酷栗烈, 綜核縝密, 一滴不漏, 一髮不差, 不似後世之法, 敧傾散漫, 贅疣潰裂. 其精義妙旨, 不可勝言.(『全書』五 - 經世遺表七 - 二十七 後面, 井田議一)

路網의 건설 및 國土의 領地 혹은 行政區域으로의 분할 등이 아울러 고찰되고 있다.「전제」3은 정전과 六遂에서의 수세원칙에 관한 설명인데, 여기에서는 인민의 구직으로의 분업, 家屋·園廛·山林·川澤·商工 등에 대한 賦貢도 아울러 논했다.「전제」4는 농민에의 토지배분과 토지소유제도에 관한 설명인데, 균전법과 한전법은 정전법과는 달리 토지소유권이 여전히 농민과 지주에게 있기 때문에 제왕적 통치권의 올바른 물질적 기초가 될 수 없다는 점 등을 논했다.「전제」5에서는 토지제도로서의 균전법과 정전법의 차이를 검토하면서 정전법이야말로 국가적 토지소유, 인민의 구직으로의 분업 및 井田과 方田으로의 토지구획을 기초로 하는 것이므로 田地의 境界를 확실하게 바로잡을 수 있는 最良의 토지제도라는 점을 강조했다. 그리고「官田別考」라는 항목을 별도로 설정하여 中國歷代의 官田에 관한 사례를 검토하는 형식을 빌려서 정전법의 시행에 對備하기 위한 국유지의 확보 방안을 논했다. 이렇게 보면「전제」5는「정전의」를 유도하기 위한 豫備檢討의 項目으로 위치될 수 있을 것이다.

「전제」6~8은 정전법의 실시와 관련하여 우리나라의 토지제도를 고찰한 것이다. 정전법을 실시하기 위해서는 정전법에 관한 이론적 검토만으로써는 불충분하고 우리나라의 토지제도에 대한 철저한 조사·검토가 先行되어야 했다. 왜냐하면, 개혁의 이론은 중국의 정전제에서 가져온다고 하더라도 개혁의 대상은 우리나라의 토지제도인 結負制였기 때문이다. 그래서「전제」6은 우리나라에서도 일찍이 정전법을 실시한 흔적이 있었다는 점, 결부제는 본래 頃畝制와 같았으나 세종의 貢法制定으로 田分六等과 年分九等이라는 제도가 도입됨으로써 결정적으로 경무제와는 다른 법제로 변했다는 점, 조선조의 양전의 역사와 肅宗庚子量田에 의하여 획득된 八道田結時起表 및 『속대전』에서는 농민을 田主로 표기하고 있으나 토지는 본래 王土이므로 사실상의 토지소유자인 농민을 時占으로 표기해야 한다는 점 등에 관하여 논하고 있다. 「전제」7은 결부제하에서의 전세수세의 원칙과 관행을 고찰했는데, 여기서 제시되어 있는 호남지방 田地 1結의 중앙정부에 대한 조세부담인 國納 및 이 국납에 지방세인 雜徭를 포함하는 防納에 관한 사례는 『경세유표』나 『목민심서』에서가 아니면 다른 문헌에서는 도저히 찾아볼 수 없는 조선후기의 收稅慣行에 관한 매우 상세한 자료들이다. 정약용이 이와 같이 상세한 수세관행의 사례를 고찰한 이유는 결부제와 정전제의 전세수입을 비교하는 것이 정전제 도입의 필수조건으로 생각되었기 때문인 것으로 보인다. 「전제」8에서는 결부제하에서의 전세징수에 있어서 그 검토가 불가결한 사항인 俵災, 陳田, 隱結 및 宮結과 같은 문제를 다루고 있는데, 여기서는 전세징수와 관련된 아전들의 부정부패를 밝히는 동시에 정전제의 실시를 위한 국유지 확보의 가능성에 대해서도 검토하고 있다.

「전제」9~12는 조선에서의 정전법의 실시 방안을 제시하기 위하여 저술된 것이다. 정전법의 실시는 「전제」1~5에서의 정전법에 관한 이론적 검토와 「전제」6~8에서의 정전법의 실시를 위한 조선의 토지제도에 관한 고찰을 전제로 하고 있다. 그러므로 「전제」9~12를 「전제」1~8과 다른 이론적 차원에서 고찰하는 것은 올바른 연구방법이 아니다. 「전제」9는 우선 정전은 田家의 黃鐘이므로 정전제가 아니면 왕정의 기초인 經田을 제대로 할 수 없다는 점, 公田의 國有化와 田主의 時占으로의 表記, 정전으로의 田地區劃 등에 관한 논의이다. 여기에서는 이들 방안을 실현하기 위한 經田司의 설치, 공전매입을 위한 재정자금의 확보, 지주들에 의한 경지

의 헌납 및 공전설치나 경지정리에 공헌한 자들에 대한 官職除授
등의 문제들도 아울러 다루어지고 있다. 「전제」10은 경지의 정전
으로의 정리, 魚鱗圖의 작성, 공전의 설정, 경지의 등급사정 및 전
세인 井稅의 수취문제 등에 관한 논의이다. 여기서는 보다 많은
공전의 확보, 전세부가세로서의 稷의 징수, 결부제와 정전제하에
서의 조세수입의 비교 및 村里坊의 行政區域 再編成의 문제도 아
울러 다루어지고 있다. 「전제」11은 豊凶에 따른 전세의 조정, 旱田
의 分等과 수세, 家垈·書院垈地·墓地의 정전으로의 편입 및 火田의
計畝와 收稅 등의 여러 문제에 관한 논의이다. 「전제」12는 滿河六
鎭이나 海島 등에 이르기까지의 전국 경지에 대한 정전으로의 경
지정리, 蘆田·楮田·漆田·松田·竹田에 대한 別途田籍의 작성, 宮田·
驛田·牧田·渡田·站田의 屯田으로의 轉換, 해도에서의 징세, 정전에
서의 束伍軍編成 및 六遂, 監營, 西京, 中京과 郡縣에서의 둔전 설
치와 상비군 확보 등의 문제에 관한 논의이다. 위에서 보는 바와
같이 「정전의」는, 우리나라에서의 정전제의 실시 방안에 관한 논
의요, 단순한 公田均稅論이나 均稅論이 아닌 것이다.

2. 연구사의 정리

일찍이 정약용의 토지소유론에 관한 연구사적 정리를 행한 姜
萬吉은, 정약용의 토지소유론에 대한 견해가 「전론」에 관한 연구
에 있어서는 토지국유론으로 統一되어 있으나 정전론에 관한 연
구에 있어서는 토지국유론과 토지사유론이라는 極端的인 견해의
對立을 보이고 있다고 지적한 바가 있다.[11] 다시 말하면, 「전제」12

---

11) 姜萬吉, 「茶山의 土地所有觀」(姜萬吉外著, 『茶山의 政治經濟思想』, 창작과 비
    평사, 1990, 135페이지)

편에서 피력된 토지소유론에 관한 연구가 거의 반세기에 걸쳐서 이루어져 왔음에도 불구하고 아직도 一義的인 결론에 도달하지 못하고 있다는 것이다. 그러므로 필자의 과제는 「전제」12편의 토지소유론에 관한 연구가 그러한 상황에 머물 수밖에 없었던 이유를 밝히는 동시에 그의 토지소유론을 정전법의 체계 내에서 파악하는 일이다. 주지하는 바와 같이, 정약용의 토지개혁사상에 관한 기존의 연구에 있어서는, 「전론」에서 제시된 閭田制를 그의 토지개혁사상의 최종적 혹은 최고의 도달점으로 생각하거나 정약용의 토지소유론에서 近代的 土地所有를 읽어내려고 했기 때문에, 「전제」12편에서 전개되는 정전제는 여전제로 넘어가는 과도기적 토지제도나 均稅論으로 인식됨으로써 정전제의 獨自的 意義가 밝혀질 수가 없는 경우가 많았다.

이러한 연구경향은 정약용에 관한 최초의 사회과학적 연구라 할 수 있는 崔益翰의 연구로부터 이미 나타나기 시작했다. 그는, 1930년대 중엽 『여유당전서』가 편집될 때부터 정약용에 관한 연구에 착수했는데, 그의 主著 『실학파와 정다산』에서는 정약용의 저작 특히 『경세유표』의 경우에 있어서는 合法的 著作과 非合法的 著作이 있다고 하면서,[12] 현존하는 「전제」12편은 합법적인 저작으로서 거기에서 제시된 정전제는 현행의 토지제도를 전제로 하는 公田均稅論에 불과하고,[13] 그의 혁명적 토지제도개혁론은 지금은

---

12) 崔益翰, 『실학파와 정다산』, 國立出版社(평양), 1955, 350페이지.

13) "이 公田均稅法은 '助而不稅'하는 方面으로 보면 周代 井田의 遺制이며 十分一結을 課稅하는 方面으로 보면 李朝 從來 稅法인 十一稅法이다. 그러나 이는 事實上 均稅制度이고 均田制度는 아니다. 이에 對하여 茶山은 特徵지어 말하기를 '天下의 田地를 全部 沒收하여 農夫에게 分配하는 것이 古法인데 만일 이것이 可能치 못하면 天下의 田地를 全部 測量하여 그 十分의 一만을 取하여 公田을 만드는 것이 古法의 半이다'라고 말하였다."(전게서, 403페이지) 위의 최익한의 문장은 부정확하고 틀린 곳이 한두 군데가 아니지만, 거기에서의 가장 큰 誤謬는 古法의 半을 공전균세법이라고 恣意的으로 이름을

194

찾아볼 수 없는 『경세유표』의 비합법적 저작과 「전론」에서 전개
되었다고 주장했다.14) 물론 이러한 최익한의 주장은, 전혀 자료적
근거가 없는 小說的 推理에 불과한 것이지만,15) 「전제」12편의 독
자적 의의에 관한 연구가 제대로 이루어지지 못하게 하는 데 큰
영향을 미쳤다. 이러한 연구경향을 강화시킨 것은 또 북한에서의
사회주의 건설이라는 현실적 요청도 있었던 것으로 보인다.

그러나, 정약용의 저작에 있어서 합법적 저작과 비합법적 저작
이 있다는 최익한의 주장은, 그 이후의 남북학계에 널리 영향을
미치기는 하였지만, 실증을 결여하고 있었기 때문에, 학술연구에
있어서 공식적으로 받아들여질 수는 없었다. 그리고 북한의 학계
에 있어서도 그의 그러한 恣意的인 해석에 대하여 일정한 批判이
있었던 것으로 보인다. 그렇기 때문에 그의 연구에 곧 이어서 행
하여진 金光鎭의 연구에 있어서는16) 「전제」12편이 정약용의 토지
소유론에서 차지하는 독자적 의의가 어느 정도 주목을 받았다. 그
의 연구에 있어서는, 「전제」12편이 조선에서의 정전법의 실시를
위한 본격적인 저작이라는 점이 인식되고, 거기에서 公田의 國有
化 및 정전으로의 경지정리와 田主의 時占으로의 표기 등 토지국
유화를 위한 여러 조치가 제대로 인식되게 되었다. 그럼에도 불구

지은 데 있다. 고법의 반은 전국 전지의 9분의 1을 우선 국유화하여 公田을
설정하고 전지를 정전으로 구획하는 것이 井田制의 半은 된다는 것이지 10
분의 1세라는 것은 아니다. 또 조선시대 貢法의 田稅率은 20분의 1이지 10분
의 1이 아니다. 그리고 이러한 최익한의 자의적 해석은, 여러 연구자들이 정
약용의 정전론을 誤讀하게 되는 核心的 대목이므로, 앞으로의 중심적 고찰
대상의 하나가 될 것이다.

14) 전게서, 408페이지.
15) 졸고, 「『經世遺表』의 章節構成과 體國經野」의 「2. 章節의 構成과 再分類」를
참조할 것.
16) 김광진, 「토지문제에 대한 정다산의 사상」(조선과학원경제법학연구소, 『경제
연구』4, 1961)

하고 그 역시 정약용의 토지개혁사상은 「전론」의 여전제에서 완성된다고 보았기 때문에, "그의 정전론은 公田 100畝의 설정에 중점이 놓여지고 국가에 대한 9분의 1세를 정확하고 공평하게 실시하는 점에 기본목표가 놓여져 있었기 때문에, 사적 토지소유에 관한 문제가 애매하고 불철저하게 해결되었다"[17]고 주장하였다.

최익한의 공전균세론은 1970년대 중엽에 행해진 鄭聖哲의 연구에서[18] 公田均稅制度라는 이름으로 계승되었다. 그는, 정약용의 토지제도개혁론을, 첫째 「擬嚴禁湖南諸邑佃夫輸租之俗箚子」의 단계, 둘째 「전제」의 정전제의 단계, 셋째 「전론」의 여전제의 단계로 구분하고,[19] 첫째 단계의 「箚子」에서는 현행의 토지소유제도를 전제로 전세와 종자를 소작농이 부담하는 호남의 소작관행을 개혁하여 그것들을 지주부담으로 돌리려고 했으며, 둘째 단계의 「전제」에서는 국가적 토지소유론을 전개했음에도 불구하고 정전제의 실시를 논의하는 「정전의」에서는 지주제를 포함하는 농민의 事實上의 土地所有를 부정하기가 어려웠기 때문에 현실과 타협하는 방향으로 私田에 대해서는 현행의 토지소유제도를 그대로 둔 채 공전만을 국유화하는 방법을 통하여 균세를 실시하고 국가의 재정수입을 충실히 하려고 하였으며, 셋째 단계의 「전론」에서는 사적 토지소유를 완전히 청산하여 공전제도를 실시하는 동시에 부세수취 과정에서의 관리들의 수탈도 완전히 배제하는 여전제를

---

17) 전게논문. 필자는 書籍名을 알 수 없는 일본어로 번역된 김광진 논문의 複寫를 가지고 있을 뿐이기 때문에 引用個所의 페이지를 정확하게 表記할 수 없음을 유감으로 생각한다.

18) 정성철저, 『실학파의 철학사상과 사회정치적 견해』, 사회과학출판사(평양), 1974. 이 책은, 鄭聖哲著·崔允珍等譯, 『朝鮮實學思想の系譜』, 雄山閣出版, 1982로 번역되고, 정성철저, 『실학파의 철학사상과 사회정치적 견해』, 한마당(서울), 1989로 재출판되었다. 이하의 인용과 페이지의 표시는 한마당本에 따른다.

19) 전게서, 454페이지.

실시하려고 했다는 것이다. 그는 또 "그의 토지제도 '개혁'에 대한 둘째 방도는 조선의 당시 실정을 참작하여 '정전제'를 실정에 맞게 적용한 '公田均稅' 制度이다"[20]라고도 했다. 그리고 그는 정약용이 공전균세제도를 도입하려고 했던 의도와 그 사료적 근거를 다음과 같이 제시했다. "그는 여기서 현실적으로 단번에 자기의 '리상'의 실현은 불가능하다고 인정하면서 우선 국가 재정수입의 원천문제라도 해결하려는 타협안을 제기했다. 그는 '천하에 있는 모든 밭을 몰수하여 농민에게 부여하는 것은 옛 법이다. 만약 그와 같이 하지 못한다면 천하의 모든 밭을 계산하여 그중에서 9분의 1만을 떼어가지고 공전을 만드는 것도 이 역시 옛 법의 절반은 된다.'"[21]

정약용의 토지개혁사상에 대한 위와 같은 정성철의 이해에 있어서는 많은 문제가 있다. 첫째는 「箕子」를 정약용의 토지개혁론으로 볼 수 있는가 하는 점이다. 다시 말하면, 현행의 토지소유제도에는 전혀 손을 대지 않은 채 종래 소작인들이 부담하던 전세와 종자를 지주부담으로 돌리려는 소작관행의 개선을 토지개혁으로 볼 수 있는가 하는 것이다. 만약 小作慣行의 개혁도 토지개혁으로 볼 수 있다면, 그의 토지제도개혁 1단계는 일단 성립한다고 볼 수 있다. 둘째는 相異한 論理次元의 논의를 同一한 論理水準으로 다루는 문제가 있다. 「전론」과 「전제」1~5의 정전론은 理論次元의 논의이고, 「정전의」는 정전제의 실시라는 政策次元의 논의이다. 이러한 각도에서 보면, 「전론」과 「전제」1~5에서는 다같이 이론차원에서 지주적 토지소유를 포함하는 농민의 사실상의 토지소유를 철폐하고 국가적 토지소유를 실현하자는 주장이 전개되고, 「정전

20) 전게서, 459페이지.
21) 전게서, 461페이지.

의」에서는 公田의 국유화를 출발로 段階的으로 全國土의 國有化가
시도되고 있음을 확인할 수 있을 것이다. 이렇게 보면, 「전론」이나
「전제」에서는 다 같이 이론차원에서 토지의 국가적 소유를 주장
하고 있으므로 그의 토지제도 개혁 2·3단계는 성립하지 않는다.
셋째는 정성철이 공전균세제도라는 자기의 주장을 뒷받침하기 위
하여 제시한 위의 자료는 최익한의 경우에서 설명한 것처럼 공전
의 국유화에 관한 자료이지 '국가재정수입의 원천'의 확보 방안에
관한 자료가 아니다. 따라서 정성철의 공전균세제도는 전혀 자료
적 근거가 없는 주장이라 할 수 있다. 마지막으로 정성철이 「전
제」를 「전론」보다 선행하는 저작으로 잘못 본 것은, 閭田制를 井
田制보다 혁명적인 것으로 보려는 사상적 차원의 문제도 있지만,
북한에서는 정약용의 저작에 대한 書誌的 檢討를 위한 자료가 부
족한 데 기인했던 바가 큰 것으로 보인다.

　정성철의 연구가 출현하는 시기에 한국에서는 金容燮의 연구
가 발표되었다.[22] 앞에서도 지적한 바와 같이, 그는 『여유당전서』
이외에도 奎章閣에 남아있는 정약용에 관한 많은 자료들을 광범
하게 섭렵하여 깊이 있는 연구를 행했는데, 그의 주된 연구관심은
農業經營論에 있기는 했지만, 농업경영론을 전개하는 과정에서 토
지소유론에 대해서도 그의 견해를 피력했다. 정약용의 토지소유
론 연구에 대한 그의 공헌은 국가적 토지소유의 經學的 根據를 밝
힌 점일 것이다.[23] 그는 가필「전론」에서 "왕이 五福을 거두어 들
여서 뭇 백성에게 나누어 주는데, 이것이 그 大義이다(皇斂時五福,
用敷錫厥庶民, 斯大義也)"라는 구절을 인용하여 정약용의 토지소
유이론의 경학적 근거를 밝혔는데, 왕이 전국의 토지를 거두어들

---

22) 金容燮, 전게서의 「Ⅰ 實學派의 農業改革論」.
23) 전게서, 100페이지.

198

여서 인민들에게 나누어 준다는 이 王土思想은 「전론」과 「전제」12
편을 관통하고 있다.[24] 그러나, 그는 정약용의 토지소유론에 관한
연구에 있어서는 「전제」12편에서 전개되는 정전제에 관해서는 제
대로 검토도 하지 않은 채 정전제가 마치 9분의 1의 수세제도에
불과한 것처럼 자의적인 해석을 거듭했다.[25] 그가 그러한 무리한
해석을 한 이유는, 「전제」12편에서 전개되는 토지소유론을 몰랐기
때문이라기보다, 정전제하의 개별적 농업경영을 여전제하의 공동
적 농업경영으로 이행하는 과도기적인 농업경영으로 설정함으로
써,[26] 정전제하의 개별적 농업경영이 자기의 지론인 獨立自營農的

---

24) 김용섭은 전게서, 102페이지에서 여전제의 토지소유에 관하여 "土地를 閭民
이 共有하고"라 했는데, 이러한 해석은 농민혁명이 없이는 농민의 토지공유
가 있을 수 없다는 점뿐만이 아니라 토지는 왕의 소유물이라는 정약용의 왕
토사상과도 正面으로 矛盾된다. 그렇기 때문에 그는 정약용의 토지소유론의
경학적 근거를 지적하는데 그쳤을 뿐, 그것이 정약용의 토지소유론에서 가
지는 의미를 제대로 吟味하는 데까지는 나아가지 못했다.

25) "經傳의 研究를 통하여 茶山이 파악하게 된 古代 井田의 本質은 무엇보다도
國家의 입장에서 租稅制度를 均平하게 하려는 데 그 基本目標가 있었던 것
으로 보는 것이 그 特徵이었다"(전게서, 116페이지)고 하면서 그 典據로서
"정전이란 9분의 1의 모형이다(井田者, 九一之模楷也)"라는 등의 몇 가지 자
료를 제시하고 있으나, 이것은 정전법에 대한 김용섭의 恣意的인 해석에 불
과하다. 다산은 井田을 공전 1부와 사전 8부로 구성되는 王土, 田家의 黃鐘,
9분의 1세의 模楷 및 農家의 陣法 등 多義的으로 이해하고 있다.

26) "그리고 그러한 생각을 하게 되었을 때 그는 그의 궁극적이고도 理想的인 젊
은 時節의 共同農場的 農業經營論만을 주장하고 있을 수 없다는 것을 알게
되었을 것이며, 그러한 理想的인 農業經營에 이르는 하나의 過渡措置로서 어
느 특정한 社會階層의 急激하고도 過度한 犧牲을 强要하지 않고서도 목적을
달성할 수 있는 折衷案을 생각하게 되었으리라고 믿어진다. 그것이 바로 井
田制를 통하여 이룩하려는 獨立自營農的인 農業生産의 形態를 考案하고 提
起케 한 緣由가 아닐까 筆者는 생각하는 것이다."(전게서, 114페이지) 『경세
유표』는 정약용이 국왕에게 遺書로 남긴 문헌인데, 정말 유서에서 과도기적
인 무엇을 제시하는 일이 가능할까. 또 정약용은 가필「전론」을 "이것은 己未
年38세 때에 지은 것으로서 晩年의 所論과는 다르기는 하지만, 지금 다만 收錄
해둔다(此是己未間所作三十八歲時與晚來所論不同今亦錄之)"고 말했을 뿐, '그

農業經營으로 이해될 수 있도록 하기 위해서였다고 생각된다. 만약 정전제하의 농업경영이 獨立自營農的 農業經營이었다고 한다면 거기서의 토지소유는 이론적으로 당연히 근대의 사적 토지소유일 수밖에 없게 된다. 그의 이러한 주장은 조선후기의 經營型富農論 등 그의 朝鮮後期史硏究의 일관된 主題이기는 하지만, 국가적 토지소유를 전제로 하지 않고서는 성립할 수 없는 정전제적 토지소유하에서 과연 독립자영농적 토지소유가 성립할 수 있을지는 의문스럽다.

위에서 살펴온 바와 같이, 정약용의 토지소유론에 관한 연구의 최대의 과제는 「전제」12편에서 전개된 토지소유론을 어떻게 이해하는가 하는 문제이다. 이러한 硏究史的 線上에서 80년대 중엽에 출현한 연구가 朴贊勝의 「전제」12편에 관한 연구로 보인다. 그는, 「丁若鏞의 井田制論考察」이라는 논문에서 「전제」12편을 「전제」1~4와 「전제」9~12(「정전의」)로 나누어 고찰하면서, 전자에서는 정전제 본래의 토지제도인 국가적 토지소유론이 전개되고 있으나, 후자에서는 九一稅法論이 전개되었다고 주장했다. 박찬승의 위의 논문이 「전제」12편을 독자적인 연구대상으로 설정하고 국가적 토지소유론, 인민의 구직으로의 分業論 및 "農者得田, 不爲農者不得之"라는 田地배분원칙 등 정약용의 토지소유론 연구에 있어서 검토되어야만 할 중요한 사항들이 「전론」과 「전제」 사이에 다름이 없다는 것을 밝힌 점[27]은 매우 중요한 연구성과로 보여지나, 「전제」12편을 정전제라는 일관된 이론차원에서 다루지 못하고 「전제」1~4는 정전론으로 다루고 「전제」9~12는 九一稅法論으로 다룬 것은 사실인식에 있어서 뿐만 아니라 연구방법상에 있어서도

의 궁극적이고도 이상적인 젊은 시절'의 저술이라고는 말하지 않았다.

27) 朴贊勝, 전게논문의 注 81 참조.

잘못이 있는 것으로 보인다. 다시 말하면, 「정전의」는 조선에서의 정전법 실시를 위한 政策論이지 단순한 九一稅法論이 아니다. 그리고 「정전의」가 九一稅法論이라는 것을 주장하기 위하여 제시한 史料도[28] 선행연구자들의 그것과 같이 잘못 제시되어 있다.

90년대 중엽에 발표된 李榮薰의 「茶山의 井田制改革論과 王土主義」[29]는 매우 난해한 논문으로 보인다. 그는, 정약용의 토지소유론을 '人民의 田産權'이 성장하는 조선후기의 토지소유관계의 흐름 속에서 파악함으로써, 거기로부터 '絕對主義期'의 근대적 토지소유를 읽어내려고 했다.[30] 그는 이러한 결론을 誘導하기 위하여 정약용의 토지소유론을 첫째 「전론」의 왕토주의에 입각한 均産論단계, 둘째 「箚子」에서의 현행 토지소유관계의 수용단계 및 셋째 「전제」에서의 균세론단계로 설정했다. 즉, 정약용의 토지소유론의 전개과정은 왕토주의로부터 출발했다가 '왕토주의의 再構成'을 통하여 현실의 토지소유관계를 인정함으로써 조선후기의 토지소유관계의 발전과정에 照應해 갔다는 것이다. 이영훈의 이러한 주장에는 문제점이 한두 가지가 아니지만, 우선 가장 중요한 문제점 두 가지만 지적해 두기로 한다. 첫째 '人民의 田産權'은 普通名詞로서 역사적 範疇에 관한 용어가 아니기 때문에 거기에서

---

28) "대신 다산은 비록 井田制의 즉각적 실시는 불가능하지만, 井田制에서 九一稅法만이라도 취하여 실행해 보자는 주장을 하게 된다. '천하의 田地를 다 빼앗아 농부에게 갈라준다면 이것은 古法이고, 능히 그렇게 못할 것 같으면 天下의 田地를 다 계산하여 우선 9분의 1을 취하여 公田으로 만드는 것도 古法의 半은 된다'."(전게논문, 129페이지) 다산이 『경세유표』에서 "井田制의 즉각적 실시는 불가능"하다고 말한 일은 없다. 위의 『경세유표』로부터의 인용문은 갑자기 전국 전지를 한꺼번에 국유화하기가 불가능하므로 우선 공전만이라도 국유화하여 정전제를 점차적으로 시행하자고 한 것뿐이다. 그렇기 때문에 다산은 「전제」9~12를 「均稅論」이라고 하지 않고 「井田議」라고 했다.

29) 李榮薰, 「茶山의 井田制改革論과 王土主義」(『民族文化』第19輯, 1996)

30) 전게논문, 103페이지.

근대적 토지소유를 읽어낼 수가 없다는 점이요, 둘째는 정약용의 토지소유론이 私的 土地所有를 지향했다고 한다면 왜 그가 구태여 국가적 토지소유를 전제로 하지 않고서는 성립할 수 없는 정전제를 토지개혁의 기본모형으로 선택했을까 하는 점이다. 이영훈의 논문은 정약용의 토지소유론에 관한 연구에서 검토해야 할 유익한 문제들을 많이 제기하였는데, 이에 대한 검토는 이 논문의 본론에서 행하기로 한다.

정약용의 토지소유론에 관한 최근의 연구로서는 다산학술문화재단이 행한 『여유당전서』의 定本化事業에서 『경세유표』를 책임연구한 金泰永의 논문이 있다.[31] 그는, 일찍이 정약용의 국가개혁의 목표를 三代王政의 실현으로 이해하려고 했는데,[32] 최근에 발표된 그의 「전제」12편의 정전제에 관한 연구도 3대왕정의 핵심적인 제도 중의 하나인 정전법의 실시라는 관점에서 행했다. 토지소유론과 관련하여 그의 논문을 검토해 보면, 「3. 다산의 정전제이론」에서 「공전의 확보와 정전제 시행론」과 「왕토 확대책」이라는 항목을 발견할 수가 있는데, 그는 다른 연구자들과는 달리 公田의 設定이 단순히 9분의 1의 均稅 실현을 위한 것이 아니라 井田制의 實施를 위한 토지국유화라는 점을 지적하고 정전제의 완성을 위하여 전국 토지의 국유화 방안을 제시했다는 점을 밝혔다. 이러한 그의 연구는 지금까지의 연구와는 달리 정약용의 토지소유론에 관한 연구를 井田制의 體系 내에서 이루어지도록 한 것이 아닌가 생각된다.[33]

---

31) 金泰永, 「茶山의 井田制論」(실시학사편, 『다산 정약용 연구』, 사람의 무늬, 2012)

32) 金泰永, 「茶山의 國家改革論序說」(姜萬吉外著, 전게서)

33) 「전제」12편이 정전법의 체계로 파악되어야 한다는 연구로서는 鄭允炯, 「茶山丁若鏞의 井田制論」(한국실학연구회, 『韓中實學史研究』, 민음사, 1998)와 鄭台燮, 「茶山井田制論의 동아시아적 관점」(『東國史學』40, 2004)을 추가적으로 들 수 있다.

위와 같은 자료의 검토와 연구사의 정리를 전제로「전론」과「전
제」12편에서 전개되는 정약용의 토지소유론을 고찰해 보기로 한
다. 정약용의 토지소유론이 전개되는 시대적 배경은, 많은 연구자
들이 동의하는 바와 같이, 조선후기의 地主佃戶制였다.[34]

---

34) 地主佃戶制에서의 토지소유관계의 실태파악에 대해서는 宮嶋博史의 정리가
도움이 된다. 그는, 조선후기에는 地主의 私的 土地所有가 활발하게 발전하
는 가운데, 이미 科田法이나 職田法에 의한 국가의 토지배분권은 존재하지
않았으나, 아직도 생산물의 6분의 1에 해당하는 賦稅를 징수하는 收租權이
나 折受를 행하는 등 토지에 대한 국가의 지배력은 鞏固한 것으로 보았다.
(『朝鮮土地調査事業の硏究』, 東京大學東洋文化硏究所, 1991의 제3장 제2절
「私的土地所有の展開と地主 – 佃戶制」) 다산의 一田三主論, 즉 國家·地主·
農民에 의한 重層的 土地所有論과 기본적으로 같은 把握方式이다.

제2절 王土와 時占

1. 王權과 王土

「전제」12편은 정전법의 이론을 검토하는 「정전론」으로부터 시작하여 정전제의 실시 방안을 제시하는 「정전의」로 끝난다. 다시 말하면, 「전제」12편은 정전제의 실시를 위한 이론의 정리, 현실적 여건의 검토 및 정전제의 실시 방안에 관한 논의이다. 정전법의 실시는 구체적으로 전지의 정전으로의 區劃作業으로부터 착수되지만, 이를 위해서는 그에 앞서서 전국의 토지에 대한 국가적 토지소유가 전제되어야 한다. 왜냐하면, 국가적 토지소유가 전제되지 않으면, 국가가 전국의 전지를 정전으로 구획하여 정전법을 실시하는 명분을 찾을 수 없기 때문이다. 그러나, 조선후기에는 토지에 대한 私的 所有가 광범하게 전개되어 있었다. 이러한 사적소유는 本源的 所有가 아니고 中間的 所有에 불과하기는 했지만 法律的 保護를 받고 있었다. 그렇기 때문에 정약용은 정전법을 실시함에 있어서 公田 1畎에 대해서만이라도 우선 국가적 토지소유를 실현하여 정전법 실시의 명분을 찾으려고 했다. 그래서 그는 "천하의 전지를 모두 빼앗아 농부에게 나누어 주면 이것이 古法이다. 만약 그렇게 하지 못한다면, 천하의 전지를 모두 계산하여 다만 9분의 1을 취하여 公田으로 만들면, 역시 고법의 반은 된다"[35]고 했던 것이다. 그리고, 그는 정전법의 실시를 착수함에 있어서는 財政的 制約 때문에 공전만을 매입할 수밖에 없다고 생각했지만 窮極的으로는 전국의 토지를 國有化해야 한다고 생각했다.

---

35) 盡天下而奪之田, 以頒農夫則古法也. 如不能然, 盡天下而算其田, 姑取九分之一, 以作公田, 亦古法之半也.(『全書』五 - 經世遺表六 - 十六 前面, 田制五)

전지란 天子와 諸侯의 소유물이다. 천자와 제후가 전지를 가지고
농부에게 나누어 주는 것은 오늘날의 부자가 전지를 가지고 佃夫에
게 나누어 주는 것과 같다. 부자가 전지를 나누어 줄 때에는 반드시
健壯하고 농사일에 근면한 사람으로서 부인, 자식, 머슴 및 노비가
그의 일을 도울 수 있는 사람에게 주는데, 천자와 제후가 전지를 나
누어 주는 것이 이것과 무엇이 다르겠는가. … 그러나, 우려되는 바가
하나 있다. 옛날에는 천자와 제후가 田主였는데, 오늘날에는 뭇 백성
이 전주이니, 이것이 도모하기 어려운 바이다. 반드시 수백 년 동안
흔들림이 없이 조금씩 거두어 들이고 시행하는 일이 질서가 있어야
先王의 법을 회복할 수 있을 것이다. 처음에는 限田, 名田 및 均田으
로 하다가 오래된 연후에 太阿의 자루를 회수하여 물병을 거꾸로 잡
아 물을 쏟아내듯 해야 아마 확 뚫려서 막힘이 없을 것이다.[36]

위의 인용문에서는 토지소유와 관련하여 오늘날 정전법을 시
행하기 어려운 이유로 "옛날에는 천자와 제후가 田主였으나, 오늘
날에는 뭇 백성이 전주"라는 사실을 들었다. 조선후기의 토지소유
의 실태에서 볼 때, 여기서의 뭇 백성이란 自作農과 地主(여기에

---

36) 田也者, 天子諸侯之物也. 天子諸侯之有是田而頒之於農夫也, 猶今之富人有是田
而授之於佃夫也. 富人之授田于佃夫也, 必擇其健壯勤嗇, 有婦子傭奴可助其功者
授之, 天子諸侯之授田也, 何以異是. …… 若其所憂, 則有一焉. 古者天子諸侯爲田
主, 今也羣黎百姓爲田主, 斯其所難圖也. 必持之數百年不撓, 收之有漸, 行之有序
以後, 乃可以復先王之法. 其始也, 爲限田爲名田爲均田, 及其久也, 還太阿之柄,
瀉建瓴之水, 庶乎其沛然無閼矣.(『全書』五 - 經世遺表五 - 四 前面, 井田論三)
이영훈은 위의 인용문 중에서 "若其所憂, 則有一焉. 古者天子諸侯爲田主, 今也
羣黎百姓爲田主, 斯其所難圖也. 必持之數百年不撓, 收之有漸, 行之有序以後, 乃
可以復先王之法"을 인용하여 "다산은 (정전제의 복구가 - 필자) 어렵다고 보
았다"는 자기주장의 증거자료로 제시했는데(전게논문, 80페이지), 이것은 史
料의 誤讀으로 보인다. 위의 인용문의 말미에서는 오히려 "반드시 수백년 동
안 흔들림이 없이 조금씩 거두어 들이고 시행하는 일이 질서가 있어야 先王
의 법을 회복할 수 있을 것이다"라고 끝맺음하고 있다.

는 官僚들이 포함되어 있었다)들을 가리키는 것이 확실하다. 그러면, 전지가 천자와 제후의 소유물이라는 것은 무슨 뜻인가. 토지가 천자와 제후의 私的 財産이라는 뜻인가, 國家의 公的 財産이라는 뜻인가. 아마 두 가지의 뜻이 다 포함되어 있는 것으로 이해하는 것이 옳지 않을까 한다. 위의 인용문에서는 토지가 천자와 제후의 소유물이라고 하면서도 그 소유권을 統治權의 象徵인 太阿의 자루에 비유하고 있기도 하다. 그리고, 전근대의 국가는 宮中과 府中이 一體로 되어 있는 것(宮府一體)을 그 특징으로 하는데, 이러한 의미에서 보면 천자와 제후의 소유지는 천자와 제후의 私有財産임과 동시에 국가의 公有財産인 것이다. 이 시기에 왕가를 국가라고 했던 소이도 바로 여기에 있었다.

정약용이 일찍이 王土思想에 대하여 명시적으로 언급한 문헌으로서는 유배 초기에 집필한 것으로 보이는 「擬嚴禁湖南諸邑佃夫輸租之俗箚子」를 들 수 있을 정도이나, 『경세유표』에서는 왕토사상을 나타내는 王土라든지 太阿之柄이라든지 하는 용어들이 枚擧할 수 없을 정도로 많이 등장한다. 그러므로 그의 토지소유론이 왕토사상에 근거를 두고 있는 사실에 대해서는 일찍이 김용섭에 의해서 지적되고, 이영훈은 그의 왕토사상의 經學的 根據에까지 遡及해서 상세한 분석을 행했다. 그럼에도 불구하고, 그들의 연구는 정약용의 토지소유론에서 어떤 이상사회에 대한 구상이나 근대적 토지소유를 읽어내려고 했기 때문에 그의 왕토사상의 경학적 근거를 정전법의 체계 내에서 이해할 수가 없었다. 그러므로 필자의 당면과제는 그의 토지소유론의 이론적 기초인 경학적 근거를 정전법의 체계 내에서 적극적으로 해석하는 일이다.

필자의 조사에 의하면, 정약용의 토지소유론의 경학적 근거에 대한 논의는 1811년에 저술된 『尙書知遠錄』에서는 발견되지 않는다. 그럼에도 불구하고, 그 몇 년 후에 집필되기 시작한 것으로 추측되는 『경세유표』의 「전제」에서는 王土라든가 太阿之柄이라는 왕토사상의 구성요소에 관한 용어가 수많이 보이다가, 1817년 이후에 집필된 것으로 보이는 『경세유표』의 「賦貢制」에 와서는 왕토사상의 경학적 근거에 관한 논의가 거의 완성된 형태로 나타난다. 그리고 1834년에 『古訓蒐略』과 『尙書知遠錄』이 合編·增補되어 이루어진 『尙書古訓』의 洪範條에서는 그 논의가 더욱 발전되어 있다. 1834년에 편찬된 것으로 추정되는 『洌水全書』續集七에 수록되어 있는 加筆「전론」에도 왕토사상의 경학적 근거가 밝혀져 있는데, 兩者는 대략 같은 시기에 집필된 것으로 보인다.[37] 정전법은 말할 것도 없고 왕정 자체가 제대로 시행되려면, 통치의 기본적 수단인 전국의 토지가 왕토가 아니면 안 된다는 것이다.

천하의 만물은 진실로 각각 정해진 數가 있는 것이지만, 천하의 정해진 이치는 人主는 마땅히 부유해야 하고 下民들은 마땅히 골라야 한다. 그 때문에 옛날의 聖王은 법도를 세워서 무릇 부귀의 권한을 위에서 總攬하여 뭇 백성에게 德을 내려 주었던 것이다. 「洪範」에서 이르기를 임금이 皇極을 세우고 五福을 거두어들여 뭇 백성에게 나누어 준다고 했으니, 이것을 가리킨다. 그렇기 때문에 천하의 전지는 모두 王田이요, 천하의 재물은 모두 王財요, 천하의 山林과 川澤은 모두 임금의 산림과 천택이다. 그렇게 한 연후에 임금이 그 전지를 가지고 뭇 백성에게 나누어 주며, 임금이 그 재물을 가지고 뭇 백성에게 나누어 주며, 임금이 그 산림과 천택에서 생산되는 것을 가지고 뭇 백성에게 나누어 주는 것이 옛날의 도리이다. 임금과

---

37) 왕토사상의 經學的 根據에 대한 정약용의 논의는 그의 最晚年에 전개되는 것이므로, 이영훈이 주장하는 바와 같은 '王土主義의 再構成'은 시간적으로 있을 수 없었던 것으로 보인다.

백성 사이를 가로 막는 것이 있어서, 때때로 거두어 들이는 권한을 훔치고 나누어 주는 은혜를 막으면, 임금은 황극을 세울 수가 없고 백성은 고르게 받을 수가 없는데, 탐관오리의 횡렴과 豪商猾賈의 이익독점이 이것이다. 『주례』의 九府와 關市·廛肆의 관직도 그것을 설치한 대의는 斂·錫의 두 글자에 있을 뿐이다. 윗사람이 부유하고 아랫사람이 골고루 받게 하는 것은 임금이 하늘의 뜻을 體得해서 나라를 통치하는 권한이다.[38]

위의 인용문에서 왕토사상의 經學的 根據로 제시된 자료는 "「홍범」에서 이르기를 임금이 황극을 세워서 5복을 거두어 들여 뭇 백성에게 나누어 준다(洪範曰, 皇建其有極, 斂時五福, 用敷錫厥庶民)"는 구절이다. 이 홍범은 『尙書』의 홍범조이다. 여기서, "임금이 황극을 세운다"는 것은 임금이 만물의 중심에 서서 통치하는 權柄을 總攬한다는 뜻이고, "五福을 거두어 들여 뭇 백성에게 나누어 준다"는 것은 임금이 통치의 권병을 잡고 거두어들인 5복(壽·富·康寧·攸好德·考終命)을 뭇 백성에게 골고루 나누어 준다는 뜻이다. 이 구절은 『경세유표』의 「부공제」에 있는 것이므로 富貴(土地와 官職)의 분배와 관련하여 왕정을 논의하고 있는데, 왕정이 제대로 이루어지려면, 왕이 관직의 임명권과 田地·財物·山林·川澤 즉 토지의 소유권을 틀어쥐고 이것을 뭇 백성에게 골고루 나누어

---

38) 天下之物, 誠有此數, 然天地定理, 人主宜富, 下民宜均. 故古之聖王, 立經陳紀, 凡天下富貴之權, 總攬在上, 降德于兆民. 洪範曰, 皇建其有極, 斂時五福, 用敷錫厥庶民, 此之謂也. 故天下之田, 皆王田也, 天下之財, 皆王財也, 天下之山林川澤, 皆王之山林川澤也. 夫然後王以其田, 敷錫厥庶民, 王以其財, 敷錫厥庶民, 王以其山林川澤之所出, 敷錫厥庶民, 古之義也. 王與民之間, 有物梗之, 竊其斂時之權, 阻其敷錫之恩, 則皇不能建極, 民不能均受, 若貪官汚吏之橫斂, 豪商猾賈之権利者, 是也. 周禮九府之職及關市廛肆之官, 其大意唯在於斂錫二字. 上處其富, 下受其均, 卽王者體天理物之權也.(『全書』五 - 經世遺表十一 - 二 後面, 賦貢制五)

줄 수 있어야 하는데, 위의 인용문에서는 "탐관오리의 횡렴과 豪商猾賈의 이익독점"만이 지적되었지만, 보다 근본적으로는 農民과 地主들의 土地所有權이 성장하여 중간에서 이를 가로막아, 다시 말하면 국가적 토지소유권을 약화시켜, 임금이 뭇 백성에 대한 통치권을 제대로 행사할 수 없게 한다는 것이다. 결론적으로 말하면, 정전법을 비롯하여 왕정이 제대로 시행되려면 토지에 대한 국가적 토지소유권이 확보되어야 하는데, 국가적 토지소유의 이론적 근거는 토지가 임금이 하늘의 뜻을 체득하여 뭇 백성을 다스리는(體天理物) 물질적 수단이라는 점을 밝혔다. 『상서고훈』에서는 정전제와 관련하여 이 국가적 토지소유의 경학적 근거를 보다 명확하게 제시했기 때문에 그것도 아울러 소개하기로 한다.

> 皇極이, 九疇의 중앙에 위치하는 것이, 공전이 九畎의 중앙에 위치하는 것과 같아서, 四方과 四維의 중심이 되기 때문에, '황극을 세운다'고 하는 것이다.[39]
>
> 5福을 거두어들인다는 것은 人主가 權綱을 總攬하여 그것을 수중에 장악하고 있다는 것이다. 토해내면 雨露가 되고 빨아들이면 霜雪

---

[39] 『논어』爲政篇에서는 "공자께서 말씀하시기를, 德으로써 정치를 하는 것은 비유컨대 北辰이 그 장소에 있으면 뭇별이 함께하는 것과 같다(子曰, 爲政以德, 譬如北辰居其所, 而衆星共之)"고 했는데, 이것은 제왕과 백성들이 道를 실천하여 王道政治가 이루어지는 모습을 말한 것이다. 『상서』「홍범」의 "皇極이 九疇의 중앙에 위치하는 것이, 공전이 九畎의 중앙에 위치하는 것과 같아서, 四方과 四維의 중심이 되기 때문에, '황극을 세운다'고 하는 것이다"라는 구절은 제왕이 자기가 소유하는 土地를 인민들에게 배분함으로써 즉 덕을 베풂으로써 왕도정치가 이루어지는 모습을 말한 것이다. 전자는 敎化의 측면에서 접근한 것이요 후자는 物質的 施惠 측면에서 접근한 것인데, 왕도정치가 이루어지는 모습은 서로 닮았다. 전자에서는 道를 실천하여 마음에 얻는 바가 있는 것을 德이라 하고 후자에서는 물질적 혜택을 베푸는 것을 德이라 하는데, 이러한 德에 대한 相異한 經典的 해석의 이해에 대해서는 전문가들의 의견을 기다릴 수밖에 없다.

이 되니 생사와 존망이 오로지 그 명령에 따를 뿐이라, 첫째로 壽命
의 權柄이 황극에 있는 것이다. 尺土와 寸地가 왕전이 아님이 없고
적은 녹봉을 받는 말단 관리에 이르기까지도 왕신이 아닌 자가 없으
니, 둘째로 富貴의 권병이 황극에 있는 것이다. 休養과 生息이 오로
지 그 은혜에 달려 있고, 驅使와 勞動이 오로지 그 명령에 달려 있으
니, 셋째로 康寧의 권병이 황극에 있는 것이다. 교육하여 윤리를 밝
히고 도를 닦아서 하늘에 통하는 일을 왕이 司徒와 典樂에게 명하
니, 넷째로 攸好德을 닦는 권병이 황극에 있는 것이다. 공적을 살피
고 선악을 평가하여 혹 陟配를 허락하기도 하고 혹 惡諡를 내리기도
하니, 다섯째로 考終命을 살피는 권병이 황극에 있는 것이다. 무릇
이 威福의 권병을 임금이 거두기도 하고 반포하기도 하니, 오복을
거두어서 뭇 백성에게 준다고 하는 것이다. 후세의 사람들은 전지를
사유화해서 임금은 寸土도 가진 것이 없으니, 백성들에게 富를 나누
어줄 수 없는 것이요, 私家는 교육을 베푸는데 임금은 道를 펼칠 수
없으니 임금이 백성들에게 덕을 베풀 수 없는 것이다. 孔子가 정치
를 논함에 있어서 富貴와 敎化를 논했는데, 이 두 가지의 權柄이 이
미 모두 밑으로 옮겨지고 말았으니, 나머지도 그러하지 않은 것이
없는데, 무엇을 가지고 황극을 세워서 통치하겠는가. 經界에 먼저
힘써야 할 것이다知遠錄.[40]

---

40) 皇極居九疇之中, 如公田在九畎之中, 爲四方四維之攸極, 故曰建其有極也.
   斂時五福者, 人主總攬權綱, 握之在手中也. 噓之爲雨露, 吸之爲霜雪, 生死存亡,
   有辟是順. 一曰壽之柄在皇極也. 尺土寸地無非王田, 斗祿鞭士無非王臣, 二曰富
   之柄在皇極也. 休養生息, 唯辟其恩, 驅使勞動, 唯辟其命, 三曰康寧之柄在皇極
   也. 立敎以明倫, 修道以達天, 王命司徒, 王命典樂, 四曰攸好德之權在皇極也.
   稽其功行, 定其善惡, 或許之陟配, 或賜之惡諡, 五曰考終命之權在皇極也. 凡此
   威福之權, 皇則攬之, 皇則布之, 斂時五福, 用敷賜厥庶民也. 後世人私田, 皇
   無寸土, 則皇無以賜民富矣. 家立其敎, 皇不布道, 則皇無以賜民德矣. 孔子論治,
   曰富曰敎, 而二者之柄, 皆已下移, 則餘無不然者矣, 將何以建極出治哉. 經田所
   先務也知遠錄(『全書』二 - 尙書古訓四 - 三十五 後面, 洪範)

위의 인용문을 토지소유라는 각도에서 정리하면, 다음과 같다. 첫째는 황극이 九疇의 중심에 위치하듯 공전이 九畎의 중앙에 위치하여 四方과 四維의 중심이 되는 것이니, 우선 王政이 제대로 이루어지기 위해서는 國家的 土地所有가 확보되어 제왕이 토지를 분배하는 權柄을 잡고 있어야 한다는 것이다. 그러므로 公田 1畎와 私田 8畎로 구성되어 있는 井田制는 국가적 토지소유를 形象化하고 있다. 둘째는 제왕이 그 토지를 분배하여 덕을 베풂으로써 민심을 收攬하는 권능을 가져야 한다는 것이다. 셋째는 후세에는 전지가 사유화되고 왕은 尺土·寸地를 가진 것이 없으므로 통치가 제대로 이루어질 수 없다. 넷째는 왕정을 바로 세우려면 우선 經界를 바로 잡는 일, 量田을 제대로 하는 일부터 힘써야 한다. 결론적으로 말하면, 왕은 하늘을 대신하여 국가를 통치하는(人君代天理物) 자로서 국가적 토지소유를 전제로 양전에 의하여 田地의 실태를 올바로 파악해야 백성을 통치하는 수단을 가질 수 있다는 것이다. 이것이 정약용이 국가적 토지소유를 주장하는 경학적 근거이다. 다시 말하면 정약용이 토지개혁의 방안으로서 국가적 토지소유를 실현하려고 했던 것은 국가적 토지소유를 통하여 임금이 백성을 올바로 통치할 수 있는 權限과 手段을 확보하려고 했던 것이다. 『경세유표』의 「전제」12편이 국가적 토지소유를 전제로 정확한 양전을 가능하게 하는 정전제의 실시를 지향할 수밖에 없었던 소이이기도 하다.

그런데, 국가적 토지소유를 실현한다는 것은 농민의 토지소유를 포함하는 地主的 土地所有를 부정한다는 것을 뜻한다. 위의 두 인용문에서 지주적 토지소유를 부정하지 않을 수 없는 이유로서는 지주적 토지소유가 "전지를 사유화해서 임금은 寸土도 가진 것이 없게" 하고 "임금과 백성 사이를 가로 막음"으로써 王政이 제대

로 이루어질 수 없게 한다는 점을 들었다. 왕정이 제대로 이루어
질 수 없는 이유는 토지에 대한 私的 所有가 성장하면 "탐관오리
의 횡렴과 豪商猾賈의 이익독점"을 조장하는 점도 있기는 하지만,
보다 근본적인 이유는 정확한 양전을 불가능하게 함으로써 백성
들로부터 賦稅를 거두어들이고 그들을 軍人으로 동원하는 名分을
약화시킴으로써 국가의 통치가 제대로 이루어질 수 없게 하기 때
문이다. 국민에 대한 국가의 서비스를 前提로 그들의 同意 위에서
성립하는 근대국가와는 달리, 전근대국가는, 앞의 국가적 토지소
유의 경학적 근거에서 보는 바와 같이, 君主의 私的 土地所有權 위
에서 성립하기 때문에, 정약용은 토지제도로서 지주적 토지소유
를 허용하는 균전법 및 한전법 등을 한사코 배격하고 완전한 국가
적 토지소유 위에서 성립하는 정전법을 지향했던 것이다.

　토지소유와 부세수취와의 관계를 설명하는「전제」4에서 농민
과 지주의 토지소유가 부세의 수취를 어렵게 하는 사정에 대해서
는 다음과 같이 설명하고 있다.

　　뭇 백성으로 하여금 스스로 田主가 되게 하여 농부로부터 10분의
　　5세를 거둔 것은 秦나라의 법이요, 천자로 하여금 客官이 되게 하고
　　15분의 1세를 거두게 한 것은 漢나라의 법이다. 私家의 稅는 大桀보
　　다 무겁고 公家의 稅는 大貊보다 가벼우니, 이에 豪民은 구직이 폐
　　지되니 놀고먹게 되고, 농부는 두 가지의 세를 부담하여 고달프고
　　쇠약하게 되었다. 힘 쓰는 자가 적어서 地利는 개발되지 않고 국가
　　의 재정은 부족한데 橫斂은 날마다 성해진다. 太阿가 한 번 거꾸로
　　잡히어 천년이 되도록 돌아오지 않으니, 아아, 슬플 뿐이다.41)

---

41) 臣謹案 使庶民自爲田主, 稅十五於農夫者, 秦法也, 使天子退爲客官, 就十五而稅
　　一者, 漢法也. 私家之稅, 重於大桀, 公家之稅, 輕於大貊, 於是, 豪民廢九職而游
　　閒, 農夫擔二稅而困瘁. 用力者少, 而地利不興, 經費不足, 而橫斂日增. 太阿一倒,

위에서 보는 바와 같이 농민과 지주의 사적 소유가 부세의 수
취를 방해하는 사정에 대해서는 첫째 지주가 地代를 수취함으로
써 賦稅를 제대로 거둘 수 없어서 국가의 재정이 고갈된다는 점,
둘째 인민의 구직으로의 분업을 방해함으로써 생산력의 발달을
저해하고 있다는 점, 셋째 부정부패와 같은 중간착취를 심화하는
점 등을 들었다. 다시 말하면 농민과 지주의 사적 소유가 발달하
게 되면 관리와 호족의 세력이 강해져서 농민의 지대와 부세에 대
한 부담은 날마다 무거워지나 국가재정은 枯渴되어 제왕의 통치
력이 약해질 수밖에 없다고 보는 것이다. 여기에서 우리는 국가적
토지소유가 가지는 의미를 분명히 읽을 수 있지만, 그는 국가적
토지소유와 農民의 兵役과의 관계를 가지고 국가적 토지소유가
가지는 의미를 보다 乏盡하게 설명하고 있다. 이 자료도 국가적
토지소유와 부세수취와의 관계를 설명하는 「전제」4에 있는 자료
이다.

　　오직 이것 뿐만이 아니다. 周나라의 제도에서는 兵農合一이었으
　　니, 천하의 전지는 모두 軍田이었다. 이른바 1家 3人이라든가, 2가 5
　　인이라든가, 1가 2인이라든가 하는 것은 비단 佃夫의 액수가 될 뿐
　　만이 아니라 아울러 軍人의 액수로 된다. 그 때문에 大司馬의 교련
　　하는 법에 전지를 나누어 주어 힘쓰도록 책임을 맡기는 제도를 논한
　　것이 이 經文下文에서 보인다과 꼭 같으니, 이것이 軍額의 明文이 아니
　　겠는가. 軍隊란 死地이다. 군인에게 생명을 기르는 이익을 주어서 죽
　　음을 회피하려는 마음을 돌리는 것이 聖人의 은밀한 권한이다. 그
　　힘이 군인으로 나갈만한 자는 전지를 얻고, 그 힘이 군인으로 나갈
　　수 없는 자는 전지를 얻지 못한다. 力士를 많이 기르는 자는 비옥한

_____

千古不還, 嗚呼, 其可哀也已.(『全書』五 - 經世遺表六 - 十一 後面, 田制四)

전지를 얻고, 역사를 적게 기르는 자는 瘠薄한 전지를 얻는다. 백성
이, 군대 보기를 관직으로 보게 하고 전지 보기를 俸祿으로 보게 하
여, 자기의 용력을 스스로 추천하여 軍額에 참여하도록 애걸하게 하
는 것이 임금의 大權이다. 전지란 王田이다. 왕전에 생계를 의지하고
있으면서 감히 임금의 일에 죽을 힘을 다하지 않을 수 있겠는가. 오
늘날에는 太阿의 자루가 거꾸로 잡혀서 전지가 民田으로 되어 있으
니, 백성들이 스스로 자기 땅을 가지고 먹고 사는데, 임금이 아무런
까닭 없이 편안하게 사는 백성을 잡아다가 矢石이 빗발치는 死地에
몰아넣으니, 백성들이 납득하겠는가. 먹여서 생명을 기르고 군인으
로서 죽임을 방어하게 하는 일을 성인은 전지로써 하는데, 이 두 가
지의 일을 하기에도 오히려 겨를이 없을까 두렵거늘, 計口分田할 이
치가 있겠는가.42)

위에서 王土로서의 국가적 토지소유가 가지는 의미에 대한 정
약용의 생각은 極限에까지 이른 것으로 생각된다. 이러한 국가적
토지소유에서는 중간에서 "임금과 백성 사이를 가로막"고 있는 地
主的 土地所有가 배제되어야 함은 당연하겠지만, 그러면 사실상
전지를 占有하면서 생산에 종사하는 농민의 토지에 대한 권리는
어떻게 되는 것인가. 여기에는 이론적으로 여러 가지의 복잡한 문
제가 있을 것으로 보인다.43) 위의 국가적 토지소유에서의 天子와

---

42) 不唯是也. 周制兵農合一, 天下之田, 皆軍田也. 其所謂家三人, 二家五人, 家二
人, 不但爲佃額, 兼之爲軍額. 故大司馬教鍊之法, 其論分田任力之制, 一如此經
見下文, 此非軍額之明文乎. 兵者, 死地也. 授之以養生之利, 得回其避死之心, 此
聖人之微權也. 力可以隸兵者得田, 力不可以隸兵者, 不得田. 養力士多者, 得上
地, 養力士少者, 得下地. 民視兵爲官, 視田爲祿, 莫不自薦其勇力, 以乞其與於
軍額, 此王者之大權也. 田者, 王田也. 寄生理於王田, 敢不致死力於王事乎. 今
也太阿倒柄, 田爲民田, 則民自食其田, 而王無故執安居之民, 驅而納之於矢石爭
死之場, 民其肯之乎. 食以養生, 兵以禦死, 聖人以其田地. 治此二務, 猶患其日
不暇給, 計口分田, 有是理乎.(『全書』五 - 經世遺表六 - 四 後面, 田制四)

諸侯의 토지소유는 그들이 직접적 생산자가 아니기 때문에 타인
노동의 착취를 기초로 하는 생산수단의 소유에 불과하다. 그러므
로 그들의 토지소유를 形式的·法律的 所有라고 한다. 그리고 이러
한 토지소유는 직접적으로 생산에 종사하는 農民의 土地占有를
배제할 수가 없다. 이러한 농민의 자기노동에 기초한 토지점유를
實質的·事實上의 토지소유라 한다. 정약용은 이 농민의 토지소유
를 어떻게 처리하려고 했을까. 이 문제는 節을 바꾸어 고찰해 보
기로 한다.

2. 농민과 時占

전근대의 小農社會에 있어서 토지소유는 기본적으로 重層的이
다. 한편으로는 타인노동의 착취에 기초한 생산수단 소유자의 形
式的·法律的 소유가 있고, 다른 한편으로는 자기노동에 기초한 농
민의 事實上·實質的 소유가 있다. 이러한 사회에 있어서는, 타인노
동의 착취에 기초한 생산수단 소유자의 소유는 법률적 소유이고,
자기노동에 기초한 농민의 소유는 사실상의 소유인 占有에 불과
하게 된다. 그러나, 역사가 발달함에 따라서 농민의 토지점유권이
점차 강화되어가는 경향이 있었다. 조선의 예를 들면, 조선전기에
는 국가의 토지에 대한 지배력이 강하고 농민의 토지에 대한 점유
권의 성장수준이 낮았기 때문에 국가가 科田法 등으로 토지의 配
分權과 收租權을 동시에 행사할 수 있었으나, 조선후기 특히 肅宗
朝 이후가 되면 국가의 토지에 대한 지배력은 약화되고 상품경제
의 발달에 따라 농민의 토지에 대한 점유권은 강화됨으로써 수조

---

43) 전근대의 토지소유이론에 관해서는 中村 哲, 『奴隷制·農奴制の理論』, 東京大
学出版会, 1986을 참고할 것.

권은 유지되나 토지배분권은 크게 제약을 받게 된다.[44] 농민의 점
유권이 강화되면, 이제 점유권이 법률적으로 보호를 받는 소유권
으로까지 성장하게 되는데,[45] 이러한 상황에서는 법률적으로 보
호를 받는 소유권으로까지 성장한 농민의 사실상의 토지소유권을
買集하는 지주층이 광범하게 출현하게 된다.[46] 물론 이러한 前近
代에서의 지주층에 의한 토지소유는, 本源的 土地所有가 아닌 2次
的 土地所有라는 의미에서, 中間的 土地所有에 불과하다.[47] 여기서

44) 제도적으로 보더라도 조선전기에서의 科田法 및 職田法의 붕괴는 국가에 의
한 토지배분권의 약화를 상징적으로 나타내고 있다고 볼 수 있다. 조선후기
가 되면, 국가에 의한 왕실과 국가기관에 대한 收租地의 배분 즉 立案折受
등도 크게 축소되게 된다. 安秉珆, 「第一章 十七八世紀朝鮮宮房田の構造と展
開」(『朝鮮社会の構造と日本帝国主義』, 龍渓書舍, 1977)參照.
45) 조선후기 농민의 사실상의 토지소유권 성장에 관해서는 이영훈의 전게논문
의 「順俗으로의 反轉」을 참고할 것.
46) 조선후기의 지주층의 성장상황에 대하여 정약용은 「전론」에서 今文武貴臣及
閭巷富人, 一戶粟數千石者甚衆, 計其田不下百結이라 했다. 이것은 전국의 사
정에 대하여 말한 것이고, 지방의 사정에 대해서는 다음과 같이 말하고 있
다. 民能自食者, 其有斗粟之餘, 不可勸分, 而今二石三石, 亦在所勸者, 吾東民
貧, 能入上等者, 一路不過數人二百石以上, 能入中等者, 一縣不過數人二十石以上,
唯下等之戶, 一縣或得數百二石至十石, 若棄此不勸, 無攸勸矣.(『全書』五 - 牧民
心書十三 - 七 後面, 勸分) 위의 자료는 凶年에 救恤米를 낼 수 있는 道別 및
郡縣別 부유층의 사정을 설명하고 있는데, 우리나라의 지주제의 발전정도를
나타내는 자료로 읽어도 좋지 않을까 생각한다. 김용섭은 전게서, 141페이지
에서 위의 자료를 經營型富農의 성장상황을 설명하는 자료라고 했으나, 민
간에 대한 勸分의 자료는 이것뿐이므로, 위의 자료를 경영형부농의 성장상
황을 설명하는 자료라고 주장하려고 한다면, 조선후기에 광범하게 존재했던
지주층에 대한 별도의 勸分자료가 있어야 한다. 그러나, 『경세유표』나 『목민
심서』 내에서는 그러한 자료가 발견되지 않는다.
그리고, 지주적 토지소유 성립의 역사적 배경은 농민의 토지에 대한 점유권
의 성장에 있지만, 지주가 되는 經路는 다양했다. 국가로부터의 土地賜與, 관
리들의 不正蓄財 및 상인과 고리대업자의 資本蓄積을 기반으로 하는 토지매
입 등 다양한 방법이 있었다. 지금까지의 연구에 의하면, 조선후기에는 商業
資本의 土地投資는 그렇게 많지 않았고, 관리들의 부정축재와 고리대자본의
축적에 의한 토지투자가 지배적이었던 것으로 보인다.

一田三主라는 현상이 나타나는 것이다. 정약용은 이러한 사정을 매우 예리하게 파악하고 있었다.

臣이 생각하건대, 천지가 만물을 낳는 이치는 지극히 공정하고 크게 慈悲로워서 만물을 한 가지로 보아 다 같이 사랑하는데, 어찌 1백 사람으로 하여금 힘을 다해서 한 사람을 살찌게 하고자 했겠습니까. 그 근본을 遡及해서 말해 보겠습니다. 신이 일찍이 말하기를, 전지에는 두 주인이 있으니, 그 하나는 임금이요, 그 둘은 佃夫입니다. 『詩經』에서 '이 넓은 하늘 아래 王土가 아닌 것이 없다'고 했으니, 임금이 그 주인입니다. 『시경』에서 '우리 公田에 비 와서 이윽고 우리 私田에 미친다'고 했으니, 佃夫가 그 주인입니다. 이 두 사람 이외에 또 누가 감히 주인이라고 하겠습니까. 오늘날 부강한 백성은 兼倂을 마음대로 해서 王稅 이외에 사사로이 稻租를 받으니, 이에 전지에 세 주인이 있게 된 것입니다.[48]

그러나, 그는 지주적 토지소유는 왕정에 있어서 "임금과 백성 사이를 가로막고" 있는 장애물이기 때문에 革罷되지 않으면 안 된다고 생각했다. 위의 「箚子」에서는 개혁의 대상을 국가에 대한 賦稅負擔의 문제에 한정하고 있으나, 「전제」의 정전법에 있어서는 地主制 그 자체를 개혁의 대상으로 삼았다. 封建制下의 領主와는 달리 지주는 국가의 공권력으로부터 정치적으로 自立하지 못함으

---

47) 中間的 土地所有에 관해서는 中村 哲, 『近代世界史像の再構成』, 靑木書店, 1991의 第五章 「近代東アジアにおける地主制の性格と類型」을 참조할 것.

48) 臣伏唯天地生物之理, 至公大慈, 一視同仁, 豈欲使百夫殫力, 以肥一夫哉. 臣請溯其本而言之. 臣嘗謂田有二主, 其一王者也, 其二佃夫也. 詩云, 普天之下, 莫非王土, 王者其主也. 詩云, 雨我公田, 遂及我私, 佃夫其主也. 二者之外, 又誰敢主者哉. 今也, 富强之民, 兼并唯意, 王稅之外, 私輸其租, 於是, 田有三主矣.(『全書』一 - 詩文集九 - 六十 前面, 擬嚴禁湖南諸邑佃夫輸租之俗箚子)

로써 국가의 착취대상으로 노출되어 있을 뿐만이 아니라 농민에
대한 經濟外的 强制를 행사할 수 있는 權力도 가지고 있지 못했다.
그렇기 때문에 地主經營은 매우 취약했는데, 凶年이 드는 경우에
는 국가에 대한 무거운 부세부담과 流民의 發生으로 파산하는 지
주가 속출했다. 따라서 정약용은, 정전제의 실시로 9분의 1세가 시
행되고 관리들의 橫斂이 제거된다면, 국가에 대한 무거운 부세부
담으로 항상 파산의 위협에 직면하고 있던 지주층 중에서는 公田
設定을 위한 田地寄附를 행하는 자도 많을 것으로 전망했다.[49] 이
러한 지주경영의 취약성에 대해서는 동시대의 朴趾源도 같은 생
각을 가지고 있었다.[50] 이러한 사정이 조선의 실학자들로 하여금
균전법, 한전법 및 정전법과 같은 토지개혁 방안을 제기할 수 있

---

49) 臣方修此篇, 或有富人來者, 試以問之曰, 子旣積困橫斂, 將至破家前監司金啓溫之
上疏,曰凶年之餘, 賦役繁興, 民間爲之語,曰豐不如歉, 富不如貧, 生不如死, 人以爲名言, 明富民
益困也. 若自朝廷, 修明九一之法, 如此如此, 子之腴田, 旣連阡陌, 九苫之落一百八
十斗所種, 納一苫落, 以作公田, 遂以八佃, 治此公田, 自作田監, 收其稐粟, 納于漕
倉, 一錢一粒, 無復徵索, 其有徵索, 邦有常刑, 子將若之何. 其人欣然擊節, 曰誠
如是也, 奚但一苫. 雖納三苫, 有不樂從者, 曾犬豕之不若也. 補國姑捨, 縣吏藪
破, 其雪恥抒憤, 不亦樂乎. 臣曰, 子之言浮矣. 今日之言, 我以開談, 子以開聽,
所以輕諾. 若一使臣, 眞箇下來, 瞿然以恐, 悶然以憂者, 非子伊誰. 其間利害, 如
此如此, 子其細商. 其人屈指打算, 乃復欣然曰, 九苫之落, 我若防納, 其租四十
五苫也九百斗. 每一苫三兩, 則其錢一百三十五兩也. 今之畓價一斗之落, 多者五
兩, 少者三兩, 一苫之落, 多者百兩, 少者六十兩. 雖從其多者, 三十五兩, 吾之利
也. 吾以百兩之錢放出, 子錢一朞而收, 若得什三之利, 吾將謝其信義, 欣其貨殖,
況坐而得之者乎. 吾以百兩, 先執代土俗以賣田而買田者, 謂之代土, 三十五兩, 又以
買畓, 其落七斗也, 七斗之落, 吾之利也. 雖於來年, 還破其法, 吾已大賈, 況年復
年年, 得此贏羨, 子孫萬世, 享此胡福. 上順朝令, 以取美名, 下蔭家嗣, 以享遠利,
吾不病風, 其有不百拜以納田者乎. 傍一寒士, 默然坐聽, 聽訖, 潸然出涕曰, 吾
有薄畓數斟, 可種三斗. 乞納一斗, 以成此事. 此臣所耳聞而目見者也. 其後每逢
野人, 輒以是問, 所答皆同. 由是言之, 曩所謂官出錢以買公田者, 卽所以準備,
非必皆一一給錢而得之也.(『全書』五 - 經世遺表七 - 三十三 後面, 井田議一).
50)「井田制과 國家的 土地所有」에서 제시되어 있는 박지원의 한전법에 관한 자
료를 참조할 것.

게 하는 시대적 배경이기도 했던 것이다.

그러면, 정약용은 지주적 토지소유의 철폐만으로써 국가적 토지소유가 회복될 수 있다고 생각하고 있었는가. 결코 그는 그렇게 생각하지는 않았다. 위에서 보는 바와 같이 지주적 토지소유는 토지에 대한 농민의 사실상의 소유권을 買集함으로써 성장하는 것이기 때문에 농민의 사실상의 토지소유권의 성장을 그대로 방치하고서는 지주적 토지소유의 성장을 막을 수 없다고 생각했다. 여기서 그는, 조선의 토지제도를 고찰하는「전제」6에서는『속대전』에서 토지를 소유하고 있는 농민과 지주를 田主로 표기하는 것을 비판하면서, 사실상의 토지소유자를 임시적인 토지점유자라는 의미의 '時占'으로 표기하고 佃戶는 '時作'으로 표기해야 한다고 주장했다. 정전제의 실시 방안을 제시하는「정전의」에서는 이 점을 거듭 강조하였다.

疆域 내의 전지는 모두 王田이다. 私主가 있는 경우라도 田主라 등록해서는 안 되며 마땅히 그 이름을 時占이라 하고 佃夫도 時作이라 해야 한다. 사주가 없는 것은 마땅히 빨리 왕전으로 거두어들여서 백성들을 불러모아 경작하게 하고 9분의 1세를 내게 하면 太阿의 자루가 차차 거두어들여질 것이니, 이것이 이른바 한 치를 얻어도 王寸이요 한 자를 얻어도 王尺이라는 것이다. 신은 또 이 일을 가지고 생각해 보니, 立案하는 법은 옛날에는 없었는데, 큰 난리로 전지가 황폐하게 된 이후에 무릇 山林·川澤으로서 황폐해진 땅을 토호나 세력 있는 집이 사사로이 立案하고 이를 근거로 자기의 소유물로 삼아서 자손들에게 전해 주니, 이것은 또 무슨 뜻인가.51)

---

51) 臣又案, 域中之田, 皆王田也. 其有私主者, 不可以書主, 宜改錫其名曰時占, 其佃夫曰時作而已. 其無私主者, 亟宜收之爲王田, 募民耕作, 使輸九一, 太阿之柄, 稍稍收攬, 所謂得寸王寸得尺亦王尺也. 臣 又因是而思之, 立案之法, 前古所無, 大亂大荒之後, 凡山林川澤荒廢之地, 土豪勢家, 私出立案, 據爲己有, 傳之子孫,

더 나아가 그는 사실상의 토지소유자인 농민을 時占으로 눌러
두는 것만으로써는 안심할 수 없다고 생각했다. 그는 농민의 사실
상의 토지소유권을 부정하기 위하여 그 이름을 국가의 田籍에 등
록하지 못하게 하고(「정전의」의 魚鱗圖에서는 佃夫의 이름도 表記
하도록 했다) 다만 私券式을 두어서 매매가 이루어질 때마다 관청
으로부터 私券을 발급받도록 했다. 관청에서 사권을 발급할 때에
는 전지가격의 100분의 1을 거두고, 사권(紅契라 했다)이 없는 경
우에는 관청에 고발하게 하고, 그 토지는 몰수하도록 했다.

> 혹자는 말하기를 田籍이라 이름하면서 田主와 佃客의 이름이 없
> 는 것은 무엇 때문인가 한다. 말하자면, 이것은 王田이요 私田이 아
> 니니, 어찌 전주나 전객의 이름이 있을 수 있는가. 전주와 전객은 때
> 마다 날마다 변하니, 그것을 왕적에 기록해서 장차 어디에 쓸 것인
> 가. 다만 이른바 전주라는 것은 사적으로 券契를 만들어서 서로 증
> 명하게 할 뿐이다.[52]

그러나, 그의 이러한 주장은 그가 시행하고자 하는 정전제도의
운영을 어렵게 할 뿐만이 아니라 그의 券契司에 관한 構想과도 배
치될 것으로 보인다. 만약 그의 계획대로 정전제가 실시된다면,
恒時的으로 행해지는 公田의 경작을 위한 私田농민으로부터의 노
동력의 동원이나 농민의 束伍軍으로의 編成을 위해서도 私田農民
에 대한 國家公簿로서의 田籍은 필수불가결할 것이다. 그리고 그
는 「序官」의 秋官刑曹의 券契司條에서는 家屋·田地·奴婢의 매매에

是何義也(『全書』五 - 經世遺表六 - 三十六 前面, 田制考).

52) 或曰, 名曰田籍, 無田主佃客之名, 何也. 曰, 此王田, 非私田, 安得有田主佃客之
名. 田主佃客, 時月以變, 錄之王籍, 將焉用之. 唯所謂田主, 私作券契, 以相憑驗
而已.(『全書』五 - 經世遺表九 - 十九 前面, 魚鱗圖說)

있어서는 권계사로부터 券契發給을 받도록 했는데, 만약 사전의
농민을 전적에 등록하지 않는다면 이러한 일을 제대로 실시하기
가 어렵게 된다. 정전법의 시행을 위하여 농민의 사실상의 토지소
유권을 약화시키려는 그의 의도에 대해서는 이해한다고 하더라
도, 경작농민의 전적에의 등록까지 금지하는 것은 자기가 실시하
고자 하는 제도의 운용 그 자체를 어렵게 할 것이다.

　　우리나라에서는 무릇 宮室, 田園 및 奴婢 등의 매매에 있어서 모
두 사사로이 文券을 만들고 사사로이 계약을 해서 일찍이 法司를 거
치는 법이 없다. 거짓이 탄로되고 쟁송이 일어난 이후에야 법사에
고소하는데, 법사인들 무엇을 가지고 그 사정을 알겠는가. 오늘날
마땅히 작은 刻板을 쇠로 주조하는데, 오직 年月日이라든지 券契司
題準이라는 등의 몇 字만 써넣고 매매인의 성명이나 物貨의 名目 등
의 몇 글자는 비워두고 채우지 않으며, 그 아래 위로 龍머리와 구름
을 조각하기를 실이나 머리카락처럼 가늘게 하고 僞造하지 못하도
록 해서 두터운 종이에 찍어 낸다. 매매가 있거나 혹 자녀에게 分給
이 있을 때마다 모두 本司에 가서 契券을 청구하는데, 관청은 빈 칸
에 써넣고 인장을 찍어서 발급한다. 臺帳에 기록하고 本司에 보관하
는데, 물화가격의 1백분의 1을 관청에 바친다. 매년 계권 수만 장을
諸省에 나누어 주는데, 중앙이나 지방이 모두 같게 한다. 무릇 소송
을 제기하는 자가 있으면 먼저 그 계권을 조사하는데, 만약 관청에
서 발급한 계권이 아니면 審理하지 않고 그 물화는 관청에서 몰수한
다. 이것은 왕자가 만민을 統制하는 大權이다.53)

---

53) 我邦, 凡宮室田園奴婢之等, 皆私自成文, 私自成言, 未嘗關由於法司. 及其詐僞綻
　　而爭訟起, 然後乃關法司, 法司何以知矣. 今宜鐵鑄小板, 唯書年月日數字及券契
　　司題準等字, 其賣買人姓名及物貨名目等字, 竝空而勿塡. 於其上下, 刻龍首雲氣,
　　細如絲髮, 令不得僞造, 乃以堅紙搨出. 每有賣買, 或分給子女, 皆詣本司乞券, 官

정약용은 국가적 토지소유를 유지하기 위하여 또 추가적으로 두 가지 방도를 강구했다. 첫째는 농민에게 토지를 분급하기는 하지만, 소유하지는 못하게 했다. 그는 『주례』의 九職論에 따라서 農者에게만 토지를 배분하려고 했는데, 이 경우에도 농민은 用益權만 가지고 소유권은 가지지 못하게 하였다. 그는 이를 위하여 "農者得田, 不爲農者不得田"이라 하여 '得田'이라는 새로운 用語를 창안했다. 소유한다는 '有田'이 아니고 분배 받아 이용한다는 '득전'인 것이다. 그의 이러한 전지배분의 원칙은 정전법에 있어서뿐만이 아니라 閭田法에 있어서도 마찬가지였다. 그러므로 그의 토지제도에 대한 생각은, 구직론에 입각하여 농민에게만 전지를 배분하면서 용익권만 주고 소유권은 주지 않으려고 했다는 점에서 보면, 이미 「전론」에서 종래의 균전론과는 크게 달라진 것으로 보아야 할 것이다. 둘째는 士大夫들에 대한 토지의 분급을 官收官給의 收租權分給에 한정하려 했다. 그렇기 때문에 그는 經典에서나 역대 왕조에서의 토지분급을 가능한 한 수조권의 분급으로 해석하려고 했다. 『주례』의 토지분급에 대한 그의 이러한 해석에는 무리가 있는 것으로 보이지만, 그가 사대부에 대한 토지분급이 지주제의 부활을 가져올 수 있는 가능성에 대하여 얼마나 경계하고 있었는지를 잘 읽을 수가 있는 것이다.

> 後魏의 균전법은 비단 先王의 유법도 아니려니와 역시 선왕의 본의도 아니다. 선왕의 뜻은 천하의 백성으로 하여금 모두 고르게 전지를 얻고자 함이 아니요, 천하의 백성으로 하여금 모두 고르게 직업을 얻도록 하고자 함이다. 農으로써 직업을 얻은 자는 전지를 경작하며,

---

塡書踏印以給之. 書之于版, 藏于本司, 以貨之百一, 輸于官. 歲以券數萬張, 頒于諸省, 令中外皆同. 凡有訟者, 先考其券契, 若非官券, 卽不聽理, 貨沒于官. 此亦王者駅萬民之大權也.(『全書』五 - 經世遺表二 - 二十三 前面, 券契司)

工으로써 직업을 받은 자는 器物을 제조하며, 상인은 재화를 거래하며, 牧者는 짐승을 기르며, 虞者는 山林을 다스리며, 嬪者는 紡織을 행하여, 각각 그 직업을 가지고 먹고 살게 했는데, 특히 農으로써 직업을 삼는 자가 가장 많기 때문에 선왕은 이를 중요하게 여겼을 뿐이지, 천하의 백성으로 하여금 모두 농이라는 직업으로 돌아가도록 하고자 한 것도 아니고, 또 천하의 백성으로 하여금 모두 전지를 얻도록 한 것도 아니다. 농사를 하는 자는 전지를 얻고 농사를 짓지 않는 자는 전지를 얻지 못하도록 하는데, 농사를 짓지 않으면서 전지를 얻는 자는 士뿐이다. 사란 백성을 다스리는 직업이니, 위로 천자와 제후로부터 아래로 府史胥徒에 이르기까지 모두 사류이기 때문에 전지를 가질 수 있다. 그러나 이른바 전지를 얻는다는 것은 전지의 9분의 1의 곡식을 얻을 뿐이요 전지를 얻는 것이 아니니, 전지를 얻는 자는 농부뿐이다. 天子, 諸侯, 卿大夫 및 士로부터 부사서도에 이르기까지 실은 일찍이 전지를 얻어가진 자가 없었던 것이다.[54]

"農者得田, 不爲農者不得之"에 대한 「전론」의 사례는 다음과 같다.

또 천하의 사람들을 모두 농부로 삼는 것도 진실로 내가 바라는 바이나, 천하의 사람들을 모두 농부로 삼지 않는다고 하더라도 역시 들어 줄 뿐이다. 농사를 짓는 사람은 전지를 얻고 농사를 짓지 않는

---

54) 臣謹案 後魏均田之法, 不但非先王之遺法, 抑亦非先王之本意也. 先王之意, 非欲使天下之民, 均皆得田, 乃欲使天下之民, 均皆受職. 受職以農者治田, 受職以工者治器, 商者治貨, 牧者治獸, 虞者治材, 嬪者治織, 使各以其職得食, 特職農者最多, 先王重之而已, 非欲使天下之民, 悉歸於農職, 又非欲使天下之民, 盡得其田地也. 農者得田, 不爲農者不得田, 不爲農而得田者, 唯士而已. 士者治人之職, 上自天子諸侯, 下至府史胥徒, 皆士之類也, 故皆得有田. 然其所謂得田者, 得田之九一之粟而已, 非得田也, 得田者, 農夫而已. 天子諸侯卿大夫士, 以至府史胥徒之屬, 實未嘗有得田者也.(『全書』五 - 經世遺表六 - 十五 後面, 田制五)

사람은 전지를 얻지 못하면 그것으로 좋은 것이다. 균전법이나 한전
법이라는 것은 장차 농사를 짓는 사람도 전지를 얻게 하고 농사를
짓지 않는 사람도 전지를 얻게 하며, 工이나 商에 종사하지 않고 놀
고 먹는 자에게도 역시 전지를 얻게 한다. 무릇 工이나 商에 종사하
지 않고 놀고 먹는 사람으로 하여금 전지를 얻게 하면, 이것은 천하
의 사람들에게 놀고 먹도록 가르치는 것이다. 천하의 사람들로 하여
금 모두 놀고 먹게 하면, 진실로 그 법이 좋을 수가 없는 것이다.55)

『주례』의 토지분급도 官收官給의 수조권분급에 불과했다고 해
석하는 자료도 하나 들어둔다. 그러나, 周나라가 封建國家라는 점
을 상기할 때,『주례』에서 왕의 자제를 小都나 大都에 分封할 때에
도 井稅穀을 분배했을 뿐이라는 정약용의 해석은 아무래도 자기
의 토지소유론과의 논리적 일관성을 유지하기 위한 지나친 해석
으로 보인다.56)

> 『주례』의 이른바 土田과 官田은 바로 전지를 가지고 卿大夫와 府
> 史胥徒에게 賜與한 것이 아니다. 천자는 얼마간의 井地를 가지고 土田
> 이나 관전으로 나누어 주는데, 경대부와 부사서도는 9분의 1의 井稅

---

55) 且夫盡天下而爲之農, 固吾所欲也, 其有不盡天下而爲之農者, 亦聽之而已. 使農
者得田, 不爲農者不得之, 則斯可矣. 均田限田者, 將使農者得田, 使不爲農者亦
得之, 使不爲工商者亦得之. 夫使不爲工商者亦得之, 是奉天下而敎之遊也. 奉天
下而敎之遊, 其法固不能盡善也.(『全書』一 - 詩文集 - 四 前面, 田論)

56) 이 자료에서 보이는 바와 같은 受封地를 단순히 祿田으로만 볼 수 있을까 하
는 의문이 남을 수밖에 없다. 이 자료에서 보이는 '封君'과 '國君'의 정치적 자
립성의 차이 및 그 政治的 自立性의 차이에서 오는 土地所有關係上의 差異에
관해서는 앞으로의 검토과제로 남겨두고 싶다. 臣故曰, 公邑者, 天子之祿田,
家邑者, 公卿大夫之祿田, 土田者, 三等適士之祿田, 官田者, 府史胥徒之祿田, 小
都者, 勳臣同姓受封之地, 大都者, 親王子弟受封之地. 然其受封者, 止爲封君, 不
得爲國君, 此古制也.(『全書』五 - 經世遺表五 - 三十七 後面, 田制三)

穀을 받아서 자기의 녹봉으로 할 뿐이다. 司勳이 功臣田을 사여하거
나 왕의 자제를 小都나 大都에 분봉하는 것도 역시 井地 중에서 9분의
1을 거두어서 먹을 뿐이다. 공사 간에 농부에게 9분의 1을 거두는 것
은 다 같다. 그런즉 이번에 이 宮房田도 또 마땅히 井稅로 묶어서 9분
의 1의 井稅穀을 사여하는 것이 사리상 명백하고 옳을 것이다.[57]

위에서 보아온 바와 같이, 정약용의 토지소유론에서의 국가적
토지소유는 천자와 제후의 토지소유였다. 천자와 제후는 代天理物
하는 통치자이기 때문에 천자와 제후의 토지소유는 貴 즉 官職과
더불어 천자와 제후가 인민들을 統率하는 2大의 物質的 手段 중의
하나이다. 그러므로 천자와 제후가 통치를 제대로 하기 위해서는
지주적 토지소유의 성장에 의하여 제약되지 않는 온전한 국가적
토지소유권의 확보가 필요하다. 이를 위해서는 지주적 토지소유가
철폐되어야 할 뿐만이 아니라 지주적 토지소유의 성장기반이 되는
농민의 토지점유권의 성장도 억제되어야 한다. 그 결과 정전제의
실시로 이러한 국가적 토지소유권이 실현되면, 인민들에 대한 제
왕의 절대적 통치권이 성립한다. 정약용의 토지소유론에 관한 연
구자 중에서는 「전론」과 「전제」에서 농민의 共同體的 土地所有나
近代的 土地所有를 읽어내려는 사람들도 있으나, 그들이 국가적 토
지소유를 전제로 하지 않고서는 성립할 수 없는 정전제적 토지소
유하에서 근대적 토지소유를 읽어낸다거나 農民革命이 없는 농민
의 공동체적 토지소유를 실증하기는 거의 불가능해 보인다.

---

57) 臣謹案 周禮, 凡所謂士田官田, 非直以田地, 賜卿大夫府史胥徒也. 天子以幾井,
頒之爲士田官田, 則卿大夫府史胥徒, 收其九一之耡粟, 以自爲祿而已. 司勳之賜
功臣田, 王子弟之分封於小都大都者, 亦於井地之中, 收其九一, 以自食而已. 在
公在私, 其收九一於農夫一也. 然則今此宮房之田, 亦當束之爲井耡, 賜其九一之
粟, 事理明正.(『全書』五 - 經世遺表八 - 二十九 後面, 井田議四)

제3절 國家的 土地所有의 實現方案

1. 균전제, 한전제 및 정전제에서의 토지소유

균전제, 한전제 및 정전제는 모두 전근대의 국가적 토지소유하에서 인민들에게 토지를 균등하게 분배하자는 논의이다. 그럼에도 불구하고 정약용은 균전제 및 한전제와 정전제 간에는 토지제도에 있어서 근본적인 차이가 있다는 점을 강조했다. 첫째, 균전제와 한전제는 私的 土地所有(中間的 土地所有)를 허용하는 데 대하여 정전제는 이러한 사적 토지소유를 허용하지 않는다는 것이다. 다시 말하면, 균전제와 한전제는 사적 토지소유를 끊임없이 再生産하여 항상 국가적 토지소유를 위기에 빠뜨릴 수밖에 없으나, 정전제는 首尾一貫된 국가적 토지소유의 원칙을 견지할 수 있다는 것이다. 정전제에 대한 정약용의 이러한 인식은 정전제가 사적 토지소유가 존재하지 않는 古代 王政에서의 이상적인 토지제도라는 일반적 인식과도 일치한다. 둘째, 균전제와 한전제는 모든 인민들에게 토지를 균등하게 배분하지만, 정전제는 『주례』의 九職論에 입각하여 農者에게만 그들의 경작능력에 따라 토지를 배분하고 다른 사람들에게는 직업을 분배한다는 것이다. 말하자면, 균전제와 한전제는 농사를 짓지 않는 인민들에게까지도 토지를 배분하여 놀고먹는 인민을 배출하지만, 정전제는 인민들을 자기의 직업에 專業하게 함으로써 농업뿐만이 아니라 商工業 등도 장려할 수 있다는 것이다.

역사적으로 사적 토지소유는 일찍이 정전제가 붕괴되면서 시작되었다고 한다. 위에서 보는 바와 같이, 이미 秦나라 때에는 10분의 5의 地代를 거두는 지주가 나타나고, 그 결과 漢나라 때에는

租稅로서 15분의 1을 징수할 수밖에 없을 정도로 국가적 토지소유
가 약화되었다는 것이다. 그럼에도 불구하고, 중국에서는 균전제
나 한전제가 당나라 때까지는 國家的 土地所有의 理念하에서 실시
되었으나 송나라 이후로는 지주적 토지소유를 전제로 하고 실시
되었다고 한다.[58] 여기서는 歷史的으로 중간적 토지소유로서의
사적 토지소유의 성장 문제에 대하여 깊이 파고 들어갈 겨를이 없
지만, 정약용이 살았던 18세기 이후의 조선에서는 이미 중간적 토
지소유가 광범하게 형성되어 있었다. 상품경제의 발달수준은 手
工業이 商業으로부터 독립하지 못할 만큼 낮은 단계에 있었으나,
토지소유에 있어서는 지주제를 배제하는 국가적 토지소유를 회복
하기가 어려운 단계에 있었다. 그럼에도 불구하고 정약용은 국가
적 토지소유를 실현하고 인민들의 분업을 촉진하기 위해서는 토
지제도로서 균전제나 한전제는 적당하지 않고 정전제야말로 올바
른 토지제도라는 것을 다음과 같이 강조하고 있다.

> 요순과 三王의 시대에는 천하의 전지가 모두 官田인데도 오히려
> 이렇게(計口分田 — 필자) 하지 못했다. 하물며 균전법과 한전법은
> 구차스럽게 私田에 관청이 제한을 두려고 하는 것이다. 더욱이 太阿
> 의 자루가 轉倒되어 거꾸로 잡혀있는 이때에 계구분전하여 만민의
> 산업을 고르게 하고자 하니, 신은 반드시 그렇게 되지 못할 것을 알
> 겠다. 先王의 법은 구직으로써 만민에게 맡기는데, 農은 구직 중의
> 하나이다. 농사를 짓는 사람에게는 전지를 주고 농사를 짓지 않는
> 사람에게는 전지를 주지 않는 것이요, 천하의 모든 사람을 통틀어
> 계구분전한다는 것은 迂濶한 儒者들의 그릇된 뜻이다.[59]

---

58) 이 점에 관해서는 溝口雄三외편, 『中國思想文化事典』, 東京大學出版會, 2001
　　의 「井田」을 참고할 것.
59) 堯舜三王之時, 天下之田, 皆是官田, 猶不能爲此. 況限田均田之法, 苟取私田,

그러면 정약용이 토지소유에 있어서 정전론과 근본적으로 다르다고 생각했던 조선후기의 균전론과 한전론은 어떠한 것이었던가. 그것은 바로 젊은 시절에 그가 사숙했던 星湖 李瀷의 균전론과 燕巖 朴趾源의 한전론이었다. 조선후기의 균전론과 한전론에 있어서는 이미 국가가 국유지를 인민들에게 배분하는 규정은 없고 인민들의 토지소유를 일정한 한도 예컨대 永業田 이하로 줄이지 못하게 하거나 일정한 한도 이상을 소유하지 못하게 함으로써 지나친 土地兼倂을 억제하고 인민들이 토지를 고르게 소유할 수 있도록 하기 위한 제도였다. 다시 말하면 정약용이 물리치려고 했던 균전론과 한전론은 중국의 宋나라 이후의 균전론이나 한전론이었던 것이다. 이익의 균전론부터 소개해 보자.

나는 옛날에 균전론을 주장했는데, 그 개요는, 전지 몇 畝를 한정하여 한 농부의 永業田으로 하고, 그보다 많은 자도 줄이도록 하지 않고 전지가 없는 자도 책임을 묻지 않는다. 이 몇 畝 이외에는 임의로 매매하도록 허락한다. 단 전지가 많은 자는 그중의 몇 畝를 취하여 영업전으로 하고 文券은 태워버리되 다만 관청이 그 田籍을 보관하도록 하고 팔지 못하게 한다. 전지가 없는 자가 혹 寸土나 尺地를 얻으면 영업전의 범위 내에서 위의 例와 같이 하고 그 나머지는 묻지 않으며, 이렇게 하는 데서 그치는 것이다. 무릇 전지를 판매하는 사람은 가난한 집이다. 가난해도 팔지 못하면, 兼倂은 일어날 수 없고, 영업전은 매입하기만 하고 팔지 못하게 하면, 가난한 집이 파산하는 일은 없을 것이다. 전지가 많은 자는 판매하도록 허락하면, 여

官立程限. 太阿之柄, 猶倒在下, 欲於此時, 計口分田, 以之均萬民之産業, 臣知其必不能也. 先王之法, 以九職任萬民, 九職農居一焉. 農者授田, 不農者不授田, 悉天下之民, 而計口分田者, 迂儒之謬義也.(『全書』五 - 經世遺表六 - 十八 前面, 田制五)

러 자식들이 分占을 하기도 하고 혹은 不肖한 자식이 파산해서 점차
로 균일하게 될 것이다.[60]

다음으로 朴趾源의 限田論을 소개한다.

　신이 이 나이에 이르기까지 역시 일찍이 數世代에 걸친 사람들의
사정을 보아왔습니다. 능히 父祖의 田業을 지켜서 남에게 팔지 않는
사람은 열에 다섯이고, 해마다 토지를 파는 자는 열에 일고여덟은
되었으니, 남는 것을 蓄積하여 더욱 많은 토지를 차지하는 사람의
숫자는 알 만합니다. 진실로 制限을 두면서 말하기를, 某年某月 이후
로 이 제한보다 많은 자는 더 사들일 수 없으며, 이 명령이 나오기
이전의 것은 그 전지가 비록 아무리 많다고 하더라도 그 책임을 묻
지 않습니다. 그 자손이 많아서 分財해주는 경우는 허락하며, 감추
고 허위로 보고한다든지 이 명령 이후에 제한을 초과하여 더 차지하
는 경우, 백성이 찾아낸 것은 백성에게 주고 관청이 찾아낸 것은 관
청에서 沒收하면, 수십 년이 경과하지 않는 사이에 나라 안의 전지
가 모두 고르게 될 것입니다.[61]

---

60) 余昔爲均田論, 其槩謂以田幾畝定限, 爲一夫永業田, 多者不滅, 無者不責. 幾畝
　　之外, 任其買賣. 但多者, 取其中幾畝爲永業, 焚毁券文, 只官藏其籍, 使不得斥
　　賣. 無者, 或得寸得尺, 在永業之限者如右例, 其餘勿論, 如斯而止. 凡賣者, 必貧
　　室也. 貧而不得賣, 則兼幷不得售矣, 永業有入無出, 則貧室無蕩産矣. 多田者,
　　許其賣, 則衆子分占, 或不肯破落, 稍稍歸於均一矣.(『全書』五 - 經世遺表六 -
　　十二. 前面, 田制四)
61) 以臣之犬馬之齒, 亦嘗觀人數世矣. 其能保守父祖之田業而不賣與人者, 十居其
　　五, 其歲歲割土者, 十常七八, 則其蓄贏餘而益占者, 數可知矣. 誠立爲限制日, 自
　　某年某月以後, 多此限者無得有加, 其在令前者雖連阡過貊, 不問也. 其子孫有支
　　庶而分之者廳, 其或隱不以實及令後加占過限者, 民發之與民, 官發之沒官, 如此
　　不數十年而國中之田可均.(『燕巖集』, 限民名田議)

위에서 보는 바와 같이, 균전론, 한전론 및 정전론은 다같이 모두 국가적 토지소유를 이념으로 하지만, 정약용에게 있어서 균전론 및 한전론과 정전론의 차이는, 첫째 균전론과 한전론에 있어서는 모든 인민에게 토지를 분배하는 데 대하여 정전론에서는 농사를 짓는 사람에게만 토지를 분배하고, 둘째 전자에 있어서는 중간적 토지소유를 허용하는 데 대하여 후자에 있어서는 그것을 허용하지 않는다는 것이다.

2. 국유지의 확보 방안

위에서 보아온 바와 같이, 정전법이 실시되려면 온전한 국가적 토지소유가 실현되어야 한다. 이러한 국가적 토지소유를 실현하려면 壬辰倭亂과 같은 큰 난리의 결과 국토가 황폐화된 기회를 맞이하여 많은 국유지를 쉽게 확보할 수 있으면 좋겠지만, 그러한 기회는 人爲的으로 만들어낼 수 있는 것이 아니다. 그러므로 平常時의 정전법의 실시를 위한 국유지의 유력한 확보 방법은 기존의 국유지를 활용해야 함은 말할 것도 없지만[62] 국가가 지주들로부터 토지를 매수하거나 지주들을 義理로써 타일러 토지를 기증하게 하는 방법밖에 없었다. 그렇기 때문에 정약용은 정전제의 실시

---

62) 다산은 「전제」12에서 宮田, 驛土 및 屯土 등의 국유지를 공전으로 확보할 것을 강조하고 있다. 宮嶋博史가 甲午改革期의 『結戶貨法稅則』 자료를 정리한 바에 의하면, 宮庄土가 24,757結, 衙門屯土가 44,734結 및 各驛土가 29,000結로서 合計 98,491結이었다.(宮嶋博史, 전게서, 223페이지) 이러한 토지만으로도 이미 양안에서 파악된 全國 田土의 10%를 훨씬 초과하고 있었으므로, 전국전토의 9분의 1에 해당하는 공전을 확보하는 것은 그다지 어려워 보이지 않는데, 왜 그는 공전을 매입하는 데 필요한 자금을 별도로 확보하기 위하여 여러 방안들을 검토하지 않으면 안 되었을까. 거기에는 매우 복잡한 문제들이 있었을 것으로 보인다. 그중에도 가장 중요한 문제는 이른바 國有地에 있어서는 有土·無土의 문제가 있었기 때문이다.

230

를 위한 정책론인 「정전의」에서는 國庫資金에 의한 토지매수와
지주들로부터의 토지기증이라는 방법을 통하여 전국 경지의 9분
의 1인 공전만이라도 우선 국유지로 확보함으로써 정전제의 시행
에 착수할 수 있는 방안을 제시했던 것이다.63) 그러나, 공전의 확
보는 정전제 실시의 출발에 불과하다. 이미 착수한 정전제를 완결
하기 위해서는 漸進的인 방법으로 전국의 토지를 모두 국유화해
야 한다. 추가적인 국유지의 확보 방안으로서는 재정자금에 의한
매수, 민간의 기증, 陳田 및 未墾地의 開墾 등의 여러 가지 방법이
있지만, 우선 중요한 것은 전국의 토지가 모두 국유지로 될 때까
지 이러한 사업을 지속적으로 추진할 정책적 목표를 밝히는 일이
다. 토지소유 문제를 다루는 「전제」4에서는 전국 전지의 국유화
방침을 다음과 같이 闡明하고 있다.

　　균전법은, 옛날부터 여러 번 시행되고 폐지되었는데, 비록 밤낮
　　으로 생각하여 수백 수천 가지의 計策을 내었지만, 끝내 모두 붕괴
　　되고 말았다. 오직 특별히 靈明스럽고 특출한 군주가, 우리나라의
　　임진왜란과 같은 큰 난리를 당하여 들이 텅 빈 시대에, 주인이 없는
　　전지는 모두 등록하여 정전으로 구획함으로써 古法을 행하고, 주인
　　이 있어 그 소유전지가 阡陌에 걸쳐있는 경우 바로 의리로써 타일러
　　千畝나 혹은 數井을 官에 납부하게 하여 軍田이나 土田으로 삼아서
　　그 공로를 기록하고 관직으로써 상을 주면, 빛나는 성과가 목전에서
　　이루어지게 될 것이다. 그 이외의 여러 논의들은 세월만 끌 뿐 백여
　　년에 걸쳐서 거듭거듭 타이른다 하더라도 혹 한두 가지의 성과가 있
　　을 뿐일 것이다. 요임금과 순임금이 명령한들 근본이 바뀌지 않았는
　　데 어찌 그 성과가 있겠는가. 비록 뜻한 대로 크게 균등하게 된다고

63) 이 장의 "「정전의」의 분석"을 참조할 것.

하더라도, 이것은 그대로 民田이요 官田이 아니다. 태아의 자루가 의
연히 거꾸로 잡혀있는데, 장차 무슨 이익이 있겠는가.[64]

 전지의 국유화 방안으로서는 재정자금에 의한 買收와 민간으
로부터의 寄贈이 가장 유력한 방안이나, 이러한 방안에 관해서는
「정전의」의 분석에서 검토할 예정이므로, 여기서는 開墾에 의한
국유지 확보 방안에 관하여 설명해 보기로 한다. 개간에 있어서는
陳田의 개간과 未墾地의 개간이라는 두 가지 방법이 있는데, 우선
진전의 개간부터 보기로 하자. 조선후기에는 전지에 대한 무거운
賦稅負擔, 흉년의 流民發生 및 법률의 未備 등으로 진전이 續出했
다. 법률에 의하면 진전은 당연히 免稅되고 농민에 의한 개간이
장려되어야 하지만, 현실에서는 서로가 전세를 회피하려고 다투
는 상황에서 진전의 면세는 매우 어려운 일이었다. 그 결과 진전
중에서는 전세만이라도 부담하고 토지의 소유권을 移轉해 가기를
원하는 경우도 종종 있었으나, 인수하려는 사람이 나타나지 않아
진전으로 머무는 토지가 많았다. 정약용은 이러한 토지를 국가의
소유로 귀속시키고, 국가가 그 토지를 개간하여 정전으로 구획하
는 것이 국유지를 확대하는 한 가지 방안이 될 것으로 생각했다.
또 정전제는 農家의 陣法이기도 하기 때문에, 이러한 토지는 바로
軍田으로 된다.

---

64) 臣謹案 均田之法, 自古屢行而屢廢, 雖晝思夜度, 設之爲千方百計, 終於潰裂而
後已. 惟英雄特起之君, 當大亂虛曠之世, 如吾東壬辰之後, 盡籍無主之田, 畫之
爲井田, 以行古法, 其有主者, 若其所主連阡越陌, 則直諭之以義, 使以千畝或以
數井, 納于官, 以作軍田, 或作士田, 錄其功而賞以官, 則光明磊落, 成於目前. 其
餘諸議, 曠日持久, 須至百年, 去益申明然後, 或有一二裒益. 堯傳舜紹, 本自不
易, 其功豈有成哉. 雖使如意大均, 仍是民田, 非官田也. 太阿之柄, 依舊倒授, 將
何益矣.(『全書』五 - 經世遺表六 - 十二 後面, 田制四)

신은 생각하건대, 백성들이 파산하여 사방으로 흩어지는 것은 陳田의 稅 때문이다. 甲이 진전을 가지고 있는데, 이 땅을 乙의 집에 거저 주면서 을로 하여금 세를 부담하고 영구히 그의 소유물로 삼기를 구걸해도, 을이 머리를 저으면서 禍 떠맡기를 원하지 않는 경우가 종종 있다. 이러한 경우는 마땅히 時占의 소원을 들어주어서 전지를 公家에 귀속시키고, 길이 그 세를 면제하면, 결국 官田이 된다. 이에 관이 스스로 개간하여 畎와 井으로 구획하는데, 이러한 경우는 1井의 9畎가 모두 공전이다. 그 8畎는 編伍軍이 경작하면 되는데, 편오군이 늙으면 다른 사람에게 옮겨주어서 永業田으로 삼지 못하게 한다아들이 건장한 경우에는 그 아들에게 전하도록 한다. 이것은 마땅히 별도로 田籍을 꾸미되, 屯田, 學田 및 宮田 등과 같이 별도의 전적이 되게 해야 한다.[65]

진전 중에서는 流配를 당하거나 絶戶가 된 사람의 전지도 많았다. 이러한 전지들도 官田으로 삼고, 이 관전도 民田으로 흘러들어가지 못하게 하고 정전으로 구획한다. 그것도 국유지를 넓혀가는 하나의 방안이다.

이른바 관전이란 유배를 당하여 몰수된 전지거나 사망하여 絶戶로 된 사람의 전지에 속하는 것이 많다. 몰수하는 것은 좋다고 하더라도 이것이 어찌 팔아먹을 전지이겠는가. 정전으로 구획하여 9畎로 만들고 잇달아 부근의 民田 72부를 구획하여 통틀어 81부로 만든다.

---

65) 臣伏惟, 人之所以流離破散者, 陳田之稅也. 甲有陳田, 乞以此田白授乙家, 使乙擔稅永作己物, 而乙乃掉頭不願移禍者, 比比有之. 若是者, 宜請時占所願, 以田屬公, 永免其稅, 遂爲官田. 於是, 自官起墾, 劃畎劃井, 若是者, 一井九畎, 都是公田. 其八畎編伍之軍, 可以耕作, 老而移授, 無作永業子强者傳於其子. 此宜別修田籍, 與屯田學田宮田之等, 同爲一籍.(『全書』五 - 經世遺表八 - 三 後面, 井田議二)

매양 사전 8부로써 공전 1부를 다스리게 하면, 이것이 의연히 三古
의 정전법이다. 혹 그 구역이 넓지 않은 것은 1부로 구획하고 잇달
아 부근의 民田 8부를 떼어내어 이 1부를 다스리게 하면, 이것이 의
연히 삼고의 정전법이다. 이렇게 하기를 도모하지 않고 오히려 그
전지를 팔아서 조금밖에 남아있지 않은 官田을 또 私田으로 흘러들
어 가게 하니, 뜻이 있는 임금이 이렇게 할까. 아아, 애석하다.[66]

법률의 미비로 전지가 진전으로 되는 경우도 많았다. 이러한
전지도 官田으로 편입하여 정전으로 구획하고 軍田으로 삼는다.

우리나라의 법은, 깨끗한 것을 지나치게 강조하여, 무릇 바람에
쓰러진 나무는 썩도록 내버려두게 하고 封山의 큰 소나무 수천 수만 그루
가 바람에 쓰러지는 것을 법은 썩도록 내버려두게 한다, 絶戶의 전지는 모두
묵어버리게 하니, 나라가 어찌 가난하지 않겠는가. 지금으로부터 절
호의 전지는, 마땅히 정전으로 구획하여 군전으로 삼고, 9분의 1을
거두어 군대의 양식에 보충하면, 묵었다거나 경작되고 있다거나 하
는 말이 없을 것이다.[67]

18세기 말 내지 19세기 초에는 우리나라의 경지의 중심이 山間

66) 臣謹案 所謂官田, 多係流配沒入死亡絶戶之田. 其沒入可也, 斯豈鬻賣之物乎.
畫之爲井, 以爲九畎之田, 乃以附近民田, 畫之爲七十二畎, 通作八十一畎. 每以
私田八畎, 治公田一畎, 則依然是三古之井田也. 或其區域未大者, 畫之爲一畎,
乃以附近民田, 割取八畎, 令治此一畎, 則依然是三古之井田也. 不圖出此, 顧乃
鬻賣其地, 使僅有之官田, 又淪爲私田, 有志之君, 其如是乎. 嗚呼, 惜哉.(『全書』
五 - 經世遺表六 - 二十四 前面, 田制五)
67) 我邦之法, 廉潔太過, 凡風拔之木, 朽而棄之封山大松千萬株. 風拔者, 法皆朽之, 凡戶
絶之田, 陳而棄之, 國安得不貧乎. 自今戶絶之田, 宜畫之爲井, 以作軍田, 收其
九一, 以補軍食, 則曰陳曰起, 無所言也.(『全書』五 - 經世遺表七 - 二十三 前
面, 田制八)

平野로부터 河川下流의 평야로 옮겨가려는 순간이었다. 그리고 해
안의 干潟地의 개간도 착수되고 있었다. 마침 이 시기에는 중국으
로부터 새로운 기술이 도입되고 있었기 때문에, 정전제의 시행으
로 정전으로의 구획 사업이 완료되어 생산력이 회복되면, 起重架
및 田車 등을 활용하여 제언을 축조하기도 하고 구거를 파기도 하
여 전지를 개간해야 한다고 생각했다.[68] 정전의 구획은 평야지대
일수록 용이했으므로 淸州들, 小沙들, 牙山의 新昌들, 및 金堤의 萬
頃들 등이 정전구획의 대상지로서 거론되기도 하였다.[69] 日本의
에도(江戸)시대에는 하천하류가 널리 개발되었는데, 이 시대에는
新田開發이 이루어지는 과정에서 경지정리도 동시에 진행되었
다.[70] 만약 우리나라에서도 정약용의 구상과 같이 정전법이 실시
되었더라면, 한국중세사의 새로운 시대가 전개되었을 것으로 보인
다. 堤堰築造事業에 의한 국유지 확보의 한 가지 사례를 들어보자.

> 이미 제언이 완성되면 법대로 정전을 구획하여 9분의 1을 거두어
> 들인다. 그 私田 8畉는 모두 가난하고 전지가 없으면서도 건장하고
> 힘이 있는 사람을 널리 모집하여 엄선한 후 이 경지를 경작하게 하
> 는데, 1代에 한하여 생업으로 하게 한다. 그리고 佃夫로써 牙兵으로
> 삼아 師旅에 대비한다. 만약 전제가 점차 완성되어 王田이 날로 넓
> 어지면, 아병의 전지는 마땅히 縣城의 側面에 설치해야지, 오늘날과
> 같이 해서는 안 된다.[71]

---

68) 『全書』五 - 經世遺表八 - 三十三~三十四 面을 참조할 것.
69) 제4장의 注 95 참조.
70) 小出 博, 『利根川と淀川』, 中央新書, 1975의 「農地開発の新しい動向」을 참조할 것.
71) 堰旣成, 畫井如法, 收其九一. 其私田八畉, 竝以貧而無田, 健而有力者, 廣募嚴
    選, 使耕此田, 限生平爲業. 遂以佃夫, 編之爲牙兵, 以待師旅. 若田制漸成, 王田
    日廣, 則牙兵之田, 宜置縣城之側, 不可因也.(『全書』五 - 經世遺表八 - 三十四
    後面, 井田議四)

조선후기에 제언을 축조하거나 溝渠를 파거나 해안의 간석지
를 개발하는 사람은 지방의 토호나 세족으로서 사사로이 관청과
손을 잡고 그러한 사업을 행했다. 위의 여러 가지 사업 중 현실적
으로 가장 중요한 것은 구거를 축조하는 사업이었다. 이 시기 조
선의 가장 중요한 수리시설은 洑였는데, 구거축조 사업은 바로 이
보를 축조하면서 경지를 개간하는 사업이었다. 저 유명한 東學亂
의 起因이 된 萬石洑의 축조 사업도 바로 이러한 사업의 일환이었
다. 그러나 이러한 사업들은 민간사업자들의 技術과 物力의 빈약
으로 성공하기보다 실패하는 경우가 많았던 것으로 보인다.[72] 그
렇기 때문에 정약용은 이러한 사업을 민간의 사업으로 방치할 것
이 아니라, 국가가 행함으로써 사업을 성공하게 할 뿐만이 아니라
국유지를 확보해야 한다고 생각했다.

　무릇 도랑을 파서 논에 물을 대는 사람들은 土豪와 勢族으로서
　관청의 힘을 빌려서 백성을 부려 자기의 이익을 챙기는 것이다. 혹
　그 4분의 1을 거두어들여 자기의 전지로 삼기도 하고 혹 1畝마다 몇
　말을 거두어 私稅로 삼기도 한다. 이제 마땅히 관청에서 役丁을 조
　달하여 이 일을 하게 한다. 이익이 많은 경우는 4분의 1을 거두어들
　여 公田으로 삼고, 이익이 적은 경우는 10분의 1을 거두어들여 공전
　으로 삼는다. 여기에서 정전으로 구획하기를 법과 같이 하는데, 부
　근의 8부로 하여금 助法으로 다스리게 하고, 9분의 1을 수취하기를
　모두 위의 법과 같이 한다.[73]

---

72) 제4장의 注 108 참조.
73) 凡鑿渠灌田者, 皆土豪勢族, 借官役民, 以自爲利. 或收其四一, 以爲己田, 或畝
　　收斗粟, 以作私稅. 今宜官調役丁, 以成此功. 利多者, 收其四一, 以作公田. 利少
　　者, 收其什一, 以作公田. 於是畫井如法, 使附近八畎, 助治如法, 收其九一, 皆如
　　上法.(『全書』五 - 經世遺表八 - 三十四 後面, 井田議四)

국유지의 확보 방안은, 여러 가지의 방법으로 국유지를 늘려가
는 것도 중요하지만, 일단 국유지화된 전지를 민간의 수중으로 흘
러들어 가지 못하게 하는 것이 더 중요하다. 그렇기 때문에 정약
용은 「전제」5에 「官田別考」라는 항목을 설정하고 中國의 歷代 王
朝가 官田을 민간에게 下賜하여 民田으로 흘러들어 가게 하는 것
을 비판하면서 이들을 관전으로 확보하고 정전으로 구획해야 한
다는 점을 자세히 설명하였다. 그리고 조선의 경우에도 內需司田
이나 惠民署田을 예로 들면서 이들을 정전으로 구획할 것을 권하
고74) 국유의 경지나 황무지가 立案이라는 방법을 통하여 민유화
되는 것을 비판하면서 이들을 정전으로 구획할 것을 권유하고 있
다.75) 이러한 사례는 무수히 많으나, 여기서는 「관전별고」에 있는
한두 가지의 사례만을 소개하기로 한다.

> 兩漢의 여러 황제가 공전을 빈민에 賜與한 것이 史册에 매거할
> 수 없을 만큼 많다. 지금 한둘을 들었으나, 모두 혜택을 베풀 줄은
> 알았으나 정치를 할 줄은 몰랐다는 것이다. 太阿의 자루가 거꾸로
> 잡힌 지가 오래 되었다. 비록 한 모퉁이의 전지라도 이미 官田으로
> 된 것은 마땅히 차례차례로 넓혀 나가 점차 太阿의 자루를 회수해서
> 三古의 정치를 행할 일이지 어찌 명목 없는 물건을 아무 공로도 없
> 는 백성들에게 나누어 주어 천하를 희롱하는가.76)

---

74) 又如諸司菜田及內需田惠民田, 皆王田也. 王者買田, 募民耕作, 收其什五, 非禮
也. 宜以此田, 悉畫爲百畝長十畝, 廣十畝 取附近民田八百畝, 使其佃夫, 治此百畝,
於是乎井田也. 收其九一, 以納于內需司, 不亦宜乎. 若菜田藥田, 又宜雇人借耕,
全收其所種, 其稅無可論也.(『全書』五 - 經世遺表七 - 二十四 前面, 田制八)

75) 臣又因是而思之, 立案之法, 前古所無, 大亂大荒之後, 凡山林川澤荒廢之地, 土
豪勢家, 私出立案, 據爲己有, 傳之子孫, 斯何義也. 自今立案之法, 一切嚴禁. 凡
如此之地, 悉出公案, 或募民耕作, 輸其九一. 其山林川澤, 屬之於虞衡司, 酌定
其稅, 庶幾太阿之柄, 以漸而收復也.(『全書』五 - 經世遺表六 - 三十六 前面,
邦田議)

관전으로 확보된 것은 바로 정전으로 구획해야 한다고 생각했다.

> 이와 같은 것은 경작을 하거나 목축을 하는 것은 좋다고 하더라
> 도, 오히려 마땅히 9百畝로 구획하고 3×3으로 開方하여 정전으로 만
> 들고 8夫로 하여금 경작하게 하여 9분의 1세를 거두어서 三古의 景
> 觀을 회복해야 할 것이다. 또 자손들에게 전하여 永業田으로 되어
> 民田이 되게 해서는 안 된다.[77]

위와 같이 국가적 토지소유를 확보해나가는 궁극적 목표는 전
국의 토지를 국유지로 확보하려는 데 있음은 말할 필요도 없을 것
이다. 정전제는 본래 국가적 토지소유를 전제로 하는 것이므로, 정
전법의 시행 자체가 전국 토지의 국가적 소유를 지향하는 것은 말
할 필요도 없지만, 「정전의」에서 논의되는 개별적 작업에 있어서
도 국가적 토지소유의 완수를 목표로 하고 있다는 점을 밝히고 있
다. 우선 收稅를 위한 土地等級의 査定에 있어서는 "반드시 나라 안
의 전지를 모두 王田으로 삼아서 왕이 전지를 백성에게 나누어준
연후라야" 등급사정이 올바로 이루어질 수 있다고 하였다. 이 자료
는 조선에서의 정전법 시행을 논의하는 「정전의」1에 있는 자료인
데, 정전법의 시행이 반드시 전국 토지에 대한 국가적 토지소유를
목표로 하고 있는 점을 보여주는 매우 드물게 보이는 자료이다.

---

76) 臣謹案, 兩漢諸帝, 以公田賜與貧民者, 史不勝書. 今略擧一二, 皆所謂惠而不知
爲政者也. 太阿之倒, 久矣. 雖一稜之田, 旣爲官田者, 當次第開廣, 漸收其柄, 以
行三古之政. 豈以無名之物, 散與罔功之民, 以天下爲戲哉.(『全書』五 ─ 經世遺
表六 ─ 二十三 前面, 官田別考)
77) **臣謹案** 如此之類, 雖許其耕牧, 猶宜畫之爲九百畝, 三三開方, 以爲井田, 令八夫
耕之, 收其九一, 以復三古之觀. 且勿令傳爲永業, 淪爲民田也.(『全書』五 ─ 經世
遺表六 ─ 二十三 前面, 官田別考)」

옛날에는 전지가 모두 왕전으로서 관청에서 이것을 나누어 주어 경작시키려고 했기 때문에 비옥한 전지는 서로 다투고 척박한 전지는 辭讓함으로써 그 실정이 드러났다. 오늘날 부자가 佃戶에게 나누어 줄 때 비옥한 전지는 뇌물을 주면서까지 서로 다투고 척박한 전지는 경작하던 것도 내던지며 머리를 젓는다. 그렇게 하는 사이에 전지의 우열이 조그마한 것까지 밝혀지니, 옛날에 전지를 맡기는 일이 무엇이 이것과 다르겠는가. 이것이 周나라에서 전지를 9등으로 나누었으나 그 등급에 혼란이 없었던 까닭이었다. 오늘날은 전지의 등급을 비록 禹임금이나 稷이 감독한다고 하더라도, 어찌 이와 같이 될 수 있겠는가. 그 때문에 결부법은 단연코 시행할 수가 없다. 이제 이미 方1里를 1井으로 구획해서 黃鐘의 比率을 세웠으니, 그 기울어져서 정전으로 만들 수 없는 전지도 마땅히 이것으로써 비율을 삼아야 한다. 단, 면적 1百畝가 1畉가 되는 것이니, 7夫와 더불어 함께 공전을 경작하도록 한다. 비옥하고 척박하며 厚하고 薄한 것은 원래 물을 필요가 없고 6등이나 9등도 원래 나눌 필요가 없다. 반드시 나라안의 전지를 모두 왕전으로 삼아서 왕이 전지를 백성에게 나누어 준 연후라야, 이에 그 등급도 나눌 수 있을 것이다.[78]

宅地田籍의 작성에 있어서도 "井稅法을 시행한 지가 오래되어 疆域 중의 전지가 모두 王田"이 될 때까지는 택지전적을 정전의 전적에 포함시켜 두어야 한다는 기술이 있다. 이러한 기술들은 이

---

78) 古者, 田皆王田, 官欲授之以佃作, 故爭肥辭瘠, 其情實卽露也. 今富人授佃, 其肥者, 納賂而碎首, 其瘠者, 投帖而掉頭. 於斯之間, 田之優劣, 錙銖畢露, 古之任田, 何以異是. 此周人之所以分田九等, 而其等皆無錯也. 今分田等, 雖禹稷監臨, 其何能如是乎. 故結負之法, 斷不可用. 今旣里畫一井, 以立黃鍾之率, 則其傾仄未井之田, 亦當以此爲率. 但積百畝, 卽爲一畉, 令與七夫, 同治公田. 其肥瘠厚薄, 原不必問, 六等九等, 原不必分. 必使國中之田, 盡爲王田, 王以田授民, 然後其等乃可分也.(『全書』五 - 經世遺表七 - 三十九 前面, 井田議一)

론적 서술이 아니라 정전제의 시행을 위한 政策的 記述이라는 점
에 주의해야 한다. 이러한 기술은 구체적인 작업과정에 대한 기술
이므로 「정전의」의 목표가 어디에 있는지를 명확하게 보여주는
것이다. 위의 논의를 종합하면, 정전제의 정책적 구현을 논의하는
「정전의」가 정전제의 완성이 국가적 토지소유의 실현과 그 軌를
같이하고 있음을 분명히 보여주고 있다고 할 것이다.

> 오늘날은 법제가 미비해서 모이고 흩어지는 것이 무상하니, 宅廛
> 의 전지는 井田에 예속시키지 않을 수가 없다. 井田法을 시행한 지
> 가 오래되어 疆域 중의 전지가 모두 王田이 되어 宅廛을 나누어 주
> 는 것이 법도가 있고 第宅에 등급이 있으면, 이때에는 이 조항을 개
> 정하더라도 좋을 것이다.[79]

---

79) 今也法制未立, 聚散無常, 宅廛之地, 不得不隷於井耡之中也. 井耡之法, 行之旣
久, 域中之田, 盡爲王田, 授廛有法, 第宅有等, 則當其時也, 此條雖改之可也.
(『全書』五 − 經世遺表八 − 二十 後面, 井田議三)

제4절 「井田議」의 分析

1. 「정전의」와 균세론

정약용의 토지제도개혁론에 관한 연구자 중에는 「전제」나 「정전의」가 조선에서의 정전제의 시행을 위한 논의가 아니고 公田均稅論이나 균세론에 불과하다고 보는 사람이 대부분이다. 「전제」나 「정전의」가 공전균세론이라고 주장하는 사람 중에는 그것이 變形된 井田論이라고 주장하는 사람도 있기는 하지만, 그 변형된 정전론의 내용이 무엇인지에 관한 설명은 전혀 없다. 그러므로 공전균세론이든 균세론이든 모두 균세론으로 보아도 무방할 것이다. 그 결과 「전제」나 「정전의」를 균세론으로 보고자 하는 연구자들은, 정약용의 정전제 그 자체에 관한 연구에는 별다른 관심을 가질 수가 없었고, 정전제를 閭田制로 넘어가는 과도기적 토지제도로 본다든지 거기에서 近代的 土地所有을 읽어내려고 할 수밖에 없었다. 여기에서 우리는 그들이 「전제」나 「정전의」를 균세론으로 보는 자료적 근거에 대하여 검토하지 않으면 안 된다. 그 근거자료로서는 기본적으로 세 가지가 들어지고 있다.

> A 於田十結, 取一結以爲公田, 使農夫助而不稅, 斯不可易也(邦禮草本引)

> B 盡天下而奪之田, 以頒農夫則古法也. 如不能然, 盡天下而算其田, 姑取九分之一, 以作公田, 亦古法之半也(『全書』五 – 經世遺表六 – 十六 前面, 田制五)

> C 嗚呼, 惜哉. 雖然, 堯禹之所以畫田爲井者, 非爲均民之産業, 乃爲

正國之租賦. 故禹貢曰, 底愼財賦, 庶土交正, 咸則三壤, 成賦中邦
而已, 未嘗曰民産均也. 億兆林葱, 雖慈母, 猶不能一一乳哺之. 唯
其取於民有制, 則民斯便矣, 故聖人務正租賦, 不務均産, 惟以九職
勸萬民, 使各胥資以得食而已(後魏均田之法, 意在均産, 神宗方田
之法, 意在均賦, 雖其終於無成, 彼此皆同, 臣以爲方田猶之爲識務
也)(『全書』五 – 經世遺表六 – 二十 前面, 田制五)

　　자료A는 「방례초본인」에 있는 不可易 15個條의 제9조이다. 이
자료는, 공전을 설치하고 助法을 행한다고 하는 점에서 보아도,
정전제의 실시는 바꿀 수 없다는 주장인 것이 분명하다. 그리고
이 조목은 정전법을 실시하여 부정부패를 제거하는 동시에 국가
의 재정을 확보해야 한다는 序官戶曹의 經田司의 업무로도 규정
되어 있다.[80] 그럼에도 불구하고 최익한은 이 자료를 근거로 정약
용의 정전론이 公田均稅論이라고 주장했는데,[81] 우선 공전균세론
의 뜻이 무엇인지를 이해하기가 어렵다. 그는 "이 公田均稅法은
'助而不稅' 하는 方面으로 보면 周代 井田의 遺制이며 十分一結을
課稅하는 方面으로 보면 李朝 從來 稅法인 十一稅法이다. 그러나
이는 事實上 均稅制度이고 均田制度는 아니다"[82]라고 했는데, 말
이 갈팡질팡하여 이 문장의 뜻이 무엇인지를 이해하기는 매우 어
렵지만, 결국 공전균세론은 균세론이라는 것이다. 최익한은 위와

---

80) 古之聖人, 知其然也, 制井田之法, 逆杜其奸. 今人有言井田之法者, 指爲迂闊不
　　切事情. 然則聖人迂闊, 而今人多智, 聖人昧事, 而今人識務, 豈理也哉. 但古唯
　　旱田, 今多水田, 又我邦地勢, 山林多而原濕少, 井田誠不可爲也. 然有一法焉.
　　無井田之形, 而有井田之實, 不亦善乎. 每田十結, 以其一結爲公田, 以附近九結
　　爲私田, 令九結佃夫, 同治公田一結, 以當王稅, 其私田九結, 不稅不賦, 悉入其
　　家, 則於是乎井田也.(『全書』五 – 經世遺表一 – 十六 後面, 經田司)
81) 崔益翰, 전게서, 354페이지.
82) 崔益翰, 전게서, 403페이지.

같은 설명과정에서 자료A에서의 公田設定과 助法의 施行 등 정전
제의 실시를 촉구하는 句節은 완전히 무시하고 거기에서 '李朝
從來 稅法인 十一稅法'을 읽어내려고 했는데, 그의 이러한 주장은
그가 무엇을 잠깐 錯覺한 데서 나온 것이 아닌가 한다. 조선시대
의 공법의 전세율은 20분의 1이었고, 정약용도 「전제별고」에서는
현행의 결부제를 전제로 종래와 같이 20분의 1의 전세제로의 개혁
방안을 제시하고 있다.[83]

자료B는 「정전의」가 균세론이라고 주장하는 대부분의 연구자
들이 그 주장의 根據資料로서 제시하는 것이다.[84] 그러므로 자료B
는 그것이 속해 있는 文章 全體의 脈絡 속에서 그 의미가 철저하
게 검토되지 않으면 안 된다. 우선 자료B는, 균전법과 정전법에서
의 토지소유, 方田과 井田으로의 토지구획 및 국가적 토지소유의
실현 방안을 논의하는 「官田別考」를 다룬 「전제」5에 수록되어 있
는 자료로서, 균전법과 정전법에서의 토지소유관계를 비교·검토
하는 자료이다. 이 자료가 속해 있는 綱도 균전법에 대하여 비판
하는 논의이기 때문에, 그것은 별도로 소개하지 않기로 한다. 자
료B가 속해 있는 원문은 본래 한 段絡으로서 그 문장이 아주 길고
여러 가지 내용이 포함되어 있기 때문에, 그것을 4단락으로 나누
어 해설하기로 한다. 물론 여기서의 검토는 자료B가 균세론의 근
거자료로 될 수 있는가 하는 문제를 검토하는 데 집중한다. 우선
段落(a)를 보기로 하자.

---

83) 정약용은, 「結負考辨」에서는 조선의 田稅率이 20분의 1이라는 것을 밝히고
(『全書』五 - 經世遺表九 - 五 後面, 結負考辨), 「魚鱗圖說一」에서는 현행의
결부제를 전제로 하고 방전법과 어린도를 기초로 하는 20분의 1세의 개혁방
안을 제시했다 (『全書』五 - 經世遺表九 - 二十 前面, 魚鱗圖說)
84) 崔益翰, 전게서, 403페이지, 鄭聖哲, 전게서, 461페이지, 朴贊勝, 전게논문, 129
페이지 및 이영훈, 전게논문, 82페이지.

(a) 後魏의 균전법은 비단 先王의 遺法도 아니려니와 역시 선왕의 본의도 아니다. 선왕의 뜻은 천하의 백성으로 하여금 모두 고르게 전지를 얻도록 하고자 함이 아니요, 천하의 백성으로 하여금 모두 고르게 직업을 받도록 하고자 함이다. 農으로써 직업을 받는 자는 전지를 농사지으며, 工으로써 직업을 받는 자는 器物을 제조하며, 상인은 재화를 거래하며, 牧者는 짐승을 기르며, 虞者는 山林을 다스리며, 嬪者는 紡織을 행하여, 각각 그 직업을 가지고 먹고살게 했는데, 특히 농으로써 직업을 삼는 자가 가장 많기 때문에 선왕은 이를 중요하게 여겼을 뿐이지, 천하의 백성으로 하여금 모두 농이라는 직업으로 돌아가도록 하고자 한 것도 아니고, 또 천하의 백성으로 하여금 모두 전지를 얻도록 한 것도 아니다.

단락(a)는 균전법과 정전법의 전지배분상의 차이는 균전법은 모든 인민에게 전지를 골고루 나누어 주는 데 대하여 정전법은 인민의 三農·園圃·虞衡·藪牧·百工·商賈·嬪婦·臣妾·閑民으로 구성되는 구직으로의 분업을 전제로 하기 때문에 전지는 농에게만 분배하고 다른 직업의 인민들에게는 그 職業을 분배한다는 것이다. 여기서 정약용은, 균전법이 농사를 짓지 않는 인민들에게까지 전지를 분배하여 그들로 하여금 놀고먹게 하는 것을 비판하는 한편, 그럼에도 불구하고 특히 농을 중요시한 것은 구직 중에서 농이 특별히 많았기 때문이었다는 것이다. 단락(b)를 보자.

(b) 농사를 짓는 자는 전지를 얻고 농사를 짓지 않는 자는 전지를 얻지 못하도록 하는데, 농사를 짓지 않으면서 전지를 얻는 자는 士뿐이다. 士란 백성을 다스리는 직업이니, 위로 천자와 제후로부터 아래로 府史胥徒에 이르기까지 모두 士類이기 때문에 모두 전지를 가질 수 있다. 그러나 이른바 전지를 얻는다는 것은 전지의 9분의 1

의 곡식을 얻을 뿐이요 전지를 얻는 것이 아니니, 전지를 얻는 자는 농부뿐이다. 天子, 諸侯, 卿大夫 및 士로부터 부사서도에 이르기까지 실제로는 일찍이 전지를 얻어가진 자가 없었던 것이다. 후세에 정전법을 논하는 자들은 선왕의 법이 본래 이와 같은지도 모르고 매양 천하의 사람으로 하여금 농인지 농이 아닌지도 묻지 않고 口分田을 받게 했으니, 이것이 과연 어느 代의 무슨 法이며, 어느 성인이 제정한 법이며, 어느 서적에 기록되어 있는 것인가. 홀연히 오활한 儒者들의 그릇된 構想을 가지고 선성과 선왕의 말이라고 하면서 이 법은 행할 수가 없다고 하니 어찌 어렵지 않겠는가.

단락(b)에서는 "農者得田, 不爲農者不得田"이라는 표현이 매우 중요하다. 전지의 분배는 그 소유권을 분배하는 것이 아니라 用益權을 분배한다는 것이다. 우리는 이 점에 대하여 정약용의 토지소유론의 검토에서 이미 충분히 음미했지만, 여기서도 士類層에 대한 농지배분의 예를 가지고 이 점에 대하여 보다 확실하게 설명하고 있다. 사류층에 대한 토지분배는 收租權의 분배에 불과하지만, 그 수조권의 분배도 官收官給的인 수조권의 분배에 한정하려 했다는 점이 주목된다. 그리고, 단락(a)에서 이미 본 바와 같이 농사를 짓지 않는 인민들에게까지 구분전을 분배하는 것에 대해서도 비판했다. 위의 자료에서의 구분전은 균전법에서의 구분전으로 읽어도 상관없지만 計口分田이라는 뜻의 구분전으로 읽어야 할 것으로 보인다. 단락(c)를 보자.

(c) 천하의 전지를 모두 빼앗아 농부에게 나누어 주면 이것이 古法이다. 만약 그렇게 하지 못한다면, 천하의 전지를 모두 계산하여 다만 9분의 1을 취하여 공전으로 만들면, 역시 고법의 반은 된다. 꾀를 여기에서 내지 않고, 먼저 하민들의 산업을 엿보아 부자의 것을

덜어서 가난한 자에게 보태어 주려고 하는 것은 무익하고 허무한 노력일 뿐이다. 농사 짓지 않는 백성으로 하여금 한 사람이라도 전지를 얻게 하면 이미 古法이 아니니, 고른들 장차 무엇에다 쓰겠는가.

「정전의」가 균세론이라고 주장하는 많은 연구자들은 이 단락 (c)를 가지고 균세론의 근거자료로 삼는다. 특히 그들 중에는 우선 공전만을 국유화하는 조치와 아울러 "꾀를 여기에서 내지 않고, 먼저 하민들의 산업을 엿보아 부자의 것을 덜어서 가난한 자에게 보태어 주려고 하는 것은 무익하고 허무한 노력일 뿐이다"라는 구절을 인용하면서, 마치 정약용이 토지의 국유화를 통한 再分配를 포기하고 均稅論으로 토지개혁의 방향을 바꾼 것처럼 이해하려고 한다. 그러나 단락(c)는, "농사 짓지 않는 백성으로 하여금 한 사람이라도 전지를 얻게 하면 이미 고법이 아니니, 고른들 장차 무엇에다 쓰겠는가" 하는 그 後續 文章에서 보는 바와 같이, 균전론을 비판한 문장이지 정전제의 토지국유화를 통한 전지의 재분배를 포기한다는 문장이 아니다. 그리고, 단락(c)에서는 정전법의 실시를 위해서 우선 공전만이라도 국유화를 해야 한다는 문장이 있을 뿐 一言半句도 均稅를 주장하는 대목은 없다. 그리고, 단락(a), (b), (c) 및 (d)는 일관되게 균전론과 정전론에서의 전지배분방법의 차이를 논의하고 있을 뿐이다. 단락(d)를 보자.

(d) 비록 크게 균등하다고 하더라도 농사를 짓지 않는 자가 가만히 앉아서 10분의 5를 거두고 몸소 경작하는 자가 10분의 6을 가져다 바친다면, 先王의 법이 진실로 이와 같은 것인가. 後魏에서 잠깐 시행해본 것은 유배를 당하여 폐지된 戶口의 전지 數千頃에서 잠시 10분의 1세를 행해본 것뿐이니, 무엇을 족히 일컬을 만한 것이겠는가, 무엇을 족히 일컬을 만한 것이겠는가.[85]

　단락(d)는 균전법과 정전법에서의 토지분급 방법과 분급되는 토지의 소유권 문제를 다루고 있다. 균전법은 토지분급에 있어서 소유권 자체를 분급하는 것이기 때문에 지주제를 배제할 수가 없었다. 지주제를 배제하지 못하여 10분의 5의 地代를 허용한다면, 10분의 1의 稅가 실현된다고 하더라도 무슨 큰 의미가 있느냐는 것이다. 균세론자들이 주장하듯이 정약용의 정전법이 공전만 국유화하고 사전은 그대로 民有로 방치하는 것이라면, 다시 말하면 10분의 1세는 실현되었으나 10분의 5의 지주들에 의한 地代收取가 그대로 放置되는 것이라고 한다면, 균세론자들이 주장하는 均稅도 실현되지 않는다. 만약 정약용이 이러한 공전균세법을 시행하려고 했다면, 과연 그에게 균전법을 비판할 자격은 있는 것인가. 그리고 後魏의 균전법은 전국의 국토에 걸쳐서 전면적으로 실시되지 못하고 "유배를 당하여 폐지된 戶口의 전지 數千頃에서 잠시 10분의 1세를 행해본 것뿐"이라는 점도 지적했다.

---

85) (a)後魏均田之法, 不但非先王之遺法, 抑亦非先王之本意也. 先王之意, 非欲使天下之民, 均皆得田, 乃欲使天下之民, 均皆受職. 受職以農者治田, 受職以工者治器, 商者治貨, 牧者治獸, 虞者治材, 嬪者治織, 使各以其職得食, 特職農者最多, 先王重之而已, 非欲使天下之民, 悉歸於農職, 又非欲使天下之民, 盡得其田地也. (b)農者得田, 不爲農者不得田, 不爲農而得田者, 唯士而已. 士者治人之職, 上自天子諸侯, 下至府史胥徒, 皆士之類也, 故皆得有田. 然其所謂得田者, 得田之九一之粟而已, 非得田也, 得田者, 農夫而已. 天子諸侯卿大夫士, 以至府史胥徒之屬, 實未嘗有得田者也. 後世論井田之法者, 不思先王之法, 本自如此, 每欲使天下之人, 不問其農與不農, 均得其口分之田, 是果何代何法, 何聖所制, 何書所記乎. 忽以迂儒之謬算, 冒之於先聖先王之身日, 法不可行, 豈不難哉. (c)盡天下而奪之田, 以頒農夫則古法也. 如不能然, 盡天下而算其田, 姑取九分之一, 以作公田, 亦古法之半也. 不出於此, 而先窺下民之産業, 欲損富而益貧者, 是無益之虛務也. 使不農之民, 一或有田, 則已非古法, 均之將何爲哉. (d)雖得大均, 不農者, 坐收十五, 躬耕者, 乃輸十六, 先王之法, 誠如是乎. 後魏之所小試者, 得流配絶戶之田數千頃, 暫行什一之稅而已, 何足道哉. 何足道哉.(『全書』五 - 經世遺表六 - 十五 後面, 田制五) 위 문장의 (a), (b), (c) 및 (d)는 필자가 임의로 삽입한 것이다.

자료C는 「전제」5의 方田法에 관한 논의에 속하는 자료이다. 이 자료가 속하는 綱은 "宋나라 神宗 熙寧 5年에 방전법을 거듭 정리하여 정했다. 8월에 司農에게 詔書를 내려 균세의 條約과 式例를 천하에 반포했다"[86]는 문장이다. 다시 말하면 송나라의 희령 5년에 방전법으로 전지를 方正하게 구획하고 그 기초 위에서 均稅制度를 정립했다는 것이다. 정약용은 「전제별고」에서 정전법을 미처 시행할 수 없으면 결부제하에서라도 방전법과 어린도를 기초로 20분의 1세의 均稅制度라도 도입하기를 권했는데, 방전이나 정전으로의 전지구획을 전제로 하지 않으면 균세제도도 시행될 수 없다는 점을 거듭 밝힌 것이다. 자료C는, 균세론자들이 주장하는 바와 같은 균세론에 관한 자료가 아니고, 여기에서는 그 윗단락에서[87] 전개되고 있는 방전이나 정전으로의 토지구획에 대한 검토에서 보는 바와 같이 井田이나 方田으로의 토지구획을 전제로 하지 않으면 均稅가 실현될 수 없음을 주장하는 자료이다. 자료C를 번역하여 제시하면 아래와 같다.

아아, 애석하다. 비록 그렇다고 하더라도 요임금과 우임금이 전지를 구획하여 정전으로 만든 것은 백성들의 산업을 고르게 하기 위함이 아니요 나라의 租賦를 바로잡기 위함이다. 그러므로 禹貢에서는 '모든 토지에 등급을 매겨 바로잡았으니, 財賦를 거두어들이는 데 조심하라. 세 등급으로 나누는 데 본받아서 中國에 賦法을 이루었다'[88]고 했을 뿐 일찍이 '民産을 고르게 한다'고는 말하지 않았다.

86) 宋神宗熙寧五年, 重修定方田法. 八月詔司農, 以均稅條約幷式, 頒之天下.(『全書』五 - 經世遺表六 - 十八 後面, 田制五)
87) 제4장의 주57과 같다.
88) 위에서 資料C의 「禹貢曰, 底愼財賦. 庶土交正, 咸則三壤, 成賦中邦」은 『尙書』의 본문에 따라 「庶土交正, 底愼財賦. 咸則三壤, 成賦中邦」(『全書』二 - 尙書古訓三 - 三十二 前面, 禹貢 및 『全書』五 - 經世遺表十 - 二 後面, 九賦論)

248

비록 인자한 어머니라 하더라도 세상의 모든 사람을 일일이 젖을 먹여 기를 수는 없다. 오직 백성으로부터 거두어 들이는데 있어서 節度가 있어야 백성들이 편해질 것이기 때문에, 성인들은 조부를 바로 잡는 데 힘쓰고 균산에 힘쓰지 않았으며 오직 구직으로써 만민에게 권하여 각각 거기에 의지해서 먹고 살도록 했을 뿐이다.(후위의 균전법은 그 뜻이 均産에 있고, 神宗의 方田法은 그 뜻이 均賦에 있으니, 비록 끝내 이루어지지 못한 것은 彼此가 같다고 하더라도, 나는 방전법이 일을 안 것이라 생각한다.)

　자료C의 내용도 그것이 거기에 속하는 綱의 뜻과 기본적으로 다름이 없다. 한가지 다른 점이 있다면 균전법을 강하게 비판한 부분인데, 균세론자들이 이 구절을 均稅論의 자료적 근거로 든 것은 이 균전론에 대한 부정을 정전론에 대한 부정으로 잘못 읽었기 때문이 아닐까 추측된다.89) 그러나, 정약용은 위의 문장에서 정전법을 부정하기는커녕 "전지를 구획하여 井田으로 만들어야" 均稅가 행해질 수 있다고 말하고 있는 것이다. 거듭 지적하지만 그는 전지를 정전으로 구획하여 黃鐘을 만들지 않으면 균세를 달성할 수 없다고 생각했다. 균세론자들이 황종을 만드는 데에는 관심이 없고 균세만을 주장한다면, 그들은 「정전의」에서 방전이나 정전으로의 전지구획이 가지는 의미를 전혀 이해하지 못하고 있다고 비판되어야 할 것이다. 그리고 위의 인용문의 括弧內의 문장은 균세론자들이 그 인용을 생략한 것인데, 이 생략된 문장을 보더라도

─────────

으로 바로잡아 번역했다. 번역함에 있어서는 다음의 자료를 참고했다. 庶土, 田等也, 彼此比較, 以定其等, 故日交正也. ○財賦, 九賦之財也. 田之肥瘠易辨, 賦之盛衰難平, 故聖人致愼也. 於是皆倣上中下三壤之法, 亦定爲九等, 成賦法於中國也.(『全書』五 - 經世遺表十 - 二 後面, 九賦論)
89) 鄭聖哲, 전게서, 461페이지, 金容燮, 전게서, 116페이지 및 李榮薰, 전게논문, 79페이지.

자료C는 均田論을 부정하고 方田法의 시행을 주장한 것이라는 것을 알 수 있는 것이다.

2. 「정전의」의 내용

「정전의」4편은 전지를 정전으로 구획하는 일로부터 시작한다. 즉 전제를 바로잡을 수 있는 田家의 黃鐘을 만드는 일로부터 정전제의 실시에 착수했던 것이다. 따라서 그 제1편의 첫째 綱에서는 다음과 같이 선언했다. "정전은 田家의 黃鐘이다. 황종을 만들지 않으면 음악의 음률을 바룰 수가 없고, 정전을 만들지 않으면 전제를 제정할 수가 없다."[90] 정전이 전제를 바로잡을 수 있는 황종이라는 것은 정전이 經界가 바로잡힌 전지의 模型이라는 것이다. 전지를 정전으로 구획하게 되면, 전지의 경계와 면적이 정사각형의 1井 9畛로 구획되게 된다. 종래 전지의 境界가 千態萬象이기 때문에 불가능했던 경계를 바로잡는 일이 정전으로의 전지구획을 통하여 명료하게 해결되는 것이다. 다시 말하면 왕정의 기초를 놓는 經田이 가능했던 것이다. 그 때문에 정전은 전가의 황종이 될 수 있었다. 그리고 정전으로의 전지구획 작업이 전국적으로 확장하게 되면, 전국의 전지 실태가 정확하게 파악될 수 있는 것은 말할 필요도 없을 것이다. 다시 말하면, 전국적으로 전지를 정전으로 구획하고, 정전으로 구획되지 못하는 전지에 대해서는 그 실태를 魚鱗圖로써 파악하게 되면, 종래 천태만상의 전지의 경계 때문에 불가능했던 정확한 量田이 가능하게 된다. 정약용은 이와 같은 사정을 다음과 같이 설명했다.

---

90) 井田者, 田家之黃鍾. 黃鍾不作, 無以正樂音, 井田不作, 無以定田制.(『全書』五 – 經世遺表七 – 二十七 前面, 井田議一)

9분의 1이란 天地方圓의 바른 이치이니, 9분의 1보다 많으면 백성이 지탱할 수 없고, 9분의 1보다 가벼우면 國家財政이 넉넉할 수 없다. 옛날에는 9분의 1로 아래위가 모두 편안했는데, 漢나라 이래로 9분의 1보다 가벼웠으나, 賦役이 어지럽게 일어나 거두어들이는 데 법도가 없고 土豪와 猾吏들이 겸병을 자행해서 농부는 憔悴하게 되었다. 그 거두어 들이는 것을 모두 계산하면, 10분의 7·8이 되지 않는 것이 드물었다. 만약에 9분의 1이 회복되고 9분의 1 이외의 잡된 피해가 모두 제거된다면, 백성으로서 춤추지 않을 자가 있겠는가. 9분의 1법을 시행하고자 한다면, 반드시 平原의 비옥한 전지를 정전으로 구획해서 絜矩처럼 네모반듯하게 하고 바둑판처럼 經緯線을 쳐서 만민에게 보이면서 말하기를 9분의 1의 비율은 이와 같다고 말한다. 이윽고 이 비율을 가지고 黃鐘으로 삼아 여러 다른 비율들을 바르게 하는데, 무릇 네모진 것, 타원형인 것, 뾰족한 것, 굽은 것을 한결같이 이것으로써 표준으로 하니, 이것이 정전이 만들어진 까닭이다. 그 본의를 따진다면, 10里나 5리에 1井을 두어도 좋다. 또 정전법이 아름답기 때문에 그대로 평야의 넓은 들을 드디어 모두 정전으로 구획하는데, 이것이 정전이 넓어진 所以이다. 오늘날 악기를 제조하는 사람이 비록 황종이 아니라도 나는 五音을 바룰 수 있다고 말한다면, 그 어리석음을 물리치지 않을 자가 없을 것이다. 전제를 제정하려고 하면서 정전을 베풀지 않는 것이 이것과 무엇이 다르겠는가. 그 때문에 臣은 정전은 반드시 회복되어야 한다고 하는 것이다.[91]

위와 같이 전국의 전지를 정전으로 구획하려면 우선 國家的 土地所有가 전제되어야 한다. 국가적 토지소유가 전제되어야만 地主들의 抵抗 없이 정전으로의 전지구획이 가능할 뿐만이 아니라 9분

---

91) 제4장의 주55와 같다.

의 1세도 실현될 수 있기 때문이다. 지주적 토지소유권이 성장한 상황하에서는 전지를 국유화할 수 있는 방안은 크게 나누어 두 가지 방법밖에 없다. 하나는 재정자금으로써 전지를 매입하는 방법이고 다른 하나는 정전제의 시행에 따른 9분의 1세의 실현을 조건으로 지주들로부터 전지를 寄贈받는 것이다. 그러나, 이러한 방법으로는 전국의 전지를 한꺼번에 국유화하기는 어렵다. 그렇기 때문에 전국의 토지를 일시적으로 국유화할 수 없다면, 井田法施行의 名分이라도 획득하기 위하여 우선 전국 전지의 9분의 1에 해당하는 공전만이라도 국유화해야 한다고 생각했다. 앞에서 거론한 「전제」5의 자료 즉 "천하의 전지를 모두 빼앗아 농부에게 나누어 주면 이것이 古法이다. 만약 그렇게 하지 못한다면, 천하의 전지를 모두 계산하여 다만 9분의 1을 취하여 공전으로 만들면, 역시 고법의 반은 된다"고 하는 자료가 정전제를 실시하려면 반드시 먼저 토지의 국유화부터 착수해야 한다는 것을 말해 주는 것이다.

経界하는 政事에서는 특별히 課外의 費用下條에 보인다은 필요 없고, 오직 이 公田 1區만은 관청에서 그 값을 지급한다. 공전 1구는 대략 100畝水田10畝의 땅은 꼭 4斗落이니, 100畝는 40斗落에 가깝다이니, 1두락에 1貫이면 그 돈은 이미 400량1貫은 10兩이다이다. 만약 10구를 사면 4,000량이요, 만약 100구를 사면 40,000량이요, 만약 1,000구를 사면 400,000량이요, 만약 10,000구를 사면 4,000,000량이다. 비록 한 나라의 힘을 다하더라도 數州의 公田을 사기에도 미치지 못할까 두려운데, 하물며 1道나 8도이겠는가.[92]

---

92) 臣伏惟, 経界之政, 別無冗費見下條, 惟是公田一區, 官給其價. 公田一區, 大約百畝水田十畝之地, 適爲四斗落, 則百畝將近四十斗落, 雖一斗一貫, 其錢已四百兩一貫謂十兩. 若買十區, 四千兩也, 若買百區, 四萬兩也, 若買千區, 四十萬兩也, 若買萬區, 四百萬兩也. 雖竭一國之力, 以買數州之公田, 猶患不給, 而況於一道乎, 況於八

위와 같이 전국 전지의 9분의 1에 해당하는 공전을 확보하는
데 있어서도 막대한 자금이 필요하다. 그러므로 이를 위해서는 다
양한 방법으로 공전을 확보하지 않으면 안 되었다. 첫째는 우선
재정자금에 의한 매입이다. 재정자금을 조달하는 방법으로서는
(1) 중앙 및 지방 각 관청의 留庫錢 약 2,000,000량(乾隆壬子年:1792
기준), (2)수십 년에 걸치는 將臣, 藩臣, 帥臣 및 牧臣 등의 數十年
俸廩의 8割 据置 및 (3)金銀銅鐵鑛業의 국가경영에 의한 수입이 제
시되었다. 둘째는 공전설정을 위한 지주들의 田地寄附이다. 정약
용은, 조선후기의 무거운 부세부담으로 신음하는 지주층 중에서
는 정전법의 실시로 부세부담이 가벼워지면 공전설정을 위한 토
지기부를 행하는 사람들이 많을 것으로 기대했다. 그리고 토지를
기부하는 지주들에게는 관직을 수여함으로써 토지기부를 유도하
려고도 했다. 셋째는 기존의 국유지인 宮房田·屯田·驛田·牧田·渡
田·站田 등의 정전으로의 전환이다. 넷째는 陳田 및 荒蕪地의 개
간을 통한 국유지의 확보이다. 넷째 방법에 관해서는 앞의 "국유
지의 확보 방안"에서 이미 설명했다. 新田의 開發은 대략 30년으로
예상했다.[93]

그러면 위와 같이 국유화된 공전에 대해서는 국가가 마음대로
정전으로 구획하는 것이 가능하다고 하더라도, 국가의 소유지가
아닌 私田에 대해서까지 국가가 마음대로 정전으로 구획할 수 있
는가. 만약 近代的 土地所有가 성립해 있었다면, 농민의 동의를 받
지 않는 한 국가가 그러한 일을 마음대로 할 수는 없을 것이다. 그
러나, 앞에서도 설명한 바와 같이 地主的 土地所有를 포함하는 농
민의 토지소유는 占有이거나 中間的 所有에 불과했다. 그 上位에

道乎.(『全書』五 - 經世遺表七 - 二十九 前面, 井田議一)
93) 行之三十年, 若地利盡闢, 則此法宜廢之.(『全書』五 - 經世遺表八 - 四 前面,
井田議二)

국가적 토지소유가 존재하는 것이다. 그러므로 정약용은 국가가 인민들에게 名分이 있는 사업을 행하는 경우에는 국가적 소유권을 기초로 국가의 强權을 발동할 수 있다고 생각했다. 다시 말하면 인민들이 원하든 원하지 않든 公私田을 불문하고 국가가 강권을 발동하여 이를 정전으로 구획할 수 있다고 생각했던 것이다. 이 경우 당연히 지주적 토지소유권을 포함하는 농민의 토지소유권은 時占으로 약화된다. 앞의 토지소유론에서 본 바와 같이, 정약용은 『속대전』의 검토에서 이미 정전법의 시행을 염두에 두고 농민의 토지소유권을 時占으로 표기해야 한다고 주장한 바가 있다.

> 지금 나라 안의 전지는 私田이 아닌 것이 없는데, 장차 어떻게 할 것인가. 앞으로 큰 일을 하려고 하는데, 어째서 조그마한 일에 구애될 것인가. 무릇 정전으로 만들 수 있는 땅은 백성들이 좋아하고 싫어하는 것을 묻지 말고 정전으로 구획한 연후에 그 가격을 묻는데, 公田 1區는 관에서 그 대가를 지불하되 대략 후한 쪽을 따르며, 私田 8區는 時占무릇 전지는 모두 王田이다. 私主를 田主라고 할 수 없으니, 시점이라 개명한다. 아래에도 모두 이에 따랐으니, 보는 자들은 상세히 알아야 할 것이다에게 묻되, 만약 그 8구가 모두 한 집안의 전지에 속하면 역시 옛날대로 따르게 해서 흩어서는 안 되고, 단지 時占으로 하여금 8夫를 엄선하게 해서 8區를 나누어 주되 1부로 하여금 2구를 경작하지 못하게 하면, 이것이 바로 정전이다.[94]

---

94) 今國中之田, 無非私田, 將若之何. 將大有爲, 奚顧細節. 凡可井之地, 不問其肯與不肯, 劃之爲井然後, 乃問其價, 其公田一區, 官出其價, 大約從厚, 其私田八區, 問其時占凡皆王田也. 私主不可謂之田主, 改名之曰時占. 下皆倣此, 覽者詳之. 若其八區, 都係一家之田, 亦令仍舊, 毋使分裂, 但使時占嚴選八夫, 分授八區, 毋使一夫得佃二區, 於是乎井田也.(『全書』五 - 經世遺表七 - 三十五 前面, 井田議一)

254

　토지소유권의 문제가 해결되면, 전지의 정전으로의 구획 사업에 착수한다. 정전은 模楷이기 때문에 평원을 택하여 3리에 1정혹은 5리에 1정을 구획해도 좋다. 그러나, 광활한 평야를 택하여 연속적으로 4정이나, 9정이나 16정을 구획해도 좋으나, 조선에서는 그렇게 넓은 들이 없기 때문에 25井에서 그친다. 들이 비탈져서 1정이나 1부로 구획하기가 어려운 곳은 5畝×5무×4, 5무×10무×2 혹은 5무×20무로 개방하여 1畎로 구획해도 좋으나, 公田 1畎만은 반드시 네모반듯하게 구획해야 한다. 냇물의 동쪽에는 도저히 정사각형이나 직사각형으로 구획할 수 없는데, 냇물의 서쪽에는 1부나 1정으로 開方할 수 있는 전지가 있는 경우, 그것을 모두 공전으로 삼고 냇물 동쪽의 8부나 8정을 사전으로 삼아 공전을 경작하게 한다. 공전의 네 모서리에는 돌이나 꽃을 심어서 그것이 공전임을 표시한다.[95] 공전이 가지는 특별한 중요성을 나타냄과 동시에 사전과 구별하기 위해서이다. 정약용은 정전으로의 전지 구획 사업의 역사적 의의를 "천지를 거듭 창출하는 큰 일(天地重創之大事)"[96]이요 "사물의 이치를 깨쳐서 일을 이루는 始初(開物成務之始)"[97]로 위치시켰다.

　이렇게 중요한 정전의 구획 사업은, 물론 經田司가 주관하고 守令도 이 사업을 독려하기는 하지만, 기본적으로는 그 전지를 소유하는 농민이 스스로 행하도록 한다. 그렇기 때문에 앞의 인용문에서 "經界하는 政事에는 특별히 課外의 費用은 필요 없고, 오직 이 公田 1區만은 관청에서 그 값을 지급한다"고 했던 것이다. 정전의 구획 사업을 그 전지를 소유한 농민에게 맡기려고 한다면, 재력이 있고 사업 능력이 있는 사람 즉 '高貲幹局之人'이라든가 일찍이 중

95)『全書』五 - 經世遺表八 - 二 前面, 井田議二.
96)『全書』五 - 經世遺表七 - 二十八 後面, 井田議一.
97)『全書』五 - 經世遺表七 - 三十七 後面, 井田議一.

앙의 관직을 경험한 사람을 택하여 이 일을 主管하도록 하지 않으
면 안 된다. 물론 경지정리에 필요한 자금과 노동력은 토지소유자
들이 自擔하도록 하는데, 노동력이 많이 필요할 경우에는 부근의
농민들을 동원하도록 한다. 단 공전의 경지정리는 반드시 經田御
史가 주관하도록 하되 공전의 가격은 그 지역의 수령을 통하여 중
앙정부가 지불하도록 한다.[98] 그리고 경지정리를 주관하는 사람
들에게도 관직을 수여하여 경지정리를 독려한다.

정전으로의 전지구획 사업이 끝나면, 田籍을 작성해야 한다. 전
적의 작성에 있어서는 魚鱗圖法보다 더 좋은 방법이 없다고 생각
했다. 왜냐하면, 어린도법은 地籍圖와 地籍簿의 획득을 가능하게
하기 때문이다. 1정의 어린도는 方1里를 圖面 1枚로 작성하는데,
도면의 길이와 너비는 각각 3尺씩이다. 1里가 1,800尺이므로, 어린
도는 600분의 1 지도이다.[99] 어린도에 가로와 세로로 각각 經緯線
31條를 치면 900區를 얻는데, 1구의 면적은 方1寸으로서 전지 1畝
에 해당한다. 그러니까 어린도 1면에는 1정의 전지가 수록된다. 어
린도의 경위선은 동서남북을 가리킨다. 그러나, 정전의 구획은 地
勢에 따르므로, 양자를 종합해서 어린도 위에 전정의 境界線을 그
리면, 赤道 위에 黃道가 비스듬히 빗기는 것과 같이 된다. 그리고
어린도가 작성되면 정전으로 구획되지 못하는 전지도 그 위치, 지
모 및 면적이 정확하게 파악된다. 다시 말하면, 정전법과 어린도
를 가지고 전국 전지의 실태를 정확하게 파악할 수 있는 것이다.
어린도의 각 筆地에는 千字文에 따른 天地玄黃과 甲乙丙丁 등의
字號를 부여하고 圖面 上段의 餘白에는 전지의 소유자와 四標로써
圖說을 기입한다. 이에 지적도가 완성되는데, 지적도의 圖說資料

---

98) 凡作井皆照上例. 其公田價, 本官給之, 其餘雜費, 聽監役參軍自辦.(『全書』五 -
經世遺表七 - 三十六 後面, 井田議一)
99) 『全書』五 - 經世遺表六 - 二十二 後面, 田制五.

를 별도로 정리하여 지적부를 작성한다.[100]

정전구획과 전적작성에 관한 설명이 끝나면, 공전의 경작과 수세과정에 관한 설명에 들어간다. 공전의 경작은 私田 8夫가 담당하는데, 모내기, 거름주기, 김매기 및 추수하기에서 先公後私의 원칙을 반드시 지키도록 한다.[101] 그리고 수세에 있어서는 먼저 3년간의 경작경험을 토대로 전지를 9등으로 나누는데, 公田 1畉의 稅粟은 벼로 1等 4,000斗, 2등 3,200두, 3등 2,400두, 4등 2,000두, 5등 1,600두, 6등 1,200두, 7등 1,000두, 8등 800두, 9등 600두이다. 납세는 쌀로써 하는데, 租 1斗에 米 4升의 비율이다. 평소에는 위의 등급대로 거두지만, 큰 풍년과 큰 흉년이 드는 해에만 수세에 증감이 있다. 6등전을 기준으로 정전법의 稅收를 결부법의 그것과 비교하여 보면, 國納을 기준으로 하면 京畿에서나 湖南에서나 크게 증가하지만, 防納을 기준으로 하면 경기에서는 약간 증가하나 호남에서는 많이 감소했다.[102] 그러나, 정약용은 일반적으로 결부제의 경우보다 정전제의 경우가 국가의 수입이 크게 증가할 것으로 기대했다. 그 이유는 결부제의 경우에 존재하는 隱結이 정전법의 경우에서는 모두 革罷될 것이므로 과세대상이 크게 증가할 것으로 기대했기 때문이다. 羅州의 경우에는 實結 2萬結에 대하여 隱結은 1만 결이 될 것으로 추산했다.[103]

마지막으로, 정약용은 정전제의 실시로 常備軍이 확보될 것으

---

100) 『全書』五 - 經世遺表八 - 四, 前面, 井田議二.

101) 公田不糞, 不敢糞其私. 公田不耕, 不敢耕其私. 公田不耰, 不敢耰其私以槌破塊也. 公田不灌, 不敢灌其私. 公田不播, 不敢播其私. 公田不秧, 不敢秧其私. 公田不耘, 不敢耘其私. 公田不穫, 不敢穫其私.(『全書』五 - 經世遺表八 - 八 前面, 井田議二)

102) 拙稿, 「茶山의 田賦改革論」(실시학사편, 『다산 정약용 연구』, 사람의 무늬, 2012)

103) 『全書』五 - 經世遺表八 - 十三 前面, 井田議二

로 기대했다. 조선후기의 군사제도는 임진왜란을 계기로 고려후
기의 軍人田을 기초로 하는 五衛營制度에서 良役을 기초로 하는
五軍營制度로 바뀌었으나, 國家財政의 枯渴로 상비군을 유지하기
가 불가능했다. 정약용은 국가를 軍國이라 생각했기 때문에 군대
가 없는 국가는 국가가 아니라고 생각했다. 그러므로 국가가 국가
다운 면모를 갖추려면 시급하게 상비군이 확보되어야 하는데, 이
상비군은 정전제도에 입각한 屯田制度의 도입으로 확보될 수 있
다고 생각했다. 屯田兵으로서는 기본적으로 3가지 종류의 둔전병
을 생각했는데, 첫째는 束伍軍이요, 둘째는 六遂의 둔전을 기초로
하는 중앙군이요, 셋째는 監營, 兵營, 西京, 中京 및 郡縣의 둔전을
기초로 하는 지방군이다. 그러나, 그는 국가적 토지소유가 전면적
으로 실현되지 않으면 속오군에 대해서는 軍役을 강요하기가 어
렵다고 생각했기 때문에,[104] 오직 屯田을 기초로 하는 중앙군과
지방군을 확보하는데 힘써야 한다고 생각했다. 그는 중앙군의 확
보전망에 대해서는 다음과 같이 설명했다.

　근교의 전지가 모두 民田에 속하는데, 백성들은 판매하기를 원하
지 않고 나라에도 역시 재물이 없으니, 다 사들일 수는 없지 않을 것
인가. 아아, 전지는 王의 전지이다. 나라의 큰 계획이 어찌 소소한 원
망에 구애될 것인가. 왕이 대궐문에 나아가 한번 詔勅을 내리면, 백
성들은 감히 따르지 않을 수 없다. 왕이 재력을 축적하여 이 전지를

104) 但古者, 田皆王田, 王得選強有力者, 而任其田, 令大司馬, 春夏秋冬, 以時教閱.
今也, 田皆私田, 苟用古法, 民將, 曰王無德於我, 何以困我, 胥怨胥訕, 不肯迪
順, 其將若之何. 宜編之爲籍, 俾知隊伍, 令於中冬, 自本里一日教閱, 俾知大法
而已. 縣官兵營, 毫不干涉, 毫不檢察, 然後其服裝鮮明, 其器械銛利, 其坐作進
退有法. 惟縣官陰遣耳目, 察其最善者, 施賞有差, 本鎭卽大州聚諸郡諸縣之狀,
其最善者, 歲薦一人, 自兵曹選授初仕, 於是乎興起矣.(『全書』五 - 經世遺表八
- 三十五 後面, 井田議四)

경영하기를 10년만 하면, 성사되지 않을 수가 없다. 井地의 구획이 이
미 이루어져서 나라의 수입이 넉넉해지고, 採鑛을 쉬지 않아서 物貨
가 부족하지 않으면, 돌이켜 보건대, 이 1萬 4千餘 畎의 전지를 어찌
經理하지 못할 것인가. 臣은 말하건대, 이 법이 행해지면 王者의 나라
요, 이 법이 행해지지 못하면 가난하고 구차한 나라가 되어서 先王의
景觀에 참여할 수가 없으니, 어떻게 해야 될지를 모르겠다.[105]

---

105) 抑將曰, 近郊之田, 皆係民田, 民不願賣, 國亦無財, 不可以盡取乎. 嗚呼, 田者,
王之田也. 國之大計, 何恤乎小怨. 王臨門一詔, 民莫敢不順也. 王蓄力生財, 以
營此田, 持之十年, 未有不成事也. 井畫旣成, 國入旣裕, 卝採不輟, 貨物不匱,
顧一萬四千餘畎之田, 豈不得經理哉. 臣謂此法行, 則王者之國也, 此法不行, 則
告窳苟且之國, 不可與乎先王之觀, 臣不知所爲也.(『全書』五 − 經世遺表八 −
三十八 後面, 井田議四)

맺음말

지금까지의 검토에서 명백히 되었다고 생각하지만, 정약용의 토지소유론이 본격적으로 전개되는 문헌은 「전제」12편뿐이라고 보아도 좋을 것이다. 「전론」7首에도 그의 토지소유론이 전개되고 있기는 하지만, 그것은 아직도 未完成의 것이었던 것으로 보인다. 제1수의 토지소유론은 균전제의 그것과 다를 바가 없고, 제2수의 그것은 정전제의 그것과 같다. 그러므로 「전론」에서의 토지소유론은 균전제의 토지소유론으로부터 정전제의 토지소유론으로 이행하는 過渡期的인 토지소유론으로 보아도 좋을 것이다. 그런데, 「전제」의 정전제에서 전개되는 토지소유론은, 같은 왕토사상에 입각한 국가적 토지소유론이기는 하지만, 균전제와 한전제의 그것과 비교해볼 때, 두 가지 점에서 다른 점이 있다. 첫째 균전제와 한전제는 모든 인민들에게 토지를 분급하는 데 대하여 정전제는 농민에게만 토지를 분급한다는 것이요, 둘째 균전제와 한전제는 토지의 所有權을 분급하는 데 대하여 정전제는 토지의 用益權만 분급한다는 것이다. 즉 정전제는 지주에 의한 (中間的) 토지소유를 일체 배제하려고 했던 것이다. 더 나아가 이를 위하여, 생산수단의 소유자인 天子 및 諸侯들의 토지소유를 절대적인 것으로 강화하고, 직접생산자인 농민의 자기노동에 기초한 토지소유를 極端的으로 억눌러두려고 했다. 여기에서 정약용은 균전제 및 한전제와 정전제가, 다같이 국가적 토지소유를 지향하는 田制라고 하더라도, 중간적 토지소유인 지주적 토지소유를 허용하는가 않는가 하는 점에서 서로 다르다고 보았다.

정약용이 지주적 토지소유를 배제하고 천자와 제후들의 토지소유를 강화하려고 한 이유는 어디에 있었을까. 그는 우선 朝鮮王

朝國家를 제대로 된 나라의 꼴을 하고 있지 못한 국가로 인식하고 있었다. 그가 조선왕조 국가를 제대로 된 나라의 꼴을 하고 있지 못한 것으로 인식하게 되는 근거는 다음과 같다. 첫째 조선후기에는 지주적 토지소유가 발달하여 토지에 대한 국가의 지배력이 극도로 약화되어 있었다. 이러한 현상은 科田法과 職田法이 붕괴되어 국가의 토지에 대한 배분권이 거의 상실되었을 뿐만이 아니라 농민들에 대한 收租權마저도 매우 제약되어 있는 점에서 볼 수 있다. 정약용은 이러한 상황을 "임금과 백성 사이를 가로막고 임금이 五福을 거두어들이는 권한을 훔쳐서 이를 나누어 주는 은혜를 베풀지 못하게 함으로써, 임금이 皇極을 세우지 못하게 하는"(王與民之間, 有物梗之, 竊其斂時之權, 阻其敷錫之恩, 則皇不能建極) 상황 즉 임금이 제대로 통치를 할 수 없게 하는 상황으로 파악했다. 둘째 결부제하의 양전방법의 결함과 지주들의 방해로 量田을 제대로 실시하지 못함으로써 부세수입을 확보할 수 없었기 때문에, 정부의 재정이 고갈되어 관리들의 봉급도 제대로 지급하지 못하는 것은 말할 것도 없고, 더구나 國防을 위한 常備軍조차도 갖추고 있지 못했다. 정약용은 국가는 軍國으로서 상비군이 없는 국가는 국가가 아니라고 보았다. 정약용의 이러한 자기시대에 대한 인식은 같은 시대의 朴齊家의 인식과도 크게 다를 바가 없었다.106)

다 아는 바와 같이 『경세유표』는 '新我之舊邦'을 위하여 저술된 것이다. 『경세유표』에서 추구한 국가개혁의 기본방향은, 三代王政

---

106) "대저, 만나기 어려운 것은 聖明한 임금이며, 아까운 것은 좋은 時期입니다. 지금 천하에 동쪽으로 일본에서 서쪽으로 西藏까지, 남쪽은 자바에서 북쪽은 차하르까지, 이 지역에는 거의 2백 년 동안이나 전쟁이 일어나지 않았는 바, 이것은 지나간 역사에는 없었던 일입니다. 이때에 힘을 다해 스스로 수련하지 않다가 만약에 딴 나라에라도 事變이 있어 함께 근심하게 된다면, 신은 염려하건대 政事를 맡은 신하가 太平聖世를 꾸밀 겨를이 없을까 합니다."(朴齊家著·李翼成譯, 『北學議』, 乙酉文化社, 1994, 231페이지, 丙午所懷)

을 실현하는 것이 기본목표였으므로, 『주례』의 국가체제인 '體國
經野 設官分職'에 따라 국가개혁을 실현하는 것이었다. '설관분직'
은 관제개혁이다. 관제개혁의 방향은 「序官」에서 서술되어 있는
데, 그 시대의 개혁과제와 관련해서는 器機를 제작하고 北學을 논
의하는 利用監, 絹織物業의 발달을 담당하는 織染局, 金銀銅錢의
주조를 담당하는 典圜署, 度量衡의 보급을 담당하는 量衡司, 수레
의 제작과 도로의 건설을 담당하는 典軌司 및 戰艦과 商船을 건조
하는 典艦司 등의 利用厚生官署의 설치가 주된 목적이었다. 體國
經野는 정전제와 부공제의 실시이다. 정전제의 실시는 전국의 전
지에 대한 국가적 토지소유의 실현, 정전으로의 경지정리를 기초
로 하는 양전, 9분의 1세법의 실시에 의한 조세제도의 개혁과 재
정수입의 확보 및 屯田을 기초로 하는 常備軍의 확보가 기본목표
였으며, 賦貢制의 실시는 자원개발 및 상품경제발달의 촉진 등을
주요과제로 하려고 했다.

　그러면, 위와 같은 막중한 역사적 과제를 담당해야 할 주체는
어디에서 찾아질 수 있었을까. 조선후기에는 아직도 정치와 사회
가 분리되지 못하여, 역사의 발전방향을 결정하는 데 있어서 막강
한 영향력을 행사하는 것은 政治權力이었다. 위에서 보는 바와 같
이, 『경세유표』가 제시하는 국가적 개혁과제들도 국가가 아니면
수행할 수 없는 것들이었다. 그런데, 조선후기에 정치권력을 틀어
쥘 수 있었던 존재는 말할 필요도 없이 代天理物하는 국왕이었으
나, 조선후기의 왕권은, 막강한 軍事力에 의하여 뒷받침되는 中國
의 天子나 日本의 領主의 권력과는 달리, 지주적 토지소유의 성장
을 배경으로 하는 臣權이 강력한 상황하에서, 매우 취약한 것이었
다. 『경세유표』에서도 지적하고 있듯이 "우리나라에서는 조금만
更張하는 일이 있으면, 반드시 三司의 여러 臣下의 떠드는 소리가

뜰에 가득하고 길가에 집을 지어놓고 행인들에게 의견을 물어보
면 이 사람 저 사람의 의견이 달라서 아무 것도 결정하지 못하
는"107) 형편이었다. 여기에서 우리는 국가를 근본적으로 개혁하지
않으면 안 된다고 생각했던 정약용이 왜 지주적 토지소유를 말끔
히 제거한 국가적 토지소유의 토대 위에 제왕의 절대권을 확립하
려고 했던가를 이해할 수 있지 않을까 한다. 그는 국가적 개혁과
제를 수행하기 위해서는 무엇보다도 帝王의 絶對權의 확립이 필
요하다고 생각했던 것이다. 그는 제왕의 절대권을 동원하여 富國
强兵을 도모하려고 했다.

---

107) 古者發號施令, 皆於宗廟, 示不敢專也. 況我邦之事, 少有更張, 必三司諸臣, 喙
喙爭鳴, 發言盈庭, 作舍道傍. 宜先定聖志, 乃召一二大臣可與謀國者, 敦定厥
議, 然後上告宗廟, 下告萬姓, 則臣民見者, 咸知先靈難誣, 事在必行.(『全書』五
- 經世遺表七 - 二十八 後面, 井田議一) "作舍道傍"은 "作舍道傍, 三年不成"
의 준말로서 『詩經』小雅小旻의 "如彼築室于道謀, 是用不潰于成"에서 유래했
다고 한다.

제4장
井田法과 量田

머리말

제1절 結負制와 井田制

제2절 井田區劃과 新田開發

제3절 方田法과 魚鱗圖

맺음말

머리말

정약용은, 우리나라에서의 정전법 실시를 논의하는 「정전의」1의 首綱에서 정전을 田家의 黃鐘이라 규정하고, 정전으로의 전지 구획 작업으로부터 정전법 실시에 관한 논의에 착수했다. 전지를 정전으로 구획하는 작업은 『孟子』의 滕文公章句上의 使畢戰問井地 條에서 보이는 바와 같은 전지의 經界를 바로잡는 작업으로서,1) 우리나라에서 中國三代의 이상적인 王政을 실현하고자 했던 정약용은 이 경계를 바로잡는 일이야말로 바로 왕정의 기초를 놓는 일이라 생각했다.2) 그리고 그는 또 이러한 작업을 이론적으로 뒷받침하기 위하여 정전법에 관한 제도적 설명을 행하는 「전제」2~5의 首篇인 「전제」2를 정전으로의 전지구획에 관한 기술적 설명에 割當했다. 이와 같이 그는, 전제개혁에서 境界를 바로잡는 일의 중요성을 충분히 설명했음에도 불구하고, 귀양지에서 고향으로 돌아온 직후에 『量田議』+三終을 추가적으로 저술하고, 거기에서 정전법이 실시되기 이전의 結負制下에서라도 정전법의 연장선상에 있

---

1) 夫仁政必自經界始, 經界不正, 井地不均, 穀祿不平. 是故暴君汗吏, 必慢其經界, 經界既正, 分田制祿, 可坐而定也(『孟子』滕文公章句上, 使畢戰問井地)에서 보는 바와 같이, 3대의 왕정에서는 전지의 경계를 바로잡는 일을 왕정의 기초로 생각했는데, 朱子는 經界, 謂治地分田 經畫其溝塗封植之界也라 注記하여 經界가 바로 전지를 구획하여 境界를 바로잡는 일임을 밝혔다. 다산은 『경세유표』에서 전지를 정전으로 구획하여 경계를 바로잡는 일이 바로 양전임을 역설했다. 여기서 중요한 점은 다산이 전지를 幾何學的으로 그 면적계산이 가능하도록 구획하지 않고서는 측량이 불가능하다는 사실을 강조하고 있었다는 점이다.

2) 제1장의 주49를 참조하라.

는 方田法과 魚鱗圖라는 量田技法을 도입하여 정확한 양전만은 반
드시 실현하려고 했다. 여기서 우리는, 정약용이 정전, 방전 및 어
린도라는 양전기법에 따라 전지를 區劃하여 測量하는 일이 바로
量田의 기초라 인식하고 있는 사실을, 명확히 볼 수 있는 것이다.
즉, 정약용은 양전에 있어서는 무엇보다도 測量이 중요하다는 사
실을 명확히 인식하고 있음을 볼 수 있다.

　정약용이「전제별고」3편을 저술하게 된 동기에 대해서는 아직
까지 밝혀진 것이 없다. 그가「전제별고」3편을 저술하는 純祖 19·
20年頃에는 조정에서 양전에 대한 관료들로부터의 '收議'가 있었
고,3) 이에 따라 당시 재야에 있던 徐有榘는 진행 중이던 기존의
저술을 잠시 중단하고「擬上經界策」을 집필하기도 했다.4) 정약용
도 이러한 분위기에서「전제별고」3편을 집필했던 것일까,5) 현재
경기문화재단 실학박물관에 소장되어 있는 茶山家藏本『與猶堂集』
5책 중의 제5책은 그 副題가『양전의』13종으로 表記되어 있다.『양

---

3) 金容燮,『韓國近代農業史硏究』上, 一潮閣, 1993, 313페이지의「量田策의 推移
　와 社會的 葛藤」을 참고할 것.
4) 정명현,『서유구의 선진농법제도화를 통한 국부창출론』, 서울대학교박사학
　위논문, 2014.8, 141~142페이지.
5)「전제별고」3에는 然且方量者, 無漏之法也. 吏之所隱·民之所隱, 悉著而無漏,
　雖其稅額, 悉從舊籍, 畢竟結總, 必比前增多矣. 此隱未薿, 猶支百年之用, 此隱
　旣發, 何惜一年之損乎. 假如庚辰改量, 則辛巳春漕運之日, 以十年以來最高之
　總, 納于戶曹, 以其餘結, 追防改量之費, 不亦善乎. 此所謂先進排後受價也(『全
　書』五 - 經世遺表九 - 三十二 後面, 田制別考三)라는 구절이 있는데, 1820년
　이 바로 庚辰年이므로,「전제별고」도 이 무렵에 집필된 것일까.「전제별고」3
　편은, 그 맨 끝에 부록으로 게재되어 있는 縣·鄕·村·畦의 魚鱗圖4首와 그에
　대한 해설을 제외하면, 若云時有不可·事有所待, 則先王朝二十五年, 又何無一
　言以仰請也. 本以量田, 付之於無可如何之地而已. 時有不可·事有所待, 臣不以
　爲然也(『全書』五 - 經世遺表九 - 三十六 前面, 田制別考三)라는 글로써「전
　제별고」3편의 서술을 끝맺음하고 있는데, '先王朝二十五年' 즉 正祖在位25년
　과 庚辰改量을 연결해서 생각해 보면 위의 경진년을 1820년이라 추정하더라
　도 큰 무리는 없을 것이다.

전의』13종의 내용은 『경세유표』로 編入되기 이전의 초기형태의
「전제별고」인데,6) 장절의 體裁가 『경세유표』의 그것과는 조금 다
르다. 「전제별고」3편은 현행의 결부제를 전제로 하는 방전법과 어
린도에 의한 양전에 관한 논의인데,7) 그는 거기에서 그의 궁극적
인 토지개혁 방안인 정전제가 실시되기 이전이라 하더라도 정전
제 시행의 준비과정이 될 뿐만이 아니라 현실의 긴급한 三政紊亂
이라는 국정과제에도 대처할 수 있는 측량에 기초한 양전만은 반
드시 실시하려고 했다. 이 『양전의』13종 속에는 「結負考辨」 대신에
「양전의」라는 『양전의』13종의 序文이라 할 만한 글이 수록되어 있
는데, 거기에서 그는 측량에 기초한 양전이 긴급한 국정개혁 과제

---

6) 경기문화재단 실학박물관에는 다산가장본『여유당집』 5책이 소장되어 있는
데, 그 구성은 「전제」1~12를 그 내용으로 하는 『경세유표』4~7(『전서』에서
는 『경세유표』5~8로 정리되어 있다)의 4책과 「전제별고」3편을 그 기본내용
으로 하는 『量田議』+三終의 1책이다. 그러나, 그 『양전의』13종에는 「전제별
고」라는 편명은 등장하지 않고 또 장절의 體裁도 『경세유표』의 그것과는 조
금 다르다. 거기에는 「結負考辨」 대신에 「양전의」2張이 들어 있는데, 이 「양
전의」는 『양전의』13종의 서문이라 할만한 내용이다. 그리고, 이 「양전의」는
그 내용으로 보아 다산의 집필로 보이기는 하지만 『전서』에는 수록되어 있
지 않다. 위와 같은 여러 가지의 점으로 보아, 『양전의』13종은 『경세유표』로
편입되기 이전단계의 「전제별고」임이 분명하나, 『양전의』13종의 『경세유표』
로의 편입과정에 대해서는 제6장 「補論」을 참조하라. 참고로, 이 가장본『여
유당집』 5책에는 冊首마다 子裳이라는 소장자의 印章이 찍혀있는데, 南秉吉
(1820~1869)의 字가 子裳이므로, 이 책들은 남병길의 구장서이었을 가능성
이 높다고 한다.(朴徹庠, 「다산 저작 稿本의 제문제」(『茶山學』제23호, 2013.
12, 12페이지)
7) 金容燮, 『韓國近代農業史硏究』, 一潮閣, 1975, 190페이지에서는 "그는 그것을
結負制를 改革하여 頃畝法으로 改正할 것을 前提한 위에서의 方田法과 魚鱗
圖法으로 설명하였다"고 했는데, 이 문장은 정확하지 못하다. 「전제별고」3편
에서의 방전법과 어린도는 양전에 대한 정부의 '收議'에 따라 당면한 국정과
제인 三政紊亂을 긴급히 해결하기 위해서 單一量田尺을 사용하는 결부제를
전제로 하는 양전기법으로서 제시된 것이다. 그렇기 때문에 거기에서 제시
된 전세제도도 결부제를 전제로 하는 田分九等의 20분의 1세였던 것이다.

에서 차지하는 위치 및 정전과 양전과의 관계에 대하여 아주 자세
하게 설명하고 있다.

> 신이 그윽이 생각해 보니, 軍政, 田政 및 還穀이 세 갈래로 나뉘어
> 져서 천하의 政事가 날로 피폐하게 되었습니다. 이 세 가지의 폐단을
> 각각 별도로 바로잡으려고 하면, 節目을 작성하는 데 힘을 다하고 거
> 행하는 데 정신을 沒頭한다고 하더라도, 그 고질적인 폐단은 끝내 제
> 거되지 않을 것입니다. 무릇 일을 하는 要諦는 綱을 이끌면 目이 저
> 절로 따라와 일의 가닥이 조용히 바로잡히게 되는 데 있는 것이니,
> 일은 반으로 줄고 그 성과는 배가 될 것입니다. 그 요점은 곧 전지를
> 井田으로 區劃하는 일입니다. 전지를 정전으로 구획하려면, 量田이
> 아니고서는 불가능합니다. 양전의 이익은 아주 큽니다. 양전을 가지
> 고 군정과 환곡도 모두 바로잡을 수가 있으니, 한 가지 일을 거행하
> 여 세 가지 일을 성취하는 계책이 바로 여기에서 나옵니다.[8]

양전이 구체적으로 어떻게 전정뿐만이 아니라 군정과 환곡까
지도 동시에 바로잡을 수 있는가 하는 점에 대해서는 위의 인용문
의 後續 文章에서 자세히 설명되어 있으나, 그것을 소개하는 것은
당면의 과제가 아니다. 여기서 우리가 밝혀야 할 문제는 정전법이
어떻게 정확한 양전을 가능하게 하는가 하는 것이다. 거기서 核心

---

8) 臣窃以爲, 軍田糴, 分爲三岐, 而天下之政, 日趨於弊也. 將此三弊, 欲逐條矯捄,
則疲於節目, 眩於擧行, 而痼弊則終不祛矣. 凡做事之要, 擧其綱, 則目自張, 從
容就緒, 而事半功倍矣. 其要卽制井也. 欲制井, 則非量田而不可得也. 量田之利,
其大矣哉. 軍糴皆可捄, 而擧一反三之策, 職由於是.(『與猶堂集』(量田議十三終)
量田議) 다산은 三政紊亂을 중앙정부의 중심적인 국정과제일 뿐만이 아니라
군현의 업무로도 파악하고 있었다. 守令以軍田糴三事, 謂之三政, 所謂田政者,
俵災而已. 此於田政爲緫小功之察, 然且難知, 惟律己束吏, 威望素著, 則吏之作
奸, 不至太甚而已. 一毫無錯, 無其道也.(『全書』五 - 牧民心書四 - 五十三 前
面, 稅法上)

的으로 중요한 사항은, 정전이 경계를 바로잡는 黃鐘이기 때문에, 현실적으로 존재하는 千態萬象의 田形을 정전으로 구획하여 정확한 측량을 가능하게 하고, 이러한 측량에 의한 양전을 통하여 전세를 공정하고 확실하게 징수할 수 있는 자료를 획득한다는 것이다. 이러한 사실은, 그가 정전 및 방전과 양전이 연속선상에 있는 것으로 이해하고 있는 점에서도 거듭 확인된다.[9]

정전제가 전지의 정전으로의 전지구획을 그 필수적 구성요소로 하기 때문에 자연적으로 측량에 의한 양전과 연결될 수밖에 없는 점에 대해서는 위에서 설명한 바와 같으나, 그러면 정전으로의 전지구획이 전국 전지에 대한 정확한 양전을 보장하기에 충분한 것인가. 정전으로의 전지구획은, 전지를 井井方方하게 구획하여 측량의 모델을 제시하는 것이기는 하지만 전국의 전지를 모두 정전으로 구획하는 것은 아니기 때문에, 양전의 必要條件이기는 하지만 充分條件이 될 수는 없다. 그러므로 정전제의 이러한 한계를 보완하기 위해서는 정전으로 구획되지 못하는 전지까지도 정확하게 측량할 수 있는 추가적 양전방법이 필요하다. 그래서 그는 우리나라에서의 정전제의 실시를 논의하는 「정전의」2에서 정전제의 연장선상에 있는 1井의 魚鱗圖를 도입했던 것이다(거기에서 제시되어 있는 어린도본은 1井圖의 부분도이다). 다시 말하면 정전으로의 전지구획은 전가의 황종을 만들어서 인민들에게 명확한 전지면적의 모델을 제시하고, 어린도는 東西南北의 經緯線이 검은 먹물로 그어진 1정의 方眼圖面 위에 현실적으로 존재하는 여러 가지 전지모양을 있는 그대로 붉은 물감으로 그려넣음으로써 결부제하에서는 제대로 파악할 수 없었던 천태만상의 전지 1筆地의 位

---

9) 爲今之計, 卽方量是已. 方量然後, 井田可行也. 設或井田, 雖未及行, 而軍糧之弊可捄也.(『量田議』十三終, 量田議) 이 문장은 결부제하에서라도 방전을 기초로 하는 양전만은 긴급하게 시행해야 한다는 점을 거듭 밝혔다.

270

置, 地貌 및 面積을 정확하게 파악할 수 있게 했던 것이다. 그리고 「전제별고」에서는, 1정의 어린도에서는 미처 설명하지 못했던 방전으로의 전지구획 방법을 자세히 설명하고, 1정의 36분의 1에 해당하는 1畦의 어린도로써 1정도보다 상세하게 전지의 위치, 지모 및 면적이 파악될 수 있도록 했다.10) 다시 말하면, 측량을 기초로 하는 양전을 행함으로써 한국역사상 최초로 地籍圖의 출현이 가능하게 되었던 것이다.11)

위와 같은 정약용의 양전론에 관한 先行研究로서는 김용섭의 연구가 유일하다. 그러나 이 연구는, 정약용의 양전론에 관한 유일한 연구라는 그 중요성에도 불구하고, 정전법과 방전법이 양전 기법상에서 가지는 의미를 체계적으로 추구하지 못한 아쉬움이 있다.12) 管見에 의하면, 결부법에서의 양전은 현실적으로 존재하

---

10) 어린도는 정전과 방전의 설계도이기도 하다. 정전과 방전의 田地區劃 方向이 동서남북의 경위선과 一致하면, 개념상 정전 및 방전과 어린도는 완전히 같은 것이다. 방전의 방향은 어린도의 그것과 같기 때문에 정약용은 "방전법이 곧 어린도이고, 어린도가 곧 방전법"(『全書』五 - 經世遺表九 - 三十一 後面, 田制別考三)이라도 했다.

11) 田無圖帳, 唯我東爲然.(『全書』五 - 經世遺表九 - 十四 前面, 田制別考二) 중국에서는 고대로부터 지적도가 있었다. 일본에서도 고대의 律令制時代로부터 田圖가 있었다(檢地 및 條里制, 『日本歷史大辭典』, 出書房新社, 1974 참조할 것). 일본에서는 田圖를 繪圖라 했다.

12) 정전법과 방전법에 대한 김용섭의 誤解는 크게 세 가지로 지적될 수 있을 것이다. 첫째, 1畉 와 1畦가 原夫와 餘夫에 대한 농지배분의 단위라고 했으나 (191페이지), 「전제」에서는 전국의 토지에 대한 국가적 소유를 실현하지 못하기 때문에 전지 배분 규정이 없다. 「전제」에서의 원부와 여부에 대한 농지배분에 대한 설명은 고대 정전제에 대한 해설일 뿐이다. 둘째, 방전법에서는 측량을 위한 方田을 설정할 뿐 정전법에서와 같이 塍壟(논밭의 경계)을 정정방방하게 정리하는 것이 아니다. 이 점을 정확하게 이해하지 못했기 때문에 방전도 "塍壟을 바르게 하여 작성하고"(192페이지)라고 기술하고 있다. 이러한 그릇된 서술은 다산이 방전의 방향설정과 경지정리에 대한 설명에 있어서 혼란을 일으키고 있는 점을 미처 看破하지 못했기 때문에 이루어진 것이다. 셋째, 1畦圖의 田籍에 田主의 이름을 표기하지 말라는 다산의 주장

는 천태만상의 1筆의 田地를 幾何學的으로 그 면적측정이 가능한 5가지의 전형으로 推類·裁作하여 6가지의 量田尺을 가지고 결부 즉 전세를 打量 즉 查定하는 것이라고는 하나, 실제로 그러한 모양으로 전지가 구획되는 것도 아니고 또 각 필지가 孤立的으로 파악되기 때문에, 전지의 실태를 정확하게 파악할 수 없는 데 대하여, 정전법과 방전법에서의 양전은 전지를 여러 필지가 混在하는 井田 혹은 方田으로 구획하여 측량하는 것이기 때문에 전지의 위치, 지모 및 면적을 정확하게 파악할 수 있다는 것이다. 그리고 정전법과 방전법은 결부제에서는 존재할 수가 없는 魚鱗圖라는 地籍圖를 동반했다.

위와 같은 연구사를 회고해 볼 때, 우리가 이 연구에서 행해야 할 과제는 다음과 같은 것이 아닐까 한다. 첫째, 결부제에서는 불가능했던 정확한 양전이 어떻게 정전법과 방전법에서는 이루어질 수 있는가. 여기서는 결부제하에서 양전이 제대로 이루어지지 못함으로써 야기되었던 전정문란에 대해서도 유념하고자 한다. 둘째, 「전제」12편에서는 양전기법으로서의 정전과 어린도에 관하여 어떠한 논의가 전개되고 있는가. 그리고 정전으로의 전지구획이 한국농지사에서 가지는 역사적 의의는 무엇인가. 셋째, 「전제별고」3편에서는, 결부제를 전제로 하지 않을 수 없는 한계가 있었음에도 불구하고, 方田法과 魚鱗圖로써 어떻게 「전제」12편에서 보다

이 명백한 오류임에도 불구하고 이를 바로잡지 못했다(195페이지). 「전제별고」의 방전법에서는, 현행의 토지소유를 전제로 논의를 전개하고 있으므로 토지는 아직도 王土가 아니다. 그리고 국가적 토지소유가 실현된다고 하더라도 공전의 경작과 束伍軍의 편성 등을 위하여 私田農民을 隨時로 동원해야 하기 때문에, 전적에 時占의 명의가 반드시 기록되어야 제대로 된 田籍이 작성될 수 있을 것이다. (金容燮, 「茶山과 楓石의 量田論」, 『韓國近代農業史研究』, 潮閣, 1975. 이 논문은 『韓國近代農業史研究』上, 一潮閣, 1993에 재수록되었다)

한 걸음 더 나아간 양전기법을 전개할 수 있었던 것인가.

　지금까지 보아온 바와 같이, 여기서는 주로 「전제」12편과 「전제 별고」3편에서 전개된 양전기법과 그와 관련된 문제들에 초점을 두고 논의를 전개하고자 한다.

제1절 結負制와 井田制

1. 결부제와 국가적 위기

주지하는 바와 같이,「전제」12편에서 정약용은 토지제도의 개혁을 구상함에 있어서 결부제를 폐지하고 정전제를 도입하는 것을 그 중심적 과제로 삼았다. 그 가장 중요한 이유 중의 하나는, 말할 것도 없이 결부제로써는 境界를 바로잡는 일 즉 측량에 기초한 정확한 量田이 불가능한 데 대하여 정전제로써는 정전으로의 전지구획에 의하여 정확한 양전을 달성할 수 있다고 생각했기 때문이다. 결부제로써 정확한 양전이 불가능하다는 사실에 대해서는, 당시의 전제에 관한 대표적인 연구자였던 柳馨遠[13]이나 徐有榘[14]도 같은 생각을 가지고 있었다. 그들이 그렇게 생각한 이유

---

13) 유형원은 「分田定稅節目」에서, "1. 무릇 전제는 결부법을 개혁하여 경무법으로써 제정해야 한다(一. 凡田改結負, 定以頃畝)"고 하면서 우선 개혁의 방향을 제시하고, 그 이유로서 "우리나라의 결부법은 본래 끄트머리를 취하고 근본을 버린 법으로서, 만약 公田法을 행하고자 한다면, 무엇보다도 결부법을 개혁하여 경무법을 쓰지 않으면 안 된다. 대개 경무법의 各等은, 토지의 넓이는 같으나 稅額은 差等이 있는데, 이것은 토지로써 근본을 삼은 것이다. 결부법의 각등은, 세액은 모두 같으나 토지는 넓기도 하고 좁기도 한데, 이것은 세액을 爲主로 한 것이다(本國結負之規, 本是擧末遺本之法, 若行公田, 尤不可不改用頃畝法. 蓋頃法各等, 地廣皆同而稅有差等, 此以地爲本者也. 結法各等, 稅數皆同而地有闊狹, 此以稅爲主者也)"(『磻溪隨錄一』, 1962, 64페이지, 分田定稅節目)라는 점을 들었다. 그리고 「打量出軍出稅式」에서 방전법으로 양전하는 방법을 제시했다.

14) 서유구는, 결부법이 高麗 말에 성립했다고 하면서, 그의 「擬上經界策」의 첫머리에서 우선 "전제에서 급히 更張해야 할 것이 둘이 있는데, 그 하나는 결부법을 경무법으로 개혁하는 것이다(田制之亟宜更張者二, 一曰, 改結負爲頃畝法)"라고 하고, "무릇 頃畝는 네모꼴의 境界요, 結負는 租稅의 額數이다. 전제를 제정하면서 네모꼴의 경계를 버리는 것이, 衣服을 裁斷하면서 자를 버리는 것이나 家屋의 間數를 세면서 기둥의 간수로써 하지 않는 것과 무엇이

는, 양전 즉 土地測量은 頃畝制에서와 같이 形體가 있는 토지를 기준으로 해야 할 것이요 결부제에서와 같이 형체가 없는 수확량(즉 田稅)을 기준으로 해서는 안 된다고 생각했기 때문이다. 그래서 그들은 한결같이 양전을 정확하게 행하기 위해서는 결부제를 폐지하고 경무제를 도입해야 한다고 주장했다. 정약용은 경무제에서 한 걸음 더 나아가 「전제」12편에서는 경무제에 기초하여 전지를 정전으로 구획함으로써 정확한 양전이 가능한 정전제를 제시하였으며, 그리고 「전제별고」3편에서는 정전제의 연장선상에 있는 方田法과 어린도를 중심으로 「전제」12편에서 적극적으로 전개하지 못했던 정전 및 방전과 양전과의 관계를 집중적으로 다루었다. 그렇기 때문에 그는, 「전제별고」1에서 결부법에 대하여 철저하게 검토한 후, 방전법과 어린도를 제시하는 「전제별고」2의 「魚鱗圖說」1에서는 그 首綱에서 "결부로써 경전하는 방법은 천하의 弊法으로서 禹나 稷이라도 잘할 수 없는 것이다"15)라고 선언하기에 이르렀다. 그러면, 그가 정확한 양전이 불가능하기 때문에 폐지하려고 했던 결부법은 어떠한 것이었던가. 그것은, 고려 말의 踏驗損實法으로 도입되었다가, 世宗 26년(1444)에 田分六等과 年分九等의 隨等異尺制의 貢法으로 제정되고, 仁祖의 甲戌量田(1634년)에서 1等田尺으로 양전하는 異等同尺制로 발전한 것이었다. 이러한 양전제도는 孝宗 4년(1653)에 간행·반포된 『田制詳定所遵守條畵』으로 정리되었다.16)

다르겠는가(夫頃畝者經界之方面也, 結負者租稅之劑量也. 制田而捨方面, 何異裁衣而捨尺寸·數屋而不以楹架哉)"라고 했다. 그리고 양전기법으로서 어린도를 제시했다.(徐有榘, 『全華知非集』卷第十一～十二, 擬上經界策)

15) 結負經田之法, 天下之敝法, 禹稷之所不能善也.(『全書』五 - 經世遺表九 - 十二 後面, 田制別考二)

16) 다산은, 「전제」6에서 『경국대전』에서 제시되어 있는 6등전지면적의 비율은 錯亂되어 있으나 『속대전』의 該等規式에서 제시되어 있는 結負比率은 정연

결부법이 조선 고유의 토지제도라는 것은 틀림없는 사실이다. 그러나 이 결부법은, 본래 頃畝法과 같은 것이었으나, 高麗 말에 踏驗損實法으로 시행되고 세종 때에 貢法이 제정됨으로써, 경무법과 서로 달라졌다고 한다.[17) 고려 말의 답험손실법에서는 田品을 3등급으로 나누었는데, 1結의 所出과 田稅는 알 수 없으나, 上等田

하다고 평가하면서, 『준수조획』이 인조갑술양전 때의 양전방법의 개혁을 수용하여 효종 때에 간행·반포된 것으로 이해하고 있는데 대하여(麗季以來, 二百餘年, 以此之法, 因之不變, 至我仁祖大王甲戌之年, 始改其法, 於戱, 盛矣, 『全書』五 - 經世遺表六 - 三十 後面, 田制考六), 李榮薰, 「『田制詳定所遵守條畵』의 制定年度」(韓國古文書學會, 『古文書研究』9·10, 1996.10)에서는, 『준수조획』이 세종 때의 전제상정소에서 만들어진 「量田事目」 및 「分田品事目」 등의 法規類를 정리하여 世祖 7年(1461)에 제정된 것으로 추정하고, 효종 4년에는 그것이 단순히 간행·반포된 것일뿐 결부제상에 특별한 변화를 가져온 것은 아니라고 주장했다. 다시 말하면, 세종조의 수등이척제는 논의되기는 했으나 시행되지는 못하고, 1等田尺으로 양전하는 이등동척제가 세종 26년의 공법 개정 이후 一貫되게 시행되었다는 것이다(隨等異尺制와 異等同尺制라는 용어의 사용법은 李榮薰의 그것에 따른다). 이러한 주장은, 『준수조획』의 작성년도에 대한 다산의 이해에 대하여 異議를 제기한 것일 뿐만이 아니라, 결부제도에 대한 매우 중대한 문제제기이기도 하다. 그러나, 金容燮은 『韓國中世農業史研究』(지식산업사, 2000, 252~253페이지)에서 전제상정소에서 제정된 『준수조획』이 효종조에 간행·반포될 때에 "添削과 潤色"이 이루어졌을 가능성을 지적하면서 "그런데 『준수책』에 보이는 이 隨等異尺制의 單一量尺制로의 전환이, 정확하게 언제 있었던 일인지 자료상으로는 명확하게 기록된 바가 없다"고 지적하였다. 또 아직까지는 조선전기의 양전에서 사용된 量田尺에 관해서는 구체적인 연구가 없다. 그런데, 『경국대전』, 『속대전』 및 『준수조획』과 같은 法規資料에는 한결같이 조선전기에는 수등이척제가 실시된 것으로 읽을 수밖에 없는 규정이 있고, 또 유형원, 정약용 및 서유구와 같은 조선조의 전제에 관한 대표적인 연구자들도 모두 조선전기에는 수등이척제가 실시되었다고 이해하고 있으므로, 여기서는 우선 『준수조획』의 반포를 계기로 수등이척제의 결부법이 이등동척제의 결부법으로 전환하게 되었다는 전통적인 견해에 따라둔다.

17) 수등이척제의 결부법은 고대로부터 있었던 것으로 보인다. 다만 그것이 명백히 제도화된 것은 고려후기의 踏驗損實法부터라고 한다.(『全書』五 - 經世遺表九 - 三 前面, 結負考辨)

276

1結은 25畝 4分餘周尺152, 568尺²이다, 中等田 1결은 39무 9푼여주척239, 414척²이다 및 下等田 1결은 57무 6푼여주척345, 744척²이다였다.[18] 그러나, 이 田品 3等만으로써는 8道 田品의 差異를 모두 수용할 수 없다고 생각하고 세종 26년에 결부제를 田分六等과 年分九等으로 개혁하였는데,[19] 그 내용은 다음과 같다. 전분6등 1결의 면적은 舊制의 下等田 1結 57畝의 田分六等의 20분의 1 稅額(1等田은 米 30斗, 2등전은 미 25두 5升, 3등전은 미 21두, 4등전은 미 16두 5승, 5등전은 미 12두, 6등전은 미 7두 5승이다 : 전분각등의 上上年의 세액이다)을 기준으로 20분의 1稅로서 上上年에 田稅 20斗를 거둘 수 있도록 산출하며,[20] 연분9등은 1결의 전세를 豊凶에 따라 9등급으로 나누는데, 1등에서 9등에 이르기까지 2두씩의 等差를 두고 쌀 20斗로부터 쌀 4두까지를 징수하는 것이다(이때에 전세로서 거두어 들이는 쌀은 玄米였다. 租 1斗는 玄米 5升이다). 다시 말하면, 전분6등에 토지의 비옥도가 이미 감안됨으로써 전세는 그 해의 年事에 의하여 결정되는 연분9등에 따라 징수되는데, 이것이 조선조의 기본적인 전세율이었다. 各等 1結의 면적 및 量田尺, 연분9등에 따른 1결의 전세와 과세대상이 되는 結負單位는 다음과 같다. 참고로 우리나라에서는 周尺 1尺이 20.81cm였다.[21]

1等田은 38畝周尺으로 228,000尺²이다, 2등전은 44. 7무주척으로 268,200척²

---

18) 『田制詳定所遵守條畫』 參照.
19) 史料上으로 보면, 연분9등은 고려 말의 과전법에서부터 그 시행이 시도되다가 세종조에서 재정리·제정된 것으로 보인다.
20) 6등전의 면적은, 1등전은 57무×(20÷30)=37무, 2등전은 57무×(20÷25.5)=44.7무, 3등전은 57무×(20÷21)=54.2무, 4등전은 57무×(20÷16.5)=69무, 5등전은 57×(20÷12)=95무, 6등전은 57×(20÷7.5)=152무로 계산된다.
21) 朴興秀, 『度量衡과 國樂論叢』, 朴興秀先生華甲記念論文集刊行會, 1980년, 19페이지.

이다, 3등전은 54.2무주척으로 325,200척²이다, 4등전은 69무주척으로 414,000
척²이다, 5등전은 95무주척으로 570,000척²이다, 6등전은 152무주척으로
912,000척²이다이다. 그 실적을 계산하여 平方根을 구하고, 그 평방근의
100분의 1을 취하여 每等의 量田尺의 길이로 삼는다말하자면 1負는 100
尺이다. 양전척에는 長短이 있으나1等尺은 周尺 4.775尺, 2등척은 5.179척, 3등
척은 5.703척, 4등척은 6.434척, 5등척은 7.550척, 6등척은 9.550척, 모두 100尺²이 1
負가 되고, 1만 척²이 1結로 된다말하자면 6等은 모두 같다. 전세는 上上
年은 20斗, 상중년은 18두, 상하년은 16두, 중상년은 14두, 중중년은
12두, 중하년은 10두, 하상년은 8두, 하중년은 6두, 하하년은 4두이
다. 『경국대전』에서는 '1尺²이 1把22), 10파가 1束, 10속이 1負, 100부
가 1結'이라 했다.23)

세종조의 貢法에 관해서는 제도적 측면에서 지금까지 많은 연
구가 이루어져 왔으나, 아직도 이 공법에 따라 양전이 구체적으로
어떻게 이루어졌는지에 대해서는 밝혀진 것이 매우 빈약하다. 심
지어 양전에 있어서 隨等異尺制가 실시되었는지 어떠했는지에 대
해서조차 알지 못하고 있는 형편이다.24) 그러나, 결부제와 양전과

---

22) 各等田1把의 면적은 1等田은 0.987m², 2등전은 1.161m², 3등전은 1.408m², 4등
전은 1.793m², 5등전은 2.468m², 그리고 6등전은 3.949m²이다.

23) 一等田三十八畝積周尺二十二萬八千尺, 二等田四十四畝七分積周尺二十六萬八千二百
尺, 三等田五十四畝二分積周尺三十二萬五千二百尺, 四等田六十九畝積周尺四十一萬四
千尺, 五等田九十五畝積周尺五十七萬尺, 六等田一百五十二畝積周尺九十一萬二千尺.
計其實積, 開方其數, 百分取一, 定爲每等量尺之長所謂一負爲百尺. 尺有長短一等尺
周尺四尺七寸七分五釐, 二等五尺一寸七分九釐, 三等五尺七寸三釐, 四等六尺四寸三分四釐, 五
等七尺五寸五分, 六等九尺五寸五分, 而皆以實積百尺爲負, 萬尺爲結謂六等皆同. 上上
之年稅二十斗, 上中年十八斗, 上下年十六斗, 中上年十四斗, 中中年十二斗, 中
下年十斗, 下上年八斗, 下中年六斗, 下下年四斗. 經國大典云, 實積一尺爲把,
十把爲束, 十束爲負, 百負爲結.(『全書』五 - 經世遺表九 - 五 後面, 結負考辨)
인용문에서의 틀린 數字는 『경국대전』과 『전제상정소준수조획』의 該當 個所
를 참고하여 수정하였다.

의 관계를 밝혀야 하는 이 硏究에 있어서 이 문제는 그냥 덮어두고 넘어갈 수가 없다. 그런데, 이 수등이척제의 실시과정을 밝히기 위해서는 朝鮮前期의 量田史를 다시 연구하지 않으면 안 되는 난제가 있으므로, 여기서는 우선 그에 대한 制度史的 整理만이라도 해두기로 한다. 고려 말의 踏驗損實法에서는 위에서 보는 바와 같이 3等의 田品에 따라 각각 상이한 전지면적(畝數)과 양전척이 제시되어 있다. 세종조의 공법의 경우에 있어서도 그 점은 마찬가지이다. 그렇다면, 여기서 문제로 되는 것은 실제로 전등에 따라 상이한 양전척을 가지고 양전이 실시되었는가 어땠는가 하는 점이다.『遵守冊』에서는 세종조의 공법에 대하여 "每等新結의 積尺을 開方하여 그 100분의 1을 취하고, 이를 每等의 量田尺의 길이로 삼아서 後日의 改量에 대비한다(每等新結積尺, 開方其數, 百分取一, 定爲每等量田尺之長, 以備後日改量之用)"라 하고,『경국대전』에서는 "무릇 전지는 6등으로 분간하여 20년마다 改量·成籍하고, 本曹·本道·本邑에 보관한다(凡田分六等, 每二十年改量成籍, 藏於本曹·本道·本邑)"라고 하면서 그 注에서 6등의 양전척을 제시했으며,『속대전』에서는 "모든 전지에는 아울러 1등척을 사용하여 打量한다(凡田並用一等尺打量)"고 하고 그 주에서 "2등 이하의 尺度는 原典에는 있으나, 지금은 사용하지 않는다(二等以下尺度在原典, 而今不用)"고 했다. 위와 같은 간략한 양전척의 제도사적 고찰에서 알 수 있듯이, 만약 위의 法典들의 記述에 잘못이 없다고 한다면, 이들 법규가 실제로 수등이척제로 양전이 실시되었다는 증거자료는 될 수 없으나, 조선전기에는 수등이척제를 적어도 제도상으로는 실

---

24) 이 방면에 관해서는 金泰永의『朝鮮前期土地制度史』가 대표적 연구이다. 여기서도 年分等第의 시행에 대해서는 간략한 언급이 있으나(336페이지) 수등이척제의 시행에 대해서는 명확한 언급이 없다. 기존의 연구에 의하면, 조선전기에도 세종조에 제정된 공법에 의한 양전은 매우 어려웠던 것으로 보인다.

시하게 되어 있었다고는 할 수 있다.[25]

그러면, 과연 6가지의 양전척을 가지고 양전하는 일은 가능했던 것일까. 6가지의 양전척을 가지고 전지를 바로 측량하는 일은 불가능했을 것으로 보인다. 그 때문에, 『준수책』이나 顯宗 3년의 「量田事目」에 의하면, 양전은 양전대상의 각 筆地가 幾何學的으로 그 면적계산이 가능한 5가지의 田形 즉 方田(정사각형), 直田(직사각형), 勾股田(직각삼각형), 梯田(사다리꼴) 및 圭田(이등변삼각형) 등으로 '推類·打量' 혹은 '裁作·打量'하는 방식으로 이루어지게 되어 있었다.[26] 이러한 推類·裁作·打量의 양전방법은 조선전기부터 행해져 왔던 것으로 보인다.[27] 그러나, 실제로 양전과정에서 전지가 측

---

25) 다음의 자료도 孝宗朝(仁祖朝의 誤記로 보인다-필자)에서 그 이전에 실시하던 隨等異尺制를 폐지하고 異等同尺制를 실시했다고 明記하고 있다. 國制田分三等, 至英陵朝, 更定結法. 年分九等, 田分六等, 而田尺長準周尺四尺七寸七分五釐, 餘等遞減, 而實積一尺爲把, 十尺爲束, 百尺爲負, 千尺爲十負, 萬尺爲一結. 一等田一結準三十八畝, 二等田四十四畝七分, 三等田五十四畝二分, 四等田六十九畝, 五等田九十五畝, 六等田一百五十二畝. 各等田十四負, 準中朝田一畝. 又至寧陵朝, 罷舊制等尺各用之法, 直以一等尺, 準周尺四尺七寸七分五釐, 以布帛尺較之, 則二尺一寸二分六釐, 定爲新量之尺, 無論等之高下, 用此尺通用, 而積萬尺之地. 一等則爲一結, 二等則爲八十五負一把, 三等則爲七十負一把一束, 四等則爲五十五負七把, 五等則爲四十負, 六等則爲二十五負.(『弘齋全書』卷百二十一, 鄒書春記二) 다산은 「各等田十四負, 準中朝田一畝」가 무슨 뜻인지 알 수 없다고 했다.

26) 『遵守冊』에서는 量田地算冊內, 各樣田形, 算法未熟人員, 乘除之際, 事必遲緩. 止以人所易知方田直田梯田圭田勾股田等田形, 推類打量, 庶爲便易」(『遵守條畫』打量田地條)라 하고, 顯宗 3년의 量田事目에서는 「田形不爲明白處, 則以方田直田裁作打量, 不正斜缺處, 別作田形打量(朝鮮總督府中樞院, 『朝鮮田制考』, 1940, 327페이지)이라 했다.

27) 今朴安性之量田于全羅道也, 不體聖上愛民之心, 不恤積年刻民之害, 徒以虛張嬴數爲務, 以私心抑減田形之等, 只用方直二形, 遍打千億之田, 或二三作, 或七八作, 紛紛眩撓, 牽從多數, 雖陳荒木久, 而無樹木成林, 則盡爲正田. 由是一郡縣之田, 或嬴二三千結者, 一州府之田, 或嬴三四千結者, 考其所成之籍, 則班班可見.(『成宗實錄』卷二百九十三, 二十五年八月二十五日辛巳)

량을 위하여 이 5가지 전형으로 區劃된 일은 없었기 때문에, 이 추류·재작·타량은 양전과정에서 수집된 자료를 기초로 紙面上에서 이루어졌을 것으로 추측된다.[28] 이렇게 추측하는 근거는, 양전과정에서 전지가 5가지의 전형으로 구획되었다는 자료는 전혀 찾아볼 수 없는데 대하여, 量案上에는 이 5가지의 田形(광무양전에서는 田形圖까지 제시되어 있다) 및 長廣尺數가 제시되어 있다는 것이다. 이러한 양전이라면, 양전척은 전지를 측량하는 데 직접 사용되는 것이 아니라 양전을 위한 자료를 수집하거나 5가지의 전형으로 추류·재작된 전지의 결부를 算出하는데 計算尺으로서 이용되었을 가능성이 높다고 하겠다. 이러한 양전이라면, 양전척이 1가지이든 6가지이든 아무런 문제가 될 것이 없다.[29] 정약용은, 單一量田尺이

---

28) 5가지의 전형으로 紙面上에서 推類·裁作·打量되었을 것으로 보이는 기술은 경자양전 때 備邊司에서 작성한『量田謄錄』의「庚子慶尙左道均田使量田私節目」의 마지막 條에서도 보인다. 左右均田使會同時爲察. 量田形止, 親自看審, 則舊量田形及犯標尺數, 多有變改之處. 古之直田, 今爲梯田, 古之西犯, 今爲北犯, 至於闊陜長短, 大相不同, 盖其阡陌溝洫, 隨時變易, 而或有分割買賣, 各有創改故耳. 今若一依舊案, 則無異膠柱, 多有掣肘之端, 此與字號第次變改者有間, 凡其田形犯標尺數, 一以即今所見, 從實書錄, 勿拘舊案宜當是遺, 一字五結中數三卜, 或有越數移入於他字末端中, 此由舊量時, 監任輩東西打去, 西所餘剩移錄東, 所推移充數之致, 固宜釐正, 而字號其不得移易, 則有難任自變更, 今姑置之舊案本字中爲齊. 위의 인용문 중에서, 갑술양안과 경자양안을 비교해볼 때, 直田이 梯田으로 되어 있다든지, 西犯이 北犯으로 되어 있다든지, 阡陌과 溝洫이 바뀌어 있다든지, 이 字號에 있을 전지가 저 자호에 들어가 있다든지 하는 일이 흔하게 있었다는 사실은, 경지를 경지가 있는 현장에서 推類·裁作·打量했다면, 있을 수 없는 일로 보인다. 그리고 庚子二月十五日에는 量田之役, 田形類萬不同, 裁長折補, 執定長廣, 固是難事, 而都廳解員之際, 如或誤算, 則其所精量, 都歸虛地라고 하는데, '裁長折補, 執定長廣'이 실지측량에 의하여 이루어져 전지의 실태가 파악되었다면, 비록 都廳의 解負에서 착오가 있다고 하더라도 '其所精量, 都歸虛地' 하는 일은 없었을 것이다.

29) 庚子量田의 경우, 양전은 面水準에서 양전을 위한 자료를 수집하는 打量의 단계, 郡縣의 수준에서 타량과정에서 획득한 자료를 가지고 전지의 면적과 結負를 계산하는 野草작성의 단계 및 監營의 수준에서 야초를 검토하고 原

도입된다고 하더라도, 기하학적으로 그 면적계산이 가능한 형태로
전지를 구획하지 않으면, 양전척을 가지고 전지를 직접 측량할 수
있는 방법은 없다고 보았다.[30) 조선의 양전관행이 위와 같았기 때

量案과 對照하는 정안작성의 단계로 이루어졌다고 한다.(오인택, 「경자양전
의 시행 조직과 양안의 기재 양식」(『역사와 현실』38, 2000, 181~182페이지)
그런데, 「경자양안의 기재 양식은 字號, 지번, 양전방향(犯向), 田品, 田形, 地
目, 長廣尺數, 결부수, 四標, 진기여부, 主名」(박현순, 「조선후기 量案의 작성
과 활용」, 『한국문화』51, 2010, 109페이지)이었다고 하므로, 면적계산과 관련
하여 타량의 단계에서 조사된 자료는 結負數, 田形 및 長廣尺數이었던 것으
로 보인다. 여러 量田事目 등의 자료에는 양전척에 근거하여 만들어진 竹繩
이 양전과정에서 사용된다는 기록은 있으나, 그 죽승이 양전현장에서 어떻
게 사용되었는지에 대한 구체적인 기록이나 연구는 없다. 그러면, 전지가 존
재하는 현장에서 결부수, 전형 및 장광척수의 조사는 어떻게 이루어졌을까.
현장에서의 조사는 監官, 指示人 및 筭使令 등의 4~5인이 한 組가 되어 1일
에 3結을 조사했다고 하는데, 茶山의 조사에 따라 3결을 대략 100두락으로
잡고, 준비시간을 빼고 하루에 8시간 양전했다고 가정하면, 1斗落을 조사하
는데 배정되는 시간은 4.8分밖에 배정되지 않는다. 1筆地를 2두락으로 잡아
도 1필지의 조사에는 9.6분밖에 배정되지 않는다. 조사항목은 면적계산에 필
요한 자료뿐만이 아니었으므로, 여러 가지 면에서 筆地別 測量은 불가능했
던 것으로 보인다. 庚子量田을 위한 量田事目에서는, 新起田과 陳田이외의
監營의 허락을 받지 않은 기존 전지의 결부수 변경은 엄격하게 금지했기 때
문에, 結負數, 田形 및 長廣尺數에 대한 조사는 新起田 등에 한정되었을 것으
로 보인다. 경자양전 때에 작성된 『量田謄錄』의 「庚子慶尙左道均田使量田私
節目」에서는 "元量案中의 전형이 크게 바뀐 것이 없어서 舊量案의 결부수와
크게 다름이 없는 것은 主名의 下端에 바로 准字를 써서 元量案과 査准했다
고 표시하라(元案中田形不至大段變改, 與舊案負束之數, 無甚差錯者乙良, 主
名下端直書准字, 以爲元案査准之地爲齊)"고 했다. 같은 자료에서는 측량에
대해서도 "5가지의 田形 이외의 분간하기가 어려운 전형이 있다고 하더라도,
별도의 전형을 창출하기가 어려운 바가 있으니, 한 가지로 量田事目에 따라,
直田이나 方田으로 裁斷하여 打量하라(五等田形外, 雖有田形難辨者是良置,
有難叛出別樣田形, 一依事目, 以裁直田裁方田, 裁斷打量爲齊)"고 했으나, 현
실적으로 전지를 그러한 전형으로 재단했다는 記錄이나 遺溝는 아직 발견되
지 않는다.

30) 今制, 六等之田, 通用一尺. 一等一結, 二等八五, 三等七十, 四等五五, 五等四十,
六等二五, 以爲差率自孝宗四年癸巳頒行遵守册如此. 若使國中之田, 正正方方, 皆作
一結之形, 則執一田而定其等, 執其等而差其率, 固不難矣. 今也不然, 或鳴爲斜

문에 肅宗 27년에 兪集一이 1등양전척을 가지고 황해도의 康翎, 甕
津 및 殷栗의 3邑에서 方田으로 전지를 구획하여 측량했을 때, 그
러한 양전을 반대하는 측에서 網罟量法이라고 강력하게 비난했던
것이다. 그러한 비난에 대하여 유집일은 "망고양법은 流來事目 중
에 게재되어 있다(網罟量法, 載在流來事目中)"[31]고 抗辯하였지만,
반대자들을 진정시키기에는 역부족이었다. 심지어 開港期의 光武
量田에 이르기까지, 實驗的인 測量을 예외로 하면, 양전은 종래의
방식대로 이루어졌던 것으로 보인다.[32]

方, 或漫爲橢圓, 或尖爲銳角, 或舒爲鈍角, 或緩中爲蜂腰, 或錯入爲犬牙, 或網
末爲棗核, 或連腟爲栗房, 或卷尾如蛇, 或勾鼻如象, 或屈爲句股, 或張爲舞臂,
奇歪偏仄, 千態萬狀, 而其實積所函, 或細瑣爲把束, 或廣大爲結負.(『全書』五 -
經世遺表九 - 十二 後面, 田制別考二)

31) (『全書』五 - 經世遺表九 - 二十八 後面, 田制別考三) 磻溪도 兪集一과 같은
    양전방법을 제시하면서, 그러한 測量이 이루어질 수 있는 조건을 다음과 같
    이 제시했다. 官使得人, 則田制均正, 而萬世之利可成, 不得人, 則害亦如之. 然
    其爲任之親且緊者, 尤在於監官, 而監官之任, 冒踏草露, 出入阡陌, 疆理畎畝,
    分別土性, 均敷賦稅, 勤苦無比, 而今刑杖動加, 善無所賞, 故監官之名, 仍爲賤
    役, 朝家每有極擇之令, 而稍有知識者, 至死深避, 爲其任者, 率皆庸下無恥不齒
    士類者及奸猾之吏已, 所以田政若此板蕩也. 苟欲一正田制, 以幸萬世, 則當不比
    常規, 特重其選, 必得實才, 待之以禮, 重置酬勞之典, 一一實施○其賞典使臣守
    令加資.守令超四資, 凡資窮者陞堂上, 堂上亦陞嘉善○論以古制, 則苟有受一道之地而盡善之者,
    當在裂土分茅之典.(『磻溪隨錄』一, 1962, 185페이지, 打量出軍出稅式)

32) 이 점에 대해서는 현재 奎章閣에 남아있는 여러 지방의 光武量案을 참고할
    수 있다. 광무양안에서는 1필지의 田圖가 孤立的으로 제시되어 있을 뿐이다.
    광무양전의 실태에 관해서는 金建泰의 「광무양전의 토지파악방식과 그 의
    미」(『大東文化研究』제84집, 2013.12) 및 「광무양전과 조선후기 양전의 관계」
    (『大東文化研究』제92집, 2015.12)를 참고할 것. 김건태의 광무양전실태에 관
    한 조사보고는 매우 충격적이다. 논문의 국문초록에서는 "광무양안은 정부
    의 필요에 따라 전형, 등급, 면적 등의 실상을 일정 정도 가공하여 기록했다.
    따라서 양안을 통해 실제 전형, 등급, 면적 등을 파악하는 것이 매우 어렵다"
    고 했다. 양안에 기록된 1筆地의 실제의 전형, 등급 및 면적은, 정부의 필요
    에 따라 일정하게 가공되었기 때문에, 쉽게 그 실태를 파악할 수 없다는 것

  그러면, 위와 같은 양전방법을 가지고 정확한 양전은 이루어질
수 있었을까. 정약용은 위와 같은 양전방법을 쓸모없는 방법 즉
死法이라 했다. 그 이유는, 한국에서는 온 들에 널려 있는 전형의
대부분이 당시의 기술적 조건으로서는 그 면적측량이 불가능한
無法四邊形의 "眉田, 牛角田, 圓田, 環田, 覆月田, 弧矢田, 五角田, 六
角田, 蛇形田 및 大鼓田"[33]이 아닌 것이 없는데, 어디서 그러한 5가
지의 전형을 발견할 것인가 하는 것이다. 그리고, 조선에서는 양
전을 위하여 직접 전지를 구획한 일이 없었기 때문에, 위에서 보
는 바와 같이 양전은 양전대상의 필지를 그에 관한 자료수집을 기
초로 특정의 전형으로 推類해서 紙面上으로 裁作·打量할 수밖에
없었던 것이다.[34] 그런데 양전을 위한 추류·재작·타량은 이를 위

  이다.

33) 他餘四不等田·眉田·牛角田·圓田·環田·覆月田·弧矢田·五角田·六角田·蛇形田·
    大鼓田, 皆推移裁作打量
    (省略)
    右所列七樣田打量之式, 都系死法, 尺童之所能知也. 執其易曉者, 作圖作說, 以
    示愚俗, 至其難通之處, 技窮語塞, 無術可施, 乃云皆以此法, 推移打量, 非自欺
    欺人語乎. 幾何首篇, 直角斜方三角五角鈍銳之角, 皆有算實之法, 至所謂無法四
    邊之形, 本無推算之定例. 何者. 其體既自無法, 將何以立算術而計所函乎. 今
    國中之田, 小自一稜, 大至一成, 無一而非無法四邊之形也. 正方而爲方田者, 平
    行而爲直田者, 句三而股四者, 裁幅如深衣者謂梯田, 均尖爲銳角者謂圭田, 斜方之
    有法者謂梭田, 縵中如棺衽者腰鼓田, 巡行八路, 畢世而不一遇矣. 乃所謂蛇形牛角
    之田, 圓環覆月之田, 彎弧敗鼓之田, 漫山被野, 都是此物, 當此之時, 將以九而
    乘九乎, 將以四而乘七乎, 將折其半而執之乎, 將歸以四而得之乎. 七樣妙法, 於
    是乎推不去矣. 將見閣妄掉頭, 虞何咋舌, 乃此愚牧, 立于田塍之上, 欲以昭其例
    而發其奸而可得乎. 以之平算實積, 猶懼不通, 矧于此加之, 以二等八五, 四等五
    五之差, 以之察肥瘠而議增減, 其有能精硏比例者乎. 爲此圖者, 其知道乎. 著其
    易知, 隱其難通, 有若先立其本, 推之萬殊者, 然豈不固哉. 所謂田算之法, 無憑
    可據, 本如是矣.(『全書』五 - 牧民心書四 - 四十一 後面, 田政)
34) 주27 등에서 보는 바와 같이, 양전을 위하여 실제로 1筆地를 2~3필지나 7~8
    필지로 分割한 일도 있었다고 하나, 이러한 분할은 사료에서 지적하고 있는
    바와 같이 일만 복잡하게 만들 뿐 정확한 측량을 가능하게 하는 방법이 될

한 자료를 蒐集한다고는 하지만 전형을 推類에 의하여 확정하기 때문에 恣意性을 배제할 수가 없었고, 또 이를 빌미로 하는 납세의무자인 농부와 양전을 담당하는 監官, 面都監 및 뽑使令 등의 서리들이 결탁하여 이루어지는 부정행위를 방지할 수가 없었다는 것이다.[35] 더구나 위와 같은 과정에서 작성된 양안에는 자호, 지번, 犯向, 전품, 전형, 지목, 長廣尺數, 결부, 四標, 陳起 및 主名이 기재되어 있기는 하지만, 양전이 筆地別로 孤立的으로 이루어지고 또 地籍圖가 없었기 때문에 전지의 位置, 地貌 및 面積은 확인되기 어렵다는 것이다. 더 나아가 田籍에 게재되어 있는 田主의 이름은 假名인 戶名으로서 실제의 존재가 아닌 烏有先生이 아닌 것이 없었고,[36] 납세의무자인 전주가 이사하는 경우 地籍上으로 이쪽 面의 전지가 저쪽 면에 가 있기도 하고 저쪽 면의 전지가 이쪽 면에 와 있기도 했다는 것이다. 그 결과 간혹 守令이 어느 특정필지의 소재를 확인하려는 경우, 아전들이 사슴을 가리키면서 말이라 하는(指鹿爲馬) 일이 허다하였다.[37]

수 없었다.

35) 俞集一이 監司로서 肅宗 27년(1701)에 黃海道의 康翎, 瓮津 및 殷栗의 3邑에 방전법으로 양전한 일이 있었는데, 이러한 새로운 양전법에 대하여 公論이 紛紛하자, 平川君 申琓은 그 上疏에서 舊量田의 사정을 다음과 같이 지적했다. 舊日量法, 則只以五等田形, 隨其長短廣狹, 而尺量之法, 隨處變改. 旣量之後, 善與不善, 未易尋考. 故尺量分等之際, 盈縮高下, 只委於監色之手, 所以賂物易行, 奸謀難防也.(『全書』五 - 經世遺表九 - 二十七 前面, 田制別考三)

36) 李榮薰의 연구에 의하면, 庚子量案上의 起主나 光武量案上의 時主는 토지소유자의 奴婢나 親戚의 名義가 代錄·分錄·合錄된 것으로서 實際의 土地所有者가 아니라는 것이다. 다시 말하면, 量案은 본래 土地所有者의 調査를 목적으로 하지 않았다고 한다.(『朝鮮後期社會經濟史』, 한길사, 1988의 제1장 및 「光武量田의 歷史的 性格」(安秉直外編, 『近代朝鮮의 經濟構造』, 比峰出版社, 1989)을 참고할 것)

37) 官欲防此弊, 令看坪之吏, 凡被災之田, 逐留植標之, 水田之區也. 方言謂之襄味, 書字號負數俗謂之卜數及時作之名時作者, 今年佃夫之名. 於是縣令親出看坪, 以書員執災之冊, 逐留考標, 以觀其虛實, 或以稔爲災, 或以災見漏者, 謂可以一一摘發, 然

양전사정이 위와 같았기 때문에 20년마다 改量한다는 『경국대전』의 규정은 제대로 지켜지지 못했고, 또 개량을 하는 경우에 있어서도 舊量案에 登載되어 있는 결부를 함부로 변경하는 것을 엄격히 금지했기 때문에 양전은 겨우 新起田과 새로 발생한 陳田을 조사하는 데 지나지 않았다. 임진왜란 이후 최대의 양전으로 알려진 肅宗朝의 庚子(1720)量田의 경우에 있어서도 사정은 마찬가지였다. 경자양전을 실시하기 위하여 반포된 숙종 43년 丁酉(1717)의 量田事目에서는 그 양전방침을 다음과 같이 闡明했다. "諸道의 전답으로서 종전에 여러 번 檢量을 행하여 이미 실제대로 양안에 懸錄되어 있는 경우는 양전 전후로 변동이 있어서는 안 된다. 이번의 개량 때에는 양전 후의 신기전의 等數 高下는 土品에 따라 시행하고, 종전의 양안에 등재되어 있는 전답의 等第는 올리고 내려서는 안 된다. 그중에서 혹시 부득이 釐正하지 않을 수 없는 것은 各邑에서 한결같이 里中의 公論에 따라 監營에 抄報하고, 감영은 별도로 摘奸하여 그 실상을 상세히 조사한 연후에 비로소 개정을 허락한다. 개정한 곳의 字號等第의 成冊一件도 역시 上送하여 本曹에서 앞으로 적간할 때 憑考할 수 있는 자료로 삼는다. 만약 토호배들이 연줄을 대어서 허위를 공모하다가 적발되면, 都監官 이하 및 佃夫는 모두 全家의 律로써 처벌하고 그 군현의 수령에게도 역시 무거운 벌을 내린다대명률에 따라 法制를 위반한 죄로 棍杖 100대를 친다."[38]

此天下之愚術也. 所謂作名, 無非烏有先生, 私婢卜丹·私奴尙得, 本皆虛名, 旣非田帳之舊名, 又非農夫之實名. 或東鄕之籍, 移於西鄕鄕或謂之坊, 俗謂之面, 或南鄕之田, 名在北鄕, 欻忽往來, 雲渝霧變. 本非土著之物, 考其作名, 不猶刻舟而求劍乎. 又其所謂幾負幾束, 本不可以尺寸步仞, 求其實積猶言實函也, 其實土濫, 何以辨矣. 問之田夫, 無非給羽之言, 問之田監, 都是指鹿之說田監, 謂之別有司. 朋奸者, 所言無錯, 不朋者, 雖知不言, 牧者天下之獨夫也.(『全書』五 - 牧民心書四 - 五十三 後面, 稅法上)

38) 諸道田畓, 從前累經檢量, 等數高下, 旣已從實懸錄於量案中, 此則前後宜無異

286

양전사정이 위와 같았기 때문에 빚어진 결부제상의 문제점은
크게 보아 다음의 두 가지가 아니었던가 생각된다. 첫째는 結總의
縮小이다. 임진왜란 이전의 결총은 대략 150萬結이었으나, 조선후
기에는 농업생산력이 상당히 향상되었음에도 불구하고, 그것이
대략 80만 결로 고정되는 경향이 있었다.[39] 조선후기에 결총이 이
와 같이 축소되었다는 사실은 앞에서 살펴본 결부제도의 제도적
결함에서 빚어질 수밖에 없는 양전의 곤란성에 기인했다. 정약용
은 이러한 사정을 다음과 같이 설명했다. "양전이란 천하의 큰 일
이다. 중국은 頃畝로써 經田을 하는데, 이것은 형체가 있는 大小를
살피는 것이다. 우리나라는 결부로써 경전을 하는데, 이것은 형체
가 없는 肥瘠을 살피는 것이니, 賂物이 몰래 행해지고, 여기 저기
서 詐欺가 어지럽게 일어나니, 비록 禹와 稷으로 하여금 양전을
감독하게 해도 그 奸詐한 짓을 밝힐 수가 없을 것이다. 법에는 20
년마다 개량한다고 했으나, 100년이나 지나도록 개량하지 못하는
것은 무엇 때문인가. 개량하면, 胥吏의 간사한 짓이 난무하고, 서

同. 今番改量時, 則量後加起之處, 等數高下, 從土品施行, 而至於從前量案所載
田畓等第, 勿爲乘降. 其中或有不得已釐正者, 各邑一從里中公論抄報監營, 自監
營別爲摘奸, 詳知其實狀然後, 始許改正. 而同改正庫員, 字號等第成册一件亦爲
上送, 本曹以前頭摘奸時憑考之地. 土豪輩如有夤緣謀僞, 有所現露, 則都監官以
下及佃夫, 並繩以全家之律, 該邑守令, 亦爲從重論罪依大明律制違杖一百.(朝鮮總
督府中樞院,『朝鮮田制考』, 1940, 329페이지, 量田事目)
39) 이에 관해서는『備局要覽』의 備局要覽曰, 八道時起田四十六萬八千三百六結,
時起畓三十三萬九千八百十七結, 田畓合八十萬七千三百九十三結(『全書』五 -
經世遺表六 - 三十八 前面, 田制考六)과 是八弊者, 反復相因, 而我東之田制,
遂不可問矣. 臣謹稽宣廟壬辰以前八道墾田, 總百五十一萬四千餘結. 及至英宗
己丑, 八道墾田, 菫八十萬八百餘結. 前後數百年之間, 失之隱冒者爲七十一萬四
千餘結矣(徐有榘,「擬上經界策」田制之亞宜更張者二條)라는 두 자료가 있다.
조선전기의 150만 결은 元帳付田이고 조선후기의 80만 결은 時起田일 가능
성이 있다는 주장도 있는데, 이 점에 대해서는 追後에 더 검토해 보아야 할
것이다.

리의 간사한 짓이 난무하면 백성의 詛呪가 일어나고, 백성의 저주가 일어나면 관리에 대한 誹謗이 일어나, 형벌이 이에 따른다. 그 때문에 개량은 오직 서리들만 이것을 원하고 백성들과 관리들은 이를 원하지 않는데, 또 서리들도 隱結이 탄로될까 두려워하여 이를 꺼리니, 이 때문에 100년이 지나도록 개량을 못하는 것이다. 오직 입법한 것이 좋지 못하여 이를 받들어 시행하는 자가 반드시 罪過에 빠지니, 신은 그 때문에 결부로써 경전을 하는 것은 좋지 않다고 하는 것이다."[40]

둘째는 전세가 전국적으로 1결에 4斗 혹은 6두로 고정되는 가운데, 결부제가 混亂 속으로 빠져들어 가고 있었다. 전세가 4두 혹은 6두로 설정되는 것은 세종조의 공법이 시행된 數年 후부터로 보이는데,[41] 16세기 중엽에는 이미 그렇게 固定되었다는 것이 확인된다.[42] 그리고 조선후기에 들어오면, 이 전세 4두 혹은 6두가 田等인지 年分인지 조차도 분간하지 못하게 되었는데, 정약용은 전분과 연분이 이렇게 混同될 수밖에 없었던 원인을 田分六等과 年分九等을 기본내용으로 하는 세종조에 제정된 貢法 그 자체에서 찾으려고 하였다. 만약 공법을 시행하기로 했다면, 전세의 징수에 있어서 전분6등이나 연분9등 중 어느 하나를 기준으로 해야

---

40) 又按量田者, 天下之鉅役也. 中國以頃畝經田, 此致察於有形之大小也. 吾東以結負經田, 此致察於無形之肥瘠也, 賄賂潛行, 變詐百出, 雖使禹稷監量, 無以昭其奸矣. 法曰, 二十年改量, 而今至百年未改量, 斯何故也. 改量則吏奸舞, 吏奸舞則民詛興, 民詛興則官謗作, 而罪罰隨之. 故改量者, 唯吏願之, 民與官皆不肯, 又恐隱結被覈, 吏亦憚之, 此所以百年未改量也. 夫唯立法未善, 故奉行者必陷於罪過, 臣故曰, 結負經田之法未善也.(『全書』五 - 經世遺表六 - 二十九 後面, 邦田議)

41) 『成宗實錄』 三年의 五月六日壬寅 및 十月十七日庚辰과 十年九月二十一日甲戌 등에는 이미 年分九等의 制定 數年 後부터 年分이 下下나 下中으로 설정된다는 記事가 있다.

42) 박시형, 『조선토지제도사』하, 평양, 1961, 94페이지.

하는데, 전등과 연분을 동시에 고려하는 복잡한 제도를 도입함으
로써 제도 그 자체가 혼란 속으로 빠져들지 않을 수 없었다는 것
이다. 이러한 가운데 양안에 등재되어 있는 결부수는 전지의 현실
과는 점점 괴리되어 갔다.[43]

　　총괄컨대, 전세를 거두는 방법은 단지 두 가지뿐이다. 하나는 助
法이고 다른 하나는 貢法인데, 이 두 가지 이외에 다른 법이 있는 것
이 아니다. 조법은 어느 모로 보나 타당해서 더 따질 것이 없고, 공
법은 비록 좋지 않은 점이 있기는 하지만 여러 해를 비교하여 그 중
간을 標準으로 삼았으니, 역시 이 비율을 가지고 힘써 행할 뿐이다.
그런데, 또 공법 중에 연분9등을 두어 그 전세를 올리고 내리니, 이
러한 이치가 있을 수 있는가. 우리나라의 전분6등의 전세는 비록 古
法은 아니라고 하더라도 역시 공법의 1종이다. 이미 공법을 썼는데
또 연분을 살피면, 그것이 과연 法制가 될 수 있겠는가. 田等法을 사
용하면 1等이 1結, 2등이 85, 3등이 70으로 정해져서 이미 鐵案으로
되고, 年分法을 사용하면, 9等이 4斗, 8등이 6두, 7등이 8두로 획정되
어 또 鐵限으로 된다. 이 두 가지의 방법은 창과 방패(矛盾) 및 배꼽
과 구멍(枘鑿) 같아서 서로 어울리지 않으니, 같이 시행하면 결코
어긋나지 않을 이치가 없다. 이제 연분9등의 항목을 가지고 전분6등
위에 덮어씌우면 일이 되겠는가. 전등으로는 6가지 전등에서 모두 4

---

43) 仁祖甲戌量田 以後에는 年分九等이 폐지되었는데도 三南地方의 전세수세장
　　부에서는 田等이 年分처럼 表記되고, 그리고 그 田等이 높았기 때문에 稅率
　　또한 높았다고 한다.(仁祖甲戌量田後, 罷年分九等之規, 而三南租案, 仍有等高
　　田, 一定不易, 依前收稅嶺南有上之下, 兩湖有中之中 -『六典條例』戶典戶曹租稅條)
　　『문헌비고』에도 같은 취지의 가사가 있다. 仁祖十二年, 三南量田後, 分等上下
　　之法遂罷. 三南則自上之下至下之中, 結數無加減, 依分等收稅, 其餘皆以下之下
　　爲定, 五道則下之下一等已 -『增補文獻備考』卷之百四十八, 田賦考八租稅一
　　(朴鍾守,「16·17세기 田稅의 定額化과정」,『韓國史論』30, 1993, 108페이지에서
　　재인용)이라는 자료도 그 一端을 보여준다.

두1結에 4斗를 징수한다를 징수하고, 연분으로는 오직 9등전에서만 4두를 징수한다. 田等으로써 시행하면 年分이 쓸 데가 없고, 연분으로써 시행하면 전등이 쓸 데가 없다. 이에 때때로 두 가지 중에서 무릇 1結에 혹은 4斗를 징수하여 田等을 따르기도 하고 혹 6두를 징수하여 年分의 규정을 따르기도 한다. 비록 한 道가 전부 풍년이 들어서 米1斗의 가격이 3錢이라고 하더라도 쌀 6斗 이외에는 더 징수할 수가 없게 된다. 10두로부터 20두까지는 형식적으로 설정해놓고 끝내 사용하지 않았으니, 이것은 두 가지 법을 倂用하려고 한 것이지만 실제로는 두 법이 모두 사용되지 못하는 것이다. 법제가 이와 같으니, 지출에 정해진 액수가 있고 거두어들이는 데 일정한 숫자가 있게 하려고 하지만 어려운 것이다.[44]

---

44) 總之, 收租之法, 只有兩樣. 一是助法, 一是貢法, 除此以外, 無他法也. 助法七享八當, 再無可議, 貢法雖有未善, 夫旣校數歲之中以爲常, 則亦以此率勉而行之而已. 又於貢法之中, 年分九等, 上下其稅, 有是理乎. 我邦六等之稅, 雖非古法, 亦貢之類也. 旣用貢法, 又察年分, 其可以成法制乎. 以田等則一等一結, 二等八五, 三等七十, 旣定之爲鐵案矣, 以年分則九等四斗, 八等六斗, 七等八斗, 又畫之爲鐵限矣. 二法之不相合, 如矛盾枘鑿, 並行不悖, 決無是理. 今以年分九等之目, 冒之於田分六等之上, 其有濟乎. 以田等則六等之田, 皆收四斗一結收四斗, 以年分則九等之田, 獨收四斗. 主之以田等, 則年分爲虛位也, 主之以年分, 則田等爲假設也. 於是, 權於二者之中, 凡一結之田, 或徵四斗, 以遵田等之法, 或徵六斗, 以存年分之規. 雖一路同豐, 斗米三錢, 六斗之外, 不能加徵. 其自十斗以上, 至于二十, 設爲虛位, 終古不用, 是欲竝用二法, 而其實二法, 俱不用也. 制法如此, 欲經用之有定度, 賦斂之有常數, 難矣.(『全書』五 - 經世遺表七 - 二 前面, 田制七) 다산이 "전등으로는 6가지 전등에서 모두 4두1結에 4斗를 징수한다를 징수하고, 연분으로는 오직 9등전에서만 4두를 징수한다"고 한 것은 조선후기의 전분과 연분의 用例의 혼란을 지적한 것이다. 세종조의 貢法에서는 전분은 토지의 등급을 나타낼 뿐이고 전세징수는 오직 연분에 의거했다. 金容燮은 위의 구절에 근거하여 "그가 알기에 貢法은 土地로써 賦稅하고 助法은 年事로써 賦稅하는 것으로써 이 兩者는 그 賦稅의 原理가 근본적으로 달랐다"(『韓國近代農業史研究』, 一潮閣, 1975, 179페이지)고 했으나, 위의 인용문에서도 보이는 바와 같이 "공법 중에 연분9등"을 두었다고 했으므로, 결부제하의 田等과 年分은 모두 공법의 一環이다. 助法은 정전제하에서 私田 8畎의

　　조선후기에는 畓 1結에 대하여 田稅로서 米 4斗나 미 6두를 징
수했는데(밭에서는 黃豆로 징수하도록 규정되어 있었으나, 쌀로
징수하는 경우도 많았다고 한다), 그 수취의 근거가 위의 인용문
에서 지적하고 있는 것처럼 田分인지 年分인지도 명확하지 않았
다.[45] 그리고, 전세는 거두어들일 때 1결에 미 6두로 고정되는 경
향이 있었다. 그러나, 田結의 부담이 전세만이라면, 양전이 다소
부실하더라도 그런대로 견딜 수 있었겠으나, 조선후기에는 大同
法과 均役法 등의 시행으로 종래 戶口나 人身을 대상으로 부과되
던 많은 부세들이 전결의 부담으로 돌려지고 있었다. 田稅米 6斗
에 더하여 大同米 12두, 三手米 2두2승(仁祖 甲戌年 以後에는 1두2
승) 및 雉鷄柴炭價米 4두 등이 모두 전결의 부담으로 되어 중앙정
부에 上納하는 國納 23두와 지방비인 雜徭를 합치면, 1결의 부담은
미 40두를 초과하고 있었다. 그래서 『萬機要覽』의 田結條에서는 今

　　농민들이 公田 1畝를 경작하여 그 수확물을 국가에 납부하는 것이기 때문에
전등과 연분을 수시로 조사할 필요가 없었다. 그래서 "어느 모로 보나 타당
해서 더 따질 것이 없는" 좋은 법이라 했다. 이에 대하여 공법은 농민들의
수확물 중에서 그 일정 비율을 전세로 수취하는 것이기 때문에 전등이나 연
분을 수시로 파악하지 않으면 안 된다. 조선시대에 田政이 제대로 이루어질
수 없었던 근본적 원인은 양전이 부실한 위에 공법을 시행했기 때문이다. 다
음의 자료도 조법과 공법을 위와 같이 이해하고 있다. 龍子曰, 治地莫善於助,
莫不善於貢. 貢者, 校數歲之中以爲常, 樂歲粒米狼戾, 多取之而不爲虐, 則寡取
之, 凶年糞其田而不足, 則必取盈焉. … 詩云, 雨我公田, 遂及我私. 惟助爲有公
田, 由此觀之, 雖周亦助也(『孟子』滕文公章句上)와 助法因於天地, 前年收四
石, 國不以爲少, 今年收四十石, 民不以爲多. 惟是公田之出, 由於自然, 故升斗
之差, 雖至百等, 上無愧焉, 下無怨焉. 貢法因於人意, 前年收四石, 國疑其已少,
今年收四十石, 民疑其已多. 雖其歲事之豐儉, 差以什倍, 民將盼盼然疾視其長上
矣.(『全書』五 - 經世遺表七 - 五 前面, 田制七)
45) 『全書』五 - 牧民心書四 - 五十二 前面의 稅法上에서도 이 점에 관하여 상세
　　하게 설명하고 있다. 大同法의 先驅라 일컬어지는 李珥의 收米法에서 이미
　　쌀을 結負單位로 징수하도록 했는데, 年分九等은 이미 이 이전부터 시행되
　　지 못했던 것이다.

每1負, 出租1斗로 정식화되었는데,[46] 租 100두는 白米 40두에 해당된다. 전국의 實結을 대략 60만 결로 잡는다면, 국납이 92만 석이므로(모두 畓이라고 가정한다),[47] 국납이 모두 상납되었더라면 그런대로 왕실과 정부의 재정이 유지될 수 있었겠으나, 한편으로는 평안도나 함경도의 부세는 國境防衛를 위한 군사비와 勅使支供에 대비해야 했으므로 그 지방에 그대로 留置되었고, 경상도의 부세는 일본과의 관계에 대비하여 절반 가까이 그 지방에 유치되었으며, 또 경기도에서는 중앙관리들의 생활을 배려하느라 제대로 부세를 수취할 수가 없는데다,[48] 국납 중에서 船價 등의 잡비와 관리들의 逋欠을 빼고나면, 정부가 京倉에서 실제로 지출할 수 있는 1년의 세수는 미 12만석에 불과했다는 것이다.[49] 위와 같이 빈약

---

46) 『萬機要覽』財用篇, 田結條.

47) 조선말기의 재정에 관한 연구에 의하면, 1867년에 王室과 中央政府의 재정수입은, 쌀로 換算하여 대략 100만 석인데, 그중에서 쌀은 약 30만 석이었다고 한다. 위의 숫자는 중앙정부의 수입이 그러하였다는 것이 아니고, 『六典條例』에 따라 중앙정부의 수입을 계산하면 그러한 숫자를 얻을 수 있다는 것이다.(이헌창 엮음, 『조선후기 재정과 시장』, 서울대학교출판문화원, 2010년, 표2-2를 참조)

48) 崔錫鼎箚子曰, 田分六等, 年分九等, 取三代貢助之遺意, 而田品率多五六等, 年分只有下中下等. 每秋用稅, 一結四斗或六斗, 稅米太輕, 近貉道, 而遇水旱則給災, 繫宮莊則免稅. 西北兩界田稅, 不爲上納, 留作糶糴, 嶺南則田稅一半, 充給倭供, 只以四五道田租, 以應經費. 堂堂千乘之國, 恒有新舊不相繼之憂, 國儲可謂哀痛.(『全書』五 - 經世遺表六 - 三十八 前面, 田制考六) 및 臣謹案, 湨西一路, 凡田賦所出, 悉入於詔使酬應. 然田稅幾斗, 大同幾斗, 宜有詳定, 與諸路一例. 然後幾石以爲勅需, 幾石以爲公需, 當具法條. 今以其不輸京司之故, 竝無法例著於典章, 豈一王制治之術哉. 行井畆之法則大善, 不然, 宜以時行條件, 著之法典.(『全書』五 - 經世遺表十一 - 三十六 後面, 賦貢制七)

49) 國家歲入, 常年不過十二萬石, 若値凶年, 輸于京江者, 每不過數萬石, 國之經費, 將焉出矣. 國制, 凡一結, 收田稅四斗, 三手米一斗二升, 大同米十二斗, 船價出於其中, 一結所收, 不過十八斗二升. 及其太倉之班祿, 宣惠廳之頒貢價也, 其所云十五斗, 以至小之斗, 不過爲十一二斗, 則一結所收之當國用者, 極不過十五斗. 而方其斂之於民間也, 以如斛之斗, 斂三十四斗, 解之以京斗, 則小不下四十

한 재정수입을 가지고서는 中央各司의 운영비는 말할 것도 없고
관리들에 대한 봉급을 주기에도 턱 없이 부족했던 것은 말할 필요
도 없었다.[50] 따라서, 국가는 항상 재정적 위기에 봉착하게 되었
는데, 정약용은 『경세유표』를 저술하게 된 동기를 다음과 같이 표
명하였다.(위의 1결의 부담에는 전세미 40두에 필적할 만한 民庫
租 30~40두와 還上租 2~3석의 부담은 들어 있지도 않다)

　　임진왜란 이후로는 法度가 무너지고 모든 일이 어수선하게 되었
　　다. 軍門이 누차 증가해서 국가의 재정은 바닥이 나고, 전제가 문란
　　해져서 부세의 부담이 편중되었다. 財物을 생산하는 源泉은 힘을 다

五斗. 是又民輸者三, 而公受其一也. 上而削國, 下而剝民, 於其中央所肥者, 貪
官猾吏. 嗟呼, 豈不冤哉. 古之聖人, 知其然也, 制井田之法, 逆杜其奸.(『全書』五
－ 經世遺表一 － 十六 前面, 經田司) 17세기 중엽에도 호조의 세입이 12~13
만 석뿐이라는 자료가 있다.(竊聞地府一年之經費, 幾至十四萬餘石, 而稅入則
僅十二三萬石云. 一年之入, 不能支出, 常患不足, 拮据取用, 雖遇凶年欲減民役,
其可得乎., 『鶴洲先生全集』卷七, 因災異陳時弊箚子) 여기서의 '國家歲入, 常年
不過十二萬石'이란 「序官」의 經田司에 있는 자료이니, 호조 수입만을 가리키
는 것일까. 지금으로서는 이 세입이 무엇을 가리키는 것인지를 정확히 알 수
없다. 이에 관해서는 다음의 자료도 참고된다. 田稅大豆十二萬六千二百十七
石內雜下四萬七千八百八十一石, 實納七萬八千三百三十六石. ○小米四萬九百二十
六石內雜下四千一百十七石, 實納三萬六千八百九石. ○畓稅米十一萬四千四百五石
內雜下九千一百十石, 實納十萬五千二百九十五石. ○三手米四萬五千七百四石內雜
下一萬二千六石. 實納三萬三千六百九十八石. ○棉布一千一百二十五同二十七疋
五十疋爲一同. 麻布一百二十一同三十二疋. ○臣謹案, 一年稅入止此而已, 豈不嗟
哉.(『全書』五 － 經世遺表六 － 三十八 前面, 田制考六)
50) 純祖年間에 중앙관료의 1년 俸祿이 1만7천석이라는 기록도 있다. 봉록을 받
　　는 문관과 아전의 총수를 1천명으로 잡는다면, 그들의 年俸은 평균 17석이
　　다. 이것만으로써는 생활이 어려웠기 때문에, 아랫관직의 사람들이 바치는
　　뇌물로써의 饋遺와 관청에서 쓰고 남을 공물수입을 분배하는 分兒의 수입으
　　로써 생계를 유지하는 관리들도 있었다고 한다. 上曰, 百官頒祿, 一年爲幾許,
　　而漢之萬石君者, 亦以爵之高下, 爲祿之多少乎. (沈)象奎曰, 一年頒祿, 合爲一
　　萬七千餘石, 而軍資倉, 則不在此數矣. 漢之萬石君, 石奮之父子五人, 各秩二千
　　石, 故合而計之矣.(『純祖實錄』卷十一, 八年八月一日甲午)

해 틀어막고, 재물을 낭비하는 구멍은 마음 내키는 대로 뚫었다. 이에 관서를 개혁하여 감원하는 것으로써 급한 일을 구제하는 방도로 삼았으나, 이익이 되는 것은 한 되나 한 말에 불과한데, 손해가 되는 것은 丘陵과 같았다. 관제는 정비되어 있지도 못했는데, 정규의 관리들에게까지도 祿俸이 없어서, 탐욕스런 풍속이 크게 일어나, 백성들은 憔悴해졌다. 그윽이 생각해 보니 대개 터럭 하나까지도 병들지 않은 것이 없다. 지금 개혁하지 않으면, 반드시 나라가 망한 이후에야 그만둘 것이니, 이 일을 忠臣과 志士가 어찌 袖手傍觀할 수 있겠는가.[51)]

2. 정전제와 정전 및 어린도

위에서 살펴본 바와 같이, 조선후기의 결부제도는 정확한 양전이 불가능하여 국가를 위기적 상황으로 몰아넣고 있었다. 그러한 결부제도하에서는, 한편으로 인민들은 胥吏들의 중간착취에 의한 과중한 전세부담으로 塗炭에 빠져서 신음하고 있는 데 대하여, 다른 한편으로 국가는 財政破綻의 위기에 봉착하고 있었던 것이다. 이러한 국가적 위기를 극복하기 위하여 정약용은 「전제」12편에서 결부제를 폐지하고 井田制를 도입하는 방안을 제시하였다. 정전제를 실현하기 위해서는, 여러 가지 면에서의 제도개혁이 필요했지만, 앞에서도 지적한 바와 같이, 그중에서도 특히 중요한 것은 經界를 바로잡아서 양전이 제대로 실시되게 하는 것이었다. 그가 양

---

51) 一自壬辰倭寇以後, 百度墮壞, 庶事搶攘. 軍門累增, 國用蕩竭, 田疇紊亂, 賦斂偏辟. 生財之源, 盡力杜塞, 費財之竇, 隨意穿鑿. 於是, 唯以革署減員, 爲救急之方. 所益者升斗, 而所損者丘陵. 百官不備, 正士無祿, 貪風大作, 生民憔悴. 竊嘗思之, 蓋一毛一髮, 無非病耳. 及今不改, 其必亡國而後已, 斯豈忠臣志士所能袖手而傍觀者哉.(『全書』五 - 經世遺表 - 三 前面, 引)

전이라는 측면에서 결부제를 폐지하고 정전제를 도입하려고 한 것
은 다음의 두 가지 점에서였다. 첫째는 정전제가 頃畝制를 기초로
양전을 가능하게 한다는 점이다. 물론 이때에 도입되는 경무제는,
중국제도를 그대로 도입하는 것이 아니라 우리나라의 耕地制度인
斗落制를 매개로 하여 40두락이 1頃이 되게 함으로써, 정부는 물론
농민들에게도 土地實態의 파악을 매우 용이하게 했다.[52]

  둘째는 정전제 자체가 정전으로의 전지구획을 그 필수적 구성
요소로 함으로써 정확한 양전과 직결된다는 점이다. 정전제는 平
野의 肥沃한 전지를 선택하여 1井의 전지를 公田 1畝와 私田 8畝로
구획하는데, 이것은 千態萬象의 田形을 정사각형으로 구획함으로
써 토지의 면적을 정확하게 파악할 수 있게 할 뿐만이 아니라 인
민들에게 자기들의 전지면적을 쉽게 이해할 수 있는 模型을 제시
하는 것이다. 우리나라에서도 종래부터 정사각형(方田), 직사각형
(直田), 직삼각형(句股田), 사다리꼴(梯田) 및 이등변삼각형(圭田)
등으로 경지의 면적을 계산하는 방법은 있었지만, 전지를 이러한
형태로 區劃하거나 耕地整理를 해본 일은 없었다. 그러나, 정전제
의 실시는 필수적으로 정사각형으로의 경지정리를 동반하지 않을
수 없게 하는 것이다. 더 나아가 경지정리를 전제로 하는 양전은
지금까지 정확한 양전을 방해해 온 1筆地 單位의 孤立的인 양전을
지양하고 여러 필지가 공존하는 區域單位의 양전을 실현함으로써
每筆地의 위치, 지모 및 면적을 명확하게 파악할 수 있게 하는 것
이기도 했다. 그리고, 정전은 模田이기도 하기 때문에 정전으로
구획되지 못하는 전지에 대해서도 경지면적의 標準을 제시하는

---

52) 1井이 9畝인데, 다산은 1부를 40斗落으로 잡았다. 이것은 柳馨遠의 「分田定
    稅節目」의 田地制度와 같은 것인데, 그는 40두락의 1부를 1頃으로 잡았다.
    (『磻溪隨錄』一, 1962, 45페이지) 여기에서 반계의 경우에나 다산의 경우에나
    頃畝制가 斗落制를 기초로 하고 있음을 볼 수 있다.

의미가 있었다. 이러한 점에서 보면, 정전제의 실시는 당시의 기술적 조건하에서는 한국양전사에 있어서 획기적 의미를 가진다고 할 것이다.[53] 정약용은 정전제가 전지의 模楷를 제공하는 의의에 대하여 다음과 같이 설명했다.

정전은 무엇 때문에 만들었는가. 정전이란 9분의 1의 모해이다. 평평한 땅을 택해서, 혹 數里에 1井이나 혹 10정이 잇따르게 해놓고 천하의 전지를 모두 정전으로 만들었다고 하는 것이 先儒의 말이다. 천하의 전지는, 길기도 하고 짧기도 하고, 비스듬하기도 하고 타원형이기도 하고, 뾰족하기도 하고 뭉툭하기도 하고, 조각나기도 하고 비뚤어지기도 하다. 數理에 밝은 사람이 있어서, 直三角法과 自乘法으로 계산하고, 곱하고 나누고 끊고 보태기도 함으로써, 전지의 실적을 계산하여 佃夫들을 불러모아 말하기를, '너희 전지는 여덟이고 公田은 하나인데, 여덟으로써 하나를 농사지어 그 수확을 公家에 바치면 장차 내가 그것을 쓰리라' 한다. 백성들이 떠들면서 물러나 의논하기를, '나의 전지가 좁지 않은가, 너의 전지가 넓지 않은가', 의심하기도 하고 다투기도 하고, 怨望하기도 하고 詛呪하기도 해서, 몇 代를 지내도 조용할 수가 없으니, 여기에서 정전이 생겨난 것이다. 평평한 들로 나아가 구획하여 정전을 만들되, 이에 규정을 만들기를, '6尺이 1步, 100보가 1畝縱橫이 각 10보, 100무가 1夫종횡이 각 10무, 3부가 1屋3間집과 같다, 3옥이 1井그 꼴이 井字와 같다이 된다'고 한다. 이에 네모반듯하고 간격이 똑발라서 甲의 100畝가 乙의 100무와 다름이 없고, 을의 100무가 공전의 100무와 다름이 없다는 것을 보인다. 이

---

53) 量田技法으로서의 方田과 魚鱗圖의 도입 필요성에 대해서는 당시의 여러 사람에 의하여 강조되고 있었다. 그러나, 井田制로의 田制改革은 다산에게서만 보인다. 다산은 방전과 어린도를 정전법으로부터 발전된 양전기법으로 이해하고 있었다.

에 전부들을 불러모아 고하기를 '너희들이 이 井을 보라, 이것으로
써 비율을 삼았으니, 돌아가 너희 전지가 9분의 1인가 어떤가를 알
아보라'고 한다. 이에 '옛날의 이른바 긴 것, 짧은 것, 비스듬한 것,
타원형인 것, 뭉툭한 것, 조각난 것, 비뚤어진 것을 한결같이 이것을
가지고 잘랐으므로 면적의 같고 같지 않음이 명료할 것이다'라고 한
다. 이것이 정전이 만들어진 소이이다. 성인은 規矩로써 方圓을 바루
고, 六律로써 五音을 바루고, 정전으로써 9분의 1을 바르게 하였다.
이것을 가지고 模楷로 삼고 範型으로 삼아서 들에 있는 愚氓으로 하
여금 그 전지를 가른 것이 法式과 맞음을 알게 했을 뿐이다.[54]

위의 인용문은 정전법의 이론을 전개하는 「정전론」2의 머리글
이다. 그러므로 이 문장은 정약용이 양전이라는 면에서 限田法, 均
田法 혹은 名田法을 선택하지 않고 정전법을 선택한 또 한 가지의
이유를 잘 설명하고 있다. 다시 말하면, 정전제는 전지를 정전으
로 구획하여 모든 인민들이 전지의 면적을 정확하게 인식할 수 있
도록 한 위에서 양전을 하는 제도라 생각했던 것이다. 정약용은
이와 같이 정전이 명확하고 확실한 양전의 기초일 뿐만이 아니라

---

54) 井田, 何爲而作也. 井田者, 九一之模楷也. 擇平衍之地, 或數里一井, 或十井相
聯. 其云盡天下而爲之井者, 先儒之說也, 天下之田, 長焉短焉, 斜焉橢焉, 銳焉
鈍焉, 區焉喎焉. 有精於數理者, 絜之以句股, 會之以冪積, 升除折補, 以得其所
函之實. 於是召佃夫而告之曰, 爾田八, 公田一, 以八治一, 輸之公, 吾將用之. 民
且曉曉然退而議之曰, 吾田無乃小乎, 爾田無乃大乎, 公田或者其彌大乎. 惑焉爭
焉, 怨焉詛焉, 歷世而不能平, 井田於是乎生焉. 就平衍之地, 畫地爲井, 於是爲
之法曰, 六尺爲步, 步百爲畝縱橫各十步, 畝百爲夫縱橫各十畝, 夫三爲屋如三間之屋,
屋三爲井其形如井文. 於是眂之, 四角平直, 間架均正, 甲之百畝, 無以異乎乙之百
畝, 乙之百畝, 無以異乎公田之百畝. 於是召佃夫而告之曰, 汝眂茲井, 以茲爲率,
歸眂汝田, 驗其九一. 於是, 嚮之所謂長者短者斜者橢者銳者鈍者區者喎者, 壹以
是劑焉, 則其所函之同不同, 可瞭然. 此井田之所以作也. 聖人以規矩正方員, 以
六律正五音, 以井田正九一. 以之爲楷焉爲模焉, 型焉範焉, 使愚氓之在野者, 知
所以度其田之中式而已.(『全書』五 - 經世遺表五 - 二 後面, 井田論二)

9분의 1세의 模楷라고 생각했다. 그는 9분의 1은 天地方圓의 理致로서 9분의 1보다 무거우면 백성들이 지탱할 수 없고 9분의 1보다 가벼우면 국가의 재정이 넉넉할 수 없다고도 했다. 우리로서는 조선후기에 과연 9분의 1세가 백성들의 삶을 지탱하게 하고 국가의 재정을 넉넉하게 하는 것인지 어떤지에 대해서는 단정적으로 말할 수 없으나, 정전이 정전으로의 전지구획을 전제로 9분의 1세의 모해가 될 수 있었던 것은 분명했다. 그 이유는 정전법이, 지주제 등의 중간적 토지소유를 배제하는 國家的 土地所有를 전제로, 사전 8부의 농민이 공전 1부를 공동경작하여 그 수확물을 전세로서 납부하면, 그들을 일체의 부세로부터 면제되게 한다고 생각했기 때문이다. 정약용이 실시하고자 했던 정전법이 위와 같은 것이었음에도 불구하고, 그의 전제에 관한 연구자들 중에서는 「정전의」에서 제시되어 있는 漸進的인 국가적 토지소유의 실현 방안을 무시할 뿐만이 아니라 정전으로의 전지구획이 가지는 의미를 제대로 이해하지 못했기 때문에 그의 정전론을 均稅論으로 이해하려는 사람들이 대부분이었다. 그들이 주장하는 것처럼 만약 정약용이 지주적 토지소유를 전제로 하는 것은 말할 것도 없고 정전으로의 전지구획도 행하지 않는 토지개혁을 시행하려고 했다면, 균세론자들이 주장하는 均稅도 실현될 수가 없는 것이다. 지주적 토지소유를 전제로 할 뿐만 아니라 정전으로의 전지구획도 이루어지지 않는다면, 지주들에 대한 地代의 負擔은 그대로 남아있고 즉 '9분의 1 이외의 잡된 폐해'의 주된 부분이 그대로 남아있고 또 정확한 양전이 불가능하여 농민에 대한 국가의 恣意的 收奪도 배제될 수 없기 때문에, 농민의 부담은 개혁 이전과 다를 바가 없을 것이다. 이상으로써 명백하게 설명되었다고 생각하지만, 정약용이 실현하고자 하는 정전제는, 국가적 토지소유와 정전으로의 전지구획을 기초로 하는 양전이 실현되고, 이 양전에 의하여 획득된 田籍을 가지고 9분의 1세를 확실하게 징수할 수 있는 전제의 실현을 목표로 했던 것이다.

9분의 1이란 天地方圓의 바른 이치이니, 9분의 1보다 무거우면 백성이 지탱할 수 없고, 9분의 1보다 가벼우면 국가재정이 넉넉할 수 없다. 옛날에는 9분의 1로 아래위가 모두 편안했는데, 漢나라 이래로 9분의 1보다 가벼웠으나, 부역이 어지럽게 일어나 거두어들이는 데 법도가 없고, 土豪와 猾吏들이 겸병을 자행해서 농부는 초췌하게 되었다. 그 거두어 들이는 것을 모두 계산하면, 10분의 7·8이 되지 않는 것이 드물었다. 만약에 9분의 1이 회복되고 9분의 1 이외의 잡된 폐해가 모두 제거된다면, 백성으로서 춤추지 않을 자가 있겠는가. 9분의 1법을 시행하고자 한다면, 반드시 평원의 비옥한 전지를 정전으로 구획해서 絜矩처럼 네모반듯하게 하고 바둑판처럼 經緯線을 쳐서 만민에게 보이면서 말하기를 9분의 1의 비율은 이와 같다고 말한다. 이윽고 이 비율을 가지고 黃鐘으로 삼아 여러 다른 비율들을 바루는데, 무릇 네모진 것, 타원형인 것, 뾰족한 것, 굽은 것을 한결같이 이것으로써 표준으로 하니, 이것이 정전이 만들어진 까닭이다. 그 本意를 따진다면, 10里나 5리에 1정을 두어도 좋다. 또 정전법이 아름답기 때문에 그대로 평야의 넓은 들을 결국 모두 정전으로 구획하는데, 이것이 정전이 넓어진 소이이다. 오늘날 樂器를 제조하는 사람이 비록 황종이 아니라도 나는 五音을 바룰 수 있다고 말한다면, 그 어리석음을 물리치지 않을 자가 없을 것이다. 전제를 제정하려고 하면서 정전을 베풀지 않는 것이 이것과 무엇이 다르겠는가. 그 때문에 신은 정전은 반드시 회복되어야 한다고 하는 것이다.[55]

---

55) 九一者, 天地方員之正理, 多於九一, 民不可支也, 輕於九一, 國不可給也. 古者九一, 上下咸安, 自漢以來, 輕於九一, 然賦役繁興, 徵斂無藝, 豪猾兼竝, 農夫憔

정약용은, 위에서 보는 바와 같이 정전으로의 전지구획을 기초로 하는 양전을 전제로 9분의 1세의 실현을 설명하고, 조선에서의 정전법 시행을 논의하는 「정전의」를 유도하기 위하여 설정되었다고 생각되는 「전제」5에서 "宋나라의 神宗 熙寧 5년에 방전법을 정리·확정하여, 8월에 司農에게 詔書를 내리고, 均稅의 條約과 規式을 천하에 반포했다"는 綱을 설정하고, 정전이나 방전으로의 전지구획이 얼마나 어려운 일이며 그 의의가 어떠한 것인지를 아래와 같이 설명하였다. 조금 길기는 하지면, 인용문은 정약용의 정전법 시행에 대한 의지를 이해하는 데 도움이 되는 대목이기 때문에, 이를 소개하기로 한다.

　　나는 역사를 읽다가 여기에 이르러 선왕의 정전법이 천고의 적폐를 씻고 만세의 큰 經法을 드리운 것이라는 것을 알았다. 허물어서는 안 될 것을 허물어 버렸으니, 아깝지 않은가. 오늘날의 사람들은 堯舜禹稷이 아득하게 먼 순고한 세상에서 투박하고 인후한 풍속을 좇아서 이 정전법을 제정했다고 말하나, 당시에도 거짓과 속임수가 이미 성하고 분쟁과 송사가 날마다 일어나, 세밀하게 살필수록 숨는 구멍은 더욱 깊어지고 엄하게 밝히면 밝힐수록 빠져나가는 것이 더욱 많아졌기 때문에, 성인들이 마침 화기애애한 가운데 깊이 생각하고 이리 따지고 저리 따지면서 상의했다는 것을 알지 못한다.

悴. 悉計所入, 其不爲什七八者, 鮮矣. 誠若九一是復, 而九一之外, 雜害悉除, 民有不蹈舞者乎. 欲行九一之法, 則必於平原衍沃之地, 畫爲井田, 正方如絜矩, 經緯如棋局, 明示萬民曰, 九一之率如此. 遂以此率, 立爲黃鍾, 以正諸率, 凡圓者橢者圭者句者, 一以是率之. 此井田之所以作也. 原其本意, 唯十里五里, 置一井焉, 可也. 又緣井田之法, 仍然美好, 其平廣之地, 遂皆畫井. 此井田之所以廣也. 今有制樂者曰, 雖非黃鍾, 吾可以正五音, 未有不黜其愚者. 欲立田制, 而不設井田, 何以異是. 臣故曰, 井田宜復也.(『全書』五 - 經世遺表七 - 二十八 前面, 井田議一)

마침 이때에 빗물이 하늘에 넘쳐 황하가 크게 범람하게 되었는데, 성인은 이때를 당하여 전지를 구획하여 井地를 만들고 溝와 澮를 파서 洫에 이르게 하고 洫과 澮를 소통을 시켜 川에 이르게 하여, 18년 만에 이 일을 이루었다. 이에 영토를 나누되 9州로, 전세를 정하되 9등으로, 賦貢을 정하되 9등으로, 법을 정하되 9疇로, 음악을 제정하되 9招로 하여 천하를 9라는 숫자로 묶어서 一王의 典章을 이룬 것이지, 아득한 옛날과 같이 투박해서 이렇게 할 수 있었던 것은 아니다. 천지가 開闢한 지가 오래되었다. 요임금 이래의 수천여 년은 풍속의 쇠퇴가 이와 같았는데, 요임금 이전의 수천여 년은 어찌 홀로 아득한 옛날의 투박한 풍속이 오래도록 세월이 흘러도 변하지 않고 堯舜에까지 이르렀겠는가. 요순의 백성들은 도적의 무리요 사악한 무리여서 항상 五刑을 범했기 때문에 皐陶는 刑吏가 되어 劓刑, 刵刑, 椓刑 및 黥刑으로써 그 소란을 그치게 했는데, 어찌 아득한 옛날의 순박한 풍속을 상상이나 할 수 있는가. 지금 사람들은 지려가 거칠고 역량이 작아서 정전을 할 수 없는 것이고, 요순은 지려가 정밀하고 역량이 커서 정전을 할 수 있었던 것이니, 時俗과 같은 것은 古今에 다름이 없는 것이다. 후세에 오직 송나라의 신종이 三古의 정치를 개연히 사모했으나, 불행하게도 고집스럽고 일에 밝지 못한 王安石을 만나서 그 令名을 그르치고 말았다. 登極하는 초기에는 오히려 방전하는 하나의 일로써 천하의 租賦를 바루고자 했으니 그 뜻이 굳지 못한 것은 아니었으나, 그 설계가 지극히 거칠고 法條가 산만해서 이 일을 해내기에 충분하지 못했다. 이미 방전하고자 했으면, 마땅히 「匠人」의 법처럼 9×9로 開方하든지 「遂人」의 법처럼 10×10으로 개방해야지, 41頃66畝160步를 1方으로 삼았으니, 천하에 이러한 법제도 있는가. 후세의 법이 모두 구차하고 뒤틀리며 荒雜하고 散亂하기가 이와 같으니, 나는 이것을 보고자 하지 않는다. 동서로 1,000보이고 남북으로 1,000보이면, 이것은 옛날의 10,000무의 전지이니,

100부가 경작하는 것이다. 의당히 법제를 세워서, 10,000무를 1方이라 하며, 1,000무를 1蓴라 하며, 100무를 1畎라 하며, 10무를 1畝이라 한다. 이에 1견의 소출을 헤아려서 1부의 세로 하며, 1부의 소출을 헤아려서 1蓴의 세로 하며, 1구의 소출을 헤아려서 1방의 세로 한다. 혹 6등으로 되기도 하고 혹 9등으로 되기도 하여 비록 그 등급이 같지 않다고 하더라도, 10분의 1이 되는 것은 모두 같다. 무릇 公私의 文簿에서 몇 頃이나 몇 步 등의 자질구레한 숫자를 모두 제거한다면, 전형을 헤아리고 세액을 정하는 데 있어서 어찌 명백해서 알기 쉽다고 하지 않겠는가. 도모하기를 여기서 하지 않고, 41경 66무 160보와 같은 몇 경 몇 보라는 자질구레한 숫자에다 방전이라는 이름을 뒤집어 씌우는 등, 양의 바탕에다 호랑이 가죽을 씌우고 쥐포에다 璞玉이라는 이름을 붙여서, 천하의 이목을 一新하고 적폐를 제거하고자 하니, 아아, 어렵다. 또 무릇 方을 만드는 법은, 구역이 넓으면 방으로 만들기 어렵고, 구역이 좁으면 방으로 만들기 쉬우니, 만약 방으로 만들고자 하면 또 무엇 때문에 方1,000步와 같은 넓고 먼 데에까지 이르고자 하는가. 또 무릇 전지의 肥瘠은 반 걸음마다 달라서 만약 5등으로 나누어야 한다면, 또 어떻게 1方의 전지로써 한 등으로 묶을 수 있겠는가. 그 법에는 전지를 나누어 계량함에 있어서는 높은 둔덕과 평평한 진펄에 따라 그 전지를 정한다 했으니, 그 이른바 1方은 혹은 正方으로써 하기도 하고 혹은 여러 筆地를 모아서 한 것을 알 수 있겠다. 비록 다시 네 모서리에 나무를 심어서 그 장소를 나타낸다고 하더라도 기울어지고 비뚤어져서 모양을 이루지 못한다면, 장차 어떻게 백성의 뜻을 안정시켜 쟁송을 그치게 할 것인가. 차라리 方1百步로써 계산하기 시작해서 부득이한 것을 제외하고는 모두 바둑판과 같이 구획하는 것만 하겠는가. 法條가 저와 같으니, 의례히 시행할 때 소요가 일어나 수년이 못되어 그만두었으니, 아아, 아깝다. 비록 그렇다고 하더라도 요임금과 우임금이 전지를 구획하여 정전으로 구획한 것은 백성들의 산업을 고르게 하기 위함이 아니요 나라의 租賦를 바르게 하기 위함이기 때문에, 禹貢에서 ‘모든 토지의 등급을 비교하여 바로잡았으니, 財賦를 거두어들이는 데 조심하라. 모두 3등급으로 나누는 데 본받아서 중국에 賦法을 이루었다’[56]고 했을 뿐 일찍이 ‘民產을 고르게 한다’고는 말하지 않았다. 億兆蒼生이 수풀처럼 빽빽하니, 비록 자비스런 어미라도 오히려 하나하나 哺育하기는 어려울 것이니, 오직 백성으로부터 거두어들이는 데 법도가 있으면 백성은 편안하게 될 것이다. 때문에 성인은 조부를 바루는 데 힘쓰고 均產에 힘쓰지 않아서 오직 구직으로써 만민에 권하여 각각 서로 도와 먹고살게 했을 뿐이다. 後魏의 均田法은 그 뜻이 균산에 있고, 神宗의 方田法은 그 뜻이 균부에 있으니, 비록 끝내 이루어지지 못한 것은 彼此가 같다고 하더라도, 나는 방전법이 일을 안 것이라 생각한다.[57]

---

56) 인용문의 禹貢曰, 底愼財賦. 庶土交正, 咸則三壤, 成賦中邦은 『尙書』의 본문에 따라 禹貢曰, 庶土交正, 底愼財賦. 咸則三壤, 成賦中邦(『全書』二 - 尙書古訓三 - 三十二 前面)으로 바로잡아 번역했다.

57) 臣讀史至此, 知先王井田之法, 所以滌千古之積弊, 垂萬世之大經. 惜乎, 其不可毁而毁之也. 今世之人, 謂堯舜禹稷, 坐蒼蒼淳古之世, 順肫肫仁厚之俗, 立此井田之法. 不知當時奸僞·欺隱之弊已盛, 紛爭嚚訟之患日起, 察之愈細, 而藪竇益深, 覈之愈嚴, 而脫漏彌衆. 故聖人者, 方且穆然淵慮, 辯然商議. 適河患大作, 洚水滔天, 聖人得以此時, 畫地爲井, 濬溝遂以距洫, 疏洫澮以距川, 十有八年, 乃成此事. 於是, 分土爲九州, 定田爲九等, 定賦爲九等, 作範爲九疇, 作樂爲九招, 束天下於九數之中, 以成一王之典, 非果蒼蒼肫肫, 以爲是也. 天地之闢久矣. 自堯以來數千餘年, 風俗之靡敝如此, 自堯以上數千餘年, 獨何必以蒼蒼·肫肫之俗, 經久而不渝, 以至於堯舜乎. 堯舜之民, 寇賊姦宄, 恒犯五刑, 故皐陶作士, 劓刵椓黥, 以止其沸, 何可作蒼蒼想乎. 今人智慮麤, 力量小, 不得爲井田, 堯舜智慮精, 力量大, 得爲井田, 若時俗, 無古今之異耳. 後世惟宋神宗, 慨然慕三古之治, 不幸遇執拗不曉事之王安石, 以誤令名. 而其御極之初, 猶以方田一事, 欲正天下之租賦, 亦其志不草草然, 其匠心極麤, 法條破碎, 不足以與於是矣. 旣曰方田, 當於其內, 九九開方, 如匠人之法, 或十十開方, 如遂人之法. 四十一頃六十六畝一百六十步, 爲一方, 天下有如是法制乎. 後世之法, 皆苟且紕繆, 荒雜散亂如此, 臣不欲觀之矣. 東西千步, 南北千步, 則是古萬畝之地, 百夫之所耕也. 宜立法制,

또 「전제」5에서는, "송나라의 徽宗 崇寧 3년에 蔡京 등이 다시
방전법을 시행하기를 청하니, 이에 따랐다. 서울의 西北 兩路로부
터 시작하여 차례로 시행했다"는 綱을 두고, 휘종 때의 방전법의
시행상황을 설명하면서, 법이 시행되고 시행되지 못함은 위에서
보는 바와 같이 법이 제대로 설계되었는가 그렇지 못한가에도 달
려 있지만 그 법의 시행을 담당하는 사람에도 달려 있음을 아래와
같이 설명했다. 아래의 인용문은 조선후기에 정전법이 시행되려
면 그 시행을 담당하는 관리의 자세가 어떠해야 하리라는 것을 알
수 있게 했을 뿐만이 아니라 중앙관료로서의 丁若鏞의 自畵像을
보여주는 것 같아서 매우 흥미롭다. 그것은 역사발전의 중요 대목
에서 명확한 개혁방안을 가진 관료엘리트의 중요성이 어떠한 것
인가를 잘 보여주는 것이기도 하다. 특히 여기에서는 제2장 「왕정
과 관제개혁」에서 전개한 국가개혁에서의 관료들의 역할에 대한
정약용의 기대를 상기할 필요가 있다.

萬畝曰一方, 千畝曰一疇, 百畝曰一畎, 十畝曰一畂. 於是, 度一畂之所出, 以爲
一畎之稅, 度一畎之所出, 以爲一疇之稅, 度一疇之所出, 以爲一方之稅. 或爲六
等, 或爲九等, 雖其等級不齊, 使其爲什一則皆同. 凡公私文簿, 悉去頃 步等字,
則其於量田形而定稅額, 豈不明白而易知乎. 不圖此, 乃於零頃·零步之實, 蒙
之以方田之名, 羊質而虎皮, 鼠腊而璞號, 欲以新天下之耳目, 而袪其積弊, 嗚呼
其難矣. 且凡爲方之法, 區大則難方, 區小則易方, 苟欲爲方, 又何至於方千步之
闊遠乎. 且凡田之肥瘠, 趺步以殊, 苟欲分之爲五等, 又何得以一方之田, 束之於
一等乎. 其法曰, 分地計量, 隨陂原平澤而定其地, 然則其所謂一方, 或以正方,
或以積數可知也. 雖復四角植木, 以表其場, 而欹斜·喎㖞, 不成模樣, 將何以定民
志而息爭訟乎. 曷若以方百步起率, 除不得已之外, 皆畫之爲棋局乎. 法條如此,
宜其奉行騷擾, 不數年而罷之也. 嗚呼, 惜哉. 雖然, 堯禹之所以畫田爲井者, 非
爲均民之産業, 乃爲正國之租賦. 故禹貢曰, 底愼財賦, 庶土交正, 咸則三壤, 成
賦中邦而已, 未嘗曰, 民産均也. 億兆林葱, 雖慈母, 猶不能一一乳哺之. 唯其取
於民有制, 則民斯便矣. 故聖人務正租賦, 不務均産, 惟以九職勸萬民, 使各肴資
以得食而已. 後魏均田之法, 意在均産, 神宗方田之法, 意在均賦, 雖其終於無成,
彼此皆同, 臣以爲方田, 猶之爲識務也.(『全書』五 - 經世遺表六 - 十九 前面,
田制五)

　나는 역사를 읽다가 여기에 이르러 옛날의 도가 회복될 수 없는 것이 법이 좋지 않음에 있는 것이 아니고 오직 그 사람을 얻지 못하는 데 있다는 것을 알았다. 禹와 稷은 전지를 다스릴 때 피부의 털이 닳고 수족에 못이 박혔다. 썰매를 타고 나막신을 이끌며, 산을 넘고 구릉을 지나면서 9년 동안 밖에 있었으나, 자기 집 앞을 세 번이나 지나면서도 들어갈 수가 없었다. 그렇게 한 연후에야 능히 畎과 澮를 파서 내에 이르게 하고 내를 파서 四海에 이르게 함으로써 그 일을 끝낼 수가 있었다. 요임금의 시대에는 현인과 성인들이 무성하게 일어났으니, 여러 신하, 많은 執事 및 좌우의 수많은 바른 사람들로서, 역시 길을 나누어서 사방으로 나아가 윗분의 여가 없음을 분담하는 자들이 어찌 없었겠는가. 진실로 한 천하의 모범은 당연히 한 사람의 손에서 나오는 것이니, 한 사람의 손에서 나온 연후에라야 그 만드는 바가 고르고 네모반듯하여 못을 다듬고 쇠를 재단한 것이 어긋나고 기울어지는 병폐가 없을 것이다. 禹는 제후의 太子요崇伯 鯀의 아들이다, 稷은 천자의 동생이며, 司空과 后稷은 천자의 대신이다. 그 지위와 爵秩이 모두 존엄하고 隆重하기가 후세의 공경에 비할 바가 아닌데, 마른 자리와 습한 자리를 꺼리지 않고 몸소 천한 일을 하기를 이와 같이 했으니, 후세의 이른바 대신이라는 자들은 그 자존이 너무 심하다. 人主가 경리하고자 하는 바가 있으면, 郞官을 파견하여 가서 그 편부를 살피도록 하며, 혹은 수령들에게 위임하여 장점과 단점을 보고하게 한다. 郞官과 수령이 된 자들도 역시 자존·자중하여 서리를 파견하여 그 일을 대신하게 하는데, 무릇 姦猾한 서리들은 평생 부드러운 옷과 기름진 음식을 먹으면서 역시 스스로 일하지 않는다. 닭을 삼고 돼지를 구우면서 里正의 집에 취하여 누워 뇌물 꾸러미를 보면서 서류를 정리하는데, 이것이 천하의 공통된 憂患이니, 방전법은 어찌 행해질 것인가. 만약 신종이 방전법을 행하고자 했다면, 마땅히 海內에서 첫째가는 인물을 비밀리에 구해야 했다. 요행히 한 쌍을 얻

으면, 禹와 稷의 다음갈 만한 자들이 一堂에 모여서 이 일을 의논하
여 결정하고 천하를 순행하여 한 손으로 일을 꾸리게 한다면, 아마
條理가 문란하지 않을 것이다. 꾀를 여기에서 내지 않고 한 자나 되
는 詔書로서 수령에게 위임하여 받들어 시행하게 했으니, 거짓말을
하고 속이는 폐단이 어찌 그러하지 않겠는가. 이뿐만이 아니다. 만약
당시에 10×10으로 開方하여 새로이 壽와 畎라는 이름을 세우고 10분
의 1세를 행하려고 했다면 비록 20분의 1세를 거두고자 하여도 10×10으로 개방
하지 않을 수 없다, 개방하여 200畝로 되는 것이 어찌 그 1邊이 20무가
되겠으며, 개방하여 300무가 되는 것이 어찌 그 1邊이 70무가 되겠는
가. 이것은 10×10으로 개방하지 않은 것이니, 간사한 구멍을 열어준
것이다. 무릇 경리의 정사를 하고자 하는 자는 마땅히 이것으로써 龜
鑑을 삼아야 할 것이다 蘇軾의 詩에서 方田을 비난하는 訴訟文牒이 비 내리듯 분
부했다 했으니, 대개 이것을 譏弄한 것이다.[58]

---

58) 臣讀史至此, 知古道之不可復, 不在乎法之不善, 而唯在乎不得其人也. 禹稷之治
田也, 皮膚生毛, 手足胼胝. 乘橇曳樏, 蹋山越壑, 九年在外, 三過其門而不得入.
然後能瀋畎澮距川, 瀋川距四海, 以畢其功. 當堯之時, 賢聖蔚興, 其群臣百執事,
左右衆正之人, 亦豈無分路四出, 頒其弗暇者哉. 誠以一天下之模範, 當出一人之
手, 出於一人之手, 然後其所作爲均齊方正, 斬釘截鐵, 無參差欹側之病耳. 禹諸
侯之太子也崇伯鯀之子, 稷天子之介弟也, 司空后稷者, 天子之大臣也. 其地位爵
秩, 皆尊嚴隆重, 非後世公卿之比, 而其不憚燥濕, 躬親鄙事如此, 後世之所謂大
臣者, 尊重太甚. 人主欲有所經理, 則發遣郎官, 往審便否, 或知委守令, 回報利
病. 其爲郎官·守令者, 亦復自尊自重, 派遣吏胥, 代行經畫, 凡姦胥猾吏, 一生柔
衣腆食, 亦不能服勞躬行, 烹雞煑豚, 醉臥里正之家, 而視其賂緡, 修其簿籍, 此
天下之通患也, 方田之法, 何以行矣. 使神宗欲行方田之法, 則宜於海內, 密求第
一等人物. 幸得一雙, 可以爲禹稷之亞者, 一堂都兪, 商確此事, 使其巡行天下,
一手疆理, 庶其條理不紊. 不圖出此, 乃以尺一之詔, 委守令, 使之奉行, 其姦僞
欺隱之弊, 何得不然. 不唯是也. 若使當時十十開方, 新立壽畎之名, 使行什一之
稅雖二十而稅一, 不可不十十開方, 則方之爲二百畝者, 何以爲二十畝, 方之爲三百畝
者, 何以爲七十畝. 此則不十十開方, 以啓奸竇也. 凡欲爲經理之政者, 宜以是爲
鑑蘇軾詩云, 方田訟牒紛如雨, 蓋譏之也.(『全書』五 - 經世遺表六 - 二十一 前面, 田
制五)

「정전론」2,「정전의」1 및「전제」5에서 끌어온 위의 4가지 인용
문은 조선에서의 정전제의 시행과 관련되는 매우 중요한 문장들
이다. 정약용의 정전론이 무엇을 실현하고자 하는지를 명확하게
보여주는 대목이기도 하다. 그러나, 정전제가 전지의 정전으로의
구획을 기초로 하는 양전을 가능하게 하는 것이라 하더라도, 정전
제만으로는 전국의 전지를 정확하게 양전할 수가 없다. 그 이유
는, 정전제는 전국의 모든 전지를 정전으로 구획하는 것이 아니고
田家의 黃鐘을 만드는 것에 불과하기 때문이다. 양전방법으로서의
정전법이 가지고 있는 이러한 한계를 보완하기 위하여 정약용은
정전법으로부터 논리적으로 바로 도출될 수 있는 어린도를 양전
기법으로서 도입하였다. 이것이 바로 1井의 魚鱗圖이다.[59] 정전1
정과 1井魚鱗圖의 개념상의 면적은 완전히 일치한다. 그리고 어린
도에 가로와 세로를 3등분하는 경위선을 치면 1井 9畉圖가 되고
30등분하는 경위선을 치면 1井 900畝圖가 된다. 즉 정전도는 바로
方眼地圖로서 경위선으로 구획되는 어린도인 것이다. 그러나, 井
田의 境界와 어린도의 경위선은 그 방향이 서로 일치하지 않는다.
왜냐하면, 정전의 방향은 地勢에 따르고, 어린도의 경위선은 東西
南北을 가리키기 때문이다. 그리고 정전은 전지구획을 행하나 어
린도는 동서남북으로 경위선을 칠 뿐이다. 그러나, 정전으로 구획
되지 못하는 전지도 경위선으로써 1정으로 구획하면, 그 속에 포
함되는 각 필지의 위치, 지모와 면적이 명확하게 파악될 수 있다.
방안도면상에 각 필지의 경계가 물고기의 비늘처럼 그려진 지도
를 魚鱗圖라 한다. 말하자면, 우리는 어린도를 가지고 정전으로 구
획되지 못하는 전지 각 필지의 위치, 지모와 면적까지도 파악할

---

59) 성호는 어린도가 邦域地圖와 같은 것임을 다음과 같이 설명하고 있다. 이것
으로써 미루어보면, 어린도의 出現은 조선후기의 地圖發達史와 軌를 같이
하고 있음을 알 수 있다. 본장의 注 124를 아울러 참고할 것.

수 있는 것이다. 여기서 정전법과 어린도를 기초로 하는 양전기법
이 완성된다.

위와 같은 정전법의 시행에 있어서는 크게 보아 두 가지의 어
려움이 있었다. 첫째는 전국의 전지를 國有化하는 일이요, 둘째는
전지를 정전으로 區劃하는 일이다. 정약용은 위의 두 가지 과제
중에서, 첫째는 국가의 재정자금에 의한 매수와 지주들의 전지기
부 등의 방법으로 해결되어야 하므로 당장 실현되기는 어려우나,
둘째는 국가의 지도하에서 농민이 자기부담으로 실행하는 것이기
때문에 토지의 국유화와는 별도로 즉시 시행할 수 있는 것이라 생
각했다. 그래서 그는,「정전의」에서 정전법의 실시를 위한 토지의
국유화는 公田의 買收로부터 단계적으로 실현하려 했으나, 정전으
로의 전지구획은 즉각적으로 실시하려고 했다. 이러한 정전제에
관한 구상을 가지고 있던 정약용에게는 1819·20년의 朝廷의 양전
방안에 대한 '收議'가 그가 이미 준비하고 있었던 양전 방안을 제
시할 수 있는 절호의 기회였을 것이다. 다만 이때의 양전 방안은
양전에 대한 정부의 수의에 부응하기 위한 것이므로 현행의 법제
인 결부제를 전제로 하는 것이 아니면 안 되었다. 그래서 그는 양
전에 대한 정부의 수의를 계기로「전제별고」3편을 저술하였는데,
거기에서 그는 인조갑술양전에서 이루어진 隨等異尺制로부터 異
等同尺制로의 결부제의 개혁, 즉 單一量田尺에 의한 양전이 區域
單位의 量田을 가능하게 한다는 점을 예리하게 간파하고 方田과
魚鱗圖라는 양전기법을 도입하여 정확한 양전을 시행할 수 있는
방안을 제시했던 것이다. 이것이 바로「전제별고」3편에 제시되어
있는 1畦(10斗落)의 方田과 어린도를 기초로 하는 양전과 田分九
等을 기초로 새로이 설계된 20분의 1稅法인 것이다.[60] 그리고 그

---

60) 酒分九等, 酒定稅額, 別田三等·外田六等, 各差其率, 量其所出, 二十而取一先以水

는 이러한 전제의 개혁은 정전제 실시의 준비과정이 될 뿐만이 아니라 單一量田尺에 의한 양전과 『준수책』의 該等規式에 의한 전세산출이라는 당시의 결부제도의 역사적 발전과정과도 일치한다고 생각했다.

> 오늘날의 전제에서는 6등의 전지에 하나의 자(尺)를 통용한다. 1
> 等 1結, 2등 85, 3등 70, 4등 55, 5등 40, 6등 25로써 差率을 삼는다孝宗4
> 年 癸巳에 『遵守冊』을 頒布·使用한 이래로 이와 같다. 만약 나라 안의 전지로
> 하여금 1結의 전형으로 정정방방하게 구획한다면, 한 전지를 잡아서
> 전지의 등급을 정하고, 전지의 등급에 따라 差率을 계산하는 것은
> 진실로 어렵지 않을 것이다.61)

위에서 보는 바와 같이, 정약용이 토지개혁론이라는 이론적 차원에서 정전법을 연구하고 더 나아가 수등이척제로부터 이등동척제로의 전환이라는 결부제의 역사적 발전방향을 배경으로 하는 量田技法의 개선을 통하여 당면 국정과제를 해결하기 위한 전제개혁 방안을 제시했다는 사실이 가지는 역사적 의미는 결코 작지 않은 것으로 보인다. 첫째는 비록 결부법하에서이기는 하지만 양전에 頃畝法을 도입함으로써, 즉 '1結의 田形으로 정정방방하게 구획한다면'이라는 표현에서 보이는 바와 같이, 전지를 1畦로 구획함으로써, 양전방법을 획기적으로 개선할 수 있었다. 위에서 설명한 바와 같이, 방전의 설정과 어린도의 도입으로 양전기법을 근본

田出稅率, 旱田之稅, 視此出率.(『全書』五 - 經世遺表九 - 十九 後面, 田制別考二)
61) 今制, 六等之田, 通用一尺. 一等一結, 二等八五, 三等七十, 四等五五, 五等四十,
六等二五, 以爲差率自孝宗四年癸巳頒行遵守册如此. 若使國中之田, 正正方方, 皆作
一結之形, 則執一田而定其等, 執其等而差其率, 固不難矣.(『全書』五 - 經世遺
表九 - 十二 後面, 田制別考二)

적으로 개선함으로써 전국의 전지에 대한 정확한 課稅를 통한 재정수입의 확보를 가능케 하려고 했다. 이러한 양전기법의 개선은 課稅對象의 結負數를 크게 증가시킬 것이므로, 이를 기초로 하는 재정수입의 증가가 三政紊亂을 극복할 수 있는 재정적 기초가 될 수 있었던 것은 더 말할 필요가 없을 것이다. 둘째는 정전으로의 전지구획은, 그 효과가 단순하게 경지정리에서 끝나는 것이 아니라 水利施設의 보급 등 여러 가지 면에서 土地改良이 이루어질 수 있게 함으로써 종래에 불안정했던 경지의 안정성을 획기적으로 높이는 계기가 될 수 있었다. 셋째는 한국역사상에 있어서 경지의 중심을 山間平野로부터 河川下流의 평야로 이동하게 하는 역사적 계기가 될 수 있었다.[62] 정전으로의 경지정리는 평야일수록 용이했으므로 정전법의 실시는 堤堰의 건설 등을 통한 하천하류 평야의 개발을 자극하지 않을 수가 없었을 것이다. 아래에서는 위에서 지적한 사항들을 具現하기 위한 정약용의 構想을 살펴보기로 한다.

---

62) 다음의 문장은 정전으로의 전지구획이 당연히 水利를 전제로 하고 있음을 밝히고 있다. 臣謹案, 溝洫之制, 不特爲利田水而已, 設險守國之義, 實寓於其中.(『全書』五 - 經世遺表五 - 二十八 前面, 田制二)

제2절 井田區劃과 新田開發

1. 井田圖解와 전지구획

정전법은 殷나라로부터 시작되었는데, 은나라에서는 70畝를 1
區로 하고, 周나라에서는 100무를 1구로 했다고 한다.[63] 정약용은,
이러한 9區 1井의 정전을, 특히 주나라의 9畎 1井의 정전을 9분의
1의 模楷요 田家의 黃鐘이라 인식함으로써,[64] 정전제가 양전을 위
한 가장 이상적인 토지제도라 생각하기에 이르렀다. 그가 이러한
인식에 도달하기까지는 결부제에 대한 깊은 반성이 있었던 것으
로 보인다. 주지하는 바와 같이, 결부제도하에서는 전세를 기준으
로 토지의 면적을 측량할 뿐만이 아니라 현실적으로 존재하는 千
態萬象의 田地模樣을 전제로 양전하기 때문에 정확한 양전이 불
가능했던 것이다. 여기에서 정약용은 결부제도의 이러한 결함을
극복하고 정확한 양전을 가능하게 하는 토지제도로서는 정전법밖
에 없다는 인식에 도달했던 것으로 보인다.

앞에서도 설명한 바와 같이, 전가의 황종인 정전은 다음의 네
가지 점에서 양전이 정확하게 이루어질 수 있도록 했다. 첫째 경
무제에서는 토지의 절대면적을 측량하기 때문에 정확한 양전이
가능하다. 둘째는 천태만상의 전지의 경계를 정사각형으로 구획
하여 9분의 1의 모해를 만듦으로써 누구에게나 쉽게 전지면적을
파악할 수 있게 했다. 셋째는 筆地別 量田을 극복하고 區域別 量田

---

63) 『孟子』滕文公章句上 夏侯氏五十而貢條參照.

64) 9분의 1의 模楷는 「정전론」2의 首綱의 定義요 田家의 黃鐘은 우리나라에서
의 정전제의 실시를 논의하는 「정전의」1의 首綱의 定義이므로, 다산이 정전
법에 대한 그러한 정의가 가지는 중요성을 어떻게 인식하고 있었는지는 짐
작하고도 남음이 있을 것이다.

을 행함으로써 전지의 위치, 지모 및 면적을 정확하게 파악할 수
있게 했다. 넷째는 한국사에서 지금까지 있어 본 일이 없었던 地
籍圖인 어린도를 도입함으로써,[65] 경지정리가 이루어지지 못한
전지까지도 그 면적을 확실하게 파악할 수 있도록 했다. 이와 같
이 정전이 경계 사업에 있어서 더 없는 중요성을 가지기 때문에,
전지의 정전으로의 구획에 관한 설명은 정전제에 관한 제도적 설
명을 행하는 「전제」의 首章인 「전제」2에서 행해졌다. 「전제」2에서
는 여러 經典에 흩어져 있는 전지의 정전으로의 구획에 대한 설명
이 圖解의 方式으로 정리되어 있는데, 이 설명에 있어서는 기술적
인 서술이 위주를 이루고 있으므로, 이에 대한 소개는 해당 개소
를 번역하고 거기에 필요한 설명을 추가하는 방식으로 행하고자
한다. 그리고, 「전제」2의 1井圖의 溝洫에 대한 설명에 있어서는 오
류가 있기 때문에, 이와 관련하여 잘못 행해진 설명은 바로잡고,
그 문장에는 밑줄을 쳤다.(원문은 틀린 곳만 밑줄을 쳐서 표시했
다) 그리고 모든 도면의 명칭은, 불완전하게 제시되어 있기 때문
에, 그 도면의 내용이 완전히 설명될 수 있도록 수정했다. 우선 전
지의 정전으로의 구획에 관한 총괄적 설명부터 제시한다.

상고하건대, 정전법에서는 토지를 구획하는 일이 냇가에서 시작
되니, 내는 經流이다. 쟁기가 흙을 갈아엎는 형세가 내에 비추어보
면 緯가 되니, 畎은 緯이다. 쟁기가 10畝에 이르면 反轉하는데,
10×10으로 開方하면 1畎가 되니, 1부는 10畝이다실은 9견이다. 10견의
머리에 1遂經典에서 이른바 田首에서 倍가 된다고 하는 것이다가 누워있으니,
遂는 經이다내의 흐름과 같은 방향이다. 9畝를 開方하면 1井이 되는데, 1
井은 2遂, 4溝 및 2洫이다. 2수 및 2혁과 4구는 직각으로 교차하는데

---

65) 다산은 우리나라에는 지적도가 없었다고 지적하고 있다. 田無圖帳, 唯我東爲
然.(『全書』五 - 經世遺表九 - 十四 前面, 田制別考二)

도랑을 파서 井字로 만든다, 溝는 緯이다. 溝가 遂와 서로 교차하니, 1井은
4溝이다실은 3溝이다. 10井의 머리에 1洫이 누워있으니, 혁은 경이다.
洫은 10井에 이르러 澮로 흘러들어 가는데, 10井을 10×10으로 開方
하면 1成이 되니, 1성은 10혁이다실은 9혁이다. 10成 밖에 1澮가 누워있
으니, 회는 위이다. 澮는 10成즉 1終이다에 이르면 곧 내로 흘러들어
간다. 10성을 10×10으로 개방하면 1同이 되니, 1동은 10회이다실은 9
澮로 또 양변에 2회가 있다. 10회의 머리에 내가 누워있으니, 내는 經이
다. 내가 남북으로 흐르면 남북이 경이 되고, 동서로 흐르면 동서가
경이 되는데, 수, 구, 혁 및 회는 각각 냇물이 흐르는 형세에 비추어
經이 되기도 하고 緯가 되기도 한다. 이것이 옛날 정전의 진면목이
다. 이에 注疏에서 말하기를, 「遂人」에서는 遂는 從이고 溝는 橫이라
하고, 「匠人」에서는 遂는 橫이고 溝는 從이라 했는데, 어찌 오류가
아니겠는가.[66]

　위의 인용문에 대한 이해를 돕기 위하여 다음과 같은 간단한
해설을 붙인다. 정전으로의 전지구획 작업은 냇가에서 시작하여
산발치로 향한다. 전지구획의 單位는, 최소단위가 100步×100보(여
기서의 1보는 주척 6척이다)로 開方되는 1畝로서, 9부가 1井, 100정

---

66) **臣竊考** 井田之法, 蓋其疆理之功, 起於川邊, 川者經流也. 耟坒之勢, 視川爲緯,
畝者緯也. 耟至十畝, 屈而反之, 十十開方, 以爲一畎, 則一畎十畎也實九畝. 十畎
之首, 臥以一遂經所云田首倍之, 遂者經也與川流同勢. 九畎開方, 以爲一井, 則一井
四遂也實三遂. 四遂之長, 構以四溝溝之爲井文, 溝者緯也. 與遂相交, 則一井四溝也
實三溝. 十井之首, 臥以一洫, 洫者經也. 洫至十井, 乃入于澮, 十井之長, 十十開
方, 以爲一成, 則一成十洫也實九洫. 十成之外, 臥以一澮, 澮者緯也. 澮至十成卽
一終, 乃入于川. 十成之長, 十十開方, 以爲一同, 則一同十澮也實九澮. 又有兩邊二
澮. 十澮之首, 臥以一川, 川者經也. 南流北流, 以南北爲經, 東流西流, 以東西爲
經, 而遂溝洫澮之名, 各視川流之勢, 以爲經緯. 此古井田之眞面也. 注疏乃云,
遂人則遂從而溝橫, 匠人則遂橫而溝從, 豈不謬哉.(『全書』五 - 經世遺表五 -
十三 後面, 田制二)

이 1成, 100성이 1同이다. 그리고 畖, 井, 成 및 同의 한 邊의 길이는 각각 100步, 1里(=300步), 10리 및 100리이다. 부, 정, 성 및 동은 遂, 溝, 洫 및 澮의 溝渠로써 구획되는데, 수, 구, 혁 및 회의 斷面과 길이는 각각 方2尺과 長100步, 방4척과 장1리, 방8척과 장10리 및 방2尋과 장100리이다. 전지구획의 방향은 내를 기준으로 하는데, 내는 經流로서, 수, 구, 혁 및 회의 經緯는 내에 비추어 결정된다. 수, 구, 혁 및 회 등의 구거를 굴착하면 토지가 縱橫으로 분단되므로, 遂 위에는 徑, 溝 위에는 畛, 洫 위에는 涂, 澮 위에는 道 그리고 川 위에는 路 등의 길을 두고, 각각 橋梁으로 연결하여 人馬가 통행할 수 있도록 했다. 또 遂, 畖 및 畊은 遂, 夫 및 井과 같은 글자이다. 도해의 방식으로 제시되어 있는 아래의 1畖圖, 1井圖, 1成圖 및 1同圖의 설명은 위의 총괄적 해설을 보다 잘 이해할 수 있도록 보충 설명을 행한 것이다. 아래에서 1부도와 그에 대한 해설을 제시한다.

314

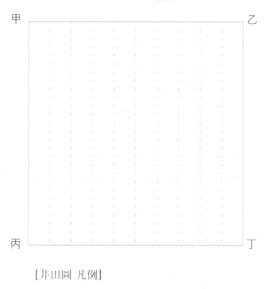

1畎9畎2遂2溝圖

[井田圖 凡例]

・・畎과 交叉하여 1畎을 100畝로 分割하는 點線
畎   遂
—— 溝   —— 洫
—— 洽

　　上圖와 같이, 甲乙丙丁은 1畎가 되는 1百畝의 땅이다. 甲丙線과 乙
丁線은 遂이니, 수는 經이다냇물과 같은 방향이다. 甲乙線과 丙丁線은 溝
이니, 구는 緯이다遂의 물이 흘러들어 가는 곳이다. 중간의 9橫線은 畎이니.
견 역시 緯이다畎의 물은 遂로 흘러들어 간다. 從線의 點線 9行은 1畎의 길
이와 같아 10畝가 되는데, 10×10으로 개방하면 100무가 된다. 1畎의
길이는 10畝에서 끝나며1耕이 100步이다, 遂의 길이는 10畝에서 끝나며10
畝에 이르러 溝를 만난다, 溝의 길이는 1井에서 끝난다. 이 圖面에서는 溝
도 遂와 같이 되어 있으나, 이 溝는 3분의 1溝이다.67)

---

67) 如上圖, 甲乙丙丁爲一夫百畝之地. 甲丙線乙丁線遂也, 遂者經也與川流同勢. 甲乙
線丙丁線溝也, 溝者緯也遂水之所注. 中間九橫線皆畎也, 畎亦緯也畎水注於遂. 其
細點線九行有如從線者, 一畎之長, 分爲十畝, 十十開方, 以爲百畝也. 畎之長竟十
畝一耕至百步, 遂之長竟十畝至十畝遇溝, 溝之長竟一井. 此圖, 溝亦如遂者, 三分溝

1부도의 명칭은, 「전제」2의 본문에서는 1畎9畎圖로 되어 있으나, 畎와 井은 溝渠로써 서로 연결되어야 하므로 1畎9畎2遂2溝圖로 수정했다. 1畎는, 40斗落에 해당하는 100畝의 전지로서, 9畎, 2遂 및 2溝의 溝渠로써 구획되어 있다. 1畎의 전지는 遂와 直角으로 交叉하는 9畎으로써 4斗落씩으로 구획되며, 斷面 方1尺의 밭도랑인 畎의 물은 遂로 흘러들어 가고, 遂의 물은 溝로 흘러들어 간다. 쟁기가 흙을 갈아엎는 형세가 遂와 直角의 방향으로서 10畝에 이르러 反轉하기를 反復하는 것으로 보아, 이 1畎圖는 旱田을 전제로 작성된 것으로 보이나 「정전의」에서의 전지의 정전으로의 구획은 주로 水田을 대상으로 설명되고 있다. 아래에서 1井圖와 그에 대한 해설을 제시한다.(9從點線은 9橫線과 交叉함으로써 1畎를 100畝로 구획한다)

之一也.(『全書』五 - 經世遺表五 - 十四 後面, 田制二)

316

1井2遂4溝2洫圖

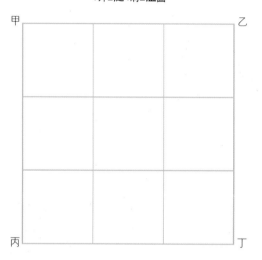

甲　　　　　　　　　　　　乙

丙　　　　　　　　　　　　丁

　　上圖와 같이, 甲乙丙丁은 1井이 되는 9畎의 땅이다. 甲丙線과 乙

丁線은 洫이며, 중간의 2從線은 遂인데 1畎의 外溝이다. 甲乙 등의

4橫線은 모두 溝이다緯이다. ○遂의 길이는 1夫에서 끝나며즉 溝를 만난

다, 溝의 길이는 1井에서 끝나며마침내 洫을 만난다, 洫은 10井에서 끝난

다會와 만난다. 비록 도면에서는 經緯가 서로 交叉하지만, 遂, 溝 및 洫

의 길이는 각각 3수, 1구 및 10분의 1혁이니, 보는 자는 마땅히 알아

야 할 것이다. ○여러 井이 잇달아 있으면, 실로 2遂, 3溝 및 2洫이

된다. ○대개 遂 위에는 徑이 있으며, 溝 위에는 畛이 있으나, 여기

서는 나타내지 않았다.[68]

　　1정도의 명칭은, 「전제」2의 본문에서는 1井4遂4溝圖로 되어 있

68) 如上圖, 甲乙丙丁爲一井九夫之地. 甲丙等四從線, 皆遂也經. 甲乙等四橫線, 皆
　　溝也緯. ○遂之長竟一夫卽遇溝, 溝之長竟一井乃遇洫. 圖面雖經緯交錯, 溝長遂短,
　　覽者宜知之. ○諸井相連, 則遂與溝, 其實各三. ○凡遂上有徑, 溝上有畛, 今所不
　　著.(『全書』五 - 經世遺表五 - 十五 前面, 田制二)

으나, 거기에는 잘못이 있기 때문에 1井2遂4溝2洫圖로 바로잡았다.
그리고 1成의 外溝인 2洫이 있어야 井과 成이 溝渠로써 연결될 수
있다. 甲丙線과 乙丁線은, 1成의 外溝인 2洫으로서, 4溝의 물을 받
아서 1同의 外溝인 澮로 물을 쏟아 넣는다. 아래에서 1成圖와 그에
대한 해설을 제시한다.

318

1成9溝11洫2澮圖

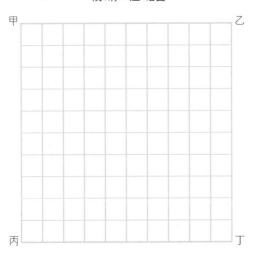

甲　　　　　　　　　　　乙

丙　　　　　　　　　　　丁

　　上圖와 같이, 甲乙丙丁은 1成이 되는 1百井의 땅이다. 甲丙 등의
11從線은 모두 洫인데, 혁은 經이다냇물과 같은 방향이다. 甲乙線과 丙丁
線은 澮인데, 회는 緯이다그 線은 橫이다. 중간의 9橫線은 모두 溝로서
1井의 外溝이다緯이다. ○溝의 길이는 1井에서 끝나며즉 洫과 만난다, 洫
의 길이는 10井에서 끝나며곧 澮와 만난다, 澮의 길이는 1百井에서 끝
난다곧 내와 만난다. 도면 내에서 그 길이가 모두 같은 것은, 溝는 의당
10토막이며, 澮는 의당 10분의 1이며다만 1成을 통과하는 것만 나타내었다,
오직 洫만이 실제의 길이다洫의 길이는 10井에서 끝난다.[69]

---

69) 如上圖, 甲乙丙丁爲百井一成之地. 其甲丙等十一從線皆洫也, 洫者經也與川流同
　　勢. 甲乙線丙丁線澮也, 澮者緯也其線橫. 中間之九橫線, 皆一井之外溝也緯. ○溝
　　之長竟一井卽遇洫, 洫之長竟十井乃遇澮, 澮之長竟百井乃遇川. 圖內其長皆相等者,
　　凡溝宜作十段看,　凡澮宜作十分一看只著一成之所經,　唯洫爲實度也洫之長竟十井.
　　(『全書』五 – 經世遺表五 – 十五 後面, 田制二)

1성도의 명칭은, 「전제」2의 본문에서는 100井1成10洫圖로 되어 있으나, 1成9溝11洫2澮圖로 수정했다. 여기서는 이해를 돕기 위한 더 이상의 설명이 필요 없으므로, 아래에서 1同圖와 그에 대한 해설을 제시한다.

1同11洫11澮圖

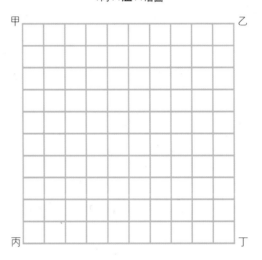

上圖와 같이, 甲乙丙丁은 1同이 되는 方1百里의 땅이다. 그 11橫
線은 모두 澮이며緯이다, 그 11從線은 모두 洫이다經이다. ○洫은 澮로
흘러들어 가는데, 그 길이는 1成에서 끝나며길이는 10里에 불과하다, 澮
는 내로 흘러들어 가는데, 그 길이는 1同에서 끝난다1동의 길이는 1百里
이다. 비록 도면 내에서는 經緯가 교차하지만, 洫은 짧고 澮는 긴 것
이니, 보는 자들은 마땅히 알아야 할 것이다. ○무릇 洫은 10토막으
로 보아야 마땅하며, 오직 澮만이 실제의 길이이다길이가 1백리이다. ○
내 위에는 路가 있는데, 무릇 澮의 물이 注入되는 곳을 만나면, 그
위에 橋梁이 있다.[70]

위에서 설명한 정전법에서의 전지구획방법은 近郊 밖에 있는

---

70) 如上圖, 甲乙丙丁爲一同方百里之地. 其十一橫線, 皆澮也緯, 其十一從線, 皆洫
也經. ○洫注於澮, 其長止於一成長不過十里. 澮注於川, 其長至於一同一同長百里.
圖內雖經緯交錯, 洫短澮長, 覽者宜知之. ○凡洫宜作十段看, 唯澮爲實度長百里.
○川上有路, 凡遇澮入之處, 上有橋梁.(『全書』五 - 經世遺表五 - 十六 前面,
田制二)

郊野의 경지를 수, 구, 혁 및 회로써 구획하여 경지정리를 하는 방법이다. 즉 양전을 하는 방법인 것이다. 천자의 관할지인 邦畿千里는 國中, 近郊, 遠郊, 邦甸, 家削, 邦縣 및 邦都로 분할되는데,[71] 만약 원교, 방전, 가삭, 방현 및 방도의 전지가 정전으로 구획된다면, 王城 밖의 50里 이내에 있는 近郊의 六遂의 전지는 어떠한 방법으로 구획되었을까. 거기에서는 溝洫法이 적용되었다고 한다. 정전법에서는 1井 9畉로서 공전 1부에 대하여 사전이 8부이므로 그 세율은 9분의 1이나, 구혁법에서는 1毒 10畉로서 공전 1부에 대하여 사전이 9부이므로 그 세율이 10분의 1이다. 정전법에 비하여 구혁법에서 세율이 낮은 이유는, 육수는 왕성과 가깝기 때문에, 王의 田獵, 使臣의 往來 및 王室의 祭祀나 喪事 등으로 遠郊 밖보다 요역이 繁重하기 때문이라고 한다.[72] 그리고, 구혁법에서의 10畉는 정전법에서와는 달리 1列로 배열하되, 내가 남쪽에 있으면, 그 북쪽의 1부가 公田이 된다.[73] 구혁법에서의 전지구획에 관한 해설로서는 賈逵의 설명이 가장 합리적이므로, 구혁법에서의 전지구획

---

71) 國中者, 城中也大宰云. 邦中, 園地者, 城外之地也在六遂之田. 近郊者, 四郊之內地也卽六遂之內. 遠郊者, 四郊之外地也百里之內. 甸地者, 邦甸也二百里之內. 稍地者, 家削也三百里之內. 縣地者, 邦縣也四百里之內. 畺地者, 邦都也五百里之內.(『與猶堂全書』五, 經世遺表五 - 三十五 前面, 地官修制 田制三)

72) **臣謹案** 十夫之溝百夫之洫, 以定什一之率者, 六遂之田也. 六遂四郊, 同在百里之內. 其郊遂相分之界, 經雖無文, 以意推之, 五十里之內當爲六遂, 五十里之外當爲遠郊也. 六遂, 七萬五千家. 每以九家治田十畉百畝十, 則九千家治田萬畉百萬畝, 七萬五千家共治田八萬三千三十三畉. 其什一, 乃公田也. 十十開方, 不能爲方百畝所不足者. 田七成有餘. 王城五十里之內, 若無大山大澤荒廢之地, 則庶可以容此田也. 此田密近王城, 師用政役, 多於外地, 祭祀賓客大喪大葬, 皆有供億, 先王特用寬典, 別行什一之法. 自遠郊以往, 皆是井田, 其率九一.(『全書』五 - 經世遺表五 - 十一 後面, 田制論三)(細注의 '百畝萬'을 '百萬畝'로 바로 잡았다)

73) **又按** 井田之法, 九畉爲井, 則中一畉爲公田. 遂田之法, 十夫相累如十間之屋, 平爲一列, 則上一夫爲公田川在南, 則北爲上. 經雖不言, 可推而知也.(『全書』五 - 經世遺表五 - 二十六 後面, 田制二)

방법은 가규의 설명을 정리하여 도시했다고 한다.[74] 육수는 그 半
徑이 50리에 불과한데, 전지구획의 도면으로서는 百夫之地遂溝洫
澮圖와 萬夫之地十澮交洫圖가 제시되어 있다.

1百畝9遂9溝2洫2澮圖

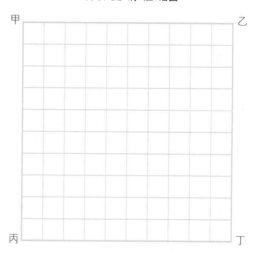

上圖와 같이, 甲乙丙丁은「遂人」의 1百畝의 땅이다수인의 법은 10×10으로 개방
한다. 甲乙大線과 丙丁大線은 곧 澮이며1百夫에 1洫이 있고 10洫의 물이 1澮에 흘러
들어 가므로, 1千夫에 1澮가 있다. 甲丙次大線과 乙丁次大線이 곧 洫이다10
夫에 1溝가 있고 10溝의 물이 1洫으로 흘러들어 가므로, 100夫에 1혁이 있다. 중간
의 9횡선은 곧 10夫에 1溝가 있는 것이며溝의 길이는 10夫에서 끝난다, 중
간의 9종선은 곧 夫間에 遂가 있는 것이다양부 간에 1수가 있다. 遂의 길
이는 1夫에서 끝나며10무의 땅을 거쳐서 구로 흘러들어 간다, 溝와 洫의 길
이는 10夫에서 끝나며, 澮의 길이는 100夫에서 끝나는데, 이 도면에
서 澮의 길이가 10夫인 것은 澮의 1토막이다회의 10분의 1이다.[75]

---

74) 總之, 遂人溝洫之制, 賈疏無錯. 今依賈疏, 作溝洫諸圖如左.(『全書』五 - 經世遺
表五 - 二十六 後面, 田制二)

  구혁법의 100부도의 명칭은, 「전제」2의 원문에서는 百夫之地遂
溝洫澮圖로 되어 있으나, 전지의 넓이와 구거를 모두 나타내기 위
하여 1百畎9遂9溝2洫2澮圖로 수정했다. 1遂는 1畎의 물을 받으며, 1
溝는 10부의 물을 받으며, 1洫은 100부의 물을 받으며, 1澮는 1,000
부의 물을 받는다. 이 이외의 추가적인 설명은 필요 없을 것으로
보인다. 아래에서 구혁법에서의 1萬畎圖를 제시한다. 본문 이외의
추가적인 설명은 생략한다.

75) 如上圖, 甲乙丙丁爲遂人百畎之地遂人之法. 十十開方. 甲乙大線丙丁大線卽澮也百
夫一洫. 而十洫注於澮, 故曰千夫有澮, 甲丙次大線乙丁次大線卽洫也十夫一溝. 而十溝注
於洫. 故曰百夫有洫. 中間之九橫線, 卽十夫有溝也溝之長竟十夫, 中間之九從線卽夫
間有遂也兩夫之間有一遂. 遂之長竟一夫經十畎之地入于溝, 溝洫之長竟十夫, 澮之長
竟百夫, 而此圖澮之長亦十夫者, 是澮之一段也十分澮之一.」『全書』五 - 經世遺表
五 - 二十七 前面, 田制二)

1萬畎11洫11澮圖

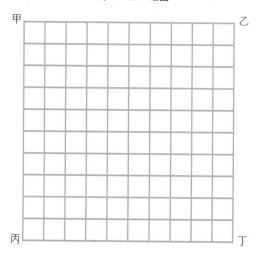

上圖와 같이, 甲乙丙丁은 10,000夫의 땅인데, 그 1구는 100夫의 땅
이다. 그 11횡선은 모두 澮인데, 회의 물은 내로 흘러들어 가니, 회는
緯이다. 그 11종선은 모두 洫인데, 혁의 물은 澮로 흘러들어 가니,
洫은 經이다. ○澮의 길이는 1百夫에서 끝나며上圖의 1區는 100夫이니, 1
區의 길이는 10夫가 된다, 洫의 길이는 10夫에서 끝난다10夫의 땅을 거쳐서
澮로 흘러들어 간다. 도면에서는 비록 경위가 교차하지만, 澮는 길고 洫
은 짧으니, 보는 자는 마땅히 알아야 할 것이다. ○乙丁線은 10혁인
데, 每洫의 바깥은 바로 냇물과 가깝다. 내 위에 路가 있으며, 路의
안쪽에 洫이 있기 때문에 乙丁에 역시 혁이 있는 것이다. ○畛, 涂,
道 및 路는 도면상에는 없다. 또 澮의 물이 내로 흘러들어 가는 곳
에 모두 橋梁이 있는데, 지금은 나타내지 않았다.[76]

---

76) 如上圖, 甲乙丙丁爲萬夫之地, 其一區爲百夫之地. 其橫線十一皆澮也, 澮入于川,
澮者緯也. 其從線十一皆洫也, 洫入于澮, 洫者經也. ○澮之長竟百夫上圖一區爲百
夫. 則一區之長爲十夫, 洫之長竟十夫經十夫之地, 入于澮. 圖面雖經緯交錯, 澮長洫短,
覽者宜知之. ○乙丁線總有十洫, 每洫之外直近川水. 川上有路, 路內有洫, 故乙
丁亦有洫也. ○畛涂道路不在圖. 又澮水入川之處, 皆有橋梁, 今所不著.(『全書』

위의 井田圖 4首와 溝洫圖 2首는 經典과 注疏에 제시되어 있는 정전법과 구획법에서의 전지구획에 관한 설명을 정리한 槪念圖이다. 위와 같이 경지정리가 이루어질 수 있으면 양전도 쉽게 이루어질 수 있겠으나, 현실적으로는 여러 가지 사정 때문에 모든 경지를 위와 같이 경지정리하는 것은 불가능하다. 우선 地勢上, 方1리라면 정전으로 구획할 수 있는 곳이 많겠지만, 방10리라고 하더라도 바둑판과 같이 구획하는 일은 매우 어려울 것이다. 하물며 方1百里를 그렇게 하는 것은 불가능하다고 보아야 한다.[77] 그리고 만약 1同을 바둑판과 같이 구획할 수가 있다고 하더라도, 그 속에 空地가 전혀 없어서 농민들이 경지의 바깥에 거주할 수밖에 없다면, 농사짓기에 너무나 불편하게 될 수밖에 없다. 농지가 농부의 주거지에서 5리만 떨어져 있어도 농사짓기에 불편한데, 하물며 멀게는 50리까지나 떨어져 있다면 왕래하는 데만 하루를 모두 허비하고 말 것이므로, 호미질이나 낫질을 할 겨를이 조금도 없을 것이라는 것이다.[78]

그래서 정약용도 정전제도에 관한 이론적 설명을 행하는 「전제」2에서는 위와 같은 여러 개의 개념도를 제시했지만, 정전제의 실행에 관한 政策的 설명을 행하는 「정전의」1에서는 정전으로의 전지구획이 가능한 곳에서만 전지구획을 행할 것을 권유하였다.

五 - 經世遺表五 - 二十七 後面, 田制二)

77) 右圖四首, 臣謹依經文, 辨其經緯, 別其長短, 以明其法數而已. 若以此圖擧而措之, 以議其施行, 必不能畫之爲一成一同. 若是者, 何也. 其方一里者, 畫之如棋局, 其方十里者, 畫之如棋局, 其方百里者, 畫之如棋局. 其方一里者, 猶之可也, 天下有方百里 可以爲棋局者乎. 方十里猶不能然, 況方百里乎.(『全書』五 - 經世遺表五 - 十六 後面, 田制二)

78) 不惟是也. 一同之田, 狀如棋局, 無一片空土參錯其間, 則其佃夫九萬, 皆環田而列居矣. 其緣邊諸田, 可以耕治, 而纔入五里, 已漸不便. 十里十里, 至於中心, 則五十里也, 窮日之力, 僅可往返, 耕穫鋤銍, 奚暇爲之. 棋局一同, 非大夢乎.(『全書』五 - 經世遺表五 - 十八 前面, 田制二)

그래서 그는 평야의 비옥한 전지에서 3里에서 1井을 구획하든가 5里에서 1井을 구획하는데, 조선에서는 그렇게 넓은 평야가 없으므로, 잇따라 25井 이상을 정전으로 구획하기는 힘들 것으로 보았다.79) 그러나 정전제는, 전국의 전지를 정전으로 구획하는 것을 이상으로 하기 때문에, 가능한 범위 내에서 정전을 많이 확보해야 된다고 생각했다. 그래서 2~5井을 만들 수 있는 곳은 經田司가 주관하여 지주들로 하여금 전지구획을 행하도록 하고, 한쪽 구석의 전지로서 1정으로 開方될 수 있는 곳은 本縣의 守令의 지도하에서 농민들이 자기 힘으로 정전으로 구획하도록 했다.80)

정약용이 될 수 있는 대로 많은 전지를 정전으로 구획하려고 한 것은 전국 방방곡곡에 9분의 1의 模楷를 보급하기 위해서였다. 농민들이 이 모해를 직접 눈으로 보고 확인할 수 있어야 그것과 견주어서 자기 전지의 넓이도 정확하게 파악할 수 있다고 생각했기 때문이다. 이와 관련하여 그는 비록 정전으로의 구획이 불가능

---

79) 臣伏惟, 黃鍾示民之井, 雖三里一井人稠處, 五里一井村稀處, 無所不足. 然井田本是良法, 因以廣之, 使九一之助, 益以明白, 所不可已也. 然黃鍾之井, 民雖不肯, 官當壓之. 推廣之井, 民若不肯, 不必強之. 宜選高賁幹局之人, 使作此井, 貴族績文者, 賞之以東班之仕, 冷族無文者, 賞之以西班之仕. 不必授以他職, 直於經田司, 加置監役幾窠參軍幾窠, 勿限員額, 爲九品初仕之窠, 以待其人. 凡作四井者, 卽授敎旨, 竣事之後, 仍於本地, 察其田事. 六年監穫, 乃陞中士如今之出六, 爲諸司直長, 入仕于京司四井者, 二二開方也, 其田共三千六百畝. 凡作九井者, 卽授敎旨, 竣事之後, 仍於本地, 察其田事, 五年監穫, 乃陞中士, 入仕于京司九井者, 三三開方也, 其田共八千一百畝. 凡作十六井者, 如上例, 四年監穫, 乃陞中士十六井者, 四四開方也. 其田共一萬四千四百畝. 凡作二十五井者, 如上例, 三年監穫, 乃陞中士二十五井者, 五五開方也. 其田共二萬二千五百畝. 其作四井者仕滿, 出而爲察訪邊將, 其作九井者仕滿, 出而爲縣令, 其作十六井二十五井者, 不唯其勤勞可錄, 抑其才局力量, 可屬大事, 自縣令陞而爲郡守牧使, 遂入藩閫之薦, 未可已也. 我邦平原極少, 二十五井以上, 不必議也. 二十五井者, 方五里也.(『全書』五 ― 經世遺表七 ― 三十五後面, 井田議一)

80) 二三四五開方之外, 或其旁側可畫一井者, 亦自本縣選人任之, 自本縣施賞.(『全書』五 ― 經世遺表七 ― 三十八 前面, 井田議一)

한 곳이라고 하더라도, 公田 1畉만은 반드시 經田御使의 주관으로
정정방방하게 구획하려고 했다. 왜냐하면, 공전이 바로 經田 즉
양전을 위한 모해이기 때문이다. 그리고 지세상 10×10으로 개방하
여 공전 1부를 확보할 수 없는 곳은, 5×20의 1區나, 5×10의 2구나,
5×5의 4구 등의 정사각형이나 직사각형으로 구획해서라도 공전 1
부만은 반드시 네모반듯하게 구획하려고 했다.[81] 더 나아가 한쪽
구석에는 1정으로 구획할 만한 곳이 있으나, 주변의 수리 내에 공
전으로 구획할 만한 곳이 전혀 없는 경우에는, 이 1정을 모두 공
전으로 삼고 附近의 72畉의 전지를 사전으로 삼아, 私田 8畉가 공
전 1부씩을 경작하도록 했다.[82] 이와 같이 經田御使의 主管下에
공전 1부만은 반드시 네모반듯하게 구획하려고 했던 것은 공전은
사전과는 달리 국가적 입장에서 중요시되어야 하기도 하지만 사
방 전지의 모범이 되어야 한다고 생각했기 때문이다. 매우 실현되
기가 어렵기는 하겠지만, 만약 모든 공전이 模田으로서 네모반듯
하게 구획될 수 있었다고 한다면, 정확한 양전이 이루어지는 데
있어서 큰 도움이 될 수 있었음은 말할 필요도 없을 것이다.

이상은 「전제」12편에 제시되어 있는 전지의 정전으로의 구획방
법을 정리한 것이다. 정약용은, 여기에서 정전을 9분의 1의 模楷요
田家의 黃鐘으로 인식함으로써, 정전법이 경계를 바로잡을 수 있
는 가장 좋은 전제, 즉 양전을 제대로 행할 수 있는 가장 좋은 토

---

81) 其遠於公田, 而田滿九畉者, 仍於其中擇一大田, 以爲公田. 或開方爲百畝, 或廣
五畝長二十畝, 亦必畫之爲正方, 毋得敧斜句曲如私田.
臣伏惟, 山谿偏仄之地, 不唯不可以畫井, 竝亦不可以畫畉十十開方. 謂之畉, 若是
者, 或廣五而長廿, 或廣五而長十, 合二區以爲一畉, 或五五開方, 每以二十五畝
爲一區, 乃以四區, 合之爲一畉, 以作公田. 雖然如此, 凡名公田者, 皆四角正方,
不得斜曲如私田.(『全書』五 - 經世遺表七 - 三十九 後面, 井田議一)
82) 或其數里之內, 有一大田可畫一井, 其附近四嚮, 都是小智, 無可以爲公田者, 一
井九畉, 都作公田, 取附近田七十二畉, 使其八畉, 各治公田一畉.(『全書』五 - 經
世遺表八 - 二 前面, 井田議二)

지제도라는 점에 대하여 보다 확고한 신념을 가지게 된 것으로 보인다. 그는 이러한 인식을 바탕으로 「전제별고」3편에서는 비록 결부제하에서라도 方田法이 도입되면 전제를 바로잡을 수가 있다고 생각했다. 그가 그렇게 생각한 이유는, 만약 방전법이 시행되면, 양전은 사실상 정전법의 연장선상에 있는 방전법에 의하여 이루어지고, 결부법은 전지의 等級査定 즉 전지에 대한 田稅의 査定方法에 불과하게 될 것으로 보았기 때문이다.[83] 다시 말하면 결부제하에서라도 방전법이 시행되면, 양전은 방전법으로 이루어지고, 결부제는 단순히 전제라는 이름만 남게되는 데에 불과하게 될 것으로 이해했던 것이다.

위에서 보는 바와 같이, 방전법은 정전법의 연장선상에서 구상된 것으로서, 정약용은 양전에 있어서 정전법과 방전법이 가지는 의미가 기본적으로 같은 것으로 인식하고 있었다. 그래서 그는 방전법에 있어서도 정전법에 있어서와 같이 될 수 있는 대로 많은 模田을 획득하려고 노력하였다. "총괄컨대, 一員 내에 모름지기 모전을 많이 설치해야 한다. 모전이 이미 있으면, 標木과 墩臺 같은 물건이 비록 세월이 흘러서 磨滅된다고 하더라도 사방의 전지가 모두 모전으로써 표준으로 삼을 것인즉, 경위선을 한번 펼치기만 하면, 經界와 四至를 포착하기가 어려울까 염려할 필요가 없다. 만약 좁은 지역이라면, 一員 내에 모전 하나만 두어도 불가할 것은 없다"거나, "대개 방전법은 모전이 바둑알이나 별처럼 펼쳐진 이후라야 오랜 시일이 경과하더라도 흔적이 없어지지 않을 것이다"

---

83) 宮嶋博史, 전게서, 270페이지에서는 "結負制에 기초한 토지파악과 量田尺實積에 기초한 토지파악의 병존이야말로 光武量田의 역사적 성격, 그 과도적 성격을 선명하게 보여주는 것이다"고 했으나, 광무양전에서는 區域單位의 양전을 행하는 정전법이나 방전법이 도입되지 않았기 때문에 비록 單一量田尺으로 양전이 행해진다고 하더라도 토지의 면적은 정확하게 파악될 수 없었다.

라고까지 했다.[84]

위에서 보는 바와 같이, 정약용은 양전에서의 井田과 方田의 의의를 대개 같은 것으로 이해하고 있었다. 다만 그는, 정전법에서는 1井이 方1里이기 때문에 너무 넓어 부정행위가 개입되어 양전이 제대로 이루어지지 못할 우려가 있다고 생각하고, 360두락으로 구성되는 1井 대신에 방전을 25畝(方50步)의 1畦 즉 10斗落으로 설정해서 양전이 보다 정확하게 이루어질 수 있도록 했다. 그러나, 양전의 모델이 이와 같이 1井에서 1畦로 이행하는 과정에서 井田과 方田의 方向設定에 있어서 근본적인 변화가 일어나고 있었다. 다시 말하면 1井으로의 전지구획은 地勢에 따라 행하여질 수밖에 없으나, 1畦로의 전지구획은 동서남북의 經緯線에 따라 행해져야 한다는 것이다. 그러니까, 정전법에서는 정전으로의 전지구획에 중점이 놓여있는 데 대하여, 방전법에서는 측량기점으로서의 方田設定에 중점이 놓여있는 것이다. "혹 1畦 내에 작은 배미들이 서로 섞여 있다고 하더라도 단 匡郭이 方正해서 옆의 전지와 섞여 있지 않은 것은, 바로 모전으로 삼고, 아울러 圖帳에 모전이라 기록한다. 넓은 들의 모전은, 마땅히 子午의 방향으로 향하도록 하고, 터럭만큼도 어긋나지 않게 한다. 만약 좁고 경사진 골짜기에는 전지가 자잘하기 때문에 설령 모전이 없다고 하더라도, 圖帳을 열람하면 자명하므로 뒷걱정이 없을 것이다"[85]라고 하는 데서 알

---

84) 總之, 一坪之內, 須多置模田. 模田旣存, 楹墩諸物, 雖歲久磨滅, 四方之田, 皆以模田爲標準, 則圍繩一張, 經界四達, 不患其沒摸捉矣. 若小小諸田, 雖一坪一模, 未爲不可. ○大凡方田之法, 須令模田碁置星羅而後, 可以經久而不頹.(『全書』五 - 經世遺表九 - 二十五 後面, 田制別考二)

85) 或一畦之內, 小畓相錯, 但其匡郭正方, 不與鄰混者, 便可爲模, 並於圖帳, 書之曰模田. ○大坪之田, 其模田宜令子坐午向, 毫髮不舛. 若夫狹斜之谷, 零瑣之田, 雖無模田, 覽圖自明, 無後慮也.(『全書』五 - 經世遺表九 - 二十五 前面, 田制別考二)

수 있듯이, 모전은 동서남북의 경위선과 한치도 어긋나지 않게 설정하려고 했던 것이다.

그러면, 井田과 方田의 方向이 일치하지 않는 데서 발생할 수 있는 문제점에 대하여 정약용은 어떻게 인식하고 있었던 것일까. 「전제」5에서는 정전법과 방전법을 나란히 설명하고 「양전의」에서는 정전법과 방전법이 서로 연장선상에 있는 것으로 설명되고 있을 뿐, 정전과 방전의 방향설정이 다르기 때문에 일어날 수 있는 문제점에 대해서는 아무런 언급이 없다.[86] 그러나, 정전과 방전의 방향이 일치하지 않는 데서 오는 문제점은 작지 않을 것으로 보인다. 거기서 발생할 수 있는 가장 큰 문제점은 地勢를 무시하고 방전으로의 경지정리 즉 경지구획이 가능한가 하는 점일 것이다. 다시 말하면, 方田 안팎의 모든 전지의 경계는 지세에 따라 설정되어 있는데, 方田만은 동서남북의 방향으로 네모반듯하게 구획될 수 있는가 하는 것이다. 혹시 한두 구역의 예외적인 경우라면 그렇게 할 수도 있었겠으나, 이러한 模田이 전국의 전지에 걸쳐서 "바둑알이나 별처럼 펼쳐질" 수 없는 것은 더 말할 것도 없을 것이다. 여기서 이 모순의 해결책은 두 가지 방법밖에 없을 것으로 보인다. 하나는 方田도 井田과 같이 地勢에 따라 구획하는 일이요,

---

86) 다음의 자료에서 보는 바와 같이, 다산은 「전제」나 「전제별고」보다 15년이나 뒤에 집필된 『상서고훈』에서도 정전과 방전의 방향이 다르기 때문에 발생할 수 있는 문제점에 대하여 명확한 인식을 가지고 있지 못했다. 정전과 방전이 모두 子午의 방향으로 "辨方正位"해야 한다고 했다. 물론 이 구절은 경전의 해설이다. 原夫天地造物, 本皆賜之以朴, 其裁成輔相, 聽人之自圖. 玉不琢不成器, 木不斲不成宇, 地不經理不成井地, 故堯舜合謀, 爰始濬川之工在攝政初年, 舜禹合謀, 以旣畎澮之役. 夫然後, 中邦之田, 悉爲井田, 而經界大正矣. 曰, 天下之田 皆九區以爲井乎. 曰, 否. 唯衍沃之地 畫之如井, 其餘不必皆九區, 或百畝正方, 或四百畝正方, 以至一畹一畸之田, 無不辨方正位, 以直南東之經緯也直子午之線, 奚以悉畫如井字哉. 另有全論, 今略之知遠錄.(『全書』二 - 尙書古訓二 - 四十一 前面, 皐陶謨) 위의 "另有全論"은 "另有專論"이 옳을 것으로 보인다.

다른 하나는 模田으로서의 方田은 전지구획은 포기하고 그 네모 서리에 墩臺만을 굳건히 설치하여 測量基点으로서만 기능하게 하는 것이다. 다시 말하면, 네모서리에 墩臺를 굳건히 설치하여 측량기점으로서의 방전을 설정할 뿐 방전으로의 경지정리는 행하지 않는 것이다.

정약용은 정전법과 방전법의 관계를 우선 다음과 같이 파악함으로써 위와 같은 문제점을 해결하려고 하였다. "나는 생각건대, 宋代의 方田法은 세 번 시행했다가 세 번 폐지되었으니, 마치 그 법제가 본래 좋지 않아서 그런 것 같기도 하나, 법이 시행되고 시행되지 못하는 것은 그 사람에게 달려 있다. 정전법이 비록 오늘날 시행되고 있지 않다고 하더라도, 그 법이 본래 좋지 않아서 그렇다고 해서는 안 된다. 진실로 그 사람이 아니면, 道가 이유 없이 시행되지 않는다는 것이 이것을 가리키는 것이 아닌가. 정전이 모든 전지의 모범이기는 하나, 천하의 전지가 모두 정전으로 구획되는 것은 아니다. 그런즉 三代의 법제는 모든 전지를 반드시 방전으로 만들어서, 여러 방전을 합해서 1井을 이루었기 때문에 方10里, 방100리, 방50리 및 방70리 등 매양 方으로써 말했으니, 오늘날의 전지와 같이 비스듬하고 비뚤어지고 뾰족하고 뭉툭하기가 千態萬象이라면, 방10리, 방100리, 방50리 및 방70리라고 반드시 부르지 못했을 것이다. 후세에는 수전이 크게 일어나, 아랫배미와 윗배미의 높이가 반드시 지세에 따를 수밖에 없으니, 전지를 네모가 반듯하게 구획하기가 형편상 불가능하다. 이에 흙을 모아서 土墩을 세우고 나무를 심어서 標木을 세워 네 구석을 標識하고, 이를 방전이라 이름했으니, 이것은 후세의 이른바 방전이요 삼대의 방전은 아니나, 그 遺意는 여기에 있는 것이다. 단 1千步의 방전은 이미 너무 넓기도 하고 크기도 하므로, 간사한 짓이 나오는 구멍

이 여기에 숨어 있다. 바야흐로 양전하는 관리가 충성스럽지도 못
하고 부지런하지도 못하니, 교활한 아전이 이로 말미암아 농간을
부린다. 거기에 더하여 土品을 조사해서 세율에 차등을 두는데,
어찌 관리들이 능히 해낼 수 있는 일이겠는가. 하물며 徽宗代에는
간사한 사람들이 득세하여 기강이 모두 무너지고 일반 정사가 문
란해서 모든 일이 혼란에 빠졌으니, 비록 좋은 법과 아름다운 제
도가 先聖에서 나왔다고 하더라도 능히 이루어질 수 있겠는가. 세
번 시행되었다가 세 번 폐지된 것을 가지고 방전법을 단정하기에
는 부족하다."87) 위에서 보는 바와 같이 정약용은 古代의 방전과
後代의 방전의 차이점을 분명하게 설명하고 있는데, 고대의 방전
법에서는 모든 전지를 정정방방하게 동서남북으로 구획했으나,
후세의 방전법에서는 水田이 성하게 되는 사정 등이 있어서 모든
전지를 동서남북으로 정정방방하게 구획할 수 없으므로 모전만은
四方에 墩臺를 절치하여 측량기점으로서의 역할을 하게 했다는
것이다. 다시 말하면, 방전법은 정전법과는 달라서 전지를 溝洫으
로써 구획하는 것이 아니고 측량기점으로서의 모전을 확보하는
데 그 주된 임무가 있다는 것이다. 이 설명은 방전법에 관한 이론
적 설명인 「전제별고」1의 「方田始末」에 있는 것이기 때문에 「전제

---

87) 臣謹案, 宋代方田之法, 三擧而三罷之, 似若其法, 本非美制而然也. 然法之興廢,
係乎其人, 井田之法, 今雖不行, 不可曰其法本非也. 苟非其人, 道非虛行, 非謂
是乎. 井田者諸田之模範, 非盡天下而爲之井也, 則三代之制, 必皆方田, 合計諸
方而成一井, 故方十里·方百里·方五十·方七十, 每以方言. 若如今田, 欹歪銳鈍,
千態百狀, 則方十里·方百里·方五十·方七十, 必不得而名之矣. 後世水田大作,
上平下平, 必因地勢, 則畫田爲方, 勢所不能. 於是, 立土爲峰植木爲標, 以識方
隅而名之曰方田, 此後世之所謂方田, 非三代之方田, 然其遺意則在是也. 但千步
之方, 旣闊旣大, 奸竇由是而隱藏矣. 方量之官, 不忠不勤, 猾胥由是而舞弄矣.
重之以驗定土色, 用差稅率, 豈官人之所能爲哉. 況當徽宗之世, 憸邪得志, 紀綱
全壞, 庶政皆紊, 百度昏亂, 雖良法美制出於先聖者, 而能有成乎. 三擧三罷, 不
足以斷方田之案也.(『全書』五 -經世遺表九 - 十 前面, 方田始末)

별고」에서의 방전설정에 대한 一般規定으로 보아야 한다. 그러므
로 「전제별고」3편의 여러 곳에서 행해지고 있는 방전법에서의 동
서남북으로의 전지구획에 대한 설명은 고대의 방전에 한정된 설
명으로 읽어야 할 것이다.

정전법을 실시하는 데 있어서 부딪칠 수밖에 없는 가장 큰 난
관은, 첫째는 지주적 토지소유가 매우 발달한 상황하에서 국가적
토지소유를 어떻게 실현할 것인가 하는 것이요, 둘째는 전지를 정
전으로 구획하는 일이다. 전자는 국가가 공전을 매입하거나 지주
로부터 전지를 寄付받음으로써 전국의 전지를 모두 국유화하려고
했으나, 후자는 어떠한 방법을 통하여 그 목표를 실현하려고 했을
까. "무릇 정전을 구획하는 일은 佃夫에게 시키고, (그 전부만으로
써는 노동력이 ― 필자) 부족하면, 이웃 전지의 전부를 사역한
다"[88]고 하는데서 볼 수 있듯이, 전지의 정전으로의 구획은 기본
적으로 그 전지의 전부를 사역함으로써 가능하다고 생각했다. 그
렇게 생각할 수 있었던 것은 다음과 같은 근거에서이다. 첫째는
정전으로의 전지구획은 自己 土地의 改良事業이므로 그 전지의 소
유자가 그 費用을 自擔하는 것이 당연하다는 것이다. 둘째는 '普天
之下莫非王土, 率土之濱莫非王臣'이라는 理念하에 있는 王朝國家에
서는 국가적 사업에 인민을 부역으로 동원하는 일이 당연하다고
생각했을 것이다. 이러한 점은 조선후기까지 부역제도가 존속되
고 있었다는 점을 상기하면 쉽게 이해될 수 있을 것이다.

그러나, 위와 같이 일반 인민에게 정전으로의 전지구획 사업을
맡길 수 있는 것은, 경제적인 측면에서나 기술적인 측면에서, 공
전 1부나 模楷 1井과 같은 소규모의 구획 사업의 경우에나 겨우

---

88) 凡作井之役, 役其佃夫, 不足, 役其鄰田之佃.(『全書』五 － 經世遺表七 － 三十五
後面, 井田議一)

가능한 일일 것이다. 2~3정에서 25정에 이르기까지의 大規模의 구획 사업이라면, 그 일을 소농민에게 맡기기는 어렵기 때문에 '재산이 있고 맡은 일을 처리할 수 있는 才能이 있는 사람(高貲幹局之人)'을 골라서 그들에게 그 일을 맡겨야 한다고 생각했다. 이러한 사람은 일찍이 중앙의 관직을 맡아 본 경험이 있거나 지금 그러한 자리에 있는 사람 혹은 지주라고 생각될 수밖에 없었다. 이러한 경우에 있어서는 소규모의 전지구획 사업과는 달리 많은 비용이 필요할 것이므로 그들에게 응당한 報償이 있어야 한다. 조선정부는, 재정형편상 금전적으로 그들을 지원할 여유는 없었으므로, 백성들에게 전지구획 사업을 독려하기 위해서는 帝王이 가지고 있는 特權인 貴를 配分하는 權限 즉 관직의 배분권을 활용할 수밖에 없다고 생각했다. 그래서 전지구획의 공로에 따라서 관직을 수여하되, 귀족이나 학식이 있는 자들에게는 9品의 하급관직으로부터 監司에 이르기까지, 冷族으로서 학식이 없는 자에게는 兵使나 水使에 이르기까지의 관직을 除授하려고 했다.[89] 그런데, 일부에서는 대규모의 전지구획 사업을 하는 자들이라고 하더라도 이들에게 관직을 제수하면 관직이 너무 헤퍼진다고 반대할 사람

---

[89] 宜選高貲幹局之人, 使作此井, 貴族績文者, 賞之以東班之仕, 冷族無文者, 賞之以西班之仕. 不必授以他職, 直於經田司, 加置監役幾窠參軍幾窠, 勿限員額, 爲九品初仕之窠, 以待其人. 凡作四井者, 卽授敎旨, 竣事之後, 仍於本地, 察其田事. 六年監穫, 乃陞中士如今之出六, 爲諸司直長, 入仕于京司四井者, 二二開方也. 其田共三千六百畝. 凡作九井者, 卽授敎旨, 竣事之後, 仍於本地, 察其田事. 五年監穫, 乃陞中士, 入仕于京司九井者, 三三開方也. 其田共八千一百畝. 凡作十六井者, 如上例, 四年監穫, 乃陞中士十六井者, 四四開方也. 其田共一萬四千四百畝. 凡作二十五井者, 如上例, 三年監穫, 乃陞中士二十五井者, 五五開方也. 其田共二萬二千五百畝. 其作四井者仕滿, 出而爲察訪邊將. 其作九井者仕滿, 出而爲縣令. 其作十六井二十五井者, 不唯其勤勞可錄, 抑其才局力量, 可屬大事. 自縣令陞而爲郡守牧使, 遂入藩閫之薦, 未可已也. 我邦平原極少, 二十五井以上, 不必議也.(『全書』五 - 經世遺表 七 - 三十六 前面, 井田議一)

도 있을 수 있겠으나, 오히려 정약용은 이것은 實績이 있는 자에게 관직을 수여하는 漢나라의 力田科와 같은 아름다운 제도라고 주장했다. 그는 능력과 업적이 있는 자들에게 일을 맡기는 것이야말로 진실로 좋은 제도라 생각했던 것이다. 그는 또 방전으로의 전지구획 사업에 대해서도 정전의 경우와 같은 방법으로 포상하려고 했으나,[90] 이미 설명한 바와 같이, 測量基点으로서의 방전의 설정에 대한 포상은 정전구획 작업과 같은 巨大한 土木事業이 필요하지 않을 것이므로 정전구획의 경우와 같은 포상을 할 필요는 없었을 것으로 보인다.

2. 新田開發과 토지개량

정약용은 정전법에 관한 학설사적 정리를 행하는 「정전론」3에서 "정전법은, 오직 넓고 비옥한 땅에 때때로 1井을 구획하여 標準을 세워서 만민에게 보이고, 9분의 1의 큰 법을 정하는 것일 뿐이다"[91]라는 결론을 내린 바 있다. 이것은 그가 정전으로의 전지구획을 논의하는 「정전의」1에서 "9분의 1법을 행하고 싶으면, 반드

---

90) 凡作模田, 其用力至易者, 直令田主佃客, 出力自作, 其用力稍艱者, 令鄰田合力同作. 其或功鉅而費浩者, 官助以財若是處不多. … 須於方田事定之後, 別諭富民, 凡欲自拔其身者, 須出財出力, 多作模田. 其作百區者, 授禮賓寺參奉, 加作百區者, 授司稟寺直長, 又加作百區者, 授長興庫主簿, 許詣闕謝恩, 就署入直, 三旬而解. 若作五百區以上者, 直授諸鎭僉使諸道察訪, 則數年之內, 模田櫛比, 而方田之法, 將垂之永遠矣. 或曰賣官作田, 輕重倒置, 豈不有損於事體乎. 臣以爲天下莫大於田政. 田政者, 生民之大業, 邦國之大本, 有補於此, 則天下何所惜乎. 李悝趙過之等, 皆以田政得官, 田千秋一言契合, 直拜通侯. 區區禮賓寺參奉沙斤道察訪, 曾何足惜. 今都提廳軍官捕盜廳將校, 咸得察訪僉使, 何謂經田之功, 不如此輩. 斯皆暗於大體, 牽於流俗之論也.(『全書』五 - 經世遺表九 - 二十五 前面, 田制別考二)

91) 臣又按 井田之法, 唯於衍沃之地, 時畫一井, 以立矩率, 以示萬民, 以定九一之大法而已.(『全書』五 - 經世遺表五 - 八 前面, 田制論三)

시 평원의 넓고 비옥한 땅에 정전을 구획하되 絜矩와 같이 정정방
방하게 하고 바둑판과 같이 경위선을 쳐서 만민에게 명백히 보이
면서 9분의 1의 比率은 이와 같다"[92]고 한 것과 기본적으로 같은
말이다. 그리고 그는 이러한 자기의 주장에 대한 학설사적 근거를
제시했다. 그 첫째는 "井과 牧이라는 것은 『春秋傳』의 이른바 井은
衍沃의 땅이요 牧은 隰皐의 땅이다"[93]라고 한 『주례』 「小司徒」의
井牧에 대한 鄭司農의 주석이요, 그 둘째는 "山林의 땅은 9夫가 1
度인데, 9도가 1정에 해당한다. 藪澤의 땅은 9부가 1鳩인데, 8구가
1정에 해당한다. 京陵의 땅은 9부가 1辨인데, 7변이 1정에 해당한
다. 淳鹵의 땅은 9부가 1表인데, 6표가 1정에 해당한다. 疆潦의 땅
은 9부가 1數인데, 5수가 1정에 해당한다. 偃豬의 땅은 9부가 1規인
데, 4규가 1정에 해당한다. 原防의 땅은 9부가 1町인데, 3정이 1정
에 해당한다. 隰皐의 땅은 9부가 1牧인데, 2목이 1정에 해당한다.
衍沃의 땅은 100畝가 1부가 되는데, 9부가 1정이다"[94]라고 하는
『春秋傳』에 대한 賈逵의 주석이다.

　위에서 보는 바와 같이, 토지는 그 종류에 따라서 여러 가지로
구획되는데, 그중에서도 정전으로의 전지구획의 대상이 되는 토
지는 평원의 넓고 비옥한 전지이다. 그러므로 정전은 본래 평원의
넓고 비옥한 경지에 설정되는 것이기는 하지만, 이러한 경지도 정

---

92) 欲行九一之法, 則必於平原衍沃之地, 畫爲井田, 正方如絜矩, 經緯如棋局, 明示
　　萬民曰, 九一之率如此.(『全書』五 − 經世遺表七 − 二十八 後面, 井田議一)
93) 井牧者, 春秋傳所謂, 井衍沃牧隰皐者也.(『全書』五 − 經世遺表五 − 五 前面,
　　井田論三)
94) 賈逵春秋傳註曰, 山林之地, 九夫爲度, 九度而當一井也. 藪澤之地, 九夫爲鳩,
　　八鳩而當一井也. 京陵之地, 九夫爲辨, 七辨而當一井也. 淳鹵之地, 九夫爲表,
　　六表而當一井也. 疆潦之地, 九夫爲數, 五數而當一井也. 偃豬之地, 九夫爲規,
　　四規而當一井也. 原防之地, 九夫爲町, 三町而當一井也. 隰皐之地, 九夫爲牧,
　　二牧而當一井也. 衍沃之地, 畝百爲夫, 九夫爲井.(『全書』五 − 經世遺表五 − 五
　　後面, 井田論三)

전법이 보급되는 과정에서 土地 改良이 이루어지고 水利施設이 보급되면 경지로서의 안전성이 크게 높아지게 될 것이다. 정전법에서는 3리에 1정이나 5리에 1정을 두거나 혹은 여러 조각의 직사각형을 합하는 경우가 있다고 하더라고 공전 1부만은 반드시 네모 반듯하게 구획하려고 했는데, 이러한 전지구획 과정에서 기존의 전지도 그 경지로서의 安全性이 높아지리라는 것은 상상하기 어렵지 않다. 더 나아가 정전법을 시행하는 과정에서 종래 低濕地이기 때문에 洪水 등으로 개간을 포기했던 平原이 자연적으로 정전 설정의 대상으로 떠오를 수밖에 없다. 왜냐하면, 堤堰을 축조하여 홍수를 통제할 수 있다면, 하천하류의 평야야말로 정전으로의 전지구획의 最適地일 것이기 때문이다. 만약 하천하류의 평야가 개간된다면, 경지로서의 안전성이 높은 경지가 대량으로 확보되는 것은 말할 것도 없을 것이다. 정약용도 이 점을 이미 염두에 두고 있었다.

> 후세에는 水田이 旱田보다 성하기 때문에 정전법은 회복될 수 없다고 한다. 그러나, 다만 9분의 1을 (네모반듯하게 — 필자)공전으로 구획하면, 이 역시 정전이다. 三代 이전에도 역시 일찍이 천하의 모든 전지를 정전으로 구획하지는 않았던 것이다. 또 淸州들, 素沙들, 牙山의 新昌들과 金堤의 萬頃들은 혹 수십 리나 혹 십여 리가 평평해서 한 배미畓은 方틀으로 褒味라 한다의 전지가 혹 50·60斗落이나 혹 100두락이 되기도 하니, 논두렁이 이어진 것이 이와 같은 곳은 4井즉 36畉이다으로 구획한다고 하더라도 넉넉할 것이다. 단 1井 內에 물이 질편하여 經緯로 구획할 수 없는 곳은 겨울에 물이 마를 때를 기다려서 법대로 구획하되, 이에 공전의 네 모퉁이에는 큰 돌을 세우고, 사전의 네 모퉁이에는 작은 돌 8개를 세워서 경계를 분별한다.[95]

정전을 보다 많이 보급할 수 있을 뿐만이 아니라 위와 같이 경지의 안정성도 획기적으로 높일 수 있었기 때문에, 정약용은 정전제가 제대로 시행되어 財政에 餘力이 생기게 되면 종래에 荒蕪地로 버려져 있던 평원의 토지에 둑을 막아 개간하기도 하고 기존의 전지에 洑를 설치하여 수리시설을 개선하려고도 했다. "정전으로 구획하는 일이 이미 끝나고 나라에 財力의 여유가 있으면, 무릇 제언을 쌓을 만한 곳은 제언을 쌓아 바닷물을 막고, 溝渠를 팔 만한 곳은 구거를 파서 물을 끌어들여 수전을 만들되, 별도로 軍田으로 삼는다. 역시 1百畝가 1畉, 9부가 1井으로 되어, 9분의 1을 거두어들여 국가에 바치고, 8夫가 농사를 지으면서 師旅에 대비한다. 私家에서 제언을 축조하거나 구거를 파는 것은 엄금한다."[96]

그러나 정약용은, 이론적으로는 정전법이 시행되고 재정에 여유가 있으면 그 연장선상에서 위에서와 같이 둑을 막고 洑를 설치하여 토지를 개간하거나 농지를 개량하는 것이 당연하다고 생각하면서도,[97] 당시에는 이러한 사업을 서둘 일은 아니라고 생각했다. 그가 『경세유표』를 저작하게 되는 19세기의 10년대에는 가뭄

---

95) 臣伏惟, 後世, 水田盛於旱田, 故經界之法, 謂不可復. 然但以九分之一, 畫之爲公田, 是亦井田. 三代以上, 亦未嘗盡天下之田而爲之井也. 且如淸州之野素沙之野牙山新昌之野金堤萬頃之野, 或數十里平衍, 或十餘里平衍, 其一劄之田䂴者. 方言謂之襄味, 或種五六十斗, 或種百斗, 連疊接界, 若是者, 雖畫四井卽三十六畉, 恢恢然也. 但一井之內, 水色瀰漫, 無以畫經緯. 若是者, 須於冬日水涸之時, 畫之如法. 乃於公田四角, 樹之以大石, 其私田四䚋之末, 樹八小石, 以辨經界.(『全書』五 - 經世遺表八 - 一 後面, 井田議二)

96) 井畫旣畢, 國有餘財, 凡可堰之地, 築堰以拒潮, 凡可渠之地, 鑿渠以引水, 以作水田, 別爲軍田. 亦百畝爲一畉, 九畉爲一井, 收其九一輸于公, 八夫治田, 以待師旅. 其私家築堰開渠者, 嚴禁.(『全書』五 - 經世遺表 八 - 三十三 前面, 井田議四)

97) 다산은 1790年의 「農策」(『全書』一 - 詩文集九 - 十五 後面, 農策)과 1798年의 「應旨論農政疏」(『全書』一 - 詩文集九 - 四十九 後面, 應旨論農政疏)에서는 水利施設의 보급과 土地開墾을 강력하게 권고하였다.

때문에 凶作이 계속되어 인구가 줄어들고 경지가 荒廢化되는 상황이 계속되었기 때문이다. "己巳(1809)와 甲戌(1814) 이래로 농부들이 많이 죽고 인력이 크게 줄어들었으며, 비옥한 전지들이 모두 묵게 되었다. 그 묵지 않은 것이라고 하더라도 역시 한 농부가 廣作을 함으로써 가꾸는 것이 온전치 못하니, 오늘날의 급무는 徭役과 賦稅를 가볍게 해주고 산 사람들을 休養하게 해서 현재의 전지로 하여금 地力을 다하게 할 뿐이요 開墾은 서둘 일이 아니다. 만약 정전법이 오래 행해지고 농부가 날마다 증가해서 사람은 많으나 땅은 좁아서 그 비율이 서로 맞지 않게 되면 둑을 막고 보를 파는 일을 의논해도 좋을 것이다."[98]

조선후기의 경제동향에 대해서는 현재 학계에서 두 가지의 대립되는 견해가 제시되어 있다.[99] 하나는 金容燮의 견해로서, 조선후기에는 한편에서는 移秧法과 洑를 중심으로 하는 수리시설의 보급으로 농업생산력이 급속하게 향상되고 다른 한편에서는 상업이 발달함으로써 農民層分解가 진행되어 大經營의 經營型富農이 활발히 전개되고 있었다는 것이다.[100] 宮嶋博史는, 위의 견해를 修正·補强하면서 18세기 말까지는 농업의 주된 발전방향이 아직도 集約經營이었으나, 19세기 전반기에 들어서는 粗放的 耕作을 행하는 廣作 대신에 집약경작의 토대 위에서 대경영을 행하는 廣農이 출현함으로써 농가경제의 발전방향이 集約的 小經營에서 大經營

---

98) 臣伏惟, 己巳甲戌以來, 農夫多死, 人力大瘂, 沃田膏壤, 悉被陳荒。 其日不陳者, 亦一夫廣作, 糞治不專, 今之急務, 在於輕徭薄賦, 休養生息, 使見在之田, 得盡地力而已, 開墾非所急也. 若井耡旣行, 農夫日蕃, 人多地狹, 不能相當, 則築堰開渠, 乃可議也.(『全書』五 - 經世遺表八 - 三十三 後面, 井田議四)

99) 졸고, 「茶山의 農業經營論」(姜萬吉 외 편, 『茶山의 政治經濟思想』, 창작과비평사, 1990)

100) 이에 관해서는 金容燮, 「朝鮮後期의 水稻作技術 - 移秧法의 普及에 대하여 - 」(『亞細亞硏究』13, 1964)外 多數의 論文이 있다.

340

으로 전환되었다고 보았다.[101] 이에 대하여 李榮薰은 조선후기 농업의 주된 발전방향을 기본적으로 집약적 소경영으로 파악하고,[102] 더 나아가 최근의 일련의 연구에서는 17세기에서 20세기 초에 이르기까지는 水稻作의 농업생산력이 장기적으로 저하되어 왔다고 주장했다.[103] 禹夏永의 『千一錄』에서 전형적으로 보이는 바이지만, 『경세유표』나 『목민심서』에 있어서도 조선후기 농업의 주된 발전방향을 기본적으로 집약적 소경영으로 파악하고 있었다.[104] 그리고, 정약용은, 「技藝論」에서는 조선후기의 역사적 발전 전망을 매우 밝게 보고 있었으나,[105] 「問錢幣」에서는 조선은 지리적으로 東아시아의 한쪽 구석에 치우쳐져 있어서 상업이 발달하지 못하여 당시로부터 150년 전에 겨우 銅錢이 유통되기 시작하기는 했지만 그 이후에도 동전이 제대로 유통되지 못하고 南北間의 商品流通이 그렇게 활발하지 못했던 이유가 어디에 있었는지를 묻고 있었다.[106]

그러니까 19세기 초의 경제상황은 그렇게 밝은 것이 못되었다. 그럼에도 불구하고 정약용은 西勢東漸 등 인류문명이 확산하는 속에서 조선도 국가제도의 개혁을 매개로 사회경제의 발전책을 강구해야 한다고 생각했다. 정전법 시행의 연장선상에서 수리시설을 보급하고 토지를 개간·개량하려고 한 것도 그 일환이었다. 앞에서도 말한 바와 같이, 19세기 초 조선의 사회경제적 상황은

---

101) 宮嶋博史, 「李朝後期の農書研究」(『人文学報』43, 京都大学人文科学研究所, 1977)
102) 李榮薰, 『朝鮮後期社會經濟史』, 한길사, 1988
103) 李榮薰, 「17세기후반~20세기전반 水稻作土地生産性의 長期趨勢」(『經濟論集』51-2, 서울大學校 經濟研究所, 2012)
104) 拙稿, 「茶山의 農業經營論」(姜萬吉 외 편, 『茶山의 政治經濟思想』, 창작과비평사, 1990)
105) 『全書』一 - 詩文集十一 - 十一 後面, 技藝論.
106) 『全書』一 - 詩文集九 - 十八 前面, 問錢幣

그렇게 밝은 것은 아니었다. 己巳·甲戌의 흉년으로 농업은 침체되고 상공업의 발전도 지지부진하였다. 그렇기 때문에 민간에서는 큰 사업을 담당할 만한 계층이 성장하지 못했던 것으로 보인다. 勢族이나 土豪들도 자기의 힘만으로는 큰 사업을 해낼 능력이 없었기 때문에 큰 사업을 하려면 관청의 힘을 빌리지 않으면 안 되었다. 그래서 정약용은 그가 구상하는 대규모의 수리사업과 토지개간은 민간에게 맡길 것이 아니라 관청이 이를 主管해야 된다고 생각했다. 그리고 조선후기에는 토지개간 사업을 관청이 主導하는 傳統도 있었다.[107] 또 토지개간 사업과 같은 거대한 토목사업을 하는 경우에는 당시의 우리나라의 기술만으로는 불가능하기 때문에 先進的인 外國의 技術을 크게 활용해야 된다고도 생각했다. 起重架, 田車 및 道路 등의 利用이 모두 그러한 것이었다. 여기서는 海岸의 干潟地開發에 관한 그의 설계도의 일단을 소개함으로써 그가 어떻게 토지개간을 장려하려고 했는지를 알아보기로 한다.

우리나라는 3면이 바다로 둘러쌓여 있고 동서는 1천 리가 못되니, 양쪽의 툭 튀어나온 육지로 둘러쌓인 沿海의 港灣은 둑을 막고 개간하는 일을 그만둘 수가 없다. 그러나, 土俗이 유치하고 하는 일이 거칠고 소홀하며, 또 무거운 물건을 끌거나 들어올리는 방법을 모른다. 그리고 기초로 이용하는 것은 주먹만한 작은 돌멩이에 불과하고, 둑막이에 사용하는 물건은 모래나 진흙일 뿐이며, 가래로 쓸어넣을 뿐 다시는 공이로 다지지 않는다. 또 바람을 막고 潮水의 힘

---

107) 國朝自壬辰倭寇以來, 軍門累設, 至五至六, 每一設營, 輒置屯田. 京城之側, 幾甸之野, 海中諸島, 遠方肥地, 或築堤以潴水, 或防川以引水, 或塞堰以拒潮, 咸作屯田, 以爲莊墅, 募民耕墾, 以收其利.(『全書』五 - 經世遺表八 - 三十 前面, 井田議四)

을 相殺하는 방법을 몰라서 바람과 조수가 사납게 굴면 다시 붕괴되고 마는데, 들어간 千萬의 재물이 끝내 碧海가 되어버리니, 서로 경계하면서 堤堰을 축조하지 않기를 맹세하는 것이 풍속이 되었다. 속담에 말하기를, '둑을 막는 자식은 자식이 없는 것만 못하다'고 하니, 역시 지당한 말이다. 또 일을 일으키는 자는 비록 勢家나 豪族이라고 하더라도 私家의 힘이란 끝내 모자라는 바가 있어서 아홉 길을 쌓다가 결국 한 삼태기의 흙이 부족하여 성공하지 못하는 경우가 많다. 그러나 또 役丁은 돈을 주고 고용하기보다 民夫를 징발하여 조달하는 일이 많아서 怨望이 일어나니, 엄격히 禁條를 세워서 감히 사사로이 둑을 막아서 자기 이익을 챙기지 못하도록 해야 할 것이다. 마땅히 經田司에서 별도로 技藝가 있는 선비를 선발하여 監役이나 參軍으로 삼고위의 法과 같이 한다, 먼저 무거운 것을 끌어 들어올리는 방법을 가르쳐 돌을 나르는데 편리하게 해야 한다. 돌을 나르는 곳에 먼저 車道를 닦되 숫돌과 같이 평평하게 하고, 田車를 제작하여 돌을 운반하도록 해야 한다. 그 돌을 뜨는 곳에 起重架 한 대를 설치하며, 또 돌을 안치하는 곳에 기중가 한 대를 설치하며, 또 항구에 扁船 한 척을 두고, 편선이 정박하는 곳에 기중가 한 대를 설치한다모두 3臺이다. 石工이 돌을 뜨면, 기중가로 들어서 田車에 싣는다. 전거가 항구에 도착하면, 기중가로 들어서 편선에 싣는다. 편선이 水心에 이르면 기중가로써 들어서 돌이 제자리에 꽂히도록 하는데, 제대로 꽂히지 않으면, 기중가로 들어서 제대로 꽂히게 한다. 물이 깊고 조수가 맹렬한 곳은 千斤의 大石을 가지고 기초를 놓는데, 그렇지 못한 곳은 800斤이나 600근이나 400근이라도 안될 것은 없다우리나라에서는 건강한 인부의 한 짐이 100斤이다. 우리나라의 풍속은 質朴하여, 무릇 城壁이나 堤堰을 축조할 때 반드시 자연적으로 생긴 100근의 돌이 있어야 그것을 가져와 쓸 것을 의논하는데, 3리나 5리에 가서 이러한 물건을 구하려고 하면서도, 비록 層巖巨壁이 항구의 바로 옆에 있더라도, 감히 石工을 招致해서 돌을 뜰 것을 의논하지 못한다. 들로 쫓아가서 돌을 구하면 그 비용이 배나 드는데도, 석공을 초치 하여 돌을 뜨면 그 힘이 크게 생략되는 줄을 모르니, 그 愚直함이 모 두 이런 따위들이다.[108]

    정약용은 당시 우리나라의 주된 수리시설인 洑의 普及도 매우 중요시하였다. 보의 보급에 있어서도 간석지 개간의 경우와 마찬 가지로 관청이 이 일을 주도해야 한다고 생각하였지만, 洑 築造의 경우에는 그 開墾方式이 간석지의 그것과는 조금 달랐다. 개간방 식이 달랐던 이유는 개간대상지에 소유자가 있는 기존의 경지가 많이 포함되어 있기 때문이었던 것으로 보인다. 그래서 보 설치의 경우에는 관청에서 監役이나 參軍을 임명하여 개간의 책임을 맡 기는 한편 蒙利地域의 役丁을 징발하였는데, 그 결과 관청에서는 개간된 토지의 일부에 대한 소유권을 가질 수밖에 없었다.[109] 보

---

108) 我邦三面環海, 東西不滿千里, 其沿海汊港之內, 築堰起墾, 所不可已也. 然土俗 鹵莽, 作事粗率, 又不知引重起重之法. 其用築基者, 皆如拳小礫, 其用作堤者, 皆沙泥鬆土, 鍬以洒之, 不復杵築. 又不知捍風殺潮之法, 風潮猙猛, 隨復潰裂, 費財千萬, 終爲碧海, 流俗相戒, 誓不築堰. 諺曰, 防堰之子, 不如無子, 亦至言 也. 且其起事者, 雖勢家豪族, 而私家之力, 終有所詘, 九仞一簣, 多不成功. 然 且役丁多不給雇, 調發民夫, 勞怨以興, 不可不嚴立禁條, 毋敢私築以自利也. 宜 自經田司, 別選藝能之士, 以爲監役參軍如上法, 先講引重起重之法, 以便輸石. 乃於輸石之處, 先治車道, 其平如砥, 乃作田車, 使之輸石. 其伐石之處, 置起重 架一座, 又於安石之地, 設起重架一座, 又於港口, 置扁船一隻, 船泊之處, 置起 重架一座共三座. 工旣伐石, 以起重架擧之, 以載車上. 車至港口, 以起重架擧之, 以載船上. 船至水心, 以起重架擧之, 使得安揷, 揷有不正, 以起重架擧之, 安揷 如意. 其水深潮猛之處, 用千斤大石, 以之爲基, 其不然者, 八百斤六百斤四百 斤, 靡不可也俗以健夫一擔爲百斤. 東俗質朴, 凡築城築堰, 必遇天成百斤之石, 乃 議取用, 三里五里, 往求此物, 雖層巖巨壁, 壓臨港口, 不敢議招工伐石. 不知走 野求石, 其費倍蓰, 招工伐石, 其力大省, 其愚直皆此類也.(『全書』五 - 經世遺 表八 - 三十三 後面, 井田議四)

109) 제3장의 注 73 참조.

설치도 기술적으로 간석지의 개간보다 쉽지 않을 것으로 보았다. 그래서 그는 보 설치의 방법을 다음과 같이 제시했다. "봇도랑을 파는 일은 반드시 먼저 여울을 막아야 하는데方言에서는 洑라한다, 土俗이 거칠고 疏忽해서 여울을 막는 것에도 역시 주먹만한 돌멩이를 사용하고 나뭇가지를 섞어서 큰 여울을 가로지르니, 한 번 장마를 만나면 무너지지 않는 것이 없다. 이것도 역시 起重架를 사용해서 큰 돌을 가져와 사용해야 한다. 또 지세의 높낮이를 오직 눈짐작에 의존하는데, 물은 이미 멀리 끌고 갔으나 지세가 낮아지지 않으면, 파는 것이 더욱 깊어져서 인력이 달리게 된다. 마땅히 水尺을 사용해야 하는데, 白球를 오르내려서 땅의 높낮이를 측정하면, 이에 물길을 정할 수가 있을 것이다."110)

---

110) 鑿渠之役, 必先遏灘方言謂之洑, 土俗粗率, 遏灘者, 亦用如拳小礫, 雜以柴薪, 橫截大灘, 一遇潦水, 無不潰決. 此亦宜用起重架, 取大石以用之也. 且地勢高下, 唯憑目巧, 水旣遠引, 地勢不下, 則其鑿彌深, 人力以詘. 宜用水尺, 以其白球上下, 測地高下, 乃可以定渠路也.(『全書』五 - 經世遺表八 - 三十四 後面, 井田議四)

제3절 方田法과 魚鱗圖

1. 방전과 양전

「전제」12편과 「전제별고」3편에서의 양전에 대한 논의는 그 비중이 서로 다르다. 전자는 조선에서의 정전법 시행을 위한 理論的 및 政策的 次元에서의 논의이기 때문에, 거기서 量田問題는 정전법에 관한 논의와 관련되는 범위 내에서 다루어질 수밖에 없었으나, 후자는 1819·20년에 있었던 양전 방안에 대한 정부의 '收議'에 副應하기 위하여 저술되었다는 사정이 있기 때문에 양전을 논의의 중심적인 과제로 삼았다. 다시 말하면, 후자에서는 비록 현행의 결부제에서라 하더라도 어떻게 정확한 양전을 행할 것인가 하는 문제가 논의의 중심적인 과제로 되었다. 그렇기 때문에 「전제별고」3편은, 제1편에서는 우선 「結負考辨」, 「諸路量田考」, 「步畝考」 및 「方田始末」과 같은 우리나라의 양전사정과 자기가 전개하고자 하는 양전기법의 역사를 간단히 살펴본 후, 제2·3편에서는 方田과 魚鱗圖라는 양전기법과 양전에 관한 구체적인 논의를 본격적으로 전개했다. 이러한 점에서 보면, 정약용의 양전론에 관한 고찰에 있어서는 종래의 결부제하의 양전기법이 새로운 量田技法에 의하여 어떻게 극복되고 있는가를 體系的으로 살펴보아야 하며, 새로운 양전기법을 막연히 소개하는 것만으로써는 불충분하다.111) 아

---

111) 다산이 제시한 양전기법을 계승한 양전에 관한 연구로서는 光武量田 때에 체출된 것으로 보이는 作者 未詳의 『丘井量法事例並圖說』(연세대학교 중앙도서관본은 草藁本이고, 京都大學圖書館 河合文庫本은 淨書本이다)이 있다. 여기서는 다산의 양전기법이 매우 상세하게 소개되어 있으나, 지적도로서 1畊圖가 아니라 동서남북으로 구획된 1井圖가 제시되어 있다. 광무양전 때에 牙山의 量務委員으로 종사했던 李沂의 『海鶴遺書』(探求堂, 1971, 田制妄言)는 다산의 양전기법을 소개하고 方眼地圖까지 제시했으나, 그것을 단순

래에서는 위와 같은 시각을 가지고 방전과 어린도를 고찰해 보기
로 한다.

우선 方田法이다. 방전법이 이론적으로 정전법의 연장선상에서
출현했다는 점에 대해서는 앞에서 누누이 설명한 바와 같다. 그러
므로 정전법에서의 양전방법을 이해하지 못하고서는 방전법을 제
대로 이해할 수가 없다. 그러나 방전법은 井田으로의 耕地整理作
業을 생략하고 정전법의 양전기법만을 활용하는 것이기 때문에
정전법보다 자유롭게 田地測量單位의 설정이 가능하다. 여기에서
「전제별고」에서는 方300步(1邊이 374.58m)의 360두락으로 구성되
는 1井은 너무 넓어서 양전과정에서 부정이 있을 가능성이 있다
고 생각하고 方50步(1邊이 62.43m)의 1畦를 양전의 기본단위로 잡
았다. 1휴는 10두락의 전지이다. 전지 1필지를 1두락으로 잡으면,
1휴는 1두락의 10필지를 수용할 수 있는 면적이다. 그러나 현실적
으로 田形은 千態萬象이므로, 1필지의 전지가 1두락보다 좁을 수
도 있고, 또 이쪽 畦의 필지가 저쪽 휴로 삐어져 나가기도 하고,

히 소개하고 있을 뿐 양전에서 이용될 수 있도록 구체적으로 설명하고 있
지 않다는 점에서 보면, 양전기법 상에서 그것들이 가지는 의미를 제대로
이해하지 못하고 있었던 것으로 보인다. 金容燮, 『韓國中世農業史硏究』, 지
식산업사, 2000의 「朝鮮後期 結負制上의 變動」과 한국사연구회 근대사분과
토지대장연구반, 『대한제국의 토지조사사업』, 민음사, 1995의 「총설·대한제
국기 토지조사사업의 의의」에서는, 조선후기 이후로 결부제하에서도 土地
의 絶對面積이 파악되는 경향이 있었다고 했으나, 정전제와 같은 전지구획
과 어린도라는 양전기법이 도입되지 않는 한 결부제하의 양전에서는 비록
單一量田尺으로 양전한다고 하더라도 어디까지나 종래와 같이 5가지 전형
으로 紙面上에서 推類·裁作·打量됨으로써 田地의 位置, 地貌 및 面積이 정
확히 파악될 수 있는 양전이 불가능하다는 점을 이해하지 못하고 있다. 다
산의 양전론을 연구한 김용섭이, 광무양전의 근대적 성격을 평가하는데 급
급할 수밖에 없기 때문에 그렇게 되었는지는 모르겠으나, 磻溪, 茶山 및
楓石이 그렇게 강조했던 결부제가 가지는 양전상의 한계를 제대로 밝히지
못한 점에 대해서는 정말 이해하기 어렵다.

저쪽 휴의 필지가 이쪽 휴로 侵犯해 들어오기도 하기 때문에, 1휴
가 수용해야 할 필지 수는 20에 이를 수도 있다. 정약용은 1畦圖라
면 현실적으로 존재하는 여러 필지의 위치, 지모 및 면적을 소상
하게 파악하기에 충분하다고 생각했다.

그리고 방전법에서의 방전의 方向은 정전의 방향과는 一致하
지 않는다. 다시 말하면, 방전은 東西南北으로 설정되어야 하는데
대하여 정전은 地勢에 따라 구획되어야 하기 때문이다. 그러나,
「전제별고」에서는 이 점에 대한 설명이 많은 혼란을 일으키고 있
는데, 이 혼란은 바로잡지 않으면 안 된다. 이와 같은 혼란을 극복
할 수 있는 이론적 근거는, 정전법은 地勢에 따라 전지를 정전으
로 구획하는 것이 그 中心的인 과제인데 대하여, 방전법은 측량단
위로서의 方田設定이 그 중심적인 과제라는 점이다. 그러므로, 양
전과 관련되는 한, 정전법은 정전으로의 전지구획에 관한 설명에
중점을 두어야 하며, 방전법은 측량단위로서의 方田設定에 관한
설명에 그 중점을 두어야 한다. 이러한 점을 명확하게 해두는 것
이 앞으로 정약용의 정전법에 관한 연구에 있어서 있을지도 모를
혼란을 예방할 수 있는 길이 되지 않을까 생각한다. 따라서, 정약
용의 방전법에 관한 解說은 우선 그가 그러한 혼란을 일으키고 있
는 자료를 提示하는 것으로부터 출발하고자 한다.

혹자는 말하기를, 經田하는 방법은 혹은 내나 구거를 기준으로
하기도 하고 혹은 도로를 기준으로 하기도 한다. 그 평평하고 곧음
을 기준으로 해서 1畦로 開方하더라도 역시 일을 이룰 수가 있는데,
왜 하필이면 남북으로 경계를 바루고자 하는가. 阡陌을 허물고 도랑
과 두렁을 파괴하는 것으로써 일을 시작하고자 하니, 어찌 고집스럽
지 아니한가 한다. ○대답 : 옛날에는 六鄕과 六遂로써 王宮을 호위
하였다. 왕궁이 이미 남북으로 바루어졌으니, 鄕·遂도 남북을 向했

348

음을 알 수 있겠다. 그 때문에 옛 사람은 전지를 南畝라 이름했다. 이미 南畝라 이름했으니, 전지가 모두 正南으로 향한 것을 알 수 있다王莽이 東田이라 일컫고 晉人이 西疇라 일컬은 것은 옛날의 뜻이 아니다. 『詩經』 에서 이르기를, 경계를 정리하되 그 田畝를 南東으로 했다고 했으니, 남북과 동서를 밝혀서 경위를 바르게 한 이후라야 經田을 할 수 있는 것이다. 『春秋傳』에서 이르기를, 晉人은 齊나라의 封內의 전지를 모두 동쪽으로 향하도록 했다고 했으니杜씨는 두렁과 이랑을 東西로 향하도록 했다고 했다, 반드시 두렁과 이랑의 제도를 본래 남북으로 똑바르게 했는데, 후일에 와서 田畝가 혹 남쪽으로 향하기도 하고 혹 동쪽으로 향하기도 했다. 오늘날 우리나라의 풍속과 같았다면, 晉人이 비록 강하다고 하더라도 어찌 齊人으로 하여금 하루 아침에 그 田畝를 모두 동쪽으로 향하게 할 수 있었겠는가. 三代에 經田을 하는 방법은 본래 남북으로 똑바르게 한 것이 여기에서 명백하다. 내나 구거 혹은 도로는 때때로 변천하므로 그것을 기준으로 하여 經田하는 것은 먼 훗날을 대비하는 방책이 아니다.[112]

위의 인용문은 그것이 속하는 "이에 日表로써 관측해서 남북을 바루고, 4기둥을 세워서 1畦를 구획하는데, 交線을 베풀어서 5×5로 開方한다"[113]는 綱을 해설한 目의 문장이다. 다시 말하면, 측량을

---

112) 或曰, 經田之法, 或因川渠, 或因道路. 因其平直, 開方爲畦, 亦可以爲田, 何必子午是正乎. 決裂阡陌, 破壞溝塍, 將由是權輿, 豈不拗哉.○答曰, 古者六鄉六遂, 以衛王宮. 王宮旣正子午, 卽鄉遂之制, 亦正子午可知. 故古人名田, 謂之南畝. 旣名南畝, 田皆南直可知王莽稱東田. 晉人稱西疇, 非古意也. 詩云, 我疆我理, 南東其畝, 明子午卯酉, 經緯正直而後, 斯可以經田也. 春秋傳, 晉人使齊之封內, 盡東其畝杜. 云使壟畝東西行. 必其壟畝之制, 本直子午而後, 或南其畝, 或東其畝. 若如今日之東俗, 晉人雖強, 豈能使齊人一朝盡東其畝哉. 三代經田之法, 本直子午, 於斯明矣. 川渠道路, 時有變遷, 憑此爲田, 非經遠之術也.(『全書』五 − 經世遺表九 − 十六 後面, 田制別考二)
113) 迺測日表, 以正子午, 迺植四楹, 以作一畦, 迺施交線, 以開五五.(『全書』五 − 經

위한 方田 1畦의 座標設定에 관한 해설이다. 위의 문장에서는, 1畦의 좌표설정이 논의의 主題인데도 불구하고, 전지의 경지정리에 관한 설명도 거기에 못지않을 정도로 중요하게 다루어지고 있다. 결론적으로 말하면, 1畦의 설정에 있어서는 座標設定 못지않게 좌표와 같은 방향으로의 경지정리도 중요하게 다루어지고 있는 것이다. 즉, 耕地整理와 方田設定에 대한 이러한 혼란스런 설명은 모든 전지가 동서남북으로 구획된 고대의 방전과 단순한 후세의 測量單位로서의 방전설정에 관한 설명이 서로 뚜렷하게 구별되지 않은 채 여기저기서 이루어지고 있기 때문이다. 방전의 구획과 방향설정에 대한 고전적 근거자료로서 제시된 다음의 설명도 그러한 사례라 할 것이다. 정약용은 『주례』의 首章인 '惟王建國, 辨方正位, 體國經野'에서의 남북으로의 방위설정의 규정이 鄕·遂로부터 遠郊, 邦甸, 家削, 邦縣 및 邦都를 거쳐서 전지의 방위설정에 이르기까지를 규정하는 것으로 해석하고 있다. 천자국인 王畿千里는 國中, 近郊, 遠郊, 邦甸, 家削, 邦縣 및 邦都로 구획되는데, 이들을 모두 國中과 같이 正南으로 향하도록 분할하는 것이 불가능함은 말할 필요도 없거니와, 모든 전지의 경계가 모두 正南으로 향하도록 구획하는 것도 사실상 불가능하다. 따라서, 方田과 井田의 방향은 일치할 수가 없다. 전자는 동서남북을 따르고 후자는 지세를 따라야 하기 때문이다. 정약용 스스로도 「정전의」에서는 정전으로의 전지구획은 지세에 따를 수밖에 없음을 누누이 설명하였다. 그럼에도 불구하고 그가 「전제별고」에서 1畦의 방향과 1井의 방향을 혼동한 이유는 어디에 있었을까. 그것은 정전법에서는 정전으로의 전지구획이 기본과제인데 대하여 방전법에서는 測量單位의 方田設定이 기본과제라는 점을 확실히 구별해서 인식하지 못한

世遺表九 - 十六 前面, 田制別考二)

데 기인했던 것으로 보인다. 만약 방전의 설정에 있어서도 溝渠를 掘鑿하는 등의 전지구획 작업을 본격적으로 시도하려고 했더라면, 방전과 정전의 방향이 일치할 수 없다는 사실을 곧바로 깨달을 수 있었을 것이다. 그러므로 측량단위로서의 방전설정에 관한 논의에 있어서는 전지구획의 문제가 배제되지 않으면 안 된다는 사실을 알 수 있다. 그리고 그도 1휴의 방전은 동서남북으로 설정했으나 그 속의 전지의 경계는 동서남북으로 정리하고 있지 않은 것이다.

논의를 더 전개하기 전에 여기서 사용하는 用語에 대하여 약간의 정리를 해두고자 한다. 模田으로서의 방전과 일반의 방전이다. 모전으로서의 방전은 "바둑알이나 별처럼 펼쳐진(碁置星羅)" 測量基点으로서의 방전이요, 일반의 방전은 모전의 연장선상에서 일반 농지에 설정되는 측량단위로의 방전이다. 그러니까 전국의 전지는 모두 방전으로 구획되어 어린도로써 양전되지만, 모전으로서의 방전은 측량기점이기 때문에 그 네 모서리에 墩臺를 설치하여 오래도록 마멸되지 않고 양전기점으로서 역할하도록 存置되어야 한다. 정약용은 기존의 전지 중에서 모전으로 설정되기 쉽게 이미 네모반듯하게 구획되어 있는 전지를 선택하여 모전을 설정하도록 권유하고 있으나, 그 모전의 경계의 방향이 반드시 동서남북으로 바르게 설정되어 있을 가능성은 없어 보인다. 그가 이러한 고려를 하게 되는 것은 모전으로서의 방전이 동서남북으로 반듯하게 경지정리가 되어 있어야 한다는 그의 생각에서 연유하는 것으로 보이나, 앞에서 이미 지적한 바와 같이, 방전은 동서남북으로 반듯하게 경지정리를 할 수도 없거니와 그렇게 할 필요도 없다. 그러므로 모전의 설정은 현실적으로 존재하는 전지의 境界와는 관계없이 그 주위 농지의 측량기점이 되기에 적당한 곳에 이루어져야 할 것으로 보인다.

측량기점으로서의 방전이 설정될 지점이 확정되면, 거기로부터 1畦로의 구획 작업에 착수한다. 본래 양전은 중앙정부로부터 파견된 量田使 혹은 均田使(조선전기에는 敬差官이라 불렀다)가 守令의 협조를 받아서 행한다. 그러므로 1휴의 설정에 있어서는, 양전사의 지휘를 받는 (都)監官, 面都監 및 坒使令 등은 버드나무의 汁을 먹인 양전에 쓰일 새끼줄, 지면의 수평을 측정하는 地平準과 行審冊인 草本冊, 어린도를 그릴 붉은 물감과 벼루, 방위를 측정할 羅針盤 및 田籍을 실을 수레 등을 준비하고, 그 휴의 전부들에게는 방전을 설정하는 데 필요한 標木으로 세울 나무기둥 2~4枚, 돌이나 자갈 200개 및 黃土 20여 짐을 준비하도록 한다. 그리고 1휴의 설정이나 돈대의 축조를 위한 노동력은 기본적으로 그 휴의 전부들이 부담하도록 한다. 「어린도설」1에서는 위와 같은 사정을 다음과 같이 설명하고 있다.

관에서 장차 경계를 바루고자 하면, 먼저 민간에게 타일러 10두락마다 전부들이 標木 4개를 自備토록 한다. 다른 전지와 서로 접해 있는 경우에는, 혹 3개나 2개를 준비하도록 하되, 그 표목의 굵기는 한 줌만 하며, 곧기는 화살과 같으며, 길이는 한 발만 해야 쓸만할 것이다. 또 10두락마다 각각 돌과 자갈 200개와 황토 20짐을 비치하게 해서 돈대를 축조할 자료에 대비한다. ○관에서 미리 준비할 것은 버드나무의 즙을 먹인 새끼줄, 地平準과 草本冊, 붉은 물감과 벼루 및 田籍을 실을 수레이며, 나머지는 걱정할 것이 없다. 전적을 실어나르는 데 있어서는 반드시 遊衡小車를 만들어서 小奴로 하여금 끌게 해야 한다.114)

---

114) 官將經田, 先諭民間, 每田十斗之落, 各其佃夫, 自備表楬之木四枚. 其與他田相接者, 或備三枚, 或備兩枚, 其大如握, 其直如矢, 其長一丈, 斯可用也. 又每十斗

352

1畦의 설정을 위한 준비가 끝나면, 양전이 제대로 이루어질 수
있도록 1휴를 설정하는데, 우선 日表를 대신하여 羅針盤으로써 1
휴의 방향을 잡는다. 밑변과 높이가 각각 한 발이 되는 4개의 큰
曲尺을 만들어서, 1휴의 네 모서리에 설치하고, 그것을 기준으로
길이 50보와 너비 50보의 1휴의 圍線을 친다. 그리고 4모서리에는
길이가 한 발인 한 웅큼만 한 크기의 기둥을 세우고, 方1步와 높이
2步의 돈대를 설치한다. 다시 말하면, 4개의 표목이 4개의 돈대 위
에 세워지게 된다. 그리고 표목에 두 개의 구멍을 뚫어서 하나는
經線을 받고 하나는 緯線을 받도록 하는데, 그 圍線 위에 경위선
10보마다 각각 4줄의 經線과 緯線을 친다. 이와 같이 경위선이 교
차하게 되면, 1휴 10두락이 25의 區域으로 분할되는데, 그 1구는 4
升落 1畝이다.

土圭로써 해의 그림자를 측정하는 것이 古法이나, 오늘날은 子午
針盤을 대용한다. 1坪우리나라에서는 전지를 坪이라 한다을 양전할 때마다
우선 西南으로부터 시작하여 자오침반북방에서는 동북으로부터 시작한다
을 살펴서, 經線은 남북으로 緯線은 동서로 새끼줄로써 네 모서리에
줄을 치되, 길이 50步와 너비 50보로써 1畦를 구획한다. ○먼저 큰
曲尺 네 개를 만들되, 밑변과 높이의 길이를 한 발로 하고, 이것을
네 모서리에 설치하여, 새끼줄을 바룬다. ○그 새끼줄이 바루어지면,
4개의 標木을 세우는데, 표목은 곧아야 하며, 그 크기는 한 웅큼민간
에서는 한 줌이라 한다만 하다. 표목의 옆구리에 두 개의 구멍을 뚫는데,
하나는 經繩을 받고, 하나는 緯繩을 받는다. ○그 표목이 이미 세워
지면, 네 개의 돈대를 설치하는데, 그 모양을 正方하게 하되, 한 面은

___

之落, 各置石礫二百箇, 黃土十餘擔, 以備築墩之用. ○官所豫備者, 楡汁之繩,
地平之準及草本之冊, 畫硯之朱, 載籍之車, 餘不足爲意也. 載輪田籍, 須作游衡
小車, 令小奴運之.(『全書』五 - 經世遺表九 - 十五 後面, 田制別考二)

각각 1步이고, 높이는 2尺이다步尺을 사용한다. ○이제 그 畦를 쳐다 보면, 여러 배미가 섞여 있는데, 기울기도 하고 비스듬하기도 하고 뾰족하기도 하고 뭉툭하기도 하며, 개 이빨처럼 들어와 있기도 하다. ○경위선을 교차하도록 치되, 10보마다 한 줄씩 친다. 經線이 넷圍線과 합하면 6이다이며 緯線이 넷圍線과 합하면 6이다인데, 경선과 위선이 서로 교차하면, 여기에서 25區가 나타나게 된다. 25구는 각각 4升落씩이니, 이 한 둘레 안은 10두락이 된다.[115]

---

115) 土圭測景, 古法也. 今以子午針盤代之. 每疆理一坪東俗, 田地謂之坪, 先從坤維, 察子午鍼盤北方, 自艮維. 經線直子午, 緯線直卯酉, 以引其繩, 以作四圍之線, 長五十步, 廣五十步, 以作一畦○先作大曲尺四枚, 其勾股各長一丈, 施之四隅, 以正其繩○厥繩旣直, 酒植四楹, 須用直木, 其大如搤俗所云一握. 腰穿二孔, 一受經繩, 一受緯繩○厥楹旣植, 乃築四墩. 其形正方, 面各一步, 其高二尺用步尺○酒眂厥畦, 諸田交錯, 欹斜銳鈍, 犬牙相入○酒施交線, 每到十步, 卽設一繩. 經者四線竝圍線爲六, 緯者四線竝圍線爲六, 經緯相交, 二十五區於是呈顯. 二十五區, 各種四升, 卽此一圍, 爲十斗落.(『全書』五 - 經世遺表九 - 十六 前面, 田制別考二)

近世日本의 檢地圖

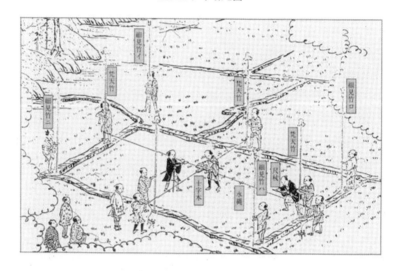

檢地의 상황

가는 竹竿 イ와 ロ가 세워진 위치에 주의하라. 좌측 안쪽 구석의 邊이 조금 짧은 臺形의 토지를 측량함에 있어서, 가는 竹竿 イ 는 조금 바깥쪽으로, 가는 竹竿 ロ 는 조금 안쪽으로 세워서 長方形으로 만들어 計測하고 있다. 이와 같이 면적에 차가 나지 않도록 目測으로 조금 붙여넣기도 하고 끊어내기도 하면서 竹竿을 꼽는다. 이것을 目測(見打ち)이라고 한다.(安藤 博編,『德川幕府縣治要略』, 赤城書店, 1915로부터)

1휴로의 전지구획이 완료되면, 곧 魚鱗圖를 작성한다. 어린도의 작성에 있어서 가장 주의할 점은 어린도가 虛空에서 작성될 수는 없다는 것이다. 즉, 경위선이 쳐진 測量現場에서 작성되어야지 책상머리에서 작성되어서는 안 된다는 것이다. 이것은 어린도를 작성하기 위해서는 반드시 전지를 경위선으로써 정정방방하게 구획하지 않으면 안 된다는 것이다. 정전법의 경우에 있어서는 구거로써 전지가 정전으로 구획되어야 하며, 방전법의 경우에 있어서는 1휴의 네모에 墩臺가 설치되고 圍線과 經緯線이 설치됨으로써 전지가 4升落 1畝씩으로 구획되어야 한다. 경위선은, 기본적으로 10步의 간격으로 4줄씩을 설치하는 것이지만, 전지의 境界를 정밀하게 그리기 위해서는 경위선의 간격을 더 좁힐 수도 있을 것이다. 이렇게 1휴를 구획하면, 佃夫들의 環視裏에 1휴 내에 있는 각 필지의 경계가 명료하게 나타날 것이다. 이에 畵工을 불러서 경위선이 쳐진 1휴의 도면 위에 붉은 물감으로 각 필지의 두렁을 그려넣도록 한다. 이로써 1휴의 어린도가 완성된다. 검은 먹물로 그려진 方眼圖面 위에 붉은 물감으로 그려진 전지 1필의 경계선이 고기비늘과 흡사하므로, 이를 魚鱗圖라 한다. 정약용은 경위선으로써 실제로 전지를 1휴로 구획하지 않고서는 방전법과 어린도가 성립할 수 없다는 점을 거듭거듭 강조했다. 이와 같이 정약용이 전지가 존재하는 현장에서 전지를 방전으로 구획하여 측량하고자 한 것은 결부제하에서 전지를 5가지의 전형으로 紙面上에서 구획하여 양전하는 기존의 양전방법을 극복하기 위한 것이다. 정약용의 이러한 의도는 아래의 인용문에서 명백히 읽을 수 있다.

　　혹자는 말하기를, '洪武의 어린도는 실은 전지를 하나도 빠뜨림이 없는 좋은 양전방법이니 따르지 않을 수 없으나, 5×5로 開方하여 畦田을 구획하는데 대해서는 『明史』에도 明文이 없다. 나는 어린도

는 작성하고 싶지만 네모반듯하게 1휴로 구획하고 싶지는 않은데,
어떻게 하면 좋을지 모르겠다' 한다. 신은 어린도는 민 땅에서 그려
낼 수 없다고 생각한다. 장차 어린도의 모양을 그려내려면 반드시
經緯線을 쳐야 할 것이요, 경위선을 치지 않고 어린도를 그려내는
것은 이치상 불가능하다. 진실로 사람이 형세를 살피는 것이 두둑마
다 차이가 나므로 눈썰미는 믿을 수 없는 것이다. 간사한 아전들이
打量함에 있어서 마음대로 折長補短하므로 1휴의 둘레줄만을 믿을
수는 없는 것이다. 오직 경위선만은 地面에 펼쳐져 있어야 하며, 원
래 두 선 사이는 각각 10보씩[畝는 方10步이다]이나 두 步의 사이는 본
래 각각 6尺[1步는 方6尺이다]이니, 윗배미 및 아랫배미와 왼쪽배미 및
오른쪽배미로서 개 이빨처럼 물고 들어온 경계가 혹 몇 보가 되고
혹 몇 척이 되는지가 뭇 사람들의 눈앞에 뚜렷이 나타날 것이다. 이
에 畫工이 붓을 들고 두렁의 경계를 그리면, 이를 가리켜 어린도라
한다. 이 어린도를 작성하고자 하면 반드시 경위선을 쳐야 하고, 이
미 경위선을 치면 이를 方量이라 이름한다. 그 때문에 신은 '어린도
가 곧 方量法이고 방량법이 곧 어린도이니, 경위선을 치지 않고 어
린도를 그리는 것은 이치상 불가능하다'고 하는 것이다. 어린도가
이미 작성되면, 이치상 마땅히 貯藏해두고 田籍이라 불러야 한다. 지
금 민 땅에 단지 어린도만 작성하려고 한다면, 신은 그것을 어떻게
할 수 있는지를 모르겠다.[116]

---

116) 或曰, 洪武魚鱗之圖, 旣是無漏之良法, 則不可不遵. 而其必五五開方, 畫爲畦
田, 則明史亦無明文. 吾欲但作魚鱗, 不作方畦, 不知如何. 臣以爲魚鱗圖不可懸
空畫出. 將摸魚鱗之形, 必打經緯之線, 不打線而摸魚鱗, 理所不能也. 誠以人之
視勢, 跬步以差, 目巧不可憑也. 奸吏打量, 折補唯意, 圍繩不可恃也. 唯經緯之
線, 張于地面, 而兩線相距之間, 原各十步―畝方十步, 二步相距之間, 原各六尺―
步方六尺, 則上齧下齧左齧右齧, 其犬牙相入之界, 或攙幾步, 或攙幾尺, 瞭然呈
現于衆目之前. 於是畫工執筆, 摸其畦界, 此之謂魚鱗圖也. 欲作此圖, 必打此
線, 旣打此線, 是名方量. 臣故曰魚鱗圖, 卽方量法, 方量法, 卽魚鱗圖, 不打線
而摸魚鱗, 理所不能也. 旣作此圖, 理應藏弆, 名之曰田籍. 今欲於空蕩蕩地, 單

어린도가 작성되면, 字號와 地番을 주고 甲乙丙丁으로 字標를 나누어서 1휴의 세액을 조사한다. 1휴는 25畝이므로, 그 전등만 결정되면. 결부수는 쉽사리 계산될 수 있다. 그러나, 조선시대의 量田慣行에 따르면, 改量을 할 때 각 필지의 결부수는 특별한 변동이 없는 한 舊量案의 그것에 따르고, 새로 발생한 陳田과 新起田만을 조사하도록 되어 있었다. 그러므로 새로운 양전기법으로서 방전법을 도입한다고 하더라도, 결부수의 조사는 옛날의 양전관행에 따르도록 했다. 量田慣行에 따르면, 새로 발생한 陳田과 新起田이 없는 경우, 1휴의 결부수는 필지가 온전하게 혹은 대부분이 이 휴에 들어 있는 배미의 결부수를 먼저 계산한 다음, 다른 휴의 필지의 邊角으로서 이 휴로 들어와 있는 것을 합하고, 이 휴의 필지의 邊角으로서 다른 휴로 삐져나간 것을 빼면 계산된다. 그러나, 전세의 査定에 있어서는 佃夫들의 同意를 받는 과정이 필요하다. 그래서 정약용은 조선시대의 양전관행에 따라 舊양안을 기초로 전부들이 商議하여 스스로 각 필지의 세액을 결정하도록 했다. 이러한 전세결정의 방법은 전부들의 동의를 받는 과정일 뿐만이 아니라 서리들의 부정행위를 방지하는 방법이기도 했다. 그러나, 방전법의 도입은 結總을 크게 증가시킬 것으로 예상했다. 왜냐하면, 어린도는 無漏法이기 때문에 서리들의 逋欠 등으로 종래 과세대상에서 漏落되었던 전지 즉 隱結이나 餘結이 전부 출세결로 파악될 것이기 때문이다.

  가령 1휴의 畓 10두락이 있는데, 8두락은 모두 4배미고 2두락은 이웃 휴의 배미로서 개 이빨처럼 들어와 있는 것이라고 하자. 方圍의 줄이 이미 둘러쳐지면, 여러 佃夫뭇 경작자들이다를 불러모아 각각 전적

作魚鱗之圖, 臣不能左右之也.(『全書』五 – 經世遺表九 – 三十一 前面, 田制別考三)

을 詳考하여 8두락 4배미의 전세 25負를 한 종이에 移錄한다. 또 이웃 휴의 전부들을 불러서 전적을 상고하고 그 本배미의 舊세액은 모두 15부이지만 邊角으로 이 휴로 들어온 것이 그 불과 3분의 1인 2두락이면, 10부는 저쪽 휴에 기록하고 5부는 이쪽 휴에 기록한다. 이에 이 휴의 25畝 10두락은 그 세액이 모두 30負뿐인데, 이 30부는 제5등畓中 中田이다이다(田分九等에 따랐다 — 필자). 이윽고 田案에 기록하기를, 玄字第2畓假令이다으로 제5등인데, 세액은 30부이다 한다.[117]

　1휴의 필지별 결부수가 사정되면, 田籍을 작성한다. 전적이란 1 휴도의 上段에 적힌 圖說인데, 도설은 첫 行이 "南始鄕 東一里 柳川 坪 天字第1畓25畝"이므로, 전적이 1휴씩으로 정리됨을 알 수 있다. 전적의 기록항목은 字號, 地番, 甲乙丙丁의 字標, 字標別 배미수·두 락수·결부수, 稅總, 전지의 等級 및 四至이다. 1휴의 전적이 종래의 전적과 다른 점은 전적에 배미수와 두락수가 기입되는 대신 전주의 이름이 없는 것이다. 전적에 전주의 이름이 기재되지 않는 것은 전지가 王田이요 전적이 王籍이기 때문이라고 한다. 그리고, 전주의 이름은 私券式을 따로 두고 거래가 일어날 때마다 사권식을 발행하는 것으로써 충분하다고 하였다. 여기에서 정약용은 또 한번의 錯誤를 일으키고 있는 것으로 보인다. 「전제별고」에서의 양전은 종래의 토지소유관계를 전제로 하는 결부제하의 양전이다. 지주제를 중심으로 하는 사적 토지소유가 엄연히 존재하는 데도 불구하

---

117) 假如一畦之畓, 十斗之落, 其八斗之落, 總爲四䋆, 其二斗之落, 乃鄰畦之䋆, 犬 牙來入者. 於是方圍之繩, 旣張旣整, 乃召諸佃衆作者, 各考田籍, 其八斗落四䋆 之稅, 二十五負假令也, 移錄一紙. 又召鄰畦諸佃, 考其田籍, 其本䋆舊額, 總爲 十五負, 而其邊角之入於此畦者, 不過三分之一二斗之落, 則十負錄之於彼畦, 五負錄之於此畦. 於是此畦二十五畝, 十斗落之地, 其稅額通共三十負而已, 三 十負者, 第五等之畓也中中等. 遂於田案, 錄之, 曰 玄字第二畓假令也, 今定爲第 五等, 稅額三十負.(『全書』五 - 經世遺表九 - 二十三 前面, 田制別考三)

고, 그들을 토지소유로부터 배제하는 전적을 작성한다면, 이것은 현실적 토지소유관계를 혼란시키게 될 것이다. 그리고 만약 정전법의 시행으로 국가적 토지소유가 실현된다고 하더라도, 時占(국유지의 경작권을 分給 받은 농민)의 이름은 반드시 전적에 기재되어야 할 것으로 보인다. 국가는 束伍軍을 편성하고 공전을 경작하기 위하여 時占을 수시로 동원하지 않으면 안 되는데, 전적에서 時占들이 파악되지 않는다면, 그들을 제대로 동원하는 일이 불가능할 것이다. 그리고 시점들은 私券式을 두어서 따로 파악된다고는 하지만, 이것은 그들을 地籍圖와 분리해서 파악하게 되는데, 지적도와 별도로 작성되는 私券式은 시점을 전지에 卽해서 파악하는 장부가 될 수 없다. 「전제별고」에서의 田籍 作成 樣式에 있어서는 여러 가지의 문제가 있으나, 아래에서 정약용의 전적에 대한 설명을 소개함으로써 독자들의 이해를 돕고자 한다.

　이에 圖帳을 가져다가, 圖說을 붙이고, 田籍을 작성하며, 私券을
발행한다.

　圖說式
　南始鄕面의 명칭이다 東一里 柳川坪 天字第1畓25畝
　甲字 3배미 3斗落 稅額 10負[118]
　乙字 6배미 4두락 세액 12부
　丙字 5배미 3두락 세액 8부

---

118) 1井圖의 說明에서는 배미를 字標라하고(『全書』五 - 經世遺表八 - 五 前面, 井田議二), 「田制」 5에서는 甲乙丙丁 등을 字標라했는데 (『全書』五 - 經世遺表六 - 二十二 後面, 田制五), 또 圖說式에서 甲乙丙丁內에 또 배미가 있다고 했다. 도면상으로 보면, 배미와 字標가 하나로 통일되어야 할 것으로 보인다.

이상 14배미 10두락 稅總 30負. 이번에는 田等을 第5等으로 정한다
동쪽으로는 柳川과 接했는데, 5간 집만한 巖石이 있다
서쪽으로는 天字第2畓과 접했다
남쪽으로는 本田의 町田 9畝에 접했다
북쪽으로는 玄字第7畓과 접했다

田籍이란 圖本이 없는 장부이며 다른 것이 아니다

혹자는 '전적이라 이름하면서 田主와 田客의 이름이 없는 것은 무엇 때문인가' 한다. 대답하기를, '이것은 王田이요 사전이 아니니, 어찌 전주와 전객의 이름이 있을 수 있는가. 전주와 전객은 때에 따라 변하니, 이것을 王籍에 적어두어서 장차 어디에다 쓸 것인가. 오직 이른바 전주는 사사로이 券契을 작성하여 서로 憑驗할 뿐이다' 한다

私券式[119]
行縣令은 考驗할 일이다. 本縣 南始鄕 東一里 柳川坪에 있는 天字第1畓의 乙字六卽4斗落은 稅額이 4負요 本價가 40兩이다. 사정상 매매하려고, 本主 李泰根과 買者 金尙文이 呈文을 작성했다. 이에 따라 券契를 작성하니, 後日에 증거로 삼을 것.
嘉慶10年乙丑10月15日打印. 行縣令花押. 田監崔聖昌署名. 田吏安得杓署名

---

119) 「序官」券契司에서는 "가옥, 산림, 田園 및 노비"의 매매나 상속의 경우는 사사로이 사권을 작성할 것이 아니라 法司에서 증명서의 발급을 받고 이를 國家公簿인 版籍에 기록해 두어야 한다고 했다. 권계사의 구상은 여기서의 구상과 같지 않다.

마땅히 위와 같이 木版으로 彫刻하는데 결정되지 않은 文句는 空欄으로
두고 채우기를 기다린다 照訖帖子와 같이 두꺼운 종이에 찍어내어, 사사로
이 매매가 있을 때 마다 반드시 官에 나아가 권계를 받도록 하는데, 이
를 紅契印文이 있다라 부른다. 만약 홍계가 없는 경우는 고발하도록 하
여 관에서 몰수하는 것이 옳다. 田吏가 권계를 발행할 때마다 10兩에
10文을 납부하게 하는데, 100분의 1세는 줄여서는 안 된다.[120]

이상으로써 기존의 결부제를 전제로 하고 방전법을 기초로 하
는 양전에 관한 논의는 사실상 끝난다. 그러나, 조선후기에는 田
分六等과 年分九等의 결부제가 이미 혼란에 빠져서 제 기능을 하
지 못한 지가 오래되었다. 그리고, 대동법과 균역법 등의 개혁으
로 貢物과 軍役의 부담도 田結의 부담으로 전환되어 갔는데, 이
부담들은 한결같이 結負單位로 부과되었다. 다시 말하면, 조선후
기에는 이미 연분9등은 시행되지 않고, 전세가 결부를 단위로 부
과되고 있었던 것이다. 여기에서 정약용은 기존의 결부제를 전면

---

120) 迺取圖帳, 備作圖說, 迺作田籍, 迺詔私券.
圖說式. 第一行 南始鄕面名也東一里柳川坪, 天字第一畓二十五畝. 第二行 甲字三
㽝三斗落, 稅額十負. 第三行 乙字六㽝四斗落, 稅額十二負. 第四行 丙字五㽝三斗
落, 稅額八負. 第五行 已上十四㽝十斗落, 稅總三十負, 今定第五等. 第六行 東界
柳川之水, 有巖石如五間之屋. 第七行 西界天字第二畓. 第八行 南界本田, 南町之
田八畝. 第九行 北界玄字第七畓. ○田籍者, 無圖之籍, 非有他也.
或日, 名日田籍, 無田主佃客之名, 何也. 日, 此王田, 非私田, 安得有田主佃客
之名. 田主佃客, 時月以變, 錄之王籍, 將焉用之. 唯所謂田主, 私作券契, 以相
憑驗而已 ○私券式. 行縣令爲考驗事. 本縣南始鄕東一里柳川坪, 天字第一畓,
乙字六㽝四斗落, 稅額四負, 本價錢四十兩。 情願交易, 本主李泰根, 買者金尙
文, 兩造呈文. 依此成券, 以憑日後者. 別行 嘉慶十年乙丑十月十五日打印. 行縣
令花押. 田監崔聖昌署名. 田吏安得杓署名. ○宜用木板, 開雕如上其未定之文 空而
待塡. 印掃堅紙, 如照訖帖子, 每私有賣買, 必赴官出券, 名日紅契有印文. 若無紅
契者, 許發告屬公可也. 其田吏出券, 每錢十兩, 納錢十文, 百一之稅, 未可少
也.(『全書』五 - 經世遺表九 - 十九 前面, 田制別考二)

적으로 개혁하지 않으면 안 된다고 생각했는데, 그 개혁의 기본방향은 연분9등을 폐지하고 田分六等을 年分九等으로 개편하여 종래의 20분의 1세를 새로이 설정하는 것이었다. 전분9등제를 도입하고자 한 것은, 그가 그것을 이상적인 고대왕정의 일환이라고 생각한 점도 있지만, 방전법에 의한 양전이 행해지면 과세대상인 경지의 실태에 대한 파악이 용이하게 된다고 생각하고 전등을 토지생산성의 실태에 알맞도록 설정할 수 있다고 생각했던 것이다. 이러한 생각을 가지고, 그는 전등을 9등으로 나누는데 머물지 않고, 전지가 지극히 肥沃한 別田三等과 전지가 아주 瘠薄한 外田六等을 두어서, 토지생산력을 충실하게 반영하는 전세제도를 수립하고자 했다. 별전3등을 두고자 한 것은 특별히 생산력이 높은 전지가 僥倖으로 그에 상응하는 과세로부터 면제되는 것을 허용하지 않기 위해서요, 外田六等을 두고자 한 것은 생산력이 낮은 토지에 대해서는 특별히 그 세율을 낮추어서 과중한 과세로 續田 등이 陳田으로 묵게 되는 것을 방지하기 위해서였다. 그리고, 그는 여기에 머물지 않고 당시 광범위하게 존재했던 火田에 대해서도 별도의 전세제도를 두었다.

　그가 위와 같이 전등을 설정한 것은, 柳馨遠의 전등설정도 참고했지만, 그의 고향인 경기도와 그의 귀양지였던 康津을 비롯한 그 이웃 고을의 水稻作生産力을 참고했다고 한다. 강진 부근에는 五出畓이라는 것이 있는데, 이것은 1두락에 租100斗(5섬)를 수확하는 전지이다. 이것을 1등으로 잡았다. 또 大出畓이라는 것이 있는데, 1두락에 租20斗(1섬)를 거두는 전지이다. 五出畓과 大出畓 사이를 9등으로 갈랐다. 『萬機要覽』의 '今每一負, 出租一斗'의 조선후기 과세기준에 따라서 1畦10斗落의 전세를 1等田 50負租50斗로부터 9等田 10負租10斗까지로 설정했다. 각 등의 토지생산력은 수년의 평균치로 잡도록 했다. 또 강진의 이웃인 長興과 寶城에는 승번질(升反作:1升落에서 1두락의 수확을 거둔다는 뜻이다)이라는 것이 있는데, 이것은 1두락에 租 200斗(10섬)를 수확하는 전지이다. 그러나 승번질에 관한 정보는 傳聞에 불과했으므로, 그가 직접 목격한 1두락에 7~8섬을 생산하는 전지를 別田三等으로 잡았다고 한다. 그러나, 별전3등은 湖南에서도 아주 예외적인 것이라 보았다. 京畿道라면, 京城 郊外의 미나리밭이나 배추밭의 數畦에서나 겨우 이만한 생산성을 가진 전지가 있을 것으로 보았다.[121] 外田六等의 전지는 호남에서는 드물었으나, 경기도에서는 아주 흔했다고 한다. 이들에 대한 전세의 설정은 아래의 자료를 참고하기 바란다. 정약용이 연분9등을 폐지할 수 있었던 것은, 새로운 양전 방법에 따르면 課稅 對象 筆地의 확인이 용이하므로, 逐段審定에 의한 執災로 年分을 대신할 수 있었기 때문이다.

田分九等

一等畓	1斗의 씨를 뿌려 100斗를 거둔다	10斗落.	收穫 1000斗.	○稅50負 租50斗
2등답	1두의 씨를 뿌려 90두를 거둔다	10두락.	수확 900두.	○세45부
3등답	1두의 씨를 뿌려 80두를 거둔다	10두락.	수확 800두.	○세40부 조40두
4등답	1두의 씨를 뿌려 70두를 거둔다	10두락.	수확 700두.	○세35부
5등답	1두의 씨를 뿌려 60두를 거둔다	10두락.	수확 600두.	○세30부 조30두
6등답	1두의 씨를 뿌려 50두를 거둔다	10두락.	수확 500두.	○세25부
7등답	1두의 씨를 뿌려 40두를 거둔다	10두락.	수확 400두.	○세20부 조20두
8등답	1두의 씨를 뿌려 30두를 거둔다	10두락.	수확 300두.	○세15부
9등답	1두의 씨를 뿌려 20두를 거둔다	10두락.	수확 200두.	○세10부 조10두

---

121) 제5장의 주106을 참조.

364

또 別田三等

別一等畓 1斗의 씨를 뿌려 160斗를 거둔다 10斗落. 收穫 1600斗 ○稅80負
별2등답 1두의 씨를 뿌려 140두를 거둔다 10두락. 수확 1400두 ○세70부
별3등답 1두의 씨를 뿌려 120두를 거둔다 10두락. 수확 1200두 ○세60부

　　또 外田六等

外田一等畓 1斗의 씨를 뿌려 18斗를 거둔다 10斗落. 收穫 180斗 ○稅9負
외전2등답 1두의 씨를 뿌려 16두를 거둔다 10두락. 수확 160두 ○세8부
외전3등답 1두의 씨를 뿌려 14두를 거둔다 10두락. 수확 140두 ○세7부
외전4등답 1두의 씨를 뿌려 12두를 거둔다 10두락. 수확 120두 ○세6부
외전5등답 1두의 씨를 뿌려 10두를 거둔다 10두락. 수확 100두 ○세5부
외전6등답 1두의 씨를 뿌려 8두를 거둔다 10두락. 수확 80두 ○세4부122)

---

122) 酒分九等, 酒定稅額. 別田三等, 外田六等, 各差其率. 量其所出, 二十而取一先
以水田出稅率, 旱田之稅觀此出率.

　　一等畓種一斗, 收百斗, 種十斗. 收千斗. ○稅五十負租五十斗.
　　二等畓種一斗, 收九十, 種十斗, 收九百. ○稅四十五負.
　　三等畓種一斗, 收八十, 種十斗, 收八百. ○稅四十負租四十斗.
　　四等畓種一斗, 收七十, 種十斗, 收七百. ○稅三十五負.
　　五等畓種一斗, 收六十, 種十斗, 收六百. ○稅三十負租三十斗.
　　六等畓種一斗, 收五十, 種十斗, 收五百. ○稅二十五負
　　七等畓種一斗, 收四十, 種十斗, 收四百. ○稅二十負租二十斗.
　　八等畓種一斗, 收三十, 種十斗, 收三百. ○稅十五負.
　　九等畓種一斗, 收二十, 種十斗, 收二百. ○稅十負租十斗.

　　又別田三等
　　別一等畓一斗收百六十, 種十斗, 收千六百斗. ○稅八十負.
　　別二等畓一斗收百四十, 種十斗, 收千四百斗. ○稅七十負.
　　別三等畓一斗收百二十, 種十斗, 收千二百斗. ○稅六十負.

　　又外田六等
　　外田一等畓一斗收十八斗, 種十斗, 收百八十斗. ○稅九負.
　　外田二等畓一斗收十六斗, 種十斗, 收百六十斗. ○稅八負.

2. 1井圖와 1畦圖

조선에서는 본래 전적에 지적도가 없었다고 한다. 앞에서 설명
한 바와 같이, 조선에서는 수등이척제의 결부제 때문에 양전이 區
域單位로 이루어지지 못하고 筆地單位로 이루어짐으로써, 여러 필
지가 한 圖面 위에 나타나는 지적도가 제작될 수 없었던 것이다.
그러나, 지적도는 양전을 위해서는 말할 것도 없고 징세를 위해서
도 반드시 필요한 장부이다. 그러므로 정약용은 전적의 일환으로
서 지적도가 반드시 확보되어야 한다고 생각했다. 앞에서도 누누
이 지적한 바와 같이, 그의 양전방법은 井田法, 方田法 및 魚鱗圖
이다. 다시 말하면, 정전법과 방전법에 의한 양전은 반드시 어린
도를 同伴하게 되어 있었다. 그러므로 그의 양전방법에 따르면,
지적도는 저절로 확보될 수 있는 것이다. 그러나, 「전제」와 「전제
별고」 등을 자세히 검토해 보면, 그가 전적의 일환으로서 지적도
를 확보하려고 한 계기는 그의 양전방법뿐만이 아니라 조선후기
의 地圖發達史와도 깊은 관련이 있었던 것으로 보인다. 어린도와
지도와의 관계에 대한 그의 설명은 그가 16세로부터 私塾했던 星
湖 李瀷의 邦域地圖에 대한 언급을 매개로 이루어지고 있는데, 이
익의 방역지도에 대한 관심은 그의 畏友 農圃 鄭尙驥의 東國地圖
에 의하여 자극 받은 바가 컸던 것으로 알려져 있다. 그리고 한국
에서 최초로 한반도의 모양을 제대로 그려낸 정상기의 동국지도
의 성립에 있어서는 마테오 리치의 『坤輿萬國全圖』의 영향이 있었

外田三等畓一斗收十四斗, 種十斗, 收百四十斗.　○稅七負.
外田四等畓一斗收十二斗, 種十斗, 收百二十斗.　○稅六負.
外田五等畓一斗收十斗,　 種十斗, 收百斗　　　○稅五負.
外田六等畓一斗收八斗,　 種十斗, 收八十斗.　○稅四負.
(『全書』五 － 經世遺表九 － 十九 後面, 魚鱗圖說)

음은 더 말할 필요가 없을 것이다. 이렇게 보면, 정약용의 어린도에 대한 인식은 그가 선택한 양전방법과 西洋의 地圖에서 영향을 받은 조선후기 방역지도의 제작기법이 부딪치는 지점에서 이루어졌다고 해도 좋을 것이다.

그러나, 조선후기의 방역지도는 서양의 지도 제작기법으로부터 영향을 받으면서도 그것을 충분히 흡수하지 못한 채 조선 나름의 製圖技法에 따라서 발달했다고 한다.[123] 「전제」와 「전제별고」에서 전개되는 정약용의 어린도에 관한 설명에서도 이러한 점은 확인된다. 그는 우선 어린도의 제작방법을 방역지도의 그것에 따르고 있다. 방역지도에 따른 地籍圖의 제작방법에 관한 이익의 설명은 다음과 같다. "그 상세한 점은 비록 고찰할 수 없다고 하더라도, 대개 田形을 빠짐없이 그리는 것은 오늘날의 방역지도와 같이 한다. 방역이 비록 넓다고는 하지만, 지금 나라에는 여러 道가 있으며, 도에는 여러 邑이 있으며, 읍에는 여러 坊이 있으며, 방에는 여러 里가 있으며, 이에는 각각 坪이 있는 것이다. 작은 것이 큰 것에 통솔되니, 큰 것은 全圖이고 작은 것은 分圖이다. 丘陵과 川澤과 같은 갈아먹을 수 없는 땅 및 묵어서 개간되지 못하는 땅이 있는 것도 모두 빠뜨림 없이 算法에 따라 넓고 좁음과 길고 짧음을 그려넣는다. 또 總圖上에 어디에서 어디까지가 몇 尺인지를 적어넣고, 중간의 여러 전지 및 갈아먹지 못하는 것도 그 長短에 따라 모두 그려넣되, 서로 비교하여 틀림이 없도록 한다. 또 그 四至에는 반드시 몇 번째의 전지라는 것을 적어넣고 산과 계곡 같은 것도 慣例와 같이 한다면, 어찌 다시 隱漏될 염려가 있겠는가. 오늘날의 檢田은 특별히 은혜를 베푸는 것이라고 말해지기는 하지만, 부정과 重稅를 방치함으로써 부역이 고르지 못하고 국가수입

---

123) 정기준, 『고지도의 우주관과 제도원리의 비교연구』, 경인문화사, 2013.

이 축소되어 그 폐단이 無告한 백성들에까지 이르게 된다. 대개 그 전형에다 사지와 전주의 이름만을 기록하니, 전지의 실태를 밝히기가 어려운 것이다."[124)

위의 인용문에서 보는 바와 같이, 방역지도에 따른 지적도의 제작방법에서는 전국지도, 도별 지도, 군현별 지도, 면별 지도, 里別 지도 및 坪別 지도가 갖추어지게 하며, 평별 지도에는 田地, 荒蕪地 및 山川 등을 상세히 그려넣고, 그 圖說에서는 地番과 四至 등을 기입하도록 했던 것이다. 다시 말하면, 지도가 總圖에서 分圖로 단계적으로 이루어지게 함으로써(地圖製作의 順序는 아니다), 최종적인 지도에서는 전지의 위치, 지모 및 면적이 소상하게 파악되도록 했던 것이다. 이러한 지적도를 갖춘 양전과 종래의 양전을 비교해 보면, 종래의 양전에서는 전지 1필지를 孤立的으로 5가지의 전형으로 책상머리에서 裁作·打量하고 거기에 전주의 이름과 사지를 표시하는 것이기 때문에, 전지의 실태가 파악되기 어려웠다. 정약용은 방역지도의 제작방법에 따라 어린도를 제작하려고 했기 때문에, 그의 어린도의 제작에 있어서는 1縣圖, 1鄕圖, 1村圖 및 1畦圖가 갖추어지도록 했다. 최종적인 어린도로서는,「전제」에서는 1井圖의 부분도를 제시했으나,「전제별고」에서는 그것을 1畦도로 구체화했다. 정약용이 제시하는 어린도의 제작방법은 다음과 같다.

---

124) 星湖李瀷曰, 其詳雖不可攷, 蓋遍圖田形, 如今邦國地圖也. 邦域雖曰許大, 今國有諸道, 道有諸邑, 邑有諸坊, 坊有諸里, 里各有坪. 細統於大, 大爲全圖, 細爲分圖. 其有丘陵川澤不食之地及陳荒不墾者, 悉皆無漏, 依算法, 書其闊狹長短. 又於總圖上, 書其從某至某爲幾尺, 而中間諸田及不食者, 隨其長短悉書之, 相準無差. 又其四至, 必書第幾田, 若山若溪, 皆如例, 如此則豈復有隱漏之患哉. 今之檢田, 號稱優惠, 縱其奸濫, 以之賦役不均, 國入縮少, 弊流於無告. 蓋其田形, 只錄四至, 只記人名, 所以難覈也. 今考周禮小司徒, 地訟以圖正之. 註云, 地訟爭疆界者, 圖謂邦國本圖. 然則此法已具於成周之世矣.(『全書』五 - 經世遺表六 - 二十二 前面, 田制五)

『주례』의 「地官」에서는 '土訓은 지도를 관장하여 地事를 백성들에게 가르치고 왕이 巡狩하면 王車를 호위한다', 또 '誦訓은 道方誌를 관장하여 관찰한 일풍속을 관찰한다을 백성들에게 가르치고 왕이 순수하면 왕거를 호위한다'고 했으니, 지도란 어린도 따위요 方誌란 縣誌 따위이다. 지금 만약 어린도를 작성하려고 한다면, 마땅히 方1里의 지도를 그리되 한 폭이 9百畝가 되도록 구획하고, 경위선을 갖추되 한결같이 바둑판의 모양과 같이 한다. 그 1畝의 크기가 마땅히 方1寸 周尺을 쓴다이면, 그 지도는 方3尺이 되니, 비좁을 염려가 없다. 이에 경위선상에 별도로 붉은 물감을 가지고 전지의 경계를 그리되, 모난 것, 타원형인 것, 비스듬한 것 및 꼬부라진 것을 한결같이 그 본래의 형태대로 한다. 이에 붉은 테두리 속에 甲乙丙丁의 字標를 적어 넣고, 圖의 끄트머리에 갑을병정을 차례로 나열하되, 갑은 李某의 3두락 實積 10畝, 을은 金某의 6두락 실적 20무, 丁戊己庚도 이 예를 따른 연후에야 그 도면은 아마 어긋남이 없을 것이다. 만약 경위선을 치지 않고 畫工으로 하여금 임의로 도면을 그리게 한다면, 믿을 수 없다. 이미 그렇게 했다면, 방1리를 구획한 이후 마땅히 그 네 모서리에 標木을 세우고 이름을 새기기를 堠人의 방식과 같이 하되, 腐蝕하면 교체하거나 혹은 돌에 새겨서 세우면, 아마 표지가 있게 될 것이다. 송나라 때의 방전은 역시 네 모서리의 標識가 있었다.[125]

---

125) 臣謹案, 地官土訓掌地圖, 以詔地事, 王巡守則夾王車, 又誦訓掌道方志, 以詔觀事觀風俗 王巡守則夾王車, 地圖者, 魚鱗圖之類也, 方志者, 縣志之類也. 今若作魚鱗圖, 則宜以方一里爲圖. 一幅畫之, 爲九百畝, 備作經緯之線, 一如棋局之形. 其一畝之大, 宜方一寸用周尺, 其圖爲方三尺, 不患其狹窄也. 乃就經緯線上, 別以硃泥, 畫爲田界, 匾者楕者斜者句者, 一依本形. 乃於朱圍之中, 書甲乙丙丁字標, 乃於圖末, 開列甲乙丙丁序次, 註之曰, 甲者李某三斗落, 實積十畝, 乙者金某六斗落, 實積二十畝, 丁戊己庚皆用此例, 然後其圖庶無差謬. 若不作經緯線, 令畫工任意圖之, 則不可信也. 若然, 其方一里, 旣畫之後, 當其四角, 植表刻名, 如堠人之式. 朽則改之, 或刻石以樹之, 庶可以有指也. 宋時方田, 亦有四角之表.(『全書』五 - 經世遺表六 - 二十二 後面, 田制五)

1정의 어린도는 「정전의」2에서 정전으로의 전지구획 작업의 일
환으로 제시된 양전방법이기 때문에, 거기에서는 1정도의 제작기
법이 孤立的으로 제시되었으나 어린도의 座標는 동서남북을 가리
키게 했다. 양전의 방향은, 河口에서 출발하여 강의 상류로, 그리
고 강변에서 산발치로 향한다. 1井은 방1리이고, 1里는 300步이기
때문에, 강변에서 안쪽으로 150보가 되는 지점에 標木 하나를 세
우고, 羅針盤으로써 동서남북을 분간한 후, 표목에서 동서남북으
로 150보가 되는 지점에 또 표목 4개를 세운다. 이 4개의 표목을
基点으로 정사각형이 되도록 圍線을 치면, 이것이 1정의 전지인데,
여기에 동서남북으로 10보 간격의 29경위선을 치면, 1정이 900무
로 분할된다. 1畝는 방10보의 4升落의 전지이다. 이렇게 1정을 구
획한 이후, 畫工에게 명하여 먹물로 1區 方1寸의 900구로 분할된 1
정의 方眼圖를 가져오게 해서 붉은 물감을 가지고 경위선에 비추
어서 각 필지의 두렁을 있는 그대로 그려넣게 한다. 이것이 1정의
어린도인데, 1間이 1寸이므로 1정도의 크기는 方3尺(3척은 62.43cm
이다)이 된다. 1井圖는 1井의 1邊이 1,800尺이므로 600분의 1지도이
다. 그런데, 어린도와 정전은 그 방향이 일치하지 않는다. 정약용
은 그 사정을 다음과 같이 설명하고 있다. "만약 전지 중에 9畝로
開方하여 1정으로 구획된 것이 있으면, 먹물의 경위선 위에 붉은
물감으로 비스듬히 경위선(井田의 區劃線이다 — 필자)을 그리되,
赤道 위에 黃道가 비스듬히 그려진 것처럼 해야 한다. 대개 이 어
린도는 그 동서남북이 天地의 方位와 合致하는데, 저 9畝 1井의 전
지는 지세에 따라 방향을 달리하므로 동서남북의 방향으로 바룰
수가 없기 때문이다."126) 정약용은 1정도는 너무 넓어서 양전에

---

126) 若其中有九畝開方, 畫爲一井者, 乃於墨經墨緯之上, 斜加硃經硃緯, 如赤道線
上, 斜加黃道可也. 蓋此魚鱗圖, 子午卯酉合天地之正位, 彼九畝畫井之田, 隨其
地勢, 異其方嚮, 不得正子午卯酉之位.(『全書』五 — 經世遺表八 — 四 後面, 井

있어서 부정이 있을 가능성이 있다고 생각하고 그것을 보다 작은 구역으로 세분하여 양전하기를 권했는데, 그 事例는 아래에 제시된 어린도와 같다. 이러한 그의 생각이「전제별고」에서 1휴도로 구체화되었다. 1정도의 地籍을 작성하는 방법은 1휴도의 그것과 같으므로, 여기서는 그것을 거듭 서술하지 않는다.

1井圖의 部分圖

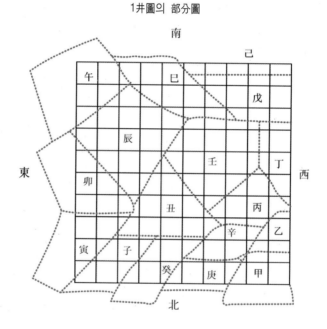

다음으로 1휴도에 관해서 보기로 하자. 1휴도의 제작과정에 대해서는 전절에서 이미 살펴본 바와 같다. 여기서는 1휴의 設定과 지적도의 製作技法에 관해서 조금 깊이 고찰해 보기로 한다. 정약용은 방전의 설정과 지적도의 제작기법의 이론적 근거를『주례』의 首章에서 찾고 있다.『주례』의 수장이란 "帝王이 都城을 건설함

田議二)

에 있어서, 방향을 分揀하여 王宮의 위치를 바로잡고 도성을 건설하고 들을 區劃하며, 官署를 설치하고 관직을 나누어서 백성들의 標準으로 삼는다(惟王建國, 辨方正位, 體國經野, 設官分職, 以爲民極)"이다. 그가 언제부터 『주례』의 수장에 대하여 관심을 갖기 시작했는지는 잘 모르겠으나, 아마 그의 晩年에서부터가 아닐까 추측된다. 管見에 의하면, 그의 이에 대한 언급은 「전제별고」와 1822년에 申綽과 교환한 書信에서밖에 발견되지 않기 때문이다. 그러나, 『주례』수장의 국가제도사적 의미가 무엇인지에 대해서는 섣불리 언급하기가 어렵다. 다만, 여기서 중요한 것은 정약용이 방전의 설정과 지적도의 제작이론을 『주례』수장에서 찾고 있다는 점이다. 그는 전국의 測量基点을 王宮에서 찾고 있다. 조선이 왕조국가라는 점을 상기하면, 이 점은 이해하기 어렵지 않을 것이다. 그리고, 이 왕궁을 기점으로 천자국의 邦畿千里를 國中, 六遂, 遠郊, 邦甸, 家稍, 邦縣 및 邦都로 분할하고, 그곳의 전지 중 비옥하고 평평한 것은 정전으로 구획하고 그 언덕지고 습한 땅은 지세에 따라 전지로 개간하되 방전으로 구획하여 그 實像을 파악한다는 것이다. 여기서 주의해야 할 점은, 넓고 비옥한 땅은 정전으로 구획하고 기타의 땅은 지세에 따라 전지로 만들되 방전으로써 그 실상을 파악한다는 것이다. 아래에서 정약용의 『주례』수장에 대한 해설을 제시한다.

> 『周禮』六官의 수장에서 매양 이르기를, '帝王이 都城을 건설함에 있어서, 방향을 分揀하여 (王宮의) 위치를 바로잡아 도성을 건설하고 들을 구획하며, 관서를 설치하고 관직을 나누어서 백성의 표준으로 삼는다'[127]고 했다. '방향을 분간하여 (왕궁의) 위치를 바로잡는

---

127) 다산은 設官分職, 以爲民極을 周禮六篇, 其首章皆云, 設官分職以爲民極, 正是皇建其極(『全書』二 - 尙書古訓四 - 三十六 前面, 洪範)이라 注釋했으므

다(辨方正位)'는 것은 子牛의 방향을 분간하여 남북의 위치를 바로 잡아 도성을 營建한다는 것이다鄭玄은 「考工記」에서는 匠人이 都城을 건설함에 있어서 얼(臬)을 달아. 해뜰 때의 그림자와 해질 때의 그림자를 식별하고 한낮의 그림자를 參考하여 四方을 바룬다'고 했다. 「詔告」에서는 '太保가 방위를 정하는데. 닷새가 지난 甲寅日에 방향이 바로잡혔다'고 했다. '도성을 건설하고 들을 區劃한다(體國經野)'는 것은 다음과 같다. 이미 자오의 방향이 분간되었으면, 이에 도성을 잘라서 나누는데, 중앙이 왕궁이며左廟와 右社가 그중에 있다. 전면에 조정이 있고 後面에 市廛이 있으며, 左右에 六鄕이 있어서 둘씩 둘씩 서로 마주보게 한다도성은 9區이다. 體란 分이다鄭玄의 주이다. 賈公彦은 '手足이 나뉘어져서 四體가 되는 것처럼 나뉘어질 수 있다'고 했다. 이미 六鄕이 이루어지면, 그 밖은 六遂가 된다육향의 左右에 있다. 1백리의 안을 遠郊라 하며, 2백리의 안을 邦甸이라 하며, 3백리의 안을 家稍大夫의 采邑이다라 하며, 4백리의 안을 邦縣小都가 있는 곳이다라 하며, 5백리의 안을 邦都大都가 있는 곳이다라 하는데, 이것이 이른바 방기천리이다. 王官이 중앙에 위치하여 이미 子午로 방향이 바루어졌으니, 六鄕과 六遂가 사다리에 사다리가 붙은 것 같이 서로 잇따르지 않을 수 없어서, 자오로 방향이 바루어진다. 육향과 육수가 이미 자오로 방향을 바루었으니, 甸稍縣都가 사다리에 사다리가 붙은 것 같이 서로 잇따르지 않을 수 없어서, 자오로 방향이 바루어진다. 말하자면, 六遂의 田地, 遠郊의 전지 및 甸稍縣都의 전지는 모두 자오로 방향이 바루어지는데, 이에 그렇게 되지 않을 수 없는 형세를 다시 물을 것이 없는 것이다. 넓고 비옥한 땅은 井田으로 구획해서 模田을 만들고, 언덕지고 습한 땅은 地勢에 따라 전지를 만들되 단 네모반듯한 테두리를 설정하기를 여기서 논하는 방전법과 같이 하는 것이 역시 자연적인 형세이니, 다시 물을 것이 없다. 이것이 이

로, 設官分職, 以爲民極을 "관서를 설치하고 관직을 나누어서 백성의 표준으로 삼는다"로 번역했다.

른바 體國經野이다. 經이란 子午의 직선이니 緯란 橫線이다, 經野란 경
위선으로써 전야를 측정하는 것이다. 아아, 先王의 땅을 다스리는
방법이 천년동안이나 어두웠으나, 橫渠가 앞서서 부르짖고, 朱子가
뒤에서 잇따랐다. 洪武의 어린도가 이미 중국에서 행해지고, 兪集一
의 방량법이 또 우리나라에서 시도되었는데, 위로 三代의 遺文을 詳
考하니, 마치 符契를 합친 것 같다. 신은 말하건대, 이것은 장차 天運
이 돌아와 人文이 다시 밝아질 조짐이다. 신은 오늘날 한번 변하여
道에 이르기를 진실로 懇望하는 바이다.128)

「전제별고」에서는 1현도, 1향도, 1촌도 및 1휴도라는 어린도 4
首가 제시되어 있다. 이것은 李漢의 방역지도의 제작기법에 기초
한 어린도의 제작방법을 그대로 따른 것이라고 한다. 어린도의 總
圖가 1현도에 그친 것은 양전이 군현단위로 이루어지기 때문일
것이다. 各圖의 1邊은 각각 10里 10間, 1리 10간, 50步 5간 및 10보

---

128) 周禮六官之首章每云, 惟王建國, 辨方正位, 體國經野, 設官分職, 以爲民極. 辨
方正位者, 辨子午之方, 正南北之位, 以營王國者也鄭云. 考工匠人建國, 以縣置槷, 識
日出之景與日入之景, 參諸日中之景, 以正四方. 召誥曰. 太保攻位, 越五日甲寅位成. 體國經
野者. 旣辨子午之方, 乃裁分其國, 中爲王宮左廟右社在其中, 面朝後市, 左右六鄉,
兩兩相嚮國中爲九區. 體者分也鄭注也. 賈云. 若人之手足. 分爲四體, 得爲分也. 六鄕旣
成, 其外爲六遂在六鄕之左右. 百里之內, 謂之遠郊, 二百里之內, 謂之邦甸, 三百
里之內, 謂之家稍大夫之采邑, 四百里之內, 謂之邦縣小都之所在, 五百里之內, 謂
之邦都大都之所在, 此所謂邦畿千里也. 夫王宮居中, 旣正子午方位, 卽六鄕六遂,
如棧附棧, 不得不隨, 正其子午方位. 六鄕六遂, 旣正子午方位, 卽甸稍縣都, 如
棧附棧, 不得不隨, 正其子午方位. 卽六遂之田, 遠郊之田, 甸稍縣都之田, 皆正
其子午方位, 乃是不得不然之勢, 無容再問者也. 其衍沃之地, 畫之爲井, 以作模
田, 其原隰之地, 隨勢作甽, 但設方圍, 如今所論方量之法, 亦自然之勢, 無容再
問者也. 此所謂體國以經野也. 經者, 子午之直線緯者. 其橫線, 經野者, 以經緯之
線, 度其田野也. 鳴呼, 先王治地之法, 千載晦盲, 而橫渠倡之於前, 朱子述之於
後. 洪武魚鱗之圖, 旣行於中國, 兪氏方量之法, 又試於東方, 而上考三代之遺
文, 若合符契. 臣謂天運將還, 人文再昭, 此其兆也. 一變至道, 臣誠懇望於今日
也.(『全書』五 – 經世遺表九 – 三十一 後面, 田制別考三)

5간로 잡혀 있는데, 이 지도들은 모두 例示에 불과한 것으로 보는 것이 좋겠다. 이 지도들은 그 縮尺이 서로 다르고, 1村圖는 촌의 모양이 나타나 있지 않기 때문에 1촌의 부분도로 보는 것이 옳겠다. 참고로 1현도, 1향도, 1촌도 및 1휴도의 圖面의 크기가 方3尺의 1井圖의 그것과 같다면(현·향·촌·휴의 어린도도 1정도와 같이 小壯紙의 4분의 1에 그려지는 것이기 때문에 이렇게 가정해 보았다), 각도의 縮尺은 각각 60,000분의 1, 6,000분의 1, 500분의 1 및 100분의 1이 된다. 아래에서는 重複說明을 피하고, 정약용의 縣·鄕·村·畦圖의 작성방법에 대한 설명을 제시한다.

1현도는 그 경위선이 10里로써 1間을 삼는데, 山川, 原隰 및 村里를 그려넣는다 10里란 길이와 너비가 각각 3,000步로서 實積을 계산할 때에는 마땅히 道路가 迂廻하는 것을 가지고 10리로 잡아서는 안 된다. ○ 1향도는 1리로써 1간을 삼는데, 산천, 원습 및 촌리를 그려넣는다 1里란 길이와 너비가 각각 300보로써 옛날에 方1里가 1井이 된다는 것이요 村를 가리키는 것이 아니다. ○1촌도는 1畦가 1간이 되는데, 田畓, 溝塍, 家屋, 藩籬 및 樹木의 經界를 그려넣는다 1畦란 길이와 너비가 각각 50步로써 벼 10斗를 심을 만하다. ○1휴도는 1畝로써 1간을 삼는데, 전답, 구승, 가옥, 번리 및 수목의 경계를 그려넣는다 1畝란 길이와 너비가 각각 10步로써 1畦는 25畝이다. ○1町圖도 역시 1畝로써 1간을 삼는데, 다만 缺欠이 있어서 正方을 이룰 수 없다. 무릇 도면을 작성함에 있어서 먼저 子午大線을 바루는데, 경위선에는 먹을 쓰고 疆界에는 붉은 물감을 쓴다. 무릇 墨線은 모두 正方하나, 朱線은 혹은 둥글기도 하고 혹은 모나기도 하는데 이지러지고 굽고 뾰족하고 뭉툭한 것이 천태만상이나 모두 그 本形에 따른다.[129]

129) 一縣之圖, 其作經緯線, 每以十里爲一區, 以圖山川原隰村里之聚十里者, 長三千步, 廣三千步, 宜算實積, 不可以道路紆回者爲十里. ○一鄕之圖, 每以一里爲一區, 以圖山川原隰村里之聚一里者, 長三百步·廣三百步, 古所謂方里而井, 非謂村也. ○一村之圖,

이제 1현도, 1향도, 1촌도 및 1휴도를 제시하고 이들에 대하여 보다 상세하게 설명하기로 한다. 여기에서는 기술적인 설명이 대부분이므로 정약용의 설명을 번역하여 제시하는 데 그친다. 1휴도 이외에는 단순한 例示에 불과하기 때문에 그에 대한 설명은 생략하기로 한다. 그리고 原文의 틀린 곳은 바로잡아 번역하고, 틀린 곳의 원문과 바로잡은 번역문에는 밑줄을 쳐서 표시한다. 우선 1현도와 그 설명을 세시한다.

每以一畦爲一區, 以圖田畓溝塍室屋藩籬樹木之界一畦者, 長五十步·廣五十步, 可種稻十斗者. ○一畦之圖, 每以一畝爲一區, 以圖田畓溝塍室屋藩籬樹木之界一畝者, 長十步·廣十步, 一畦函二十五畝. ○一町之圖, 亦每以一畝爲一區, 但有缺欠, 不能爲正方. ○凡作圖, 先正子午大線, 經緯用墨, 疆界用朱. 凡墨線皆正方, 朱線則或圓或方, 欹歪銳鈍, 千態萬狀, 悉從其本形.(『全書』五 - 經世遺表 九 - 十四 後面, 田制別考二)

1縣圖

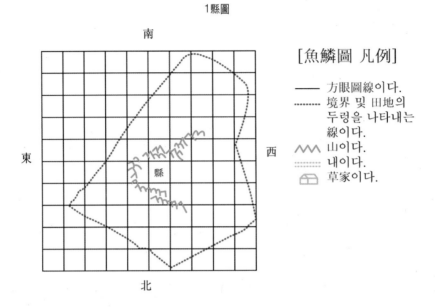

南

東　　縣　　西

北

[魚鱗圖 凡例]

―――　方眼圖線이다.
‥‥‥‥　境界 및 田地의
　　　　두렁을 나타내는
　　　　線이다.
〰〰　山이다.
‥‥‥‥　내이다.
⌂　草家이다.

　　이 縣(의 邑治 ― 필자)은, 동쪽으로 某縣의 境界와 28里, 서쪽으로 某郡의 경계로부터 40리, 남쪽으로 某府의 경계로부터 35리, 북쪽으로 某州의 경계로부터 38리 떨어져 있다. ○온전한 方이 37區온전한 方은 方10里이다, 이지러진 方이 25구인데 折長補短하면 12~13구가 되니, 그 속에 들어 있는 전지가 얼마인가를 알 수 있을 것이다.[130]

---

130)　此縣, 東距某縣界二十八里, 西距某郡界四十里, 南距某府界三十五里, 北距某州界三十八里. ○全方三十七區全方方十里, 斜方二十五區, 折補得全方十二三區, 其所函田地, 可知也.(『全書』五 ― 經世遺表九 ― 三十六 後面, 田制別考三)

1鄕圖

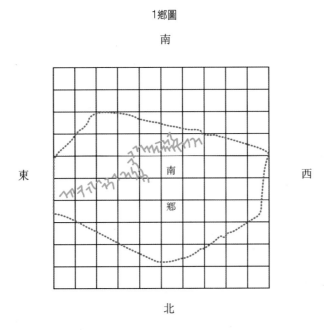

南

東   西

北

이 鄕은 남북이 6里半1間은 1里이다. 동서는 9리 반이다. ○온전한
方이 36區모두 方1里이다. 이지러진 方이 22구인데 折長補短하면 10餘
區를 얻는다. ○모두 46구이니, 즉 옛날의 46井의 땅이다. 그 6구는
山이니, 실지의 전지는 40井뿐이다方田 1,440區가 된다.[131]

여기에서는 설명에 잘못이 있다. 1구의 1邊이 1리이므로, 1區는
1畎가 아니라 1井이다. 그러면, 40井은 1,440畦의 田地이다.

---

131) 此鄕南北六里有半一區爲一里, 東西九里有半. ○全方三十六區各方一里, 破方二十
二區, 折補得十餘區. ○通共四十六區, 卽古四十六畎之地. 其六區山也, 實田四
十畎而已爲方田一百六十區.(『全書』五 - 經世遺表九 - 三十七 前面, 田制別考三)

378

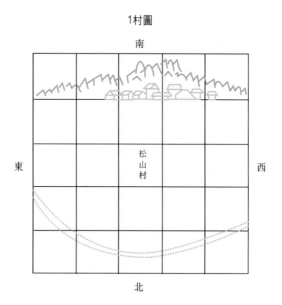

1村圖

南

東　　松山村　　西

北

　이 村은 山을 등지고 내를 안고 있다. ○온전한 方이 13區즉 方田이 13구인데, 每區가 25畝이다이고, 이지러진 方이 11구인데 산천과 촌락을 제외하고 折長補短하면 그 實田은 4구에 불과하다. ○전지는 모두 17구이니, 즉 옛날의 4畉의 땅4畦가 100畝이고, 100畝가 1夫이다에 또 25畝 가 있다.132)

---

132) 此村背山臨水. ○全方十三區卽方田十三區, 每區二十五畝, 破方十一區, 除山川村 落, 折補得實田不過四區. ○通共十七區, 卽古四畉之地四畦爲百畝, 百畝爲一夫, 又 加二十五畝.(『全書』五 - 經世遺表九 - 三十七 後面, 田制別考三)

1畉圖

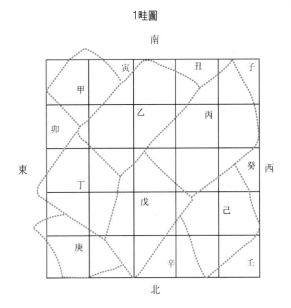

이 畉의 甲乙丙丁戊己庚의 7배미는 온전한 田形을 보이고 있고主
로 이 畉에 있다, 辛壬癸子丑寅卯 등은 이웃 휴로서 侵犯해들어온 것으
로서 저 휴에 상세히 나타나 있다主로 저 畉에 있다. ○가령 1畝의 전세
가 1負인데 이웃 전지로서 침범해 들어온 것이 3分이라면, 이 휴에
서 3束을 징세한다.[133]

조선후기 庚子量案의 경우를 가지고 보면, 양전의 주된 비용은
量案작성을 위한 紙代와 지대에 맞먹을 정도의 作業員에 대한 人
件費였다고 한다.[134] 그렇기 때문에 정약용도 5千餘結의 中邑을
기준으로 양전에 필요한 지대가 얼마인지를 계산하고 있었다. 그

---

133) 此畉其甲乙丙丁戊己庚七刭, 見其全形以此畉爲主, 其辛壬癸子丑寅卯之等, 皆鄰
畉之相擾者, 詳在彼圖以彼畉爲主. ○假如一畝之稅一負, 而鄰田擾入三分, 則徵
稅三束於此.(『全書』五 - 經世遺表九 - 三十八 前面, 田制別考三)
134) 宮嶋博史, 전게서, 68~70페이지 참조.

380

는 1邑의 전적작성에 필요한 지가를 대략 320兩으로 잡았는데, 이
것은 경자양전 때의 全羅道珍島郡의 紙代 租 97石의 折價(1石이 4
량이라 가정한다) 388량과 대략 같은 것이다. 1縣에서 필요로 하
는 어린도의 枚數와 거기에 들어가는 紙價에 대한 자세한 계산은
다음과 같다. 인건비는 지대와 같거나 약간 적으므로, 전체의 양
전비용이 대개 얼마인지는 짐작할 수 있을 것이다.

　　가령 1縣에 18鄕이 있고, 1향에 9村이 있고, 1촌에서 64畦를 얻을
수 있다면, 縣圖는 1幅, 鄕圖는 18폭, 村圖는 162폭, 畦圖는 10,368폭
이다. 무릇 네 가지 도면이 10,549폭이다. ○小壯紙 1張에 도면 4폭小
壯紙 1張은 册子 2張이 되는데, 面數는 넷이다을 그릴 수 있으면, 2,640장이다.
20張이 1束이면, 그 종이는 132속이다. 종이 1속의 本價가 60文이면,
그 돈은 79량 2전이다. 本縣 1件, 監營 1건 및 戶曹 1건에 草册 3건이
면, 마땅히 4倍草册에는 劣紙를 쓴다로 계산해야 하니, 다 합하면 紙價는
320량이다. ○10,368畦이면, 5,184섬지기이다우리나라 풍속에는 20斗가 1섬
이다. 1섬지기가 1結이면, 5천여 결이다남방에서는 1섬지기가 혹 1結이 된다.
5천여 결은 中邑의 전지이다. 이것으로써 계산하면, 紙費는 대략 짐
작할 수 있다.

　　小壯紙의 중간을 절단하면 2張이 되는데, 그 책이 제법 길다. 그
길이를 3등분 하면, 위의 하나는 圖說이 되고, 밑의 둘은 圖本이 된
다모든 圖는 正方하기 때문이다.[135]

---

135) 假如一縣有十八鄕, 每鄕有九村, 每村得六十四畦, 則縣圖一幅, 鄕圖十有八幅,
村圖一百六十二幅, 一畦之圖共一萬零三百六十八幅. 凡四層之圖, 通共一萬零
五百四十九幅. ○小壯紙一張, 可作圖四幅爲册子二張. 其面有四, 則二千六百四十
張也. 每以二十張爲一束, 則其紙一百三十二束也. 每紙一束本價六十文, 則錢
七十九兩二錢也. 本縣一件, 監營一件, 戶曹一件, 而草册三件, 則宜計四倍草册
用劣紙, 通共紙價之錢三百二十兩也. ○一萬零三百六十八畦, 則五千一百八十
四苫之落也東俗二十斗爲一苫. 每以一苫之落爲一結, 則五千餘結也南方一苫之落, 或

맺음말

정약용이 정전법으로써 전제개혁을 단행하려고 한 것은 經界
를 바로잡는 데 있어서는 정전법보다 더 좋은 法制가 없다고 생각
했기 때문이다. 경계를 바로잡는 일은, 「정전의」1에서 보는 바와
같이 왕정의 기초를 마련하는 일로서, 戶口의 파악, 賦稅의 징수,
敎化의 실시, 군사제도의 정비, 腐敗의 방지 및 詞訟의 억제 등을
위한 제도적 바탕을 마련하는 것이다. 경계를 바로잡는 일은 정
전, 방전 및 어린도의 測量技法에 기초한 정확한 양전을 행함으로
써 가능하다. 이러한 양전기법은, 전지의 실태를 파악할 수 없는
결부제적 양전을 극복하고 정전 혹은 방전으로의 전지구획에 의
한 측량과 地籍圖를 가지고 1필지의 위치, 지모 및 면적을 정확히
파악하는 것으로서, 중국의 洪武量田에서 채택된 양전기법과 기본
적으로 같은 것이었다.136) 그러나 이러한 양전을 위해서는, 전지
를 정전으로 구획하거나, 정전을 포함하는 모든 전지에 대해서는
魚鱗圖를 가지고 양전을 행해야 한다. 그리고 「전제」12편을 저술
하는 과정에서 위와 같은 정전법에 의한 양전기법을 깊이 터득한
그는, 「전제별고」3편을 追加的으로 저술하고, 方田과 魚鱗圖라는
측량기법을 도입하여 보다 정확한 양전이 행해질 수 있는 방안을
제시했다.

至一結. 五千餘結者, 中邑之田也. 以此出算, 其紙筆之費, 有商量矣.
小壯紙, 中割爲二張, 厥冊頗長. 三分其長, 一在上爲圖說, 二在下爲圖本圖每正
方故.(『全書』五 - 經世遺表九 - 十五 前面, 田制別考二)

136) 魚鱗圖冊은 宋代로부터 작성되기 시작하여 明代에는 江蘇省과 浙江省을 비
롯한 여러 省에서 작성되었으며, 淸代에 들어오면 全國的으로 작성되고 그
자료도 많이 남아 있다고 한다(「魚鱗圖冊」, 『アジア歷史事典』, 平凡社, 1959
참조). 일본에서는 고대의 律令制時代로부터 시행되어 온 條里制 등 여러
가지의 토지측량방법이 있었다고 한다.(檢地 및 條里制, 『日本歷史辭典』, 河
出書房新社, 1974 참조)

위에서 보는 바와 같은 정전법 및 방전법에 의한 양전이 행해지기 위해서는 적어도 다음과 같은 작업이 반드시 수행되어야 한다. 첫째는 정전으로의 전지구획이다. 전지를 정전으로 구획하기 위해서는 水路를 굴착하고 堤堰을 건설하는 등 대소의 土木事業이 필요하다. 물론 이러한 토목사업은 대대적인 전지구획 사업이 행해지는 곳에서 필요했겠지만, 대대적인 전지구획 사업이 필요 없는 곳이라고 하더라도, 전국의 전지에 걸쳐서 公田 1畉만은 반드시 네모반듯하게 구획해야 정전법이 시행될 수 있다고 생각했다. 그가 공전 1부만은 반드시 네모반듯하게 구획하려고 한 것은 공전이 양전을 위한 模田이기 때문이다. 그는 또 이러한 정전으로의 구획 사업이 하천하류 평야의 개발을 자극할 것으로 기대했다. 왜냐하면, 堤堰의 築造에 의하여 洪水를 통제할 수가 있다면, 河川下流의 平野야말로 정전으로의 전지구획 사업을 위한 最適地라 판단되었기 때문이다. 만약 위와 같은 경지정리 사업이 이루어진다면, 양전의 모델이 인민들의 눈앞에 명확하게 제시되는 것은 말할 것도 없을 것이다. 그리고 방전법의 시행에 있어서는, 정전으로의 전지구획과 같은 토목사업은 필요 없다고 하더라도, 測量基点으로서의 模田의 설치만은 반드시 필요했다. 이러한 모전의 설정에 있어서도 墩臺를 설치하는 작업이 필요했는데, 더구나 이러한 모전이 전국의 전지에 걸쳐서 '바둑알이나 별처럼 펼쳐지게' 하려면, 거기에는 상당한 공사가 필요했을 것이다. 그런데 정약용은 이러한 정전으로의 경지정리나 방전설치의 작업을 기본적으로 인민들이 자기부담으로 행하도록 했다. 그러나 소소한 경지정리나 돈대설치의 工事라면 혹시 그럴 수도 있었겠으나, 대대적인 토목사업이라면 일반인민들의 힘만으로써는 불가능했다. 그래서 그도 규모가 큰 토목사업은 高貲幹局之人에게 맡기고, 그들에게는 관직을 除授함으로써 이를 보상하려고 했다. 만약 이와 같은 토목사업이 이루어진다면, 그러한 사업이 가지는 역사적 의의는 엄청나게 컸으리라 생각된다. 가령 정전법이 시행되어, 정확한 田籍과 地籍圖가 확보되는 한편, 수리시설이 보급되고, 그 결과 耕地의 安定性이 높아질 뿐만이 아니라, 또 경지의 중심이 산간평야에서 하천하류의 평야로 이동하는 획기적인 변화가 일어난다고 하면, 한국중세사회의 하나의 劃期가 될 수 있었을 것이다. 그리고 방전법에 의한 양진이 이루어지고 정확한 量案이 확보됨으로써 조선후기의 痼疾的인 不正腐敗가 청산되고 結總이 획기적으로 증가될 수 있었다면, 국가개혁을 위한 재정적 기반이 마련될 수가 있었을 것이다.

정약용도 위와 같이 국가를 반석 위에 올려놓을 수 있는 엄청나고도 어려운 양전사업이 간단하게 이루어질 수 있을 것으로는 생각하지 않았다. 그래서 그는 정전으로의 전지구획 작업을 "天地를 거듭 創出하는 큰 일"137)이요 "遂人과 炎帝가 開物成務하는 始初"138)라고까지 생각했다. 말하자면 정약용은 결부법의 정전법으로의 개혁은 천지를 거듭 창출하고 遂人과 炎帝가 사물의 이치를 깨쳐서 거대한 사업을 성취하는 것만큼이나 어려운 일로 본 것이다. 그리고 그는 1819·20년의 양전에 대한 정부의 '收議'에 부응하기 위하여 저술한 「전제별고」3의 말미에서 방전과 어린도에 의한 양전의 의의에 대하여 "이것은 장차 天運이 돌아와 人文이 다시

---

137) 臣伏惟, 經界者, 天地重創之大事也, 不可不嚴重其禮. 古者發號施令, 皆於宗廟, 示不敢專也.(『全書』五 - 經世遺表七 - 二十八 後面, 井田議一)와 臣伏惟, 經理之政, 天地重創之大事也, 其事則不可不爲, 其費則不可不備.(『全書』五 - 經世遺表七 - 三十 前面, 井田議一)를 참조할 것.

138) 況我東方, 自天地開闢以來, 其山林川澤丘陵原隰, 皆以本質, 遂至今日, 混沌未鑿, 大朴未散. 今此大事, 乃燧人炎帝, 開物成務之始, 黃帝堯舜, 區畫經理之政. 當此之時, 其有功此事者, 雖在下執事之列, 當配食太社, 永世不忘, 矧區區九品之官, 何可言哉.(『全書』五 - 經世遺表七 - 三十七 前面, 井田議一)

밝아질 徵兆이니, 臣은 오늘날 한번 變하여 道에 이르기를 진실로
간절히 바란다"139)고까지 말했다. 만약 정약용이 設計한 정전법과
방전법이 시행되어, 정확한 전적과 지적도가 확보될 뿐만이 아니
라 한국사상 최초로 본격적인 경지정리가 이루어지고 하천하류의
개발이 행해져서, 『경세유표』가 본래 목표로 했던 新我之舊邦이
달성된다면, 정전법의 시행효과에 대한 그의 그러한 평가도 首肯
될 수 있을 것으로 보인다.140) 그는 이러한 사업을 성취하기 위하
여 앞 장에서 보는 바와 같이 국가적 토지소유를 실현하여 帝王의
絶對權을 강화하려 했던 것이다.

　그러나, 이 글을 읽는 독자들 중에서 정전법과 방전법에 의한
양전이 이루어져서 "天地를 거듭 創出하는 큰 일"과 "遂人과 炎帝
가 開物成務하는 始初"가 실현되어 "장차 天運이 돌아와 人文이 다
시 밝아질 徵兆"가 나타날 것이라고 믿을 사람이 얼마나 될는지
모르겠다. 문제는 독자들이 과연 조선후기에 정약용의 그러한 設
計가 실현될 수 있는 조건이 갖추어져 있었다고 생각할 것인가 하
는 것이다. 앞에서도 지적한 바와 같이 조선후기의 실정은, 財政收
入의 窮乏으로 국가가 存亡之秋에 直面해 있었음에도 불구하고,
1819·20년에 정부의 量田에 대한 收議가 있었을 뿐, 양전 그 자체
는 이루어지지 못했다. 그리고 앞에서 간단하게 언급하는 데 그쳤
지만, 조선시대의 그러한 貧弱한 量田의 機構와 費用을 가지고 전

---

139) 臣謂天運將還, 人文再昭, 此其兆也, 一變至道, 臣誠懇望於今日也.(『全書』五
　　 - 經世遺表 九 - 三十二 前面, 田制別考三)
140) 한국사에서 다산이 목표로 했던 정확한 양전에 의한 地籍簿 및 地籍圖의
　　 확보와 경지정리 및 수리사업에 의한 하천하류 평야의 개발은 日帝時代에
　　 土地調査事業(1910~1918)과 産米增殖計劃(1920년대)에 의하여 이루어졌다.
　　 그런데 토지조사사업과 산미증식 계획이 1910년대와 1920년대의 朝鮮總督
　　 府의 기본적인 植民地事業이었다는 점을 감안한다면, 다산이 구상한 정전
　　 법, 방전법 및 어린도에 의한 양전과 경지정리가 한국사에서 가지는 역사
　　 적 의미가 무엇이었던가를 이해하는 데 도움이 될 것이다.

지를 기하학적으로 그 면적계산이 가능한 전형으로 구획하여 양
전하는 일 즉 정전법이나 방전법에 의한 양전사업이 과연 이루어
질 수 있을까 하는 疑問도 들지 않을 수 없을 것이다. 더구나 정전
으로의 전지구획과 대대적인 댐의 건설에 의한 하천하류 평야의
개발은 고도로 발달한 토목기술은 물론 莫大한 비용을 필요로 할
것임은 말할 것도 없겠는데, 정전법의 전세율이 겨우 토지생산물
의 9분의 1에 불과했다면, 그 어마어마한 비용이 어디에서 염출될
것인가 하는 것이다. 세계사적으로 보면, 중세시기에 정부의 인민
에 대한 收奪率은 엄청나게 높았다. 예컨대, 일본의 에도(江戸)시
대에 백성들이 영주에게 바치는 年貢率은 40~60%였으며, 서구제
국의 봉건지대율도 대개 50% 전후였다. 물론 중세국가들의 재정
지출 중에는 왕실과 영주들의 사치적 낭비와 상비군의 유지비가
그 대부분을 차지하고 있었지만, 그중에서는 사회의 유지·발전을
위한 문화적 지출도 있었다. 그런데, 과연 조선후기에 이러한 국
가개혁을 위한 지출이 얼마나 이루어질 수 있었을까. 정약용은 조
선후기의 궁핍한 재정사정 때문에 양전의 비용으로서 量案作成에
들어가는 紙代나 이 지대에 匹敵하는 인건비의 負擔이나 따지고
있을 수밖에 없는 딱한 形便이 아니었던가. 만약 정전법이 실시되
어 9분의 1세가 실현되었다고 하더라도, 과연 그가 구상하는 국가
개혁을 위한 재정은 확보될 수 있었을 것인가. 이러한 의문은 정
약용이 구상하는 국가개혁을 위한 설계도에 대한 것이라기보다도
오히려 조선후기사회의 한계에 대해서 제기되는 것이라고 보아야
할 것이다. 그러나 정약용이 그러한 개혁을 시도한 역사적 의의는
적지 않다. 그의 그러한 시도는 결국 조선후기의 그 어려운 역사
적 조건 속에서 새로운 시대의 전개를 비추어 주는 한 가닥의 불
빛이었던 것만은 분명하다.

제5장
井田法과 井稅

머리말

제1절 朝鮮後期의 田政紊亂

제2절 井田制와 賦貢制

맺음말

머리말

정약용의 賦稅에 관한 주된 이론은 말할 필요도 없이 정전법의 井稅論이다(稅의 音은 조요 그 뜻은 稅이므로, 井稅는 앞으로 井稅로 표기한다). 그는 정전법을 실시하기 위하여「전제」12편을 저술하였는데, 귀향 전후에 걸쳐서 또「賦貢制」7편을 저술하여, 부세는 田稅가 하나요 부공이 또 하나라는 田賦論을 전개하였다. 그는 부세가 전세와 부공으로 구성되어야 할 경전적 근거로서『상서』의「禹貢」과『주례』의 九職을 제시했는데, 전자에서는 부세로서는 전세와 부공이 있다는 것을 지적하고, 후자에서는 구직으로의 분업론에 입각하여 전세가 三農에 대한 부세라고 한다면 부공은 기타의 九職에 대한 부세라고 함으로써 부세로서는 전세와 부공이 雙立해야 할 이론적 근거를 제시했다. 그러나 그는, 부세가 전세와 부공으로 구성된다고 하더라도, 전세가 부세의 主宗이요, 부공은 雜稅라 보았다.[1] 그리고 그는, 부세에는 기타의 구직에 대한 부세 이외에 일반 인민의 夫家, 田宅 및 職業을 대상으로 부과되는 夫布, 里布 및 屋粟 등이 있는데, 이것들도 부공에 포함된다고 했다. 그가 부공을 잡세라고 보는 근거는 무엇이었을까. 그것은, 중세사회가 농업사회이기 때문에, 농업이 부세부과의 주요한 대상이 될 수밖에 없다고 보았기 때문이 아니었을까 한다. 그리고 그는, 부

---

1) 今詳此諸文, 蓋賦者, 雜稅也. 今略擧其目, 一曰人口據閭師綯而據逐人里宰, 二曰屋宅, 三曰園圃, 四曰六畜, 五曰車輦, 六曰萊田, 七曰閒粟, 而山澤關市斥幣之等, 尤其大者也. 及其斂之也, 不唯泉貨是徵, 亦小民易得之布粟是徵, 若所謂里布屋粟是也.(『全書』二 - 尙書古訓三 - 六 前面, 禹貢)

공제에 관하여 「부공제」7편, 「균역사목추의」2편 및 『상서고훈』의 「禹貢」과 같은 방대한 저술을 남겼음에도 불구하고, 현실적으로 시행될 수 있는 부공제도를 수립하는 데까지는 나아가지 못했다. 그러므로 정약용의 부세론에 대한 검토는 그의 井稅論을 중심으로 행하고, 부공제에 대한 검토는 이 글의 말미에서 부수적으로 행하는 것이 좋겠다.

정전이 9분의 1세의 模楷라는 것은 주지하는 바와 같다. 정전법이 실시되어 私田 8畉의 농민들이 公田 1畉를 경작하여 그 소출을 국가에 바치면, 자연히 9분의 1세가 실현되는 것이다. 이때에, 국가가 조세로서 받아들이는 井稅는 私田의 농민들이 경작하여 거두어들인 公田의 생산물이다. 그러므로, 이러한 조세제도가 실현되기 위해서는 토지생산력의 안정성이 높아져서 실제로 전세가 부세의 主宗이 되고 국가재정이 주로 전세수입에 의하여 운용될 수 있는 歷史的 條件의 성립이 필요하다. 그런데, 조선의 부세제도사를 회고해 보면, 조선전기까지의 부세체계는 租庸調로서, 부세 중에서는 田稅보다 貢物과 徭役이 차지하는 비중이 압도적으로 높았다. 그렇기 때문에 정약용은, 조용조 체제는 정전법과는 논리적으로 整合的이 아니라는 것을 의식하고, 거기에 대해서는 지극히 비판적이었을 뿐만이 아니라 적극적인 검토조차 행하지 않았다. 따라서 부세제도에 대한 그의 주된 관심은 임진왜란 이후 大同法과 均役法 등의 시행으로 대부분의 부세가 田稅化된 이후의 시기에 집중된다. 그런데 貢物과 身役의 전세화 과정은 역사적으로 二重的 의미를 가지고 있었다. 그것은, 한편으로는 恣意的 수탈에 가까웠던 공물과 요역이 어느 정도 조세수취의 기준을 갖추게 되는 전세로 전환되면서, 다른 한편으로는 制度 그 자체는 여전히 공물과 요역으로 남아있었기 때문에 공납제도의 恣意性이 전세제

도에까지 傳承되어 田稅 그 자체가 문란 속으로 빠져들어 가는 과
정이었던 것이다. 그리고 거기에는 또 전세수취의 기초자료가 되
는 量案이 結負制度 때문에 전지의 실태를 제대로 파악하고 있지
못했다는 사실이 相乘作用을 했다. 이것이 조선후기의 田政紊亂의
기본요인인데, 정약용은 결부제를 정전제로 개혁하는 과정에서 전
지의 실태를 확실하게 파악할 뿐만이 아니라 공물과 요역을 제도
적으로 전세에 흡수함으로써 전정문란을 극복하려고 했던 것이다.

조선후기의 田政紊亂에 관해서는 『경세유표』와 『목민심서』에
서 제시된 자료보다 더 자세한 자료가 없다. 이 자료에 의하면, 조
선후기의 전정문란은 위에서도 말한 바와 같이 貢物, 軍布 및 還
穀의 부담이 무질서하게 전세화하는 과정, 정확하게 表現하면 田
結의 부담으로 轉化하는 과정에서 야기되었던 것이다. 주지하는
바와 같이, 조선후기에는 大同法과 均役法의 실시로 貢物과 軍布
가 大同米와 結米 혹은 結錢이라는 이름으로 田結의 부담으로 전
환되어 갔다. 그런데, 대동미와 결미는, 1결당 미 12두 및 미 3두로
서 전세 미 4두에 비하면 엄청나게 무거운 것이었으나, 그러나 자
의적으로 收奪되던 공물과 군포의 給代財源이 되기에는 불충분했
다. 그래서 雉鷄柴炭價米 4두, 進上價米 및 各種 主人의 役價米와
民庫租 30~40두가 전결을 대상으로 추가적으로 징수되기에 이르
고, 또 19세기로 들어오면, 1결당 還穀租 2~3석까지도 전결의 부담
으로 돌려졌다. 다시 말하면, 위와 같은 무절제한 전결부담의 증
가는 결부제 때문에 전지의 실태가 제대로 파악되지 못한 사정에
便乘하여 전세수취 과정에서 부정부패가 만연하게 되는 과정이었
으므로, 전지의 실태를 정확하게 파악할 수 있는 정전제의 실시를
요청하는 것이기도 했던 것이다.

이상의 고찰로부터 정약용의 부세개혁론을 해명하기 위한 검

토과제는 기본적으로 다음의 두 가지가 아닐까 생각된다. 첫째는 조선후기의 전정문란에 대한 분석이다. 여기서는 조선전기까지의 부세에서 공물과 전세가 차지하는 위치, 貢物과 身役의 전세화 과정에서 빚어지는 부세제도의 혼란, 전세부담의 실상 및 전세를 둘러싼 부정부패의 실태를 알아보려고 한다. 또 여기서는, 貢物과 身役이 전세로 전환하는 과정은 안정적인 부세제도의 성립을 위한 여건이 마련되는 과정이기도 했지만, 동시에 조선전기의 공물제도의 자의성이 전지의 실태를 제대로 파악하지 못하는 결부제도와 상승작용을 함으로써 조선후기의 전정문란이 야기되는 과정이라는 점에 대해서도 고찰해 보기로 한다. 둘째는 정전법의 실시에 의한 井稅制度의 확립과정에 대한 분석이다. 여기서는 정전법의 실시와 井稅收取를 위한 田等의 설정, 결부제에서의 전세수입과 井稅收入의 비교 및 양반층의 有閑階級化와 賦貢論과의 관련 등에 대해서 고찰해 보고, 이러한 부세제도의 개혁이 한국의 부세사에서 가지는 의미가 무엇이었는지에 대해서도 음미해 보고자 한다. 정전제의 실시에 의한 井稅收取라는 전세제도의 構想은, 조선전기까지의 공물 중심의 공납제와 조선후기의 전정문란을 극복하고, 한국사상 처음으로 출현하는 명확한 제도적 틀을 갖춘 부세제도의 확립 방안이 될 수 있었을까.[2] 이 문제에 대해서도 언급해 보기로 한다.

---

2) 선행연구로서는 鄭允炯, 「茶山의 財政改革論」(『茶山學의 探求』, 民音社, 1990), 김태영, 「茶山의 井田制論」(『다산정약용연구』, 사람의무늬, 2012)과 拙稿, 「茶山의 田賦改革論」(前揭書)을 참고했다.

제1절 朝鮮後期의 田政紊亂

1. 貢物과 田稅

우리나라의 역대 부세체계는 租庸調體制로 알려져 왔다. 다시 말하면, 부세는 전세, 공물 및 身役으로 구성되어 있었다는 것이다. 그런데, 우리나라의 賦稅史에 관한 기존 연구를 回顧해 보면, 조선전기까지의 연구에 있어서는 전세, 공물 및 신역이 有機的 關聯下에서 연구되어 오지 못했던 것으로 보인다. 우리나라의 부세체계가 조용조였다고 말하고 있는 정약용마저도 "土貢法에 대해서는 오늘날 詳考할 수 없다"[3]고 말할 정도였다. 그가, 우리나라의 부세체계가 조용조이며, 전세와 비교할 때 공물과 신역의 비중이 압도적으로 높았다는 사실을 잘 알고 있으면서도, 공물에 대해서는 알 수 없다고 말한 이유는 어디에 있었을까. 그것은 田柴科나 科田法에서 전세에 대해서는 개략적인 규정이라도 있었으나, 공물과 신역에 대해서는 제대로 된 규정이 없었기 때문이 아니었을까 추측된다. 鄭道傳은 『朝鮮經國典』에서 그러한 사정을 다음과 같이 말하고 있다.

殿下께서 여전히 부세가 무거워서 우리 백성들이 곤궁하게 될 것을 念慮하시고, 이에 有司에 명령하여, 田賦를 개정하고 常徭와 雜貢을 詳定하되 中正한 도리에 맞기를 바랐습니다. 그러나, 田租는 전지

---

3) **臣謹案** 土貢之法, 今不可詳. 然五禮所用之外, 其猥雜諸物, 多起於燕山荒淫之時, 非皆祖宗之舊定也. 凡上納之物, 雖米豆絹布之屬, 猶患其斥退徵素, 況魚鰒組綸皮革藥草之屬, 日大日小日鮮日陳, 其胥吏之操縱行詐, 容有極乎. 諺曰, 貢以串輸, 賂用馱驅. 此蓋土貢上納之時, 輿人之誦也, 其弊可勝言哉.(『全書』五 - 經世遺表十一 - 二十七 後面, 邦賦考)

의 開墾과 陳荒을 조사해서 所出의 숫자를 밝힐 수 있으나, 常徭와 雜貢은 다만 官府가 (상급관청에 — 필자) 납부해야 할 숫자만 정하고, 戶口가 있으면 어떠한 물품을 내어서 調로 삼으며, 人身이 있으면 어떠한 물품을 내어서 庸으로 삼는다고 나누어 말하지 않아서, 胥吏는 이로 인해 濫徵과 橫斂을 자행하고, 豪富한 집은 다방면으로 부세의 포탈을 도모하니, 오히려 재정이 부족하게 되었습니다. 전하께서 백성들을 사랑하여 부세를 정하려는 뜻을 밑에서 받들어 講究하지 못한 것은 유사의 책임입니다. 행여 큰 일이 없고 시간이 날 때에 이를 강구하여 시행해야 할 것입니다.[4]

그러면 전시과와 과전법에서는 전세에 관해서 어떠한 규정이 있었던 것인가. 주지하는 바와 같이, 기존의 연구에 있어서는 전시과와 과전법에서의 대표적인 전세자료로서 다음의 것이 들어지고 있다. 이 자료들의 史料的 性格에 대해서는 이 방면의 전공자가 아닌 필자로서 깊이 容喙하기 어려우나, 조선후기의 전세에 관한 연구라는 관점에서 보면, 이 자료들에 대한 해석에 있어서는 다소 異見이 있을 수도 있지 않을까 생각된다. 다시 말하면, 전시과와 과전법에서 전세규정으로 제시되어 있는 收租率 10분의 1과 1結當 田稅米 2石과 같은 것은 부세수취의 理念과 目標일 뿐이며, 현실적으로 징수되는 수조율과 전세미는 이것보다 훨씬 낮거나 적었던 것이 아니었을까 하는 것이다. 기존 연구에서 제시되는 전시과와 과전법에서의 田稅規定은 다음과 같다.

---

4) 殿下尙慮賦稅之重, 有以困我民, 爰命有司, 改正田賦, 詳定常徭雜貢, 庶幾得中正之道. 然租則驗其田地開荒, 所出之數可稽, 其常徭雜貢者, 但定其官府所納之數, 不分言, 其有戶則出某物爲調, 有身則出某物爲庸, 吏因緣爲姦, 濫徵橫斂, 而民益困, 豪富之家, 多方規避, 而用反不足. 殿下愛民定賦之意, 不得下究, 有司之責也. 幸無事閑暇時, 講而行之可也.(鄭道傳, 『三峯集』卷七, 朝鮮經國典上 賦稅)

辛禑 14년(1388) 7월에 大司憲 趙浚 등이 上書했다. (고려의 — 필자)태조가 龍興해서 즉위한 지 34日만에 群臣을 맞이하여 개탄해서 말하기를 '근세에 거두어 들이기를 포악하게 해서 1頃에서 田租로 거두어 들이는 것이 6石에나 이르러 백성들이 편하게 살 수 없으니, 나는 이를 심히 불쌍하게 여긴다. 지금으로부터는 10분의 1법을 써서, 田結 1負에 田租 3升을 내도록 하라'고 했다. ··· 祖宗이 백성들로부터 거두어 들이는 것은 10분의 1뿐인데, 지금 私家에서 백성들로부터 거두어 들이는 것은 10이나 1,000에 이른다.5) (1負에서 3升을 거두면, 1結에 30斗이니, 이것은 2石이다. 여기서의 "田租 3升"은 田稅米 3升으로 읽어야 할 것으로 보인다 — 필자)

恭讓王 3년(1391) 5월에 都評議使司가 上書해서 科田法을 제정하고 과전을 지급하기를 청하니, 이에 따랐다. ··· 무릇 公私田의 田租는 水田 1결은 糙米 30두요 旱田 1결은 雜穀 30두이니, 이 이외의 횡렴을 행하는 자는 臟律로써 논한다.6)

고려의 태조와 공양왕 간에는 4백여 년의 時差가 있고, 위의 두 史料에서 나오는 1頃과 1結의 면적에 대해서는 확실히 알 수가 없음에도 불구하고, 1경과 1결의 田租는 각각 2石이고 收租率은 10분의 1이라는 것이다.7) 이것은, 부세수취의 理念과 目標에 불과하고,

---

5) 辛禑十四年 ··· 七月, 大司憲趙浚等上書曰, ··· 太祖龍興, 卽位三十有四日, 迎見群臣, 慨然歎曰, 近世暴斂, 一頃之租, 收至六石, 民不聊生, 予甚憫之. 自今宜用什一, 以田一負, 出租三升. ··· 祖宗之取民, 止於什一而已, 今私家之取民, 至於十千.(『高麗史』卷七十八, 食貨一, 祿科田)

6) 恭讓王 ··· 三年五月, 都評議使司上書, 請定給科田法, 從之. ··· 凡公私田租, 每水田一結, 糙米三十斗, 旱田一結, 雜穀三十斗, 此外有橫斂者, 以臟論.(『高麗史』卷七十八, 食貨一, 祿科田)

7) "前王朝의 말년에 田制가 크게 붕괴되어서, 우리 태조가 즉위하여 먼저 經界

현실적으로 거두어 들이는 전세는 이것보다 훨씬 적었던 것으로 보인다. 전시과에서의 전세수취 규정에 관해서는 그 제도가 알려진 바가 없으나, 과전법에서의 그것에 관해서는 다음과 같은 자료가 있다.

공양왕 3년 5월에 도평의사사가 踏驗損實法을 정하기를 청했다. 10分으로 비율을 삼아, 損失이 1푼이면 1푼의 田租를 감하며, 손실이 2푼이면 2푼의 전조를 감해서, 이 비율에 準하여 차례로 감하되, 손실이 8푼에 이르면 그 田租를 모두 면제한다.[8]

이 답험손실에 관한 자료는 같은 해에 제정된 과전법에서의 田租의 收取에 관한 자료이다. 그러므로, 과전법에 규정되어 있는 1結當 糙米 30斗의 전조를 上上年의 수조액으로 잡고, 이것을 기준으로 年分9等의 수조액을 계산하면, 다음의 표와 같이 된다.[9]

를 바로잡고 收稅의 숫자를 정했는데, 水田 1結에는 糙米 30斗요, 旱田 1결에는 잡곡 30두이니, 즉 옛날의 10분의 1이라는 숫자이다(前朝之季, 田制大壞, 我太祖卽位, 首正經界而定收稅之數, 每水田一結糙米三十斗, 旱田一結雜穀三十斗, 卽古什一之數)."(『世宗實錄』卷七十八, 十九年七月九日丁酉)

8) 恭讓王三年五月, 都評議使司, 請定損實. 十分爲率, 損一分減一分租, 損二分減二分租, 以此準減, 損至八分, 全除其租(『高麗史』卷七十八, 食貨一, 踏驗損實)

9) 金玉根, 『高麗財政史硏究』, 一潮閣, 1996, 135페이지에서도 이와 같이 계산했다. 10분의 1稅로서의 1結當 糙米 30斗를 上上年의 수조액으로 잡은 근거는 세종조의 공법에서 20분의 1세로서의 1결 20두를 상상년의 수조액으로 잡은 데 두었다. 고려말 踏驗損實法에서의 1등전 1결의 면적은 25畝4分이고, 세종조 貢法에서의 1등전 1결의 면적은 38畝이므로, 답험손실과 공법에서의 土地生産力은 같은 것으로 파악되어 있다.

科田法에서의 年分九等과 收租額

年分	損災率(分)	減租額(斗)	收租額(斗)	年分	損災率(分)	減租額(斗)	收租額(斗)
1	0	0	30	6	5	15	15
2	1	3	27	7	6	18	12
3	2	6	24	8	7	21	9
4	3	9	21	9	8	24	0
5	4	12	18				

자료 : 『高麗史』卷七十八, 食貨一 踏驗損實에서 作成

이 자료는 전세수취에 관한 규정이기는 하지만, 이 자료로부터 바로 麗末鮮初의 전세수취 실태를 읽어내기는 어렵지 않을까 생각된다. 그렇게 말하는 이유는, 세종조에 제정된 貢法에서는 전세의 수조율을 20분의 1로 낮춤으로써 1결의 전세가 上上年의 미 20두로부터 下下年의 미 4두로까지 낮아지고 또 年分은 下等으로 설정되는 경향이 있었음에도 불구하고,[10) 전세수입은 오히려 과전법에서보다 증가되었다고 말하고 있기 때문이다. 이 전세수입의 증가요인에 대해서는 田等의 上向調整에 의한 結數의 증가와 농업생산력의 향상 등이 그 설명요인으로 들어지고 있기는 하지만, 이러한 전세증가 요인이 전세수취율의 하향조정에 의한 전세수입의 감소를 충분히 相殺할 만한 것은 못 되는 것으로 보인다. 다시 말하면, 세종조의 공법에서 수조율이 20분의 1이고 연분이 下中이나 下下로 설정되는 경향이 있었음에도 불구하고 과전법하의 10분의 1의 수조율에 의한 것보다 그 전세수입이 많았다고 한다면, 과전

---

10) 戸曹啓, 今年農事稍稔, 諸道年分, 觀察使皆第以下之下, 此必要民稱譽, 不無不中之弊. 前此傳旨, 今後觀察使年分等第, 務要得中, 勿使議政府六曹, 更議高下, 緣此本曹, 不得擅度加等, 請遣朝官, 更審啓聞後收税. 命依觀察使等第施行.(『成宗實錄』卷一百八, 十年九月二十一日甲戌) 성종 10년은 1479년으로서 1444년에 공법이 제정된 이후 35년밖에 경과하지 않은 시점이다. 이 시기를 전후로 전세가 하하나 하중으로 設定된다는 記事가 많은 것으로 보아 貢法制定의 당시부터 年分은 下中이나 下下로 설정된 것으로 보인다.

법하에서의 전세징수 실태에 대해서도 대략 짐작할 수 있는 것이 아닐까 하는 것이다. 踏驗損實에서나 貢法에서나 年分等第가 대개 하등으로 설정되는 것이 역사적 추세였던 것으로 보이기 때문에, 1結의 전세는 과전법에서는 미 9~12두, 공법에서는 미 4~8두에 불과했다고 할 것이다. 이 숫자들은 1결당 미 30두라는 數値와는 상당한 거리가 있다.11)

이와 같이 과전법에서 전세에 관한 명확한 규정을 두었음에도 불구하고, 조선왕조는 그렇게 낮은 수조율의 전세수입만으로써는 국가재정을 도저히 유지할 수 없었기 때문에 太祖 元年에 貢賦詳定都監을 설치하고, 고려시대의 부세수취 관행을 참작하면서, 貢賦收取規定을 제정하여 국가경영을 위한 재정수입의 체계를 갖추었다. 그런데, 기존연구에 의하면, 이 공부라는 용어는 多義的으로 사용된 것으로 보인다. 어떤 경우에는 공부라고 할 때, 거기에는 田稅, 貢物 및 身役의 賦稅全般이 포함되기도 했다. 그러나, 이 공부상정도감의 '上書'에서는 공부를 常貢과 別貢으로 나누어 설명하고 있으므로, 여기서의 공부 중에는 상공과 별공 즉 貢物(貢物과 徭役이다)만이 포함되고 전세는 포함되어 있지 않은 것으로 보인다. 여기에 전세가 포함되지 않은 이유는 이미 과전법에서 전세

---

11) 여기에서는 공법에서 전세의 수조율을 20분의 1로 낮추지 않을 수 없었던 이유에 대해서도 검토해 보아야 할 것이다.『世宗實錄』卷七十八, 十九年七月九日丁酉에 의하면, 그 이유로서는 "또 우리나라는 토지가 메말라서 10분의 1이라는 숫자가 역시 조금 무겁지 않은가(且我國土地磽埆, 什一之數, 亦疑稍重)"하는 점과 전세가 너무 무거워 "과거에 소요하는 폐단(向者騷擾之弊)"이 있었다는 점이 들어지고 있는데, 이 두가지 점을 가지고 판단한다면, 공법에서 전세의 수조율을 20분의 1로 낮춘 것은 전세수취의 현실에 맞추어 전세수조율을 조정한 것으로 보인다. 그러나 이러한 사실은 백성들의 부세부담이 20분의 1로 경감되었다는 것을 의미하는 것이 아니다. 오히려 백성들은 기존의 貢物負擔에 더하여 보다 많은 전세를 부담하도록 강요되었다고 보아야 할 것이다.

에 관한 별도의 규정을 두었기 때문일 것이다.

삼가 전하께서, 하늘의 뜻과 민심에 순응하여 국가를 세우시고, 登極하는 초기에 신등에게 가장 먼저 명령하여, 前朝貢案의 세출과 세입의 損益을 짐작해서 積弊를 제거하고 常法을 세우시니, 이는 실로 生民의 洪福입니다. 신등은 그윽이 들으니, 나라를 보존하는 데 있어서는 반드시 愛民을 먼저하고, 애민에 있어서는 반드시 節用을 먼저 해야 한다고 하는데, 儉素를 숭상하고 奢侈를 제거하는 것이 절용 중에서 으뜸되는 일이요, 賦斂을 가볍게 하고 폐법을 更張하는 것이 애민 중에서 으뜸되는 일입니다. 옛날에 나라를 잘 다스리는 자는, 그 땅의 산물을 살펴서 貢物을 정하고 세입을 헤아려서 절용하는데, 이것이 항상되고 떳떳한 법입니다. 무릇 나라를 다스리는 자는 반드시 먼저 여기에 삼가해야 할 것이니, 하물며 창업하는 초기이겠습니까. … 신등이 삼가 舊籍을 詳考하고 토지의 물산을 헤아려서 공부의 等第를 제정하되 이전의 액수를 줄여서 常法으로 정했는데, 특정 계절에 생산되는 물산 중에서 상공으로 할 수 없는 것은 상공 밖의 것으로 나열하여 別貢이라 이름했으니, 橘柚 같은 따위입니다. 비록 그러하다고 하더라도, 위에서 取하는 것을 賦라고 하고 밑에서 바치는 것을 貢이라고 하는데, 수취하는 것과 바치는 것이 제도에서 벗어나지 않게 하는 것이 성인이 貢法을 제정한 뜻입니다. … 엎드려 생각건대, 전하께서는, 검약하고 소박하여 始終 변하지 않으시고, 절용하고 애민하여 이를 만세의 家法으로 삼으셨습니다. 지금 정한 貢額을 갖추어 기록하여 책으로 만들어서 狀啓와 같이 올리오니, 빌건대 中外에 頒布하여 영원히 법제로 삼으소서.[12]

---

12) 恭惟殿下, 應天順人, 奄有國家, 踐祚之初, 首命臣等, 考前朝貢案, 歲入多寡, 歲支經費, 斟酌損益, 以袪積弊, 以立常法, 實生民之福也. 臣等竊聞, 保國必先愛民, 愛民必先節用, 崇儉素去奢侈, 節用之大者也, 輕賦斂更弊法, 愛民之大者也.

위의 인용문에서 나오는 '貢額을 갖추어 기록한 책'은 현재 전해지지 않는다. 그러나,『李朝貢納制의 硏究』를 행한 田川孝三에 의하면,[13] 조선전기의 공납제에 관한 기록은『조선왕조실록』의 여기저기에서 散見된다고 한다. 그는 조선전기의 부세제도를 貢納制라고까지 말했는데, 여기에서 田川孝三의 연구를 기본으로 하고 조선전기의 공물에 관한 여러 연구와 자료를 참고하면서, 조선전기 공납제의 특징을 필자 나름으로 요약해 보면 다음과 같다. 첫째 중국의 공물은 綾·絹·絁·綿·麻 등과 같은 貨幣의 代用品으로 구성되어 있었던 데 대하여, 조선의 공물은 곡물을 포함하는 다양한 鄕土의 土産物로 구성되어 있었다.[14] 많은 공물은 金銀銅鐵, 魚類 및 野禽類와 같은 採集物로서 요역을 동원하여 수집하지 않으면 안 되었기 때문에 공물과 요역은 表裏關係에 있었다고 한다.[15] 둘째 공물은, 田結과 戶數를 참작하여 감사와 수령이 중앙의 各司에[16] 진상하거나 상납하도록 郡縣別로 배정되고, 貢案(收納簿)과

古之善治其國者, 量地之産, 而定其貢, 量物之入, 而節其用, 此經常之法也. 凡爲國者, 必先謹乎此, 況創業之初乎. … 臣等謹稽舊籍, 辨土地之物産, 立貢賦之等第, 量減前額, 定爲常法, 其時物之不可爲常貢者, 則列於常貢之外, 名之曰別貢, 如橘柚之類是已. 雖然, 上之所取謂之賦, 下之所供謂之貢, 取之不過其制, 供之不過其度, 聖人作貢之意也. … 伏惟殿下, 儉約朴素, 終始不渝, 節用愛民, 以爲萬世家法. 今將所定貢額, 具錄成冊, 隨狀投進, 乞許頒布中外, 永爲成法. (『太祖實錄』卷二, 元年十月十二日庚申)

13) 田川孝三,『李朝貢納制の硏究』, 東洋文庫, 1964.

14) 공물은 邑單位로 分定되었는데,『세종실록』의 地理誌에는 道別 貢物의 物目이, 그리고 약간의 邑誌에서는 공물을 수취하는 中央各司別 物目이 明記되어 있다.(전게서, 42~47페이지) 평양부, 순천부 및 제주목의 읍지에 등장하는 중앙각사는 工曹, 奉常寺, 軍器寺, 尙衣院, 濟用監, 繕工監, 司宰監, 典醫監, 惠民署, 司瞻寺, 內需司, 內贍寺, 豊儲倉, 廣興倉, 義盈庫, 掌苑署, 長興庫, 司僕寺, 典牲署, 禮曹, 校書館, 觀象監 및 壽進坊 등이다.

15) 이성임,「16세기 양반사족의 公納制 참여방식」(『사학연구』105, 2012) 및 「16~17세기 貢役戶와 戶首」(『역사연구』24호, 2013).

16) 위의 읍지에서도 中央各司의 名稱이 기록되어 있지만, 金堉의「湖西大同節

橫看(支出簿)을 두고 그 수취와 지출을 통제하였으나, 民戶에 대한 구체적 收取規定이 없었기 때문에 자의적 수탈이 불가피했다. 셋째 공물의 上納은, 군현의 貢吏가 陳省(貢物上納明細書)를 가지고 공물을 상납할 때, 中央各司의 吏奴들이 留納(고의로 공물의 수납을 미루는 행위)하거나 点退(퇴짜를 놓는 일)하거나 准納帖(수납완료증명서)을 발행하지 않음으로써, 일찍부터 防納이 불가피하게 되었다. 넷째 防納人으로서는 各司의 吏奴, 官吏, 僧侶(津寬寺의) 및 商人 등이 있었으나, 공물수납의 실무를 담당하는 吏奴가 방납인의 主體였다.[17] 이노들은 공리를 유인하기 위한 상인들과의 경쟁이나 혹은 공물의 대납물을 마련하기 위하여 스스로 私主人이 되는 경우가 많았다. 다섯째 이러한 防納行爲 때문에 수취한 공물 중에서 중앙관청에 상납되는 것은 10 중에서 1~2에 불과하고 5~6은 이노들이 먹고, 3~4는 사주인이 먹었다. 그리고 이노들도 그 이익을 獨食하는 것이 아니고, 그중에서 일부는 관리들에게 饋遺로 바치고(이를 進奉이라 했다), 일부는 各司의 경비에 보태었다. 여섯째 각읍에서 공물을 거둘 때, 本色이 米 1斗이면, 미 3두, 黃豆 3두 및 綿布 1疋을 징수하는 경우도 있었는데, 課外의 징수는 作紙價 및 船給으로 들어가기도 했지만, 邑의 經費에 충당되기도

目」에서도 中央各司를 28司로 잡았다. 一. 二十八司元貢物及田稅條貢物, 戶曹作紙役價, 其人歲幣上次木, 各官京主人房子雇價, 禮曹觀象監各樣紙地, 工曹漆田全漆, 造紙署楮田所出, 掌苑署果園結實, 典牲署黃牛, 備邊司襦紙衣, 宗廟薦新大小麥生兎, 各殿朔膳月令, 誕日冬至正朝臘肉進上, 內醫院牛黃藥材, 三名日進上馬, 工曹筆柄竹, 內弓房魚膠正筋, 迎接都監京婢房子價, 皆以米磨鍊, 自本廳上下一年應下之數, 通計四萬六千二百六十六石零.(「全書」五 - 經世遺表十一 - 三十一 後面, 邦賦考)

17) 大同法의 실시 이후에도 貢納請負業者인 貢人들은 대부분이 中人層이었다고 한다. 이 중인들은 공물수납의 업무를 담당하거나 그 업무를 담당하는 중인층들과 관련이 있는 사람들이라고 했다. 德成外志子, 『朝鮮後期 貢納請負制와 中人層貢人』, 高麗大學校 博士學位論文, 2001.

했다.

　조선전기에서의 전세와 공물의 비중에 관해서는 "우리나라에
서는 전세가 가볍고 공물이 무거운데, 이에 관해서는 이미 先儒들
의 定說이 있다"[18]고 하는 것이 당시의 일반적인 견해였다고 한
다. 구체적으로는 세종 26년(1444)의 공법개혁으로 우리나라에서
최초로 그 내용을 제대로 알 수 있는 田稅制度가 수립되었음에도
불구하고, 梁誠之는 그로부터 20년 후가 되는 세조 10년(1464)의
「請破防納疏」에서 부세수입 중에는 "전세소출이 10분의 4이고 雜
稅가 10분의 6을 차지하는데, 이른바 잡세라는 것은 諸邑의 공물
을 代納하는 것입니다"[19]라고 했다. 양성지는 그래도 부세수입 중
에서 전세수입이 국가재정수입에서 10분의 4나 차지하고 있었다
고 했으나, 공법이 이미 제정된 15세기 말에 있어서도, 이미 공물
이 부세의 대부분을 차지하고 있었다고 한다. 왜냐하면 이 시기에
는 전세가 1결당 미 4~6두로 고정되었기 때문이다.[20] 16세기 말에
李珥는 전세와 공물과의 관계에 대하여 다음과 같이 말했다.

　　병조판서 李珥가 狀啓를 올려서 아뢰었다. … 貊道로 수세를 한다
　　고 한 것은, 옛날에는 10분의 1로 수세했으나 公用은 부족하지 않았
　　고 백성도 역시 원망이 없었는데, 朝宗朝에서 年分九等으로 수세하
　　도록 법을 정한 것이 자세하지 않은 것이 아니건만, 이 법을 오래도

---

18) 我國稅輕貢重, 先儒已有其說.(『鶴洲先生全集』卷七, 因災異陳時弊箚)

19) 田稅所出十分之四, 而雜稅居十之六, 所謂雜稅者, 卽諸邑貢物代納者也.(『世祖
　　實錄』卷三十三, 十年五月二十八日庚辰」

20) "또 벌써 16세기 중엽 이후에는 연분9등은 다만 법전상의 문구에 그치고 실
　　지로는 전국 각지의 연분이 언제나 일률적으로 하하년, 세액은 1결 4두로 영
　　구히 고정되는 일견 기이한 현상을 초래하게까지 되었다"(박시형, 『조선토
　　지제도사』하, 1961, 94페이지)고 했으나, 최근의 연구에 의하면 이보다 반세
　　기 전에 전세는 1결당 4~6두로 고정되었다고 하며, 年分九等은 仁祖甲戌年
　　(1634)의 量田 때에 폐지되었다.

록 시행하다 보니 관리들은 懶怠해지고 백성들은 頑强해져서 매양
災結을 지급하는 것으로써 백성들의 歡心을 사는 수단으로 삼게 되
어, 오늘날은 下下年이 上上年으로 되어 나라의 전지는 재결을 지급
받지 않은 것이 거의 없게 되었으니, 나라가 어찌 궁핍하지 않겠느
냐는 것입니다. 형세가 여기에 이르렀으니, 현명한 수령이라고 하더
라도 감히 재결을 지급하지 않을 수 없게 된 것입니다. 민생은 나날
이 고단해지고 徭役은 繁重해져서, 백성들이 거꾸로 매달린 듯한 형
세를 해결하지 않고 만약 단지 재결을 지급하지 않는 것으로써 국가
를 등지지 않는 일로 삼는다면 백성들이 더욱 지탱하지 못할 것이
니, 어찌 어진 군자가 이러한 일을 차마 할 수 있겠습니까. 오늘날의
計策은 貢案을 개정하여 田結의 부담이 10분의 7~8은 가벼워지게
한 이후 量田을 행하고 전세를 올려서 국가의 쓰임새를 넉넉하게 하
는 것보다 더 좋은 방법이 없습니다. 그렇게 하지 않으면, 公私가 다
함께 넉넉해질 때가 없을 것입니다.[21]

위의 이이의 장계는 기본적으로 전세와 공물 간의 관계에 대하
여 논의하고 있는 것으로 읽어야 하지 않을까 생각된다. 전세의
부담은 가벼워져온 데 대하여 공물의 부담은 나날이 무거워져 왔
다는 것이다. 그러므로 여기서의 給災는 흉년이 들었을 때 災結을
나누어 주는 俵災가 아니고 年分等第의 하향조정으로 읽어야 할
것이다. 그렇게 읽어야 "매양 재결을 지급하는 것으로써 백성들의

---

21) 兵曹判書李珥啓曰, … 貊道收稅云者, 古者什一而稅, 公用不乏而民亦無怨, 祖宗
朝以九等收稅, 設法非不詳密, 而行之旣久, 吏怠民頑, 每以給災爲要譽之資, 今
則以下之下爲上之上, 而一國之田, 不給災者無幾, 國用安得以不匱哉. 勢至於
此, 雖守令之賢者, 不敢不給災者. 以民生日困, 徭役多端, 若不解倒懸, 而只以
不給災爲不負國, 則赤子尤不能支, 仁人君子, 豈能忍之乎. 爲今之計, 莫如改定
貢案, 使田役減其十分之七八, 然後可量宜加稅, 以裕國用也. 不然, 則公私終無
足用之時矣.(『宣祖實錄』卷十七, 十六年二月十五日戊戌)

404

歡心을 사는 수단으로 삼게 되어, 오늘날은 下下年이 上上年으로
되었다"는 구절의 뜻이 정확하게 읽혀질 수가 있을 것이다. 그런
데, 전세나 공물이나 다 같은 국가세입인데, 왜 공물의 비중을 낮
추고 전세의 비중을 높이려고 했을까. 거기에는 크게 두 가지 사
정이 있었던 것으로 보인다. 첫째는 전세는 어느 정도 수세규정이
갖추어져 있어서 정확한 수세가 가능했으나, 공물은 수령이 거두
어야 할 수세총액만 규정되어 있을 뿐 民戶에 대한 구체적인 수세
규정이 없고 또 공물의 수납은 防納人에 의하여 이루어졌기 때문
에 공물수납의 단계마다 뇌물을 바치는 것이 관행이 되어 인민들
로부터 수탈한 공물의 10분의 1~2도 국가에 납입되지 않는 실정
이었다.22) 앞서 정약용이 土貢에 대해서는 잘 모른다는 자료에서
"'공물은 꼬치로 바치고, 뇌물은 바리로 바친다'는 속담이 있는데,
이것은 토공을 上納할 때 가마꾼들이 부르는 노래이다(諺曰, 貢以
串輸, 賂用駄驢. 此蓋土貢上納之時, 輿人之誦也)"라고 하는 것이 바
로 그것이다. 둘째는 공물은 주로 王室의 세입이고,23) 전세는 戶曹

22) 即今民事, 誠可哀痛, 而其中貢物, 最爲病民之膏肓. 當初分定, 旣不均平, 或有
大邑物種, 減少於小邑者, 小邑物種, 數倍於大邑者. 已非畫一之法, 而痼弊流傳,
防納成習, 雖其本土至賤之産·至精之物, 不敢直納于諸司, 必給百倍之價, 防納
於私主人. 又有中間牟利之輩, 或納賂請囑於各官, 圖受其價, 而減給取贏焉. 大
約一尾之魚, 價米或至一石, 木則數疋, 而人情作紙, 不在此數, 故繁重之邑, 則
一結所出米, 至十數斗. 木則視市直焉, 陸載水運, 輸給于京中, 則私主人輩預給
一分之價, 備其物種, 納于諸司, 而安享其利焉. 出於民者, 一石之米, 納於官者,
一尾之魚, 中間安坐而食者, 獨何人哉. 曹植所謂我國以胥吏而亡, 誠非虛語也.
若不革此弊, 則雖使聖君賢相, 晝夜憂勤, 仁政不可行, 而實惠不究於民矣.(『鶴
洲先生全集』卷七, 因災異陳時弊箚)

23) "중국의 제도는, 御供에는 전임의 관청이 있고, 供上하는 물품은 모두 常稅의
수입으로 사서 쓰기 때문에, 外方에 進上이 있다는 말을 듣지 못했다. 우리나
라는, 御需에 常稅를 쓰는 일이 없고, 御供도 전담하는 관청이 없기 때문에,
안으로는 각 관청이 매일 進排하고지금 각 관청의 공물 중 御供으로 지출하는 것이
3분의 2가 넘는다, 밖으로는 각 道에 명령하여 달마다 진상하게 하기 때문에, 인
부가 져 나르고 驛馬가 실어 나르느라, 사방이 凋殘하고 疲弊하게 되었다.(中

의 세입이었다. 이 점을 정확하게 알아야, 왜 왕실이 전세를 희생
해가면서도 부정부패의 소굴인 공물을 끝까지 유지하고 또 大同
法으로 공물을 개혁하면서도 호조를 두고서도 굳이 宣惠廳을 설
치하여 大同米를 전세와는 별도로 관리하게 했는지를 이해할 수
있게 된다. 위와 같은 전세와 공물 간의 관계와 貢案改革의 절박
성에 대한 인식은 임진왜란과 병자호란을 겪고 난 이후에도 동일
하게 반복되었다. 병자호란 직후 이미 唐津縣監과 중앙관료를 거
쳐서 실무경험이 있었던 金弘郁도 공물의 폐단을 혁파하지 않고
서는 전세제도를 개선할 수 없음을 보다 분명하게 밝히고 있다.

공물의 폐단을 變通하여 民力이 펴진 이후에라야 바야흐로 전세
법을 다시 의논할 수 있을 것입니다. 만약 공물의 폐단을 변통하지
않고 단지 경비의 부족을 염려하여 먼저 부세를 증가시키려고 한다
면, 백성의 기름이 다 빠져서 더 빨아내기가 어려운 형편이 무거운
짐을 진 사람이 이미 脫盡했는데 조그마한 무게를 추가하더라도 반
드시 엎어질 염려가 있는 것과 같아서, 그 때문에 전세법을 更張하고
싶으면, 반드시 먼저 공물의 폐단을 완화하는 것이 옳다는 것입니다.
전세법의 변통 같은 것은, 공물의 폐단이 꼬일 대로 꼬여서 풀기 어
려운 것과는 달라서, 다만 이미 이루어져 있는 법제에 따라 짐작해서
행하는 것뿐입니다. 우리나라의 법은 田에는 6등이 있고 稅에는 9등
이 있는데, 전의 6등이 일정불변한 것은 織物의 날줄과 같고, 세의 9
등이 해에 따라 오르내리는 것은 직물의 씨줄과 같습니다. 땅의 肥瘠
은 해마다 바뀌는 것이 아니기 때문에 일정불변한데, 곡식의 풍흉은

國之制, 御供有專任之司, 而供上之物, 皆以常稅之入, 貿備以用, 未聞有外方進上
也. 我國則御需未有常稅之用, 御供亦無專任之司, 內則各司逐日進排令各司貢物爲
御供者, 過三之二, 而外令各道, 逐月進上, 夫輪驛傳, 四方凋弊)"(『磻溪隨錄』一,
1962, 284~285페이지, 田制後錄上)

해마다 같지 않아서, 비록 땅이 비옥하다고 하더라도 혹 흉년이 들 때가 있고, 비록 토지가 척박하다고 하더라도 혹 풍년을 맞이하는 때가 있기 때문에, 9등의 법으로써 그 높고 낮음에 따라 매년 가볍게도 하고 무겁게도 하는 것입니다. 우리나라도 처음에는 반드시 이 법을 썼을 것인데, 오늘날에 이르러서는 田稅法도 역시 일정불변하여 풍흉을 물론하고 모두 下下年을 쓰니, 심히 기괴합니다.[24]

위에서 살펴본 바와 같이, 조선후기 즉 兩亂 이후에는 전세가 下下年으로 고정되어 국가의 재정수입은 극도로 궁핍한데 대하여 무질서한 공물의 수탈에 의하여 인민들은 도탄에 빠져 있었기 때문에, 공물제도를 개혁하고 세종조의 공법을 회복하자는 논의가 활발하게 전개되었던 것으로 보인다. 그리고 조선후기에 관한 기존의 연구에 의하면,[25] 이러한 부세제도의 개혁이 이루어질 만한 여건도 이미 성숙되고 있었다. 그 與件이란, 첫째는 洑라는 새로운 水利施設의 보급과 移秧法이라는 種稻技術의 발달로 토지생산성의 안정성이 크게 높아졌다는 것이요, 둘째는 場市의 발달과 客主의 출현 등으로 상품경제가 어느 정도 발달하고 있었다는 것이다. 토지생산성의 향상은 종래에는 기대하기 어려웠던 안정적인 전세

---

24) 變通貢物之弊, 民力旣寬, 然後稅法方可更議. 若不變貢物之弊, 只念經費之不足, 先爲加賦, 則民膏旣浚, 難以更加, 如負重之人, 筋力已盡, 雖加銖兩, 必有顚仆之患, 故欲更稅法, 必先舒貢物之弊可也. 若稅法之變通, 非如貢物之弊膠固而難解也, 只當因其成法, 斟酌行之而已. 我國之法, 田有六等, 稅有九等, 田之六等, 一定不變, 如織之經也, 稅之九等, 逐年低昻, 如織之緯也. 地之肥瘠, 非隨歲而移易, 故一定不變, 而穀之豐凶, 則每年不同, 雖肥土, 而或有失稔之時, 雖瘠土, 而或有逢年之時, 故以九等之法, 隨其高下, 而每年輕重焉. 我國之初, 亦必用此法, 而至於今日, 則稅法亦有一定不變, 而勿論豐凶皆用下下, 甚可怪也.(『鶴洲先生全集』卷十, 論田制六條)

25) 이 방면에 관한 연구에 있어서는 金容燮을 비롯한 조선후기의 자본주의 맹아론에 관한 연구자들의 공헌이 매우 크다.

수취를 가능하게 하고, 상품경제의 발달은 공물을 구태여 현지의 土産物로 수취하지 않더라도 시장에서 조달할 수 있는 여건을 갖추는 것이다. 그리고 기존의 연구에 의하면, 私主人들 즉 防納人들이 郡縣으로부터 米로써 貢價를 받고 서울에서 공물을 매입하여 中央各司에 수납하는 관행이 형성되었기 때문에 대동법으로의 개혁이 용이해졌다는 것이다. 위와 같은 대동법의 개혁으로 조선후기에는 대부분의 부세가 田結의 부담으로 전환되어 갔는데, 柳馨遠은 대동법의 의의를 다음과 같이 높이 평가했다.

그 지방의 토산물로써 貢納하는 것이 비록 古法이라고 하기는 하지만, 오늘날의 법제는 폐단이 있을 수밖에 없으니, 대동법이 균평해서 폐단이 없는 것만 같지 못하다. 공물이 일률적으로 土宜로써 정해진다고는 하지만, 京司가 각읍에 分定하고, 각읍이 각면의 民戶에 分徵함에 있어서, 名色이 한결같지 않고 품질이 서로 같지 않다. 이에 서울의 아전이 各邑의 아전을 협박하고, 각읍의 아전이 各面에서 파견되는 자를 협박하고, 각면에서 파견되는 자가 여러 백성들을 협박하여, 段階마다 그 숫자를 늘리고, 단계마다 뇌물을 요구하고, 단계마다 폐해가 증가하니, 그간에 백성들이 분주하여 일을 못하는 것이 얼마이며, 독촉을 받고 매질을 당하는 것이 얼마이며, 왕래하는 데 들어가는 양식과 路資 및 인부와 말을 사는 데 들어가는 비용은 또 얼마일 것인가. 이 때문에 국가는 조그마한 물품을 하나 거두어 들이는데, 민간이 허비하는 것이 그 萬倍나 되니, 億兆蒼生이 그 해를 입지 않는 자가 없다. 하물며 土産은 옛날에는 있다가 지금은 없어지기도 하고 혹은 해에 따라서 있기도 하고 없기도 해서, 遠方에서 사오지 않으면 안 되는 폐단을 면하기 어려움에 있어서랴. 더욱이 오늘날에는 토산인지 아닌지와 田丁의 多少도 묻지 않는데, 연산군의 무절제한 수요를 고치지도 않고 그냥 따라서 할 것인가. 더구나 오늘날 政事가 아전에게 맡겨져서 모든 일이 뇌물로써 이루어 짐에 있어서랴. 무릇 이와 같기 때문에, 구렁텅이 같은 욕심을 마음 대로 부리는 것은 胥吏들이고, 심하게 그 폐해를 당하는 것은 나라 와 백성이다. 만약 대동법과 같으면, 바치는 쌀에는 定數가 있고 백 성들은 한번 고르게 낼 뿐이니, 무슨 폐단이 있겠는가. 가령 各司가 수용하는 모든 물품이 貢納하는 수보다 증가하여 그 代價를 10배나 더 지급한다고 하더라도 백성들이 당하는 침해와 고통은 열에 아홉 은 덜어질 것이다. 옛적에 封建을 할 때에 諸侯國은 土宜에 따라 공 물을 바치지 않을 수 없었으나, 그 規定만은 위와 같지 않았다. 설령 공납하는 물건이 깨끗하고 아름답지 못하다고 하더라도, 그 주인의 過失을 묻는 데 불과할 뿐이요, 반드시 点退하는 일은 없었기 때문 에, 그 폐단이 민간에게까지는 미치지 않았다. 오늘날은 이것과는 달라서 서울에서 수용하는 백물을 모두 外方에 差定하니, 공물을 바 치는 자는 민간이요 点退하는 자는 京司이니, 한번 점퇴하면 그 해 가 무궁한 것이다. 무릇 점퇴하는 권한으로써 입은 있으나 말을 못 하는 백성들에게 君臨하니, 어찌 단계마다 억누르는 폐단이 없을 것 인가. 이것이 대동법이 균평해서 폐단이 없는 것만 같지 못하다. 비 록 그렇다고 하더라도 왕자가 백성들로부터 거두어들이는 것은 10 분의 1세 이외에 다르게 거두어들이는 것이 없고, 옛날에 邦國이 바 치는 공물은 역시 10분의 1세의 수입으로써 시장에서 구입한 것이 다그에 대한 설명은 呂東萊의 「禹貢」의 貢賦에 관한 말에 상세하다. 오늘날에는 稅外에 공물이 있어서 본래 舊法이 아니니, 반드시 경상적인 세입으 로써 오늘날의 대동법의 규례에 따라 貿納하게 한 이후에야 이에 盡 善盡美하게 될 것이다.

그 지방의 토산물로써 공납하는 것이 古法이기는 하지만, 오늘날에 말하는 바와 같지 않음이 있다. 옛날 畿內에서는 米粟을 바치는 일은 있으나 공납을 하는 일은 없 었고, 京外의 諸侯들이라야 비로소 공납하는 일이 있었으나, 공납하는 물품은 역시 그 나라의 10분의 1세 수입으로써 貿納한 것이며, 민간이 내는 것은 단지 田稅뿐이었다. 오늘날은 이미 전세가 있는데, 또 공물이 있고, 그 이른바 공물이란 것도 郡縣에 따라서 백물을 바치게 하여 별도로 徵收하여 收納한 것이다. 그 법이 이와 같으니, 어찌 폐단이 없겠는가. 이것은 이름은 같으나 그 내용이 다르기 때문이다.[26]

조선전기의 공물중심 부세체계가 조선후기의 전세중심 부세체계로 전환해가는 과정을 보면 다음과 같다.[27] 우선 임진왜란 직후

---

26) 任土作貢雖稱古法, 今之爲制, 則未免生弊, 莫如大同之均平無弊. 盖貢物縱使定之一以土宜, 京司分定於各邑, 各邑分徵於各面民戶, 名色不一, 物品難齊. 於是京吏刀蹬於邑吏, 邑吏刀蹬於面差, 面差刀蹬於齊民, 節節衍數, 節節索略, 節節增弊, 其間奔走廢事者幾人, 督迫捶撻者幾人, 往來糧資, 夫馬價費, 又幾許耶. 是以國家所捧一物之微, 民間所費萬倍其數, 而億兆無不受其害矣. 況土産昔有今無, 或歲有得失, 而未免有貿諸遠方之弊乎. 況今不問土産與否, 田丁多少, 而燕山荒淫之需, 因循不改者乎. 況今政委胥吏, 而百事賄成者乎. 夫如是故, 恣其溪壑之欲者吏胥, 而深受其害者國與民也. 若如大同之法, 則米數有定, 民知一番均出而已, 有何弊乎. 假使各司凡物, 有加於所貢之數, 而過給十倍之價, 民之侵苦, 則可減十之九矣. 盖古者封建, 則諸侯之國不得不供其土宜, 非唯當如此. 設令所貢之物, 有欠精美, 不過責其主者之過而已, 必不有點退之擧也, 故能無弊及於民. 今則異於是, 京中所用百物, 皆定於外方, 而辦出者民間, 點退者京司也, 一番點退, 其害無窮. 夫執點退之權, 以臨有口無言之民, 安能無次次刀蹬之弊乎. 此所以莫如大同之均平無弊也. 雖然, 王者之取民, 十一稅外更無他斂, 古者邦國所貢之物, 亦是以十一稅入市貿者也說詳呂東萊禹貢賦語. 今之稅外有貢, 本非舊法, 必以經稅之入, 依今大同例定貿然後, 乃爲盡善也.

任土作貢, 雖曰古法, 詳考古制, 則有不如今之所謂者. 盖古者畿內, 則有米粟之輸而無貢, 京外諸侯乃有貢, 而所貢之物, 亦自其國以什一稅入貿備以貢, 民之所出, 則只是田稅而已. 今則旣有田稅, 又有貢物, 而其所謂貢者, 令逐郡逐縣皆供百物, 而別徵以納. 爲法如此, 則安得不弊, 此所以名同而實則異也.(『磻溪隨錄』一, 1962, 273페이지, 田制後錄上)

27) 我朝田稅本輕, 中世以來, 用田而賦, 遂爲故常. 大同田賦也, 均役田賦也結米收三斗, 今爲結錢, 三手米田賦也, 毛糧米田賦也黃海道別收米三斗, 本毛文龍軍糧, 雉鷄米田賦也守令所用雜役, 此朝廷之所知也. 京邸之米, 用田賦, 營邸之米, 用田賦, 朔膳貢價之米, 用田賦本以還米會減, 今以稅米取用, 公移脚價之米, 用田賦傳關米, 新官刷馬之錢, 用田賦, 舊官刷馬之錢, 用田賦. 官旣不淸, 吏亦隨動, 書員考給之租, 用田賦, 邸卒勤受之租, 用田賦. 還上之弊, 旣窮旣極, 民不見穀, 歲納數苫, 數苫之穀, 用田賦, 漂船到泊, 收錢累萬, 累萬之錢, 用田賦. 田者日困, 顚連溝壑. 斯皆賦也,

인 1602년에 訓鍊都監에서 砲手·殺手·射手의 三手兵을 훈련하기
위하여 평안도와 함경도를 제외한 6도에서 1결에서 三手米 2두2승
을 거두었는데, 仁祖 甲戌年(1634) 이후로는 이것을 1승2두로 감했
다.[28] 앞에서 서술한 바와 같이, 이 시기에는 전세수입의 부족과
공물수취의 문란을 더 이상 방치할 수가 없었기 때문에 1608년의
경기도를 비롯하여 1708년의 황해도에 이르기까지 100년에 걸쳐서
關西·關北을 제외한 6도에 대동법이 실시되었다. 시기와 지방에
따라 大同米의 수취량은 1결당 미 10두로부터 16두까지로 한결같
지가 않았으나, 『속대전』에서는 水田과 旱田을 막론하고 1결에 미
12두를 거두도록 규정하였다.[29] 海西에서는 1결에 15두를 거두었
는데, 거기에서는 임란 직후부터 거두어 왔던 毛糧米 3두가 폐지
되지 않고 別收米라는 이름으로 대동미와 함께 징수되었기 때문
이다. 대동미는 전세미 4두의 3배이다. 또 1751년의 均役法의 실시
로 軍丁 1人으로부터 거두던 軍布 2疋을 1필로 감하고, 그 給代財
源으로 1결에서 結米 3두(혹은 結錢 5錢), 魚鹽船稅와 選武軍官布
를 거두게 되었다. 결미 3두는 전세 4두에 육박하는 것이었다. 또
같은 해에 雉鷄柴炭價米 4두가 전결의 부담으로 돌려졌다. 대동법
의 실시로 郡縣의 經費條로 거두어들여지던 官需米의 수취가 폐지
되었는데, 대동미에서 이 관수미를 지급하기가 어려웠기 때문에
균역법의 실시와 더불어 뒤늦게 치계시탄가미가 법제화된 것이

非田也, 旣用田賦, 斯在田政中論見前篇.(『全書』五 - 牧民心書六 - 十四 前面, 平賦上)

28) 故事紀要曰, 宣廟朝, 設訓鍊都監, 三南海西關東, 始收三手米. 三手者, 砲手殺手射手也, 每結二斗二升. 仁廟甲戌, 命三南量田, 減三手米每結一斗.(『全書』五 - 經世遺表七 - 六 後面, 田制七)

29) 續大典曰, 通水田·旱田, 每一結收米十二斗江原道嶺東加二斗, 未量田十邑加四斗, 山郡作柿卽棉布. 米則可食米, 柿則正五升. 準三十五尺, 廣七寸麻布同.(『全書』五 - 經世遺表十一 - 三十五 前面, 邦賦考)

다.30) 위와 같이 조선후기에는 대부분의 부세가 전결의 부담으로
전환되면서, 오히려 전세는『속대전』에서 1결에 미 4두로 고정하
도록 규정되고,31) 加升米 3升 및 斛上米 3승 따위의 課外之物도 덩
달아 大典에서 규정되는 부세가 되기에 이르렀다.32) 이리하여
1808년에 편찬된『萬機要覽』에서 위와 같은 전결의 부담을 '今每一
負, 出租一斗'로 규정하였는데, 벼 100두는 쌀로 환산하면 白米 40
斗가 되었던 것이다. 그런데, 이 1結當 租 100斗의 전결부담은 1결
20두락의 호남의 中中畓의 경우 이미 9분의 1세를 훨씬 초과하고
있었다.33) 그런데, 18세기 말~19세기 초에는 여기에 民庫租 30~40
두와 還穀租 2~3석이 추가되었다.34) 민고조와 환곡조를 합하면,
벼 60~80두인데, 여기에 민고조와 환곡조 이외의 계판에 게재되
지 않은 전결의 부담을 합하면, 현실적으로 1결의 부세부담은『만
기요람』에 규정되어 있는 1결의 부담의 2배가 되는 셈이다. 이것
은 전지생산물의 25%에 이르는 것이었다.

---

30) 案四斗米者, 國家於田稅·大同之外, 許令縣官, 每田一結收米四斗, 以資其雉雞
柴炭. 畿湖兩南, 其率皆同, 毋論豐凶, 一結四斗, 無加無減英宗辛未, 定均役法, 乃令
道臣酌定如此.(『全書』五 − 牧民心書五 − 四 前面, 稅法下)

31) 전세의 경우, 世宗朝에서 공법을 제정할 때, 함경도와 평안도는 3분의 1을,
제주도는 절반을 減收하게 규정되어 있었다고 한다.(永安平安道, 減三分之
一, 濟州三邑減半.『全書』五 − 經世遺表七 − 一 後面, 田制七)

32) 大典所載, 加升米三升, 斛上米三升, 旣是科外之物.(『全書』五 − 牧民心書五 −
三 後面, 稅法下)

33) 졸고, 전게논문, 309페이지.

34) 又案 大同之初, 國與民約曰, 諸司求索, 一幷停止, 一納此米, 終歲安臥. 近年以
來, 諸司求索, 日增月盛. 其中有以留米會減者, 有直行求乞者, 郡縣以此憑籍,
設爲民庫, 田稅大同之外, 又以田結, 橫斂錢穀, 厥數倍徙. 其有會減者, 歸之官
囊, 其無會減者, 據爲吏窟. 朝廷熟視而不救, 守令任意而增出, 民墮塗炭, 莫之
枝梧.(『全書』五 − 經世遺表十一 − 三十四 後面, 邦賦考)

2. 田政紊亂의 樣相

三政紊亂이 조선후기에 시급히 해결해야 할 최대의 국정과제였다는 점에 대해서는 더 이상 말할 것이 없다. 그리고, 이 시기에는 貢物뿐만이 아니라 軍役과 還穀까지도 모두 田結의 부담으로 돌려지고 있었으므로, 삼정문란은 사실상 田政紊亂으로 집약되고 있었다고 할 수 있다. 그런데 이 전정문란의 원인이 어디에 있었는지에 대해서는 간단하게 말하기가 어려우나, 거기에는 첫째 強力한 軍事力의 뒷받침을 받는 왕권의 결여에 기인하는 토지에 대한 國家掌握力의 脆弱性, 結負制에 기인하는 量田의 困難性 및 공물과 신역이 전세로 전환하는 과정에서 발생하는 田稅收取體系上의 混亂 등 여러 가지의 요인이 복합적으로 작용하고 있었던 것으로 보인다. 그런데 토지에 대한 국가장악력의 취약성과 양전의 곤란성에 대해서는 이미 앞의 글에서 검토한 바가 있으므로, 정전법의 실시와 부세체계의 개혁을 논의의 주제로 하고 있는 이 장에서는 『경세유표』와 『목민심서』가 아니고서는 그 어디에서도 찾아볼 수 없는 부세수취체계의 혼란에 관한 자료를 분석함으로써 전정문란의 實相과 그것이 가지는 의미를 밝혀볼까 한다.

전정문란에 관한 자료는 『경세유표』의 「田制」7~8과 『목민심서』의 「田政」, 「稅法」 및 「平賦」 등에 흩어져 있다. 전정문란의 실상을 알려면 무엇보다도 먼저 郡縣의 부세수취에 관한 자료가 있어야 하는데, 그것을 알 수 있는 기본자료가 年分大概狀(田稅를 기준으로 작성되는데, 大同米와 結米 등은 이 연분대개장을 기준으로 부과되었다)과 收稅計版이다. 연분대개장이 과세대상인 군현의 전결의 대강을 나타내는 巨視資料라고 한다면, 수세계판은 田地 1結에 대한 부세부담을 稅種別로 나타내는 微視資料이다. 그런데, 『경세유표』에서 제시되어 있는 대개장자료는 康津縣의 「己巳年秋大槪狀」을 정리한 것이다. 이 대개장은 본래 강진현의 부세 수취를 위한 행정 실무 자료였던 것으로 보인다. 이에 대하여 『경세유표』와 『목민심서』에서 제시되어 있는 계판자료는, 강진현의 계판이 제공하는 정보를 기초로 하면서도, 그 계판에 게재되어 있지 않은 전결부담까지도 추가적으로 조사하여 기록해 넣음으로써 조선후기의 標準的인 收稅計版이 될 수 있도록 가공된 자료가 아닌가 추측된다. 이렇게 推測하는 근거는 두 가지이다. 첫째는 이 계판에는 강진현의 부세부담이 아닌 稅種까지도 들어 있다는 것이요, 둘째는 이 계판에는 합법적인 세종뿐만이 아니라 非合法的인 세종까지도 들어 있다는 것이다.[35] 다시 말하면, 『경세유표』와 『목민심서』에 제시되어 있는 계판은 강진현의 계판이 제공하는 정보를 기초로 하면서도 그 계판에 기재되어 있지 않은 전결부담까지도 추가적으로 조사하여 기록해 넣음으로써 조선후기 三南地方의 표준적인 계판이 되도록 가공된 것이 아닌가 한다.

田政은 본래 量田으로부터 시작해야 하지만, 양전이 불가능한 조선후기의 전세징수과정은 전정의 末務인 執災와 俵災로부터 시작했다.[36] 즉 災結을 조사하여, 이를 중앙정부에 보고하고, 중앙정부로부터 획득한 재결을 농민에게 분배하는 일로부터 전정은 시작되었던 것이다. 표재가 끝나면, 전세수취를 위하여 出稅結을 8결씩으로 묶어서 그 징세책임자로서 戶首를 두는데, 이것을 八結作夫라 한다. 작부가 끝나면, 作夫之簿와 徵米之簿(징미지부는 일명 米都錄이라고도 한다)가 작성되고, 양안 등의 자료와 이 자료

---

35) 臣又按, 法所不言, 民則納之者亦多. 臣謹將康津縣田結雜役, 法與不法, 竝皆開
   列在左.(『全書』五 - 經世遺表七 - 七 前面, 田制七)

36) 守令以軍田糴三事, 謂之三政. 所謂田政者, 俵災而已.(『全書』五 - 牧民心書四
   - 五十三 前面, 田政)

들을 기초로 年分大槪狀이 작성된다. 연분대개장에는, 元帳付田, 流來陳雜頉田, 時起田, 各項免稅田, 實結, 災結 및 出稅結이 차례로 기록되어야 할 것으로 보이나,[37) 현재 강진현의 己巳年大槪狀에는

---

37) 현재 규장각에는 「忠州府管下各郡乙未條年分大槪狀」(도서번호17072), 「忠淸
北道管下各郡戊戌條年分大槪狀」(도서번호20694) 및 「忠淸北道管下各郡庚子
條年分大槪狀」(도서번호17637)이 있다. 여기에 제시되어 있는 「忠州郡乙未
條年分大槪狀」의 사례를 소개하면 다음과 같다. 여기에서는 田畓의 합계만
를 제시했으나, 原文에서는 전답이 각각 별도로 기록되어 있다. 그리고 結數
는 큰 것만 제시했다.

　　忠州郡乙未條年分大槪狀
　1. 元田畓并21,368結43負2束
　2. 各衙門屯陳田畓
　3. 雜位田畓
　4. 舊陳雜頉田畓5,742結88負3束
　5. 癸巳勸耕起減稅田
　6. 甲午勸耕起減稅田
　7. 乙未勸耕起減稅田
　8. 元續及各年降續陳田872結35負
　9. 癸巳査起元續陳丙申還陳田
　10. 淑寧翁主房癸未出稅陳田
　11. 陰竹劃送各項田畓825結19負9續
　12. 仍成川浦落覆沙田畓1,157結31負6束
　13. 癸巳査起仍成川丙申還陳田
　14. 癸巳査起舊災丙申還陳畓
　15. 由來舊災乙丑蒙頉田畓804結14負8束
　16. 今覆沙田畓
　17. 晩移秧未發穗全災畓
　18. 收租正田畓9,878結38負2束

　　帳外
　19. 諸宮家折受陳田
　20. 各衙門陳田
　21. 堤堰陳畓
　22. 宗親府出稅火粟陳田
　23. 宣禧宮出稅火粟陳田

전답의 출세상황과 이에 대한 해설뿐이다. 『경세유표』에 제시되
어 있는 자료를 가지고 田畓의 合計(時起田일 것으로 보인다), 各
項免稅結, 實結, 災結, 出稅結 및 稅額을 정리해 보면, 아래의 己巳
年(1809) 康津縣의 大槪狀과 같다.[38]

---

24. 辛丑自首加耕田
25. 廢堤堰庚午起耕田畓
26. 耆老所甲午火粟出稅田
27. 軍器寺屯今年查得田畓

    總計
28. 下之下田畓8,385結52負9束
29. 下之中畓431結45負7束
30. 下之上畓44結41負
31. 續起下之下田畓1,160結52負6束

    各樣免稅
32. 校位實田畓2結29負

38) 己巳年康津縣의 大槪狀은 다음의 자료를 정리하여 작성했다.
  臣流落南土, 十有七年, 試論康津一縣之稅法, 有可驚可愕, 罔有紀極, 非復意慮
  之所能度. 今將本縣嘉慶己巳年分大槪狀, 條列在後. 推此一縣, 他邑可知.

  己巳秋大槪狀
  下之下田, 一千三百六結八十八負三束
    黃豆, 平三百四十八石七斗五升三合二勺
  下之中田, 六百二十一結五十二負一束
    黃豆, 平二百四十八石九斗一升二合六勺
  下之下畓, 三百四十三結二負八束
    糯米, 平九十一石七斗一升一合二勺
  下之中畓, 一千三百九十二結七十一負一束
    糯米, 平五百五十七石一斗二升六合六勺

  臣謹案 己巳者, 大歉之年也. 本年旱損蟲損風損及未移秧等災減之數, 共二千四
  百六十結零亦見大槪狀, 皆以下下畓除減此備局之本例, 故下下之畓, 其數如右. 若據
  常年災減, 不過四百餘結, 下下之畓, 本當爲二千三百四十餘結. 又凡諸邑免稅之
  畓, 亦皆以下下畓除之, 故其數止此. 若並通計, 則下下之畓, 當爲三千餘結矣各

己巳年 康津縣의 年分大槪狀

田畓의 結數(A)	各項免稅結(B)	實結(C=A-B)	給災結(D)	出稅結(E=C-D)	稅額(石)
下下畓 3,327	524	2,803	2,460	343	糙米 92
下中畓 1,392		1,392		1,392	糙米 557
下下田 1,307		1,307		1,307	黃豆 349
下中田 622		622		622	黃豆 249
合計(結) 6,648	524	6,124	2,460	3,664	米 948

備考 : 대개장은, 정부에 바쳐야 할 田稅의 規模를 나타내는 것으로서, 실제로 징수
하는 전세와는 달리 중앙정부에 납부해야 할 전세를 기록하는 것이기 때문에, 下下
之田에서는 4두를, 水田에서는 糙米를, 그리고 旱田에서는 黃豆를 거두는 것으로 표
기했다. 전세미 948석은 黃豆를 米로 환산해서 계산한 것이다.

연분대개장은 과세대상의 큰 테두리를 나타내는 것이다. 그리
고 조선후기의 대부분의 부세는 田結을 기준으로 부과되고 있었
으므로, 이 전결의 實況을 나타내는 연분대개장은 郡縣의 부세부

項免稅 共五百二十四結. ○總之, 所謂下中·下下者, 年分之名, 非田等之名也. 年
分之法, 行之不得, 故雖大登之年, 不出於下三等, 雖大歉之年, 無改於下三等,
行之旣久, 遂爲故常. 於是本縣胥史之等, 遂以年分認爲田等, 每曰康津本有下
中·下下兩等之田, 不知下中二字, 本是九等之目, 六等無此名也. 又此康津之田,
本有優入於高等者, 故一斗之落, 其稅額或至於八負九負, 少不下四負五負. 限之
於下下中, 有是理乎. 臣所謂可驚可愕者, 凡本縣之田一結, 皆納六斗, 無有一
稜之田, 或納四斗者, 然則其下下田之加徵二斗, 明矣. 又凡旱田之稅, 皆徵白米
六斗, 無有一稜之田, 或納黃豆四斗者. 我邦準折之法, 黃豆二斗當白米一斗, 然
則其白米之加徵二倍, 明矣. 通計所剩, 則下下田加徵之米, 每年二千六百一十九
斗零也. 其以黃豆之故, 而加徵者, 又二千六百一十九斗零也. 下下畓加徵之米,
六百八十六斗零也. 通共五千九百二十四斗之米, 國所不知, 民則出之. 縣令不以
爲廩, 監司不以爲俸, 太倉不知, 戶曹不知, 惟一二鄕吏, 以之爲天賜之祿. 古今
天下, 其有是乎. 臣所見者, 適此一年, 若在平年, 災減不多, 則下下田二千餘結,
又得米四千斗矣. 通計其數, 將踰萬斗. 臣所見者, 適此一縣, 湖南五十三邑, 必
邑邑皆然, 通計其數, 將踰萬石, 豈不嗟哉餘七道. 亦未可知. 苟究其源, 正由田等之
上, 冒之以年分也. 戶曹監司, 但知下下之田, 應收下下之額, 不意其如是也. 御
史雖潛行閭里, 一結六斗, 民以爲常, 安其天分, 絕無怨聲, 御史何以知矣. 朝廷
所知者, 惟隱結漏結, 隱結漏結, 其視此事, 眞緦小功之察耳. 所竊旣濫, 驕奢以
作, 締交權貴, 肆行威福. 一任而不之禁, 則民殘國亡, 必由吏胥之手, 臣竊爲之
痛恨也.(『全書』五 - 經世遺表七 - 三 前面, 田制七)

담의 개황을 나타내는 기본자료이다. 己巳年 康津縣의 연분대개장
에는 전답의 합계, 각항면세결, 실결, 재결, 출세결 및 세액이 기록
되어 있다. 위의 항목들의 상호관계를 살펴보면, 전답의 합계에서
각항면세결을 빼면 과세대상이 되는 實結이 산출되고, 실결에서
재결을 빼면 전세의 출세결이 산출된다. 그런데, 災結은 수전의
전세에 대해서만 지급되므로, 三手米, 大同米 및 結米 등은 實結을
기준으로 부과되었다. 단 대동미는 흉년에 徵收의 停退가 있었을
뿐이다. 대동미가 급재의 대상이 되지 않은 이유는 본래 공물이
원칙적으로 급재의 대상이 아니었기 때문이었던 것으로 보인다.
그러므로 부세징수의 대상으로서 이 실결이 가지는 조세제도상의
의미는 여간 중요한 것이 아니다.

　이러한 豫備的 知識을 가지고 기사년 강진현의 연분대개장을
보면, 그 내용은 다음과 같다. 전답의 합계는 6,648結로서 水田이
4,719결이요 旱田이 1,929결인데, 수전의 비율이 매우 높은 편이다.
다른 지방에 비하여 호남에서는 수전의 비중이 높게 파악되는 경
향이 있었다. 各項 免稅田이 524결이므로, 실제의 과세대상이 되는
實結은 6,124결인데, 기사년에는 유례가 없는 큰 흉년이 들어서 재
결로서 2,460결이나 지급되었기 때문에(평년에는 재결이 400여 결
에 불과했다고 한다), 出稅結은 3,664결이다. 田等에 관한 기록은
없고 年分等第만 기록되어 있는데, 田畓을 통틀어 下下가 4,634결
이요 下中이 2,014결이라는 것으로 보아, 정약용이 말하는 바와 같
이, 年分이 이미 土分으로 되어 있었다.(위의 충청북도의 대개장에
있어서도 年分等第에 관한 표기가 이와 같다)[39] 법전에서는 전세

---

39) 仁祖 甲戌年(1634)의 量田 때에 年分九等을 폐지했으나, 三南에서는 전지의
　　등급을 年分으로 고정해놓고 거기에 따라 수세했다고 한다.(仁祖甲戌量田後,
　　罷年分九等之規, 而三南租案仍有等高, 田一定不易, 依前收稅嶺南有上之下, 兩湖
　　有中之中, 『六典條例』, 戶曹租稅條)

로서는 수전에서는 糙米를 거두고 한전에서는 黃豆를 거두어야
했으므로, 下下之畓에서는 조미 4두를 거두고, 下中之畓에서는 조
미 6두를 거두니, 조미가 649석이요 황두가 598석이다. 황두를 모
두 조미로 환산하면(황두 2두를 조미 1두로 환산한다), 중앙정부
에 바쳐야 할 기사년 강진현의 전세미는 모두 조미 948석이다. 만
약 평년처럼 재결이 400여 결에 불과했다면, 평년에는 강진현의
糙米로 환산된 전세미는 1,496석이었을 것이다.[40]

위에서 보는 바와 같이 대개장에는 각종의 부세의 부과대상이
되는 田結數가 파악되어 있다. 이러한 전결에 대하여 어떠한 부세
가 부과되는가를 알려주는 자료가 計版이다. 寡聞의 탓인지는 모
르겠으나,『경세유표』와『목민심서』이외에는 아직 郡縣의 (課稅)
計版의 事例가 발견되지 않는다.[41] 그러므로 여기에 제시되어 있
는 계판자료는 조선후기의 전정문란을 파악하는 데 있어서 더없
이 중요한 자료가 된다. 정약용은, 위의 저서에서 강진현의 계판
을 기초로 추가적인 조사를 행하여 전결의 부세부담을 모두 나타
내는 계판을 작성하기 이전에, 강진과 그 일대의 계판자료의 실태
에 대하여 널리 조사하고 있었다. 그의 조사에 의하면, 계판에서
의 전지 1결의 부담은 羅州는 미 45두, 康津은 미 30두, 海南은 미
25두, 靈岩은 미 24두 그리고 長興은 미 28두였다고 한다.『萬機要
覽』에서는 이미 1결의 전세부담을 ‘今每一負, 出租一斗’ 즉 白米 40
두 혹은 糙米 50두로 규정했으므로, 나주와 강진의 경우에는 전결

---

40)『賦役實總』全羅道康津縣의 京司上納秩에는 戶曹田稅米一千二百二十三石八
　　升·雜費米四百七十三石十四斗·太四百二十八石十斗五升·雜費太三十六石六
　　斗·米百五石九斗로 되어 있다.

41) 모든 군현에 계판이 있었다는 것은 말할 필요도 없겠으나, 아직도 그에 관한
　　자료는 발견되지 않는다. 한국정신문화연구원,『고문서집성 3 - 해남윤씨편
　　영인본 - 』, 1983에는 計板 3件이 있으나, 이것은 농가의 納稅計板으로서 郡縣
　　의 課稅計版과는 그 양식이 다르다. 計版 혹은 計板은 會計帳이라는 뜻이다.

의 부세부담이 대체로 계판에 파악되어 있었다고 할 수 있으나, 해남, 영암 및 장흥의 경우에는 전세와 대동 등의 國納만이 계판에 실려 있었던 것으로 보인다. 그래서 그는 계판에 나타나 있는 전세부담이 위와 같이 군현에 따라 다른 것은 그것이 계판에 실리지 않은 "徭役의 다소로써 그 숫자가 오르내리는" 것이기 때문이라고 했다. 이에 대한 설명은 아래와 같다.

여러 邑의 (계판에 실려 있는 — 필자) 稅米의 숫자는 읍마다 다르다. 羅州는 田 1結마다 米 45斗, 康津은 전 1결마다 미 30두防納의 경우는 35두, 海南은 전 1결마다 미 25두방납의 경우는 30두, 靈岩은 전 1결마다 미 24두, 長興은 전 1결마다 미 28두를 바친다. 대개 徭役의 다소로써 그 숫자가 오르내리는데, 京司에 상납하는 숫자는 모든 읍이 다 같아서 20여 두뿐이다전세 6두, 대동 12두와 船價 및 雜費가 또 2~3두이다. 그러므로 1만 결이 되는 읍이라 하더라도 반드시 1만 결의 쌀이 모두 王稅로 들어가는 것이 아니다. 그러므로 그중에서 부호의 기름진 전지 몇 千結을 잡아서 왕세에 충당하며, 또 그 다음 몇 백 결을 官需에 충당하며즉 현령의 月廩이다, 또 그 다음 몇 백 결로써 營主人의 進上價米에 충당하며, 또 그 다음 몇 백 결로써 京主人과 營主人의 役價米로 충당하며, 또 그 다음 몇 백 결은 隱結 및 餘結과 下下田의 加徵米위에 그 설명이 있다 및 旱田의 黃豆條加徵米위에 그 설명이 있다로 돌려서 邸吏, 首吏, 田吏와 大同吏 등이 훔쳐먹도록 내버려두는 것이 역시 좋지 않겠는가.42)

---

42) 諸邑稅米之數, 邑各不同. 試論南徼數邑, 羅州每田一結, 納米四十五斗, 康津每田一結, 納米三十斗防納則三十五斗, 海南每田一結, 納米二十五斗防納則三十斗, 靈巖每田一結, 納米二十四斗, 長興每田一結, 納米二十八斗. 蓋以徭役多少, 上下其數, 而京司上納之數, 諸邑皆同, 二十餘斗而已田稅六斗, 大同十二斗, 船價雜費, 又爲二三斗. 故雖萬結之邑, 不必萬結之米, 盡歸王稅也. 故就其中, 擇富戶腴田幾千結, 以充王稅之額, 又其次幾百結, 以充官需卽縣令月廩, 又其次幾百結, 以充營主

위에서 말한 바와 같이, 『경세유표』와 『목민심서』에서는 거기
에서가 아니면 다른 어디에서도 찾아볼 수 없는 전지 1결의 부담
을 상세히 나타내는 전세계판이 제시되어 있는데, 두 자료는 모두
강진현의 계판을 기초로 하고 추가적인 조사를 행하여 전지 1결
이 부담하는 모든 부세를 파악하려고 노력한 것으로 보인다. 그리
고, 두 자료는 기본적으로는 같은 것이지만 세 가지 점에서 차이
가 있다. 첫째는 전자는 부세부담을 結斂(1결당의 징수), 石斂(1석
당의 징수) 및 碎斂(특정의 부세총액을 結總에서 攤徵하는 것)으
로 분류하여 계판을 정리한 데 대하여, 후자는 우선 國納之計, 船
給之計 및 邑納之計 등의 計定을 설정하고 각 계정별로 부세부담
을 結斂, 石斂 및 碎斂으로 분류한 점이요, 둘째는 계판에 실릴 수
있는 자료와 거기에 실릴 수 없는 자료를 구분하여 계판과 계판에
실릴 수 없는 전결부담을 별도로 정리했다는 점이요, 셋째는 『경
세유표』 「田制」7의 계판과 『목민심서』 「稅法」下의 그것의 정리시
점이 1년의 時差밖에 없음에도 불구하고, 후자는 전자보다 전결의
부세부담에 대한 보다 상세한 정보를 제공하고 있다는 점이다. 그
러므로 여기서는 후자의 자료를 정리하여 계판과 계판에 실릴 수
없는 자료를 별도로 구분하여 제시하고자 한다. 두 자료는 강진현
의 계판이 제공하는 정보에 기초한 것이기는 하지만, 당시 중앙정
부의 재정수입을 주로 담당했던 3남지방의 전지 1결의 부세부담
을 나타내는 標準計版으로 보아도 무방하지 않을까 생각한다. 그
리고 아래에서는 계판을 제시하고 거기에 해설을 붙이기로 한다.

人進上價米, 又其次幾百結, 以充京主人營主人役價米, 又其次幾百結, 歸之於餘
結隱結及下下田加徵米說見上·旱田黃豆條加徵米說見上, 使邸吏首吏田吏大同吏
之等, 任其偸竊, 不亦可乎.(『全書』五 - 牧民心書四 - 六十二 後面, 稅法上) 여
기에서의 結數는 稅額으로 읽어야 할 것으로 보인다.

計版43)

1. 國納의 計定

　　1)結斂(22두2승)

　　　　田稅米 6斗

　　　　大同米 12두

　　　　三手米 1斗2升44)

　　　　結米 3두(돈으로 징수할 때에는 結錢 5錢과 耳錢 1文이다)

　　　　別收米 3두(황해도에서만 징수)

　　2)石斂(1두2승5홉5작)

　　　　加升米 3승

　　　　斛上米 3승

　　　　京倉役價米 6승

　　　　下船入倉價米 7合5勺

　　3)碎斂(12석)

　　　　倉作紙米 2석

　　　　戶曹作紙米 5석

　　　　貢人役價米 5석

2. 船給의 계정

　　1)石斂(5두5승)

　　　　船價米 3두5승

　　　　浮價米 1두

　　　　加給米 8승

　　　　人情米 2승

---

43) 『全書』五 - 牧民心書五 - 一 前面, 稅法下에서 작성.

44) 본래는 2두2승이었으나, 인조 갑술년에 1두를 감했다. (仁祖甲戌, 命三南量田, 減三手米每結一斗., 『全書』五 - 經世遺表七 - 六 後面, 田制七)

3. 邑徵의 계정

  1)結斂(4두1승6흡+幾升)

    雉鷄柴炭價米 4두

    雉鷄柴炭價米不足米 幾升

    雉鷄色落米 1승6흡

  2)石斂(6승)

    看色米 1승

    落庭米 4승

    打石米 1승

  3)碎斂(624석)

    田稅騎船監吏糧米 20석

    大同騎船監吏糧米 20석

    京主人役價米 60석

    營主人役價米 90석

    進上添加米 90석

    進上又添加米 200석

    兵營主人役價米 14석

    戶房廳傳關米 130석

거듭 말하지만, 위에서 제시된 계판은 강진현의 계판이 제공하는 정보를 기초로 작성된 삼남지방의 표준계판이라 할 만한 것이다. 국납, 선급 및 읍징의 計定別로 결렴, 석렴 및 쇄렴이 제시되어 있다. 우선 國納計定을 보면, 결렴은 전세미 6두, 대동미 12두, 삼수미 1두2승 그리고 결미 3두로서 합계 22두2승이며, 석렴은 加升米 3승, 斛上米 3승, 京倉役價米 6승 그리고 下船入倉價米 7合5勺으로서 합계 1두2승5흡5작이며, 쇄렴은 倉作紙米 2석, 戶曹作紙米 5

석 그리고 貢人役價米 5석으로서 합계 12석이다. 이 국납계정에서
알 수 있는 사실은 다음과 같다. 첫째, 전세는 下下田畓에서 쌀이
나 콩을 4두씩 거두게 되어 있었으나, 전답을 불문하고 米 6斗를
거두었다. 둘째, 법전에서 전세는 水田에서는 糙米를, 旱田에서는
黃豆를 거두도록 규정되어 있었으나, 수전과 한전을 막론하고 조
미를 거두었다. 셋째, 대동미, 삼수미 및 결미는 수전과 한전을 막
론하고 모두 조미를 거두었다. 이것은 법전의 규정대로이다. 넷째,
加升米 3승, 斛上米 3승, 京倉役價米 6승 및 下船入倉價米 7合5勺은
전세미, 대동미, 삼수미 및 결미를 막론하고 모든 전결의 부담을
대상으로 攤徵되었다. 이것들은 부세를 수납하는 胥吏와 皀隷들의
수입으로 되었다. 계판이 알려주는 이러한 정보는 수전과 한전에
서 거두는 전세곡물의 종류와 가승미 및 곡상미 등의 부과대상이
되는 稅種에 대하여 명확하게 알 수 있게 했다. 종래에는 이에 대
한 인식이 다소간 애매하였으나, 이 계판의 정보에 의하여 이를
명확하게 알 수 있게 된 것이다.

　다음은 선급의 계정이다. 선급은, 모두 石斂인데, 船價米 3두5
승, 浮價米 1두, 加給米 8승 그리고 人情米 2승으로서 합계 5두 5승
이다. 법전에서는 전세의 경우는 선급이 없고 대동미의 경우라야
선급이 있으나, 조선후기에는 漕船이 운행되지 않았기 때문에 전
세미, 대동미, 삼수미 및 결미를 물을 것 없이 모두 선급을 징수하
였던 것이다. 그러므로 船給이 國納의 4분의 1이나 되었는데, 선급
은 備船料와 사공의 수입으로 구성되어 있었다. 그 다음은 읍징의
계정이다. 결렴은, 雉鷄柴炭價米 4두, 雉鷄柴炭價米不足米 幾升 그
리고 雉鷄色落米 1승6홉으로서 합계 4두1승6홉과 幾升이며, 석렴
은 看色米 1승, 落庭米 4승 그리고 打石米 1승으로서 합계 6승이며,
쇄렴은 田稅騎船監吏糧米 20석, 大同騎船監吏糧米 20석, 京主人役

價米 60석, 營主人役價米 90석, 進上添加米 90석, 進上又添加米 200석, 兵營主人役價米 14석 그리고 戶房廳傳關米 130석으로서 합계미 624석이다. 읍징의 계정에서 주목되는 것은 치계시탄가미, 진상첨가미 및 호방청전관미 등인데, 이들은 대동법과 균역법의 給代財源의 부족과 감사 및 수령의 부정축재에 기인하는 바가 컸다고 한다. 위의 계판에 실린 국납, 선급 및 읍징의 계정의 부세부담을 通計하면, 結斂이 26斗3升6合, 石斂이 7斗3升5合5勺 그리고 碎斂이 636石으로서, 정약용이 조사한 강진의 계판에 제시되어 있는 전결 1결에 대한 부세부담인 미 30두를 훨씬 초과하고 있었다.

田地 1結의 부세부담을 위와 같이 계판의 稅目別로 분류해 놓는 것만으로써도, 조선후기의 부세수취가 얼마나 混亂스러웠는지를 알 수 있지만, 보다 심각한 문제는 새로운 전제부담이 거기에 추가되고 있었다는 사실이다. 그 가장 중요한 원인은, 종래 공물수입이 부세수입의 大宗이었기 때문에 중앙 및 지방의 各官廳의 經費와 官吏들의 생계가 공물의 수납과정에서 생기는 賂物에 의존하는 바가 컸는데, 이제 대동법과 균역법의 실시로 공물의 징수가 중지되었기 때문에, 그러한 비용을 보충하기 위한 추가적인 전결부담이 불가피한 데 기인했다. 대동법과 균역법의 개혁으로 인한 추가적인 전결부담은 거기에서 끝나지 않고 계판에 실리지 않은 전결부담으로까지 연결되었다. 그 중요한 항목이 1結當 民庫租 30~40두였다. 그리고 계판에 실리지 않은 전결부담의 碎斂 1,000餘兩의 징수도 대동법과 균역법의 실시와 관련되는 바가 컸다. 여기에다 19세기 초가 되면, 1결당 還上租 2~3石도 전결부담으로 전환되었다. 이렇게 보면, 계판에 실린 전결부담과 계판에 실리지 않은 전결부담을 합하면, 전지 1결의 부세부담은 米 68斗, 벼로 환산하여 136두가 된다. 벼 136두는 벼 9石에 해당하는데, 정약용이 序

官의 平賦司에서 제시하고 있는 水田 10斗落(2분의 1結)을 경작하는 농민의 부세부담 5石과 기본적으로 같은 것이다.[45] 그는, 防納을 하지 않을 경우, 농민들은 계판에 실린 田稅米 34斗와 이에 상당하는 계판에 실리지 않은 부세를 부담하는 것으로 보았는데,[46] 그것은 위의 계판과 계판에 실리지 않은 전세부담과 같은 것이다.

1結에서 거두어들이는 것으로 法典에 실려 있는 것은 대략 미 21두海西에서는 3두를 더한다와 돈 5錢에 불과하다. 그러나, 민간에서 1년에 바치는 것을 通計하면, 쌀은 40두를 내리지 않으며, 곡식은 10두를 내리지 않으며, 돈은 3~4兩雇馬租가 혹 20여 두에 이르기도 한다를 내리지 않는다. 유독 서리와 짜고 納期 前에 防納을 하여 隱結에 충당하는 경우, 미 34두每斗에 12되가 들어간다로써 1년이 무사할 수 있다. 邑마다 각각 같지 않아서 바치는 쌀의 양의 다소가 다르기는 하지만, 명목을 교묘하게 설정하는 일이 朝三暮四하나 그 실상은 모두 같다. 10년 이전에는 대략 1결에 벼 100두를 내면 대개 충당할 수 있었으나, 지금은 100두로써는 오히려 부족하다. 魯나라의 3家가 국가와 더불어 나라를 4분했다고 하더라도 그 먹는 바는 많지 않았으나 『春秋』에 큰 변란으로 기록했다. 오늘날 이 下吏들은 나라를 3분하여 公은 하나를 먹고 吏는 둘을 먹으니 그 지나침이 3家와 비교도 안된다. 반드시 큰 變通과 更張이 있어서 먼저 이 일을 바룬 이후라야

---

45) 我國本無賦法, 所謂田稅, 亦近貊法, 國用官用, 自然不足. 於是, 無名之賦, 日增月衍, 皆以田結徵之, 古之貊法, 今桀法也. 試論南方之情, 水田種十斗, 槩得穀二十苞. 其十苞輸于田主, 二苞入于種稅, 二苞入于還上, 二苞入于雜賦瑣瑣名色, 今不可殫述, 佃夫之所自食, 極不過三四苞. 先王什一, 今什七八, 民何以聊生乎. (『全書』五 — 經世遺表一 — 十四 前面, 平賦司)

46) 然不防而納者, 所謂計版所出三十四斗, 其餘錢米, 又近此數雇馬租等已見前, 破家蕩產, 不可聊生. 若旣防納, 一年無事.(『全書』五 — 經世遺表七 — 十九 後面, 田制八)

나라가 가히 나라꼴을 할 수 있을 것이다.[47]

計版에 실리지 않은 田結負擔

(1) 結斂

　　　奎章閣册紙價錢 3分(營納)

　　　書員考給租 4두(吏徵)

　　　坊主人勤收租 2두(吏徵)

　　　民庫租 30~40두

　　　民庫錢 1兩 2~3錢

　　　漂船雜費錢 30·40錢~50·60錢

　　　還上租 2~3石

(2) 碎斂(1,000餘兩~1,100餘 兩)

　　　新官刷馬價 300~400餘 兩

　　　舊官刷馬價 600餘 兩

　　　新官衙修理雜費錢 100餘 兩

위에서 보는 바와 같이, 조선후기의 전세제도는 여러 가지로 혼란에 빠져 있었다. 전제제도가 제대로 整備되지 못했기 때문에 거기에 寄生하는 부정부패가 일상적인 관행으로 되어 있었다. 그러므로 조선후기의 田稅制度에 기생하는 부정부패에 대해서는 일

---

47) 臣謹案 法典所載一結所收, 大約不過米二十一斗海西加三斗·錢五錢. 然民間所納 一年通計, 米不下四十斗, 粟不下十餘斗, 錢不下三四兩雇馬租或至二十餘斗. 唯與 吏作奸, 先期防納, 以充隱結者, 乃得以三十四斗每斗容十二升, 一年無事. 邑各不 同, 雖其輸米之數, 多少不等, 巧設名目, 朝三暮四, 其實皆相近也. 十年以前, 大 約一結出租百斗, 可以相當, 今百斗猶不足矣. 魯之三家, 與國四分, 其所自食無 多, 而書之春秋, 以爲大變. 今此下吏, 三分其國, 公輸其一, 吏食其二, 其浮於三 家遠矣. 必有大變通大更張, 先正此事, 然後國可以爲國.(『全書』五 - 經世遺表 七 - 十九 前面, 田制八)

일이 지적하기가 어려우나, 그중에서 큰 것만을 들어보면 다음과
같다. 첫째는 下下之膡과 黃豆之膡이라는 것이다. 전국의 전지는
대부분이 下下田인데, 법전에서는 거기서 전세 4두를 징수하도록
규정되어 있으나 6두를 거두고, 旱田에서는 黃豆를 거두도록 규정
되어 있으나 米를 거두어서, 법전규정 이상의 부세를 거두어서 착
복하였다. 己巳年 康津縣의 大槪狀에 의하면, 下下畓加徵米가 糙米
686두, 下下田加徵米가 白米 5,228두, 그리고 下中田加徵米가 白米
1,866두로서, 이 하하지승과 황두지승을 모두 합하면 米 7,780두로
서 519石이 된다. 이 519석은 전세미 948석의 54.8%에 이르는 것이
었다.

下下之膡과 黃豆之膡에 의한 田稅加徵米

田結		加徵米	
下下畓加徵米	343結	糙米	686斗
下下田加徵米	1,307結	白米	5,228斗
下中田加徵米	622結	白米	1,866斗
合計		米	7,780斗(519石)

둘째는 흉년에는 전세에 대해서는 재결이 지급되고 대동미와
환곡에 대해서는 停退나 蕩減이 이루어졌으나, 이들을 농민들에게
나누어 주지 않고 그 대부분을 관리들이 착복했다.[48] 己巳年 康津
縣의 災結은 2,460결인데, 그 전세미는 9,840두로서 656석이다. 대동
미와 환곡의 정퇴나 탕감의 이익은 풍흉의 정도에 따라 다르기는

---

48) 다산은 舊還의 탕감, 대동의 정퇴 및 전세의 재결은, 관리들이 도둑질해 먹
기 때문에 國庫만 축낼 뿐 백성들에게 분배되는 것이 아니니, 차라리 폐지하
는 것이 좋다고 말하고 있다. 즉, 舊還은 蕩減되는 경우가 있고 대동은 정퇴
되는 경우가 있기는 했지만, 이들은 災減의 대상이 아니었다. 臣故曰, 舊還之
蕩減也, 大同之停退也, 災傷之免徵也, 此三者, 國之所失, 而民之所不得. 民旣
不得, 國寧無失, 此三者, 雖廢之可也.(『全書』五 - 經世遺表七 - 十五 後面, 田
制八)

했겠지만, 그것이 數百石~數千石에 이르렀다고 한다. 셋째는 隱餘之結과 防納之結의 존재이다. 이들은 적을 경우에는 1千餘 結, 많을 경우에는 數千餘 結에 이르렀는데,[49] 대개 출세결의 절반에 육박할 정도였던 것으로 보인다. 위에서 보는 바와 같이 조선후기의 전정은 대동법과 균역법의 개혁으로, 한편으로는 난잡한 수탈의 수단인 貢物徵收는 크게 개혁되고 있었으나, 다른 한편으로는 전세제도가 혼란에 빠지고 이에 기인하는 부정행위가 크게 성행했다. 이러한 조선후기 田政紊亂은 制度不備에서 야기되었던 조선전기의 貢物과 軍役徵收상의 혼란을 계승한 것인데, 이러한 사실은 조선후기에 이르기까지만 하더라도 한국에서는 안정적인 조세제도가 확립되지 못했다는 사실을 의미한다. 정약용은 정전법의 실시로써 이러한 무질서한 조세제도를 극복하고 안정적인 부세제도를 확립하려고 했던 것이다.

---

49) 大槪狀應頃之外, 隱餘之結, 防納之結, 多者數千結, 少者千餘結, 此皆無故超脫於碎斂之中, 斯何理也.(『全書』五 - 牧民心書五 - 二 前面, 稅法下)

제2절 井田制와 賦貢制

1. 정전제

조선후기의 전정문란의 원인으로서는, 국가에 의한 토지장악력의 취약성 및 양전의 곤란성 등 여러 가지 요인이 있었으나, 田稅制度의 混亂이라는 점도 있었다. 전세제도 혼란의 樣相을 보면, 다음과 같다. 첫째는 租稅名目의 혼란이다. 전세, 대동 및 결미 등 稅種이 번잡한 것은 말할 것도 없고, 이들에 대한 부가세인 船價米 및 斛上米 등까지도 별도의 세종으로 설정되었다. 둘째는 結斂, 石斂 및 碎斂 등 조세징수 방법의 불합리성이다. 결렴은 전세수취의 기준이니 불가피하다고 하더라도, 석렴과 쇄렴과 같은 조세징수 방법의 불합리성 때문에 課外의 징수가 행해졌다. 셋째는 民庫租와 같이 군현의 필요에 따라 수령과 아전들이 恣意的으로 징수하는 조세가 존재했다.[50] 민고조는 명확한 징수규정이 없었기 때문에 수령이 자의적으로 행사하던 공물의 징수방법을 계승한 것으로서, 조선후기까지도 법규에 규정되지 않은 자의적 징세가 많았던 것이다. 이 이외에도 조선후기의 전세제도가 가지는 문제점은 많았으나, 公田의 생산물을 井稅로 수취하는 정전법의 실시는 이러한 전정문란을 일거에 극복할 수 있게 했다. 첫째 정세의 징수는 복잡한 전세명목을 제거하고 9분의 1의 單一稅를 실현하게 했다. 더 나아가 모든 경비를 정세의 수입에서 지출하게 함으로써 斛上米 및 看色米와 같은 부가세를 징수할 필요가 없게 했음은 물론 石斂이나 碎斂과 같은 불합리한 조세징수 방법도 존재할 필요

---

50) 今民庫之法, 郡縣小吏, 與其胥史, 私立法制, 守令蒙昧, 署尾惟謹, 行之沛然, 莫之能遏, 是小吏竊人主之柄也. 由此言之, 雖謂之無法之國, 不可辭也.(『全書』五 - 經世遺表十一 - 二十一 後面, 賦貢制六)

가 없게 했다. 둘째 정세의 징수는 助法에 의한 것이므로 貢法에 필수적인 年分의 査定을 불필요하게 했다. 이러한 점은, 고려시대 와 조선시대에 걸쳐서 踏驗損實과 年分等第의 곤란성 때문에 전세 제도가 제대로 시행될 수 없었던 점을 고려하면, 정전법에 의한 정세의 수취가 조세제도의 개혁에 있어서 얼마나 획기적인 의미 를 가지는가를 알 수 있게 한다.

위와 같은 획기적인 전세제도의 개혁이 시행되려면, 公田의 국 유화, 정전으로의 전지구획 및 어린도에 의한 양전에 더하여, 이 러한 양전을 통하여 얻어진 자료를 기초로 하는 행정구역의 재편 이 이루어져야 한다. 일본과 같은 봉건국가에 있어서는 촌락공동 체인 村(무라)이 부세징수의 최하위 단위였기 때문에 양전자료가 村別로 정리되었으나, 조선과 같은 중앙집권국가에서는 郡縣이 부 세징수를 책임지고 있었기 때문에 양전자료가 군현별로 정리되었 다. 그렇기 때문에 정약용은 양전을 통하여 획득된 자료를 가지고 大川이나 山脈 등 뚜렷한 境界를 기준으로 군현의 관할구역을 재 편하려고도 했다. 총괄적으로 말하면, 전근대에 있어서는 행정기 구와 징세기구가 통일되어 있었으므로, 이 행정구역의 재편이 곧 徵稅機構의 재편이었다. 그래서 정약용은 「井田議」1~2에서, 公田 의 국유화, 井田으로의 전지구획과 魚鱗圖에 의한 양전에 대한 설 명을 끝내고, 바로 양전에서 획득한 자료를 기초로 하는 행정구역 의 재편성에 대한 설명으로 들어갔다. 4井이 1村, 4촌이 1里, 4리가 1坊, 4방이 1部가 되게 하고, 촌에는 1監을, 이에는 1尹을, 방에는 1老를, 부에는 1正을 두어서 공전의 경작과 추수를 감독하고 전세 수입을 관리하도록 했다.[51] 그리고 농민들에게는 공전에 대한 경

---

51) 制其村里, 以田束之. 凡四井爲村, 四村爲里, 四里爲坊, 四坊爲部. 村置一監, 里 置一尹, 坊置一老, 部置一正, 導之以仁義, 以治公田, 申之以孝悌, 以治私田. 監 其耕播, 董其秧耘, 察其刈穫, 謹其春簸, 斂之於野, 以輸公倉.(『全書』五 - 經世

작과 추수를 私田에 우선하여 행하도록 했다.[52] 이것은 '先公後私'
로서, 공전의 수확물이 전세로서 국가에 수납된다는 점도 있었지
만, 그것보다는 공전이 전근대의 身分的 位階秩序를 상징하는 王
田이었기 때문이었다. 공전을 관리하는 말단조직은 村監으로서,
이들에게는 皮穀 24斛을 1년의 祿俸으로 지급하도록 했는데, 남방
에서는 벼로 지급하고, 북방에서는 조로 지급하도록 규정하였
다.[53] 전세의 수취기구에 대해서는 더 이상의 설명이 없으므로,
아래에서는 井稅의 수취를 위한 전지의 分等과 井稅와 結負에 의
한 전세수입의 비교에 대한 설명으로 들어가기로 한다.

1) 전지의 分等과 井稅의 收取

정전제로의 전제개혁이 이루어지고 그 전세의 관리기구가 정
비되면, 이제 經田御使는 3년간의 경작실적을 가지고 里尹 및 村
監 등과 상의하여 정세수취를 위한 전지분등을 행한다.[54] 본래 정
전법에서는 井稅가 공전의 생산물이므로 그 本義에 따르면 구태
여 전지를 분등할 필요가 없지만, 국가경영에 있어서는 명확한 법
제가 있어야 하기 때문에, 고대왕정의 이상적인 법제라 생각되었

遺表八 - 六 後面, 井田議二)

52) 公田不糞, 不敢糞其私. 公田不耕, 不敢耕其私. 公田不耰, 不敢耰其私以槌破塊也.
公田不灌, 不敢灌其私. 公田不播, 不敢播其私. 公田不秧, 不敢秧其私. 公田 不
耘, 不敢耘其私. 公田不穫, 不敢穫其私.(『全書』五 - 經世遺表八 - 八 前面, 井
田議二)

53) 其村監一員, 卽古田畯之職也, 勞勤終年, 不可無祿. 一年粟二十四斛二百四十斗,
受而爲餼, 雖有閏月無加焉. 南方以稻, 北方以稷.(『全書』五 - 經世遺表八 - 八
前面, 井田議二) 조선의 村監과 일본의 촌락공동체의 首長인 庄屋(쇼야)의
정치적 지위의 차이가 양국의 조세제도상의 차이에서 가지는 의미가 매우
컸다. 庄屋은 촌락공동체의 首長인 데 대하여 村監은 단순한 末端官吏에 불
과했다는 점에서 그들이 조세징수상에서 가지는 地位는 判異했다.

54) 旣三年, 經田御史持三年之簿, 巡視公田, 會里尹村監, 議分田等, 視其肥瘠, 分
之爲九等.(『全書』五 - 經世遺表八 - 九 後面, 井田議二)

던 『尙書』의 「우공」과 『주례』에 따라 田等을 9등으로 나누었다. 전지의 분등은, 본래 전국의 모든 전지에 대하여 이루어져야 하지만, 우선 거기로부터 井稅를 收取하는 公田에 한해서 실시하도록 했다. 그 이유는 아직도 私田의 국유화가 이루어지지 못했기 때문이다. 또 분등은 水田에 대해서 우선적으로 이루어졌는데, 旱田은 재배작물이 복잡해서 분등하기가 어려워 수전에서 먼저 분등을 행하고, 한전도 수전에 비추어 분등하려고 했기 때문이다. 그리고, 분등에 있어서는 上等田의 等間은 넓게 잡고, 下等田의 등간은 좁게 잡았는데, 그것은 상등전은 전지에서 차지하는 비중이 낮았기 때문에 등간이 다소 넓게 잡힌다고 하더라도 세수에 큰 영향이 없는데 대하여, 하등전은 전지에서 차지하는 비중이 높고 또 많은 농민들의 이해관계가 달려 있었기 때문에 자세히 살피지 않으면 안 된다고 생각했다. 그는 이를 다음과 같이 설명했다.

　　나는 생각건대, 助法이란 백성과 더불어 즐거움과 고통을 같이하는 것이다. 풍년이 들면, 公私가 모두 수확이 풍성해지고, 흉년이 들면, 공사가 더불어 가난해지는 것이니, 토지의 肥瘠은 본래 반드시 물을 필요가 없다. 그러나, 王者의 법은 모두 일정한 규정이 있어서 그것을 넘을 수가 없으니, 천지의 자연에 막연히 맡겨둘 수 없기 때문에, 禹임금과 稷은 정전을 구획하고, 禹貢은 田分을 9등으로 나누었다이미 州別로 分等한 것이 명백하지만, 1됴와 1甸도 모두 9등으로 나뉘었다. 『주례』에 상중하의 세 가지 전지에 대하여 鄭玄의 注는 '3등에 또 3등이다' 했으니, 주나라 역시 9등이었던 것이다. 다만, 『주례』의 분등은 본래 모든 전지에 대하여 행해졌으나, 지금 내가 이 책에서 私田에 대하여 감히 분등을 말하지 못하는 것은, 옛날에는 농부가 王田 중에서 비옥한 전지를 가지고 척박한 전지를 가지지 않으려고 다투었으므로 그 분등이 지극히 쉬웠으나, 지금은 관리들이 私田 중에서 비옥한 전지를 택하여 무거운 세금을 부과하려고 하다가 瘠薄한 전지로 査定하고 가벼운 세를 부과하니, 분등이 지극히 어려운 것이 다인민들이 비옥한 전지를 척박한 전지로 사정을 받으려고 도모한다. 지금은 우선 私田은 그만두고 다만 公田을 가지고 3년의 수확을 조사한 후에 그 등급을 사정하되, 이미 등급이 정해지면 稅粟이 몇 두인가는 마땅히 정액이 있어야 한다. 위의 세 등급은 간격이 넓어서 손실이 없지 않은 것 같기도 하지만, 그러나 이러한 것은 드물기 때문에 넉넉한 데로 좇았고, 밑의 세 등급은 간격이 좁아서 비례에 합치하지 않는 것 같으나, 이러한 전지는 지극히 많아서 자세히 살피고자 한 것이니, 뜻이 없지는 않을 것이다.55)

전지의 분등은 결국 정부에 전세로 수납할 公田 1畝의 수확량을 査定하는 것이다. 전지의 분등은 3년간의 수확에 관한 자료를 기초로 행하는데, 벼 1알을 심어서, 15알을 거두는 것을 下下, 20알을 거두는 것을 하중, 25알을 거두는 것을 하상, 30알을 거두는 것을 中下, 40알을 거두는 것을 중중, 50알을 거두는 것을 중상, 60알을 거두는 것을 上下, 80알을 거두는 것을 상중, 100알을 거두는 것을 상상으로 잡았다.56) 이것을 기준으로 井稅를 계산하면, 1斗落

---

55) 臣伏惟, 助法者, 所以與百姓同甘苦也. 年豊則公私俱穰, 歲儉則公私並衰, 土地肥瘠, 元不必問. 然王者之法, 皆有一定之界, 不可踰之限, 不可因天地之自然, 漫無節制, 故禹稷成井地之功, 而禹貢田分九等旣以州分等則明. 亦一丘一甸皆分九等. 周禮上中下三地, 鄭註謂三等又各三等, 則周亦九等也. 但周禮分等本係其田, 而今臣此編, 私田未敢言分等者, 古者農夫於王田之中爭其肥壤辭其瘠土, 其分等至易也. 今也王人就私田之中, 擇肥壤而冒重稅, 辨瘠土而配輕稅, 其分等至難也 民謀肥爲瘠. 今姑捨之, 但執公田, 驗其三年所穫, 審定厥等, 旣定厥等, 其耡粟幾斗, 宜有定額. 其上三等, 相距疎闊, 不無所失, 然旣是稀有, 故從寬裕, 其下三等, 相距短促, 不合比例, 然此地極多, 斯欲細察, 非無義也.(『全書』五 - 經世遺表八 - 十 後面, 井田議二)

56) 臣伏惟, 大凡水田, 種一得十者謂之最薄, 種一得百者謂之最膏亦或有過百者不必論,

의 稅粟은, 하하는 15두, 하중은 20두, 하상은 25두, 중하는 30두, 중
중은 40두, 중상은 50두, 상하는 60두, 상중은 80두, 상상은 100두로
되고, 1畉 40斗落의 세속은, 하하는 600두, 하중은 800두, 하상은
1,000두, 중하는 1,200두, 중중은 1,600두, 중상은 2,000두, 상하는
2,400두, 상중은 3,200두, 상상은 4,000두이다.[57] 이를 白米로 환산하
면, 하하는 240두, 하중은 320두, 하상은 400두, 중하는 480두, 중중
은 640두, 중상은 800두, 상하는 960두, 상중은 1,280두, 상상은 1,600
두이다.[58] 이러한 田等의 查定은 『경세유표』의 「전제별고」1의 전
등사정과는 조금 차이가 있으나 기본적으로 같은 것인데,[59] 「전제
별고」1의 등급사정은 康津縣과 그 주변 군현의 水田생산력에 대한
조사자료에 근거하여 이루어졌다고 한다. 그리고, 이 등급사정에
있어서는 정약용 본가의 農耕事情도 참고되었다. 위의 등급사정을
표로 정리하면, 아래와 같다.

然不遇災傷, 種一得十者亦不可見. 其得十五者當爲下下, 其得二十者當爲下中,
其得二十五者當爲下上, 得三十者爲中下, 得四十者爲中中俗謂之二石羅其, 得五十
者爲中上, 得六十者爲上下, 得八十者爲上中, 得百者爲上上, 則民論其平矣. 下
等差之以五者, 其田旣薄, 察其細使無寃也, 上等差之以二十者, 其田旣肥, 略其
利以厚民也, 中等差之以十者, 權於二者之中, 使得其平也.(『全書』五 - 經世遺
表八 - 九 後面, 井田議二)

57) 於是, 定其秵粟之額, 每田二畝有半卽一斗之落, 一等百斗, 二等八十斗, 三等六十
斗, 四等五十斗, 五等四十斗, 六等三十斗, 七等二十五斗, 八等二十斗, 九等十
五斗.
若然, 一等一畉其粟四千斗四百斛, 二等一畉其粟三千二百斗, 三等一畉其粟二千
四百斗, 四等一畉其粟二千斗, 五等一畉其粟一千六百斗, 六等一畉其粟一千二
百斗, 七等一畉其粟一千斗, 八等一畉其粟八百斗, 九等一畉其粟六百斗.(『全書』
五 - 經世遺表八 - 十 後面, 井田議二)

58) 結負制에서의 전세는 糙米로 징수하는데, 왜 井田制에서의 井稅米는 白米로
징수하도록 했는지에 대해서는 아직 그 이유를 밝히지 못했다. 糙米와 白米
의 차이에서 발생하는 계산상의 문제는 없을 수 없으나, 당분간 다산의 논의
에 따라 兩者를 같은 것으로 보고 논의를 진행하기로 한다.

59) 『全書』五 - 經世遺表9-19 後面, 魚鱗圖說.

田分九等과 税粟

田等		1畝의 税粟	1畝의 田税米
1等畓(上上)	1斗의 씨를 뿌려 100斗(6石10斗)를 거둔다	4,000斗	1,600斗
2등답(상중)	1두의 씨를 뿌려 80두(5석2두)를 거둔다	3,200두	1,280두
3등답(상하)	1두의 씨를 뿌려 60두(4석)를 거둔다	2,400두	960두
4등답(中上)	1두의 씨를 뿌려 50두(3석5두)를 거둔다	2,000두	800두
5등답(중중)	1두의 씨를 뿌려 40두(2석10두)를 거둔다	1,600두	640두
6등답(중하)	1두의 씨를 뿌려 30두(2석)를 거둔다	1,200두	480두
7등답(下上)	1두의 씨를 뿌려 25두(1석10두)를 거둔다	1,000두	400두
8등답(하중)	1두의 씨를 뿌려 20두(1석5두)를 거둔다	800두	320두
9등답(하하)	1두의 씨를 뿌려 15두(1석)를 거둔다	600두	240두

傳統的으로는 전세수취에 있어서 貢法을 사용하여왔기 때문에, 田税의 査定에 있어서 무엇보다도 중요한 것은 田等과 年分의 사정이었다. 그러나, 助法을 사용하는 경우에 있어서는 이 전등과 연분의 사정이 필요 없게 된다. 그러므로 부세의 수취방법으로서는 조법이 공법보다 탁월하다고 인식되어 왔다. 즉, 조법은 천지자연과 더불어 백성들과 同苦同樂하는 것이기 때문에 豐凶에 구애받을 필요가 없었던 것이다. "조법은 天地에 따르는 것이므로, 작년에 4石을 거두어도, 나라는 적지 않다고 생각하고, 금년에 40석을 거두어도, 백성은 많지 않다고 생각한다. 公田의 소출은 오직 자연에 말미암는 것이므로, 斗量의 차이가 비록 1백 등에 이른다고 하더라도, 위에서도 부끄러워할 것이 없고, 아래서도 원망할 것이 없는 것이다. 공법은 人意에 따르는 것이므로, 전년에 4석을 거두면, 나라는 너무 적지 않은가 의심하고, 금년에 40석을 거두면, 백성들은 너무 많지 않은가 의심한다. 비록 年事의 풍흉이 10배의 차이가 난다고 하더라도, 백성들은 장차 長上을 힐끔힐끔 쳐다보며 疾視할 것이다."[60] 다시 말하면, 만약 공전의 소출을 그냥

---

60) 助法因於天地, 前年收四石, 國不以爲少, 今年收四十石, 民不以爲多. 惟是公田

그대로 井稅로 거두어 들인다면, 전등과 연분은 전혀 사정할 필요
가 없는 것이다.

그러나, 국가경영에 있어서는 정해진 法規가 없을 수 없기 때
문에 공전의 田等에 따라 정해진 井稅를 거두어 들일 수밖에 없다
면, 豊凶에 대한 고려 또한 불가피한 것이다. 더구나 조선후기와
같이 아직도 수리시설의 보급이 불충분하여 한 해에 풍년이 들면
이태는 흉년이 든다고 말해지는 상황하에서는 더욱 그러하였다.
그래서 정약용도, 비록 정전법을 시행한다고 하더라도, 풍흉에 대
한 고려는 필요하다고 생각했다. 다만, 이러한 경우에도, 공전의
평균수확물을 井稅로 거두어 들이는 것이기 때문에, 中年에는 오
직 田等에 따라 井稅를 거두어 들이도록 하고, 큰 풍년이 들거나
큰 흉년이 든 해에 한하여 井稅의 조정을 행하도록 했다. 큰 풍년
이 든 경우, 1두락에 대하여, 上中等田과 上下等田은 10두씩을, 中
等田은 5두씩을 增徵하도록 하고, 上上等田과 下等田은 증세를 면
제하도록 했다. 그 이유는, 상상등전은 이미 극한에까지 징세했으
므로 세율을 더 높일 수가 없고, 하등전은 이미 잘게 분등했으므
로 더 고려할 필요가 없기 때문이라고 했다. 흉년의 경우에는 특
별히 세율을 정하지 않고 災傷의 정도에 따라 조세를 감면하게 했
다.[61] 그 이유는 조선후기에는 토지생산성의 안정성이 낮아서 흉

之出, 由於自然, 故升斗之差, 雖至百等, 上無愧焉, 下無怨焉. 貢法因於人意, 前
年收四石, 國疑其已少, 今年收四十石, 民疑其已多. 雖其歲事之豊儉, 差以什倍,
民將盼盼然疾視其長上矣.(『全書』五 - 經世遺表七 - 五 前面, 田制七)

61) 今此井耡之法, 先定土品之九等, 各定恒率, 以爲中年之率. 乃於上面只存大豊之
一率, 又於下面只存大凶之一率, 使視年穀, 上下其率, 此其法無罣礙不通之理,
與結負年分之爲行不得之法者, 大不同矣.
豊年下三等免增者, 下三等本旣細分, 無以增高也. 居間五等, 本旣闊分, 視年以
增高也. 上一等物之所極, 不可以增高, 故亦免增也. 豊年穀出或相倍蓰, 不可定
數, 其必立率而取之者, 先王之法, 取民有制, 寧失於民, 不可以無率也, 故增高
者有率, 減下者無率.(『全書』五 - 經世遺表八 - 十五 前面, 井田議三)

년의 정도는 예측하기 어려웠기 때문이 아니었을까 추측된다. 그리고 정약용은 결부제하에서라고 하더라도 양전이 정확하게 이루어져서 田地 1筆地의 사정이 명확하게 이루어질 수 있다면, 전등과 연분의 사정도 그렇게 어려운 일은 아니라고 생각했다.[62]

수전에 대한 分等이 끝나면, 이제 旱田의 분등에 착수한다. 우리나라의 전지 중에서는 수전보다 한전이 압도적으로 많았다. 대표적인 양전인 肅宗朝의 庚子量案의 조사결과를 보면, 전국적으로 수전과 한전의 비율이 비등한 곳은 영남과 호남뿐이었다. 경기와 호서에서는 한전이 수전의 2배 이상이었고, 海西와 關西는 전결 총수가 적을 뿐만이 아니라 水田의 비율이 더욱 작고, 關東과 關北은 전결 자체가 아주 적은 데다 관북에는 수전이 거의 없는 형편이었다. 이렇게 보면, 한전에 대한 田政이 얼마나 중요한가를 알 수 있으나, 그러나 당시에 전정은 역시 수전을 중심으로 행해졌다.[63] 결부제하에서와 마찬가지로 정전제하에서도 한전의 분등은 수전에 비추어서 행해졌다. "旱田도 역시 9등으로 나눈다. 밭에는 여러 가지 곡식을 심는데, 오직 그 土宜에 따른다. 밭 2畝半마다 봄과 가을로 거두어 들이는 것이, 租 100斗에 匹敵할 만한 것은 제1등, 조 80두에 필적할 만한 것은 제2등, 조 60두에 필적할 만한 것은 제3등, 조 50두에 필적할 만한 것은 제4등, 조 40두에 필적할 만한 것은 제5등, 조 30두에 필적할 만한 것은 제6등, 조 25두에 필적할 만한 것은 제7등, 조 20두에 필적할 만한 것은 제8등, 조 15두

---

62) 제4장의 주30을 참조할 것.

63) 旱田의 田等을 水田과 동일한 기준으로 分等하는 데에는 여러 가지 문제가 있을 것 같다. 당시에 한전과 수전은 土地生産力에 있어서 너무 큰 차이가 있기 때문에, 兩者를 동일한 기준으로 분등하게 되면, 한전의 등급이 주로 下下로 책정되는 것은 말할 것도 없고, 제9등에도 들어가지 못하는 것이 많지 않았을지 모르겠다. 그러나, 이 논문에서는 이 문제를 일단 접어 두기로 한다.

에 필적할 만한 것은 제9등으로 삼는다."[64]

한전의 분등은 매우 어려웠다. 수전은 본래 인공적으로 조성된 전지이기 때문에 토질이 비슷하고 작물이 벼로 통일되어 있으나, 한전은 그 토질이 자연에 크게 의존할 뿐만 아니라 필지에 따라서는 土宜가 아주 다르기 때문에 재배하는 작물이 다양하여 토지생산력은 千差萬別이었다. 그렇기 때문에 한전의 분등은 그만큼 더 어려웠던 것이다. 한전의 분등을 더욱 어렵게 하는 것은 經濟作物의 등장이었다. 경제작물은 물론 大城과 名都의 近郊라야 商品作物로 재배할 수 있었지만, 棉花와 같이 전국적으로 널리 재배될 수 있는 것도 있었다.[65] 그러므로 한전은 비록 그 토지생산력이 수전에 비해서는 낮다고 하더라도 소홀히 취급할 수 있는 것은 아니었다. 이 점을 정약용은 다음과 같이 강조하고 있다.

나는 생각건대, 旱田의 등급은 공평하게 분등하기가 가장 어렵다. 만약 정밀하게 분등하려고 한다면, 비록 9등의 3배인 27등으로 분등하더라도 불가할 것은 없다. 그것은, 그 土品에 이렇게 많은 등급이 있어서가 아니고, 대개 그 심는 것이 9穀뿐이 아니기 때문이다. 모시, 삼, 참외 및 오이 따위와 여러 가지 소채와 약초들은 잘 가꾸기만 하면 한 고랑의 밭에서 얻는 이익이 헤아릴 수가 없다. 서울 안팎이나 번화한 도시의 파밭, 마늘밭, 배추밭 및 참외밭은 10畝의 땅

---

64) 其旱田, 亦分九等. ○田種百穀, 惟其所宜. 每田二畝半, 其春秋所食, 可敵稻百斗者爲第一等, 可敵稻八十斗者爲第二等, 可敵稻六十斗者爲第三等, 可敵稻五十斗者爲第四等, 可敵稻四十斗者爲第五等, 可敵稻三十斗者爲第六等, 可敵稻二十五斗者爲第七等, 可敵稻二十斗者爲第八等, 可敵稻十五斗者爲第九等.(『全書』五 - 經世遺表八 - 十六 後面, 井田議三) 旱田의 分等을 水田의 그것에 준하여 행하는 것이 가능한가 하는 문제가 있을 것 같으나, 지금의 筆者로서는 그것을 검토할 여유가 없다.

65) 拙稿, 「茶山의 農業經營論」(『茶山의 政治經濟思想』, 창작과비평사, 1990)

에서 數萬 錢을 헤아린다10畝란 수전 4두락이다. 萬錢은 百兩이다. 西道의
연초밭, 북도의 삼밭, 한산의 모시밭, 전주의 생강밭, 강진의 고구마
밭 및 황주의 지황밭은 모두 수전 상상등에 비하여 그 이익이 10배
이다. 또 근년 이래로 人蔘을 모두 밭에다 심는데, 그 이익을 논하면
혹 千萬에 상당하는데, 이것은 田等으로 말할 수 없다. 항상 심는 것
으로써 말하더라도 紅花와 大靑은 그 이익이 아주 많은데남방에서는
川芎과 紫草도 역시 밭에 심기도 한다, 목화밭이 아니라도 그 이익이 五穀
의 배나 된다. 무릇 이와 같은 것들을 만약 해마다 심어서 休耕하지
않는 경우는 그 토질의 肥瘠을 묻지 않고 모두 마땅히 상상등으로
잡아서 稅粟을 거둘 뿐만이 아니라 역시 공부도 논해 볼 만하다貢賦
考에도 보인다.[66]

한전의 분등이 끝나면, 公田에 어떠한 작물을 심을 것인가 하
는 문제를 검토해 보아야 한다. 공전에서 거두어 들이는 稅粟은
결부제와는 달리 벼, 조, 콩 및 밀도 허용하지만 재배하는 작물은
이것들에 한정해서는 안 되고 土宜에 따라야 한다는 것이다. 밭에
서 재배하는 곡식은 다음에 보는 바와 같이 매우 다양하다. "좋은
곡식 중에서 밭에 심는 것은, 첫째 山稻(밭벼), 둘째 黃粱(수수),
셋째 여러 가지 기장그 종류가 한 가지가 아니다, 넷째가 여러 가지 稷
(조)方言으로 穄라 한다, 다섯째 옥수수민간에서 강냉이쌀이라 한다, 여섯

---

66) 臣伏惟, 旱田等級, 最難平分. 苟欲精分, 雖三九二十七等, 靡不可也. 非其土品
有此多等, 蓋其所種, 不惟九穀而已. 枲麻瓜瓞, 百菜百藥, 苟善治之, 一畖之田,
獲利無算. 京城內外, 通邑大都, 蔥田蒜田, 菘田瓜田, 十畝之地, 算錢數萬十畝者
水田四斗落也. 萬錢爲百兩. 西路煙田, 北路麻田, 韓山之苧麻田, 全州之生薑田, 康津
之甘藷田, 黃州之地黃田, 皆視水田上上之等, 其利十倍. 近年以來, 人蔘又皆田
種, 論其贏羨, 或相千萬, 此不可以田等言也. 雖以其恒種者言之, 紅花大靑, 其
利甚饒南方川芎紫草, 亦或有田種, 不唯木棉之田, 利倍於五穀也. 凡如此類, 若其世
世業種, 無所休息者, 不問其土性之肥瘠, 並當執之爲上上等, 不唯稅粟是徵, 抑
亦貢賦可議又見貢賦考.(『全書』五 - 經世遺表八 - 十六 後面, 井田議三)

째 大豆(콩)吏文으로 太라 한다, 일곱째 小豆(팥)그 종류가 역시 많다, 여
덟째 녹두, 아홉째 大麥(보리), 열째 小麥(밀), 열한째 蕎麥(메밀)
민간에서 이를 木麥이라 한다, 열두째 鈴鐺麥(귀보리)吏文으로 耳麥이라 한
다, 열셋째 旱稗稗에는 두 가지 종류가 있는데, 稊稗는 벼를 해치고 먹을 수도
없다. 또 旱稗가 있어 밭에 심는데, 그 쌀은 기장과 같고, 우리나라 사람은 稷이라
고 잘못 말한다. 방언에는 䅟라고 하는데, 역시 좋은 곡식이다, 열넷째 胡麻
(참깨)즉 方莖巨勝인데, 민간에서는 眞荏이라 한다, 열다섯째 靑蘇(들깨)민
간에서는 水荏이라 하고, 그 기름을 法油라 한다, 열여섯째 玉蜀黍, 열일곱
째 薏苡(율무)인데, 水稻와 아우르면 18종이 된다. 청소 이상 15종
류는, 모두 먹으면 일상의 식량으로 되고, 판매하면 돈벌이도 된
다. 公田이 비록 존귀하다 하더라도 심기는 마땅히 土宜에 따른다.
15종을 私田과 한가지로 섞어서 심는 것을 마땅히 허락할 것이요,
기장, 피, 콩 및 맥에 한정해서는 안 될 것이다. 都邑에 가까운 경
우는 파, 마늘, 과수 및 소채를 심는데, 오직 그 土宜에 따른다. 모
시, 삼, 목화, 담배, 생강 및 地黃도 오직 그 토의에 따른다. 단 稅
粟은, 여러 곡식을 잡되게 거두어서는 안 되고, 벼, 조, 콩 및 밀의
네 가지 종류 이외는 수납을 허용해서는 안 된다. 모두 水田에서
벼를 거두어 들이는 액수를 가지고 恒率을 삼고, 모두 大典의 準折
하는 방법을 가지고 斗數를 정한다. 남방의 벼가 많은 고을은 모
두 벼쌀을 가지고 代納하고, 山郡의 벼가 귀한 땅에서는 조, 콩 및
밀 중에서 오직 백성이 원하는 바에 따른다."[67] 그리고 공전에서

---

67) 嘉穀之類種於旱田者, 一曰山稻, 二曰黃梁, 三曰諸黍其種類不一, 四曰諸稷方言謂
之䅟, 五曰蜀黍俗謂之䅟米, 六曰大豆吏文謂之太, 七曰小豆其種類亦多, 八曰菉豆, 九
曰大麥, 十曰小麥, 十一曰蕎麥俗謂之木麥, 十二曰鈴鐺麥吏文云耳麥, 十三曰旱稗稗
有二種 稊稗害禾之草不可食. 又有旱稗田種, 其米如黍, 東人誤謂之稷, 方言謂之䅟, 亦嘉穀也,
十四曰胡麻卽方莖巨勝, 俗謂之眞荏, 十五曰靑蘇俗謂之水荏, 其油曰法油, 十六曰玉蜀
黍, 十七曰薏苡, 若並水稻, 十有八種也. 靑蘇以上十有五種, 皆食之爲恒糧, 販
之爲財利. 公田雖尊, 其種當隨土宜, 十有五種, 宜許雜種, 一如私田, 不可限之

稅粟으로 바치는 곡물의 종류는 벼, 조, 콩 및 밀로 하고, 벼쌀로써 代納하는 경우의 準折은 다음과 같다. "稅粟의 납부는 오직 벼, 조, 콩 및 밀이라야 바치는 것을 허락하되, 모두 稻米와 準折해서 방아질하여 바친다. 稻米 1斛은, 小米이면 1곡2두를 바치고小米는 곧 조쌀(稷米)이다, 大豆이면 2곡을 바치고小豆이면 15두이나, 소두는 바치기를 허락하지 않는다, 小麥이면 2곡을 바치되, 대맥은 바치기를 허가해서는 안 된다."[68]

마지막으로 公田耕作을 위한 노동력을 어떻게 동원할 것인가 하는 문제가 남는다. 정전제는 본래 助法이므로, 공전의 경작은 村監의 지휘하에 私田 8畉의 농부들이 공동으로 경작하여 公田의 田等에 따라 公家에 稅粟을 바치게 되어 있다. 이 경우 사전 8부는 마땅히 노동력을 평균적으로 부담해야겠으나, 특히 척박한 토지를 경작하는 농부에게는 촌내에서 상의하여 노동력 부담을 덜어줄 수 있을 것으로 보았다. 그러나 정약용은 經濟作物을 재배하여 보다 많은 수익을 올리는 농부에게 보다 많은 노동력 부담을 지우는 것에 대해서는 반대했다. 이러한 조치는 자칫 잘못하면 게으름을 장려할 우려가 있을 뿐만이 아니라 노동력 분담의 원칙을 어지럽혀서 분쟁의 씨앗을 만들 소지가 있었기 때문이다. "만약 公田의 경작을 위한 노동력 제공에 관하여 논할 것 같으면, 저 파와 생강을 심는 100畝를 경작하는 자도 노동력 제공이 한 몫이고, 이 척

以黍稷菽麥. 其近於都邑者, 蔥蒜果菜, 惟其宜也. 枲麻苧麻木棉南草生薑地黃, 惟其宜也.

但其耡粟不可雜收諸物, 惟稻稷菽麥四種之外, 勿許收斂. 皆以水田斂稻之額, 立爲恒率, 皆以大典準折之法, 定其斗數. 南方多稻之鄕, 並以稻米代納, 山郡稀稻之地, 稷與菽麥惟其願也.(『全書』五 - 經世遺表八 - 十七 前面, 井田議三)

68) 耡粟之斂, 惟稻稷菽麥, 乃許輸公, 皆以稻米準折, 舂而納之.
稻米一斛, 以小米則納一斛二斗小米卽稷米, 以大豆則納二斛小豆則十五斗, 然小豆不可聽許, 以小麥則納二斛, 大麥不可許也.(『全書』五 - 經世遺表八 - 十八 前面, 井田議三)

박한 100무를 경작하는 자 역시 노동력 제공이 한 몫이라면, 혹시
말이 있을 것 같다. 이러한 경우, 척박한 전지는 마땅히 本井에서
公論에 부쳐 減率하는데, 혹 하루로써 이틀을 당하게 하고, 혹 이
틀로써 사흘을 당하게 하되, 아울러 村監에게 裁定하기를 청한다.
이것은 가장 척박한 전지라야 노동력 제공을 조금 덜어줄 수 있
고, 만약 황폐의 염려가 없는 경우는 결단코 늘리거나 줄여서는
안 될 것이다. 늘리거나 줄이는 것은, 분쟁의 근본이요, 혼란의 시
작이다. 이것은 먹는 것이 많고 적은 것이 본인의 부지런함과 게
으름에 달려 있는데, 스스로가 농사를 게을리하여 벼를 적게 먹고
서는 도리어 公田에 내는 노동력 제공을 줄이고자 하니 옳겠는가.
아울러 마땅히 엄단하여 간사한 마음을 품지 못하도록 해야 할 것
이다. 私田으로서, 파, 생강, 연초 및 고구마를 심어서 돈 數十錢이
나 수백 전을 헤아리는 경우도 역시 공전에의 노동력 제공을 증가
시켜서는 안 되며, 척박한 전지와 평등하게 해서, 능력 있는 자를
권면해야 할 것이다."69)

2) 結負와 井稅의 比較

정약용은 정전제하에서는 결부제하에서보다 농민들의 전세부
담은 대폭 줄어들지만 정부의 조세수입은 크게 증가될 것으로 예
상했다. 그리고 조세수입의 증가는 增稅에 의해서가 아니라 정전
제의 실시에 의한 중간수탈의 혁파와 漏結의 파악으로써 가능하

---

69) 若論助治之功, 彼耕蔥薑百畝者助公一分, 此耕磽确百畝者亦助公一分, 似或有
言. 若是者, 其薄田宜自本井公議減率, 或以一日當二日, 或以二日當三日, 並請
村監裁定. 此惟最薄之田, 乃可少減, 若無荒廢之慮者, 斷不可闊狹. ○闊狹者,
爭之本也, 亂之始也. 此其所食多寡, 係於本人勤惰, 渠自惰農寡食其禾, 反欲減
功於公田, 可乎. 並宜嚴斷, 毋俾生心. 其私田之種蔥薑烟藷算錢什百者, 亦於助
治公田之功不可增率, 與薄田者平等以勸能者.(『全書』五 - 經世遺表八 - 十八
前面, 井田議三)

다고 보았다. "9等田의 1畉는 그 稅粟이 租 600두에 불과하나, 지금의 결부법에 비하여 公家의 세입은 크게 증가되고, 인민들은 公田을 助耕할 뿐 다시는 稅米를 바치지도 않으니, 나라와 인민들이 다 함께 그 형편이 펴지는 것이다. 오직 중간에 숨어서 속이는 것들은 그 巢窟이 모두 깨어졌으니 도망가 숨을 데가 없게 되었다."[70] 세수 증가는 세 가지 방면에서 이루어질 것으로 기대했다. 첫째는 정확한 양전으로 과세대상에서 제외되었던 隱結과 餘結을 색출해 내는 것이다. 은결과 여결이 出稅結의 折半이나 되리라 예상되었다. 둘째는 결부제하에서 지역적 사정을 고려하느라 과소사정되었던 田結을 頃畝制로써 정확하게 파악하는 것이다.[71] 결부제하에서는 경기도, 강원도, 평안도 및 함경도는 그 결부가 낮게 사정되거나 부세수입이 중앙으로 上納되지 않는 경우가 많았다. 셋째 井稅라는 單一稅로의 개혁은 종래의 복잡한 전세명목과 전세징수 방법에 깃들어 있던 부정부패를 일거에 제거할 수 있게 했다. 종래에는 이러한 부정부패로 인민들로부터 수취된 부세가 중간에서 漏出되는 비율이 높았다. 이러한 점을 감안하면, 정세라는 단일세로의 징수방법으로의 개혁이 가지는 세입의 증수효과는 매우 클 것으로 예상된다. 정약용은, 이러한 세수증가를 구체적으로 설명하기 위하여, 田地 1井 및 羅州 한 지역을 대상으로 결부제와 정전제

70) 九等一畉, 粟不過六百斗. 然視今結負之法, 公家歲入, 多所增益, 民惟助耕, 不復納米, 是國與民俱紓. 惟中間欺隱之物, 窩藪都破, 無所遁匿耳.(『全書』五 - 經世遺表八 - 十一 前面, 井田議二)

71) 總之, 畿田, 國之所增, 每多於南田, 民之所減, 每少於南田者, 南方作結之初, 本自從重, 畿田作結之初, 本自從輕. 而今此井耡之法, 一畝所函, 肥瘠皆同, 但視肥瘠, 定其等級, 南方北方, 法例皆同, 故畿田增減之數, 不類南田也. 今欲惠恤畿民, 異於南方, 則王城八十里之內, 勿以九畉爲一井, 每以十畉爲一統, 使九夫治公田一畉, 則什一之稅也. 周禮, 六遂用什一, 野外用九一, 先王之法本然也. 不然, 徵其耡粟, 不徵屋粟, 亦可以別於諸道也.(『全書』五 - 經世遺表八 - 十二 後面, 井田議二)

에서의 稅入을 比較하고 있다. 전자는 전지 1정을 대상으로 결부
제와 정전제에서의 세입변동을 비교·검토하는 것이요, 후자는 나
주라는 한 지역을 대상으로 결부제와 정전제에서의 세입변동을
비교·검토하는 것이다.

이제 전지 1정에 대한 결부제와 정전제에서의 세입을 비교·검
토해 보기로 하자. 아래의 표 '1井의 結負와 井稅의 比較'는『경세
유표』의「정전의」2에 제시되어 있는 사례를 정리한 것이다.72) 비
교의 대상은 田等別, 畿內·湖南別 및 國納·防納別 1井의 결부와 1
畉의 井稅이다. 여기서의 전지의 전등은 정전제에서의 전등이다.
표에 나타나 있는 대부분의 숫자는 결부제와 정전제에 따라 설정
되고 계산될 수 있는 것이나, 公田 1畉의 賭租만은 民田耕作의 관
행에 따라 별도로 조사된 것이다. 비교의 개략적 결과를 보면, 畿
內의 경우는 전등이나 국납 및 방납을 불문하고 1부의 정세가 결
부보다 많은데, 그것은 기내에서는 모든 전등에서 國納은 물론 防
納까지도 9분의 1세인 정세의 세율에 미치지 못하고 있었다는 사
실을 말하고 있으며, 湖南에서는 모든 전지에서 1부의 정세가 국
납의 경우는 결부보다 많으나 방납의 경우는 결부에 미치지 못하
고 있는데, 이것은 호남에서는 방납의 경우 이미 擔稅率이 정세의
9분의 1세를 훨씬 초과하고 있었다는 사실을 말해주는 것이다. 그
리고 이러한 비교의 결과는 정세가 반드시 결부보다 무거운 조세
부담이 아니었다는 사실도 동시에 말해주고 있다. 중복설명이라
는 흠이 없지 않으나, 아래에서는 '1井의 結負와 井稅의 比較'라는
표를 제시하고 이를 조금 더 구체적으로 설명해 보기로 한다.

---

72)『全書』五 - 經世遺表八 - 十一 後面, 井田議二를 참조할 것.

1井의 結負와 井稅의 比較

1. 下下田

畿內 : 下下田 40斗落이 半結일 때
　　　國納의 境遇
1)	1井의 結負	4結50負	米 108斗(1結의 田稅米 24斗 × 4.5)
2)	1畎의 井稅	40斗落	미 240두(下下田 1畎의 井稅 600두 × 0.4)
3)	1井의 稅收增加		미 132두

　　　防納의 境遇
1)	1井의 結負	4結50負	租 450두(1負에 租 1두이므로)
2)	1畎의 井稅	40斗落	租 600두(下下田 1畎의 井稅 600두)
3)	1井의 稅收增加		租 150두
4)	公田 1畎의 賭租		租 400두(下下民田 1畎의 所出租 800두×0.5)
5)	農民의 利益		租 250두(結負租 450두 + 賭租 400두 – 井稅 600두)

湖南 : 下下田 40斗落이 1結일 때
　　　國納의 境遇
1)	1井의 結負	9結	미 216두(1結의 田稅米 24두 × 9)
2)	1畎의 井稅	40斗落	미 240두(下下田 1畎의 井稅 600두 × 0.4)
3)	1井의 稅收增加		미 24두

　　　防納의 境遇
1)	1井의 結負	9結	租 900두(1負에 租1두이므로)
2)	1畎의 井稅	40斗落	租 600두(下下田 1畎의 井稅 600두)
3)	1井의 稅收減少		租 300두
4)	公田 1畎의 賭租		租 400두(下下民田 1畎의 所出租 800두 × 0.5)
5)	農民의 利益		租 700두(結負租 900두 + 賭租 400두 – 井稅 600두)

2. 中等田(畿內의 下中田과 湖南의 中中田)

畿內 : 下中田 65斗落이 1結일 때
　　　國納의 境遇

1) 1井의 結負　　　　　5結53負8束　　米 133斗·(1結當 稅米 24斗
　　　　　　　　　　　　　　　　　　　　 × 5,538)

2) 1畉의 井稅　　　　　40斗落　　　미 320두(下中田 1畉의 所
　　　　　　　　　　　　　　　　　　　 出租 800두 × 0,4)

3) 1井의 稅收增額　　　　　　　　　　미 187두
　　(1井의 結負 5結53負8束은 360斗落 ÷ 65斗落 × 1結로 計算된다)

　　　防納의 境遇

1) 1井의 結負　　　　　5結53負8束　　租 553두8升(1負에 租 1두
　　　　　　　　　　　　　　　　　　　　 이므로)

2) 1畉의 井稅　　　　　40斗落　　　租 800두(下中田 1畉의 井
　　　　　　　　　　　　　　　　　　　 稅 800두)

3) 1井의 稅收增加　　　　　　　　　　租 247두
4) 公田 1畉의 賭租　　　　　　　　　　租 600두(下中民田 1畉의 所
　　　　　　　　　　　　　　　　　　　 出租 1200두 × 0,5)

5) 農民의 利益　　　　　　　　　　　　租 353두(結負租 553두 + 賭
　　　　　　　　　　　　　　　　　　　 租 600두 - 井稅租 800두)

湖南 : 中中田 20斗落이 1結일 때
　　　國納의 境遇

1) 1井의 結負　　　　　18結　　　미 432두(1結稅米 24두 × 18)
2) 1畉의 井稅　　　　　40斗落　　미 640두(中中田 1畉의 井
　　　　　　　　　　　　　　　　　　 稅 1600두 × 0,4)

3) 1井의 稅收增加　　　　　　　　　미 208두
　　(1井의 結負18結은 360斗落 ÷ 20斗落 × 1結로 計算된다)
　　　防納의 境遇

1) 1井의 結負　　　　　18結　　　租 1,800두(1負에 租 1두이므로)
2) 1畉의 井稅　　　　　　　　　　租 1,600두(中中田 1畉의 井
　　　　　　　　　40斗落　　　　　 稅 1,600두)

3) 1井의 收稅減少　　　　　　　　　租 200두
4) 公田 1畉의 賭租　　　　　　　　　租 800두(中中民田 1畉의 所
　　　　　　　　　　　　　　　　　　 出租 1,600두 × 0,5)

5) 農民의 利益　　　　　　　　　　　租 1,000두(結負租 1,800두 + 賭
　　　　　　　　　　　　　　　　　　 租 800두 - 井稅租 1,600두)

우선 井田制하의 下下田의 경우를 비교해 본다. 畿內의 하하전 40두락의 1畒가 半結일 경우이다. 國納의 경우, 1井의 결부는 4결50부로서 그 稅米는 미 108두이며, 1畒의 井稅는 미 240두이다. 정세가 결부보다 미132두가 많으므로, 1정의 세수증가는 미 132두이다. 防納의 경우, 1井의 결부는 4井50부로서 그 稅租는 租 450두이며, 1부의 정세는 조 600두이다(하하전 40두락의 생산량이다). 井稅가 결부보다 조 150두가 많으므로, 1정의 세수증가는 조 150두이다. 국납의 경우이든, 방납의 경우이든, 전세수입은 증가한다. 농민들은, 결부제의 경우 1정의 결부租 450斗와 公田 1畒의 賭租 400두를 납부해야 하나, 정전제의 경우 정세 600두밖에 납부하지 않으므로, 그 부담이 조 250두나 가벼워진다. 호남의 하하전 40두락이 1결일 경우이다. 國納의 경우, 1정의 結負는 9結로서 稅米는 米 216두이며, 1부의 정세는 미 240두로서 1정의 세수증가는 겨우 미 24두에 불과하다. 防納의 경우, 1정의 결부는 9결로서 稅租는 조 900두이며, 1부의 정세는 租 600두로서, 세수감소는 조 300두나 된다. 국납의 경우는 수세증가가 미미하나, 방납의 경우는 수세감소가 크다. 농민들은, 결부제의 경우 결부조 900두와 공전 1부의 賭租 400두를 납부해야 하나, 井稅租 600두밖에 납부하지 않으므로, 조 700두나 그 부담이 가벼워진다. 그러면 왜 하하전의 방납의 경우, 조세수입이 畿內는 크게 증가하는데 대하여 호남은 크게 감소하는가. 그것은 이미 결부제하에서 기내와 호남의 조세부담율이 크게 달라져 있었기 때문이다. 기내의 조세부담률은 8.3%에 불과한 데 대하여 호남은 그것이 16.7%나 되었다. 호남의 조세부담률 16.7%는, 기내의 조세부담률 8.3%의 두 배가 될 뿐만이 아니라, 정전제하의 조세부담률 9분의 1 즉 11.1%를 크게 웃돌고 있었다.

그 다음으로 中等田의 경우를 비교해 본다. 畿內의 下中田 65두락이 1結일 경우이다. 國納의 경우, 1井의 結負는 5결53부8속으로서 그 稅米는 미 133두이며, 1畉의 井稅는 미 320두이다. 井稅가 결부보다 미 187두가 많으므로, 1정의 稅收增加는 미 187두이다. 防納의 경우, 1井의 結負는 5결53부8속으로서 稅租는 租 553두8승이며, 1畉의 井稅는 조 800두이므로, 세수증가는 租 247두이다. 국납의 경우이든 방납의 경우이든 조세수입은 증가했다. 농민은, 결부제의 경우 결부租 553두와 公田 1畉의 賭租 600두를 납부해야 하나, 井稅租 800두밖에 납부하지 않으므로, 그 부담이 租 353두나 가벼워진다. 호남의 中中田 20斗落이 1結일 경우이다. 국납의 경우, 1井의 結負는 18결로서 그 稅米는 미 432두이며, 1畉의 井稅는 미 640두이다. 井稅가 稅米보다 米 208두가 많으므로, 세수증가는 미 208두이다. 防納의 경우, 1井의 結負는 18결로서 그 稅租는 조 1,800두이며, 1畉의 井稅는 조 1,600두(중중전 40두락의 생산량이다)이므로, 수세감소는 租 200두이다. 국납의 경우에는 조세수입이 증가하나, 방납의 경우에는 조세수입이 감소한다. 농민들은, 결부제의 경우 結負租 1,800두와 공전 1부의 賭租 800두를 납부해야 하나, 井稅租 1,600두밖에 납부하지 않으므로, 그 부담이 租 1,000두나 가벼워진다. 방납의 경우, 조세수입이 畿內는 증가하고 호남은 감소하는 이유는 결부제하에서 기내의 조세부담률 7.7%는 9분의 1(11.1%)보다 낮은 데 대하여 호남의 그것은 9분의 1보다 높은 12.5%이기 때문이다.

'羅州의 結負와 井稅의 比較'에는, '1井의 結負와 井稅의 比較'에서 보는 바와 같은 出稅結에 대한 결부제와 정전제에서의 전세수입에 관한 정보는 물론, 거기에는 포함되어 있지 않은 정전제에서의 羅州郡의 田稅收入과 總田結에 관한 정보가 포함되어 있다. 출세결에 대한 결부제와 정전제에서의 전세수입 비교는 앞에서 이미 그 설명방법을 소개한 바가 있으므로, 그것에 대한 설명은 표로 대신하고, 여기서는 정전제에서의 나주군의 전세의 수입과 지출을 분석함으로써 정전제로의 개혁이 全國 次元의 전세수입에서 가지는 의미에 대하여 음미해 보도록 한다. 나주군의 전결 총수는 3만 결인데, 出稅結이 2만 결이요 隱結이 1만 결이다. 출세결 2만 결이 中中田으로서 1결이 20두락이라면, 그 전지는 모두 40만 두락으로서 公田은 44,444두락이요 그 井稅는 米 71,111斛(10斗가 1斛이다)이다. 결부제하에서는 1결의 국납이 미 24두이므로 2만결의 국납은 미 4만8천 곡이나, 정전제하에서는 미 6만곡을 중앙정부에 상납하고, 국납에 소요되는 船價 등의 잡비로 미 1,111곡을 지출한다고 하더라도, 현지에 미 1만 곡이 留置되게 된다. 정약용은 이 留置米 1만곡으로써 牧使의 月廩, 鄕官, 吏校, 皂隸 및 노비 등의 月料, 京主人 및 營主人의 役價米와 朔膳進上價米를 지출하더라도 넉넉할 것으로 보았다. 만약 정전법이 시행되어 나주의 재정사정이 위와 같이 넉넉해 진다고 한다면, 결부제하에서 전세의 부담률이 나주보다 낮은 다른 지방의 재정 개선 효과는 훨씬 크리라 예상할 수 있다. 그런데, 정전법이 시행되어 은결이 출세결로 파악된다면, 출세결 2만결의 井稅米 71,111곡과 은결 1만결의 井稅米 35,555곡을 합하면, 3만결의 井稅는 미 106,666곡이 될 것이다. 만약 은결의 井稅米 35,555斛을 더 확보할 수 있다면, 중앙재정뿐만이 아니라 지방재정도 더 풍부해 질 수 있을 것이다. 여기서 중요한 것은, 단순히 중앙과 지방의 재정이 넉넉해지는 데만 있는 것이 아니라, 이 넉넉해 진 재정수입으로써 지금까지 재정수입의 부족으로 구차하게 운용되어 오던 재정제도를 근본적으로 개혁할 수 있으리라는 것이다. 재정제도의 개혁이란, 종래에는 재정수입의 부족으로 중앙관료와 일부의 중앙서리에게만 녹봉을 지급하고 지방의 관리와 서리에게는 일체의 녹봉을 지급하지 못했는데,[73] 정전법의 실시

에 따른 재정수입의 증가를 가지고 모든 관리와 서리들에게 응당
의 녹봉을 지급하는 것이다.

73) "서울에서는 百官으로부터 胥吏와 僕隷에 이르기까지 모두 常祿을 지급한다
지금 백관의 봉록이 지극히 박해서, 1품관은 1년에 60石이요, 9품관에 이르면 겨우 12석이니,
자급할 수 없어서 의례히 外方으로부터 饋遺를 받는데, 이름하여 進奉이라 한다. 오직 淸要
職에 있는 자라야 이것을 받을 수 있고, 그 나머지는 받지 못한다. 또 各司는 該當用度에 쓰
고 남은 것을 모두 여러 관원에게 사사로이 분급하는데, 이름하여 分兒라 한다. 서리의 녹봉
은 혹 있기도 하고 없기도 하는데, 各司가 같지 않아서, 녹봉이 있는 경우는 價布나 혹은 달
마다 米 6斗로써 지급하며, 奴隷는 모두 廩祿이 없기 때문에, 서리와 노예는 모두 백성을 침
탈하여 생계를 유지한다. 사정이 이러하기 때문에 그 폐해가 미치는 바를 다 말할 수 없다.
마땅히 옛 뜻을 참작하여 大官 이하 吏胥와 僕隷에 이르기까지 모두 常祿을 정해서 지급하는
데, 漕稅로써 반급한다. 그 숫자는 祿制의 常祿條에 있다. 이미 모두 족히 그것으로써 살아갈
수 있으면, 무릇 오늘날의 進奉과 分兒 같은 따위는 모두 마땅히 금지하고, 아전배들이 백성
을 침탈하고 뇌물을 받는 습속은 일체 통렬히 革罷해야 할 것이다."
京中百官, 以至吏胥僕隷, 皆給常祿今百官俸祿至薄, 一品歲俸六十石, 至九品則僅十二石,
不能自給, 例受外方餽遺, 名曰進奉. 唯居淸要者得之, 其餘則不得焉. 又各司該用餘物, 皆私分諸
官, 名曰分兒. 吏胥祿則或有或無, 諸司不同, 其有者或以價布或米月六斗, 奴隷則擧無其廩, 故吏
隷皆待漁奪以爲生. 事其如此, 其弊害所至, 有不可勝言者. 當參酌古意, 自大官以下, 以至吏胥僕
隷, 皆定給常祿, 以漕稅頒給. 其數見祿制常祿. 旣皆足以爲資, 則凡今進奉分兒之類, 皆當禁斷,
吏輩漁奪納賂之習, 一切痛革. (『磻溪隨錄』一, 1962, 287~288페이지, 田制後錄上)

羅州의 結負와 井稅의 比較

國納의 境遇

1)	結負	2萬結	米 48,000斛(1結稅米 24斗 × 20,000結 ÷ 10)
2)	稅粟	公田 44,444斗落	미 71,111곡(中中田 1斗落 所出租 40두 × 44,444 斗落 × 0.4 ÷ 10)
3)	稅收增加		미 23,111곡

(44,444斗落＝20,000結×1結 20斗落÷9로 계산된다)

防納의 境遇

1)	結負	2萬結	租 200,000곡(1負租 1斗 × 2,000,000負 ÷ 10)
2)	井稅	公田 44,444斗落	조 177,776곡(1斗落所出 40斗 × 44,444斗落 ÷ 10)
3)	收稅의 減少		조 22,224곡
4)	44,444斗落의 賭租		조 88,888곡(1斗落 賭租 20斗 × 44,444斗落 ÷ 10)
5)	農民의 利益		조 111,112곡(結負租 200,000斛 + 賭租 88,888 斛 - 井稅租 177,776斛)

羅州의 總結負數	3萬結(中中等으로 計算하면, 60萬斗落이다)	
出稅結數	2만결(중중등으로 계산하면, 40만두락이다)	
隱結結數	1만결(중중등으로 계산하면, 20만두락이다)	

稅粟米 71,111斛의 用途

1)	上納	米 60,000斛(中央政府에 上納한다)
2)	船價 등의 雜費	미 1,111곡
3)	地方財政	미 10,000곡[74]

羅州의 總井稅

1)	出稅結 2萬結의 井稅	米 71,111斛
2)	隱結 1萬結의 井稅	米 35,555斛
3)	合計	米 106,666斛

452

"羅州 한 고을을 가지고 시론해 보면, 본전답이 3만 결인데 雜
下를 제외하더라도 평년에 실제로 전세를 내는 것이 2만결이다.
매결에서 稅米 24두를 징수하면, 그 쌀이 3만2천石이니1석은 15두이
다, 즉 4만8천斛이다1곡은 10두이다. 이제 井稅法을 쓰면, 原田의 9분
의 1로서 公田 1,111畎11畝餘를 얻는다原田 2만 결은 약 40만두락이요, 공
전 1畎는 약 40두락이니, 그 숫자가 이와 같다. 모두 中中田으로 그 井稅를
거두면1두락에 租 40두를 거둔다, 그 租는 1,777,776두로서, 쌀로 만들면,
그 쌀은 47, 407石餘, 즉 71,111斛餘이다. 옛날과 비교하면, 23,111곡
이 증가되었는데石으로서는 15,407석여가 증가되었다, 6만곡은 京師에 상
납하고, 1,111곡은 쪼개어서 잡비로 삼는다. 1만 곡은 本州에 유치
하고, 몇 곡으로써 牧使의 月廩으로 삼으며, 몇 곡으로써 鄕官, 校
吏, 皂隷 및 奴婢 등의 月料로 삼으며, 몇 곡으로써 京主人役價, 營
主人役價 및 朔膳進上價로 삼으며, 몇 곡으로써 巡營移文脚價로 삼
으며, 몇 곡으로써 使客支應米로 삼으며, 몇 곡으로써 新舊官刷馬
價로 삼아서, 무릇 一應의 잡역을 모두 그중에서 지출하도록 법식
으로 제정하면, 어찌 부족할 것이 있겠는가. 규모가 정연하며, 체
면이 광대하며, 명목이 바르고 말이 순하며, 이치가 통하고 의리
가 바른 것이 모두 타당해서 만세토록 폐단이 없을 것이다. 三代
의 떳떳한 규범을 계승하고, 百王의 令典을 드리워서 장차 그 풍
성하고 위대한 공덕이 史冊에서 빛나게 하고자 하니, 엎드려 빌건
대 靈明한 聖上께서는 留意해야 할 것이다."75)

74) 牧使의 月廩, 鄕官·吏校·皂隷·奴婢의 月料, 京主人·營主人의 役價·朔膳進上
    價, 巡營移文의 脚値, 使客支應米, 新舊官刷馬價 및 一般雜用 등이 포함되어
    있다
75) 試論羅州一處, 本田畓三萬結, 除其雜下, 平年實應稅者二萬結. 每結徵稅米二十
    四斗, 則其米三萬二千石每石十五斗, 卽四萬八千斛也每斛爲十斗. 今用井耡之法, 則
    原田九分之一, 得公田一千一百十一畎十一畝零原田二萬結, 約爲四十萬斗落, 而公田
    一畎, 約爲四十斗落, 則其數如此. 並以中中之率, 收其耡粟每一斗落, 收粟四十斗, 則其租

3) 稷의 徵收

公田井稅의 附加稅로 거두어들이는 것으로서 稷이 있다. 稷은 穗이라고도 쓰는데, 벼포기를 벤 것이다. 守令이 井稅 1두에 대하여 稷1束을 거두어 들이는데, 논에서는 벼포기를 벤 것을 거두어 들이고, 밭에서는 조포기를 벤 것을 거두어 들인다. 그리고 邑城의 5리 안쪽에서는 稷을 거두어 들이나, 5리 바깥쪽에서는 종 대신에 돈으로 징수하는데, 벼포기는 3束에 2錢이요, 조포기는 2속에 1전이다. 또 벼포기는 6할을 公田의 種子로 돌리고, 조포기는 8할을 종자로 돌린다. 종자로 돌려진 몫의 관리에 대해서는 더 이상의 언급이 없으나, 수령에게 납입된 몫의 관리에 대해서는 아래와 같은 설명이 있다. "水田의 벼포기는 租 1斗마다 1束으로 기록하고, 旱田의 여러 곡식의 포기는 역시 벼에 비추어 그 율을 정한다. 무릇 租 1斗에 맞먹는 것은 조(稷)포기 1束으로 기록한다곡식을 대납하는 경우는 準折에 따라 더함이 있으나, 포기의 경우는 더함이 없고, 모두 조포기로 기록한다. 무릇 포기는 열 몫으로 나누어 여섯으로써 수전의 종자로 삼고 넷으로써 縣官에게 바친다. 조포기는 열 몫으로 나누어 여덟으로써 本田의 종자로 삼고 둘로써 현관에게 바친다. 현관은 이를 받아서 그 반은 상납하고 그 반은 유치하였다가 말먹이로 삼는다. 무릇 縣城의 5리 이내에서는 그 포기를 바치고, 이것을 넘는 곳에서는 돈으로 거둔다. 벼포기는 3束마다 2錢이요, 조포기는

爲一百七十七萬七千七百七十六斗, 以之作米, 則其米爲四萬七千四百七石零, 卽七萬一千一百十一斛零. 視舊所增二萬三千一百十一斛以石則增一萬五千四百七石零, 六萬斛, 上之于京師, 一千一百十一斛, 破之爲雜費. 以一萬斛, 留之本州, 以幾斛爲牧使月廩, 幾斛爲鄕官吏校皂隷奴婢之月餼, 幾斛爲京主人役價營主人役價朔饍進上價, 幾斛爲巡營移文脚價, 幾斛爲使客支應米, 幾斛爲新舊官刷馬價. 凡一應雜用, 皆於此中, 制爲法式, 夫豈有不足者乎. 規模森整, 體面光大, 名正而言順, 理通而義立, 四亭八當, 萬世無弊. 承三代之懿範, 垂百王之令典, 將使豊功偉德, 照映於史册, 伏願聖明留意焉.(『全書』五 – 經世遺表八 – 十三 前面, 井田議二)

2束마다 1錢이다."76)

　　本邑에 남겨진 稭의 배분에 관한 설명은 다음과 같다. "公田 1
畉의 중중등에서 해마다 租 1,600斗를 거두니, 그 줄기 역시 1,600
束인데, 10분의 4를 本縣에 바치면, 640束이다. 3束마다 2錢을 거두
면, 4량2전6푼이다. 공전이 100畉이면, 그 돈이 426량인데, 그 반은
본현에 留置하고, 그 반은 서울에 상납한다. 각각 213량이다元數 중
에서 駄價를 제감한다. 한전 1畉의 중중등은 조포기가 1,600속인데, 10
분의 2를 본현에 바치면 320속이다. 2속마다 1錢이면 1량 60전이다.
공전이 100畉이면 그 돈이 160량인데, 그 반을 본현에 유치하고 그
반을 서울에 상납하면 80량이다元數 중에서 또 駄價를 제감한다."77) 아
래의 표는 위의 설명을 정리한 것이다.

---

76) 水田稻稭, 每稻一斗, 錄之爲一束. 旱田諸穀之稭, 亦視稻爲率, 凡敵稻一斗者,
　　錄稷稭一束穀之代納有加焉. 稭則無加. 皆以稷稭錄之. ○凡稻稭十分其率, 以其六爲本
　　田之種子, 以其四輸于縣官. 稷稭十分其率, 以其八爲本田之種子, 以其二輸于縣
　　官. ○縣官受之, 以其半輸于公, 以其半留之爲馬䬴. ○凡縣城五里之內, 輸其稭,
　　踰此以往, 斂之以錢. ○稻稭每三束二錢, 稷稭每二束一錢.(『全書』五 - 經世遺
　　表八 - 十九 前面, 井田議三)
77) 公田一畉中中等, 歲收稻千六百斗, 其稭亦一千六百束, 以十之四輸於縣, 則六百
　　四十束也. 每三束收錢二葉, 則四兩二錢六分. ○公田百畉, 則其錢四百二十六兩,
　　以其半留縣, 以其半輸於京, 二百十三兩也元數中又除駄價. ○旱田一畉中中等, 稷
　　稭一千六百束, 以十之二輸於縣, 則三百二十束也. 每二束收錢一葉, 則一兩六
　　錢. 公田百畉, 則其錢一百六十兩, 以其半留縣, 以其半輸於京, 則八十兩也元數中
　　又除駄價.(『全書』五 - 經世遺表八 -十九 後面, 井田議三)

稻의 收入과 配分

水田의 境遇
1) 水田 1畝의 收入　　　　稻稈 1,600束(租 1,600斗를 徵收하므로)
2) 10分의 4를 縣에 配分　　4兩2錢6分(3束이 2分일 境遇 640束의 代錢)
3) 水田 100畝의 收入　　　1,066兩(稻稈 160,000束의 代錢)
4) 10分의 4를 縣에 配分　　426兩(64,000束의 代錢)
5) 426兩의 配分　　　　　　213兩은 縣에 두고 213兩은 서울에 바친다

旱田의 境遇
1) 旱田 1畝의 收入　　　　稷稈 1,600束
2) 10分의 2를 縣에 配分　　1兩6錢(2束이 1分일 境遇 320束의 代錢)
3) 旱田 100畝의 收入　　　800兩(160,000束의 代錢)
4) 10분의 2를 현에 배분　　160兩(32,000束의 代錢)
5) 160량의 배분　　　　　　80兩은 縣에 두고 80兩은 서울에 바친다

3. 賦貢制

1) 田賦論

지금까지는 井稅論을 중심으로 논의를 전개해 왔으나, 정약용의 賦稅理論은 전부론이다. 그의 전부론이 성립되는 과정을 보면, 우선 「전제」3에서 정전법의 정세에 관한 이론을 정리하는 과정에서 부공에 관한 이론적 정리의 필요성을 느꼈던 것으로 보인다. 거기에서는 「又見貢賦考」, 「詳見貢賦條」 및 「竝詳貢賦條」와 같은 典據의 제시가 등장하는데, 과연 그는 「田制考」(「전제」의 본래의 명칭이다)에 관한 집필을 끝내고 「부공제」7편을 저술하여 전부론에 관한 이론의 정립을 시도했다. 그 결과 그의 전부론에 관한 이론은, 1811년의 『尙書知遠錄』에서는 "총괄하건대, 田이라는 것은 田에서 내는 것이요, 賦라는 것은 口錢이다. 『주례』의 9부를 鄭玄은 '口率에 따라 돈을 내는 것'이라고 했는데, 周나라나 夏나라는

그 賦法이 크게 다르지 않았다"[78]고 했다가, 1834년의 『尙書古訓』의 「우공」에서는 "총괄하건대, 田이란 것은 田에서 내는 것이요, 賦라는 것은 財賦를 거두어 들이는 것이다. 『주례』의 9부를 鄭玄은 口率에 따라 돈을 내는 것이라고 했으나, 口에는 구율이 있고, 戶에는 호율이 있고, 物에는 물률이 있다貨物의 多少를 보아 率을 낸다"[79]고 함으로써, 부공이 단순히 口錢을 거두어 들이는 것이 아니라 田稅 이외의 財賦를 널리 거두어 들이는 것으로 수정되었다. 다시 말하면 「전제」3에서의 井稅개념의 정립은 그것과의 一對가 되는 「부공제」7편에서의 賦貢개념의 정립으로 이어졌던 것이다. 여기에서 중요한 것은 이러한 전부론이 성립됨으로써 정약용이 우리나라의 歷代賦稅理論이었던 租庸調體系를 재검토할 수 있는 이론적 근거를 마련했다는 점이다.

정약용은 「전제」3에서 경전의 부세이론에 입각하여 전부론과 조용조 체계를 비교·검토한다. "周나라의 제도에는, 六遂에서의 10분의 1세와 野外에서의 9분의 1세 이외에, 부세로서 큰 것이 세 가지가 있었다. 첫째는 里布인데, 이것은 후세의 소위 戶役이요, 둘째는 屋粟인데, 이것은 후세의 소위 田稅요, 셋째는 夫家之征인데, 이것은 후세의 소위 身貢이다. 漢나라와 唐나라의 租庸調가 곧 이 遺法인데, 租란 田稅요, 庸이란 身貢이요, 調란 戶役이다. 10분의 1세는 遂人이 관장하는 바이요, 9분의 1세는 小司徒가 관장하는 바이다. 이에 載師가 관장하는 바와 같은 것은 첫째는 토지를 맡겨서 地職을 주는 것이요, 둘째는 征稅즉 3者이다를 맡겨서 雜賦를 징수하는 것이니, 10분의 1세와 9분의 1세는 載師가 관장하는 바가

---

78) 總之, 田也者田出也, 賦也者口錢也. 周禮九賦, 鄭玄謂之口率出泉, 周賦夏賦, 其法無以大殊也.(茶山學會編, 『與猶堂全書補遺五』, 景仁文化社, 1975, 107페이지)

79) 總之, 田也者田出也, 賦也者財斂也. 周禮九賦, 鄭玄謂之口率出泉, 然口有口率, 戶有戶率, 物有物率觀貨物多少出率.(『全書』二 - 尙書古訓三 - 四 後面, 禹貢)

아니다."80) 그는 종래의 부세체계인 조용조 체제가, 경전에서 載
師가 관장하는 雜賦에 불과한 屋粟, 里布 및 夫布를 전세, 공물 및
요역으로 잘못 해석할 뿐만이 아니라 遂人과 小司徒가 관장하는
10분의 1과 9분이 1의 전세를 망각함으로써, 田稅는 너무 가볍게
된 데 대하여 貢物과 徭役은 너무 무겁게 되어버렸다고 비판하였
다.81) 여기서 우리는 정약용의 부세이론이 經典的 典據에 입각하
여 遂人과 小司徒가 관장하는 10분의 1 및 9분의 1의 田稅와 載師
가 관장하는 雜賦로서 구성되는 전부론으로 정리되는 것을 볼 수
있게 된다. 「부공제」7편에서 전개되는 그의 전부론은 다음과 같다.

　　「禹貢」에서는 田稅와 賦貢을 명백하게 두 가지 항목으로 세웠는
　　데, 우공이란 堯舜의 법이다. 요순은 이미 두 가지 법을 썼는데, 장
　　차 백성들을 굶겨 죽이려고 그렇게 한 것일까. 『주례』는 隱書이다.
　　오늘날의 사람들은 단지 『맹자』만 읽는데, 『맹자』의 뜻이 그렇다고
　　하며, 「王制」만 읽는데, 「왕제」의 뜻이 그러하다고 하며, 「우공」만
　　읽는데, 「우공」의 注가 전세와 부공을 합쳐서 하나의 일로 만들어
　　버림으로써 드디어 九賦의 법을 천년 동안이나 가리고 어둡게 해버
　　렸으니, 비록 성인이 다시 일어난다고 하더라도 백성의 의혹을 풀
　　수가 없게 되었다. 賦法이 밝지 못하면, 백성들이 편안할 것 같은데,
　　아니 백성들이 모두 도탄에 빠져버린 것은 무엇 때문인가. 백성들이

---

80) **臣謹案** 周制, 六遂什一·野外九一之外, 其賦稅之大者有三. 一曰里布, 此後世之
所謂戶役也, 二曰屋粟, 此後世之所謂田租也, 三曰夫家之征, 此後世之所謂身貢
也. 漢唐之租庸調, 卽此遺法, 租者, 田稅也, 庸者, 身貢也, 調者, 戶役也. 什一,
遂人之所掌, 九一, 小司徒之所掌. 乃若載師之所掌者, 一曰任土, 以授地職, 二
曰征稅卽三者, 以徵雜賦, 什一九一, 非載師之所掌也.(『全書』五 - 經世遺表五 -
三十五 後面, 田制三)
81) **臣謹案** 百畝之稅, 只粟二石二斗 太輕也, 一戶之賦, 銀十四兩, 太重也, 用民之
力, 歲至二旬, 太濫也. 唐制, 戶分九等, 而租庸調無九等之文, 何以謂之良法. 今
不可知也.(『全書』五 - 經世遺表十 - 二十一 前面, 賦貢制二)

九職으로 나뉘는 것은 하늘의 이치이다. 비록 위에서 명령하지 않더라도 백성들은 스스로 나뉘는 것이다. 백성의 직업은 9가지가 있는데, 오직 農에게만 稅가 있고, 工·商·嬪·牧(의 稅 — 필자)에 대해서는 모두 말하기를 꺼린다. 그러므로 九職의 賦를 농이 전적으로 부담하게 되니, 농이 감내할 수가 있겠는가. 농부가 憔悴해서 田野가 날마다 황폐하게 되고, 큰 근본이 이미 비틀어져서 생리가 날마다 말라 들어가는 것은 모두 賦法이 밝지 못하기 때문이다. 왕자가, 나라를 건설하고 皇極을 세워서, 위로는 天地와 宗廟를 섬기고, 아래로는 群臣과 百工을 부양하며, 祭祀·賓客·軍旅·喪紀에 이르기까지, 그 비용이 넓을 수밖에 없는데, 그것이 백성들로부터 나오지 않으면 장차 어디에서 나올 것인가. 이미 백성으로부터 나오는 것이라면, 역시 균평한 것이 더 좋지 않겠는가. 이미 백성으로부터 나오는 것이라면, 역시 한계와 절도가 마땅히 엄격해야 되지 않겠는가.[82]

위의 논의들을 종합해 보면, 정약용이 부세론으로서 조용조 체계 대신에 田賦體系를 구상하게 되는 데에는 다음과 같은 배경이 있었던 것으로 보인다. 첫째는 그의 주된 전제개혁론인 井田制의 井稅概念의 정립이 이론적으로 그 一對가 되는 賦貢概念의 정립을 요청했다. 그리고 그는 그 경전적 근거를 『상서』의 「禹貢」과 『주례』의 九職에서 찾았다.[83] 「禹貢」에는 부세가 전세와 부공으로 이

---

82) 厥田厥賦, 禹貢明立兩項, 禹貢者, 堯舜之法也. 堯舜既用其二, 民將有殍乎. 周禮者, 隱書也. 今人但讀孟子, 而孟子之義如此, 但讀王制, 而王制之義如此, 但讀禹貢, 而禹貢之註, 以厥田厥賦, 合之爲一事, 遂使九賦之法, 千古堙晦, 雖聖人復起, 無以解民惑也. 賦法不明, 似若便民, 而民皆塗炭, 抑何故也. 民分九職, 天之理也, 上雖不令, 民自分也. 民職有九, 而惟農有稅, 工商嬪牧, 皆所恥言. 然則九職之賦, 農者全當, 農其堪乎. 農夫憔悴, 田野日荒, 大本旣蹶, 生理日竭, 皆賦法不明之故也. 王者建邦立極, 上事天地宗廟, 下養群臣百工, 祭祀賓客軍旅喪紀, 其費用不得不廣, 不出於民, 將於何出. 既出於民, 無亦均平爲愈乎. 既出於民, 無亦限節宜嚴乎.(『全書』五 - 經世遺表十 - 十三 前面, 九賦論)

루어져야 한다는 기술이 있고, 『주례』의 구직이라는 관점에서 보더라도 三農에 대하여 전세가 있다면 기타의 九職에 대해서도 부공이 있어야 마땅하다는 것이다. 둘째는 전부론은 조용조 체계와는 과세의 대상을 달리하고 있다. 조용조는 土地, 人口 및 戶口의 과세물건을 중심으로 하는 부세체계인 데 대하여, 전부는 職業을 중심으로 하는 부세체계라는 것을 알 수 있다. 전세는 농민에 대한 과세요, 부공은 기타의 九職에 대한 과세라는 것이다. 부공 중에도 夫布 및 里布와 같은 인구와 호구에 대한 과세도 있기는 하지만, 이들은 어디까지나 부세 중에서도 부차적인 것으로 보았다.[84] 셋째는 조선후기에 이르기까지 경제가 農業偏重的이라는 것을 명확하게 인식하고, 이러한 상황을 타개하기 위하여 이미 有閑階級化한 양반층을 이용하여 다양한 資源開發을 도모하려고 한 것으로 보인다. 조선후기에는, 상품경제가 어느 정도 발달하고 있기는 했지만, 그 발달수준은 매우 낮았던 것이다. 그렇기 때문에 대부분의 부세가 농업을 대상으로 부과됨으로써, 한편에서 농민들은 무거운 조세부담으로 신음하고 있는데 대하여, 다른 한편에서는 山川에 흩어져 있는 자원이 개발되지 못하고 방치되어 있는

---

83) 김태영, 「茶山의 井田制論」(『다산정약용연구』사람의무늬, 2012)의 211페이지에는 「5.정전제를 기초로 하는 부공제·구직론」이라는 항목이 있는데, 이것은 아마 정전제에 관한 논의가 부공제에 관한 논의의 전제로 되었다는 뜻일 것이다. 왜냐하면, 위에서 보는 바와 같이, 인민들의 九職으로의 분업이 정전제와 부공제의 성립기초이기 때문이다. 전세가 三農에 대한 부세라고 한다면, 부공은 8직에 대한 부세라고 하는 점에서 보면, 이 점은 더욱 명백하다.

84) **臣謹案** 六重之賦, 卽夫布里布屋粟之斂也. 關市山澤, 於此三者, 皆無所當, 安得不別爲一項乎. 農夫旣輸三賦, 又於井田, 納其九一之耡. 商人虞人, 獨安得以三賦之故, 遂得關市無征, 山澤無斂乎商人以貨物當屋粟. 虞人以材物當屋粟. 皆九職之貢也. 關市者, 商賈之井地也, 山澤者, 虞衡之井地也. 井地收其九一, 則關市山澤, 別有大稅, 以當公田之耡粟, 然後其義理均平. 馬乃以一地再稅, 一人再稅, 疑法之有誤, 豈不疎哉. 幣餘者, 會計之餘, 馬以爲差役免役之類卽營運官物, 亦謬矣.(『全書』五 - 經世遺表十 - 五 前面, 九賦論)

상황하에서도 상공업을 賤視하고 부세부담을 回避하면서 놀고먹
는 양반층이 증가하고 있었다. 양반을 중심으로 하는 遊食層의 增
加가 조선후기의 큰 사회적 병폐 중의 하나였다.[85] 여기에서 그는

---

85) 놀고먹는 양반층에 대해서는 朴趾源과 朴齊家도 같은 생각을 가지고 있었다.
 이에 대한 燕岩의 諷刺는 여간 날카롭지 않다. "혹자가 말하기를, 황해도에
 蝗蟲이 들었는데, 관에서 민간에게 이것을 잡으라고 독촉한다고 했다. 翁이
 묻기를, 황충은 잡아서 무엇할 것이냐고 했다. 대답하기를, 이것은 벌레인데
 잠잘 시기의 누에보다도 작고, 색깔은 얼룩달룩하고 털이 났는데, 날면 螟이
 되고 붙으면 蟊가 되어서 우리 농사를 害침으로써 滅穀이라 일컬어지니, 장
 차 잡아서 묻어 버릴려고 한다고 했다. 옹이 말하기를, 이 작은 곤충은 족히
 우려할 바가 못된다. 내가 보기로는 鐘樓의 거리를 가득 메운 것들이 모두
 황충이다. 키는 7尺 남짓한데, 머리는 검고 눈은 번들거리며 아구지는 주먹
 이 들락거릴 만한 놈들이 조잘대며 떼지어 다니기를 발꿈치와 엉덩이가 서
 로 맞닿은 듯하니, 농사를 해치고 곡식을 먹어치우는 것이 이 무리들과 같은
 것이 없다. 나는 이 놈들을 잡고 싶기는 하지만 큰 바가지가 없는 것이 한스
 러울 뿐이다 한다. 左右에서 모두 크게 두려워하기를, 정말 이러한 벌레가
 있는 것 같이 여겼다(或言海西蝗, 官督民捕之. 翁問捕蝗何爲. 曰, 是蟲也, 小
 於眠蠶, 色班而毛, 飛則爲螟, 緣則爲蟊, 害我稼穡, 號爲滅穀, 將捕而瘞之耳. 翁
 曰, 此小蟲不足憂. 吾見鐘樓塡道者, 皆蝗耳. 長皆七尺餘, 頭黔目熒, 口大運拳,
 呷啞偶旅, 蹠尾尻連, 損稼殘穀, 無如是曹. 我欲捕之, 恨無大匏. 左右皆大恐, 若
 眞有是蟲然)."(朴趾源,『燕岩集』卷之八, 閔翁傳) 楚亭은 이와 같이 놀고먹는
 양반층에 대한 國家의 對策을 정면으로 제안했다. "대저 놀고먹는 자는 나라
 의 큰 좀입니다. 놀고먹는 자가 나날이 늘어나는 것은 士族이 나날이 많아지
 기 때문입니다. 이들이 떼를 지어 거의 온 나라에 퍼져 있으니, 한 가닥 科宦
 만으로써는 이들을 다 얽어맬 수는 없을 것이니, 반드시 처리하는 방법이 있
 어야 허튼 소문이 일어나지 않고 國法이 시행될 수 있을 것입니다. 臣은 바
 라건대, 무릇 水陸으로 장사하는 일에 士族으로 하여금 登錄하도록 허락하
 고, 혹 밑천을 빌려주거나 가게를 설치하여 살게 하거나 벼슬에 拔擢하여 激
 勵하거나 함으로써, 나날이 利益을 좇게 하여 놀고먹는 氣運이 꺾이도록 하
 고 자기의 일을 즐기는 마음을 열어주어 豪强한 權勢에 의지하고자 하는 마
 음이 사라지도록 하면, 이것이 또한 風俗을 변하게 하는 데에 한 가지의 도
 움이 될 것입니다. (夫遊食者, 國之大蠹也. 遊食之日滋, 士族之日繁也. 此其爲
 徒, 殆遍國中, 非一條科宦所盡羈縻也, 必有所以處之之術然後, 浮言不作, 國法
 可行. 臣請, 凡水陸交通販貿之事, 悉許士族入籍, 或資裝以假之, 設廛以居之,
 顯擢以勸之, 使之日趨於利, 以漸殺其遊食之勢, 開其樂業之心, 而消其强豪之
 權, 此又轉移之一助也.)"(朴齊家著·李翼成譯,『北學議』, 乙酉文化史, 1971, 丙

이들을 활용하여 자연자원을 개발함으로써 이 놀고먹는 양반층을 生業에 종사시킬 수 있는 방도를 모색하는 것이 또 하나의 국가적 과제라고 생각했다.

2) 九賦論

앞의 논의에서 보는 바와 같이, 정약용의 부세론은 전세인 井稅를 중심으로 전개되었다. 다시 말하면 그의 부세론은 전지의 농업 즉 田農을 대상으로 전개되었던 것이다. 그런데, 사회에는 分業 때문에 농업 이외의 기타 職業이 존재하기 마련이므로, 이들 직업에 대해서도 부세가 있어야 한다고 생각했다. 예컨대 부공의 主宗인 關市之賦 및 山澤之賦와 같은 것이 그러한 것이다. 그런데, 위에서 든 직업은 경제활동 분야의 직업이다. 그러나, 사회에는 이러한 경제활동분야의 직업 이외에도 政府, 軍隊 및 서비스업과 같은 업종에 종사하는 사람들도 있고 또 이들에게도 소득이 있었다. 따라서 부세는 경제활동 분야의 직업에 종사하는 사람들뿐만이 아니라 일반 인민에게 널리 부과될 필요가 있었다. 이러한 필요에 따라 일반인민들의 夫家, 宅廛 및 직업을 대상으로 夫布, 里布 및 屋粟 등의 부세가 부과되었다. 이외에도 부세는 정부의 필요에 따라서 다양하게 부과될 수가 있었다. 그러나, 정약용은 중세사회에 있어서는 농업을 대상으로 하는 정세가 부세의 大宗일 수밖에 없으므로 이외의 모든 부세를 雜稅로 총괄하고 이를 賦貢이라 불렀다. 그러므로 부공은 井稅와는 달리 單一稅가 아니라 다양한 부세의 總稱이다. 아래에서는 정약용이 經典을 근거로 부공의 개념을 정립해가는 과정을 추적해 보기로 한다.

　부공에 대한 기초적 개념은 『상서』의 「禹貢」에서 주어진다고
한다. "「禹貢」에서는 말했다. 冀州는, 그 賦가 上上等인데, 그 等級
이 섞여 있고, 그 田은 中中이다節. 雍州는 그 田이 上上이요, 그 賦
는 中下이다節. 六府를 깊이 닦되, 모든 토지에 등급을 매겨 바로
잡았으니, 財賦를 거두어들이는 데 조심하라. 세 등급으로 나누는
데 본받아서 中國에 賦法을 이루었다節. 5百里 안이 甸服인데, 1백
리 안은 부를 穗으로 바치며, 2백 리 안은 銍을 바치며, 3백 리 안은
秸服을 바치며, 4백 리 안은 粟을 바치며, 5백 리 안은 米를 바친다
."86) 앞에서도 말한 바와 같이, 위의 「우공」의 규정은 부공에 관한
基本槪念이므로 이에 대하여 조금 상세하게 해설할 필요가 있다.
첫째는 「禹貢」 즉 禹임금의 부세로서는 田 즉 전세와 賦 즉 부공
이 雙立해 있다는 것이다. 둘째 賦貢이라는 부세는 稅種이 많으므
로, 여기서 어느 지역이 上上이라는 것은 그 지역의 부세등급의
大綱을 말한 것뿐이다. 실제로 그 지역의 부공은 稅種에 따라 그
등급이 다양하므로, 大綱을 算出하려면, 그것들을 섞어서 계산할
수밖에 없는 것이다. 그래서 '그 等級이 섞여 있다(錯)'고 표현했
다.87) 셋째 六府는 水·火·金·木·土·穀이다. 어느 것 하나 인간의

---

86) 禹貢曰, 冀州, 厥賦唯上上錯, 厥田唯中中節. 雍州, 厥田唯上上, 厥賦中下節. 六
　府孔修, 庶土交正, 底愼財賦, 咸則三壤, 成賦中邦節. 五百里甸服, 百里賦納穗,
　二百里納銍, 三百里納秸服, 四百里粟, 五百里米.(『全書』五 - 經世遺表十 - 二
　後面, 九賦論)

87) 賦之高下, 又係乎廛里之盛衰, 市肆之繁寡, 貨物之聚散, 商旅之來往, 山澤之大
　小, 地勢之要僻. 其斂有輕重, 其率有高下, 先列其細目, 次査其差率, 乃定其宏
　綱如田法也. 此經之例, 但擧其宏綱, 不列細目, 若云冀州之民, 皆應上上之賦,
　楊州之土, 都係下下之田, 其理也哉. 其謂之上錯三錯者, 年年比較, 以驗定率之
　無誤, 則楊州之賦或入中下, 梁州之賦或入七九也. 此亦擧其宏綱, 令推知細目亦
　然耳. 若云一州之賦, 盡皆三錯, 則又非理也.(『全書』二 - 尙書古訓三 - 八 前
　面, 禹貢)

일용생활에 없어서는 안 될 金銀寶貨보다 더 값진 필수품이 아닌 것이 없다. 여기에서 六府를 깊이 닦는다는 것은, 토지에 한해서만 보면, 토지의 등급을 나눈다는 뜻이다. 넷째는 賦貢을 財賦로 일컬었는데, 재부는 財物이라는 뜻이다. 다섯째는 부공도 전세를 본받아 등급으로 나누어 中國에 부공제도를 이루었다는 것이다. 다시 말하면 부공도 전세와 같이 명확하게 제도화되어야 한다는 것이다. 여섯째는 예컨대 穗, 銍, 秸服, 粟 및 米와 같은 邦畿에서 거두어들이는 중요한 부공이 있다는 것이다. 四郊의 穗, 邦甸의 銍 및 家稍의 秸服은 다음과 같이 해설되어 있다. "이삭과 볏집이 연결되어 있는 것을 穗이라고 하며볏포기를 벤 것이다, 벼이삭을 딴 것을 銍이라 하며볏짚을 제거한 것이다, 이삭줄기를 제거한 것을 秸服이라 하는데이삭줄기를 제거한 것이다, 이것이 鄭玄이 풀이한 뜻이다."[88] 부공으로서 왜 총, 질, 갈복, 속 및 미가 가장 먼저 소개되었는지 그 이유는 잘 모르겠으나, 고대에는 군사적 會同과 관련하여 군량과 말먹이가 가지는 중요성이 컸기 때문이 아니었을까 추측된다.

부공은 九賦로 구성되어 있다고 했다. 그래서 九賦論이다. 그러면 9부의 내용은 무엇이었을까. 『주례』의 「天官冢宰」에서, 9부로써 재물을 거두어 들이는데, 첫째는 邦中之賦, 둘째는 四郊之賦, 셋째는 邦甸之賦, 넷째는 家削之賦, 다섯째는 邦縣之賦, 여섯째는 邦都之賦, 일곱째는 關市之賦, 여덟째는 山澤之賦, 아홉째는 幣餘之賦이다."[89] 위에서 보는 바와 같이 여기에서 제시되어 있는 9부는 천자의 관할구역인 王畿의 賦들이다. 앞의 여섯 가지의 부는

---

88) 連槁曰穗截禾本, 取穗曰銍去其槁, 去穎曰秸服去穗中之骨, 此鄭玄之義也.(『全書』五 — 經世遺表十 — 三 前面, 九賦論)

89) 周禮天官冢宰, 以九賦斂財賄, 一曰邦中之賦, 二曰四郊之賦, 三曰邦甸之賦, 四 曰家削之賦, 五曰邦縣之賦, 六曰邦都之賦, 七曰關市之賦, 八曰山澤之賦, 九曰 幣餘之賦.(『全書』五 — 經世遺表十 — 三 後面, 九賦論)

邦中, 四郊, 邦甸, 家削, 邦縣 및 邦都의 왕기 여섯 겹에 부과되는 부요, 뒤의 두 가지 부는 關市 및 山澤에 부과되는 부이다. 幣餘之賦는 부공으로 거두어 들였다가 쓰고 남은 財賦로 설명되어 있다. 이렇게 보면, 9부란 王畿 6重과 관시 및 산택을 대상으로 부과되는 부공이라는 것을 알 수 있다. 그러면, 왕기 6중에 부과되는 부로서는 어떠한 것이 있었을까.

"나는 생각건대, 王畿의 제도는 모두 여섯 겹인데, 王城이 가운데 있고, 다섯 겹이 바깥에 있다. 여섯 겹의 賦는 다만 세 가지인데, 첫째는 夫家之征으로 한 부부가 家를 이루면 부로 거두는 것이 있었다. 둘째는 宅廛之征으로 1畝나 5무를 터전으로 받아서 家를 이루면 부를 거두는 것이 있었다. 셋째는 屋粟之征으로 인민들이 구직을 받으면 각각 그 물건을 貢하였으니, 農者는 셋 셋으로 묶어서 粟을 바쳤는데, 이것 또한 부이다. 부가지정은 夫布라 이름하는데, 六畜과 車輦으로 그 빈부를 비교해서 나누어 9등으로 삼는다水邊에 사는 자는 그 배들로 계산한다. 택전지정은 里布라 이름하는데, 園林과 蔬果로 빈부를 비교하여 9등으로 나눈다「載師」의 택전지세는 園圃와 漆林을 아울러서 그 비율을 정했다. 옥속지정은 職貢이라 이름하는데, 虞衡, 圃牧, 商工과 嬪妾으로 그 빈부를 비교하여 9등으로 갈랐다園圃는 두 번 들어가는데, 저쪽은 地稅이고, 이쪽은 身貢이다. 이 세 가지는 만민이 같이 내는 부이다. 왕성 중에 택전지정이 없는 것은 「載師」에서는 國宅에는 거두는 것이 없다고 했다 집과 울타리가 連接하여 본래 園圃를 할 만한 빈 터가 없기 때문에 면제한 것인데, 원래 왕성 중의 인민은 너그럽게 보아주기도 했다. 또 왕성 중에는 본래 농부가 없기 때문에 역시 옥속이 없다고 하더라도, 구직의 공은 납부하지 않으면 안 된다. 부포와 이포의 布는 돈이다. 이에 그 바치는 것은 穗, 銍, 秸, 粟과 米의 5종 이외에 섶, 꼴과 疏材도 역시 징수함이 있는데, 응당 恒率을 정해야 한다. 원래 돈과 쌀로써 그 액수를 정하고, 이에 잡물을 가지고 비교하여 罰鍰의 율과 같이 그 율을 정하는데, 金銀銅鐵은 모두 돈으로써 準折한다. 방중지 부는 마땅히 잡물이 없고 오직 돈으로 징수하였는데, 비록 經文에 는 없다고 하더라도 미루어서 알 수 있는 것이다.[90]

그리고 관시지부, 산택지부 및 폐여지부는 어떠한 것인가. 이것 들은, 모든 인민들에게 부과되는 것이 아니고, 商旅, 市肆, 虞畋 및 魚鹽을 대상으로 부과되는 것이다. 그리고 폐여지부는 여러 가지 의 부공 중에서 쓰고 남은 것을 거두어들인 것이다. "이른바 關市 之賦, 山澤之賦와 弊餘之賦와 같은 이 세 가지는 또 官府와 都鄙에 서 거두어 들이는 것이요 만민으로부터 직접 거두어 들이는 것이 아니다. 司關이 商旅에 부하고 司市가 市肆에 부공을 부과하면, 天 官의 여러 官廳이 이를 거두어 들이는데, 이를 관시지부라 했다. 산택이 虞畋에 부하고 虞衡이 魚鹽에 부하면, 천관의 여러 관청이 이를 거두어 들이는데, 이를 산택지부라 했다. 官府와 都鄙가 인민 에게 금옥과 皮帛을 부하면, 天官의 여러 관청이 그 쓰고 남은 나 머지를 거두어 들이는데, 이를 폐여지부라 했다. 대개 여러 재물

---

90) 臣謹案, 王畿之制, 總有六重, 王城在中, 五重在外也. 六重之賦, 秖有三種. 一曰 夫家之征, 一夫一婦, 與之成家, 則有所賦也. 二曰宅廛之征, 一畝五畝, 受廛爲 家, 則有所賦也. 三曰屋粟之征, 民受九職, 各貢厥物, 農者以粟, 三三相束, 是亦 賦也. 夫家之征, 名曰夫布, 六畜·車輦, 較其貧富, 分之爲九等水居者, 計其舟楫. 宅 廛之征, 名曰里布, 園林蔬果, 較其貧富, 分之爲九等載師宅廛之稅. 園圃漆林, 竝擧以 定率. 屋粟之征, 名曰職貢, 虞衡圃牧, 工商嬪妾, 較其貧富, 分之爲九等園圃兩入, 彼以地稅. 此爲身貢. 此三者, 萬民之所同賦也. 王城之中, 無宅廛之征者載師云, 國宅 無征. 接屋連牆, 本無隙地可治園圃, 故免之, 抑以藝穀之民, 在所饒也. 又王城之 中, 本無農夫, 故亦無屋粟, 然九職之貢, 靡不納也. 夫布里布, 布者錢也. 乃其所 納, 則穗銍秸粟米五種之外, 薪蒭荺材, 亦有徵斂, 應有恒率. 原以錢米定額, 乃 以雜物比較, 立率如罰鍰之率, 金銀銅鐵, 皆折之以錢也. 唯邦中之賦, 宜無雜物, 惟錢是徵, 經雖無文, 可推而知也.(『全書』五 - 經世遺表十 - 四 前面, 九賦論)

중에서 오직 이 세 가지가 精實한 貨賄이기 때문에 별도로 그 이름을 세워서 6가지와 더불어 9가지로 했다. 폐여지부가 명백히 관부와 도비에서 나오는 것은 그 經文이 있는 것인즉 「職幣」에 보인다, 관시와 산택이 특별히 홀로 부담하는 것은 아니다. 반드시 9부로 나열한 것은 들어온 재부를 아홉 가지로 나누어 9가지의 용도를 기다리기 때문에 9부라 일컬은 것이지 그 나오는 바가 아홉 곳이라는 것은 아니다."91)

우선 확인해 두어야 할 것은, 9부라는 것은 거두어 들이는 地域과 名目에 따라 부공수입의 用途가 9가지로 나뉘어 진다는 것이지 부공의 稅種이 9가지가 아니라는 점이다. 그러면, 여기에서 중요한 부공인 關市之賦 및 山澤之賦는 夫家之賦, 宅廛之賦 및 屋粟之賦와 어떠한 관계에 있는가. 전자는 위의 인용문에서도 볼 수 있는 바와 같이 만민에게 부과되는 것이 아니므로, 만민에게 부과되는 후자와 같은 것이 아니라는 것은 분명하다. 그리고 관시지부, 산택지부 및 폐여지부는 부포, 이포 및 옥속과는 달리 "精實한 貨賄"이다. 그러면 관시지부와 산택지부는 어떠한 것인가. 그것은, 관시와 산택에만 부과되는 부공으로서, 농민에게만 부과되는 井地의 井稅와 같은 것이라고 보았다. "나는 생각건대, 여섯 겹의 부는 즉 부포, 이포 및 옥속이다. 관시와 산택은 이 세 가지에 모두 해당하지 않으니, 어찌 별도로 한 항목으로 설정하지 않을 것인

---

91) 若所謂關市之賦, 山澤之賦, 幣餘之賦, 此三者, 是又賦之於官府都鄙, 非直賦之於萬民也. 司關司市, 賦之於商旅, 賦之於市肆, 則天官諸府, 收而納之曰, 關市之賦. 山澤虞衡, 賦之於虞畋, 賦之於魚鹽, 則天官諸府, 收而納之曰, 山澤之賦. 官府都鄙, 賦民以金玉, 賦民以皮帛, 則天官諸府, 收其幣用之餘曰, 幣餘之賦. 蓋以諸物之中, 唯此三者, 爲貨賄之精實者, 故別立其名, 與六爲九也. 幣餘之賦, 明出於官府都鄙, 經有正文見職幣, 則關市山澤, 不應獨殊也. 其必列之爲九賦者, 以財賦所入, 分之爲九段, 以待九用, 故謂之九賦, 非必所出爲九處也.(『全書』五 ― 經世遺表十 ― 四 後面, 九賦論)

가. 농부는 이미 세 가지의 부를 바치고 또 井田에서 9분의 1의 井稅를 바친다. 상인과 虞人은 어찌 홀로 위의 세 가지 부를 바친다는 이유로 드디어 관시에 부과되는 것이 없고 산택에서 거두어들이는 것이 없을 것인가상인과 虞人은 화물과 재물로써 屋粟에 당하는데, 모두 구직의 공이다. 관시란 상고의 井地요, 산택이란 虞衡의 井地이다. 정지에서는 9분의 1을 거두는 것인즉, 관시와 산택은 별도로 큰 세를 거두어서 公田의 井稅에 당하게 한 이후에라야 그 의리가 균평해질 것이니, 馬端臨이 한 땅과 한 사람에게 두 번 세를 거두는 것을 가지고 법이 틀리지 않았는가 의심했으니, 어찌 소홀하지 않는가. 幣餘란 회계의 나머지인데, 마단림이 差役이나 免役 따위로 생각했으니즉 官物을 운영하는 것이다, 역시 틀리지 않았는가."92) 이렇게 보면, 관시지부와 산택지부는 상인과 우인이 내는 농민의 井稅와 같은 것이고, 상인과 우인은 이 이외에 부포, 이포 및 옥속도 부담하였던 것이다.

위의 부공제의 개념을 정리하면, 다음의 표와 같이 된다. 橫軸은 과세지역이고, 縱軸은 부공의 종류이다. 점선은 과세지역의 범위를 나타낸다. 그리고 이 표에는 부공으로서 바치는 것이 實物인지 貨幣인지도 밝혔다. 부공으로서 중요한 것은 부포, 이포, 직공, 관시지부, 산택지부 및 폐여지부의 여섯 가지가 있었고 또 '穗, 銍, 秸, 粟과 米의 5종 이외에 섶, 꼴과 疏材'와 같은 소소한 부공들이 있었음이 명백하다.

---

92) 臣謹案, 六重之賦, 卽夫布里布屋粟之斂也. 關市山澤, 於此三者, 皆無所當, 安得不別爲一項乎. 農夫旣輸三賦, 又於井田, 納其九一之耡. 商人虞人, 獨安得以三賦之故, 遂得關市無征, 山澤無斂乎商人以貨物當屋粟, 虞人以材物當屋粟, 皆九職之貢也. 關市者, 商賈之井地也, 山澤者, 虞衡之井地也. 井田收其九一, 則關市山澤, 別有大稅, 以當公田之耡粟, 然後其義理均平, 馬乃以一地再稅, 一人再稅, 疑法之有誤, 豈不疏哉. 幣餘者, 會計之餘, 馬以爲差役免役之類卽營運官物, 亦謬矣.(『全書』五 – 經世遺表十 – 五 前面, 九賦論)

468

賦貢制의 槪念圖

賦貢名/地域	邦中	四郊	邦甸	家稍	邦縣	邦都	
		穗	銍	秸	粟	米	實物
夫家之賦	―――――――― 夫布 ――――――――						貨幣
宅廛之賦	―――――――― 里布 ――――――――						貨幣
屋粟之賦	―――――――― 職貢 ――――――――						實物
關市之賦	―――――――― 關市之賦 ――――――――						貨幣와 實物
山澤之賦	―――――――― 山澤之賦 ――――――――						貨幣와 實物
幣餘之賦	―――――――― 會計之餘 ――――――――						貨幣와 實物

위에서 정약용의 「9부론」에 제시된 부공제의 개념을 대강 정리해 보았다. 거기에서 정리된 부공제의 개념은 비교적 단순한 것으로서, 「9부론」이라고는 했지만 부공으로서 9가지가 있다는 뜻은 아니고, 井稅 이외의 잡세를 총괄하여 賦貢이라 했다는 것을 알 수 있다. 거기에는 關市之賦나 山澤之賦와 같은 직업에 대한 부공, 夫布, 里布 및 屋粟과 같은 일반 인민들에게 부과되는 부공 및 穗·銍·秸·粟·米과 같은 기타의 부공이 있었던 것이다. 그런데, 정약용은 부공에 대해서는 收稅規定을 마련하지 못했다. 그것은 부공의 종류와 세율이 다양하기 때문에 거기에 대하여 일일이 수세규정을 마련하기가 어려웠던 점도 있었겠지만, 「均役事目追議」의 魚鹽船稅와 같은[93] 기존의 부세와는 달리 口錢과 宅稅와 같은 새로운 부세에 대해서는 거기에 해당하는 기존의 부세에 대한 개혁방안도 제시하지 못한 채 새로운 부공의 課稅節目을 마련하는 것이 옳지 않다고 생각했던 것으로 보인다. 그렇기 때문에 그는 「부공제」 2~6에서 중국의 다양한 부공을 소개하는 것으로서 수세규정의 制定을 대신했던 것이 아닌가 추측된다. 앞에서 설명한 바와 같이,

---

93) 졸고, 「茶山의 田賦改革論」(『다산정약용연구』, 사람의무늬, 2012)을 참고할 것.

그가 부공제를 도입하려는 목적 중의 하나는 농업 이외의 분야에
서 다양한 稅源을 개발하여 농민들의 부세부담을 덜어주려는 것
이었다. 그러면 그는 어떻게 다양한 세원을 개발하려고 했을까.

3) 賦貢과 資源開發

　정약용의 부공에 관한 중요한 저작이 「賦貢制」7편, 「均役事目追
議」2편 및 『尙書古訓』의 「禹貢」이라는 것은 앞에서 지적한 바와
같다. 그리고, 「전제」12편 및 「서관」6편에서도, 該當篇의 논의와 관
련하여 부공제 시행의 필요성에 대한 단편적인 언급이 있다. 그러
나, 정전제에 관한 논의에서와는 달리, 위의 저작 중에서는 우리
나라에서의 부공제를 실시하기 위한 체계적인 논의의 전개는 없
다. 「부공제」7편은, 부공제에 관한 이론을 전개하는 제1편의 「九賦
論」과 大同法을 해설하는 제7편의 「邦賦論」을 제외하면, 중국의
부공제에 관한 소개이며, 「균역사목추의」2편은 魚鹽船稅에 한해서
부공제의 정립을 시도해 본 것이며, 「우공」은 經典에 대한 注釋이
다. 그러므로, 「균역사목추의」2편이 우리나라에서의 부공제도의
정립을 위한 노력이었다고는 할 수 있겠으나, 다른 저작들은 부공
제도에 관한 이론적 설명이나 부공제 도입의 필요성을 강조하고
있을 뿐이다. 아래에서는 부공제도의 도입에 대하여 정약용이 어
떠한 견해를 피력했는지를 살펴보기로 한다.

　우선, 夫布, 里布 및 屋粟에 대해서이다. 이 부포, 이포 및 옥속
은 종래 우리나라에서 그 도입을 논의해오던 口錢 및 戶布와 같은
것이기 때문에, 정약용은 이에 관한 논의에 있어서는 신중한 태도
를 보였다. 「서관」의 平賦司에서는 "구전과 택세에 관해서는 감히
마음도 내지 못하고 또 松田, 竹田, 漆林, 楮林, 果園 및 六畜와 같
은 것은 감히 의논조차 하지 못한다"[94)]고 하여 구전과 호포를 부

세제도로서 도입해야 한다고 주장하는 듯한 의사를 표명하였으나,「倉廩之儲」에서는 "京外의 耗條給代에 이르러서는 商量해서 劃給하지 않을 수 없는데, 口錢과 戶布는 軍役을 폐지하지 않는 한 疊徵할 수가 없다. 돈이나 곡식을 넉넉히 획급하여 각각 衙門屯田과 營門屯田을 설치하고 해마다 그 전세를 징수하여 그 耗條給代를 지급하는 것이 좋다"[95]고 함으로써 군포를 폐지하지 않는 한 구전과 호포를 시행해서는 안 된다는 입장을 분명히 했다. 부포, 이포 및 옥속은 당시의 三政紊亂의 하나였던 軍政紊亂과 連動하였으므로 그 도입 여부에 대해서는 신중한 태도를 취하지 않을 수 없었던 것이다.

그러면 관시지부와 산택지부에 대해서는 어떠한 견해를 가지고 있었던 것인가. 앞에서도 지적한 바와 같이, 정약용이 井稅와 一對가 되는 부세로서 부공제를 구상하게 되는 것은 상업을 진흥하고 資源을 開發함으로써 경제를 활성화하고 이를 기초로 국가의 세입을 늘리고자 하는 데 있었다. 이러한 그의 생각은 "부공의 高下는 또 鄕里의 성쇠, 市肆의 繁簡, 화물의 聚散, 商旅의 왕래, 산택의 大小, 地勢의 要僻에 달려 있다"[96]고 하는 데서 명백하게 볼 수 있는 것이다. 그러면 그는 상업의 진흥과 자원의 개발을 위하여 어떠한 부공정책을 구상하고 있었던 것인가. 관시지부는 상업에 대한 부세이고 산택지부는 자원에 대한 부세이다. 그런데, 그의 부공제에 관한 구상은 山澤之賦를 중심으로 전개되고, 關市之賦에 대해서는 중국의 사례들을 소개하는 데 그쳤다. 關市와 山澤

---

94) 口錢宅稅, 旣不敢生心, 又如松田竹田漆林楮林果園六畜, 都不敢議到.(『全書』五 - 經世遺表一 - 十四 後面, 平賦司)

95) 至於京外之耗條給代, 不可不商量區劃, 而口錢戶布, 則軍役不罷, 不可疊徵. 莫如優劃錢穀, 各置衙屯營屯, 歲收其稅, 以給其代.(『全書』五 - 經世遺表十二 - 二十一 後面, 倉廩之儲二)

96) 주86을 참조하라.

이 상인과 虞人의 井地라고까지 말하고 있었던 그가 왜 관시지부를 본격적으로 검토하지 않았는지에 대해서는 그 이유를 잘 알 수 없지만,[97] 여기서는 그의 부공에 관한 논의가 집중적으로 전개되는 산택지부에 관해서 고찰해 보기로 한다.

정약용이 산택지부를 중심으로 부공제에 관한 논의를 전개했던 이유는 농업 이외에는 山澤에 자연자원이 가장 풍부하게 賦存해 있었기 때문이 아니었을까 생각된다. 임야, 천택, 해양 및 지하의 資源이 모두 이 산택에 속하는 것이다. 여기에서 전개될 수 있는 産業으로서는 林業, 漁業, 鹽業, 鑛山業 및 加工業 등이 있는데, 그는 올바른 정책만 수립되면 여기에서 상당한 자원개발이 이루어지고 또 엄청난 고용이 창출될 수 있으리라 기대하고 있었다. 그런데, 조선후기에는 이러한 산택에 대한 국가정책이 거의 없다고 詰難하면서, 經典에 입각하여 올바른 산택정책이 가져올 효과를 다음과 같이 암시하였다. "野라는 것은 5穀이 생산되는 곳이요, 산림과 천택이라는 것은 財用이 나오는 곳이기 때문에, 聖王은 중하게 여겼다. 堯임금이 舜임금을 시험해 보려고 깊은 숲속으로 보냈더니, 순임금이 益을 자기의 虞人으로 삼아 산림을 관리하게 했다. 大山, 大林, 大川 및 大澤은 圖經을 만들어 물산을 두루 알게 하고 中山과 小川은 3등급으로 나누어서, 수천여 명의 관리를 두어 禁令을 엄격히 하고 이익을 일으켜서 貢도 바치고 賦도 거두었다. 이에 전지와 평지의 세를 가볍게 하기도 하고 면제하기도 했

---

97) 조선후기에 商業의 發達水準이 아주 낮았다는 것은 우리가 잘 알고 있는 바와 같다. 여기에서는 商業稅와 관련하여 서울의 藥種商에 대한 課稅展望에 대한 다산의 견해를 소개해 둔다. 今百肆坐市之民, 皆有賦役, 唯獨賣藥之市, 不徵其賦, 斯亦不均之政也. 雖其操業淸雅, 其爲商賈則一也, 烏得無徵. 今擬六部賣藥之鋪五部, 今六部, 分之爲三等, 上等歲徵三緡, 中等徵二緡, 下等徵一緡. 東三部屬之於典醫監, 西三部屬之於惠民署, 以供油薪之費, 以給吏隷之料, 不可已也.(『全書』五 - 經世遺表一 - 七 後面, 內醫院)

472

으나, 천하의 財用이 항상 풍족하고 국가의 경비가 부족함이 없었
다. 후세의 人主는, 천지의 도리를 밝히지도 못하고 하늘이 내려
준 재물을 이어받고 地利를 이용할 줄 몰라서 草木은 가꾸지도 않
으며 鳥獸는 기르지도 않으며 金·銀·銅·鐵·玉石의 보물은 채굴하
지도 않고, 오직 바닷가 한 구석의 蒼生으로서 물을 다려 소금을
굽는 자로부터 거두어들일 뿐이니, 백성들이 어찌 곤궁하게 되지
않을 수 있겠으며, 財用이 어찌 궁핍하지 않을 것인가."⁹⁸⁾

　정약용은, 工曹의 屬官인 山虞寺, 林衡寺, 澤虞寺 및 川衡寺의
소관분야에서 생산되는 목재, 어염, 鳥獸 및 광물 등에 대해서도
생산을 장려하고 부공을 과세할 것을 권하면서, 특히 金·銀·銅鑛
業의 國營을 통하여 정전제의 실시를 위한 공전매입의 자금을 확
보하려 했다. "신은 다음과 같이 말한다. 여러 道의 金銀銅鐵에 대
해서는 수백 개소의 官冶를 설치하여 하루바삐 일거나 鑄造하거
나 하여 대략 그 얻는 바를 가지고 이미 지출하고 흩어버린 中外
의 留庫錢의 숫자를 보충해야 한다. 모두 화폐를 주조하는 데 쓰
되, 金銀銅錢이 각각 3등을 구비하도록 하고, 이 아홉 가지의 貨幣
가 國中에서 유통되도록 하여 길이 중국으로 빠져나가는 길을 막
고 서서히 公田의 代價에 충당하는 일을 그만두어서는 안 된다金
銀銅錢에 관해서는 別篇에 자세하다."⁹⁹⁾ 일본의 중세에서는 국가가 금은

<hr>

98) **臣謹案** 野者, 五穀之所生, 山林川澤者, 財用之所出, 故聖王重焉. 堯將試舜, 納
于大麓, 益作朕虞, 以若上下. 其大山大林大川大澤, 作爲圖經, 周知物産, 中山小
川, 分爲三等, 乃置官數千餘人, 以嚴其禁, 以興其利, 以納其貢, 以收其賦. 玆所
以平田平地之稅, 微薄時舍, 而天下之財用恒足, 國家之經費不匱也. 後世人主,
不明乎天地之道, 不知承天財而出地利, 草木則不養, 鳥獸則不馴, 金銀銅鐵玉石
之寶則不採, 唯海隅蒼生, 煮水爲鹽者, 從而榷之而已, 民安得不困, 財安得不詘
哉.(『全書』五 - 經世遺表十 - 四十一 後面, 賦貢制四)
99) 臣謂諸路金銀銅鐵, 置官冶數百所, 亟行淘鑄, 略以所得, 補中外留錢出散之數.
乃以歲出, 全用鑄幣, 金銀銅三錢, 各具三等, 以此九幣, 行於國中, 永塞走燕之
路, 徐充公田之價, 未可已也金銀銅 又詳別篇.(『全書』五 - 經世遺表七 - 三十三

동광산을 직접 개발하거나 民營을 장려하여 막대한 재정자금을 확보한 前例가 있었다.[100]

정약용이 자연자원개발 이외에 부공의 과세대상으로서 장려하려고 생각했던 분야는 經濟作物의 재배였다. 경제작물은 상품작물이므로 市場的 需要를 전제로 생산될 수밖에 없는데, 거기에서는 도시의 주변이라야 재배될 수 있는 것도 있었고, 전국적으로 널리 재배될 수 있는 것도 있었다. 우선 전자에 관한 대표적인 예로서는 소채와 과일을 재배하는 園圃를 들었다. "농가의 이익은 園圃보다 더 후한 것이 없다. 1百畝의 밭에서 해마다 곡식 몇 가마를 수확하여 내어다 팔면 그 돈이 얼마나 되겠는가. 1百畝의 밭에서 매년 파 몇 束을 거두어서 내다 팔면 그 돈이 얼마나 되겠는가. 파의 이익이 곡식보다 반드시 10배는 될 것이다. 단 이러한 과실과 소채는 반드시 首都에 지극히 가까운 지역이라야 팔릴 것이기 때문에 郊野 이외에는 곡식농사는 있으나 원포가 없는 것이니, 이것은 자연스런 物情이다."[101] 조선후기까지 아직도 원포가 큰 도시 주변이라야 재배될 수 있다고 하는 것은 아직도 지방도시가 형성

前面, 井田議一)

100) 일본에서는, 戰國時代로부터 영주들에 의하여 金銀鑛山이 적극적으로 개발되고 금은은 軍用資金 및 恩賞物로서 널리 이용되었을 뿐만 아니라 국내의 絹織物業의 원료인 白絲를 중국으로부터 수입하는 決済代金으로 큰 역할을 했으며, 政治的 統一事業의 進展에 따라 상품경제가 발전함으로써 종래의 銅錢과 더불어 金銀貨가 널리 통용되기에 이르렀다. 豊臣秀吉은 全國 金山의 영업에 대한 稅金을 징수하여 이것을 대규모의 軍事行動과 土木事業의 자금으로 활용하였으며, 江戸時代에는 국가가 광산을 直營하여 그 수입으로써 재정적 기초를 튼튼히 했다.(金,『日本歷史大辭典』, 河出書房新社, 1974 참조)

101) 農家之利, 莫厚於園圃. 百畝之田, 歲收粟幾釜, 以之爲錢, 其錢幾何. 百畝之田, 歲收葱幾束, 以之爲錢, 其錢幾何. 葱之利, 必十倍於粟矣. 但此等果蔬, 必國城至近之地, 乃可無滯, 故郊野以外, 有稼穡而無園圃, 此物情自然也.(『全書』五 - 經世遺表五 - 四十 前面, 田制三)

되고 있지 못했다는 것을 말하고 있는 것이다. 한국의 도시발달사를 보더라도 서울 이외에는 인구 1만 명을 초과하는 도시다운 도시가 없었다.[102]

후자의 예로서는 蘆田, 楮田, 漆田, 松田 및 竹田과 같은 것을 들었다. "海西의 蘆田稅는 여러 道의 蘆田, 楮田, 漆田, 松田 및 竹田과 더불어 마땅히 다같이 貢賦 중에 넣어야 할 것이요 五穀을 생산하는 밭과 평균적으로 9등으로 나누어 田籍에 넣어서는 안 된다"[103]거나 "미나리나 세모꼴의 부들을 심는 것은 아울러 제1등의 세율에 따르고, 蓮을 심는 것은 제5등의 세율에 따라서 그 井稅를 거둔다. 나는 생각건대, 세모꼴의 부들이란 자리를 짜는 것이다龍鬚草를 方言으로 골이라고 하고, 세모꼴의 부들을 방언으로 왕골이라고 한다. 『爾雅』나 『本草綱目』을 고찰해 보니, 香蒲와 三脊茅와 같은 여러 종류가 있으나, 모두 이것과 같지 않으니, 혹시 中國에는 이 풀이 없는 것인가. 만약 그렇다면, 이 풀을 더욱 많이 심어서 중국에 판매하는 것이 좋을 것이다. 미나리와 이 풀은 그 이익이 벼의 수 배이니, 마땅히 상상등으로 논해야 한다. 연을 심는 것은, 蓮實을 수확하니, 역시 벼의 이익보다 많기 때문에 중중등으로 논한다."[104] 여기서 특기할 만한 것은 왕골을 재배하여 중국으로 수출하자는 구상이다. 이러한 정약용의 발상은 이미 인삼 특히 홍삼이 중국으로 수출되

---

102) 金泰永, 「茶山의 국가 産業行政체계 개혁론」(『한국실학연구』제5호, 2003)의 「2. 산업·기술 개발론」에서는 조선후기 자본주의 맹아 연구의 線上에서 이 방면에 관한 자료를 가지고 조선후기에는 서울을 비롯하여 대도시가 발달하고 농산물이 '特産化'하여 '産業'으로까지 발전했다고 보았는데, 이것은 자료에 대한 機械的 해석으로 보인다. 다산의 이 방면에 관한 자료는 經傳에 있는 分業論을 설명하기 위하여 제시된 것으로 읽어야 할 것이다. 조선후기에는 서울 이외의 도시형성은 물론 商業的 農業도 전개된 일이 없었다.
103) 其海西蘆田之稅, 宜與諸路蘆田及楮田漆田松田竹田, 同入貢賦之中, 不可與五穀之田, 平分九等, 入於田籍(『全書』五 - 經世遺表八 - 二十七 前面, 井田議四)
104) 주66과 같다.

고 있는 현실을 감안하고 한 말일 것이다. 중국으로부터의 기술도 입에 관한 견해에서도 그러하지만, 그의 상품경제에 관한 견해에 서도, 그의 視野가 이미 國際的으로 열려 있음을 볼 수 있다.

위의 논의를 종합해 보면, 정약용은 부공과 관련되는 상품작물 의 재배상황을 다음과 같이 설명했다. "나는 생각건대, 旱田의 등 급은 공평하게 분등하기가 가장 어렵다. 만약 정밀하게 분등하려 고 한다면, 비록 9등의 3배인 27등으로 分等하더라도 불가할 것은 없다. 그것은, 그 土品에 이렇게 많은 등급이 있어서가 아니고, 대 개 그 심는 것이 9곡뿐이 아니기 때문이다. 모시, 삼, 참외 및 오이 따위와 여러 가지 소채와 약초들은 잘 가꾸기만 하면 한 고랑의 밭에서 얻는 이익이 헤아릴 수가 없다. 서울 안팎이나 번화한 도 시의 파밭, 마늘밭, 배추밭 및 참외밭은 10畝의 땅에서 數萬錢을 헤아린다10畝란 수전 4두락이다. 萬錢은 百兩이다. 西道의 연초밭, 북도의 삼밭, 한산의 모시밭, 전주의 생강밭, 강진의 고구마밭 및 황주의 지황밭은 모두 수전 상상등에 비하여 그 이익이 10배이다. 근년 이래로 人蔘을 또 모두 밭에다 심는데, 그 이익을 논하면 혹 千萬 에 상당하는데, 이것은 田等으로 말할 수 없다. 항상 심는 것으로 써 말하더라도 紅花와 大靑은 그 이익이 아주 많은데남방에서는 川 芎과 紫草도 역시 밭에 심기도 한다, 목화밭이 아니라도 그 이익이 五穀 의 배나 된다. 무릇 이와 같은 것들을 만약 해마다 심어서 休耕하 지 않는 경우는 그 토질의 肥瘠을 묻지 않고 모두 마땅히 상상등 으로 잡아서 井稅를 거둘 뿐만이 아니라 역시 貢賦도 논해 볼 만 하다貢賦考에도 보인다."[105]

---

105) 臣伏惟, 旱田等級, 最難平分. 苟欲精分, 雖三九二十七等, 靡不可也. 非其土品 有此多等, 蓋其所種, 不惟九穀而已. 枲麻瓜瓞, 百菜百藥, 苟善治之, 一畩之田, 獲利無算. 京城內外, 通邑大都, 蔥田蒜田, 菘田瓜田, 十畝之地, 算錢數萬十畝者 水田四斗落也. 萬錢爲百兩. 西路煙田, 北路麻田, 韓山之苧麻田, 全州之生薑田, 康

476

부세로서 전세와 一對가 되는 부공을 도입하여 농민의 무거운 부세부담을 덜어 주어야 한다고 생각했던 정약용이 부공을 과세할 수 있는 대상을 적극적으로 찾아내려고 노력하지 않을 수 없었다는 것은 더 말할 필요가 없을 것이다. 그는, 부포, 이포 및 옥속에 대해서는 거기에 해당하는 기존의 부세를 개혁하는 것을 조건으로 적극적으로 도입해야 된다고 생각하고 있었고, 관시지부에 대해서는 구체적인 언급은 없으나 중국의 사례를 소개함으로써 추상적으로나마 그 도입을 권장했다고 할 수 있다. 위의 두 가지 부공과는 달리 산택지부에 대해서는 보다 구체적이고 명시적으로 그 도입을 주장하였다. 그것은 구체적으로 山禁政策과 金銀鑛山에 대한 국영정책으로 구체화되었다. 그리고 상품작물의 보급과 수익성에 대해서는 혹시 과장된 표현이 아닌가라고 느낄 만큼 높이 평가하였다. 일례로 京城의 屯田의 경우 步兵 1명에게 그 犧田으로 田 1百畝를 지급하기로 되어 있었으나 "또 京城의 城壁를 등지고 있는 전지는 모두 상상등의 미나리논과 배추밭인데, 이러한 것이라면 비록 25畝라고 하더라도 불가할 것은 없다"[106]고까지 했다. 그러나, 경제작물의 경우에도 이에 대하여 전세나 부공을 설정하려고 할 때에는 조심스러워지지 않을 수가 없었다. "또 別田 3等과 같은 것은 한 나라를 통틀어 오직 長興과 寶城 등의 數邑에 때때로 數畦가 있으며, 京城의 동문과 남문 밖에 미나리를 심는 논과 배추를 심는 밭이 때때로 수휴가 있을 뿐이다. 이 名稱은 형

津之甘藷田, 黃州之地黃田, 皆視水田上上之等, 其利十倍. 近年以來, 人蔘又皆田種, 論其贏羨, 或相千萬, 此不可以田等言也. 雖以其恒種者言之, 紅花大靑, 其利甚饒南方川芎紫草. 亦或有田種, 不唯木棉之田, 利倍於五穀也. 凡如此類, 若其世世業種, 無所休息者, 不問其土性之肥瘠, 並當執之爲上上等, 不唯糾粟是徵, 抑亦貢賦可議又見賦考.(『全書』五 - 經世遺表八 - 十六 後面, 井田議三)
106) 又京城負郭之田, 皆上上芹菘之圃, 若是者, 雖二十五畝, 無不可也.(『全書』五 - 經世遺表八 - 三十八 後面, 井田議四)

식적으로 설정되어 있는 것일 뿐 항상 사용되는 것이 아니다. 外田六等이라면, 언제나 있는 것이다."107)

위의 고찰에서 볼 수 있는 바와 같이, 부공제를 도입하려는 정약용의 열망과 현실 사이에는 상당한 乖離가 있었던 것으로 보인다. 步軍의 犧田 설정의 경우 "京城의 城壁를 등지고 있는 전지는 모두 상상등의 미나리논과 배추밭"이라고 했다가 전세와 부공을 설정함에 있어서는 "別田三等과 같은 것은 한 나라를 통틀어 오직 장흥과 보성 등의 數邑에 때때로 數畦가 있으며, 京城의 동문과 남문 밖에 미나리를 심는 논과 배추를 심는 밭이 때때로 수휴가 있을 뿐"이라고 했다. 정약용은, 부공제를 도입하려는 열망은 강했으나, 현실적으로 거기에 한계가 있는 것도 잘 알고 있었다. 그래서 그는 「서관」의 여러 관서에서 상업의 진흥을 위한 여러 가지의 인프라스트럭처를 구축하고자 했다. 典圜署에서의 금은동화의 주조와 보급, 量衡司에서의 도량형 정비, 典軌司에서의 수레 제작과 도로 정비 및 典艦司에서의 선박 건조 등이 그러한 것이었다. 그러니까 정약용의 부공제에 관한 논의는 조선후기에 상업을 진흥하여 농업 이외의 산업을 장려하려는 정책차원의 것이었다고 평가될 수 있을 것이다.

---

107) 又如別田三等, 通國之中, 唯長興寶城等數邑, 時有數畦, 京城東門南門之外, 種芹之畬, 種菘之田, 時有數畦. 斯名也虛設而已, 非可以恒用者也. 若夫外田六等, 則恒有者也.(『全書』五 - 經世遺表九 - 二十二 前面, 田制別考二)

맺음말

　정약용의 전부론은, 三代의 理想政治를 담고 있는 중국의 고전에 그 이론적 근거를 두고 있기는 하지만, 조선후기의 역사적 동향에 대해서도 깊이 留意하면서 전개되었다. 그렇게 될 수밖에 없었던 것은 그가 추구하고자 했던 3대의 이상정치는 결국 그가 살고 있는 조선후기의 역사적 조건 속에서 실현될 수밖에 없었기 때문이다. 그렇기 때문에 그는 고대의 井田論에서 井稅論을, 그리고 『상서』의 「禹貢」에서 부공론을 각각 이끌어내기는 하지만, 井稅論과 賦貢論의 실현조건은 조선후기의 경제동향에서 찾을 수밖에 없었다. 조선후기에는 한편에서는 貢物 중심의 租庸調體系가 붕괴되는 과정에서 田稅 중심의 부세체계가 형성되고 다른 한편에서는 새로운 상품경제가 胎動하기 시작하고 있기는 했지만, 이러한 새로운 경제동향은 거기에 相應하는 제도적 틀을 갖추지 못했다. 다시 말하면 조선후기에는, 대부분의 부세가 전세로 전환되는 과정에서 田政紊亂이 일어나고 있었으며, 상품경제도 그 순조로운 발달을 위한 제도적 틀은 갖추고 있지 못하고 있었다. 그러므로 정약용의 정세론과 부공론은 그러한 새로운 역사적 동향이 제대로 전개될 수 있는 제도적 틀을 마련하고자 했던 것으로 보인다.

　조선전기까지의 부세체계는 조용조 체제였다. 한국의 歷代 賦稅制度는 토지제도에 그 기반을 두고 토지생산물의 10분의 1과 1 結當 糙米 30두 혹은 黃豆 30두를 징수하는 것을 그 이념적 목표로 하였으나, 조선전기까지는 재정수입 중에서 田稅가 차지하는 비중은 낮고 貢物이 차지하는 비중이 압도적으로 높았다. 그런데 공물은 군현들이 中央各司에 상납해야 할 品目과 數量만 대략 명시되어 있을 뿐 전세와는 달리 인민들에 대한 구체적인 부과기준이 없었기 때문에 郡縣의 恣意的인 수탈이 불가피했다. 거기에 더하여 공물은 土産物이라 품질이 일정할 수 없어서 그 수취과정의 단계마다 賂物의 授受가 이루어졌기 때문에 중앙정부에 상납되는 공물은 실제로 거두어들인 공물의 1~2할에 불과했다. 그리고, 朝鮮中期의 군현에는 별도의 재정이 없고 지방의 胥吏들은 물론 중앙서리에 대해서도 俸祿이 없어서, 지방관부의 유지비는 물론 봉록을 받지 못하는 서리들의 생계도 공물수입에 크게 의존하고 있었다. 이러한 공물제도의 가혹한 수탈적 성격과 防納의 弊 때문에 임진왜란 이전에 공물 중심의 부세제도는 더 이상 유지될 수 없는 상황에까지 이르게 되었다.

위와 같은 상황에서 壬辰倭亂과 丙子胡亂을 계기로 국가적 위기에 봉착한 조선정부는 생존을 위하여 무엇인가 개혁을 단행하지 않을 수 없었다. 그것이 바로 大同法과 均役法의 실시였는데, 이를 계기로 조선의 부세제도는 공물 중심으로부터 전세 중심으로 전환되어 갔다. 조선후기의 1결당 田稅動向을 보면, 전세는 4~6두로 고정되고, 1602년에는 三手米 2두2승이, 1608~1708년에는 大同米 12두가, 1751년에는 結米 3두(혹은 結錢 5錢)와 雉鷄柴炭價米 4두가 전결의 부담으로 돌려졌다. 그리고 加升米 3升 및 斛上米 3승 따위의 課外之物도 덩달아 大典에서 규정되는 전세가 되기에 이르렀다. 이리하여 1808년에 편찬된 『萬機要覽』에서는 위와 같은 전결의 부담을 '今每一負, 出租一斗'로 규정하였는데, 벼 100두는 쌀로 환산하면 白米 40斗 혹은 糙米 50두가 되었다. 그런데, 18세기 말~19세기 초에는 여기에 民庫租 30~40두와 還穀租 2~3석이 전세에 추가되었다. 民庫租와 還穀租를 합하면, 벼 60~80두인데, 여기에 민고조와 환곡조 이외의 計版에 게재되지 않은 전결의 부담을 합하면, 현실적으로 1결의 부담은 『만기요람』에서 규정되어 있는

1결부담의 거의 2배가 되는 셈이었다.

위와 같은 貢物과 身役의 전세화는, 賦稅의 賦課基準이 불명확한 공물과 신역이 부과기준이 명확한 전세로 전환했다는 점에서는 역사의 진전을 의미하는 것이었으나, 정확한 양전이 이루어지지 못하여 결수의 파악이 不正確한 위에 아직도 이것들이 田稅로 統一되는 제도적 개혁이 이루어지지 못하여 대동미 및 결미 등과 같은 별도의 명목과 結斂, 石斂 및 碎斂과 같은 번잡한 징수방법을 유지함으로써 부세의 수취과정에서 부정부패가 불가피하도록 했다. 그리고 또 공물에 대한 군현의 恣意的 收奪慣行이 공물과 신역의 전세화과정에서도 傳承되어 民庫와 같은 자의적인 수탈을 허용하고 있는 문제도 있었다. 정약용은 위와 같은 田政紊亂의 기본요인에 대하여 다음과 같이 지적하고 있다.

또 나라를 잘 다스리는 자는 반드시 이름을 바루어야 하는 것이니, 비록 그 實質이 동일하다고 하더라도, 그 이름은 바루지 않으면 안 된다. 田稅는 10분의 1로써 極限으로 하는 것이니, 10분의 1을 넘으면 이름을 붙일 수 없는 것이요, 10분의 1에 미치지 못하면 그 이름이 바른 것이다. 우리나라의 전세는 100분의 1도 안 되는데, 비록 大同을 더한다고 하더라도 40분의 1에 불과하니南方이면 30분의 1이다, 무엇이 德에 부끄러운 것이 있어서 감히 이름을 짓지 못하는가. 전세를 바로 올려서 그것이 1結當 20斗가 된다고 하더라도, 그 이름은 정해질 것이다. 전지를 기준으로 賦貢을 거두는 것을 성인들은 비난했는데, 하필이면 그런 짓을 하는가. 지금 大典을 살펴보면, '田 1結當 전세가 4두요 대동이 12두이다'라고 하는데, 전세가 가볍고 賦貢이 무거운 것을 군자들은 병 되게 여기니, 이것은 變法하는 초기에 眞善하지 못한 것이 있었던 것이다.

대동법을 실시하던 당초에 나라가 백성과 약속하기를 '諸司의 求

索을 모두 정지시키고, 이 쌀만 한 번 바치면 한 해가 끝나도록 편안
히 누워서 지낼 수가 있다'고 했으나, 近年 이래로 제사의 구색이 날
마다 달마다 증가했다. 그중에는 留置米에서 會減하는 것이 있고 바
로 求乞하는 것이 있어서, 군현들은 이것을 빙자하여 民庫를 설치하
고, 전세와 대동 이외에 또 田結을 기준으로 돈과 곡식을 橫斂하는
것이 그 수량이 갑절이나 되는데, 會減하는 것은 守令의 주머니에
들어가고, 회감하지 않는 것은 아전이 도둑질하는 소굴이 된다. 朝
廷은 이것을 익히 보면서도 대책을 강구하지 않고, 수령은 임의로
더 지출하니, 백성들은 도탄에 빠져서 견딜 수가 없다. 만약 宣祖와
仁祖 때의 어진 신하와 현명한 정승들에게 눈으로 이 일을 보게 한
다면, 다친 듯 상심한 듯 입술이 타고 애통해하는 것이 반드시 당시
보다 10배는 더할 것이다. 아아, 土貢의 병폐는 京司에서 일어나는
일이라 수령이 이것을 원망하기 때문에 廟堂에서 듣고 개혁하는 날
이 있을 것이지만, 民庫의 병폐는 下邑에서 일어나는 일이기 때문에
수령은 이를 이롭게 여기고 묘당은 이를 무심하게 여겨서 장차 벗어
날 기약이 없으니, 이것이 또 生民의 깊은 슬픔이다.[108]

---

108) 且凡善爲國者, 必也正名, 其實雖同, 其名不可以不正也. 田稅以什一爲極, 過於
什一則不敢名, 不及什一, 其名正矣. 我邦田稅, 不滿百一, 雖加大同, 不過四十
稅一南方則三十稅一, 何德之懸, 而不敢名之乎. 直增田稅, 每結二十斗, 則名斯定
矣. 用田而賦, 聖人譏之, 何必蹈之. 今按大典曰, 每田一結, 田稅四斗, 大同十
二斗. 稅輕賦重, 君子病之, 斯其變法之初, 有未盡善者也. ○又案 大同之初, 國
與民約曰, 諸司求索, 一幷停止, 一納此米, 終歲安臥, 近年以來, 諸司求索, 日
增月盛. 其中有以留米會減者, 有直行求乞者, 郡縣以此憑籍, 設爲民庫, 田稅大
同之外, 又以田結, 橫斂錢穀, 厥數倍徙. 其有會減者, 歸之官橐, 其無會減者,
據爲吏窟. 朝廷熟視而不救, 守令任意而增出, 民墜塗炭, 莫之枝梧. 若使宣仁之
際, 賢臣哲輔, 目見此事, 其焦脣頓足, 如傷若恫, 必十倍於當時矣. 嗚呼, 土貢
之弊, 起於京司, 故守令怨之, 廟堂聞之, 斯有釐革之日, 民庫之弊, 起於下邑,
故守令利之, 廟堂忽之, 將無解脫之期, 斯又生民之所深悲也.(『全書』五 - 經世
遺表十一 - 三十四 前面, 賦貢制七)

그러면, 정전법의 실시에 의한 전세제도의 개혁은 위와 같은 전정문란에 대한 해결책이 될 수 있었을까. 주지하는 바와 같이 井稅로의 전세제도의 개혁은 다음과 같은 의미를 가지고 있었다. 첫째는 전세를 公田의 생산물인 9분의 1稅로 單一化한다. 이것은 조선후기의 복잡한 전세명목과 징수방법 때문에 야기되던 전세제도의 혼란을 一擧에 제거할 뿐만이 아니라 전지에 대한 重複課稅를 불가능하게 하는 것이다. 둘째는 歷代 朝鮮의 전세수취의 기본제도인 貢法을 극복하고 助法을 실시하는 것이다. 즉 공법은 토지생산성이 불안정한 상황하에서 토지의 肥沃度와 豊凶에 대한 査定이 필수적이기 때문에 제대로 실시되기가 어려웠으나, 조법은 公田의 생산물을 직접 부세로 수납하는 것이기 때문에 기본적으로 田等이나 年分을 사정할 필요가 없다. 역사적으로 조선에서는 年分等第 때문에 田政이 제대로 이루어지지 못했던 점을 상기하면, 助法이 얼마나 혁명적인 賦稅制度가 될 수 있는지를 알 수 있을 것이다. 셋째 助法은, 공전의 생산물을 직접 租稅로 수취하는 것이기 때문에, 徵稅費를 획기적으로 줄일 수 있게 한다. 조선전기까지의 주된 稅種인 공물의 경우, 징수된 공물 중에서 왕실과 中央政府에 進上되거나 上納되는 것은 수취된 공물의 1~2割에 불과했다. 다시 말하면, 정전제의 실시에 의한 전세의 井稅로의 단일화는 조선후기에까지도 일부 남아있는 공물의 가혹한 수탈과 전정문란을 극복하고 韓國史上 최초로 제대로 실시될 수 있는 부세제도를 확립하는 것이다.

정약용은 위와 같은 9분의 1세의 의의를 "9분의 1보다 무거우면 백성이 지탱할 수 없고, 9분의 1보다 가벼우면 국가재정이 넉넉할 수 없다"고 했다. 즉 9분의 1세의 실현은 三政紊亂을 극복할 수 있는 재정적 기초가 될 수 있을 것으로 기대했던 것이다. 그러나, 세계사적으로 토지생산물의 2분의 1 전후였던 봉건국가의 收租率이 이미 알려져 있는 지금의 연구상황에서는 9분의 1세에 대한 그의 평가가 額面 그대로 받아들여지기는 어려울 것으로 보인다. 다만, 9분의 1세가 국가재정에서 차지하는 의의를 평가하는 데 있어서는 軍事費에 대한 별도의 고려가 있어야 한다. 정전법에서의 군대는 기본적으로 屯田兵이었기 때문이다. 중세국가의 재정이 주로 王室 혹은 領主의 奢侈的 浪費와 軍事費로 구성되어 있었다는 점을 고려하면, 9분의 1의 井稅 중에 군사비가 포함되어 있지 않은 점이 국가재정에서 차지하는 의미는 작지 않았을 것으로 보인다. 그럼에도 불구하고 9분의 1세의 실현만으로써 국가재정이 넉넉해지리라고 기대하기는 어려웠다. 그래서 정약용도 三農에 대한 9분의 1세만으로써는 국가재정이 넉넉하지 못할 것으로 생각하고, 추가적으로 자연자원의 개발을 통한 稅源의 확보 방안으로 부공제를 실시하자고 주장했다. 그러므로, 그의 부공론은 賦稅論이라기 보다는 오히려 자원개발과 상업진흥을 위한 정책론이라는 의미가 더 강했던 것으로 보인다.

제6장
筆寫本에 대한 書誌的 檢討

머리말

제1절 筆寫本目錄의 作成

제2절 著作과 筆寫의 經緯

제3절 目次排列의 檢討

제4절 定本化事業을 위한
      新朝鮮社本의 修正

맺음말

머리말

　지금까지 정약용의 정치경제사상에 관해서는 수많은 연구가 이루어져 왔으나, 『경세유표』를 직접 연구대상으로 한 저서와 논문은 그 수가 많아 보이지 않는다.[1] 그리고 그의 정치경제 사상에 관한 분야별 연구들을 포함한다 하더라도, 분석 대상으로 주로 활용된 자료는 鉛活字本 『경세유표』에 한정되고, 필사본은 거의 이용되지 못했다. 연활자본 『경세유표』로서는 崔南善編, 『經世遺表』, 朝鮮光文會, 1914(필사본을 기준으로는 44권 중 16권까지밖에 출판되지 않았다)와 鄭寅普·安在鴻同校, 『經世遺表』(『與猶堂全書』, 新朝鮮社, 1934~1938 所收)가 있는데, 전자는 규장각 소장의 다산가장본 『경세유표』(표1의 4.여유당집)가 그 出版底本으로 확인되며, 후자는 茶山手澤本 『與猶堂集』(표1의 1.여유당집)을 출판저본으로 하고 기타의 필사본들이 참고된 듯하다. 필자의 서지적 검토에 의하면,

---

1) 崔益翰著, 『실학파와 정다산』, 國立出版社(평양), 1955.
　洪以燮著, 『丁若鏞의 政治經濟思想研究』, 韓國研究圖書館, 1959.
　김광진, 「토지문제에 관한 정다산의 사상」(『경제연구』제4호, 조선민주주의인민공화국과학원 경제법학연구소, 1961)
　정성철, 「정약용의 사회정치사상」(『실학파의 철학사상과 사회정치적 견해』, 사회과학출판사(평양), 1974)
　拙稿, 「다산과 體國經野」(『茶山學』제4호, 2003).
　김태영, 「『經世遺表』에 드러난 茶山經世論의 역사적 성격」(『退溪學報』第一百二十九輯, 2011年 6月)
　위에서 든 것 이외에도 『경세유표』를 기본자료로 考課制度 등의 개별적인 제도개혁을 다룬 논문은 수없이 많으나, 『경세유표』에서 피력된 국가체제의 개혁방안을 체계적으로 분석한 연구는 많지 않다.

전자는 19세기 말에 다산의 曾孫 丁文燮에 의하여 필사된 것이며, 후자는 정약용의 修正 중의 手澤本이다.[2] 다산학술문화재단의 『여유당전서』 定本化事業의 一環으로 『경세유표』의 정본화도 이루어졌으나,[3] 校勘·標點을 행하여 PC에 入力하는 데 그치고, 본격적인 서지적 검토, 판본 간의 목차배열의 차이에 대한 검토 및 본문기술 중의 誤記에 대한 訂正作業은 이루어지지 못했다. 그리고, 뒤에서 보는 바와 같이, 同財團의 『경세유표』의 필사본 조사와 정본화 사업이 유기적으로 연결되지 못한 점도 못내 아쉽다.

필사본『경세유표』는, 아래의 표1에서 보이는 바와 같이, 현재 20種이 확인된다. 이 표는, 茶山學術文化財團[4]과 筆者의 조사결과인데, 앞으로 개인 소장의 필사본이 추가적으로 밝혀지지 않는 한, 국내외에 있는 필사본의 總目錄이 되지 않을까 한다. 이로써 미루어보면, 『경세유표』는 『목민심서』와는 달리, 家藏本의 種數는 많으나, 필사본의 종수는 그렇게 많지 않다. 『경세유표』필사본의 종수가 『목민심서』의 그것에 미치지 못하는 이유는, 『경세유표』는 『목민심서』와는 달리 實務指針書로서 가지는 실용성이 낮았기 때

---

2) 후자에도 丁文燮의 注記가 있으나, 그 주기는 添紙로 붙어 있다. 주기의 내용에 관해서는 표2를 참조할 것. 여기서 家藏本이라 함은 茶山家에서 필사되고 統計的으로 가장본『여유당집』과 그 書誌的 特徵이 동일한 필사본을 가리킨다. 가장본『여유당집』의 서지적 특징에 관해서는 졸고, 「가장본『여유당집』의 조사와 해설」(『다산과 가장본여유당집』, 실학박물관, 2010)을 참조할 것.

3) 다산학술문화재단, 『定本與猶堂全書』24~26, 2012.

4) 茶山學術文化財團, 『政法集『經世遺表』필사본자료집』, 2006. 동 재단이 이 자료의 분석을 본인에게 許諾함으로써 본인은 엄청난 학문적 幸運을 얻었다. 이 허락이 없더라면, 필자가 평소에 所望했던 『경세유표』필사본의 분석을 시도해 볼 수 있는 기회는 없었을 것이다. 이 기회를 빌려서 동 재단에 感謝의 말씀을 드리는 바이다. 이 자료에 포함되어 있는 연세대학교 중앙도서관 국학자료실 소장의 『與猶堂集』은 『경세유표』가 아니므로 目錄에서 삭제했다. 그리고 이 자료는 정본화 사업을 위하여 조사되었음에도 불구하고 거기에 적극적으로 활용되지 못했다.

문이다.『목민심서』는 19세기 중반부터 수령으로 나가는 사람들이 흔히들 필사하여 郡縣統治의 參考書로 널리 활용되었으나,『경세유표』는 사정이 그러하지 못했다. 그나마 필사본이 이만큼이라도 남아있게 된 배경은, 개화정책과 관련하여『경세유표』가 朝鮮王室에 의하여 주목받기도 하고, 光武量田 때에는 양전의 참고자료로 활용되기도 했기 때문인 것으로 보인다. 기존의 연구에 의하면, 광무양전 때 牙山의 量務委員이던 李沂가 전제연구를 위하여『경세유표』의 전제를 참고한 것으로 밝혀지고 있다.[5] 현재 남아있는 필사본으로써 검토하는 한, 표1에서 보는 바와 같이 全南量務監理 金星圭와 忠州府가『경세유표』의 전제를 양전의 참고서로 활용했다. 그리고 광무양전 때에 참고서로 제출된 것으로 보이는 作者未詳의『邱井量法事例並圖說』이 있는데,[6] 거기서 제시된 양전기법은『경세유표』의「전제」와「전제별고」에서 제시되어 있는 정전이나 방전으로의 田地區劃과 魚鱗圖說에 의한 어린도의 작성이다.[7] 그나마『경세유표』의 필사본이 20종이나 남아있는 것도 개화정책이나 광무양전과 상당히 깊은 관계가 있었던 것으로 확인된다.

그리고, 필사본『경세유표』중에는 가장본이 5종이나 발견된다. 全帙이 남아있는 가장본『경세유표』3종의 존재는, 표4의 설명에서 보는 바와 같이,『경세유표』의 올바른 目次排列을 확정하는 데 있어서 결정적인 역할을 했다. 이 논문의 附表에서 보는 바와 같이,『경세유표』필사본의 경우에는『목민심서』필사본의 경우와는 달리 목차배열의 錯簡이 아주 심하다. 이에 대하여『목민심서』의 가장

---

5) 李沂著,『海鶴遺書』, 國史編纂委員會, 1971의「田制妄言」과「田制第五」를 참조할 것.
6) 延世大學校 中央圖書館 國學資料室本과 日本의 京都大學圖書館 河合文庫本이 있는데, 전자는 草藁本이고, 후자는 淨書本이다.
7) 광무양전에서는 方田과 魚鱗圖라는 量田技法이 활용되지 못했다.

본은, 그간 전혀 발견되지 않았으나, 다산학술문화재단의 다산탄
신250주년기념 다산학국제학술회의를 계기로 2종이나 발견되었
다. 최근의 필자의 조사에 의하면, 『목민심서』의 가장본으로서는
藏書閣의 15책(제1책과 제6책이 缺落. 그 제3책은 단국대학교 퇴계
학도서관에 소장되어 있다)과 서울대학교 중앙도서관의 15책(제1
책이 결락되어 있다)이 있으며, 모두 完成本이다.

  그러면, 우리가 여기서 서지적 검토를 행한다고 할 때 어떠한
작업을 행해야 하는가. 첫째로 해야 할 일은 무엇보다도 필사본의
목록을 작성하고 그 殘存樣相을 밝히는 일이다. 둘째는 異本들의
기술내용을 검토하고 考異를 행함으로써 『경세유표』의 저작과 필
사의 경위를 조사하는 일이다. 셋째는 필사본들의 목차배열을 검
토함으로써 『경세유표』의 原本 狀態의 모습을 확인하는 일이다.
넷째는 원본상태의 모습을 보여주는 가장본과 신조선사본을 비
교·검토함으로써 신조선사본 『경세유표』를 修正하여 『경세유표』의
정본화 작업을 위한 검토를 행하는 일이다. 이상과 같은 작업은
終局的으로는 『여유당전서』의 텍스트로서의 가치를 확정하는 작
업의 一環이 될 것이다. 위와 같은 『경세유표』의 서지적 검토가
이루어지면, 『경세유표』의 정치경제사상적 내용에 관한 연구가
그 확실한 文獻的 基礎 위에서 행해질 수 있을 것이다.8)

---

  8) 정약용에 관한 초기 연구자라고 할 수 있는 崔益翰은 전게서의 350페이지
     이하에서 『경세유표』에는 '合法的 著作'과 '非合法的 著作'이 있다고 기술하
     고 있는데, 필사본을 검토하는 한 '비합법적 저작'은 확인되지 않는다. 『경세
     유표』의 내용을 검토해 보면, 『경세유표』의 敍述體系上 '비합법적 저작'은
     있을 필요도 없고 있을 수도 없다는 것을 알 수 있다. 그리고 같은 책의 465
     페이지에서는 정약용에게 『我邦備禦考』와 『桑土志』 같은 저술이 있다고 했
     으나, 『아방비어고』는 저술할 계획이었으나 저술하지 못했고, 『상두지』는
     「전제」2(『全書』五 - 經世遺表五 - 二十八 後面)에서 다산 스스로 李德履의
     저작임을 밝히고 있다(德履는 「序官」工曹 利用監條와 「郡縣分隷」玄菟省條에
     서 將臣으로 소개되어 있는 李敬懋의 字일 것으로 보인다). 최익한 스스로

제1절 筆寫本目錄의 作成

　다산학술문화재단이『여유당전서』의 정본화 사업을 위한 작업의 일환으로서『경세유표』필사본을 조사한 것은 매우 뜻 깊은 일이다. 필자가「牧民心書考異」라는 작은 논문을 작성하기 위하여『목민심서』의 필사본들을 조사해본 경험에 의하면, 이와 같은 조사 작업은 개인적으로 하기에는 너무 벅찬 일이었다. 더구나, 다산학술문화재단이 국내뿐만이 아니라 미국 및 일본 등을 포함하는 國際的 範圍에서『경세유표』필사본들을 광범하게 조사한 것은, 그 학술적 의의가 결코 작은 것이 아니다. 그리고, 자료조사에 대한 有關機關들의 消極的 協助를 고려할 때, 조사는 매우 힘든 작업이었을 것으로 짐작된다. 그러나 유감스럽게도 위의 조사자료는 커다란 한계를 가지고 있다. 첫째는 調査項目이『경세유표』의 전공자에 의하여 설계된 것이 아니기 때문에 調査基準이 일정한 목표를 가지고 있지 못하다는 점이요(동 조사보고서에는 논리적으로 일관된 조사표의 디자인이 제시되어 있지 않다), 둘째는 그렇기 때문에 조사보고서의 분량은 방대하나 조사내용이 빈약하다는 것이다. 그러므로 필사본에 대한 본격적인 분석을 위해서는 이 조사자료를 참고로 하는 追加的 調査가 필요했다.

　『경세유표』필사본에 대한 필자의 조사는, 다산학술문화재단의 未調査本을 追加的으로 조사하고(이미 조사된 필사본의 재조사 작업도 포함된다. 필자의 신규조사 필사본의 種數는 아직 2종에 불과하지만, 그것들이 모두 가장본일 뿐만이 아니라, 그중의 하나는 정약용이 수정 중에 있었던『경세유표』의 最初 筆寫本이고 다

_____

소개하고 있는 다산의 최종 自著 목록인「洌水全書總目錄」에도 이러한 서명이 없는데, 무엇 때문에 그런 무리한 주장을 했는지 이해가 되지 않는다.

492

른 하나의 제5책은『量田議』로서『경세유표』로 編入되기 이전의「전제별고」로 확인되는 점이 큰 성과일 것이다.『경세유표』는 본래 독립적으로 집필된 논문을 편집한 것인데, 이 자료는『경세유표』로 편입되기 이전의『경세유표』各篇의 稿本狀態를 나타내는 유일한 자료이다. 이 두 필사본에 대한 서지적 검토는 이 논문의「補論」에서 별도로 행할 것이다), 필사본들의 복사 작업을 통하여 그 내용을 검토하는 일이다. 물론 여기서의 필사본들의 내용검토는 表題, 卷數, 册數, 目次排列, 筆寫處, 頭注, 考異 및 著作이나 필사의 연대를 알 수 있는 기술 등에 대한 형식적인 검토에 한정되었다. 그럼에도 불구하고 이러한 조사항목들은, 다산사상의 변천과정에 관한 연구에 있어서는 말할 것도 없고, 서지적 검토에 있어서도 매우 중요한 의미를 가진다. 왜냐하면, 이러한 조사를 통하여『경세유표』의 저술과정과 각 필사본의 성립경위뿐만이 아니라 다산사상의 성립과 전개의 실태가 확실하게 밝혀질 수 있을 것이기 때문이다. 이러한 생각을 가지고 다산학술문화재단과 본인의 조사를 綜合하여 아래와 같은 간단한 필사본목록을 작성해 보았다.

表1 筆寫本目錄

表題	卷數	所藏處	目次排列	筆寫處
1.與猶堂集	15册44卷	藏書閣	標準	家藏本
2.經世遺表	15책44권	藏書閣	標準	가장본
3.經世遺表	15책44권	國民大	標準	筆寫本
4.與猶堂集	15책44권	奎章閣	標準	가장본
5.與猶堂集	15책44권	東洋文庫	標準	필사본
6.經世遺表	16책44권	奎章閣	錯簡	필사본
7.經世遺表	15책43권	東洋文庫	錯簡	필사본
8.與猶堂集	15책43권	奎章閣	錯簡	內閣本
9.與猶堂集	15책43권	藏書閣	錯簡	내각본
10.經世遺表	16책44권	버클리대	錯簡	필사본
11.經世遺表	15책44권	天理大		필사본
12.經世遺表	15책	東京大		필사본
13.經世遺表	5책45권	檀國大	錯簡	필사본
14.與猶堂集	4책12권	漢陽大		필사본
15.與猶堂集	3책9권	天理大		가장본
16.結負考辨	1책3권	京都大		필사본
17.與猶堂集	2책6권	高麗大		필사본
18.與猶堂集	5책15권	實學博物館		가장본
19.經世遺表	1책	澗松文庫		
20.經世遺表	11책33권	日本國會		

注 : 필사본의 번호순이다.
1. 제1·6책이 결락된 수정 중의 茶山手澤本이다. 제8책의 後半部에는『여
   유당전서』의 출판과정에서 이루어졌다고 추측되는 페이지의 錯簡과
   결락이 있다.
2. 李王家의 소장본으로서 표지와 結紐가 완전히 改裝되었다.
3. 2.經世遺表의 轉寫本이다.
4. 제14책缺. 丁文燮의 필사본으로서一部의 結紐가 改裝되었다.

494

5. 4.與猶堂集과 목차배열이 같다.
6. 賦貢制七이 제12책으로 되어 16冊.
7. 1899年前後 大韓帝國 內部官吏의 필사본. 敎民之法缺.
8. 敎民之法缺.
9. 敎民之法缺.
10. 淺見文庫本. 續一이 있어서 16책이다.
11. 今西所藏本.
12. 阿川文庫本.
13. 朝鮮總督府中樞院에서 먹지를 깔고 鐵筆로 筆寫함. 均役事目追議 2
    卷을 3卷으로 分割했기 때문에 5책45권으로 됨.
14. 全南量務監吏 金星圭 所藏本. 전제5책중 제1책이 缺落되었다. 제5책의
    『量田議』는 實學博物館本의 轉寫本일 가능성이 높다.
15. 田制別考(一 ~ 三), 賦貢制(一 ~ 三) 및 倉廩之儲(一 ~ 三)이다. 家藏本
    與否는 寫眞判讀에 의존했다.
16. 光武量田 때 忠州府에서 활용된 듯.
17. 六堂文庫(田制七 ~ 九와 賦貢制四 ~ 六).
18. 田制5冊임. 제5책은 그 副題가 『量田議』로서 『경세유표』로 편입되
    기 이전의 전제별고이다.
19. 非公開.
20. 未調査.

備考 : 1. 최근에 京都大學의 河合文庫에 『경세유표』의 가장필사본 11책과 일
        반필사본 3책이 있는 것이 확인되었으나, 아직도 그 서지적 조사가
        행해지지 못했다.
      2. 11.경세유표 이하는 필자가 직접 조사하지 못한 것이 많다.

  위의 표1에서 알 수 있는 바와 같이, 지금까지 조사된 필사본은
모두 20종이다. 『목민심서』의 필사본들과 비교해 보면, 종수가 매
우 적다. 20종 중에서 全帙이 남아있는 것(한두 책의 缺本이 있는
것까지 포함한다)은 13종이고, 나머지는 零本들이다. 전질이 남아
있는 필사본으로써 판단하는 한, 『경세유표』는 敎民之法이 포함되
는 경우 본래 15책 44권으로 구성되어 있었다고 판단된다. 1834년
에 작성된 것으로 보이는 「洌水全書總目錄」9)에는 『경세유표』15
책 43권으로 표기되어 있으나, 표1에서 보는 바와 같이 본래 敎民

之法의 揭載 與否에 따라 15책 43권본과 15책 44권본으로 나뉘는
것으로 보는 것이 자연스러울 것이다. 현재「열수전서총목록」과
전질이 남아있는 필사본을 가지고 종합적으로 판단하는 한, 교민
지법을 포함하는 경우, 최종적으로 완성된『경세유표』는 본래 冊
數와 卷數가 15책 44권으로 되어 있었다고 단정하더라도 틀리지는
않을 것이다.

　다음으로 表題에서 확인할 수 있는 바와 같이, 현재 남아있는
『경세유표』필사본의 表題는 표1의 '15.結負考辨'을 예외로 한다면
모두『與猶堂集』이나『經世遺表』로 표기되어 있다.「結負考辨」이
라고 하더라도 책의 내용을 살펴보면, 거기에는「經世遺表 卷之二
十四」라는 卷次가 주어져 있다. 이로써 미루어 보면, 남아있는 필
사본들은 모두『경세유표』나『여유당집』이라는 서명이 출현된 이
후의 것이라는 것을 알 수 있다. 그런데 지금까지 이러한 서명들
이 언제 출현하였는지 아직까지 밝혀지지 못했다. 필자의 管見에
의하면, 이 서명들은 1822년의「自撰墓地銘」의 작성으로부터가 아
닌가 추측된다.『邦禮草本』이『경세유표』로도 표기되기 시작한 것
은 분명히 다산의 回甲年인 1822년부터이다.『경세유표』라는 서명
이「자찬묘지명」에서 처음으로 등장하기도 하려니와, 臨終을 맞이
한 臣下가 死後에 임금에게 올리는 書式인「遺表」라는 題名으로
보아도, 그 점은 더욱 확실하다. 그러면『여유당집』은 언제부터 편
집되기 시작하였을까. 그것 역시「자찬묘지명」의 작성으로부터가
아닌가 추측된다. 주지하는 바와 같이, 다산은「자찬묘지명」으로
부터 자기의 저서를 총괄적으로 정리하기 시작했기 때문이다.[10]

---

9) 崔益翰著, 前揭書,「茶山의 著書總目」을 참조할 것.

10) 졸고,「가장본『여유당집』의 조사와 해설」(『다산과 가장본 여유당집』, 실학박
　　물관, 2010)을 참조할 것.「茶山先生書贈申永老名永躋號鳳鳴山人居仁同若木」
　　에도 自著의 간략한 書目은 제시되어 있으나, 제시된 書名이 불완전하게 표

496

그리고, 흔히들 강진에서 이루어졌다고 믿어지고 있는『邦禮草本』의 筆寫本은 현재 발견되지 않는다(「2.著作과 筆寫의 經緯」에서 보는 바와 같이,『경세유표』의 많은 章節들이 馬峴에서 집필되었기 때문에, 설령 康津에서 이루어진『방례초본』이 있었다고 하더라도, 그 분량은『경세유표』의 3분의 2나 4분의 3 정도였을 것이다).

이렇게 보면 현재 남아있는 필사본들은 그 저술이 草本인 채로 완결된『경세유표』의 相異한 필사본들이라 할 수 있다. 다음의 내용검토에서 보다 구체적으로 밝히겠지만, 상이한 필사본들의 내용은 지극히 枝葉的인 기술들을 논외로 한다면 기본적으로 같은 내용일 뿐만이 아니라 文章마저 同一하다. 그럼에도 불구하고 위의 필사본 목록에서 확인할 수 있는 바와 같이, 필사본들의 目次排列은 標準排列을 하고 있는 경우보다 錯簡이 되어 있는 경우가 더 많아 보인다. 지금으로서는 같은 내용과 문장으로 구성되어 있는 저작물의 목차배열이 무엇 때문에 그렇게 달라질 수밖에 없었는가 하는 이유에 대해서는 잘 알 수 없지만, 짐작컨대 그 최대의 원인은 본래『경세유표』가 未完成本인 데 있지 않았을까 한다. 다산의 手澤本인 표1의 '1.여유당집'에서만 하더라도 목차는 標準排列로 이루어져 있으나 卷次는 명확하게 주어지지 못했다.(卷數 表示는 본래 空欄으로 비어 있는 곳이 많았는데, 추가로 기입되거나 수정된 흔적이 많다) 그리고 목차가 표준배열을 하고 있는 경우에 있어서도, 그러한 목차배열을 가지고는 각 항목이 目次상의 정당한 자기위치에 놓여 있다고 할 수 없는 경우도 있고, 또 목차를 표준목차와 다르게 배열한다고 하더라도 반드시 틀린 排列이라고 할 수 없는 경우도 있다.11)

기된 것이 많고, 文集名이 등장하지 않으므로 이때까지는 아직도『여유당집』의 편집에 착수하지 않은 것으로 보인다.

11) 이 점에 관해서는 「제3절 目次排列의 檢討」에서 보다 구체적으로 다루어 보

필사본 중에는 의외로 茶山家藏本이 5種이나 있다. 장서각의 두 본은 기본적으로 完帙本이고, 규장각본은 第14册이 缺落되어 있으나 완질이나 다름없다. 實學博物館本은 『경세유표』 田制 5册뿐이고, 天理大學本은 「田制別考」1~3·「賦貢制」1~3·「倉廩之儲」1~3의 3册뿐이라고 한다. 1.『與猶堂集』(제1·6책이 결락)의 장서각본은 수정 중의 다산수택본이고, 또 하나의 장서각의 完帙本(册首마다 南印廷植이라는 印章이 있으나, 여기의 남정식이 누구인지는 밝혀내지 못했다)은 본래 李王家所藏本으로서 1883년에 이왕가에서 『여유당집』을 '求入'했다고 하니[12] 그때에 그 所有權이 이왕가로 移轉된 것으로 추측된다. 유감스럽게도 表紙와 結紐가 완전히 교체되었다. 규장각본은 제14책이 결본이고 일부의 결뉴가 교체된 것이 유감이나 원본의 모습은 그대로 남아있다. 고도서로 분류되어 있는 것으로 보아 본래 규장각 도서가 아닌 것이 분명한데, 朝鮮總督府로부터 京城帝大로 이관된 도서라 한다. 筆寫年代를 판별할 수 있는 기술내용으로 보면, 제1·6책이 결락된 장서각본은 『여유당집』이라는 서명으로 보아 茶山 回甲 이후 수정 중의 다산수택본이고, 완질의 장서각본은 1.여유당집의 頭注를 지시대로 本文으로 처리한 19세기 전반기의 필사본으로 추측되며, 규장각본은 19세기 말 丁文燮의 필사본이다. 이렇게 보면, 2.경세유표의 장서각본이 1. 여유당집의 두주마저 재정리한 最初의 完成家藏本『경세유표』라 할 수 있다. 실학박물관본 5책의 每册首에는 子裳이라는 所藏者의 印章이 찍혀있는데, 南秉吉(1820~1869)의 字가 자상이므로 남병길의 장서였을 가능성이 높다고 한다.[13] 만약 이것이 사실이라면,

---

기로 한다.

12) 梁在謇·玄采校閱, 『牧民心書』下, 廣文社, 1902의 李重夏의 「書牧民心書後」를 참조할 것.

13) 박철상, 「다산저작고본의 제문제」(『茶山學』제23호, 2013.12, 12페이지)

실학박물관본은 19세기 전반기 茶山家의 筆寫本일 가능성이 높다. 그리고 제5책은, 그 내용은 「田制別考」이나, 그 表題는 『量田議』로 되어 있다. 『경세유표』로 편입되기 이전의 「전제별고」로서, 章節의 題目과 기술내용이 「田制別考」의 體裁와는 조금 다른 점이 있으므로, 別途의 書誌的 考察이 필요하다. 그리고 1883년 무렵에 필사되었을 것으로 추측되는 2종의 內閣筆寫本이 확인된다. 하나는 장서각 소장본이고, 다른 하나는 규장각 소장본이다. 裝幀의 화려함이나 正字로 된 書體로 보아 한 눈에 內閣本이라는 것을 확인할 수 있으나, 본래 帝室財産이었다는 점에서도 내각에서 필사된 것임이 傍證된다. 표1의 '7.經世遺表'의 東洋文庫本은, 大韓帝國內部官吏들의 필사본인데, 내각본인 '8.여유당집'의 轉寫本인 것으로 보인다. 각 책의 末尾에는 필사자들의 이름이 注記되어 있고, 版心에 '霞山閣藏'이라는 표기가 있는 原稿紙에 필사되어 있는 것으로 보아 大韓帝國 內部에서 근무하던 관리가 개인적으로 소장하기 위하여 필사한 것이 아닌가 추측된다.[14] 그 이외의 필사본의 來歷에 대해서는 앞으로 더 조사해 보아야 할 것이다.

---

14) 고려대학교 중앙도서관 漢籍室의 六堂文庫에는 『題判鈔錄』全이라는 高宗 乙酉(1885) 7月로부터 戊子(1888) 1月에 이르기까지의 '民訴論題'를 정리해 놓은 冊子가 있는데, 版心에 霞山閣藏本이라는 표기가 있는 원고지에 필사되어 있다. 양자를 종합해서 판단해 보면, 霞山閣이란 內閣書庫 중의 하나였던 것으로 보인다.

제2절 著作과 筆寫의 經緯

　『俟菴先生年譜』에 따르면, 1817년 가을에『喪儀節要』가 저술된
이후 그리고 1818년 봄에『목민심서』가 저술되기 이전의 1817년
말경에 "『邦禮草本』을 편집하는 일이 시작되었으나 끝내지 못했
다(邦禮草本輯功, 起而未卒業)"고 한다.[15] 여기서 疑問으로 제기되
는 것은 1817년 말경과 1818년 봄 사이의 불과 半年도 되지 않는
짧은 기간 내에 어떻게『방례초본』과『목민심서』라는 그 방대한
저술들이 한꺼번에 이루어질 수 있었을까 하는 점이다. 이미 필자
가 밝힌 바와 같이[16], 다산의 저술은 單獨著述이 아니고 弟子들
및 子弟들과의 공동저작이라고 하는 성격을 가지고 있기는 하지
만, 불과 반년 사이에 그러한 방대한 저작들이 이루어지는 것은
도저히 불가능한 일이다. 그러므로 이때에 이루어진『방례초본』
은, 한 편에서는 「邦禮考」[17]와 같은『방례초본』의 章節로 편입될
수 있는 글들이 준비되어 있으면서, 다른 한 편에서는 아직도 집
필 중이므로 저서의 체계가 제대로 잡히지 못함으로써, 일단 저작
의 체계는 잡힌『목민심서』의 草稿本에도 미치지 못하는 저술과

---

15) 『俟菴先生年譜』의 '邦禮草本輯功, 起而未卒業'이라는 기술은 '春牧民心書成'
　이라는 기술과도 대비된다.
16) 졸고, 「牧民心書考異」(『春堂丁炳休博士華甲記念論文集』, 比峯出版社, 1983년)
　을 참조할 것.
17) 1817년에 다산이 申永蹟에게 준 편지 「茶山先生書贈申永老名永蹟號鳳鳴山人
　居仁同若木」에서 나오는 「邦禮考」의 내용이 무엇인지는 알 수 없으나, 6권으
　로 이루어져 있는 것으로 보아『경세유표』의 「序官」6권일 가능성이 높다. 거
　기에서 나오는 '其餘雜纂 又數十種' 중에도 「考績之法」, 「田制考」 및 「貢賦
　考」(이 篇名은,『경세유표』의 본문에서는 「賦貢制」로 수정되지만, 「井田議」3
　과『목민심서』의 「平賦」에서 「공부고」라는 이름의 細注로 등장한다) 등과
　같이 앞으로『邦禮草本』으로 編輯될 글들이 이미 많이 들어 있지 않았을까
　추측된다.

정 중에 있었던 것이 아니었던가 추측된다. 이렇게 읽으면, 『邦禮草本』을 編輯하는 일이 시작되었으나 끝내지 못했다"는 구절이 '편집하는 일이 시작되었으나 끝내지 못했다'고 명확하게 읽혀질 수 있을 것이다. 다시 말하면, 『방례초본』으로 편집될 수 있는 글이 얼마간 준비되어 있었으나, 편집하는 일 자체가 끝나지 않았던 것이 아닌가 한다. 『방례초본』이라는 單獨書名을 가진 필사본이 발견되지 않는 것도 이 때문이 아닌가 추측된다.

현재 남아있는 필사본으로써 판단하는 한, 『목민심서』의 경우와는 달리 『경세유표』의 경우에는 草稿本과 完成本이 따로 없다. 이렇게 보는 근거는 두 가지이다. 첫째는 초고본『방례초본』은 물론 『방례초본』이라는 單獨書名을 가진 필사본이 아직 발견되지 않는다는 점이요, 둘째는 『방례초본』과 『경세유표』는 그 서술내용뿐만이 아니라 文章까지도 同一한 저서의 異稱에 불과하다는 사실이다. 이렇게 보면, 『방례초본』의 康津에서의 저술 과정과 馬峴에서의 저술과정은 동일한 저서의 수정과정이 아니라 連續的 著作過程이었던 것으로 보인다. 그리고, 강진에서 이루어진 초고본의 『목민심서』에는 『방례초본』에서 몇 군데를 인용하고 있지만, 『방례초본』이라는 서명은 일체 등장하지 않고, 다만 「田制考」나 「나의 田制考」라는 『방례초본』의 篇名이 「吏吏」, 「田政」, 「稅法」 및 「山林」 등의 各條에서 등장할 뿐이다.18) 이렇게 보면, 『사암선생연보』의 17

---

18) 이 「전제고」는 『경세유표』의 「전제」1~5일 것이다. 또 초고본『목민심서』의 「平賦」魚鹽船稅條에는 「詳見貢賦考」와 「상견균역추의」라는 注記가 있다(梁在謇·玄采校閱, 『牧民心書』二, 廣文社, 151페이지). 양자는 『경세유표』의 「부공제」와 「균역사목추의」를 가리키는 것으로 推測되는데, 「貢賦考」 및 「균역추의」 등으로 題名이 부정확하게 표기되어 있다. 여기서의 「공부고」는 『경세유표』의 「부공제」1~6이고 「균역추의」는 집필 예정의 서목이었던 것으로 보인다. "또 우리나라의 貢賦制 같은 것은 미처 착수하지도 못했는데, 귀향하라는 恩命이 있어서 그 때문에 그것을 완성할 겨를이 없었다"라는 『俟菴先生年譜』의 기술을 가지고 보면, '詳見均役追議'는 해배 이후에 저술된 「균

年丁丑條에서는 "邦禮草本輯功, 起而未卒業"이라는 구절의 뜻이 더욱 명확하게 읽혀질 수가 있다. 거듭 말하지만, 강진에서는 『방례초본』을 편집하는 일 자체가 아직 끝나지 않았던 것이 아닐까.[19]

『경세유표』필사본의 存在樣相에 관한 위와 같은 설명과 『경세유표』 본문 중의 著作時期를 짐작할 만한 기술을 가지고 살펴보면, 『경세유표』의 저술과정은 다음의 3단계로 나뉘어서 이루어지지 않았을까 생각된다. 첫째는 저술을 위한 準備過程이다. 저술의 준비과정은 중국의 고전에 관한 연구인데, 시기적으로는 1814년까지이다. 정약용은 『경세유표』를 저술함에 있어서 중국의 古典 중 『書經』의 「堯典」, 「皐陶謨」 및 「禹貢」의 3편과 『주례』 6편의 9편을 참고하여 考績法, 井田法 및 平賦法 등의 체계를 잡았다고 스스로 밝히고 있는데,[20] 『경세유표』의 體系는 이들 고전에 관한 연구에서 잡혀진 것으로 보인다. 『경세유표』의 기술내용을 살펴보면, 그의 중국고전에 관한 연구는 매우 徹底하였음이 확인된다. 그리고 그의 고전연구에 있어서는 고전의 연구와 『경세유표』의 저술과정이 竝行되지 않았을가 하는 생각이 들게 하는 記事도 보인다. 1814년에 저술되었다고 하는 『孟子要義』에는 「田制考」라는 『경세유표』의 篇名이 등장하는데,[21] 필자는 한때 이 기사 때문에 이미 이때

역사목추의』를 가리키는 것일 것이므로 이렇게 추측할 수 있지 않을까 한다.

19) 1817년 4월 27일에 집필된 「茶山先生書贈申永老名永躋號鳳鳴山人居仁同若木」에는 당시까지의 茶山自著의 目錄이 제시되어 있는데, 거기에서는 "邦禮考共六卷 其餘雜纂 又數十種"이라는 구절은 있으나 『방례초본』이라는 書名은 등장하지 않는다.(『詹園鄭寅普全集』2, 延世大學校出版部, 1983, 88페이지) 그리고 『俟菴先生年報』에서는, 『목민심서』에 대해서는 "十八年戊寅 … 春牧民心書成"이라 한 데 대하여 『邦禮草本』에 대해서는 "十七年丁丑 … 邦禮草本輯功, 起而未卒業"이라 했을 뿐, "邦禮草本成"이라고는 하지 않았다.

20) 『全書』五 - 經世遺表七 - 二十七 後面, 井田議一.

21) 丁若鏞著·李篪衡譯註, 『譯註茶山孟子要義』, 現代實學社, 1994, 164페이지, 滕文公上. 「전제고」에서 설명되어 있다고 하는 『주례』의 기사 "「載師」云, 園廛

502

에「전제」1~5가 집필되어 있지 않았을까 推測한 일도 있다. 그러
나, 그 후에 『경세유표』의「田制」3에 "또 살펴보건대, 徹字의 뜻은
역시 趙岐의 주가 좋다. 다른 것은「孟子說」에 있으니 여기에서 거
듭 논하지 않는다"[22]라는 기사를 발견하고 『맹자요의』에서 참고
문헌으로 언급한「전제고」는 저작 이후의 수정과정에서 揷入되었
을 가능성도 배제할 수 없다고 생각하게 되었다. 왜냐하면, 위의
인용문에서의「孟子說」(注18의 書目에서도「맹자설」이라는 서명
이 등장한다)이 『맹자요의』를 가리키는 것이라면,「전제」3은 『맹
자요의』가 이루어진 이후에 집필된 것이 명백하기 때문이다. 또
「맹자설」과「전제고」가 같은 시기에 집필되었을 가능성도 배제할
수 없다.「서관」의 經田司條에서도 "義見孟子說"이라 하여「맹자
설」이 참고문헌으로 등장하는 것으로 보아,「序官」도「邦禮考」라
는 이름으로 이 시기에 집필된 것으로 보인다.

둘째는 康津에서의 저술과정이다. 『경세유표』의 記述 중에서
밝혀낼 수 있는 저술의 가장 이른 시기는 1815년이다.「郡縣分隷」
에서는 "臣은 남쪽 지방에서 15년이나 살았으나, 능히 자기의 所任
을 다하고 백성의 뜻을 크게 두려워하는 자가 있다는 것을 듣지
못했다"[23]와 "12省 州郡縣의 總數嘉慶丙子(1816)8月23日에 試筆했다"[24]라
는 기술이 있고「考績之法」에서는 "臣은 15년간 남쪽 지방의 荒凉
한 곳에 살면서 밤낮으로 생각해 보았으나, 오직 이 방법밖에 없
었으므로, 행해 보시고 만약 효과가 없으시다면, 청컨대 신이 그

二十而一"에 관한 해설은 『경세유표』의 여러 군데에서 발견된다.
22) 又按, 徹字之義, 亦趙註爲長. 餘見孟子說, 今不疊述.(『全書』五 - 經世遺表五 -
三十 前面, 地官修制 田制三)
23) 臣居南土五年, 未聞能盡其職大畏民志者.(『全書』五 - 經世遺表三 - 三十五
前面, 郡縣分隷)
24) 十二省州郡縣總數嘉慶丙子八月二十三日試筆.(『全書』五 - 經世遺表三 - 四十八
前面, 郡縣分隷)

책임을 지겠습니다"[25]라는 기술이 있는 것으로 보아, 『경세유표』
를 구성하는 많은 篇들의 집필이 1815년 이전에 이루어진 것으로
보아도 좋을 것이다. 그리고, 지관수제의 「田制考」6과 「田制」7에는
"臣先仲兄若銓之言"[26]과 "臣流落南土十有七年"[27]이라는 기술이 있
는데, 정약전은 1816년에 사망했기 때문에 「전제고」6과 「전제」7·8
은 1817년에 저술된 것으로 보인다. 또 「科擧之規一」에는 "나는 본
래 경기에 살다가 중년에 유락해서 오래토록 南土에 살았으므로
京畿와 湖南의 實情을 익히 안다"[28]는 기술도 있다. 「전제」9~12에
는 저술의 시기를 짐작할 수 있는 기술이 일체 발견되지 않으나,
논리적으로 보아 「전제」6~8이 저술된 직후에 집필된 것으로 보아
도 좋을 것이다. "이것은 宅廛의 세이다. 鄭玄이 전세라고 뜻풀이
를 했기 때문에 田制篇에서 설명했다"[29]는 구절이 있는 것으로 보
아, 「부공제」1~6(「賦貢制」7은 解配後에 집필된 것으로 보인다)은
「전제」의 집필을 끝낸 이후에 집필된 것으로 보인다.

　셋째는 마재에서의 집필과정이다. 「田制別考」1~3은 마재에서
의 저술로 보아도 무방할 것이다. 거기에는 그 저술시기를 암시하
는 듯한 기술이 있으며,[30] 馬峴에서 이루어진 完成本『목민심서』를

---

25) 臣十有五年, 竄伏南荒, 日夜之所商度, 唯有此法, 行之無效, 臣請任其咎.(『全
　　書』五 - 經世遺表四 - 二十七 前面, 考績之法)
26) 『全書』五 - 經世遺表六 - 三十一 後面, 田制考六.
27) 『全書』五 - 經世遺表七 - 三 前面, 田制七.
28) 臣本居京畿, 中年流落, 久居南土, 凡京畿湖南之情, 知之頗熟.(『全書』五 - 經世
　　遺表十五 - 十一 前面, 科擧之規一)
29) 此宅田之稅也. 鄭義以爲田稅, 故辨之於田制篇.(『全書』五 - 經世遺表十 - 八
　　後面, 賦貢制一)
30) 然且方量者, 無漏之法也. 吏之所隱·民之所隱, 悉著而無漏, 雖其稅額, 悉從舊
　　籍, 畢竟結總, 必比前增多矣. 此隱未覈, 猶支百年之用, 此隱旣發, 何惜一年之
　　損乎. 假如庚辰改量, 則辛巳春漕運之日, 以十年以來最高之總, 納于戶曹, 以其
　　餘結, 追防改量之費, 不亦善乎. 此所謂先進排後受價也.(『全書』五 - 經世遺表
　　九 - 三十二 後面 田制別考三)라는 구절이 있는데, 1820년이 庚辰年이므로,

504

참고문헌으로 제시한 곳이 한 군데 있고,[31] 또 그것이 「전제」1~12를 전제로 하는 저술이라는 점에서, 그렇게 확정할 수 있지 않을까 한다. 「倉廩之儲」에는 『목민심서』로부터의 인용이 5군데나 있고 또 "내가 옛날에 湖南에 있으면서 己巳年과 甲戌年의 凶年을 보았는데"[32]라는 기술이 있으며, 「均役事目追議」에는 "내가 바닷가에서 귀양살이 할 때"[33]라든가 "일찍이 강진 바다에서 보았다"[34]는 기술이 있으므로, 「창름지저」와 「균역사목추의」가 마재에서의 저술이라는 점은 거의 틀림없어 보인다. 「호적법」에도 마현에서 이루어진 『목민심서』 완성본으로부터의 인용이 한군데 있고 또 백성들의 戶籍僞造를 다루면서 "臣이 옛날에 西邑에 있으면서 … 남방에 이름에 미쳐서"[35]등과 같이 「호적법」을 집필할 때 서읍과 남방에 있었던 것이 옛날의 일이라는 듯한 표현이 있는데, 이로 미루어 보면 「호적법」은 마재에서 저술되지 않았을까 추측된다.

그러면, 經典研究의 말미에서 시작된 『방례초본』을 구성하는 篇들의 집필은 언제 끝났을까. 1820년에 집필된 것으로 추정되는 「邦禮草本引」이 집필될 때에는 『방례초본』은 未完成인 채로 그 집필이 끝난 것이 아닌가 추정된다. 「牧民心書序」는 『목민심서』의 草稿本이 개정되어 完成本이 이루어진 1821년에 집필되었음을 明記하고 있다. 「방례초본인」의 집필도 아마 이러한 例에 따랐을 것으로 보인다. 그렇기 때문에 그 2년 후인 1822년의 回甲年을 맞이해서는 『방례초본』을 躊躇 없이 『경세유표』로 命名할 수 있었던 것이 아닐

「전제별고」가 이 무렵에 집필되었을 것으로 보인다.

31) 『全書』五 - 經世遺表九 - 十四 前面, 田制別考二
32) 臣昔居湖南, 見己巳甲戌之饑(『全書』五 - 經世遺表十二 - 二十三 後面, 倉廩之儲二)
33) 臣謫居海上時.(『全書』五 - 經世遺表十四 - 七 前面, 均役事目追議一)
34) 曾於康津海中見之.(『全書』, 五 - 經世遺表十四 - 十一 前面, 均役事目追議一)
35) 臣昔在西邑 … 及至南方 ….(『全書』, 五 _ 經世遺表十三 _ 四 前面, 戶籍法)

까. 그리고, 다산수택본『경세유표』의 내용을 살펴보아도, 頭注 등
으로 소소한 문장 수정은 있었으나, 이 이후의『경세유표』의 追加
的 執筆의 흔적은 발견되지 않는다. 그렇게 살펴보면,『경세유표』
의 집필과정이 어느 정도 명백하게 이해될 수 있을 것이다.

표2 筆寫年代를 알려주는 注記의 有無

筆寫本	津關司條注記	觀象監條丁 學淵注記	太史院條丁 文爕注記	利用監條丁 文爕注記
1.與猶堂集(장서각가장본)	有(朱筆)	缺本	무	有(添紙)
2.經世遺表(장서각가장본)	有	有	무	무
3.經世遺表(국민대본)	有	有	무	무
4.與猶堂集(규장각가장본)	有	有	有	무
6.經世遺表(규장각필사본)	무	무	무	무
8.與猶堂集(규장각내각본)	무	有	무	무
9.與猶堂集(장서각내각본)	무	有	무	무
10.經世遺表(버클리대본)	有	有	무	무
印刷本				
1.經世遺表(조선광문회본)	有	有	有	무
2.與猶堂全書(신조선사본)	무	有	무	有

注 : 筆寫本의 번호는 표1과 같다.

위의 8가지 필사본에 한정하는 한,『경세유표』의 필사본들은,
「敎民之法」이 있고 없는 경우를 예외로 하면, 그 내용뿐만이 아니
라 문장까지 완전히 동일한 것이다. 그러나, 枝葉的인 注記에 있어
서는 서로 다른 점이 있다. 表2는 필사본 8종과 인쇄본 2종의「序
官」에 한정하여 筆寫年代를 알려줄 만한 注記의 有無를 조사해 본
것이다. 이 주기들이란 秋官刑曹第五 津關司條注記 :"諸路大津若
洱薩泗沘及潢灕諸津, 其船隻總數, 並宜照管. 諸路關防如靑石洞仙鳥
嶺竹嶺大關嶺鐵嶺之等, 其城堞完敝, 皆宜照管", 天官吏曹第一 觀象

監條의 丁學淵注記："男學淵按, 正廟朝已有刊布", 春官禮曹第三 太史院條의 丁文燮注記："曾孫男文燮按, 編修官校理, 皆是上士, 士不可稱以大夫, 通訓大夫之號, 今擬減除, 則當云通德郞"및 冬官工曹第六 利用監條 丁文燮注記："曾孫男文燮按, 各國方言, 並令本院敎習, 不必別設衙門"이다.

　우선 津關司條注記인데, 이 주기는 두 장서각가장본, 국민대본, 버클리대본, 규장각가장본 및 조선광문회본에서 발견된다. 이 주기는 본래 다산수택본에서 朱筆의 頭注로 기입되어 있었던 것인데, 특별히 본문에 삽입하라는 지시가 없었기 때문에, '2.경세유표'의 장서각가장본과 버클리대본에서는 그냥 두주로 남아 있다가, 규장각가장본의 단계에서 丁文燮에 의하여 본문의 주로 삽입된 것이다. 다산수택본이 19세기 전반기의 필사본이고 규장각 가장본이 19세기 후반기의 필사본이라는 점에 대해서는 더 이상 언급할 것이 없으나, 남은 문제는 '2.경세유표'의 장서각 가장본과 버클리대본(책 수마다 柳印承○이라는 印章이 찍혀있다)의 필사 연대가 언제인가 하는 점이다. 필자는 이 두 필사본이 1883년에 왕실에서 『여유당집』을 '求入'하기 이전의 필사본이기 때문에 19세기 전반기의 필사본이라 추정해본 일이 있으나, 다시 검토해 본 결과 19세기 전반기의 필사본이라고 확실하게 단정해도 좋을 만한 자료는 없었다. 규장각필사본, 두 내각본 및 신조선사본에서 왜 이 주기가 누락되었는지에 대해서는 그 사정을 밝힐 수가 없었다. 觀象監條의 丁學淵注記는 '6.규장각필사본'을 제외한 모든 필사본의 본문에 주기로 삽입되어 있다. 다산수택본에서는 제1책이 결락되어 있기 때문에 거기서 정학연주기의 유무가 확인될 수 없으나, 여러 필사본의 사정을 고려할 때, 거기에 이미 이 주기가 있었기 때문에 모든 필사본과 인쇄본에 이 주기가 삽입되어 있는 것이 아

닌가 추측된다. 정문섭의 주기 중, 太史院條의 것은 규장각가장본
과 조선광문회본에서만 본문에 삽입되어 있다. 다른 필사본에서
는 이 주기가 일체 발견되지 않는 것으로 보아, 다른 필사본은 이
필사본보다 선행하는 필사본이라는 것을 알 수 있다. 利用監條의
정문섭주기는 지금도 1.여유당집에 添紙로 붙어 있다. 신조선사본
에 이 주기가 있기 때문에, 필자는 한 때 신조선사본의 出版底本
이 19세기 말의 다산가장필사본이 아닐까 추측한 일이 있다. 그러
나, '1.여유당집'의 다산수택본을 검토해 본 결과, 이 주기가 다산
수택본에 첨지로 붙어 있는 것을 발견하고, 1.여유당집이 신조선
사본의 출판저본이었음을 확인할 수 있었다. 규장각필사본과 內
閣本 등의 일반 필사본에서는 위의 세 가지 주기가 일체 발견되지
않는데, 그 이유에 대해서는 아직 밝히지 못했다.

위와 같은 고찰에서 우리가 얻을 수 있는 결론은 다음과 같은
것들이다. 첫째, 19세기 전반기의 가장본이나 필사본이라 단정할
수 있는 것은 다산수택본과 실학박물관본밖에 없고, '2.경세유표'
의 장서각가장본과 버클리대본은 19세기 전반기의 필사본일 가능
성이 높다고 할 수 있다. 둘째 조선광문회본은 규장각의 가장필사
본을 출판저본으로 하고, 신조선사본은 '1.여유당집'의 다산수택본
을 출판저본으로 하였으나, 후자는 여러 다른 필사본들도 참고하
였다.[36] 셋째 「교민지법」이 누락된 장서각내각본, 규장각내각본
및 규장각필사본 등의 일반 필사본에서는 위의 세 가지 주기가 일
체 없는데, 현재로서는 거기에서 「교민지법」과 주기들이 누락된
이유를 알아내지 못했다. 넷째 정본화 사업과 관련하여 신조선사
본에 태사원조나 진관사조의 주기가 없는 문제에 대해서는 앞으

---

36) 신조선사본의 均役事目追議와 戶籍法 및 敎民之法의 목차배열은 다산수택본
   의 그것과 다르므로, 신조선사본의 출판에 있어서는 다른 필사본도 참고되
   었을 가능성이 높다.

로의 정본화 과정에서 재검토되어야 할 것이다. 그 이외의 필사본
들의 필사경위에 대해서는 이 논문의 다른 곳의 설명도 참고하기
바란다.

제3절 目次排列의 檢討

표1에서 보는 바와 같이, 필사본 중에서는 목차가 標準排列을 하고 있는 것보다 錯簡되어 있는 경우가 더 많아 보인다. 그리고 아래에서 검토하겠지만, 착간본에서는 卷數의 배열이 뒤죽박죽이거나 틀린 것이 많고, 심지어는 권수를 附與하지 못한 것들도 많다. 그러면 왜 많은 필사본의 목차배열에 있어서 錯簡이 많을 수밖에 없었을까.『목민심서』의 경우에도 이러한 경우가 더러 보이기는 하지만, 그것은 몇 가지 필사본의 예외적인 경우에 한정되었다. 필사본『경세유표』의 목차배열에 착간이 많을 수밖에 없었던 기본적 원인은『경세유표』그 자체가 서술의 체계를 얻지 못해서 未完成本으로 끝났기 때문이었던 것으로 보인다.[37] 그리고 1.여유당집의 다산수택본에서도, 목차는 표준목차를 보이고 있으나, 卷數附與는 불명확한 곳이 많다. 다산수택본의 사정이 이러했기 때문에 다산가에서부터 完成本의 작성을 목표로 목차배열을 여러 가지로 다르게 시도해본 것 같다. 이러한 시도는 아래에서 보는 바와 같이 성공하지 못하였다.『사암선생연보』에서 행한 目次再排列의 시도는 다음과 같다.

> 살펴보건대, 이 篇을 또『경세유표』라고도 했다. 經世란 무엇인가. 官制, 郡縣制, 田制, 賦役, 貢市, 倉儲, 軍制, 科制, 海稅, 商稅, 馬政, 船法 및 匠人營國制는 時用與否에 구애 받지 않고 원칙을 세워서 우리나라의 낡은 제도를 一新하려고 생각했다. 모두 49권인데, 대강은 이미 세워졌으나 작은 조목은 간혹 빠진 것이 있다. 또 우리나라의 공부제 같은 것은 미처 착수하지도 못했는데, 귀향하라는 恩命이

---

37) 졸고, 「다산과 體國經野」(『茶山學』제4호, 2003)를 참조할 것.

510

있어서 그 때문에 그것을 완성할 겨를이 없었다. 육관이 모두 6권이
다. 그 다음은 천관수제 5권으로서 東班官階, 西班官階, 宗親勳戚, 外
命婦, 外官의 職品, 職品表, 三班官制, 郡縣分隷, 考績法, 京官考功表,
外官考功表, 虞侯邊將等考功表 및 郡縣分等이다. 그 다음은 지관수제
35권이다. 田制井田論, 井田諸圖, 官田別考, 邦田議, 八道田結時起表,
己巳年秋大槩狀, 我邦井田議 및 魚鱗圖이다. 전제별고는 結負考辨,
量田考, 方田始末 및 魚鱗圖說이다. 田制補遺, 敎民法, 甲乙符讖鷄龍
山論역시 교민에 속한다, 九賦論, 職貢法, 賦貢制, 力征之例, 弛舍之例, 邦
賦考, 戶籍法, 倉廩之儲 및 均役追議이다. 그 다음은 춘관수제 2권인
데, 科擧之規 및 治選之額이다. 그 다음은 하관수제 1권인데, 武科이
다. 그 다음은 추관수제이다. 그 다음은 동관수제인데, 我邦營國圖이
다. 또 船議가 있으나, 저술을 끝내지 못했다.[38]

위에서 보는 바와 같이, 이 인용문은 『경세유표』의 내용을 제
대로 이해하지 못하고 있는 사람의 기술이라고 말할 수밖에 없을
정도의 문장이다. 우선 눈에 띄는 것은 "모두 49권"과 "지관수제 35

---

38) 按, 是篇又名經世遺表. 經世者, 何也. 官制·郡縣之制·田制·賦役·貢市·倉儲·軍
制·科制·海稅·商稅·馬政·船法·營國之制, 不拘時用, 立經陳紀, 思以新我之舊
邦也. 凡四十九卷, 大綱旣立, 小條或漏. 又如我邦貢賦之制, 未克就緖, 有還鄕
之恩命, 仍而未遑其篇. 六官合六卷. 次天官修制五卷. 日東班官階, 日西班官階,
日宗親勳戚, 日外命婦, 日外官之品, 日職品表, 日三班官制, 日郡縣分隷, 日考
績之法, 日京官考功表, 日京官考藝表, 日外官考功表, 日虞侯邊將等考功表, 日
郡縣分等. 次地官修制三十五卷. 日田制井田論, 日井田諸圖, 日官田別考, 日邦
田議, 日八道田結時起表, 日己巳秋大槩狀, 日我邦井田議, 日魚鱗圖. 其田制別
考, 日結負考辨, 日量田考, 日方田始末, 日魚鱗圖說. 日田制補遺, 日敎民法, 日
甲乙符讖鷄龍山論亦屬敎民, 日九賦論, 日職貢法, 日賦貢制, 日力征之例, 日弛舍
之例, 日邦賦考, 日戶籍法, 日倉廩之儲, 日均役追議. 次春官修制二卷, 日科擧
之規, 日治選之額. 次夏官修制一卷, 日武科. 次秋官修制. 次冬官修制, 日我邦
營國圖. 又有船議, 不能完編.(丁奎英, 『俟菴先生年譜』, 1922, 十七年丁丑邦禮
草本輯功, 起而未卒業條)

권"이다.「自撰墓誌銘」에서는 48권이라 했으나, 48권은『목민심서』
와 같이 그 권수를 48권으로 하려는 목표였을 뿐 본래부터 있어본
일이 없었고, 地官修制도「균역사목추의」2권을 포함하여 29권이었
으니, 49권과 35권은 위의 인용문에서 보는 바와 같이 지관수제의
恣意的 分類의 결과에 불과할 뿐이다. 그리고 전반적으로 목차배
열은 혼란스러워 종잡을 수가 없고, 또 "次秋官修制"라 해놓고 거
기에는 아무 항목도 배치하지 못하고 있다. 그리고「田制補遺」라
는 篇名이 있다고 하는데,『경세유표』내에서는 물론『여유당집』
이나『여유당전서』에서도 그러한 편명은 발견되지 않는다. 이러
한 점으로 보아, 이 목차배열은『경세유표』의 내용을 제대로 이해
하지 못하고 이루어졌음이 분명하다. 목차배열에 있어서는 다산
가에서조차 이러한 형편이었으니, 일반 필사본에 있어서는 더 말
할 것이 없을 것이다. 모두들 자기 나름대로 합리적이라고 생각되
는 목차배열을 시도해 본 듯 하다. 그러므로 일반필사본은 많은
경우 목차배열이 착간되어 있지만, 확인되는 범위 내에서는 '7.東
洋文庫'와 '8.奎章閣'을 예외로 하는 한 단 하나도 同一한 錯簡이
없다.[39] 이러한 점으로 미루어보아 일반 필사본에 있어서의 목차
배열 착간은『경세유표』가 서술의 체계를 얻지 못하고 미완성본
으로 끝난 데에 그 가장 큰 원인이 있었던 것으로 보인다. 아래에
서 목차배열의 심한 錯簡事例 하나를 들어본다.

---

39) 附表로 제시한 筆寫本『經世遺表』의 目次排列表를 참조할 것.

512

表3 버클리本의 册次, 卷次 및 目次

册次	卷次	目次
經世遺表一	經世遺表卷之一	天官吏曹第一
	經世遺表卷之二	地官戶曹第二
	經世遺表卷之三	春官禮曹第三
經世遺表二	經世遺表卷之	春官修制 科擧之規
	經世遺表卷之	春官修制 科擧之規 治選之額
	經世遺表卷之	夏官修制 武科
經世遺表三	經世遺表卷之四	夏官兵曹第四
	經世遺表卷之五	秋官刑曹第五
	經世遺表卷之六	冬官工曹第六
經世遺表四	經世遺表卷之七	天官修制 東班官階 西班官階 外命婦 外官之品 職品表
	經世遺表卷之八	天官修制 三班官制
	經世遺表卷之九	天官修制 郡縣分隷
經世遺表五	經世遺表卷之	地官修制 田制一(井田論一 ～ 三)
	經世遺表卷之	地官修制 田制二
	經世遺表卷之	地官修制 田制三
經世遺表六	經世遺表卷之	地官修制 田制四
	經世遺表卷之	地官修制 田制五
	經世遺表卷之	地官修制 田制考六(邦田議 八道田結時起表)
經世遺表七	經世遺表卷之	地官修制 田制七(己巳秋大槪狀)
	經世遺表卷之	地官修制 田制八
	經世遺表卷之	地官修制 田制九(井田議一)
經世遺表八	經世遺表卷之	地官修制 田制十(井田議二)
	經世遺表卷之	地官修制 田制十一(井田議三)
	經世遺表卷之	地官修制 田制十二(井田議四)
經世遺表九	經世遺表卷之二十五	地官修制 賦貢制一(九賦論)
	經世遺表卷之	地官修制 賦貢制二
	經世遺表卷之	地官修制 賦貢制三

經世遺表十	經世遺表卷之	地官修制 賦貢制四(已下山澤之賦)
	經世遺表卷之	地官修制 賦貢制五(鹽鐵考下)
	經世遺表卷之	地官修制 賦貢制六(已下雜稅)
經世遺表十一	經世遺表卷之	天官修制 考績之法
	經世遺表卷之	地官修制 賦貢制七(邦賦考)
		匠人營國圖 一遂九坊圖
經世遺表十二	經世遺表卷之	地官修制 戶籍法
	經世遺表卷之十	天官修制 郡縣分等
	經世遺表卷之	夏官修制 鎭堡之制
經世遺表十三	經世遺表卷之五十一	地官修制 倉廩之儲
	經世遺表卷之五十二	地官修制 倉廩之儲
	經世遺表卷之五十三	地官修制 倉廩之儲
經世遺表十四	經世遺表卷之	均役事目追議(海稅 藿稅 鹽稅 高麗鹽法論)
	經世遺表卷之	均役事目追議 (船稅 船廠論 戰船使用議)
經世遺表十五	經世遺表卷之二十二	田制別考(結負考辨 諸路量田考 方田始末)
	經世遺表卷之二十三	田制別考(魚鱗圖說)
	經世遺表卷之二十四	田制別考(魚鱗圖說)
經世遺表續一	經世遺表卷之	地官修制 敎民之法 鄕試蕘言
	經世遺表附錄	田結辨 田論一~七 還上論 職官論一 技藝論一~三 監司論 奸吏論

버클리본은 다산가에 가까웠던 사람의 필사본으로 추측된다. 책의 書誌的 特徵이 가장본과는 다르기 때문에 일반 필사본으로 분류된 것일 뿐 가장본과 같이 蒐集되고 筆體가 가장본 필체 중의 일종으로 추측된다는 점에서는 가장본으로 보아도 좋을 만한 것이다. 그런데, 위에서 보는 바와 같이 이 필사본의 목차는 너무나 크게 착간되어 있다.[40] 序官과 修制가 착간된 경우, 수제의 順序가 착

---

40) 다산의 經世學에 관한 연구자인 趙誠乙은, 버클리본이 비교적 初期의 筆寫本이고 그 目次排列은 執筆順이 아닐까 추측하고 있다. 버클리본이 초기 필사

간된 경우, '五十一卷·五十二卷·五十三卷'과 같은 있을 것 같지도 않은 卷次의 附與, 田制別考의 소속관서 표기인 地官修制의 생략, 지관수제 敎民之法과 鄕試蕘言의 經世遺表續一로의 분류 그리고 「經世遺表附錄」과 같이 『경세유표』의 내용과는 전혀 관계도 없는 茶山著作의 混入 등 무엇 때문에 이렇게 심한 착간을 일으킬 수밖에 없었는지 도무지 짐작이 가지 않는다. 위에서 보는 바와 같이 착간목차는 표준목차와는 그 목차의 배열이 엄청나게 다름에도 불구하고, 각 項目의 記述內容과 文章이 여러 필사본 간에 다른 것은, 극소수의 枝葉的인 경우를 例外로 하고는 아직 발견되지 않는다. 그러므로 필자는 착간은 단순한 착간에 불과하다고 보는 것이다.

이제 標準目次排列을 제시할 때가 되었다. 여기에서 표준목차배열이라 함은 다산이 의도했던 序官과 六官修制의 體系에 合當한 목차배열을 가리킨다. 다산은 『방례초본』의 模型을 『주례』의 육관체제에서 찾으려고 했기 때문에 위와 같은 목차배열의 원칙에 대한 이해는 정당할 것이다. 표준목차배열을 이렇게 정의해 놓고 보면, 필사본 중에서는, 附表에서 보는 바와 같이, 현재 完帙本으로 남아있는 3종의 가장본과 2종의 필사본이 표준목차배열을 보여주고 있다. 규장각가장본에는 14책이 결락되어 있고 「균역사목추의」의 卷次 附與에 誤記가 있기는 하지만, 이는 단순한 記載의 잘못일 뿐 排列의 錯簡은 아니다. 그리고 두 장서각가장본, 규장각가장본, 국민대본 및 日本의 東洋文庫本의 1종은 완전히 같은 목차배열을 보이고 있다. 이 본들에서는 책차와 권차의 排列도 전혀 흐트러짐

본이라는 점은 筆者의 조사와도 같지만, 그 목차배열이 집필순이라는 것은 그의 推測에 불과하다. 그가 이러한 誤謬를 범한 이유는 우선 『경세유표』의 각 篇에 보이는 執筆時期에 관한 기술을 체계적으로 검토하지 못한 점 및 茶山家藏本과 일반 필사본의 比較檢討를 행하지 못한 점에 기인하는 것으로 보인다. 조성을, 「『경세유표』의 문헌학적 제문제」(『茶山學』제10호, 2007)를 참조할 것.

이 없다. 다만 필사본에 따라서는 「春官修制 科擧之規一」이 제14책
에 배치되기도 하고 제15책에 配置되기도 했을 뿐이다. 이상으로
써 미루어보아 최종적으로 완성된 『경세유표』는 '1.여유당집'에서
보는 바와 같은 15책 44권임이 틀림없다. 그러나 표준목차배열에
가깝다고 해서 완전한 목차배열이라고는 할 수 없다. 두 가지 점
을 지적해두고 싶다. 첫째는 「匠人營國圖」와 「一遂九坊圖」의 경우
이다. 표준목차배열에 있어서 이들은 「三班官制」와 「郡縣分隸」 사
이에 삽입되어 있지만, 여기가 이들이 놓일 정당한 위치라고는 할
수 없다. 이들이 體國經野의 基本構成要素라는 점을 생각한다면,
六官體制上에서는 이들이 배치될 적당한 장소는 없어 보인다.[41]
둘째는 「均役事目追議」의 경우이다. 「균역사목추의」는 所管部署가
배당되어 있지 않다. 육관체제상의 정당한 위치를 확정하려면, 당
연히 地官修制에 포함시키고, 均役은 賦貢이기 때문에 「賦貢制」의
다음으로 재배치되어야 할 것이다.

---

41) 졸고, 「다산과 體國經野」(『茶山學』제4호, 2003)를 참조할 것.

表4 家藏本의 册次, 卷次 및 目次

册次	卷次	目次
經世遺表一	經世遺表卷之一	天官吏曹第一
	經世遺表卷之二	地官戶曹第二
	經世遺表卷之三	春官禮曹第三
經世遺表二	經世遺表卷之四	夏官兵曹第四
	經世遺表卷之五	秋官刑曹第五
	經世遺表卷之六	冬官工曹第六
經世遺表三	經世遺表卷之七	天官修制(東班官階 西班官階 宗親勳戚 外命婦 外官之品 職品表)
	經世遺表卷之八	天官修制 三班官制 匠人營國圖 一遂九坊圖
	經世遺表卷之九	天官修制 郡縣分隸
經世遺表四	經世遺表卷之十	天官修制 郡縣分等
	經世遺表卷之十一	天官修制 考績之法
經世遺表五	經世遺表卷之十二	地官修制 田制一(井田論一~三)
	經世遺表卷之十三	地官修制 田制二
	經世遺表卷之十四	地官修制 田制三
經世遺表六	經世遺表卷之十五	地官修制 田制四
	經世遺表卷之十六	地官修制 田制五
	經世遺表卷之十七	地官修制 田制考六
經世遺表七	經世遺表卷之十八	地官修制 田制七
	經世遺表卷之十九	地官修制 田制八
	經世遺表卷之二十	地官修制 田制九(井田議一)
經世遺表八	經世遺表卷之二十一	地官修制 田制十(井田議二)
	經世遺表卷之二十二	地官修制 田制十一(井田議三)
	經世遺表卷之二十三	地官修制 田制十二(井田議四)
經世遺表九	經世遺表卷之二十四	地官修制 田制別考一(結負考辨 諸路量田考 步畝考 方田始末)
	經世遺表卷之二十五	地官修制 田制別考二(魚鱗圖說)
	經世遺表卷之二十六	地官修制 田制別考三(魚鱗圖說)

	經世遺表卷之二十七	地官修制 賦貢制一(九賦論)
經世遺表十	經世遺表卷之二十八	地官修制 賦貢制二
	經世遺表卷之二十九	地官修制 賦貢制三
	經世遺表卷之三十	地官修制 賦貢制四
經世遺表十一	經世遺表卷之三十一	地官修制 賦貢制五
	經世遺表卷之三十二	地官修制 賦貢制六
	經世遺表卷之三十三	地官修制 賦貢制七(邦賦考)
	經世遺表卷之三十四	地官修制 倉廩之儲一
經世遺表十二	經世遺表卷之三十五	地官修制 倉廩之儲二
	經世遺表卷之三十六	地官修制 倉廩之儲三
	經世遺表卷之三十七	均役事目追議(海稅 魚稅 藿稅 鹽稅 高麗鹽法論)
經世遺表十三	經世遺表卷之三十八	均役事目追議(船稅 總論 船廠論 戰船使用議)
經世遺表十四	經世遺表卷之三十九	地官修制 戶籍法
	經世遺表卷之四十	地官修制 敎民之法
	經世遺表卷之四十一	春官修制 科擧之規一
經世遺表十五	經世遺表卷之四十二	春官修制 科擧之規二 治選之額 鄉試蒭言
	經世遺表卷之四十三	夏官修制 武科之規
	經世遺表卷之四十四	夏官修制 鎭堡之制

제4절 定本化事業을 위한 新朝鮮社本의 修正

위에서 필자는 표4가 『경세유표』의 책수, 권수 및 목차의 最終的 完成形態라는 점을 논증해 보았다. 그러나, 표4가 『경세유표』의 標準目次排列이라고 하더라도, 그것이 體系的으로 완결된 目次排列은 아니다. 그 이유는, 앞에서도 누누이 지적한 바와 같이, 『경세유표』 자체가 體國經野 體制와 六官官職 體制 사이에서 彷徨함으로써 끝내 未完成本으로 남을 수밖에 없었기 때문이다. 육관체제로 표준목차를 정리하려다 보면, 「匠人營國圖」와 「一遂九坊圖」(「군현분예」 및 「군현분등」도 여기에 포함될 수 있다)와 같은 체국경야체제의 構成要素를 거기에다 수용할 수가 없고, 체국경야체제로 목차를 정리하려다 보면 이미 목차가 六官體制로 배열되어 버렸기 때문에 체국경야체제는 恢復될 수가 없는 상황이 되어버렸기 때문이다. 그러므로, 『경세유표』의 표준목차를 체국경야체제나 육관체제로 再整理하는 일은 불가능하다. 따라서 정본화 사업을 위한 표준목차의 결정은 가장본 『경세유표』의 목차를 확인하는 일밖에 남지 않는다. 앞의 검토에서 보는 바와 같이, 가장본 『경세유표』의 표준목차는 표4와 같다. 이러한 표준목차를 보이고 있는 필사본은 표1의 1~5까지의 필사본이다.(최초의 확실한 卷數 附與는 '2.경세유표'에서 주어졌다)

이렇게 표준목차를 확정하고 『경세유표』의 정본화를 위하여 이 標準目次와 新朝鮮社本의 目次를 對比해 보면, 신조선사본의 목차는 다음과 같이 수정되어야 할 것이다. 신조선사본에서는 「均役事目追議」가 「戶籍法」과 「敎民之法」의 뒤에 배치되어 있는데, 표준목차에 따라 전자를 후자의 앞으로 가져가야 할 것이다. 다시 말하면, 목차배열이 「균역사목추의」, 「호적법」 및 「교민지법」의 순서로 되어야 할 것이다. 이상과 같은 간단한 목차배치의 수정으로써 목차배열 문제에 한정하는 한 『경세유표』의 정본화 사업은 완료될 수 있다. 그러나, 유감스럽게도 『定本經世遺表』에서는 서지적 검토를 제대로 행하지 못했기 때문에 이러한 수정마저 이루어지지 못했다. 또, 枝葉的인 문제이기는 하지만, 앞에서 거론한 注記들을 어떻게 처리할 것인가 하는 문제가 남는다. 신조선사본에는 丁學淵과 丁文燮의 주기는 있으나 津關司條의 주기가 결락되어 있는데, 정학연과 정문섭의 주기는 원래 原本에 없었던 것이니 이를 삭제하고, 津關司條의 주기는 茶山이 追加한 것이니 이를 살리는 것이 옳을 것이다.

다시 말하면, 정본화 사업이 『경세유표』의 原本狀態를 復元하는 작업이라고 한다면, 이상으로써 정본화 작업은 완결된다. 그러나 한 걸음 더 나아가 다산이 본래 의도했던 육관체제에 알맞게 목차를 더 정교하게 정비하려고 한다면, 「균역사목추의」의 所屬官廳을 地官修制로 하고 그것을 부공제의 바로 다음에 배치하면 될 것이다. 왜냐하면, 均役은 賦貢에 屬하기 때문이다. 마지막으로, 「匠人營國圖」와 「一遂九坊圖」의 문제가 남는데, 이것들은 본래 六官體制內에서는 놓여질 적당한 위치를 찾을 수 없으므로 그 자리에 두고 「補論」이라 표시하는 것이 좋지 않을까 한다.

520

맺음말

필사본『경세유표』의 書誌的 檢討의 결과 얻을 수 있는 큰 결론은 다음의 네 가지로 요약될 수 있을 것이다.

첫째,『경세유표』의 필사본 중에는 다산가에서 筆寫된 家藏本이 5종이나 발견된다는 점이다.『목민심서』의 가장본은, 그동안 그 존재가 알려지지 못했으나, 다산학술문화재단의 다산탄신250주년기념 국제학술대회를 계기로 장서각본과 서울대학교본이 있다는 것이 밝혀졌다. 그리고『경세유표』의 鉛活字本들은 모두 가장본이 그 출판저본이었음이 확인된다.『목민심서』의 연활자본도 家藏本이 그 출판저본이었음이 확인되었다.42) 이러한 점에서 가장본의 존재는『여유당전서』의 定本化事業 全般에 있어서 매우 중요한 의미를 가질 것으로 생각된다.

둘째, 20종의 필사본을 검토하는 한,『경세유표』의 경우에 있어서는 草稿本과 完成本이 따로 없고, 지극히 지엽적인 기술을 예외로 한다면 모든 필사본들의 내용과 문장이 완전히 동일하다는 사실이 확인된다. 이러한 점에서 보면,『경세유표』의 경우에는 다산 수택본의 단계에서 지극히 한정된 범위 내에서 文章의 補充과 修正은 있었으나(「補論」참조) 그 이후에는 이러한 일이 일체 없었다. 필사는 19세기 20년대에서 19세기 말에 이르는 약 1세기 간에 걸쳐서 이루어졌지만, 필사과정에서도 原文이 修正되거나 毁損된 흔적은 아직 발견되지 않고, 가장본의『여유당집』이나『경세유표』의 粧潢刀鍊을 포함하는 서지적 특징에는 조그마한 변동도 없었다. 이러한 점은, 일반적인 추측과는 달리,『여유당전서』가 이루어질

---

42) 草稿本의 出版底本에 관해서는 拙稿, 「牧民心書考異」(春堂丁炳烋博士華甲記念論文集』, 비봉출판사, 1983)를 참조할 것.

때까지는 茶山家의 家勢가 매우 安定的이었다는 것을 의미한다.

셋째, 그럼에도 불구하고, 각 필사본들의 목차배열을 대비해 보면, 目次排列의 錯簡이 너무 심하다. 왜 同一한 內容과 文章을 가지고 목차배열이 이렇게 뒤죽박죽이 되었는지는 정말 이해하기 힘들다. 필자는 目次의 錯簡原因을『경세유표』가 서술의 체계를 얻지 못하여 未完成本으로 끝날 수밖에 없었던 점에서 찾아보려고 하였다. 이러한 지적은『경세유표』에서 피력된 다산의 국가개혁 사상이 미완성물이었다는 것을 의미한다. 그러므로 이러한 점에 관해서는 반드시 別途의 硏究가 있어야 할 것이다.

넷째,『경세유표』의 정본화 사업은 家藏本『경세유표』와 新朝鮮社本『경세유표』를 대조하여 전자의 目次를 기준으로 후자의 그것을 調整하는 단순한 작업을 통하여 이루어질 수 밖에 없다는 결론에 도달했다. 왜냐하면,『경세유표』는 미완성본이기 때문에 본래의 著作意圖에 따라 목차배열을 재정리하는 것은 불가능하고, 新朝鮮社本의 목차를 가장본『경세유표』의 그것에 맞추어 정리하는 것 이외의 다른 시도를 할 수 없기 때문이다. 현존하는 가장본『경세유표』를 기준으로 할 때, 신조선사본『경세유표』는 두 가지 점이 수정되어야 한다. 하나는「호적법」·「교민지법」과「균역사목추의」의 배열을 본래대로 조정하는 일이요, 다른 하나는 丁學淵과 丁文爕의 注記를 삭제하고 津關司條注記를 추가하는 일이다. 마지막으로,「匠人營國圖」와「一逐九坊圖」는「補論」이라는 이름을 붙이고 그 자리에 存置시킨다.

끝으로 위와 같은 書誌的 檢討가『경세유표』의 정본화 사업과『경세유표』에 관한 本格的인 연구를 위한 조그마한 디딤돌이 될 수 있기를 바라마지 않는다.

附表 : 筆寫本 『經世遺表』의 目次配列對照表

	1 藏書閣	2 藏書閣	3 國民大	4 奎章閣	5 東洋文庫	6 奎章閣	7 東洋文庫	8 奎章閣	9 藏書閣	10 버클리
第1冊	缺	ABC	ABC	ABC	ABC	ABC	ABC	ABC	ABC	ABC
第2冊	DEF	DEF	DEF	DEF	DEF	DEF	DEF	DEF	DEF	pqr
第3冊	GHIJ	GHIJ	GHIJ	GHIJ	GHIJ	GHIJ	GHIJ	GHIJ	GHIJ	DEF
第4冊	KL	KL	KL	KL	KL	KL	MNO	MNO	MNO	GHJ
第5冊	MNO	MNO	MNO	MNO	MNO	MNO	PQR	PQR	PQR	MNO
第6冊	缺	PQR	PQR	PQR	PQR	PQR	STU	STU	STU	PQR
第7冊	STU	STU	STU	STU	STU	STU	VWX	VWX	VWX	STU
第8冊	VWX	VWX	VWX	VWX	VWX	VWX	bcd	bcd	cde	VWX
第9冊	YZa	YZa	YZa	YZa	YZa	YZa	efg	efg	fghI	bcd
第10冊	bcd	bcd	bcd	bcd	bcd	bcd	YZa	YZa	YZa	efg
第11冊	efgh	efgh	efgh	efgh	efgh	efgh	ijk	ijk	nij	LhI
第12冊	ijk	ijk	ijk	ijk	ijk	lm	nKs	nKs	KLb	nKs
第13冊	lm	lm	lm	lm	lm	ijk	lm	lm	lm	ijk
第14冊	no	nop	nop	缺	no	nIo	LhI	LhI	rs	LhI
第15冊	pqrs	qrs	qrs	pqrs	pqrs	pqrs	pqr	pqr	kpq	YZao

備考 :

1. 筆寫本1~10의 番號附與는 表1의 그것과 같다.

2. 각 필사본의 目次는 아래와 같이 卷次에 따라 알파벳순으로 配列한다. 한 卷에 여러 項目이 並記되어 있는 경우, 첫째 항목을 목차로 제시했다. 그리고, 위와 같은 목차배열의 原則에 따르면 목차로 제시될 수 없는 것이지만, 匠人營國圖와 一遂九坊圖(I)는 『經世遺表』의 體系를 파악하는 데 있어서 지극히 중요한 의미를 가지는 것이기 때문에 특별히 목차로 제시했다.
A(天官吏曹第一) B(地官戶曹第二) C(春官禮曹第三) D(夏官兵曹第四) E(秋官刑曹第五) F(冬官工曹第六) G(東班官階) H(三班官制) I(匠人營國圖·一遂九坊圖) J(郡縣分隷) K(郡縣分等) L(考績之法) M(田制一) N(田制二) O(田制三) P(田制四) Q(田制五) R(田制六) S(田制七) T(田制八) U(田制九) V(田制十) W(田制十一) X(田制十二) Y(結負考辨) Z(魚鱗圖說一)
a(魚鱗圖說二) b(賦貢第一) c(賦貢第二) d(賦貢第三) e(賦貢第四) f(賦貢第五) g(賦貢第六) h(賦貢第七) i(倉廩之儲一) j(倉廩之儲二) k(倉廩之儲三) l(均役事目追議一) m(均役事目追議二) n(戶籍法) o(敎民之法) p(科擧之規一) q(科擧之規二) r(武科之規) s(鎭堡之制)

3. 필사본의 「6규장각」과 「10버클리」는 각각 그 冊數가 16책으로 되어 있으나 15책으로 조정하였다. 그러나, 목차의 순서는 원문 그대로이다.

4. 버클리본의 附錄은 『경세유표』의 내용이 아니기 때문에 목차에서 제외했다.

5. 「7東洋文庫」, 「8奎章閣」 및 「9藏書閣」에는 o(敎民之法)항목이 缺落되어 있다.

注 : 『量田議』十三終은 1819·20년경의 量田方策에 대한 정부의 '收議'
에 호응하기 위하여 저술되었다. 이 책은 그 후에 「結負考辨」을 追加로
執筆하여 「田制別考」1~3이라는 이름으로 『經世遺表』에 編入되었다.

우선 두 문헌의 자료적 특성부터 소개하기로 한다. 첫째, 다산 수택본『경세유표』는, 제1·6책이 缺落된 다산의 修正 중에 있던 筆寫本으로서, 그 제명이『與猶堂集』,『邦禮草本』및『經世遺表』로 표기되어 있다.『여유당집』이나『경세유표』라는 서명이 출현하는 1822년 이후의 필사본이기 때문에 세 가지 서명을 한꺼번에 표기할 수 있었던 것으로 보인다. 이 다산수택본『경세유표』는 현존하는 필사본 중에서는 가장 오래된 필사본이다. 이 이전에『방례초본』이라는 필사본이 존재했는지 어떠했는지에 대해서는 아직 밝혀진 바가 없다.(『경세유표』의 집필과정으로 보아 없었을 가능성이 높을 것으로 보인다) 이 필사본의 문장은, 100여 곳에 걸쳐서 頭注, 傍注, ㅡ(削除表示) 및 '追改'의 형식으로써 부분적으로 수정되는 것을 예외로 한다면, 최종본『경세유표』의 그것과 완전히 일치한다. 그러므로 다산수정 중의 수택본이라고는 하지만, 사실상『경세유표』의 最終本이나 마찬가지인 셈이다. 그리고, 목차배열은 최종본의 그것과 같으나, 卷次는 附與된 곳도 있고 추후에 여러 가지로 부여되었다가 수정된 곳도 있다.「자찬묘지명」의 '『경세유표』48권'이라는 記事와 아울러 생각해 보면, 이때까지만 하더라도 다산은『경세유표』를 증보할 생각을 가지고 있었던 것으로 보인다. 그러나 1834년 그가 돌아가기 2년 전에 손수 작성한 것으로 보이는『洌水全書總目錄』에서는 '『경세유표』43권'이라 했으므로 그간에 증보는 없었다. 이러한 점들을 고려해 보면, 卷次의 加筆·修正은 이러한 그의 뜻에 따라 子弟나 弟子들에 의하여 이루어졌는지도 모르겠다. 이 頭注의 指示와 수정권차를 수용하여『경세유표』의 문장 수정과 최종적 권차부여를 행한 것이 표1의 '2.經世遺表'의 장서각본이다. 이렇게 고찰해 보면,『경세유표』는 茶山 死後의 이 장서각본의 성립으로 완성되었다고 할 수 있다.

둘째, 경기문화재단 실학박물관에는 『與猶堂集』, 『邦禮草本』 및 『經世遺表』四~七이라는 제명의 『경세유표』의 「田制」1~12의 4책과 『與猶堂集』 및 『量田議』十三終이라는 題名의 1책이 있다. 전자에는 每卷에 「經世遺表卷之」라고는 했지만 그 卷次는 주어져 있지 않으며, 후자는 그 장절의 체재가 『경세유표』의 그것과는 다르다. 이러한 점에서 보면, 전자에서는 이미 그 章節은 『경세유표』 장절의 체재를 갖추고 있기는 하지만 권차는 附與되어 있지 않고, 후자는 아직 『경세유표』의 장절로 편입되기 이전의 저작이라는 사실을 알 수 있다. 특히 후자는 『여유당전서』에서는 보이지 않는 『양전의』13종(13종이라는 것이 무엇을 뜻하는 것인지는 알 수 없으나, 「田制」가 12까지 있으니, 「전제」13으로서 「전제」의 끝이라는 뜻이 아닌지 모르겠다)라는 題名으로 되어 있는 점이 特異하다고 할 것이다. 그 내용이 기본적으로 「전제별고」3권과 같기 때문에, 『경세유표』로 편입되기 이전의 「전제별고」라고 할 수 있겠다. 『量田議』와 「田制別考」의 목차를 비교해 보면, 다음과 같다.

量田議와 田制別考의 目次比較

1. 『量田議』의 目次
   量田議
   諸路量田考
   步畝考
   方田始末
   魚鱗圖說
   魚鱗圖說下

2. 「田制別考」의 目次
   經世遺表卷之二十四
     地官修制 田制別考一
       結負考辨十張
       諸路量田考二張
        步畝考附
       方田始末七張
   經世遺表卷之二十五
     地官修制 田制別考二
       魚鱗圖說二十三張
   經世遺表卷之二十六
     地官修制 田制別考三
       魚鱗圖說十九張
       魚鱗圖小本二張

두 目次의 體裁는 아주 다르지만, 그 內容이 다른 점은 전자에
는「量田議」2張(4페이지)이 들어 있는 데 대하여 후자에는 그 대
신에「結負考辨」10張이 들어 있는 것이다. 양자의 목차가 위와 같
이 다르게 된 원인은 그 著作動機의 差異에 있었던 것으로 보인다.
『양전의』는,『경세유표』의 저술과는 관계없이 1819·20년의 조선정
부의 양전에 대한 '收議'에 부응하기 위해서 저술된 것이므로, 양
전의 필요성을 강조하기 위하여「量田議」라는 序文이 필요했던 데
대하여,「전제별고」는『양전의』를『경세유표』의「전제」의 一部로
편입하기 위하여 그 목차를 재정리하는 과정에서「양전의」를 削
除하고 특별히「結負考辨」을 새로이 집필하여 넣은 것이 아닌가
한다.「양전의」는『경세유표』에는 물론『여유당전서』에도 게재되
어 있지 않다. 그러나, 실학박물관의『여유당집』의 전사본으로 보
이는 한양대학교 중앙도서관 漢籍室 所藏의 표1의 '14.『여유당집』'
이 있는데, 이 필사본에는 당연히「양전의」가 수록되어 있다.「양
전의」는 다산의 저작으로서 매우 중요한 문헌이기 때문에 飜譯하
여 그 原文과 같이 이 補論의 附錄으로 실었다.「결부고변」은, 정
전법을 실시하기 위해서는 개혁대상이 될 수밖에 없는 우리나라
의 결부제에 대한 檢討의 一環으로서,「전제」와「전제별고」의 이
론적 일관성을 유지하기 위하여 집필된 것으로 보인다.

이제부터 본격적으로 다산수택본『경세유표』의 上段 餘白의 標
示 個所의 내용을 분석해 보기로 한다. 다산수택본에서는 頭注, 傍
注, −(削除表示) 또는「追改」등의 표시를 한 곳이 108개소에 이르
는데, 그 현황은 아래의「茶山手澤本經世遺表의 標示個所一覽表」
와 같다. 다산수택본과 다산수택본의 표시를 충실히 받아들여 이
루어진 완성본『경세유표』인 '2.經世遺表'의 장서각가장본을 대조

해 보면, 108개소의 표시가 頭注로 있다가 本文에 揷入된 것이 56, 頭注 그대로 남아있는 것이 34, 本文이 削除된 것이 8, 字句가 校正된 것이 6, 文章의 位置가 전후로 再配置된 것이 3 및 문장이 크게 修正된 것이 1이다. 이렇게 보면, 『경세유표』는 수택본의 단계에서 크게 修正된 것으로 생각될 수도 있겠으나, 문장수정의 대부분은 문장의 인용에서 脫落된 字句를 추가하거나 설명이 漏落되었다고 생각되는 것을 보충한 것이 많으며, 문장의 내용이 크게 바뀐 것은 1例에 불과하다. 그리고, 문장이 크게 수정된 것도, 간단히 언급한 문장의 歷史的 事實을 자세히 알 수 있도록 설명한 것에 불과하고, 문장의 내용을 근본적으로 바꾼 것은 아니다. 이렇게 보면, 수정 중의 수택본의 단계에서 『경세유표』의 내용이 크게 바뀐 것은 없으나, 위와 같은 여러 가지의 표시 중에는 茶山思想의 一端을 명확하게 읽을 수 있는 자료가 많다. 아래에서는 그 약간의 사례를 소개하기로 한다.

먼저 頭注가 본문으로 삽입된 경우에 대해서 보기로 하자. 일람표의 29.天官修制考績之法의 "其奏"로 시작되는 綱에는 "繕工監, 利用監, 典軌司 및 甄瓦署 등은 智慧를 창출하거나 考案을 내어서 日常의 쓰임에 이바지하게 하여 생활을 넉넉하게 하는 것으로써 業績으로 삼는다(繕工監利用監典軌司甄瓦署之等, 以創智設巧, 利用厚生, 爲功績見職掌)"는 句節을 먹물의 頭注로써 본문에 삽입하라고 지시하였다. 氷庫를 관리하는 업무를 담당하는 선공감, 器械의 制作·普及과 중국으로부터의 새로운 技術導入의 업무를 담당하는 이용감, 수레의 制作과 道路建設의 업무를 담당하는 전궤사 및 벽돌과 기와를 굽는 일을 담당하는 견와서는 모두 工曹에 속하는 官署들인데, 이러한 利用厚生의 관서에 대해서는 현대적인 用語로 이노베이션(innovation)을 가지고 그 業績을 평가해야 한다는 것이다. 정약용이 상공업의 진흥을 위하여 인프라스트럭처로서의 交通業은 물론 産業으로서의 제조업과 같은 것을 얼마나 중요시했는지를 알 수 있다. 그리고, 일람표의 45.地官修制田制九의 "欲作井田"으로 시작되는 綱에서는 본래 洪景來가 "多福洞의 金店을 발판으로 군사를 일으켰다(因多福洞金店, 起兵)"고 했다가 "起兵"을 먹물의 頭注로써 "군사를 일으켜 반란했다(起兵作亂)"로 수정했는데, 이러한 두주와 다산이 洪景來亂을 계기로 「全羅道倡義通文」과 『民堡議』를 집필·저술하였다는 사실을 아울러 생각해 보면, 그가 얼마나 民衆蜂起를 警戒하고 있었는지를 알 수 있을 것이다. 정약용은, 낡아빠진 나라를 革新하려고(新我舊邦) 분투하고 塗炭에 빠진 인민들을 구제하려고 粉骨碎身하기는 했지만, 동시에 朝鮮王朝의 忠實한 臣下였던 것이다.

일람표의 56.地官修制田制別考二의 "洪武魚鱗之圖"로 시작되는 綱에서는 頭注로 "洪武 20년에 國子監生 등을 파견하여, 각처로 가서 筆地마다 측량했다. 그 전지의 方圓을 그림으로 그리고 사실(아래의 '그 필지의 方圓, 曲直, 美惡, 寬狹 및 丈量'을 가리키는 것으로 보아야 할 것이다 ― 필자)을 기록하며, 전지의 主名과 四至를 모두 써넣어서, 이것을 魚鱗圖册이라 하니, 百弊가 비로소 根絶되었다(洪武二十季, 遺國子監生等, 往各處履田晦而量度之. 圖其田之方圓, 次其事實, 悉書主名及田之四至, 謂之魚鱗圖册, 百弊始絶)"라는 문장을 朱筆의 두주로 "마땅히 고쳐 써야 하는데, 改稿는 아래에 있다)(當改見下)"고 해놓고, 「전제별고」2의 末尾에서 "追後에 改稿하다(追改)"라는 기술의 뒤에 "洪武 20년에 임금께서 백성의 빈부를 염려했는데, 부자들은 差役을 畏避하고 왕왕 남의 名義로써 자기의 田産을 위장하여 조세를 회피하는 등 奸弊가 百出하는데도 有司가 이를 밝혀내지 못하니, 빈자는 더욱 가난해졌다. 이에 國子生 武淳 등을 파견하여, 歲糧의 多寡에 따라서 9區로 나누어 구마다 糧長 4人을 두고, 長老들을 불러모아 필지마다 측량했다. 그 필지의 方圓, 曲直, 美惡, 寬狹 및 丈量을 그림으로 그리고, 전지의 主名과 四至를 써넣되, 고기비늘이 나란히 있는 것처럼 했다. 책으로 編輯하여, 이것을 魚鱗圖册이라 했다. 이것을 임금에게 올리니, 經界가 비로소 바르게 되었다(洪武二十年, 上念民貧富不均, 富者畏避差役, 往往以田産, 詭寄飛灑, 奸弊百出, 有司至莫能詰, 而貧者益困. 乃遣國子生武淳等, 隨所在稅糧多寡, 定爲九區, 區設糧長四人, 集耆民履畝丈量. 圖其田之方圓曲直美惡寬狹若丈尺, 書主名及田四至, 如魚鱗相比. 次彙爲册, 謂之魚鱗圖册. 上之, 而經界於是乎始正)"라는 문장으로 교체했다. 다산은 量田技法의 核心을 정전으로의 田地區劃과 魚鱗圖로 생각했기 때문에 어린도를 작성하는 방법과 그 효과를 보다 자세하게 설명한 것이다. 토지측량방법을 缺如하고 있었던 조선의 양전기법을 개선하기 위하여 정약용이 어떻게 분투하고 있었던가를 보여주는 매우 중요한 대목이다. 이 「追改」는 본래 『量田議』의 해당 항목의 말미에 있었던 것인데, 다산수택본의 단계에 와서 비로소 本文의 자기 자리로 가져갈 것을 지시했던 것이다.

일람표의 67.地官修制賦貢制三의 "哲宗"으로 시작하는 綱에 먹물의 두주로 "使商賈不行, 農末皆病. 廢百王不刊之令典, 而行自古所無之弊法, 百世之下, 書之靑史曰, 收五穀力勝稅錢"라는 문장을 기입했는데, 이 두주는 다산의 상업관의 일단을 잘 보여준다. 이 두주를 그 아래 위의 문장과 연결시켜 번역하면 다음과 같다. "兵部尙書 蘇軾이 上言하기를, '신이 듣기로, 穀食이 너무 賤하면 農을 해치고 너무 貴하면 末을 해치기 때문에, 법으로써 五穀에는 세금을 거두지 못하게 해서, 풍년이 든 고을에서는 商賈들로 하여금 다투

어 매입하게 함으로써 너무 낮은 가격을 높이도록 하고, 災傷이
든 고을에서는 배와 수레를 輻輳하게 함으로써 너무 높은 가격을
내리도록 하는 것을 先王 이래로 바꾼 일이 없는데, 近世의 법령
에 비로소 오곡에 力勝稅錢을 두어서 商賈를 왕래하지 못하게 하
니, 農과 末이 모두 병들었습니다. 百王이 廢止하지 않던 令典을
폐지하고, 自古로 없었던 弊法을 시행하니, 百歲後에 靑史에 쓰기
를 五穀에 力勝稅錢을 거두는 일이 송나라의 某年으로부터 시행되
었다고 할 것이니, 신은 그윽이 이것을 가슴 아프게 생각합니다'
했다. ○行商의 이익은 五穀에서보다 더 많은 것이 없는데, 다른
상인들에게는 모두 세금을 거두고 매매하게 하면서, 오직 곡물을
거래하는 자들만 免稅하면, 臣은 그것이 이치에 맞다고 보지 않는
다. 무릇 매매하는 일은 모두 흔한 것을 줄이고 귀한 것을 늘리는
것이니, 布帛과 魚鹽이 모두 그러하지 않은 것이 없는데, 어찌 홀
로 오곡만 그러하겠는가. 이른바 力勝稅라는 것은 반드시 그 세율
이 과중해서 商賈의 通行이 끊어졌을 것이니, 세율을 가볍게 하는
데 힘쓸 일이요 전부 면제하는 것은 옳지 않다.(兵部尙書蘇軾上言,
臣聞穀太賤則傷農, 太貴則傷末, 是以法不稅五穀, 使豐熟之鄕, 商賈
爭糴, 以起太賤之價, 災傷之地, 舟車湢湊, 以壓太貴之直, 自先王以來,
未之有改也, 而近歲法令, 始有五穀力勝稅錢, 使商賈不行, 農末皆病,
廢百王不刊之令典, 而行自古所無之弊法, 百世之下, 書之靑史曰, 收
五穀力勝稅錢, 自皇宋某年始也, 臣竊爲聖世病之. ○臣謹案 行商之利,
莫大於穀粟, 他商皆征而販, 糴者獨免, 臣未見其中於理也. 凡商販之
事, 皆損賤而益貴, 布帛魚鹽, 莫不皆然, 奚獨五穀爲然. 惟所謂力勝稅
者, 其率必過重, 故至於商賈斷絕, 務在輕薄, 不可以全蠲也)"여기서
는 다산의 商業觀에 대하여 두 가지 사실을 읽을 수 있다. 첫째는
産業으로서 農工商이 골고루 발전해야 경제발전이 이루어진다고

534

생각했다는 점이요, 둘째는 法의 制定은 일시적인 여론에 휘둘릴 것이 아니라 이치에 맞아야 한다고 생각했던 점이다.

일람표의 75.地官修制賦貢制七의 "宣祖二十七年"으로 시작되는 綱에는 朱筆의 頭注로 "이것이 곧 大同法이다(這便是大同)"라고 했는데, 여기서는 조선후기의 최대의 경제개혁인 대동법이 누구로부터 시작되었는지를 밝힌 것이다. 흔히들 대동법은 李珥의 收米法으로부터 시작되었다고 보고 있으나, 다산은 오히려 그것을 柳成龍으로부터 시작했다고 보면 어떨까 하는 견해를 제시하고 있다. 독자들의 판단자료로서 아래에 다산의 견해를 제시해둔다. "相臣 유성룡이 상소하여 貢案의 詳定을 청했다. 그 논의에서 다음과 같이 말했다. '各道의 民結에 米豆를 고루 賦課하여 모두 京倉으로 수송하게 하고, 各司의 貢物 및 方物의 進上은 그 소요물품을 계산하여 貢價를 정하되 濟用監의 進獻을 苧布價木으로써 하는 것과 같이 해서 有司로 하여금 사서 쓰게 하며, 軍資의 不足이나 國家가 별도로 調達하는 것은 그 貢物과 方物의 進上하는 數量을 裁減하고 米豆로서 창고에 所藏되어 있는 것으로써 번잡하게 지출하지 못하게 한다면, 쓰임이 窮塞하지 않을 것입니다. 신이 듣기로는 皇朝에서는 外方에서 진상하는 일이 없고, 다만 13道의 贖銀을 光祿寺에 붙여서 무릇 進貢하는 물품을 모두 매입하여 쓰게 하는데, 만약 별도로 사용하는 일이 있으면, 특명으로써 膳羞를 裁減하여 價銀으로써 구입하여 사용하게 합니다. 그 때문에 遠地의 백성은 수송하는 노고를 알지 못하고 工匠의 百物이 서울에 湊集하지 않는 것이 없으니, 이것은 立法을 잘한 것입니다.' ○柳文忠公이 말한 바가 大同法이다. 대동법에 대한 논의는 문충공으로부터 시작된 것인가(相臣柳成龍上疏, 請詳定貢案. 其議曰, 各道民結, 均賦米豆, 皆令輸到京倉, 各司貢物及方物進上, 計物定價, 如濟用監進

獻苧布價木之例, 使有司貿用, 而若軍資不足及國家別有調度之事, 貢
物方物進上, 量數裁減, 而米豆之藏在庫中者, 不煩換作, 取之無窮矣.
臣聞皇朝無外方進上之事, 只以十三道贖銀, 付光錄寺, 凡進供之物,
皆買而用之. 若有別用之事, 則以特命減膳, 而用其價銀. 故遠地之民,
不知有輦輸之勞 而工匠百物, 無不湊集於京都, 此其立法之善也. ○臣
謹案 柳文忠所言, 即大同也. 大同之議, 其自文忠始乎)"

　마지막으로 朱筆의 頭注로서 분문을 自評한 두 가지의 사례를
소개할까 한다. 첫째는 일람표의 88.均役事目追議魚稅의 "江原道"
로 시작하는 綱에서 "陳田과 汰田이 들에 깔려 있건만 일찍이 漏
田과 隱田이 없지 않았다. 黃口와 白骨이 시끄럽게 울부짖지 않는
것이 아니건만, 일찍이 剩額과 疊額이 없지 않았다軍布 1額에 民丁으
로서 이름이 등록된 자가 혹 5~6명에 이른다(陳田汰田非不綿亙, 而漏田隱
田未嘗無也. 黃口白骨非不煩冤, 而剩額疊額未嘗無也軍布一額 民丁罹名
者, 或至五六)"라는 문장에 傍点을 쳐놓고 "확 뚫려서 막힘이 없는
논의(通暢無礙之論)"이라는 주필의 두주를 붙였다. 陳田이란 묵은
田地이고 汰田이란 냇물에 떠내려간 전지인데, 이러한 전지에까지
도 전세를 거두면서 과세대상에서 빠지는 漏田과 전세가 면제되
는 隱田에서 아전들이 수세하여 착복하는 일이 일찍이 없지 않았
고, 늙은이와 어린애에게까지도 軍布를 징수함으로써 억울하다는
소리가 시끄럽게 들리건만 1人分의 軍布를 5~6명으로부터 거두어
들여서 아전들이 착복하는 군포가 일찌기 없는 일이 없었다고 해
놓고, 이러한 표현을 확 풀려서 막힘이 없는 논의라고 한 것이다.
둘째는 일람표의 92. 均役事目追議鹽稅의 "京畿"로 시작되는 綱에
서 "鹽盆의 稅는 옛 관례로 土盆 하나마다 거두는 소금에 差等이
있는데, 아래로 1石으로부터 위로 4석에 이른다. 오늘날 역시 이에
따라 세금을 정하고, 돈으로 대신 거둔다. 소금 1석마다 혹은 1량5

전을 거두기도 하고, 혹은 1량2전5푼을 거두기도 하는데, 아울러 잡비의 다소를 계산해서 그 세를 올리기도 하고 내리기도 한다. ○법이라고 하면서 어찌 이럴 수가 있는가. 일이 옳지 않으면, 하지 않는 것이 옳을 것이요, 일이 옳다면, 군자는, 우러러 하늘에 떳떳하고 굽어 사람에게 부끄럽지 않아야 하며, 천하에서 가장 넓은 仁에 거하며, 天下의 大道인 義를 행해야 할 것이다. 백성들이 떼지어 허튼 소문을 퍼트려 法令을 어지럽히는 경우, 위엄으로써 대처하고, 형률로써 다스려, 감히 동요하지 못하게 하는 것이 옳지 않겠는가. 오늘날 벌벌 떨면서 변란이 일어날까 두려워하면서 오로지 列邑의 舊例를 옳다고 하면서 이를 따르고 의지해서 감히 조그마한 變通도 꾀하지 못하니, 어찌 이것이 이치이겠는가. 평미레로 밀면, 본래 무겁던 자들은 가벼워지고 가볍던 자들은 무거워지기는 하지만, 가벼워진 자는 본래 나의 재산을 도둑맞은 것이다 하고 무거워진 자는 怨望할 것이기 때문에 옛 관례에 따른다고 한다. 그러나, 한 王國의 법이 이럴 수는 없다. 평미레로 밀면, 수개월은 시끄럽겠지만, 1년이면 안정되고, 10년이면 의혹이 없어지고, 100년이면 생각하지도 않아서 천연으로 형성된 鐵鑄가 되어, 당연한 것으로 인식될 것이다. 옛 관례에 따르고 의지하게 되면, 수개월은 평온하겠지만, 오래되면 의심이 생겨서, 저 邑은 어찌 홀로 후한가, 우리 읍은 어찌 편벽되게 무거운가 할 것이다. 이미 어지럽고 난잡해져서 아전들이 이로 인해서 不正을 행하게 되어, 밑으로부터 거두는 것은 나날이 늘어나고 무거워지는데, 公家에 바치는 것은 나날이 가벼워지고 줄어드니, 이것은 必然의 理致이다. 애초에 법을 만드는 것이 어찌 이럴 수가 있는가(鹽盆之稅, 舊例每一土釜, 收鹽有差, 下自一石, 上至四石. 今亦依此立稅, 而以錢代徵. 每鹽一石, 或徵一兩五錢, 或徵一兩二錢五分, 竝計雜費多少, 上下其稅.

○**臣謹案** 名之曰法, 豈有如是者乎. 事苟非也, 勿爲可也, 事苟是也, 君子仰不愧天, 俯不怍人, 居天下之廣居, 行天下之大道. 民有胥動浮言, 以亂法令者, 臨之以威武, 繩之以刑律, 令毋敢動, 不亦可乎. 今也 惴惴栗栗, 唯恐變生, 唯是列邑之舊例, 是遵是依, 毋敢小變, 豈理也哉. 平之以槪, 則本重者有減, 本輕者有增, 減失吾財, 增有民怨, 故仍舊貫 云耳. 然一王之法, 不可如是. 平之以槪, 則數月嘵叨, 一年而定, 十年 而無惑, 百年而無思, 天成鐵鑄, 認爲當然. 因而依之, 則數月安穩, 久 而生疑曰, 某邑何獨厚乎, 吾土何偏重乎. 旣亂旣雜, 吏緣爲奸, 斂於下 者, 日增而日重, 輸於公者, 日減而日衰, 此必然之理也. 制法之初, 豈 可如是乎)"라 하고, 이를 "골수를 찌르는 말이다(刺骨穿髓語)"라고 自評한 것이다. 이 말은 본래 法制를 제정함에 있어서는 인민들 간에 이해관계의 衝突이 없을 수 없으므로, 법이 이치에 맞게 제 정되면 처음에는 시끄러울 수가 있으나 궁극적으로는 평온해질 것이지만 이쪽저쪽의 이해관계에 맞추어 제정되면, 처음에는 조 용한 듯하지만 궁극적으로는 싸움이 끊이지 않을 것이라는 것이 다. 오늘날의 표현을 빌리면, 정치가 포퓰리즘에 휘둘리는 것을 크게 경계한 것이다.

茶山手澤本『經世遺表』의 標示個所一覽表

修正處	修正事項	修正指示
1. 夏官兵曹龍驤衛條	名之曰伏飛郎分之三衛	本文에 挿入
2. 秋官刑曹掌胥院條	刑曹有元惡鄉吏	본문에 삽입
3. 秋官刑曹掌隸院條	官奴婢私奴婢	본문에 삽입
4. 秋官刑曹券契司條	每有賣買或分給子女	본문에 삽입
5. 秋官刑曹津關司條	諸路大津若浿薩泗汦及潢灨諸津, 其船隻總數, 並宜照管. 諸路關防如靑石洞仙鳥嶺竹嶺大關嶺鐵嶺之等, 其城堞完敝, 皆宜照管	頭注로 存置
6. 秋官刑曹利用監條	曾孫男文變按, 各國方言, 並令本院敎習, 不必別設衙門이라는 (添紙)	添紙로 存置
7. 天官修制外官之品江防綱	滿浦多大之類	浦字를 大字로 校正
8. 天官修制三班官制南行綱	斯則治選之目也制詳春官治選條, 與此條不同	本文에 挿入
9. 天官修制三班官制武臣綱	新進三十六人	본문에 삽입
10. 天官修制三班官制南行中士綱	凌人署即氷庫	본문에 삽입
11. 天官修制三班官制南行中士綱	本文中 染織局職金署	본문에서 削除
12. 匠人營國圖司祿倉在西江目	凌人署津關司在漢江	본문에 삽입
13. 天官修制郡縣分隸京畿綱	其在滻水之東者, 求禮南原雲峯任實也. 其在蘆嶺之北者, 淳昌井邑高敞茂長也, 自此以北, 皆屬完南	본문에 삽입
14. 天官修制郡縣分隸奉天省綱	不得爲都, 安得爲留守	본문에 삽입
15. 天官修制郡縣分隸奉天省綱	其新陞爲州者, 亦稱其州都護府牧使	본문에 삽입
16. 天官修制郡縣分隸完南省綱	龍安咸悅之半來合之	本文에 注로 挿入

17. 天官修制郡縣分 　　隷武南省綱	縣十八又濟州領二縣	본문에 주로 삽입
18. 天官修制郡縣分 　　隷潢西省綱	其職曰巡察使	本文에서 削除
19. 天官修制郡縣分 　　隷潢西省綱	若露梁設塞, 則蟾津塞宜革	본문에 주로 삽입
20. 天官修制郡縣分 　　隷淸西省綱	布政司在寧州藥山城之內, 其職曰巡察使	本文에서 削除
21. 天官修制郡縣分 　　隷淸西省綱	領州三郡十八縣二	四字를 八字 로 校正
22. 天官修制郡縣分 　　隷淸西省綱	碧潼楚山渭原龍川	楚山渭原을 削除
23. 天官修制郡縣分 　　隷淸西省綱	江州領六郡江州卽江界 ○六郡曰閭延茂 昌慶芮慈城渭源楚山.○江州都護府大 使, 兼淸西防禦使四郡安撫使. ○**臣謹案** 四郡實民之方, 宜復全家徙邊之律. 但南 北風氣絕殊, 猝然遠徙, 人情所悲. 自今重 罪徙千里, 其次徙五百里. 南方之民, 徙于 中道, 中道之民, 徙于兩西, 西路之民, 乃 徙四郡, 則戶總減於南方, 而邑落成於四郡, 此誠便宜之法也.	본문에 삽입
24. 天官修制郡縣分 　　隷玄菟省綱	布政司, 在咸州府城之內, 其職曰巡察使	본문에서 삭제
25. 天官修制郡縣分 　　隷玄菟省綱	有判官一員, 以治民事	본문에 삽입
26. 天官修制郡縣分 　　等試取綱	東萊 … 七千五百	七千을 七千五 百으로 校正
27. 天官修制郡縣分 　　等試取綱	長鬐를 丹城다음으로 옮김	文章排列調整
28. 天官修制郡縣分 　　等若夫綱	富寧과 文川의 順序를 바꿈	문장 배열 조정
29. 天官修制考績之 　　法其奏綱	繕工監利用監典軌司甄瓦署之等, 以創智 設巧, 利用厚生, 爲功績見職掌	본문에 삽입
30. 天官修制考績之 　　法外官綱	武南省兵馬使一員	본문에 삽입

31.	地官修制井田論 三周禮綱	<u>鄭所據者王制也. 然王制九十三國之說, 朱子已破之見陳澔集說</u>	본문에 삽입
32.	地官修制井田論 三周禮綱	<u>局, 曾無一峯一林纖翳其間. 故欲於百里 之內, 全得一同之田, 迂闊至</u>	본문에 삽입
33.	地官修制井田論 三考工記綱	濬畎澮距川, <u>澮川距四海</u>	본문에 삽입
34.	地官修制井田論 三考工記綱	<u>三夫之長, 三三開方, 以爲一井, 十井之 長, 十十開方, 以爲一成</u>	본문에 삽입
35.	地官修制井田論 三九夫綱	<u>鄭註論語引司馬法云, 成方十里, 出長轂 一乘</u>	본문에 삽입
36.	地官修制田制二 凡爲綱	<u>試爲圖如左</u>	본문에 삽입
37.	地官修制田制三 春秋綱	左右六鄕, <u>兩兩相嚚</u>	본문에 삽입
38.	地官修制田制三 凡任地綱	<u>百畝之田, 歲收粟幾釜, 以之爲錢, 其錢 幾何</u>	田字을 錢字 으로 校正
39.	地官修制田制七 續大典綱	<u>周禮廩人, 以人食四鬴爲上年, 人食三鬴 爲中年, 人食二鬴爲下年</u>	본문에 삽입
40.	地官修制田制七 續大典綱	<u>及其收稅之時, 又分三等, 下等四斗, 中 等六斗, 上等八斗, 又歷歷分等</u>	본문에 삽입
41.	地官修制田制七 續大典綱	<u>○原人情米二升已上田稅條. ○大同浮價 米一斗. ○浮價加給米八升 ○大同看色米 一升 ○落庭米四升○打石米一升.</u>	본문에 삽입
42.	地官修制田制七 續大典綱	新官衙修<u>理</u>雜費錢一百餘兩	본문에 삽입
43.	地官修制田制八 續大典綱	<u>故周禮均人曰, 凶年則不均地政</u>	본문에 삽입
44.	地官修制田制八 續大典綱	<u>然不防而納者,</u> 所謂計版所出三十四斗	본문에 삽입
45.	地官修制田制九 欲作井田綱	因多福洞金店, 起兵<u>作亂</u>	본문에 삽입
46.	地官修制田制九 欲作井田綱	臣謂諸<u>路</u>金銀銅鐵	본문에 삽입
47.	地官修制田制九 宜勅諸道綱	或一角有欠者, <u>令賣之使成方</u>	본문에 삽입

48. 地官修制田制九 其平原綱	三年監穫, 乃陛中士二十五井者, 五五 開方也. 其田共二萬二千五百畝	本文에 注로 挿入
49. 地官修制田制十 乃作魚鱗圖綱	大約每方一里爲圖一幅	본문에 삽입
50. 地官修制田制十 一水田稻秄綱	<u>稜秄十分其率, 以其八爲本田之種子, 以 其二輸于縣官.</u>	본문에 삽입
51. 地官修制田制十 二海島諸田綱	臣伏惟, 今海<u>中</u>諸島	본문에 삽입
52. 地官修制田制十 二其所謂綱	<u>若然, 其九一所缺, 加給幾畝, 以充其代</u>	본문에 삽입
53. 地官修制田制十 二經界旣畢綱	其手指擁腫而<u>強硬</u>	본문에 삽입
54. 地官修制田制十 二三營之軍綱	上林廢地三輔<u>近郊</u>, 皆作屯田	본문에 삽입
55. 地官修制田制別 考一最終綱	(當在上)<u>宋理宗開慶四年, 案</u> 此時賈似道當國, 雖有良法, 何以行矣. 尺寸皆入官籍, 本是當然之理, 豈可以此而 病之乎. 國之將亡, 雖良法, 民亦怨之矣.	文章排列調整
56. 地官修制田制別 考二洪武綱(當改 見下)	<u>洪武二十秊, 遣國子監生等, 往各處履田畝 而量度之. 圖其田之方圓, 次其事實, 悉書 主名及田之四至, 謂之魚鱗圖冊, 百弊始絕</u> 이라는 文章을 (追改)洪武二十秊, 上念民 貧富不均, 富者畏避差役, 往往以田產, 詭 寄飛灑, 奸弊百出, 有司至莫能詰, 而貧者 益困. 乃遣國子生武淳等, 隨所在稅糧多寡, 定爲九區, 區設糧長四人, 集者民履畝丈量, 圖其田之方圓曲直美惡寬狹若丈尺, 書主名 及田四至, 如魚鱗相比. 次彙爲冊, 謂之魚 鱗圖冊, 上之, 而經界於是乎始正이라는 文 章으로 交替함	文章交替
57. 地官修制田制別 考二酒召諸田綱	<u>抑蠡說三五等以待之乎</u>	본문에 삽입
58. 地官修制田制別 考三方量之法綱	其長於遵守<u>印尺者六分強, 此必甲戌所 謂該用布尺, 以此造送量尺, 其長於遵守 舊尺固矣</u>	본문에 삽입
59. 地官修制田制別 考三若夫財力綱	<u>舊陳之田, 忽稱新起, 今汰之田, 忽稱還 削, 呼號顚連, 農者織路</u>	본문에 삽입

60. 地官修制賦貢制 一禹貢綱	故井鋤亦徵稷禾	본문에 삽입
61. 地官修制賦貢制 一天官太宰綱	以下職貢	頭注로 存置
62. 地官修制賦貢制 二漢書云綱	俾視夫家出征稅七字足正鄭玄之誤	두주로 존치
63. 地官修制賦貢制 二高祖十一年綱	六十錢元額也, 三錢頭子也	두주로 존치
64. 地官修制賦貢制 二高祖十一年綱	越王句踐令, 曰女子十七不嫁, 丈夫二十 不娶, 其父母有罪	두주로 존치
65. 地官修制賦貢制 二德宗綱	乃按舊籍, 除當免者	본문에 삽입
66. 地官修制賦貢制 三孟子曰綱	孟子曰, 古之爲關也, 特以禦暴, 今之爲 關也, 將以爲暴 ○趙曰, 今之爲關及以征 稅出入之人	두주로 존치
67. 地官修制賦貢制 三哲宗綱	使商賈不行, 農末皆病, 廢百王不刊之令 典, 而行自古所無之弊法, 百世之下, 書 之靑史曰, 收五穀力勝稅錢	본문에 삽입
68. 地官修制賦貢制 四鹽鐵考條	鹽鐵考	本文에 注로 挿入
69. 地官修制賦貢制 四管仲曰綱	其鹽鐵菁茅諸說	본문에 삽입
70. 地官修制賦貢制 五鹽鐵考下綱	請檢校海內鹽鐵之利	본문에 삽입
71. 地官修制賦貢制 五代宗末綱	然天地定理, 人主宜富, 下民宜均	본문에 삽입
72. 地官修制賦貢制 六猥瑣考綱	猥瑣考宋開寶六年	두주로 존치
73. 地官修制賦貢制 六元祐初綱	秦晉之民, 以差役爲便	본문에 삽입
74. 地官修制賦貢制 六漢高祖七年綱	至漢則田在民間	본문에 삽입
75. 地官修制賦貢制七 宣祖二十七年綱	這便是大同	두주로 존치

76.	地官修制賦貢制 七顯宗元年綱	臣謹案 此云	본문에 삽입
77.	地官修制賦貢制 七六道旣同綱	長山以北十六邑黃州安岳等, 以錢上納	본문에 삽입
78.	地官修制倉廩之 儲一唐制綱	中國十斗爲一石, 少(?)不過四千萬石	두주로 존치
79.	地官修制倉廩之 儲一淳熙八年綱	吏斜, 吾東謂之色庫	두주로 존치
80.	地官修制倉廩之 儲二凡還上綱	此是吏屬常平之倉也라 하고, 宜朗誦宜 銘記, 此今之第一奸弊	두주로 존치
81.	地官修制倉廩之 儲二凡還上綱	謹備耗穀이라 하고, 倉旣空矣, 猶嚇以 頒, 民之防之者, 每防一石必收一兩, 故 逋吏坐收此錢, 以之料理	두주로 존치
82.	地官修制倉廩之 儲三穀將頒民綱	千古名喻	두주로 존치
83.	地官修制倉廩之 儲三正穀六種綱	蕎中國史文作菽	두주로 존치
84.	均役事目追議魚 稅嶺南綱	甲首法	두주로 존치
85.	均役事目追議魚 稅江原道綱	甲首法見下	두주로 존치
86.	均役事目追議魚 稅江原道綱	苟無章標, 不得往來	본문에 삽입
87.	均役事目追議魚 稅江原道綱	奚但洋中去處而已	두주로 존치
88.	均役事目追議魚 稅江原道綱	陳田汰田非不綿互, 而漏田隱田未嘗無也, 黃口白骨非不煩冤, 而剩額疊額未嘗無也 軍布一額 民丁罹名者, 或至五六.이라 해 놓고 通暢無礙之論이라 함	두주로 존치
89.	均役事目追議海 稅江原道綱	第一妙方	두주로 존치
90.	均役事目追議關 藿稅關東綱	甲首法	두주로 존치
91.	均役事目追議關 藿稅關東綱	刺骨語	두주로 존치

92. 均役事目追議鹽 稅京畿綱	<u>刺骨穿髓語</u>	두주로 존치
93. 均役事目追議鹽 稅海西綱	<u>制法者宜惺惺憽憽, 觀此一段</u>	두주로 존치
94. 均役事目追議鹽 稅事目綱	<u>皁莢法</u>	두주로 존치
95. 均役事目追議高 麗鹽法論下刴恭 愍之世綱	<u>天地噓噏之氣, 是大眼目看破(6053)</u>	두주로 존치
96. 均役事目追議船 稅諸島船隻綱	<u>活畫</u>	두주로 존치
97. 均役事目追議船 稅諸島船隻綱	<u>王者之法</u>	두주로 존치
98. 均役事目追議船 稅湖南綱	<u>可誦可讀, 制法者心精算明, 乃可制法</u>라 <u>했다.</u>	두주로 존치
99. 均役事目追議總 論事目綱	<u>凡制法○宜存此大戒</u>	두주로 존치
100. 均役事目追議船 廠論條	<u>奇文奇語, 一氣呵成</u>	두주로 존치
101. 地官修制戶籍法 秋官綱	<u>先鄭注當削</u>이라 하고, 鄭司農云, 文昌宮 三能屬軒轅, 角近文昌爲司命次司中次司 祥次司民을 削除하다.	文章削除
102. 地官修制戶籍法 大明之制綱	<u>分爲九等</u>	두주로 존치
103. 春官修制科擧之 規一三秊大比綱	<u>太學生專以行誼選取之, 體訪爲提學, 執</u> <u>敎官査報, 更加廉問, 督者提學也, 撫者</u> <u>監司也</u>	두주로 존치
104. 春官修制科擧之 規一會試之額綱	<u>此以下擬定之說</u>	두주로 존치
105. 春官修制科擧之 規二鄕試蕘言條	<u>特加二人</u>	두주로 존치
106. 春官修制科擧之 規二鄕試蕘言條	<u>王者無外, 故舊例八道儒生無礙於京試,</u> <u>雖非中國之法, 亦厚風也. 今定擧額, 則</u> <u>此路永塞且</u>	본문에서 삭제

| 107. | 春官修制科擧之
規二鄕試䕃言條 | 每當初試之期, 前期<u>三月</u>, 丕闡堂設試場 | <u>十日</u>을 三月
로 校正 |
| 108. | 春官修制科擧之
規二鄕試䕃言條 | <u>取百人, 令赴京試, 則忠淸道全羅道, 各
取十八人, 江原道平安道, 各取十二人,
黃海道咸鏡道, 各取十人, 通共百人也,
勿分左右道, 唯視其文詞優劣</u>을 削除하
고 有寃者, 行會本道, 使之錄取 | 本文을 校正 |

備考 : 밑줄친 부분은 頭注이거나 교정 혹은 삭제한 문장이다.

附錄 : 量田議

　　臣이 그윽이 생각해 보니, 軍政, 田政 및 還穀이 세 갈래로 나뉘어져서 천하의 政事가 날로 疲弊하게 되었습니다. 이 세 가지의 弊端을 각각 별도로 바로잡으려고 하면, 節目을 작성하는 데 힘을 다하고 擧行하는 데에 정신을 沒頭한다고 하더라도, 그 痼疾的인 弊端은 끝내 除去되지 않을 것입니다. 무릇 일을 하는 要諦는 綱을 이끌면 目이 스스로 따라와 일의 가닥이 조용히 바로 잡히게 되는 데 있으니, 일은 반으로 줄고 效果는 배가 될 것입니다. 그 요점은 곧 田地를 井田으로 區劃하는 일입니다. 전지를 정전으로 구획하려면, 量田이 아니고서는 불가능합니다. 양전의 이익은 아주 큽니다. 量田을 가지고 軍政과 還穀도 모두 바로 잡을 수가 있으니, 한 가지 일을 거행하여 세 가지 일을 성취하는 計策이 바로 여기에서 나옵니다.

　　옛날에는 兵農合一이었으니, 천하의 전지는 모두 軍田이었습니다. 이른바 1家 3人이라든지, 2가 5인이라든지, 1가 2인이라든지 하는 것은 비단 佃夫의 額數가 될 뿐만이 아니라 아울러 軍人의 액수로 됩니다. 그 때문에 大司馬의 敎鍊하는 법에 전지를 나누어 주어 힘써 경작하게 하는 제도를 논했으니, 이것이 軍額의 明文이 아니겠습니까. 軍隊란 死地입니다. 군인에게 생명을 기르는 이익을 주어서 죽음을 회피하려는 마음을 돌리는 것이 聖人의 은밀한 권한입니다. 그 힘이 군인으로 나갈 만한 자는 전지를 얻고, 그 힘이 군인으로 나갈 수 없는 자는 전지를 얻지 못합니다. 力士를 많이 기르는 자는 비옥한 田地를 얻고, 역사를 적게 기르는 자는 瘠薄한 전지를 얻습니다. 백성이, 군대 보기를 官職으로 보게 하고, 전지 보기를 俸祿으로 보게 하여, 자기의 용력을 스스로 추천하여

軍額에 참여하려고 哀乞하게 해야 합니다. 어찌 함부로 投託이라 일컬으면서 백 가지로 도망할 궁리를 내는 자가 있겠습니까. 田地란 王田입니다. 왕전에 생계를 의지하고 있으면서 감히 임금의 일에 죽을 힘을 다하지 않을 수 있겠습니까. 오늘날에는 太阿의 자루가 거꾸로 잡혀서 전지가 民田으로 되었습니다. 백성들이 스스로 자기 땅을 가지고 먹고사는데, 임금이 아무런 까닭 없이 편안하게 사는 백성을 잡아다가 矢石이 빗발치는 死地로 몰아넣으니, 백성들이 납득하겠습니까. 비록 無事한 때라고 하더라도 이름을 일일이 기록하여 軍布를 거두거나 그 代錢을 색출하는 등 나날이 긁어낸다고 한다면, 백성들은 스스로 생각하기를 '나는 내 땅에서 내 힘으로 먹고 사는데, 임금의 권력이 나와 무슨 상관이 있길래 독촉하고 긁어내기를 이와 같이 하는가' 할 것입니다. 결국 謀避하려는 마음이 생겨서 이를 면하는 자는 오만해지고 피해를 보는 자는 서로 自嘲할 것이니, 그 流弊의 끝이 어떠하겠습니까.

糶政이 또한 그러합니다. 糶糴의 본래의 뜻은 관청을 위해서 설치한 것이 아니고 오로지 賑貸에 이바지해서 농사일에 힘쓰도록 하기 위해서입니다. 혹 官에서 돈을 내기도 하고 혹 민간에서 곡식을 내어 里倉을 설치하고 土民들을 뽑아서 관리하도록 했는데, 혹 전쟁이나 흉년이 닥치면 이것으로써 양식을 삼기도 하고 賑貸를 하도록 해서 뜻하지 않은 일에 대비하게 했으니, 일찍이 좋은 규정이 아닌 것은 아니지만, 오늘날 마침내 胥吏들의 먹잇감이 되어, 관청은 독만 안고 있는데 아전들은 구슬을 굴리고, 관청은 칼집만 잡고 있고 아전들은 칼날을 휘둘러서, 위로 나라에 이익이 없고 아래로 백성들에게 해가 되니, 오늘날 나라의 계책으로서는 이것이 없어도 좋을 것입니다.

量田을 행하면, 허다하게 隱漏한 것들이 밝혀지기도 하고 淸算

되기도 하여 公家의 歲入은 배가 될 뿐만이 아니라 백성들은 스스로 樂業에 종사하게 될 것입니다. 위로는 內帑金을 出捐할 필요가 없으며, 아래로는 攤徵할 필요가 없으며, 중간에서는 俸給을 출연할 필요도 없는데, 국물은 요리하는 사이에 저절로 나올 것입니다. 이에 稅收의 나머지를 계산하여 里倉을 두면, 歲計에 여유가 있고 耗穀도 거두어들일 수 있어서, 경비는 넉넉하게 될 것입니다. 혹자가 말하기를 '서리들이 훔치고 농간하는 일이 오로지 이 三政에 있는데, 이와 같이 빗질하듯 해서 남는 이익이 조금도 없으면 아전들이 수족을 놀릴 데가 없어질 것이니, 장차 그들이 흩어져 도망할 날이 멀지 않을 것이다. 수령은 누구와 더불어 일을 할 수 있을 것인가' 합니다. 이 일은 그렇지 않습니다. 胥吏의 액수는 기리 定數가 있는데, 大邑은 40~50인에 지나지 않게 하고, 小邑은 20~30인에 지나지 않게 한 이후에, 餘結이나 다른 구역을 가지고 몇 결을 뚝 떼어서 영원히 아전의 봉급으로 삼으면, 아전 역시 원망이 없을 것입니다. 오늘날 서리들은 본래 定數가 없고 또 정해진 봉급이 없으며 날마다 그 숫자가 불어나고 경쟁적으로 붓을 잡으려고 하는데, 이것은 원숭이에게 나무에 올라가 敵에게서 糧食을 빼앗아오도록 가르치는 것과 다를 바가 없으니, 도둑질하지 않으려고 하더라도 그럴 수가 있겠습니까.

오늘날의 계책은 方量 한 가지뿐입니다. 方量한 이후라야 井田을 시행할 수가 있습니다. 설사 정전은 이루어지지 않는다고 하더라도 軍政과 還政의 폐단은 구할 수 있습니다. 무엇 때문에 正路를 버리고 샛길로 들어가서 동쪽을 막으면 서쪽이 무너지고 좌우로 牽制를 당하게 하여 능력이 있는 관리가 힘만 쓰다가 끝내 아무런 이익이 없도록 하겠습니까. 별도로 『量田議』가 있으니, 아래와 같습니다.

臣竊以爲, 軍田糴分爲三岐, 而天下之政, 日趨於弊也. 將此三弊, 欲
逐條矯捄, 則疲於節目, 眩於擧行, 而痼弊則終不祛矣. 凡做事之要, 擧
其綱, 則目自張, 從容就緖, 而事半功倍矣. 其要卽制井也. 欲制井, 則非
量田不可得也. 量田之利, 其大矣哉. 軍糴皆可捄, 而擧一反三之策, 職
由於是. 古者兵農合一, 天下之田, 皆軍田也. 其所謂, 家三人, 二家五人,
家二人, 不但爲佃額, 兼之爲軍額. 故大司馬敎鍊之法, 其論分田任力之
制, 是軍額之明文也. 兵者死地也. 授之養生之利, 得回避死之心, 此聖
人之微權也. 力可以隸兵者得田, 力不可隸兵者不得田, 養力士多者得上
地, 養力士少者得下地. 民, 視兵爲官, 視田爲祿, 莫不自薦其勇力, 而乞
其與於軍額矣. 有何冒稱投託, 而百計逃竄者乎. 田者王田也. 寄生理於
王田, 敢不致死力於王事乎. 今也, 太阿倒柄, 田爲民田, 則民自食其田,
而王無故執安居之民, 驅而納之於矢石爭死之場, 民其肯之乎. 雖於無事
之時, 隸名逐錄, 徵布索錢, 日復椎剝, 則民自思之曰, 我自農我田, 我自
食我力, 帝力何有於我, 而督徵若是也. 遂生謀避之心, 免之者爲豪, 罹
之者相嘲, 所以流弊之末如何也. 糴政亦然. 糴糴之義 本非爲公而設,
專爲振貸而藉, 以務稱者也. 或自上出錢, 或自下出粟, 置倉於里, 簡士
民而出納之, 或値兵荒焉, 則以是爲糧, 以是爲賑, 備其不虞, 則未嘗非
良規, 而今乃爲吏胥之利竇, 公擁其櫝, 吏弄其珠, 公執其鞘, 吏游其刀,
上不利於國, 下流毒於民, 今之國計, 雖闕之可也. 量田則許多隱漏, 旣
覈且精, 公家歲入, 不啻倍蓰, 而民自底於樂業矣. 上不必捐幣, 下不必
攤徵, 中不必捐俸, 而汁滓自出於烹煎也. 乃計贏餘, 而爲里倉, 歲計有
餘而取毛, 經費綽綽然矣. 或曰, 吏胥偸弄, 專在此三政, 而若是查櫛無
遺利, 則吏無所措手足, 將流離逃散之不暇矣, 官誰與爲官乎. 此則不然.
吏胥之額數, 永爲定數. 大邑無過四五十人, 小邑無過二三十人然後, 以
其餘結或他區, 繪畫給幾數, 永爲吏料, 則吏亦無怨矣. 今此吏胥, 本無
定額, 又無應食, 而日添案名, 競掌刀筆, 則是無異敎猱升木藉寇齎糧,
雖不欲偸竊得乎. 爲今之計, 則方量是已. 方量然後, 井田可行也. 設或

井田, 雖未及行, 而軍糴之弊可捄也. 何必舍正路, 而就崎嶇, 東補西綻, 左牽右掣, 良工心獨苦, 而終歸於無益也. 另有量田議, 在左.

終章
經田과 결부제

정전제와 결부제

  지금까지 살펴본 바와 같이, 『경세유표』는 본래 체계적인 저술이 아닐 뿐만 아니라 하나의 저서로서 완결되지도 못했다. 정약용은 「자찬묘지명」의 단계에서도 自著의 체계를 명확하게 제시하지 못하고 "『경세유표』 48권, 未卒業"이라고 하면서 저술을 끝내지 못했음을 밝히고 있다. 그렇기 때문에 『경세유표』를 관통하는 체계를 찾아내는 것은 여간 어려운 일이 아니지만, 그러나 거기에서 집중적으로 다루고자 하는 국정개혁의 과제는 정전제 및 부공제의 실시와 이 국정개혁 과제의 수행을 담당할 관제의 개혁이 아니었던가 한다. 그런데, 정약용은 위의 여러 국정개혁의 바탕을 정전제를 실시하여 經界를 바로잡는 데 두었다. "경계란 왕정의 근본이다. 「堯典」에서 관리를 임명하면서 (農師인 ─ 필자) 稷을 먼저 임명하고 이어서 司徒를 임명하여 비로소 五敎를 베풀게 했으며, 공자가 王道를 논함에 있어서 부유하게 하는 일을 앞세우고 교화를 그 뒤로 했으며, 맹자가 왕도를 논함에 있어서 百畝를 먼저 말하고 곧 이어 효제를 가르쳤다. 무릇 5교가 급하기는 하나 田政보다 뒤로 했으니, 왕정은 경계보다 큰 것이 없다. 경계가 바르지 못하면 호구가 깨끗할 수 없으며, 경계가 바르지 못하면 부역이 균평할 수 없으며, 경계가 바르지 못하면 교화가 행해질 수 없으며, 경계가 바르지 못하면 兵備가 깃들 데가 없으며, 경계가 바르지 못하면 간사한 자들이 숨을 죽이지 않으며, 경계가 바르지 못하면 詞訟이 나날이 번잡해져서, 천 가지의 병통과 만 가지의 폐단이 어지럽게 일어나고 동서로 부딪쳐서 다스릴 수가 없으니, 왕정에는 경계보다 큰 것이 없다(經界者, 王政之本也. 堯典命官, 惟先命稷, 乃命司徒, 始敷五敎, 孔子論王道, 先富而後敎, 孟子論王道, 先言百畝, 乃說孝悌. 夫以五敎之急, 而後於田政, 則王政莫大於經界也. 經界不正, 則戶口不淸, 經界不正, 則賦役不均, 經界不正, 則敎化不興, 經界不正, 則兵備無寄, 經界不正, 則奸猾不息, 經界不正, 則詞訟日繁. 萬病千瘼, 芬然淆亂, 東撞西觸, 莫可摸理, 王政莫大於經界也)"고 했다.

정약용이 정전제의 실시를 통하여 정확한 經田을 행하려고 했기 때문에 거기에서 한국의 전통적인 경전제도인 결부제도가 가지는 문제점이 명백하게 드러나게 되었다. 그것은 바로 결부제로써는 정확한 경전이 불가능하며, 그 결과 결부제를 기초로 작성되는 국정의 기본자료인 戶籍과 量案이 호구와 토지의 실태를 거의 파악하지 못하는 虛簿에 가까운 것이었다는 것이다. 그동안 결부제에 관해서는 수많은 연구가 이루어져 왔으나, 이제 測量이라는 각도에서 결부제를 다시 한 번 검토해 보지 않을 수 없게 되었다. 그리고 『경세유표』에서 시도된 산업정책과 관제개혁의 내용도 조선후기의 산업상황과 그 산업이 기초로 하고 있는 인프라스트럭처에 대한 재검토의 기회를 제공해 준다. 그러므로 여기서는 『경세유표』에 관한 연구의 결과 제기되는 이러한 문제들이 朝鮮後期史의 연구에 대하여 가지는 含意에 대해서도 검토해 보기로 한다.

결부제의 역사

조선말기에 이르기까지 結負制는 경전을 위한 한국의 기본적인 토지제도였다. 그런데, 이 결부제의 성립과 전개과정에 대해서는 현재 두 가지의 견해가 대립되어 있다. 하나는 그것이 고대의 伽倻國으로부터 조선말기에 이르는 한국의 전통적인 경전제도였다는 것이요, 다른 하나는 그것이 고려말기에 도입되었다가 世宗朝에서 법제화된 경전제도에 불과하다는 것이다. 정약용은 후자의 견해를 취하고 있다. "결부법은 비록 옛날부터 있었다고는 하지만, 옛날의 결부는 사실상 頃畝로써 결부라 불렀던 것이요, 오늘날의 결부법과는 달랐다(結負之法, 雖自古昔, 其實古者, 以頃畝爲結負, 非如今法)"고 하면서, 그 근거자료로서 『고려사』의 「食貨志」에 있는 "무릇 전지는 不易田이 上이요, 1易田이 중이요, 再易田이 하이다. 그 不易山田 1結은 平田 1결에 준하고, 1易(산)전 2결은 평전 1결에 준하고, 再易(산)전 3결은 평전 1결에 준한다(凡田, 不易之地爲上, 一易之地爲中, 再易之地爲下. 其不易山田一結, 準平田一結, 一易田二結, 準平田一結, 再易田三結, 準平田一結)"는 자료를 들었다. 즉 평전을 常耕의 正田으로 잡고, 田等은 휴경의 빈도에 따라 결정되며, 모든 전등의 1결의 면적은 같았다는 것이다. 결부제의 성립에 대한 정약용의 위와 같은 설명은 논리적으로 매우 명쾌하기는 하지만, 이 자료의 제시만으로써는 고려중기까지 결부가 곧 경무였다는 것을 납득하기가 어려운 점이 있다. 그것은 고대로부터 결부가 면적단위가 아니라 소출단위이며 또 경전제도로서 기능해 왔다고 읽혀지는 자료들이 있기 때문이다.

위와 같은 정약용의 주장에 대하여 金容燮은, 『韓國中世農業史研究』의 「결부제의 전개과정」에서 결부제는 고대로부터 조선후기에 이르기까지 한국의 기본적인 經田制度였다는 점을 소상하게 분석했다. 필자는 본래 이 분야의 전공자가 아니기는 하지만, 그가 가야, 삼국, 신라, 발해, 고려 및 조선에 걸쳐서 일관되게 시행되어 온 결부제에 대한 방대한 자료를 정리하고 또 그 토지제도사적 및 양전사적 분석을 행한 점으로부터 배우는 바가 적지 않다. 그러나, 그의 연구에는 이론적인 면에서 몇 가지의 문제점이 있어보인다. 첫째는, 결부제가 일정 면적의 수확량을 근거로 전세를 算出하는 경전제도라는 것은 다시 말할 것도 없지만, 그가 말하는 것처럼 결부제에는 산출량과 토지면적이 "結合" 혹은 "組合"(전게서, 147~149 이외의 많은 곳에서 이런 표현이 있다)되어 있다고 말할 수 있을까 하는 것이다. 결부제라는 개념을 성립시키기 위하여 수확량과 토지면적을 '결합' 혹은 '조합'할 수 있는 논리적 방법은 있을까. 결부제는 어디까지나 수확량을 기준으로 경전하기 때문에 결부제가 아닌가. 둘째, 소출과 면적으로 '결합'되어 있는 결부제는 역사적 변동과정 속에서 "1결=1헥타르"(전게서, 278~279페이지)라는 토지면적을 나타내는 地積制度로 "변동"된다고 하는데, 만약 그러한 일이 있었다면 그것은 결부제가 지적제도로 "변동"되는 것이 아니라 결부제가 경무제로 개혁된 것이 아닐까. 결부제도가 지적이 아니라 산출량 즉 결부를 기본단위로 경전하기 때문에 磻溪, 茶山 및 楓石 등의 先賢들은 결부제를 경무제로 개혁해야 한다고 주장해온 것이 아닌가.

고려 결부제의 실상

결부제에 관해서는 그동안 수많은 연구가 있었다고는 하지만, 위에서 보는 바와 같이, 고려전기 이전의 결부제에 대해서는 불명

확한 점이 많다. 그러나, 이와는 대조적으로 세종 26년(1444)의 貢
法제정을 계기로 결부제에 대해서는 다소 명확하게 알 수 있게 되
었다. 그 이유는, 첫째 세종조의 공법제정을 계기로 결부제가 명
확하게 법제화되었다는 것이요, 둘째 이를 계기로 결부제에 관한
많은 자료들이 정비되었다는 것이다. 세종조의 공법제정을 계기
로 제출된 고려후기의 결부제에 관한 자료는 다음의 두 가지로 알
려져 있다. 첫째는『세종실록』에 게재되어 있는 摠制 河演 등의 결
부제에 관한 보고요,[1] 둘째는『田制詳定所遵守條畫』(여기의 고려
후기 결부제에 관한 자료는『龍飛御天歌』로부터 轉載된 것이라 한
다)에 게재되어 있는 고려후기의 결부제에 관한 자료이다.[2] 두 자
료는 공법의 제정과 관련하여 제시된 매우 귀중한 자료이고 또 그
제출의 時差가 10년 정도에 불과함에도 불구하고 거기에서 제시
된 양전척이 왜 그렇게 다른지에 대해서는 참으로 이해하기가 어

---

1) 摠制河演以爲, 在昔大禹因土地之膏塉, 制貢賦之差科, 六府孔修, 而庶事咸治.
   惟我國家, 大山大川, 相繆險阻, 風氣所偏, 寒燠各異, 故四方之地, 五穀之生, 民
   生之不一, 貧富之參差, 職此之由. 如慶尙全羅沿海水田, 種稻一二斗, 而所出或
   至十餘石, 一結所出, 多則逾五六十石, 少不下二三十石, 旱田亦極膏腴, 所出甚
   多. 若京畿江原道依山州郡, 則雖種種一二石, 所出不過五六石, 不可以一體收租明
   矣. 自前朝只以上中下三等定制, 將農夫手二指計十爲上田尺, 二指計五三指計
   五爲中田尺, 三指計十爲下田尺, 六尺爲一步, 以三步三寸, 四方周廻爲一負, 二
   十五步爲一結而打量, 其收租則皆取三十斗, 三等之田, 差等不遠. 且上等之田,
   惟慶尙全羅等道, 於千結僅有一二結焉, 中田, 於百結亦有一二結焉, 其餘各道,
   只有中田, 亦於千結僅有一二結焉. 是則大槪不分地之膏塉, 皆以下等之田打量,
   有違於古制. 每當損實之際, 庸夫任意給損, 亦爲未便.(『世宗實錄』卷四十九, 十
   二年八月十日戊寅)
2) 我國田制, 損實之法, 逐段審定, 施爲甚難, 而踏驗之任, 率委庸人, 高下任情, 輕
   重不一, 故改用貢法, 而舊制田品, 只有上中下, 所量之尺, 三等各異上田尺二十指,
   中田二十五指, 下田三十指, 而皆以實積四十四尺一寸爲束, 十束爲負, 百負爲結. 準
   諸中朝畝法, 上田之結, 二十五畝四分有奇實積周尺十五萬二千五百六十八尺, 中田,
   三十九畝九分有奇周尺二十三萬九千四百十四尺, 下田, 五十七畝六分有奇周尺三十四
   萬五千七百六十四十尺.(『田制詳定所遵守條畫』)

렵다. 그러나, 여기서의 우리의 과제는 결부제와 양전의 관계에 대한 해명을 목표로 하고 있으므로, 이 양전척의 長短 문제에 대해서는 당분간 접어둘 수밖에 없다.

위의 자료를 양전과 관련해서 고찰해 보면, 다음과 같은 특징이 있다. 첫째, 田等은 3등으로 구분되며, 양전척은 手指尺으로서 田等에 따라 그 길이가 각각 달랐다. 둘째, 조선전기에는 지역에 따라 토지의 비옥도가 너무 크게 달랐기 때문에 3등의 田品만으로써는 지역간의 비옥도의 차이를 다 수용할 수가 없었다. 셋째, 결부의 査定은 중앙에서 파견되는 敬差官이나 監司가 책임지고 행하지만, 토착의 品官과 書員들이 그 실무를 담당하기 때문에 損實의 실태가 정확하게 파악되기 어려웠다. 넷째, 결부사정은 전지의 筆地別로 이루어졌다. 이것을 逐段審定이라 했다. 다섯째, 결부사정을 踏驗損實이라 하는데, 결부사정의 기일이 촉박했기 때문에, 답험손실이 눈짐작으로 이루어지는 폐단이 아주 많았다. 이러한 답험손실의 방법을 眼量給損이라 했다. 결부제에 의한 이러한 양전과 결부사정의 특징 때문에 발생하는 기본적인 폐단은, 첫째 전지에 대한 정확한 실태를 파악하지 못함으로써 정부의 재정수입이 감소하는 것이요, 둘째 관리들의 인민에 대한 자의적 수탈이 널리 행해지고 있었다는 것이다.

貢法제정에 대한 논의

세종조에서 공법을 제정하게 된 契機에 대해서는 아직도 확실한 연구가 없어 보인다. 위에서 보는 바와 같이, 고려시대로부터 계승한 결부제에는 많은 문제점이 있었고, 또 세종조에 이르러서는 開國 때에 미쳐 이루지 못했던 제도정비의 필요성이 있었던 것

이 아니었던가 추측된다. 공법을 제정하기 위하여 세종은 그 12년
(1430) 3월 5일에 다음과 같이 下問하였다.

　　호조에서 아뢰었다. '매양 禾穀을 踏驗할 때에는, 혹 朝官을 파견
　　하기도 하고 혹 감사에게 위임하기도 하는데, 많은 전지를 기일에
　　맞추어서 行審을 끝내려고 그 지방의 토박이 品官을 委官으로 삼습
　　니다. 위관과 書員 등은 혹 소견이 짧거나 혹 私情에 따라 損實을 증
　　감시키기도 하며, 또 마감할 때에는 문서가 방대해서 관리들이 모두
　　살필 수 없을 뿐만 아니라 간사한 胥吏들이 그 틈을 타서 꾀를 내어
　　바꿔치기를 하니, (전세의 — 필자) 輕重이 실정에 맞지 않을 뿐만
　　아니라 그들을 접대하는 비용과 (백성들이 — 필자) 사역을 당하는
　　노고의 폐단이 작지 않습니다. 청컨대, 지금으로부터는 貢法을 시행
　　하여 전지 1결마다 전세로 10두를 거두되 오직 평안도와 함경도는
　　1결에 7두를 거두어서 舊弊를 제거하고 민생을 두텁게 하소서. 風霜
　　과 水旱의 災傷으로 인하여 농사를 완전히 망친 경우에는 조세를 모
　　두 면제해야 할 것입니다.'
　　임금께서 하명하셨다. '의정부, 육조, 各司, 전직의 관원, 각 도의
　　감사, 수령 및 품관으로부터 일반의 백성들에 이르기까지 모두 방문
　　하여 可否를 물어서 보고하라.'[3]

　위와 같은 하문에 대하여 동년 8월 10일에 호조로부터 長文의

---

3) 戶曹啓, 每當禾穀踏驗之時, 或遣朝官, 或委監司, 欲以數多之田, 而及期畢審,
　令鄕曲恒居品官爲委官. 委官書員等, 或所見不明, 或挾私任情, 增減損實, 又當
　磨勘之時, 文書汗漫, 官吏不能盡察, 姦吏乘間用謀, 換易施行, 非唯輕重失中,
　其支待供億之費, 奔走之勞, 爲弊不貲. 請自今依貢法, 每田一結收租十斗, 唯平
　安咸吉道, 一結收七斗, 以除舊弊, 以厚民生. 其因風霜水旱等災傷, 全失農者,
　全免租稅. 命自政府六曹各司及京中前銜各品, 各道監司守令品官, 以至閭閻小
　民, 悉訪可否以聞.(『世宗實錄』卷四十七, 十二年三月五日乙巳)

보고서가 올라왔다. 우선 공법의 제정에 대해서는 이를 찬성하는 의견과 종래의 결부법을 그대로 시행하되 그 운영 방법을 개선하자는 건의가 개진되었다. 공법으로의 개혁안을 제출한 사람은 摠制 河演이었다. 그가 제출한 개혁안은 전등을 9등으로 나누고 年分을 9등으로 나누는 隨等異尺·同科收租의 결부제로 읽힌다. 전분 9등은 「禹貢」에 따른 것이고 연분9등은 당시의 전제개혁에 관한 논의를 수용한 것인데, 세종의 하문이 공법으로 개혁하되 결부제를 실시한다는 것이었으므로 위와 같은 개혁안을 제출하게 된 것으로 보인다. 이에 대하여 기존의 결부제를 개선하여 시행하자는 견해는 다음과 같다.

첫째 양전과 결부사정을 지방의 품관이나 서원에게 맡겨두면 여러 가지 폐단이 많으니, 중앙에서 파견되는 관리들이 그 업무를 수행하되 품관들이 담당하는 위관을 중앙관리의 경험이 있는 사람을 택정하여 종래의 폐단을 없애자는 것이다.

둘째 종래에는 전세로서 전세미뿐만 아니라 田稅貢物도 거두었는데, 1결당 전세 10두만을 거두면 중앙재정이 부족해 질 뿐만이 아니라 중앙과 지방 관청의 경비를 염출하기 위하여 설치된 各司의 位田과 外方公衙의 廩祿田을 더 분급하지 않으면 안될 것이라는 것이다.

셋째 지방에 따라서는 토지의 비옥도에 큰 격차가 있는데, 비록 지역에 따라 전등에 차등을 둔다고 하더라도 1결에 대하여 一律的으로 10두를 거두는 데에는 문제가 있다는 점도 지적되었다. 공법시행을 위한 여론조사에 대해서는 水田개발이 비교적 발달한 경상도 및 전라도와 중앙정부에 가까운 경기도에서는 찬성 의견이 압도적으로 많았으며, 황해도와 충청도는 반대하는 의견이 우세하였으며, 평안도, 함경도 및 강원도는 반대하는 의견이 압도적

으로 많았다. 전체적(172,806)으로는 찬성 98,657과 반대 74,149로서
찬성이 약간 우세하였다.[4]

공법제정의 문제점

위와 같은 공법개정에 대한 세종의 하문은 우리들에게 조선왕
조의 국정운영에 대하여 여러 가지의 의문을 가지게 한다. 첫 번
째의 의문은 하문의 내용이 정확한 대답을 얻을 만큼 명백하게 제
시되어 있는가 하는 것이다. 공법을 시행하겠다고 하면서도 시행
하려는 공법의 骨格조차 제시하고 있지 못하며, 또 이 시기의 부
세로서는 貢物이 가장 무겁고 전세 중에서도 전세공물이 높은 비
중을 차지하고 있었는데, 막연히 1결에 대하여 10두나 7두를 거둔
다고 했을 뿐 그 이외의 부세를 어떻게 한다는 아무런 설명이 없
다. 이러한 점 때문에, 세종조의 공법은 제대로 시행되지 못하고

---

4)

貢法施行에 대한 輿論調査

지 역	가	부	합 계	조사 대상자
京中	702	510	1,212	3品 이하의 현직과 전직
개성	1,123	71	1,194	品官과 村民
경기도	17,105	241	17,346	守令, 품관과 촌민
평안도	1,332	28,509	29,841	수령, 품관과 촌민
황해도	4,471	15,618	20,089	수령, 품관과 촌민
충청도	7,017	14,039	21,056	수령, 품관과 촌민
강원도	944	6,898	7,842	수령, 품관과 촌민
함경도	78	7,401	7,479	수령, 품관과 촌민
경상도	36,317	393	36,710	수령, 품관과 촌민
전라도	29,547	269	29,816	수령, 품관과 촌민
전국	98,657	74,149	172,806	

비고 : 1. 전국은 각 지역의 단순합계가 아니다. 전국에는 지역통계에 잡히지 않
은 중앙과 지방의 관료들이 포함되어 있었던 것 같다.
2. 통계학자에게 문의한 결과, 조사방법이 제시되어 있지 않기 때문에, 이런 통계
는 의미가 없다고 했다. 그럼에도 불구하고 이 자료를 제시해두는 이유는 공법의
제정이 의미 없는 여론조사 등에 많이 휘둘렸음을 보여주기 위해서이다.
典據 : 『世宗實錄』卷四十七, 十二年八月十日戊寅.

(年分九等은 1634년의 仁祖甲戌量田 때에 폐지되었다), 대동법의 개혁에 이르기까지 여전히 공물이 중심적인 부세가 되고, 조선후기에 전정문란이 야기되는 중대한 결과를 초래하고 만 것이다. 두 번째의 의문은 전세와 같이 인민들에게 막중한 부담이 되는 조세제도의 제정문제를 인민들과 상의한다면 올바른 조세제도가 수립될 수 있을까 하는 것이다. 정약용은 정전법을 실시하고자 함에 있어서 "우리나라에서는 조금만 更張하는 일이 있으면, 반드시 三司의 여러 臣下들의 떠드는 소리가 뜰에 가득하고 길가에 집을 지어놓고 행인들에게 의견을 물어보면 이 사람 저 사람의 의견이 달라서 아무 것도 결정하지 못하는(我邦之事, 少有更張, 必三司諸臣, 喙喙爭鳴, 發言盈庭, 作舍道傍)" 국정운영 방법을 크게 우려하고 있었는데, 공법제정 과정에 있어서도 이와 같은 일이 벌어지고 있었던 것이다. 세 번째의 의문은 공법제정과 같이 전문가들의 熟考에 의하여 결정되어야 할 문제에 대하여 왜 인민들의 의견을 들어보려고 했던 것일까. 여기에는 세종의 우유부단한 성격이 큰 역할을 한 것으로도 보이지만,[5] 혹시 조선왕조의 君主는 재정과 군사력의 기반이 취약했기 때문에 전제군주로서의 權力을 휘두를 수 있는 상황에 놓여 있지 못했던 것은 아니었을까.

세종 26년의 공법제정에 즈음해서는 공법제정의 방향을 둘러싸고 조정에서 격렬한 논쟁이 전개되었다. 논쟁은 두 가지 방향으로 전개되었다. 한 가지의 방향은 중국의 공법모형을 빌려와서 결부제 대신에 경무제를 실시하자는 것이었다. 그러한 주장의 논거로서는, 첫째 우리나라에서는 많은 문물제도들이 중국의 법제에

---

5) 세종은 "朝臣들이 각각 자기의 의견을 고집하여 논의가 분분하니, 누구의 의견에 따라서 일을 어떻게 처리해야 될지를 모르겠다(朝臣各執所見, 議論紛紜, 莫適所從, 何以處之)(『世宗實錄』卷七十一, 十八年二月二十三日己未)"고 한탄하고 있다.

따르고 있으므로 경전제도로서도 경무제를 도입하자는 것이요,
둘째 경무제는 결부제와는 달리 전지의 절대면적을 조사하는 것
이므로 전지의 실태를 정확하게 파악할 수 있다는 것이요, 셋째
경무제도로 경전을 하게 되면, 여러 가지의 사정변동으로 부세제
도를 개혁할 수밖에 없는 경우에도, 그 부세제도 개혁의 기반이
되는 田籍은 그대로 사용할 수 있다는 것이요, 넷째 경무법에 의
하여 파악된 田籍은 공물의 징수와 군역의 동원에도 기초자료로
활용할 수 있다는 것이다. 올바른 경전제도를 도입하려면, 이러한
주장이 당연했음에도 불구하고, 다른 한편에서는 결부제를 개선
하여 실시하자는 주장이 강력하게 개진되었다. 그러한 주장의 논
거로서는, 첫째 우리나라에서는 삼국시대나 고려시대로부터 결부
제를 시행해왔기 때문에 그것을 그냥 그대로 시행하는 것이 편리
하다는 것이요, 둘째 갑자기 남의 나라 제도인 경무제를 실시하게
되면 백성들이 크게 놀랄 것이라는 것이다. '백성들이 크게 놀란
다'는 사정에 대한 구체적 표현을 보면, "혹자가 말하기를, 경무로
(토지를 ― 필자) 구획하는 것이 비록 옛날의 제도이기는 하지만
백성들에게 큰 이해관계가 없는데도 (백성들이 그것을 ― 필자)
보고 들으면 크게 놀란다"[6]고 했다. 이 말은 혹시, 조선에서는 본
래 결부제를 실시했기 때문에 전지를 구획하여 그 실태를 파악하
는 일이 없었는데, 경무제를 실시하여 전지의 실태를 정확하게 파
악하게 되면, 농민들이 놀랄 것이란 뜻이 아니었을까.

---

6) 或曰, 頃畝分, 雖曰古制, 無大利害於民, 而駭於視聽. 且田分五等, 年分九等, 摠
   計五十餘件, 算計煩冗, 奸吏因緣爲盜, 出軍賦役等事, 亦多節目, 依舊結負之法,
   廣挾量宜詳定, 同科收租, 唯年分各異則爲法簡易, 行之爲便.(『世宗實錄』卷一百
   四, 二十六年六月六日甲申)

결부제와 측량

공법의 제정이 田分六等·年分九等의 결부제로 귀결된 것은, 세종의 우유부단한 성격과 領議政 黃喜의 결부제에 대한 강한 집착에 크게 기인했던 것으로 보이지만, 보다 근본적인 원인은 앞에서도 지적한 바와 같이 신하와 백성들의 반대를 물리치고 올바른 제도를 실시할 수 있을 만큼 왕권이 강력하지 못했던 데에 기인했던 것이 아니었는지 모르겠다. 세종조에 제정된 공법은 이름만 공법이지 결부제를 그냥 그대로 유지했기 때문에 측량에 기초한 경전을 거의 불가능하게 하는 요소를 내포하고 있었다. 공법에서는 우선 전등을 6가지로 나누고 각 전등에 따라 6가지의 양전척을 제시했다. 만약 전등이 도별, 군별 및 면별로나 상당히 넓은 평야별로 설정된다면, 이 6가지의 양전척을 가지고 측량하는 일도 가능했을 것이다. 그러나 원칙적으로 전등은 전지의 筆地別로 설정되도록 되어 있었다. 만약 전등이 필지별로 설정된다면, 한 들 내에서 전등이 다른 필지가 서로 복잡하게 얽혀있는 전지를 6가지의 양전척을 가지고 양전하는 일은 거의 불가능했을 것이다. 왜냐하면, 필지마다 다른 양전척으로 양전하는 일은 실시하기에는 너무나 번잡하기 때문이다. 그러므로 만약 6등의 양전척으로 양전이 이루어졌다고 한다면, 그 때의 양전에 있어서는 양전척이 전지를 측량하는 測量尺으로서가 아니라 양전을 위하여 수집된 자료를 근거로 結數를 계산하는 計算尺으로서 사용되었을 가능성이 높았을 것이다. 그러나, 『大典』에서는 6등척으로써 양전한다고 규정되어 있고 여러 기술자료에서도 6등척으로써 양전한다는 기록이 많다. 그럼에도 불구하고 조선전기에 6등척으로써 양전했다는 실증연구는 아직 없어 보인다. 그런데, 인조갑술(1634)양전으로부터는 1등척으로 양전하고 결부는 該等規式에 따라 계산한다고 했다. 정약용은 1등의 單一量田尺으로 양전하는 경우, 만약 1結씩으로 전지를 구획한다면, 측량에 기초한 양전이 가능하다고 보았다. 다시 말하면 그는 1등의 단일양전척으로 양전한다고 하더라도 정전법이나 방전법을 기초로 전지를 구획하지 않는 한 측량에 기초한 양전은 불가능하다고 보았다.

『전제상정소준수조획』에서는 전지를 구획하여 양전하는 방법으로서 方田, 直田, 勾股田, 梯田 및 圭田의 5가지 田形을 제시하고 있다. 그리고, 『조선왕조실록』에서는 전지를 위의 전형에 따라 측량하기 위하여 1필지의 전지를 2~3쪽이나 7~8쪽으로 분할하여 결부를 과장되게 파악했다는 기록도 가끔 보인다. 그리고 조선후기의 量案에도 필지별로 전형이 기록되거나 제시되어 있기는 하지만, 그 자료를 그대로 믿기에는 주저되는 바가 없지 않다. 양안에 제시되어 있는 전형으로서는 方田과 直田이 압도적으로 많은데, 현실에서는 그러한 전형의 전지가 거의 없었기 때문이다. 따라서 5가지 전형으로 양전하는 일은 6가지의 양전적으로 측량하는 일만큼이나 어렵지 않았을까. 그래서 정약용은 『목민심서』에서 위의 5가지 전형을 쓸모 없는 방법 즉 死法이라 했다. 온 천지에 널려 있는 전지는 無法四邊形이 아닌 것이 없는데, 이 5가지의 전형으로 되어 있는 전지를 어디에서 찾을 것인가 하는 것이다. 조선에서는 일본의 에도(江戶)시대와는 달리 본격적인 新田開發에 의한 경지정리가 없었기 때문에 그의 말은 사실대로라고 보아야 할 것이다. 양전의 사정이 위와 같았기 때문에 조선에서는 地籍圖가 없었다고도 했다. 중국에서는 고대로부터 田圖가 있었는데 송나라 때부터는 魚鱗圖가 출현하고 일본에서는 고대로부터 繪圖가 있었다고 하는데, 이들은 모두 양전방법과 관련이 있었던 것으로 보인다. 전지의 절대면적을 파악하는 중국의 경무제나 일본의 町段步制에서는 전지를 구획하여 양전하기 때문에 필연적으로 지적도가 출현할 수밖에 없었다. 그러나, 조선에서는 결부제에 의한 필지별 양전이기 때문에 토지를 구획하여 파악하는 관행이 없었고 또 여러 필지가 얽혀있는 田圖 대신에 孤立的으로 田形이 출현할 수밖에 없었던 것이 아니었던가 한다.

양전의 인원과 비용

위에서 보는 바와 같이, 전지의 실태를 정확하게 파악하기 위하여 제정되었다기보다 전세를 손쉽게 징수하기 위하여 출현한 결부제에는 제도 그 자체 내에 측량에 기초한 경전을 하기가 어려운 점이 감추어져 있었던 것이다. 지금으로부터는 양전과정에서 현실적으로 측량에 기초한 양전이 이루어질 수 있는 조건이 갖추어져 있었는지를 살펴보기로 한다. 여기서도 여러 가지 측면을 고찰해볼 수 있겠으나, 우선 양전을 위한 人員과 費用이라는 두 측면만을 고찰해 보기로 한다. 우선 인원의 측면이다. 양전은 본래 敬差官(조선후기에는 量田使이나 均田使라 했다)나 감사가 책임을 지고 행하는데, 庚子量田의 경우, 양전은 面 水準에서 양전을 위한 자료를 수집하는 打量의 단계, 郡縣의 수준에서 타량과정에서 획득한 자료를 가지고 전지의 면적과 結負를 계산하는 野草작성의 단계 및 監營의 수준에서 야초를 검토하고 原量案과 對照하는 正案작성의 단계로 이루어졌다고 한다. 여기서는 양전과정에서 현실적으로 측량에 기초한 양전이 가능한가를 검토하는 것이 목적이므로, 면 수준의 양전 즉 타량에 초점을 두고 검토해 보기로 한다. 각 郡縣 즉 各邑에는 都都監을 두고 각면의 도감을 지휘하여 양전을 행한다. 큰 면의 경우에는 150결마다 分所를 두는데, 분소에서는 분소도감이 指示人 1인과 筆使令2인을 거느리고 양전을 행했다. 양전사목에 의하면, 이들 4인은 하루에 3結을 양전하는데, 3결은 대략 田畓 100두락에 해당하므로, 준비시간을 빼고 하루에 8시간 양전한다고 가정하면, 1斗落을 조사하는 데 배정되는 시간은 4.8分이다. 1筆地를 2두락으로 잡아도 1필지의 조사에는 9.6분밖에 배정되지 않는다. 無法四邊形의 1필지를 10분만에 측량하는 일이 정말로 가능했을까. 그리고 만약 量繩을 가지고 현지측량을 했다고 하면, 측량인원으로서 4인은 턱없이 부족한 인원이었을 것이다.[7] 또, 이들이 행해야 할 작업은 측량뿐만이 아니었다.

그러면 다음으로 양전비용이라는 측면에서 측량에 기초한 양전이 이루어질 수 있었는지를 살펴보도록 하자. 조선후기 庚子量田의 경우, 양전의 주된 비용은 量案작성을 위한 紙代와 지대에 맞먹거나 약간 적을 정도의 作業員에 대한 人件費였다고 한다. 그렇기 때문에 정약용도 양전비용으로서 5千餘結의 中邑을 기준으로 양전에 필요한 지대가 얼마인지를 계산하고 있었다. 정약용과 같이 방전법을 기초로 1畦의 어린도로써 양전을 행하면 양안작성에 들어가는 지대가 종전의 양안작성의 경우와는 조금 다르기는 했겠지만, 그러나 그는 양자의 차이가 크지 않을 것으로 보았다. 양안은 本縣 1件, 監營 1건 및 戶曹 1건에 草冊 3건을 작성하는데, 1邑의 田籍작성에 필요한 지가를 대략 320兩으로 잡았다. 이것은

7) 打量田畓, 使作者各各立柱以標, 而標木書某字第幾某等某形田畓幾負幾束佃夫姓名. 隨其量, 去又爲標, 別以防漏落之患.(『純祖實錄』卷二十三, 二十年三月二十七日癸未) 1820년에 慶尙監司 金履載가 제출한 위의 「量田事目」의 규정대로 양전이 실시되었더라면, 측량에 기초한 양전이 이루어졌다고 할 수 있겠으나, 이러한 양전이 이루어지기 위해서는 양전의 인원과 비용이 조선후기의 그것과는 근본적으로 달라야 했을 것이다. 그리고, 이때에는 양전이 이루어지지 않았다.

경자양전 때의 全羅道 珍島郡의 紙代 租 97石의 折價(1石이 4량이라 가정한다) 388량과 대략 같은 것이다. 정약용은 인건비에 대해서는 구체적으로 밝히지 않고 있으나, 경자양안 때의 『量田謄錄』이나 진도군의 사례를 보면, 도도감은 최대 임기를 7개월로 하고 매월 미 6두, 면도감은 최장 임기를 50일로 하고 하루에 미 2승씩을 지급했으며, 분소도감, 지시인, 줄사령, 書寫 및 算士는 일당으로 미 2승씩을 지급했다. 정약용은 무엇 때문에 인건비를 구체적으로 따지지 않았을까. 종전 방식과 같이 양전을 한다고 하더라도 양전비 때문에 정부가 양전의 실시를 꺼리고 있었는데, 방전법에 기초한 어린도 작성의 경우에는 방대한 인원의 동원을 필요로 하기 때문에 감히 인건비 계산을 할 수 없었던 것이 아니었을까. 유형원이나 정약용이나 전지의 실태를 정확히 파악할 수 있는 양전에는 엄청난 비용이 들 것이라는 것을 잘 알고 있었다. 그렇기 때문에 그들은 양전에 공이 있는 관리나 공로자들에게는 관직을 제수하거나 封土를 지급해야 한다고 주장했던 것이다.

조선후기사 연구에 대한 시사점

양전의 사정이 위와 같았기 때문에는 전지의 분등과 연분의 사정도 순조로울 수가 없었다. 田分六等의 조사사정을 보면, 공법제정 이전부터 하삼도는 水田이 많은 위에 비옥한 땅이 많으며, 강원도, 평안도 및 함경도는 旱田이 많은 위에 척박한 땅이 많으며, 경기도와 황해도는 그 중간쯤으로 평가되었는데, 조선후기의 전등에 대한 인식도 거기로부터 크게 벗어나고 있지 못했다. 그간에 양전에 의한 전등의 파악이 이루어지지 못했던 것으로 보인다. 年分九等의 시행상황은 보다 처참했다. 연분9등은 본래 逐段審定의 폐단을 막기 위하여 등장한 것이기 때문에 공법제정 직후에는 도별, 군현별 혹은 면별로 사정을 실시해 보려고 했지만, 실정에 맞지 않아 곧 그 실시를 중단했다. 그리고 實錄의 자료와 그에 관한 연구에 의하면 이미 공법제정으로부터 채 50년이 경과하지 않은 成宗代로부터 연분은 8~9등, 주로 9등으로 고정되고 있었다. 그래서 李珥는 이미 下下年이 上上年으로 되어 있다고 했고, 정약용은 이제 무엇이 田分인지 무엇이 年分인지조차 모르게 되었다고 했다. 말하자면, 전세는 전등 및 연분과 상관없이 1결에 4두나 6두로 고정되었던 것이다. 결론적으로 말하면, 공법이 제대로 기능하지 못했기 때문에 부세는 자의적 수탈에 가까웠던 공물에 의존할 수밖에 없었던 것이다. 그래서, 전세를 주된 收入源으로 하는 호조의 1년간의 재정수입은 대개 12만 석 내외로서 1808년에 備局有司堂上 沈象奎는 "1년에 頒給하는 녹봉이 합해서 1만 7천여 석인데, 軍資倉은 이 숫자에 들어 있지 않습니다(一年頒祿, 合爲一萬七千餘石, 而軍資倉, 則不在此數矣)"[8]고 보고했다. 유형원은 領議政의 연봉이 60석이요 9품의 그것은 12석으로서 이러한 녹봉도 관리의 절반에 대해서밖에 지급하지 못한다고 했는데, 정약용은 중앙관료의 숫자를 대략 1,000명으로 보았으므로, 위의 숫자들은 虛數가 아닐 것이다.[9] 이에 대하여 중앙의 감시로부터 멀리 떨어져 있었던 監司와 守令은 그 지방의 실정과 본인의 청렴도에 따라서 1년에

---

8) 『純祖實錄』卷十一, 八年八月一日甲午

9) 德成外志子, 「朝鮮王朝の禄俸制と国家財政体制」(『経済史研究』11, 大阪経済大学, 2007)에 의하면, 從8品의 1년 祿俸의 경우, 米로 환산할 때, 『경국대전』(1485)에서는 17석 6두를, 『속대전』(1746)에서는 11석 9두를 지급하도록 각각 규정되어 있다고 한다. 직급이 높을수록 녹봉의 감소율이 높아서, 같은 기간에 정1품의 경우, 92석으로부터 38석 6두로 감소했다고 한다. 조선후기의 녹봉제에 관한 연구로서는 임성수, 「조선후기 祿俸制 연구」(『東方學志』제169집, 2015년 3월)가 있다.

수백 석으로부터 수천 석에 이르기까지의 수입이 있었다. 결부제 때문에 양안은 거의 虛簿에 가깝게 되고, 19세기 초가 되면 이 허부 위에 三手米, 大同米, 結米, 雉鷄柴炭價米, 民庫租 및 還穀租가 걸터앉게 되어, 농민은 토지생산물의 4분의 1을 정부에 수탈당했음에도 불구하고 중앙정부의 재정수입은 토지생산물의 10분의 1에도 훨씬 미치지 못했다. 즉 경전제도와 부세제도가 문란함으로써 백성들은 도탄 속에서 헤매고 부정부패가 창궐하여 나라가 거의 멸망할 지경에 이르렀다는 것이 조선후기에 대한 『경세유표』의 진단이다.

　『경세유표』는 위와 같은 곤궁한 사정을 타개할 수 있는 방안으로서 결부제를 폐지하고 정전법과 방전법을 실시하여 정확한 양전을 행할 수 있는 방안을 제시하는 동시에 기존의 산업인 농업과 더불어 원포, 임업, 광업, 염업, 어업 및 견직물업 등을 장려하고 상업을 발전시킬 방안도 제시했다. 그의 산업진흥정책은 관제의 개혁을 통하여 이러한 산업의 발달에 필수적인 교통시설의 보급, 도량형제도의 정비, 안정적인 화폐의 공급 및 신뢰할 수 있는 계약제도의 확립을 모색하는 것이었다. 그러한 과정에서 정약용은 조선후기의 산업과 이러한 산업이 그 위에서 발달할 수 있는 인프라스트럭처의 실태를 명확하게 파악할 수 있었는데, 각 산업의 발달과 인프라스트럭처의 정비의 수준이 일본과 중국의 그것에 비하여 너무나 뒤떨어진 것으로 파악했다. 위와 같은 결부제에 의한 양전의 실태와 조선후기의 사회경제발전像이 조선후기사의 연구에 대하여 던지는 含意는 무엇일까. 첫째, 왜 그렇게 많은 양전에 관한 연구논문 중에서 測量에 관한 논문이 단 한 편도 없을까. 그리고, 만약 양안이 虛簿에 가깝다고 한다면, 지금까지의 양안에 관한 연구는 양안에 대한 올바른 史料的 批判 위에서 행해진 것일까. 둘째, 교통시설, 도량형제도, 화폐제도 및 계약제도라는 측면에서 보았을 때, 조선후기에 자본주의적 생산이 발달할 수 있는 시장적 조건이 형성되었다고 말할 수 있을까. 『경세유표』에 관한 연구는 우리들에게 이러한 의문들을 제기하지 않을 수 없게 한다.

안병직

서울대학교 명예교수
bja1936@naver.com

經世遺表에 관한 研究

초판 1쇄 인쇄 ǀ 2017년 09월 19일
초판 1쇄 발행 ǀ 2017년 09월 25일

지 은 이 　안병직

발 행 인 　한정희
발 행 처 　경인문화사
총 괄 이 사 　김환기
편 　 집 　김지선 한명진 박수진 유지혜
마 케 팅 　김선규 하재일 유인순
출 판 번 호 　406-1973-000003호
주 　 소 　파주시 회동길 445-1 경인빌딩 B동 4층
전 　 화 　031-955-9300 팩 　 스 　031-955-9310
홈 페 이 지 　www.kyunginp.co.kr
이 메 일 　kyungin@kyunginp.co.kr

ISBN 978-89-499-4276-6 93910
값 45,000원